1 MONTH OF
FREE
READING

at

www.ForgottenBooks.com

By purchasing this book you are eligible for one month membership to ForgottenBooks.com, giving you unlimited access to our entire collection of over 1,000,000 titles via our web site and mobile apps.

To claim your free month visit:
www.forgottenbooks.com/free1001951

ISBN 978-0-331-01012-1
PIBN 11001951

Festschrift

zur

250jährigen Jubelfeier

des

Pegnesischen Blumenordens

in

Nürnberg.

Festschrift

zur

250 jährigen Jubelfeier

des

Pegnesischen Blumenordens

gegründet in Nürnberg am 16. Oktober 1644.

⸺◆⸺

Herausgegeben im Auftrage des Ordens

von

Th. Bischoff und **Aug. Schmidt.**

Mit vielen Abbildungen.

Nürnberg
Johann Leonhard Schrag
1894.

Druck von J. L. Stich in Nürnberg.

Vorwort.

Der Pegnesische Blumenorden hat bei seinem 100 jährigen Jubiläum die „Historische Nachricht von deß löblichen Hirten- und Blumen-Ordens an der Pegnitz Anfang und Fortgang biß auf das durch Göttliche Güte erreichte Hundertste Jahr, mit Kupfern geziert und verfasset von dem Mitglied dieser Gesellschaft Amarantes" erscheinen lassen, welches treffliche Buch des damaligen Ordensschriftführers Pfarrer Joh. Herdegen nicht allein die Geschichte des Ordens, sondern auch eine biographische Skizze jedes Mitgliedes enthält. Bei seinem 200 jährigen Jubiläum sandte der Orden seiner poetischen Festgabe eine kurze, aber sehr lesenswerte Geschichte des Blumenordens, von Dr. W. C. Mönnich verfaßt, voraus. Es war uns deshalb nahe gelegt, bei dem Feste unseres vierteltausendjährigen Bestehens wiederum eine historische Nachricht über den Orden zu geben. Da aber eine umfassende Geschichte des Blumen-Ordens selbst als eine sehr viel Zeit und Mühe erfordernde Arbeit erschien, so zogen wir vor, mit Einzelarbeiten über die Geschichte des Ordens und seiner hervorragenden Mitglieder zu beginnen, und wählten hiefür selbstverständlich zuerst die Stifter und Erhalter des Ordens Georg Philipp Harsdörfer und Sigmund von Birken.

Sie beide verdienen es um den Orden, daß sie im Feierkleid einer Festschrift mit reicher, bildnerischer Ausschmückung heute, gerade am Tage der Stiftung des Ordens, vor den jetzt lebenden „Blumengenossen" erscheinen. Wir aber empfehlen die Schrift wohlwollender Aufnahme und sind überzeugt, daß besonders über die große Bedeutung Harsdörfers die vorliegende Arbeit vollgiltigen Beweis liefert.

Nürnberg, 16. Oktober 1894.

Die Ordensleitung.

Inhalt:

Verzeichnis der Abbildungen.

Die meisten Abbildungen, ausgenommen die Bildnisse von Harsdörfer und Dilherr, sind den Werken Harsdörfers entnommen. Von Klai ließ sich trotz eifrigster Nachforschung sowohl hier wie in Kitzingen kein Bild auffinden.

Harsdörfers Bildnis — Verkleinerung nach einer Kupferplatte, die sich im Besitze des Ordens befindet.

(Sämtliche Schlußvignetten finden sich in den Gesprächspielen.)

NATUS A.1607. DENAT A.58   GEORGIUS PHILIPPUS HARS

IOHANNES PHILIPPUS HARSDORFFERUS

Der
Spielen
&c.

HARSDÖRFFERI animus docto patet eminus orbi,
Tanti miratur qua monumenta Viri.
Ora etiam posthac Ejus vultusq tabella
hac pateant Similem quæ multa secla dabunt.

Viro longe celebratissimo ac meritissimo Domino
Fautori et Compatri honoratissimo, L. m. q. F.
Johannes Michael Dilherrus Pastor ad SS.Sebaldi.
Theol. et Phil. P.P. Gymnasii Director.

G Strauch delin.   I Sandrart sculp.

Georg Philipp Harsdörfer.

Ein Zeitbild aus dem 17. Jahrhundert

von

Theodor Bischoff.

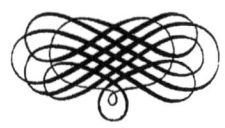

Inhaltsverzeichnis.

Motto:

Man soll sich aber die Vielheit der Bücher, nicht abschrecken lassen, ein mehrers zu schreiben: Ist nicht eben alles und jedes für Meisterproben zu halten, so ist nichts desto minder das Wolmeinen lobwürdig; und in dem wir nach einem rühmlichen Zweck absehen und abdrucken, kan uns vergnügen, daß man sagt: Es ist nicht weit gefehlt!

Harsdörfer, Gesprächspiele, III, CL, 345 u. 346.

Nicht eigene Wahl zunächst war es, die mich an die Darstellung von Harsdörfers Leben und Werken gehen hieß. Es geschah dies auf den dringenden Wunsch der Ordensleitung, dem ich mich fügen zu müssen glaubte. Eine vollständig erschöpfende Bearbeitung müßte sich nun auf der Grundlage der gesamten Weltlitteratur der Zeit erbauen. Ich hege aber dabei die Befürchtung, daß Harsdörfers Persönlichkeit nur allzuleicht aus dem Zentrum in die Peripherie verschoben würde; zudem überstiege ein solches Unterfangen weit meine Kräfte.

Meiner Meinung nach entspricht Tittmanns vortreffliche Schrift, „Die Nürnberger Dichterschule, Harsdörfer, Klaj, Birken 1847," im wesentlichen noch heutigen Tages den Forderungen, die man billiger Weise an die wissenschaftliche Erfassung und Würdigung von Harsdörfers litteraturgeschichtlicher Bedeutung zu stellen berechtigt ist. Wenn ich mich trotzdem an eine „Ilias nach Homer" heran wage, so geschieht es aus einer zweifachen Erwägung.

Einmal lag es nicht in Tittmanns Absicht, sich mit Harsdörfers äußerem Leben weiter zu beschäftigen. Dagegen wird man es gewiß nur einen berechtigten Wunsch der Pietät nennen können, wenn der Orden bei seinem ein Vierteljahrtausend währenden Bestehen auch des Lebens seines ersten Begründers wieder näher gedenken will.

Die andere Erwägung gilt der verschiedenen Art der Darstellung. Tittmanns Interesse war ein rein wissenschaftliches. Das bestimmte seine Anordnung nach den Dichtungsarten; Harsdörfer wurde als Epiker, Lyriker, Dramatiker, Didaktiker u. s. w. besprochen.

Meine Darlegung hat zunächst den Kreis der Ordensmitglieder im Auge. Es mußte daher mein Bemühen sein, die wissenschaftlichen Ergebnisse so mitzuteilen, daß sie auch weniger Eingeweihten verständlich würden. Zu diesem Zwecke schien mir eine Zerlegung des Stoffes in die hauptsächlichsten Interessengruppen für angezeigter als eine Behandlung nach den Dichtungsarten.

Ich werde demnach zunächst von Harsdörfers äußerem Leben sprechen, zerlege dann das wichtigste Jahrzehnt seines Lebens (1640—1650) in drei Abschnitte, stelle seine wissenschaftlichen Bestrebungen voran, die in der fruchtbringenden Gesellschaft wurzeln, lasse dann sein Lebenswerk „Die Frauenzimmergesprächspiele" und darauf das Spiel seiner Muse „Den Hirtenorden an der Pegnitz" folgen, um dann mit dem letzten Jahrzehnt auf seine anderweitigen didaktischen Schriften, die häufig schon das Gebiet des Religiösen streifen, und auf seine Thätigkeit als Erbauungsschriftsteller zu reden zu kommen. Ein besonderer Abschnitt faßt Harsdörfers mathematisch-naturphilosophische Bemühungen zusammen.

Ich verkenne dabei einen Nachteil nicht: kleinere Wiederholungen sind bei dieser Art der Behandlung unvermeidlich. Doch wer den Vorteil will, darf den Nachteil nicht scheuen. Ich glaubte ferner, man müsse einen deutschen Schriftsteller zu Deutschen thunlichst oft in seinen eigenen Worten reden lassen. Ich weiß wohl, es ist das nicht die höchste Art künstlerischer Darstellung. Gerne aber trete ich sofort in zweite Linie, wenn es mir damit gelingen sollte, den Schriftsteller und Menschen in seinem Denken und Fühlen uns näher bringen zu können.

Dabei darf ich ein Geständnis nicht verschweigen. Es drängte sich mir über der Arbeit die ernstliche Frage auf, ob es bei der Eigentümlichkeit Harsdörfers überhaupt möglich sein würde, ein dauerndes Interesse bei dem Leser wach zu erhalten.

Ich will nicht damit zurückhalten, daß schwierige und trockene Partien dem beharrlichen Leser nicht erspart werden konnten. Ich glaube aber auch, die Versicherung geben zu dürfen, daß wieder leichtere und anmutigere folgen werden.

Für wen haben heutigen Tages Reisen in fremde Länder nichts Anziehendes? Und doch bergen sie viel Mühe und Beschwerde in sich. Es geht im Reiche der Zeit nicht anders zu, wie in dem des Raumes. Die Anschauungen, die Darstellungsweisen früherer

Zeiten sind uns oftmals durchaus unsympathisch. Wollen wir aber zu ihrem Verständnisse gelangen, dürfen wir uns die Mühe, uns selber zu überwinden, nicht gereuen lassen.

Die Vielseitigkeit der schriftstellerischen Thätigkeit Harsdörfers überstieg mein Beurteilungsvermögen. Mein sehr verehrter Freund und Ordensgenosse, Herr Professor K. Rudel, hatte daher die große Güte, mir Beihilfe zu leisten, und den Abschnitt „Harsdörfer als mathematisch = naturphilosophischen Schriftsteller" fachmännisch zu bearbeiten.

Ich kann die Vorrede nicht schließen, ohne mit wärmstem Danke der vielfachen Förderungen zu gedenken, die ich von nah und fern, von Inland und Ausland bei meiner Arbeit erfahren durfte. Insonderheit gilt dieser Dank den Direktorien der Hof=, Staats=, Universitäts=, Stadt= und sonstigen öffentlichen und privaten Bibliotheken in Nürnberg (Germanisches Museum, Stadtbibliothek, Fenitzersche Pfarrbibliothek), Erlangen (Universitätsbibliothek), München (k. Hof= und Staatsbibliothek), Frankfurt a. M. (Stadtbibliothek), Göttingen (Universitätsbibliothek), Wolfenbüttel (herzogliche Bibliothek), Berlin (k. Bibliothek), Wien (k. k. Hofbibliothek), Leipzig (Universitätsbibliothek), Stuttgart (k. öffentliche Bibliothek), Maihingen (fürstl. Öttingen=Wallersteinsche Bibliothek), Donaueschingen (fürstl. Fürstenbergsche Hofbibliothek), Bamberg (k. Bibliothek), den Herren Dr. phil. und theol. C. A. Wilkens in Kalksburg (Wien) und Dr. Littig in Erlangen für ihre Ratschläge und Anregungen.

Verzeichnis der benützten Schriften.

Harsdörfers eigene Werke finden sich ausführlich im Anhange angegeben. Außer den allgemeinen Litteraturgeschichten von Gervinus III.,
Gödeke III., Lemcke I., Koberstein II., H. Kurz II., Scherer und den ein-
schlägigen Artikeln in der Allgemeinen deutschen Bibliothek von Creizenach
und Spohr benützte ich

Aus dem 17. und 18. Jahrhundert:

Amarantes (Herdegen): Historische Nachricht von deß löblichen Hirten- und
Blumen-Ordens an der Pegnitz Anfang und Fortgang ... Nürnberg 1744 —
Birken (Betulius, auch Floridan): Krieges und Friedensbildung ....
Nürnberg, M. Endter 1649 — Fortsetzung der Pegnitz-Schäferey .. von
Floridan. Nürnberg M. Endter 1645 — Pegnesis: oder der Pegnitz Blumgenoß-
Schäfere Feld Gedichte in Neun Tageszeiten ... von Floridan, Nürnberg
M. E. Felsecker, 2 Tl. 1673 — Teutscher Kriegs Ab- und Friedens Einzug ..
durch S. Betulius. Nürnberg 1650 — Die Fried erfreute Teutonie. Eine
Geschichtschrifft von dem Teutschen Friedensvergleich ... ausgef. v. S. Betulio.
Nürnberg J. Dümler 1652 — Dilherr, J. M.: Des Menschen Stand in Gottes
Hand. Nürnberg, M. Endter i. J. 1658 — Doppelmayr, Joh. Gabriel: Historische
Nachricht von den Nürnbergischen Mathematicis und Künstlern .. Nürnberg,
C. Monath 1730 — Frecheri Pauli: Theatrum virorum eruditione clarorum
Norimbergae 1688 — Gesetze Verneuerte des Pegnesischen Blumenordens in
Nürnberg im Jahre 1791, gedruckt 1796 — Großes Universal-Lexikon aller
Wissenschaften III. Tl. Halle u. Leipzig 1733 — Jöcher: Gelehrten-Lexikon,
Leipzig 1750 u. 51 — Helwig (Montano): Die Nymphe Noris .. Nürnberg,
J. Dümler 1650 — Klai (Claj, Clajus, Klaj): Johannes Claj Weihnacht-Liedt
... 1644 (Dilherr gewidmet) — Auferstehung Jesu Christi In jetzo neuübliche
hochteutsche Reimarten verfasset, und in Nürnberg Bey hochansehnlicher Volkreicher
Versamlung abgehandelt durch Johann Clajen der h. Schrifft Beflissenen. Nürnberg,
bei M. Endter 1644 — Der Leidende Christus, in einem Trauerspiele vorgestellet
durch Johann Klaj ... Nürnberg, M. Endter 1645 — Lobrede der Teutschen
Poeterey .. durch Johann Klajus, Nürnberg, M. Endter 1645 — Herodes der
Kindermörder .. durch Johann Klaj, Nürnberg, M. Endter 1645 — Pegnesisches
Schäfergedicht, in den Nordgauer Gefilden, angestimmt durch Filanthon u. Floridan,
abgemerket durch den Schäfer Klaj. 1648 — Johann Klaj, Schwedisches Fried-
und Freudenmahl, zu Nürnberg den 25. Herbstmonats, im Heiljahr 1649 gehalten.
.. Nürnberg, J. Dümler 1649 — Geburtstag des Friedens .. durch J. Klaj,
Nürnberg, M. Endter 1650 (Zuschrift an den römischen Kaiser und die Reichsstände) — Johann Klaj ... Freudengedicht der seligmachenden Geburt Jesu
Christi, Nürnberg, J. Dümler 1650 (dem schwedischen Marschall C. Wrangel
gewidmet) — Johann Klaj, Engel und Drachenstreit, Nürnberg, M. Endter 1650
(Herzog Carl Gustav von Zweibrücken gewidmet) — Johann Klaj, Trauerrede
über das Ende seines Erlösers, Nürnberg, M Endter 1650 (gewidmet dem
schwed. Rate B. Wolfsberg) — Irene, d. i. vollständige Außbildung deß zu

Nürnberg geschlossenen Friedens 1650 ... durch Johann Klai, dieser Zeit Pfarr=
herrn ... zu Kitzingen. Nürnberg, M. Endter d. Ältere 1650 (dem Herzog Carl
Gustav von Zweibrücken gewidmet) — Canzler und Meißner: Quartal=
Schrift für Ältere Litteratur und Neuere Lektüre. II. Stück, Leipzig 1783 —
Neumark (der Sprossende): Der Neu=Sprossende Teutsche Palmbaum.... bey
Joh. Hoffmann Kunsthändler in Nürnberg, 1668 — Ausführliche Special-
Beschreibung des Nürnbergischen Stadt=Regiments Wie solches in ehevorigen
Zeiten observired, biß gegenwärtig aber verändert und extendirt worden u. s. w.
1731 — Nürnbergisches Gesang=Buch, darinnen 1160 außerlesene .. Christ=
Lehr= und Trostreiche Lieder .... Mit einer Vorrede Herrn J Sauberts. Nürnberg,
Christoph Gerhard u. Sebastian Göbel 1677 — Opitz, Martin: Buch von der
deutschen Poeterei 1624 (Neudruck, Halle 1886) — Panzer, G. W.: Festrede
am 15. Julius 1794, Nürnberg 1794 — Der Pegnitz Hirten Frülings Freude u. s. w.
den 6. des Blumen Monats. Im Jahre 1645 — Poetische Aufzüge zu Hochzeit=
lichen Ehren u. s. w. am 2. Tag Aprilis ... 1649 — Praun Michaelis Icti Be=
schreibung der Adlichen und Erbaren Geschlechter in den Vornehmsten Reichs=
Stätten. Ulm, Verlegt von dem Autore selbst, 1667 — Richterus Redivivus
sive Georgii Richteri Ic. Ejusque Familiarum Epistolae Selectiores ad
Viros Nobilissimos Clarissimosque datae ac redditae.... Norimbergae
Sumptibus Balthasaris Joachimi et Martini Endterorum Anno 1686 —
Schottelius, Justus Georg: Ausführliche Arbeit von der Teutschen HauptSprache
... Braunschweig, Christ. Friedr. Zilliger 1663 — Der Unartige Teutsche Sprach=
Verderber. Beschrieben durch einen Liebhaber der redlichen alten Teutschen Sprach.
Gedruckt, im Jahre unserer Erlösung 1643 — Wetzels, J. C.: Hymnopaeo=
graphia ... Herrnstadt, S. Roth=Schatz 1759 — Vitae Curriculum Georg.
Philipp. Harsdorferi, sub Praesidio Molleriano, in Universitate Altdorfiana
A. C. 1707 d. 7. Maj. loco Disputationis .. exhibitum ab Andr. Georg.
Widmanno, Norib. Literis Danielis Meyeri. (Vielfach fälschlich als zwei
Schriften, von Moller und von Widmann herrührend, verzeichnet) — Will, G. A.:
Nürnbergisches Gelehrten=Lexikon .... I. Tl., Nürnberg u. Altdorf, L. Schüpfel
.. 1755 —

Aus dem 19. Jahrhundert:

Baumstark, R.: Die spanische Nationallitteratur im Zeitalter der habsburgischen
Könige, Köln 1877 — Barthold, F. M.: Geschichte der fruchtbringenden Gesell=
schaft, Berlin 1848 — Beck, H.: Die religiöse Volkslitteratur, Gotha 1891 —
Bouterweck, Frd.: Geschichte der Poesie und Beredsamkeit .. X. Bd. Göttingen
1817 — Bünger, C.: Matthias Bernegger, Straßburg 1893 — Dissel, K.:
Philipp von Zesen und die deutschgesinnte Genossenschaft (Programm),
Hamburg 1890 — Dohm, H.: Die Spanische National-Literatur, Berlin 1867
— Donaubauer, St.: Nürnberg in der Mitte des dreißigjährigen Krieges
(A. Mitteilung. d. Vereins f. Gesch. d. St. Nürnb.), Nürnberg, J. L. Schrag 1893
— Ebert, A.: Handbuch der italienischen Nationallitteratur, 2. Aufl., 1864 —
Hansen, Th.: Johann Rist und seine Zeit, Halle 1872 — Henke, E. Th.:
Georg Calixtus u. s. Z., Halle 1860 — Heß, G., ed. H. Keck: Geist und Wesen
der deutschen Sprache, Eisenach 1892 — Heilmann, J.: Kriegsgeschichte von

Bayern, Franken, Pfalz und Schwaben, II. Tl., Abt. 1 u. 2, 1598—1651, München 1868 — Hobermann, R.: Bilder aus dem deutschen Leben des 17. Jahrhunderts. I. Eine vornehme Gesellschaft, Paderborn 1890 — Kleinpaul, E.: Poetik, 2. Tl., Barmen 1868 — Kluge, Frd.: Von Luther bis Lessing, Straßburg 1888 — Koch, E.: Geschichte des Kirchenliedes, I. Bd., Stuttgart 1852 — Krause, G.: Der fruchtbringenden Gesellschaft ältester Ertzschrein, Leipzig 1855 — Krause, G.: Fürst Ludwig von Anhalt-Cöthen und sein Land, III. Tl., Leipzig 1879 — Lotheissen: Geschichte der französischen Litteratur im XVII. Jahrhundert, Wien 1877 — Müller, W.: Bibliothek deutscher Dichter des 17. Jahrhunderts, IX. Band, Leipzig 1826 — Morley: Sketch of English Literatur, 7. Ausg., London — Müller, M.: Die Wissenschaft der Sprache, übers. v. Fick-Wischmann, II. Bd., Leipzig 1893 — Mönnich, W. B.: Der Pegnesische Blumenorden von 1644—1844 (aus: Festgabe zur 200jährigen Stiftungsfeier), Nürnberg 1844 — Nopitsch, Chr. C.: G. A. Wills .. Geschichte und Beschreibung der Nürnbergischen Universität Altdorf, 2. Aufl., Altdorf 1801 — Paul, H.: Grundriß der Germanischen Philologie, Straßburg 1891 — Priem, J. P.: Geschichte der Stadt Nürnberg .. Nürnberg 1875 — Raumer, R. v.: Geschichte der germanischen Philologie, München 1870 — Riegel, H.: Ein Hauptstück von unserer Muttersprache .. Braunschweig 1888 — Roth, J. F.: Geschichte des Nürnberger Handels, IV. Tl., Leipzig 1802 — Reifferscheid, A.: Quellen zur Geschichte des geistigen Lebens in Deutschland während des 17. Jahrhunderts, I. Tl., Leipzig 1891 — Rückert, H.: Geschichte der Neuhochdeutschen Schriftsprache, 2 Bde., Leipzig 1875 — Sauer, K. M.: Geschichte der italienischen Litteratur, Leipzig 1883 — Scherer, W.: Zur Geschichte der deutschen Sprache, Berlin 1868 — Scherer, W.: Vorträge und Aufsätze u. s. w., Berlin 1874 — Schwarz, Chr. (Eudemus): Verzeichnis von Schriften, welche auf den Pegnesischen Blumenorden in Nürnberg und dessen Mitglieder Bezug haben, 1828 (Handschrift) — Schultz, H : Die Bestrebungen der Sprachgesellschaften des XVII. Jahrhunderts für Reinigung der deutschen Sprache, Göttingen 1888 — Soden, F. L.: Kriegs- und Sittengeschichte der Reichsstadt Nürnberg, II. u. III. Tl., Erlangen 1861 — Soden, F. L.: Gustav Adolph und sein Heer in Süddeutschland, Erlangen 1865 — Steinthal, H.: Der Ursprung der Sprache, Berlin 1888 — Tittmann, J.: Die Nürnberger Dichterschule. Harsdörfer, Klaj, Birken. Göttingen 1847 — Spieß, E.: Naturhistorische Bestrebungen Nürnbergs im 17. u. 18. Jahrhundert, Nürnberg 1889 — Wegele, Fr.: Geschichte der deutschen Historiographie .., München u. Leipzig 1885 — Wetzstein, O.: Das deutsche Kirchenlied im 16., 17. und 18. Jahrhundert, Neustrelitz 1888 — Wolff, H.: Der Purismus in der deutschen Litteratur des 17. Jahrhunderts (Inauguraldissertation), Straßburg 1888. —

Harsdörfers Leben und Werke.

I.

Lebensskizze.

Wir leben in einer Zeit der Fachmänner. Alle Wissen=
schaften, alle Künste, alle Kunstfertigkeiten verästeln sich
ins Endlose, und alle kleinsten Teile erfordern wieder
ihren vollen Mann. Es ist kein Zweifel, auf dieser Selbst=
beschränkung des Einzelnen beruhen nicht zum mindesten die
raschen Fortschritte auf den mannigfachsten Gebieten, die unsere
Zeit vor früheren auszeichnen.

Aber diese weitgehende Selbstentäußerung des Einzelnen zu
gunsten der Gesamtheit des Wissens hat auch wieder ihre höchst
bedenkliche Seite. Das Persönliche tritt zurück gegen etwas
Sachliches. Der Wert des Menschen aber liegt allein im
Persönlichen. Wir haben also ein materialistisches Moment, das
in den Vordergrund tritt, und darin liegt etwas Inhumanes. Der
Einwand, der Gesamtheit der Menschheit kommt zu gute, was
dem einzelnen Menschen an Selbständigkeit verloren geht, wird
damit hinfällig, wenn man bedenkt: Es ist eine sittliche und
damit eine unverbrüchliche Forderung, daß sich der Mensch zu

einer thunlichst allseitigen Bildung durcharbeite. Das beliebte
Paradepferd der nur formalen Bildung vermag keinen tiefer
Blickenden zu täuschen. Formale Bildung ist ihrem Wesen nach
inhaltsleer, ein Gefäß, das seines realen Inhaltes erst harrt.
Wird dieser nun in so einseitiger Weise dem Einzelnen zu teil,
so kann es nicht Wunder nehmen, wenn wir nur Virtuosen in
den einzelnen Instrumenten, aber keine Konzertmeister mehr
erhalten. Daraus muß mit der Zeit eine babylonische Sprach=
verwirrung in der höheren Bildungswelt entstehen.

Der geistige Kosmos bedarf zu seinem Bestande zusammen=
fassender Geister, sonst zerfällt er in Atome. Der einzelne Gelehrte,
der einzelne Künstler bedarf nach Maßgabe seiner individuellen
Befähigung der geistigen Ergänzung aus anderen Gebieten des
Wissens und der Kunst, soll er nicht zur Urteilslosigkeit in den
wichtigsten Geistesfragen verdammt sein. Was durch diese Zeit=
einbuße dem quantitativen Fortschritte in den einzelnen Arbeits=
gebieten verloren ginge, das würde reichlich ersetzt werden durch
die qualitativen Geisteseigenschaften der zeitweiligen Bildungs=
träger. Man mag sagen, was man will, eines gewissen geistigen
Universalismus kann der Einzelne kaum, die Gesamtheit nie ent=
behren, er gehört zum wahren Menschentum.

Es ist eine erfreuliche Erscheinung, daß die Philosophie in
einem ihrer berufenen Vertreter[1]) sich dieses ihres hohen Vorrechtes
wieder bewußt zu werden anfängt, der naturgemäße Sammelplatz
des Universalwissens zu sein. Wenn sie sich vor den Über=
spannungen der Hegelschen Zeit hütet und in weiser Mäßigung
ihres göttlichen Berufes waltet, kann es gar nicht fehlen, daß der
ideale Zug im Menschen, den die Thatsächlichkeiten des Einzel=
wissens auf die Dauer nicht auszufüllen vermögen, bei ihr wieder
Erfrischung, Weitblick und Befriedigung suchen wird.

Man ist heutigen Tages gewöhnt, mit einer gewissen mitleidigen
Geringschätzung auf die sogenannte Polyhistorie früherer Zeiten
zu blicken. „Er war ein Polyhistor!" — damit ist ihm wissen=
schaftlich sein Urteil gesprochen. Das klingt fast ähnlich, wie wenn
man auf kirchlichem Gebiete früher irgend wen einen Ketzer

nannte, einen Inbegriff von Abscheulichkeit, über den nur zu reden verlorene Liebesmühe wäre.

Dieses lieblose und daher ungerechte Urteil hat seinen letzten Grund darinnen, daß die frühere Zeit im Gegensatz zur Jetztzeit gerade an dem entgegengesetzten Fehler litt. Krankt unsere Zeit an Spezialisierungswut, und sind wir in Gefahr, uns im Einzelnsten und Kleinsten zu verlieren, so finden wir bei den Gelehrten des 17. und 18. Jahrhunderts häufig einen Drang, sich ins All zu verflüchtigen. Sie geraten vom Hundertsten ins Tausendste, darüber gebricht es gerne an Sammlung, an Gründlichkeit, an liebendem Verweilen bei dem Einzelnen, eine Neigung zu Ausschweifendem, Phantastischem macht sich geltend.

Bei alledem hatte die Polyhistorie ihre gute Seite, von der wir heute lernen können. Sie suchte in das Gesamtwissen der Zeit einzudringen und dieses wieder weiter zu verbreiten. Die meisten Polyhistoren sind von regem Bildungseifer beseelt. Sie haben weniger die Wissenschaften als solche im Auge, die sie fördern wollen, als die Menschen, die sie aufzuklären und damit zu bessern sich bemühen. Häufig freilich blähte sich daneben die Gelehrten= eitelkeit, voll Wohlgefallen an ihrem pfauenhaften Indianeraufputz.

Einem Führer dieser Geistesrichtung im 17. Jahrhundert wollen wir jetzt näher treten, dem Polyhistor und Dichter, dem Gerichtsherrn und Senator Georg Philipp Harsdörfer. Unsere Aufgabe soll es sein, das furchtlose, ehrliche Streben, das reiche Wissen, das warme Herz dieses bedeutenden Mannes darzuthun, ohne die Fehler, die er mit seiner Zeit teilt, zu verhüllen, Eitel= keit, Flüchtigkeit, Phantasterei, Pedanterie, Geschmacklosigkeit. Wir sehen, es waren mehr Fehler des Kopfes als des Herzens. Goethe sagt einmal: Die Fehler gehören der Zeit, das Gute dem Manne. Um mit den Alchymisten zu reden, wir wollen den „Silberblick" aufzeigen im brodelnden Schlackenmeer.

Das Geschlecht der Harsdorfe stammt, wie das der Stromer, aus Deutsch=Böhmen. Auf Pilsen und Kuttenberg weisen alte Grabinschriften und Wappen in Kapellen und an Altären zurück.

Noch im 15. Jahrhundert war ein Hans Harsdörfer (gestorben 1497) Rat und Münzmeister des Königs Wladislav zu Kuttenberg[2]).

Nach Franken kam zuerst ein Heinrich aus diesem Geschlechte um 1370. Er nahm zunächst seinen Wohnsitz in dem Dorfe Harsdorf bei Bayreuth, wovon der Familie der Name verblieb; später wurde dieser Heinrich markgräflicher Pfleger auf Neudeck. Er soll schon sehr begütert gewesen sein. Der Reichtum der Familie stammte wohl aus den böhmischen Silbergruben. Dessen beide Söhne, Heinrich und Friedrich, erwarben sich das Nürnberger Bürgerrecht um 1377 und 1380[3]). Wie die Kresse, gehörten die Harsdörfer zum Landadel. So wurden sie bald nach ihrer Über= siedelung den ratsfähigen Geschlechtern der Stadt beigezählt[4]).

Schon Heinrich treffen wir 1394 unter den Genannten des großen Rates. Eheschließungen verbinden sie rasch mit den angesehensten Geschlechtern[5]). In den „innern" Rat trat zuerst Peter Harsdörfer 1450 (nach Praun 1462) ein. Von 1575 bis 1666 hatte stets ein Mitglied der Familie Sitz im „innern" Rate, der eigentlichen Regierungsbehörde der Stadt. Die Gebrüder Wolf Peter und Christoph erkauften 1537 das markgräfliche Lehen Schloß Fischbach mit Graben, Zwinger, Wiese, Weiher, Feldern und vier Huben. Diese Besitzung mit den bambergischen Lehen in Harsdorf und Rüsselbach, den streitbergischen in Helzels= dorf, den Egloffsteinschen in Unterrüsselbach und den Reichslehen in der Stadt bildeten den gemeinsamen Familienbesitz[6]).

Die Zahl der Familienmitglieder wurde mit der Zeit eine sehr beträchtliche. Das mag wohl aus der einen Thatsache erhellen, daß in den Jahren 1613—1658 laut der „Harsdörferischen Toten= schilde bei St. Sebald" nicht weniger als neunzehn erwachsene männliche Familienglieder verstorben sind[7]).

Aus diesem Geschlechte der Harsdörfer von Fischbach stammt nun unser Georg Philipp. Unter seinen direkten Ahnen zählt er 3 Heinriche, 4 Peter, 2 Philippe; so wird er selbst als Georg Philipp III. gezählt. Sein Vater Philipp II. bekleidete kein Amt beim Stadtregimente, wird aber als ein Mann geschildert, der lange Reisen in Holland, England, Frankreich, Italien, selbst

Spanien gemacht hatte, der lateinischen, französischen, italienischen und spanischen Sprache kundig, gelehrt, musikalisch und in allen Ritterkünsten erfahren gewesen sei. Die Mutter unseres Harsdörfers entsproß der hochangesehenen Familie der Scheurl, die damals namentlich mit den Geschlechtern der Führer und Imhofe verschwägert waren[8]).

Georg Philipp ist am 1. November 1607 geboren und bei St. Sebald getauft worden; ob er außer einer Schwester noch andere Geschwister gehabt hat, bleibt ungewiß. Überlebt hat ihn nur diese eine Schwester. Die Zeit war nicht sentimental, so erfahren wir nichts über mütterliche Einflüsse. Erziehung und Unterricht genoß Georg Philipp im elterlichen Hause; kürzere Zeit scheint er auch eine öffentliche Stadtschule, vielleicht die bei St. Sebald, besucht zu haben.

Sehr einflußreich auf sein ganzes Jugendleben wurde der vertraute Verkehr, der zwischen dem elterlichen Hause und der Familie des Christoph Führer bestand. Die Führer, die ursprünglich aus dem Elsaß stammten, waren schon seit 1272 in Nürnberg heimisch. Dieser Christoph Führer hat alle Ämter der Nürnberger Republik der Reihe nach verwaltet und den Ruf eines „trefflich klugen Staatsmannes" erworben. Zugleich wurde ihm nachgerühmt, daß er in den adeligen Ritterspielen sich dreimal den besten Dank erritten habe[9]).

Mit dem gleichalterigen Sohne dieses Mannes, ebenfalls Christoph geheißen, verband unsern Georg Philipp die engste Freundschaft. Harsdörfer hat später dieser Jugendliebe in seiner zweiten lateinischen Schrift ein beide Teile gleich ehrendes Denkmal gesetzt.

Christophs Mutter Magdalene, eine Geuder von Heroldsberg, soll außer der französischen auch der lateinischen Sprache mächtig gewesen sein. Der Vater liebte seinen Sohn so, daß er sich von ihm gar nicht trennen konnte. Deshalb nahm er schon das Kind und später den Knaben auf seine kaiserlichen Gesandtschaftsreisen mit, zuerst nach Salzburg, später dann zweimal nach Wien und Ungarn[10]). Der Unterricht erlitt dabei keine Unterbrechung, der

Hauslehrer zog ebenfalls mit. Diesem Christoph Führer rühmt Harsdörfer nach, daß ihm von Kind an nur das Eine vorgeschwebt habe, wie er der Ahnen würdig werden könnte.

Mit ihm wurde Georg Philipp die letzten zwei Jahre in Nürnberg gemeinsam unterrichtet. In M. Philipp Caroli hatte der ältere Führer einen vorzüglichen Lehrer gefunden. Er verstand es, den jugendlichen Gemütern eine unersättliche Wißbegierde ein=zupflanzen, sie in stetem Wechsel von geistiger Arbeit und geistigem Genusse zu erhalten, die Liebe zur Philosophie und zu allem Guten und Schönen in ihnen zu erregen.

Schon mit sechzehn Jahren konnten die beiden frühreifen Jüng=linge im Jahre 1623 die neuerrichtete Universität Altdorf beziehen, wohin Caroli zunächst als Direktor der obersten Klasse der gelehrten Schule, später als Extraordinarius für Philosophie, Philologie, Geschichte und Poesie berufen worden war.

In Altdorf, der Nürnberger Universität, empfing die beiden ein junges, frisches Leben. Seit 1575 Gymnasium, seit 1580 sogenannte Akademie, war Altdorf eben durch die Bemühungen Christoph Führers des Vaters beim Kaiser zur Universität erhoben worden.

Am 24. Juni, dem Peter=Paulstage, der von da an der große Tag Altdorfs blieb, 1623 eröffnete ihr erster Rektor, Dr G. Nößler, dieselbe. Bereits 1666 erwarb Leibniz dortselbst die juristische Doktorwürde. Das theologische Doktorrecht konnte Altdorf freilich erst 1696 erlangen [11]. Damals erfüllten zwei=, dreihundert Studenten, acht= bis neunhundert Schüler die engen Straßen des kleinen Städtchens. Das Ackerstädtchen war ein Musenhof geworden. Unter den Professoren finden wir Namen von Ruf. Aber auch der schlimme Pennalismus mit allen seinen Aus=schreitungen der Trägheit und der Völlerei wurde sofort nach Altdorf verpflanzt.

Harsdörfer und Führer unterstanden Carolis Aufsicht, zudem war ihnen in dem Theologen Michael Ernst, einem jungen Manne von selten gereiftem und ernstem Wesen, ein Zimmergenosse bei=gegeben worden. Harsdörfer gedenkt der Gefahren dieser Altdorfer Zeit, wenn er schreibt: „Die Jugendzeit ist ihrer Natur nach ein

schlüpfriger Boden, recht für die Reue geschaffen. Wer nicht zu
Falle kommt, strauchelt wenigstens des öfteren. Sie gleicht den
ersten Einfällen, hinter denen die Vernunft meist herzuhinken
pflegt; und das Studentenlied singt darüber:

Semel insanivimus omnes
„Einmal, liebe Brüderlein, sind wir alle Narren!“ [12])

Im zweiten und dritten Stocke des Hauptgebäudes standen je
sieben Geschlechterzimmer für junge Nürnberger bereit. Da auch
die Führer Anrecht auf ein solches hatten, so ist es sehr wahrscheinlich, daß die beiden jungen Patriziersöhne hier ihre drei
Jahre verbrachten [13]).

Die anmutige Lage Altdorfs, der fast tägliche Verkehr mit
Nürnberg zu Wagen, zu Roß und zu Fuß — soll ja doch der
berühmte Mathematiker Prätorius neben seinem „Geometertischlein
und verbesserten Jakobsstab“ noch Zeit gefunden haben, auch einen
näheren Weg nach Nürnberg als bisher abzustecken — der einfache,
vertrauliche Verkehr von Professoren, Studenten und Bürgern, der
rege Eifer von Lehrenden und Lernenden ließen diese Altdorfer
Jahre stets in bester Erinnerung bleiben.

Ihr so hoch geschätzter Philipp Caroli hatte später ein
romantisches Geschick. Durch die Kontroversen Bellarmins und
durch heimlichen Briefwechsel mit Jesuiten veranlaßt, entwich er
1629 plötzlich aus Altdorf, trat zum Katholizismus über und
ging nach Wien, wo er verschollen ist [14]).

Neben diesen waren es die Professoren Johann Kob, der
Jurist (1590—1661), Jakob Bruno (Braun), der Grieche und
Philosoph (1594—1651), auch durch seinen gelehrten Briefwechsel
mit dem Ratskonsulenten Dr G. Richter bekannt, und Daniel
Schwenter, der Orientalist und Mathematiker (1585—1636), die für
die allgemeine und Berufsausbildung der beiden Jünglinge
besonders belangreich wurden.

Es bestand in Altdorf der akademische Brauch, daß die
Studenten bei ihrem Abgange vor versammelter Universität eine
feierliche Abschiedsrede hielten. Christoph Führer nahm sich sein
Thema aus ihrer beider Herzensgesinnung heraus und sprach über

„Die Vaterlandsliebe"; worüber Harsdörfer geredet hat, ist uns leider nicht überliefert [15]).

Der Sitte der Zeit gemäß sollten nun die beiden jungen Patrizier ihre große „Tour" antreten. Es ist ein Zeichen von der erzieherischen Weisheit der beiden Väter, daß sie die jungen Lente nicht sofort vom patriarchalischen Altdorf in die weite Welt hinaus sandten, sondern ihnen einen entsprechenden Übergang gestatteten.

Dazu empfahl sich vor allem ein längerer Aufenthalt in Straßburg. Einer Bemerkung in den „Mathematischen Erquick= stunden" zufolge (II, 8, Aufg. 7) berührten sie auf ihrer Hinreise Ingolstadt. Die Stadt Straßburg selber bildete eine natürliche Vermittlerin von deutschem und französischem Wesen, ein Rats= beschluß der Zeit nennt sie selbst „eine halbfranzösische Stadt" [16]). Da fand sich reichlich Gelegenheit zu gründlicher Erlernung und Ein= übung der französischen Sprache. Außerdem war seit kurzem (1621) die alte Akademie zu einer Universität erhoben worden. Trotz der schwierigen politischen Verhältnisse des pfälzischen Unionskrieges, der sich auch in den Elsaß gezogen hatte, trotz der rivalisierenden Jesuiten=Universität in Molsheim (1618) [17]), hatte das Stadtregiment alles an die Errichtung dieser Universität gesetzt, ja im Frieden mit dem Kaiser die Bestätigung derselben zur ausdrücklichen Bedingung gemacht [18]).

Die Stadt sollte denn auch die sofortige Genugthuung erleben, daß die Zugkraft der neuen Universität sich so bedeutend erwies, daß Straßburg in diesen Zeiten als die erste und vornehmste Universität Deutschlands gelten konnte [19]).

Unter den Lehrern, die damals als Sterne erster Größe in Straßburg glänzten, stand oben an ihr erster Rektor Matthias Bernegger, Professor der Historie und seit 1626 auch der Beredsamkeit [20]).

Dieser Bernegger ist nicht nur für die gelehrte Ausbildung, sondern auch für die Lebensanschauung und spätere wissenschaftliche, wie schöngeistige Richtung und Bethätigung Harsdörfers weit wichtiger geworden, als man bisher anzunehmen gewohnt war.

Eine Betrachtung der Wirksamkeit Berneggers, seiner neuen Lehr=
methode, wie seiner schriftstellerischen Thätigkeit wird uns das
überraschend darthun. Durch die vortrefflichen Arbeiten Reifferscheids
und Büngers ist dieser neue Einblick erst erschlossen worden.

Matthias Bernegger (1582—1660) entstammt einer Exulanten=
familie aus Hallstadt in Oberösterreich. Er studierte in Wels
und in Straßburg, betrieb neben humanistisch = geschichtlichen
Studien, durch Kepler persönlich angeregt, eifrig Mathematik,
folgte allen Schritten Galileis und Keplers zeit seines Lebens mit
regem Interesse, übersetzte später sogar Galileis Systema mundi
auf dessen ausdrücklichen Wunsch ins Lateinische, trat 1607 in den
Straßburger Schuldienst und 1613 als Professor der Geschichte an
die Akademie über.

Seinen Einfluß auf die Schule benützte er dazu, um der
Pflege der Mathematik eine ebenbürtige Stellung neben den alten
Sprachen in dem ursprünglich ausschließlich auf antiker Bildung
beruhenden Sturmschen Gymnasium [21]) zu verschaffen.

Die neue Lehraufgabe bestand nun nach damaliger Auffassung
darin, Männer für den Staatsdienst zu bilden. Deshalb war
auch bisher die Professur der Geschichte stets von Juristen bekleidet
worden [22]). Nicht um die Wissenschaft an sich handelte es sich
also, sondern um Einführung in das staatliche, kirchliche und
politische Leben der Gegenwart. Geschichte selber ist ihm nicht so
sehr der Entwicklungsprozeß der Menschheit, sondern „eine bunte
Fülle einzelner Thatsachen, gut zum Belege für die Wahrheit
christlicher Sittenlehre" oder wie er bei anderer Gelegenheit sagt,
„eine Art Philosophie, welche durch Beispiele lehrt, was jene durch
Theoreme entwickelt" [23]).

In seiner Antrittsrede 1613 „Was ist Geschichte?" legt
Bernegger ihren Hauptwert nicht in die Erwerbung der sapientia
(Weisheit), sondern der prudentia (der Weltklugheit) und betont
unter den für den Historiker nötigen Vorkenntnissen neben der
Sprachenkunde nicht so sehr Philosophie als die Realien [24]). Unter
den amtlich zur Erklärung aufgetragenen Schriftstellern Sueton,
Cäsar, Livius, Tacitus begünstigt er namentlich den letzteren und

von ihm wieder besonders die beiden Schriften über „Agricola" und „Germania".

Was Bernegger besonders auszeichnet, ist die lebendige Art, wie er seinen Unterricht zu gestalten weiß. Er gibt kurze Über= sichten der Geschichte und Staatslehre im Anschluß an die Ereignisse der Gegenwart und unter Vergleich der Vergangenheit. Absicht ist, den Zuhörer zu einem eigenen Urteil zu führen. Um zu lebhafter Teilnahme zu erziehen, unterbrach er den Vortrag mit kurzen Fragen, ließ sich von den Schülern Abschnitte aus den Schriftstellern übersetzen und erklären, ja, erteilte Anleitung zur Textkritik. Dieses rationelle Verfahren, das dem in unseren heutigen Seminarien etwa .entsprechen mag, erregte damals solches Aufsehen und teilweise solchen Widerspruch, daß ihm 1635 von Amtswegen scharfer Tadel darüber ausgesprochen wurde [25]).

Seinen staatsrechtlichen Auseinandersetzungen lagen die Schriften Bodins († 1596), des Hugo Grotius († 1645), des Thuanus, Camerarius, Gruters, die 6 Bücher Politica des Justus Lipsius zu Grunde, welch' letzterer es zuerst gewagt hatte, die Weltgeschichte statt nach den Danielschen Weltaltern in die Ge= schichte des Orients, der Griechen, Römer und Barbaren zu gliedern [26]).

Mit den Schülern wurden eifrig Disputationen abgehalten, öffentliche und private. Wie dieselben beschaffen gewesen sind, davon geben seine zahlreichen noch erhaltenen „quæstiones", seine „dissertationes historico-politicæ" oder seine „observationes miscellæ" ein getreues Abbild. Da sehen wir denn, daß von einer gründlich wissenschaftlichen Methode nach unserer Auffassung keine Rede ist, alles geht nach den üblich logisch=rhetorischen Grundsätzen [27]). Gibt sich die Gelegenheit, so werden in phan= tastischer Weise etymologische Excurse gegeben, es ist das Ganze auf eine „gefällige Plauderei" angelegt, die Themen werden von überall her genommen, es ist nichts zu hoch, aber auch nichts zu banal, das nicht in Betracht gezogen werden könnte; so ist von der besten Staatsform und den Pflichten des Fürsten die Rede in gleichem Atem mit einer Verteidigung der Trunksucht. Namentlich

die 110 Observationes sind „eine Art von Guckkasten" der wich=
tigsten Zeitereignisse des bösen Kriegs, des unglücklichen Friedens,
.. des Aberglaubens der Zeit, ein „lebendiges Konversations=
lexikon", besonders bemüht, über naturwissenschaftliche Dinge auf=
zuklären. Als ausschlaggebend gilt eine eigentümliche Mischung
von heiliger Schrift, Klassikern, gesundem Menschenverstande und
naturwissenschaftlichem Wissen [28]).

Sehen wir uns die Harsdörferschen Schriften an, so finden
wir auf und nieder die gleiche Weise, dieses Sprechen von allem
und jedem, den Hang zum phantastischen Etymologisieren, das
Stellen auf Satz und Gegensatz und zum Schlusse ganz die gleichen
Autoritäten in gleich kraser Mischung. Ein einziges Thema wird
bei Harsdörfer fast nicht berücksichtigt, das ist das rein politische.
Sonst finden wir in den Harsdörferischen „Gesprächspielen", nur
noch in weit ausgedehnterem Maße, das deutsche Seitenstück zu
Berneggers lateinischen Observationes.

Zu gleichem Resultate werden wir gelangen, wenn wir die
Lieblingsmeinungen Berneggers mit den Harsdörferischen ver=
gleichen. Es mußte den jungen Nürnberger Patrizier ungemein
sympathisch anmuten, daß Bernegger der staatsrechtlichen An=
schauung war, es sei unter Umständen den Unterthanen erlaubt,
offene Gewalt gegen den Kaiser zu gebrauchen [29]). Wurden doch
die protestantischen Reichsstädte nicht ohne kaiserliche Schuld je
länger, je mehr zu dieser Rechtsanschauung gedrängt. 1628 gab
Bernegger ein offenes Rechtsgutachten in diesem Sinne ab. Die
ganze spätere diplomatische Thätigkeit des jungen Harsdörfer war
der Verwirklichung dieses Gedankens gewidmet.

In Heidelberg hatte sich um den jungen Opitz ein litterarischer
Kreis gebildet, dem Lingelsheim, Freinsheim, Bökler und andere
angehörten. Die Pflege der deutschen Sprache, ihre Erhebung
aus ihrer tiefen Erniedrigung, namentlich ihre Befreiung aus der
Knechtung durch das Lateinische, war Hauptzweck der Vereinigung.
Das Unglück des böhmisch=pfälzischen Krieges sprengte frühzeitig
die Vereinigung. Die meisten der Mitglieder fanden in Straßburg
Aufnahme, Bernegger wurde ihr vertrauter Genosse.

Von nun an ist es eine Lebensaufgabe Berneggers, in Wort
und Schrift für die Wertschätzung der deutschen Sprache und ihre
Sprachreinigung zu wirken. Wie August Buchner in Wittenberg
kämpft er aber Zeit seines Lebens lateinisch fürs Deutsche [30]. Es
wird schwer zu sagen sein, ob Harsdörfer von Bernegger hierin
seine erste Anregung empfing; so viel ist aber gewiß, daß er durch
Bernegger einen kräftigen Anstoß in der Richtung empfing, der
er später hauptsächlich seine Lebenskraft geweiht hat.

Berneggers Lieblingsbeschäftigung bis in sein Alter, den Trost
in seinem vielen Unglück, ja seinen Ernährer in der bittern
äußern Not bildeten seine mathematischen Studien. Die einzige von
ihm deutsch verfaßte Schrift ist ein geometrisches Hilfsbüchlein [31].

Harsdörfer hat sich den Rat seines Meisters, daß ein Historikus
der Mathematik bedürfe, fürs Leben gemerkt und in der Fort=
setzung der Erquickstunden Schwenters später bethätigt.

Die eigentliche Drangsal der Zeit bestand in der religiösen
Unduldsamkeit und dem mannigfachen schweren Unrecht, das ihm
allenthalben entströmte. Bernegger hatte sich durch seine mannhafte
Bekämpfung des „Kapitolinischen Untiers" (belua capitolina) —
er verstand darunter Spanien und die Jesuiten — die zeitweilige
bittere Feindschaft dieses mächtigen Ordens, durch seine Friedens=
mahnung an Lutheraner und Calvinisten den lebenslänglichen
Haß der gerade damals in Straßburg vorwaltenden lutherischen
Orthodoxie zugezogen. Dennoch trat er mit allen Kräften für die
Aussöhnung der religiösen Gegensätze unter den Protestanten, für
eine politische Vereinigung der Katholiken und Protestanten Deutsch=
lands ein. Ein Feind aller theologischen Streitigkeiten, die nur
zum Unfrieden, nie zum Frieden führen, fordert er Abstellung der
gewaltsamen Bekehrungsversuche, ein ehrliches, brüderliches Ein=
vernehmen [32].

In Harsdörfer war der Keim zu dieser Gesinnung wohl in
Nürnberg schon gelegt worden. Nürnberg und Altdorf wahrten
stets ihren philippistisch = irenischen Standpunkt. Bernegger und
die Reiseerfahrungen, der spätere Umgang mit Richter und Dilherr
haben diese Meinungen bei Harsdörfer zu einer Lebensanschauung

erstarken lassen, die bei aller eigenen religiösen Entschiedenheit das Gute und Gemeinsame auch bei andern zu erkennen und wert- zuschätzen vermochte.

Gewiß hat der rote Hof, Berneggers Amtswohnung, mit seinen reichen Bücherschätzen die beiden jungen, wißbegierigen Freunde des öfteren in seinen Mauern gesehen, hat die originelle, zwang- lose Gastfreundlichkeit des Hausherrn auch sie leiblich und geistig gelabt [33]).

Als sie ungefähr nach Jahresfrist (c. 1627) Straßburg wieder verließen; geleitete sie auf ihrer Weiterreise in die fremden Lande als geistige Wegzehrung Berneggers „Geschichtlich = politische Ab= handlung über Studentenreisen" (discursus historico-politicus de peregrinatione studiosorum 1619 [34]). Man merkt dem Schriftchen an, wie ernst es dem Verfasser damit gewesen ist; es erfreute sich aber auch solch allgemeiner Beliebtheit, daß es noch 1680 und wieder 1714 neu aufgelegt wurde.

Den Vorbereitungen zur Reise sind 22 Thesen gewidmet. Der reisende Student soll vor allem fromm sein, welterfahren, der Geschichte und der Landessprache kundig, körperlich gesund und Fertigkeit im Zeichnen besitzen. Er reise nicht allein, sondern mit einem gleichgesinnten, verständigen Genossen, zuverlässigem Diener, sei mit den nötigen geographischen Büchern und Karten, einer Sackuhr, die keine Repetieruhr des Lärmens wegen sein darf, und vor allem mit dem entsprechenden Reisegelde versehen. Aller unnötigen Gespräche über religiöse Dinge entschlage er sich und beachte stets die dreifache Regel: Zurückhaltung im Urteil, Ver= schwiegenheit und Unnahbarkeit, aber stets offenen Blick (lingua parca, mens clausa, frons aperta). Wer so reist, wird als Früchte sich solche Erfahrungen und Kenntnisse erwerben, die ihm eine unabhängige Stellung im Leben verschaffen, seinen Freunden und dem Vaterlande zu Nutz und Gedeihen.

Leider besitzen wir über die weiteren Reisen der nächsten vier Jahre keine ausführliche Darstellung, wie sie z. B. Fürst Ludwig von Anhalt von seinem italienischen Aufenthalte etwa ein Menschen= alter früher gegeben hat. Wir sind im Wesentlichen auf die

dürftigen Nachrichten angewiesen, wie sie die Führerische Gedächtnis=
schrift bietet. Zunächst begaben sich die beiden nach Genf, der
Stadt Calvins, um sich im Französischen zu vervollständigen.
Dann durchreisten sie in Gemeinschaft eines meißnischen Adeligen,
des jungen Johann Georg von Ponikau, Frankreich. Es war eben
die Zeit, in der der hugenottische Adel nach mannhaftem Ringen
dem Staatsgedanken Richelieus erlag. Sie kommen nach Paris,
wohin sie Empfehlungsschreiben von Straßburg hatten, stets der
Erlernung der Sprache und der ritterlichen Künste beflissen.

Nach längerem Aufenthalte in dieser Stätte feinster Sitte,
aber auch tiefster Unsittlichkeit, beschließen sie, nach den Niederlanden
der Oranier, zu Heinsius und Vossius und von da nach England
zu gehen. Auch dort war der politische Himmel schwer umwölkt.
Das Parlament bedrängte gerade damals die Krone mit seiner
„Bitte um Recht“. Wir wissen nicht, wie lange sie in England
geweilt und wie weit sie in diesem Lande vorgedrungen sind.
Harsdörfer erzählt später einmal, daß während ihrer Anwesenheit
in England die Studenten zu Oxford zu Ehren des Königs ein
Stück, „the Sophister‘ betitelt, aufgeführt hätten. Harsdörfer
übertrug dieses Drama unter Beihilfe eines Freundes ins Deutsche
und ließ es in seinem 5. Teile der Gesprächspiele 1645 unter
dem Titel „Die Vernunftkunst“ im Drucke erscheinen [35]). Später
(1647) übersetzte er es mit wenigen Änderungen ins Lateinische
als „Sophista“ und widmete es dem Fürsten Tiberius Caraffa,
dem Oberhaupte der „Otiosi“.

Um diese Zeit hielt sich der erste niederländische Germanist
Franciscus Junius in England auf; vielleicht machte Harsdörfer
seine persönliche Bekanntschaft.

Bei der Rückreise von England kamen die beiden Freunde
auf dem Kanal in ernstliche Lebensgefahr. Nachdem sie in der
Themse ein Schiff bestiegen und etwa drei Seemeilen hinaus ins
Meer gefahren waren, wurde ihr Schiff durch widrige Winde ge=
nötigt, anzuhalten und bis zur dritten Nacht vor Anker zu bleiben.
Gleiches Mißgeschick hielt auch sämtliche niederländische Indien=
fahrer zurück. Da wurde durch die Gewalt des Sturmes mitten

in der Nacht ein Lastschiff vom Anker losgerissen und gegen ihr Schiff geschleudert. In dem Augenblick aber, in dem der Schiffs= kiel des Lastschiffes unfehlbar mit dem eigenen Schiffe zusammen= zustoßen schien, trennte noch eine „glückliche Woge" beide Schiffe. Harsdörfer spendet bei dieser Gelegenheit der seltenen Geistes= gegenwart und ruhigen Entschlossenheit Führers alles Lob.

So waren sie zwar dieser Gefahr entgangen, mußten aber nach Dover zurückkehren und dort fünfzehn Tage vor Anker liegen bleiben, bis es ihnen endlich gelang, nach Calais übersetzen zu können. Da sollten sie bei der Landung ein neues Abenteuer erleben. Während sie vom Schiffe in einen mit vier Ruderern bemannten Kahn stiegen, um gar ans Land zu fahren, faßten die Wogen plötzlich den Kahn und warfen ihn hinaus ins Meer. Mit Mühe und Not und erst nach längerer Zeit bangen Harrens wurden sie endlich von Fischern glücklich gerettet [36]).

Nun durchquerten sie rasch Frankreich, um nach Italien zu gelangen (1624). Es war die Zeit des mantuanischen Erbfolge= krieges. Der Herzog von Nevers, durch Richelieu unterstützt, der persönlich ein Heer nach Italien führte, rang um den Besitz des Herzogtums mit Spanien und dem Kaiser. Ein Verwandter, ein gefreiter Korporal, Andreas Harsdörfer, fand in diesem Kriege sein Ende vor Casale. Hungersnot und Pest durchwüteten Ober= italien im Gefolge der Kriegsfurie. Aber unerschrocken setzten die Jünglinge ihre Bildungsreise fort.

Sie kamen nach Turin, von da nach Genua, wo Harsdörfer im Hafen die noch heute gebräuchlichen Schlamm= und Sandheber so auffielen, daß er ein Abbild davon, „so gut er gemögt", zu Papier gebracht [37]), und folgten dann dem Laufe des Po, um mit Um= gehung des Kriegstheaters nach Venedig zu gelangen. Die stolze Republik des heiligen Markus galt als aristokratischer Musterstaat, die Politik der venetianischen Nobili wetteiferte an Verschlagenheit, Zähigkeit und kalter Berechnung mit der kurialistischen; Richelieus Ruhmesstern war erst im Aufgange. Das Leben in Venedig über= traf an Pracht und Luxus Paris weit, nicht minder aber auch an Ausgelassenheit und Cynismus. Es ist nicht unwahrscheinlich, daß

Harsdörfer dort die persönliche Bekanntschaft des venetianischen Dichters Loredano gemacht hat, dessen Dianea er später ins Deutsche übertrug [38]).

Von hier aus besuchten sie die beiden Hochschulen von Padua und Bologna, die noch immer etwas von ihrem alten Ruhme sich gewahrt hatten. Ihre weitere Reise führte sie über das welt= bekannte Loretto, vorüber an dem auf steiler Höhe thronenden Perugia, zur ewigen Roma.

Nachdem sie auch Neapel besucht hatten, woselbst ihnen zum erstenmale das spanische Wesen in seinem weltverachtenden Stolze entgegentrat, und bis Puteoli vorgedrungen waren, kehrten sie nach Toskana zurück. Einen ganzen Sommer nahmen sie in Siena Aufenthalt, der klassischen Stätte der italischen Schriftsprache.

Hier und in Firenze wurden sie Augen= und Ohrenzeugen der nationalen Bewegung, die durch die „Accademia de la Crusca" und ihre Töchterakademieen die Geister der Italiener erregte. Es galt, inmitten der politischen Trostlosigkeit und der spanischen Tyrannei das Kleinod der reinen italienischen Schriftsprache zu retten und für die Folge sicher zu stellen. War das nicht ein ähnlicher Ruf hier in Italien, wie der in Deutschland von Opitz und Bernegger vernommene?

Aber noch andere, für später verhängnisvolle Einflüsse machten sich geltend. Von Spanien her, durch die schriftstellerische Sekte „der Erfindungsreichen" mit ihren rätselhaften Bildern, unerklärlichen Vergleichungen, künstlichen Wortspielen und bizarren Einfällen angeregt, hatte die litterarische Schule des Cultismus Eingang in Italien gefunden [39]). Sinnreiche Erfindungen und glänzende, sinnenberückende Darstellung wurden die Parole der neuen Stilart. Zugleich mit dieser Richtung hielt aber auch ein alter Bekannter, die von Sannazaro aus Neapel begründete, dann aber nach Spanien ausgewanderte Schäferpoesie mit ihren „Wäldern" im Prunk der neuen Schreibart ihren Triumpheinzug in Italien.

Cultismus und Schäferdichtung wurden mit glühender Be= geisterung aufgenommen [40]). Es ist kein Zweifel, sie entsprachen vollkommen dem Zeitgeschmack. Beherrschte doch eben auf dem

Gebiete der bildenden Künste das Barock mit seinen überladenen Verzierungen und seiner Allegorisierungswut alle Kunstschöpfungen. Taſſo war vergeſſen, Guarinis „treuer Schäfer" (1585) und Marinos „Adonis" beherrſchten die gebildete Welt. Hatte doch Marino († 1625) am Hofe der Zwingherren ſelbſt, der ſpaniſchen Vicekönige in Neapel, bei ſeiner Rückkehr aus Frankreich einen förm= lichen Siegeseinzug gefeiert! Der Schwulſt, der Pomp, die glän= zenden Bilder berauſchten die Zeitgenoſſen; unter den 7000 Strophen ſeines Adonis ſind über 5000 nur der Beſchreibung gewidmet.

Denken wir uns in dieſe junge Begeiſterung hinein; wie mußte ſie zugleich mit dem wohllautenden Schmelze der italiſchen Zunge empfängliche Gemüter zauberiſch berücken! Dieſe Jugendeindrücke begleiteten Harsdörfer nach eigenem Geſtändniſſe durchs Leben; der „treue Schäfer" und mehr noch „Adonis" wurden ſeine Lieblingsdichtungen [41].

Übrigens vergaß er über der beglückenden Gegenwart nicht ſeiner alten Liebe, der ernſten Studien. Nach wie vor beſchäftigte er ſich mit Mathematik; ein Hieronymus Guarcolli wird als ſein mathematiſcher Lehrmeiſter in Siena genannt. Auf der Rückreiſe beſuchten ſie auch Piſa. Sie beſtiegen den berühmten Campanile der Kathedrale, den ſchiefen Thurm. Die Gedanken freilich, die ſich Harsdörfer über dieſes architektoniſche Wunder machte, zeugen von großer Naivität und machen ſeinem techniſchen Verſtändniſſe gerade keine beſondere Ehre [42].

Von Livorno aus begaben ſich die beiden Freunde (1630) zum drittenmale nach Frankreich zurück. Diesmal fanden ſie friedliche Zuſtände vor; das Land erfreute ſich der ſtarken, um= ſichtigen Regierung Richelieus. Sie reiſten durch den Süden, dann der Weſtküſte entlang über Toulouſe, Orleans nach Paris und von dort über die Dauphine und Genf durch die Schweiz und Schwaben, nach fünfjährigem Aufenthalte in der Fremde in die Heimat zurück.

Indeſſen traf den jungen Georg Philipp ein ſchwerer Schlag. Sein Vater erkrankte; ehe der Sohn ihn noch einmal begrüßen konnte, verſtarb er am Weihnachtstage (25. Dezember) 1631 [43].

Der geiſtige Erwerb dieſer langen Reiſe war für Harsdörfer
ein ſehr hoher; faſt alle in Politik, Wiſſenſchaft und Kunſt
wichtigen Männer der bereiſten Länder hatte er perſönlich kennen
gelernt, ihre Wirkſamkeit im eigenen Lande beobachtet, ſich reiche
geſchichtliche und ſprachliche Kenntniſſe erworben. Von ihm ſelber
darf nicht minder gelten, was er ſeinem Freunde nachrühmt, es
habe ſich dieſer in Geiſt und Form des Spaniſchen, Italieniſchen
und ganz beſonders des Franzöſiſchen ſo eingelebt, daß er dieſe
Sprachen faſt wie ein Eingeborener beherrſchte. Merkwürdiger=
weiſe fehlt dabei das Engliſche [44]).

Zu ſeinen Erfolgen trugen Harsdörfers anmutige Geſtalt und
gewinnendes Weſen ſicherlich nicht wenig bei. Widmann berichtet
darüber: „Schon der erſte Anblick des Jünglings wirkte ein=
nehmend, Geſtalt und Haltung ließen auf Außergewöhnliches
ſchließen und reizten viele zu ehrbarer Liebe. Er hatte eine
angenehme Geſichtsbildung, eine hervorragende, freie, glänzende
Stirne ... Der lebensvolle Ausdruck ſeines Antlitzes wurde noch
gehoben durch die üppigen, rötlich blonden, gelockten Haare, die
bis zu den Schultern herabfielen. Seine Geſtalt, deren Glieder in
zierlichem Ebenmaße ſtanden, war weder zu lang, noch zu kurz
geraten. Dadurch gewann ſein männliches Auftreten ungemein [45]).

Der junge Harsdörfer fand zu Hauſe traurige Zuſtände vor.
Das Vaterhaus ſtand verwaiſt, das Vaterland zerfleiſchte ſich im
Bruderkriege, die Vaterſtadt umtobte der Kampf. Es konnte von
ihm heißen, wie von Goethes Grafen:

Da biſt du nun Gräflein, da biſt du zu Haus,
Das Deinige findeſt du ſchlimmer!

Werfen wir einen kurzen Blick auf die politiſche Lage der
Reichsſtadt Nürnberg. In den zwanziger Jahren hatte die Stadt
viel von Truppendurchmärſchen, den Kontributionen und Requi=
ſitionen zu leiden gehabt. Einmal war es der Mansfelder mit
ſeinen Horden, der von der Oberpfalz her die Stadt beunruhigte;
dann kam Tilly mit dem Heere der Liga auf der Verfolgung
Mansfelds durch Stadt und Gebiet. Später ziehen Teile des
liguiſtiſchen Heeres wieder über Nürnberg zurück nach Böhmen

und Oberösterreich) zur Bekämpfung des österreichischen Bauern=
aufstandes. Sogar polnische Kosaken kommen einmal als kaiser=
liche Hilfsvölker, „Leute, die man noch nie im Reiche gesehen hatte,"
und die durch ihr Gebaren Schrecken und Verzweiflung erregen[46]).
Besonders feindselig den Nürnbergern zeigte sich aber von Anfang
an der berühmte Pappenheim, obgleich er seinerzeit in Altdorf
studiert hatte und dort sogar zum Ehrenrektor gewählt worden
war. Solcher Truppenzüge rechnete man von 1620—1631
ungefähr hundert[47]).

Die Stadt stand nach Auflösung der Union 1622 auf
Seite des Kaisers. Sie genoß aber, wie die andern evangelischen
Städte, wenig des Kaisers Gunst. Je mehr Erfolge der Kaiser
im dänisch=niedersächsischen Kriege errang, desto mehr mußten es
die Städte büßen. Sie wurden durch die Kriege des Kaisers
gleichsam mit besiegt.

Das Restitutionsedikt 1629 traf Nürnberg schwer. Aber weit
gefährlicher noch für die Stadt drohte die Rechtsanschauung zu
werden, die mehr und mehr am kaiserlichen Hofe Eingang fand.
Man erklärte die Städte für kaiserliche Patrimonialgüter; damit
fiel die Territorialhoheit der Städte dahin und in ihrer Folge ihr
Religionsbestimmungsrecht[48]). Der ganze religiöse und im engen
Zusammenhange damit der soziale Bestand der Stadt seit einem
Jahrhundert wäre bei Durchführung dieser Rechtsanschauung in
Frage gestellt gewesen. Fast scheint es, als wollte sich der einfluß=
reiche Beichtvater des Kaisers, der Jesuit Lamormain, bei seinem in
der Gefolgschaft des Grafen Ludwig von Nassau ausgeführten mehr=
tägigen Besuche in der Stadt (24. August bez. 3. September 1630)
persönlich überzeugen, wie weit man mit diesen Dingen in
Nürnberg gehen könne[49]).

Es war nur natürlich, daß die Stadt den Leipziger Convent
beschickte und von ihm sich Besserung der Verhältnisse erwartete.
Ein energisches, zweckbewußtes Vorgehen der Verbündeten hätte
die Schweden und Franzosen aus dem Reiche scheuchen, Kaiser
und Liga Mäßigung auferlegen und dadurch dem Reiche namen=
loses Elend ersparen können. Durch Kursachsens lässige Politik

zerſchlugen ſich dieſe Hoffnungen. Der Fall Magdeburgs, Guſtav Adolfs Sieg bei Breitenfeld klärten die Situation; der Stern des Kaiſers war im Sinken, der des Schwedenkönigs hob ſich. Näher und näher rückten die Schweden; die evangeliſche Bevölkerung der Stadt ſtand entſchieden mit ihren Sympathien anf Seiten Guſtav Adolfs. Die öffentliche Meinung des proteſtantiſchen Deutſchlands gewöhnte ſich daran, in dem Schwedenkönig den Erretter des evangeliſchen Glaubens und den Befreier von allem politiſchen Zwange zu feiern.

Wenn je, ſo zeigte damals der patriziſche Rat ſeine politiſche Erbweisheit. Er benahm ſich ſehr vorſichtig, indem er lange Zeit zwiſchen dem Kaiſer und den Schweden zu lavieren ſuchte. Das Pochen und Drängen des Kaiſers und ſeiner Generale, wie Altringers und Tillys, auf der einen Seite, die ſchwediſchen Forderungen und die immer ſchwieriger werdende Volksſtimmung auf der andern, ſehen wir den Rat mit großem Geſchicke die Politik verfolgen, ſich von den Schweden zu einem Bündniſſe gleichſam zwingen zu laſſen, wobei man möglichſt günſtige Bedingungen durchzudrücken ſich bemühte, während man ſich für den Fall eines Glückwechſels die ſtets offene Hinterthüre zum Kaiſer zu wahren ſuchte. Dieſe Politik war ſicherlich nicht aufrichtig, erwies ſich aber als ſehr klug, wenn ihr auch im Verlaufe nicht alle die gewünſchten goldenen Früchte zufielen.

An der Spitze der ſtädtiſchen Politiker finden wir damals vor allen Jobſt Chriſtoph Kreß, „einen verſtändigen wohl qualificierten Mann und den passionibus nicht untergeben" [50], Johann Jakob Tetzel, den Nürnberger „Fabius Cunctator", wie ihn Joh. Saubert in ſeiner Leichenrede 1646 nannte [51], die Ratskonſulenten Dr. Hüls, Dr. Fetzer und Dr. Richter. Dabei fiel Fetzer mehr die Rolle zu, mit dem Kaiſer und den kaiſerlichen Generalen zu unterhandeln, Hüls und Richter dagegen hatten es mit den Schweden zu thun. Richter erwuchs noch die beſonders ſchwierige Aufgabe, den Genannten des großen Rates die ſchweren Geldforderungen und notwendigen Neubeſteuerungen begreiflich zu machen. Am 28. Oktober 1631 finden wir Tetzel und Richter zum erſtenmal vor Gustav Adolf, aber schon am 18. November bedroht Tilly mit seiner gesamten Heeresmacht die Stadt. Pappenheim, „dieser Urquell alles Übels" (fons mali), möchte Nürnberg erobern und zum Mittelpunkt der kaiserlichen Winterquartiere machen[52]). An Nürnbergs entschlossenem Widerstande scheitern diese Versuche, am 3. Dezember zieht Tilly ab.

Nachdem am 16. Februar 1632 sich die vier Städte Frankfurt, Straßburg, Augsburg und Nürnberg zu Heilbronn von Schweden Zusicherung der Aufhebung des Restitutionsediktes, Zuerkennung des kirchlichen Reformationsrechtes und „Kriegsrekompens", d. h. entsprechende Entschädigung an Land und Leuten hatten versprechen lassen, hielt Gustav Adolf am 31. März 1632 seinen feierlichen Einzug in Nürnberg, von Christoph Führer, dem Vater, und Georg Chr. Volkamer im Namen der Stadt bewillkommt, worauf noch am gleichen Tage Dr. Richter die Spezialallianz mit dem schwedischen Rate Sattler abschloß.

Als „Rekompens" erhielt die Stadt die Deutschordens= kommende und alle Unterthanen zwischen den drei Wassern Rednitz, Schwarzach und Schwabach, wofür die Stadt 150 000 Gulden zu zahlen versprach[53]). Nach Abschluß dieser Spezialallianz sollte aber das „Scriptum Apologeticum" folgen, „warum Nürnberg endlich gezwungen worden sei, aus der noth eine tugendt zu machen und sich mit dem könig in Schweden etwas näher zu conjugirn". Des Königs Absicht ging auf ein „corpus formatum bellicum" unter seiner Führung.

Nun folgten die schweren Tage der Bedrängnisse der Stadt durch Wallenstein, des Kampfes um die alte Veste, der Schreckens= kunde vom Tode des großen Königs bei Lützen; alle diese erschütternden Ereignisse scheint der junge Harsdörfer entgegen den sonstigen Angaben in seiner Vaterstadt selbst miterlebt zu haben. Erst mit dem Jahre 1633 finden wir ihn nachweisbar bei diplomatischen Sendungen seiner Vaterstadt thätig. Es ist dabei nicht ausgeschlossen, daß man ihn vorher schon im inneren Dienste der Stadt verwendet und seine Befähigung erprobt hatte.

Am 13./23. April 1633 wurde von den vier Reichskreisen, dem
fränkischen, schwäbischen und den beiden rheinischen, zu Heilbronn
mit Oxenstierna das „consilium formatum" abgeschlossen.
Für Nürnberg war der Vertrag durch Hans Friedrich Löffelholz
unterzeichnet worden. Die Stadt hatte unter anderm darein
willigen müssen, für ein Jahr 72 Römermonate zu entrichten.
Den Sitz dieses „consilium formatum" finden wir von jetzt an
in Frankfurt am Main.

Die Nürnberger Interessen in dieser Körperschaft hatte als
ständiges Mitglied seit 13./23. April 1633 Johann Jakob Tetzel zu
wahren. Das hinderte nicht, daß daneben fortwährend Nürnberger
Gesandtschaften auf= und abgingen. Da hören wir bald von
H. F. Löffelholz, bald von J. Chr. Herpfer oder Tobias Ölhafen
und Dr. Richter. Die Stadt hatte stets neue Gründe zu
Beschwerden oder Forderungen. Auf Tetzel aber und neben ihm
Jobst Christoph Kreß lag die Hauptlast.

In Begleitung dieses Tetzel finden wir nun unsern Georg
Philipp Harsdörfer. Tetzel hatte ihn sich gleichsam als seinen
Attaché ausbedungen[54]). So hören wir, wie „er den Rath um
Geld und ein offenes Creditiv bittet, das der Rath auf G. Ph.
Harsdörfer stellen solle, der ein feines Ingenium und den er bloß
deßhalb mitgenommen, damit er den Seckel haben und über Ein=
nahme wie Ausgabe unpartheiische, redliche Rechnung ablege".
Tetzel spricht dabei die Erwartung aus, Harsdörfer werde einst
dem Rate gute Dienste leisten und ihn (Tetzel) seiner Zeit ersetzen
können.

In Tetzels Begleitung ist Harsdörfer bald in Frankfurt, bald
geleitet er ihn auf seinen Kreuz= und Querzügen entweder hinter
Oxenstierna her, der plötzlich nach Heidelberg zu einem Fürstentage
reist, um dann wieder nach Mainz zu gehen, oder nach Augsburg
zu einer Sendung an General Horn, und darauf wieder zurück
nach Frankfurt[55]). Dort in Heidelberg besprachen sich Tetzel und
Harsdörfer, wie vor ihnen schon Löffelholz und Richter gethan,
mit dem „weißen Raben der Zeit", dem Schotten Duräus, der
nicht müde ward, in diesen Tagen bittersten Konfessionshaders

den schönen, aber vergeblichen Versuch zum religiösen Ausgleich zu machen [56]).

Man hatte nicht nur die stets erneuten, unbilligen Forderungen der Schweden abzuwehren, man mußte sich auch gegen seine nächsten Nachbarn verteidigen. Erklärten doch gerade damals die Markgrafen, die sich durch den „Rekompens" benachteiligt glaubten, die Nürnberger für „eigennützige und den höheren Ständen ganz widerwärtige Lente und Bürger", voll von „arglistigen Intentionen" [57]).

Schon seit August glaubt man, Gründe zu haben, den Schweden nicht mehr trauen zu dürfen. Schweden wolle überhaupt keinen Frieden, beabsichtige, den Krieg in die Länge zu ziehen, sich der Reichsstädte zu bemächtigen, um auf sie die Kriegslasten abwälzen zu können [58]). Die Nürnberger stellen jetzt den schwedischen Forderungen Gegenforderungen entgegen. Sie verlangen Proviantlieferungen für ihre Stadt und Rückzahlung der Gustav Adolf vorgeschossenen 100 000 Gulden.

Indessen überwerfen sich Bernhard von Weimar und Horn. Dieser Zwist führt zu der vernichtenden Niederlage von Nördlingen (27. August / 6. September 1634). Ein Teil der Nürnberger Gesandtschaft verläßt sofort Frankfurt. Da augenblicklich der Rückweg verlegt ist, reisen die Nürnberger über Straßburg und widerraten dort gründlich, sich etwa an Frankreich um Hilfe zu wenden [59]). Man will nichts mehr von Schweden wissen; der Friede mit dem Kaiser wird angestrebt.

Nach mannigfachen Bedrängnissen gelingt es endlich der Stadt Nürnberg unter Verzicht auf den „Rekompens", dem Prager Separatfrieden beitreten zu können [60]). Am 22. Juni / 2. Juli 1635 wurden die Bedingungen von den „Genannten des großen Rates" angenommen. Das wichtige „Recht, über die Religion zu entscheiden" (ius religionis), verblieb der Stadt. Später wurde es in Artikel V, § 29 des westfälischen Friedens den Reichsstädten ausdrücklich zugebilligt [61]).

Harsdörfer scheint kurz vor oder nach der Nördlinger Schlacht Frankfurt verlassen zu haben und nach Nürnberg zurückgekehrt

zu sein. Das durfte er als Glück betrachten. Schwebte doch eine
Zeit lang des Kaisers Zorn so schwer über den Gesandten in
Frankfurt, daß er alle, die an dem consilium formatum teil
genommen hatten, von der Amnestie ausgeschlossen wissen wollte.
Tetzel durfte erst später, 11. Juli 1635, und nur gegen Bürg-
schaft des Rates nach Nürnberg zurückkehren [62]).

Nachdem Harsdörfer auf seinen Sendungen, wie Dilherr
später rühmte, „sehr stattliche Proben seiner Geschicklichkeit“ [63]) gegeben hatte, wünschte nunmehr seine Familie, daß er sich dauernd
in der Vaterstadt niederließe. Nach eigener Wahl, aber im Ein-
vernehmen mit seiner Mutter, vermählte er sich noch im Jahre
1636 mit Susanna, der Tochter des Senators Johann Sigmund
Führer und dessen Gemahlin Marie Magdalena, einer geborenen
Paumgärtner [64]).

Die Ehe war eine ungemein glückliche; 8 Kinder entsproßten
derselben: 5 Söhne und 3 Töchter. Drei Söhne Philipp Sigismund, Georg Sigismund und Georg Philipp und die drei Töchter
Susanne, Susanne Marie, Susanne Helene starben frühzeitig.
Nur zwei der Söhne überlebten die Eltern; Karl Gottlieb (geb.
1639) und Johann Sigismund (geb. 1642). Schon am 27. Dezember
1646 verlor Harsdörfer seine Gattin nach langer, schmerzvoller
Krankheit. Es war für den verwaisten Hausstand und die Erziehung seiner Kinder ein großes Glück, daß sich seine Schwester
Lucretia, die Witwe des Johann Paulus Paumgärtner, der früher
in schwedischen, später in städtischen Kriegsdiensten gestanden,
dazu bereit erklärte, Mutterstelle in Harsdörfers Hause zu über-
nehmen. Harsdörfer hat diesen Liebesdienst noch auf seinem
Totenbette „dankbarst“ anerkannt [65]).

Den jungen Ehemann hatte indessen auch das Stadtregiment
in seinen dauernden Dienst zu ziehen gewußt. Nach dem Familienbuch trat Harsdörfer schon 1635 in das Untergericht ein. Seit
dem Jahre 1497 bestand nämlich ein vom Rate gesondertes
Stadtgericht, das wieder in ein Untergericht und das eigentliche
„Stadtgericht“ zerfiel. Das Untergericht bestand aus einem
Schöffen des Stadtgerichts nebst 3 anderen Schöffen und 3 Gerichts-

fronboten. Seine Befugniſſe waren im Jahre 1618 dahin erhöht
worden, daß es über Streitſachen im Werte bis zu 20 Gulden zu
erkennen hatte. Schon im Jahre 1637 wurde Harsdörfer in das
Stadtgericht berufen. Dasſelbe beſtand aus 12 Gerichtsherren, den
Geſchlechtern und der Bürgerſchaft entnommen, 3 oder 4 Rechts=
gelehrten und 2 Gerichtsſchreibern. In zwei Tafeln geteilt tagte
dieſes Gericht wöchentlich dreimal, am Montag, Mittwoch und
Freitag. Den Vorſitz führte der Stadtrichter, der das Urteil zu
fällen hatte. Alles nicht zur peinlichen Gerichtsbarkeit Gehörige
war dieſem Gerichte unterſtellt.

Achtzehn lange Jahre unter den Stadtrichtern Georg Schleicher
(1628—1643) und Johann Heinrich Imhof (1643—1663) gehörte
Harsdörfer dieſer Körperſchaft an; erſt 1655 wurde er in den
kleinen Rat berufen. Das könnte bei der Bedeutung dieſes Mannes
auffallen, war aber nur Folge einer weiſen Beſtimmung der Nürn=
berger Verfaſſung. Der kleine Rat, dieſe wichtigſte Körperſchaft
des Stadtregiments, beſtand aus 42 Mitgliedern, die ſich wieder
ihrer Zuſammenſetzung nach in 13 Bürgermeiſter, 13 Schöffen,
8 alte Genannte und 8 Zunftmeiſter gliederte, von denen die
letzteren nur beratende Stimme hatten. Es war geſetzliche Beſtim=
mung, daß unter den Bürgermeiſtern, Schöffen und Genannten,
d. h. unter den vollgültigen Ratsmitgliedern, nie Männer gleichen
Namens ſich befinden dürften. Nun gehörte aber David
Harsdörfer ſeit vielen Jahren dem inneren Rate an. Sobald
dieſer am 28. Juli 1654 mit Tod abging, wurde denn auch ſofort
Georg Philipp am Oſtermontag 1655, dem nächſten großen all=
gemeinen Nürnberger Wahltage, in den kleinen Rat aufgenommen.

Bei dieſer Gelegenheit ſei auch einer anderen weiſen Wahl=
beſtimmung Erwähnung gethan. Es konnten im kleinen Rate
nur Ehemänner oder Witwer Sitz erhalten. Dieſer unverbrüchlich
geltende Kanon enthält eine hohe Anerkennung des erzieheriſch
bedeutſamen Charakters der Ehe. Nicht Unabhängigkeit, nicht
Ehrgeiz, am wenigſten Askeſe vermögen ſie ganz zu erſetzen.

Bis jetzt haben wir den jungen Patrizier, den getreuen
Bürger, Familienvater, Staatsmann und Gerichtsherrn kennen

gelernt; treten wir jetzt dem Schriftsteller Harsdörfer näher. Die dreißiger Jahre sind die Jahre der Vorbereitung. In ihnen arbeitet Harsdörfer weiter auf den guten Grundlagen, die er auf den Hochschulen und den Reisen gelegt hatte; in ihnen erwirbt er sich mit staunenswertem Fleiße und begünstigt durch rasche Auffassungsgabe und ein glückliches Gedächtnis das vielseitige Wissen, das ihn seinen Zeitgenossen so bewundernswert erscheinen ließ. Nur gelegentlich wird diese Zeit der Aufnahme mannig= fachster Bildungsstoffe unterbrochen durch kurze Veröffentlichungen, die dem Andenken berühmter Nürnberger oder seines besten Jugendfreundes Christoph Führer gewidmet waren.

Anfangs der vierziger Jahre folgen dann einige Schriften politisch=geschichtlichen Inhaltes, die den Übergang zu der freien, bald die weitesten Bahnen beschreitenden schriftstellerischen Thätig= keit Harsdörfers bilden. Diese Schriften der Vorbereitungszeit sind dem herrschenden Zeitgeschmack gemäß noch sämtlich lateinisch geschrieben.

Von den drei Gedächtnisreden auf Andreas Imhof 1637, Christoph Führer den Sohn 1639 und Johann Friedrich Löffelholz 1640 verdienen die beiden letzten alle Beachtung. Der junge Führer war, wie schon erwähnt, Harsdörfers getreuester, unzertrennlicher Jugendfreund. Unwillkürlich gestaltete sich der Nachruf für seinen Freund größtenteils zu einer für uns sehr wertvollen Selbst= biographie Harsdörfers. Leider war Führer nur ein kurzes Leben beschieden. 1632 vermählte er sich und trat als Beisitzer ins Stadtgericht ein, starb aber schon nach zwei Jahren nach langem, schwerem Siechtum.

Im „Cato Noricus", den er als Anhang an die von Nikolaus Ritterhaus zu Altdorf am 30. Juni 1640 gehaltene Lobrede erscheinen ließ, setzt er einem der verdienstvollsten Nürnberger Staatsmänner ein ehrenvolles Denkmal.

J. F. Löffelholz, fünfzehn Jahre im Rate und sieben Jahre davon Mitglied des Geheimrates der Siebener, hatte der Stadt im Innern, wie in der auswärtigen Politik die größten Dienste geleistet. Ein Freund und Gesinnungsgenosse Christoph Führers, des

Vaters, gehört er mit diesem zu den Begründern der Universität
Altdorf; später als Schulherr, wieder in Gemeinschaft mit Führer,
führt er die Wiederverlegung des Gymnasiums von Altdorf nach
Nürnberg durch, die sich aus Gründen der Schulzucht als
notwendig erwiesen hatte. In den drangvollen Jahren von
1629—1634 sehen wir ihn mit Harsdörfers Schwiegervater,
Johann Sigmund Führer, bald als Gesandten am Hofe des
Kurfürsten Maximilian, bald mit J. Jakob Tetzel, Dr. G. Richter
und Harsdörfer selber beim Heilbronner Konvent oder dem
Frankfurter Tag. Erst siebzehn Monate nach der Nördlinger
Schlacht darf er nach Hause zurückkehren. Trotz seiner großen
Verdienste erntete er viel Undank und Verkennung; nichts blieb
ihm „als ein gutes Gewissen und ein siecher Körper". Aber er
trug seine Leiden mit männlicher Geduld, wie es einem Helden
und Christen gebührt.

Harsdörfer übersandte diese Schrift sofort nach ihrer Voll=
endung unter dem 8. April 1840 mit einem lateinischen Briefe
an den Ratskonsulenten Dr. Georg Richter, einen der erprobtesten
Nürnberger Staatsmänner, einen Typus der Denkweise des
gebildeten Nürnberg [66]). Zu Nürnberg 1592 geboren, hatte er zu
Altdorf, Helmstädt, Basel, Genf studiert, hierauf weite Reisen
gemacht; seit 1626 stand er als Ratskonsulent in den Diensten
der Stadt. Als Diplomat in Leipzig und bei den Schweden
thätig, imponierte er durch sein „männliches Ansehen und seine
Beredsamkeit" der Bürgerschaft ganz besonders, weshalb ihm in
diesen schwierigen Zeitläufen oft die Durchführung der mißliebigsten
Aufträge zufiel. Mit dem Jahre 1631 ward er Prokanzler der
Universität Altdorf. Von jetzt an betrachtete er sich als den
berufenen Vorkämpfer der wissenschaftlichen Interessen in Nürnberg
und als den thatkräftigen Freund aller Männer von Ruf. Sein
gelehrter Briefwechsel füllt zwei Foliobände. Ein begeisterter
Anhänger des Erasmus von Rotterdam und des Hugo Grotius,
machte er aus seiner Neigung zu Calixt, den er noch als Student
selbst gehört hatte, kein Hehl; er wurde deshalb von den Ver=
tretern der lutherischen Orthodoxie ein Socinianer gescholten. Es

war ihm ein Herzensanliegen, Dilherr für die Stadt zu gewinnen. Sein Wunsch, unter Dilherrs Zuspruch verscheiden zu dürfen, erfüllte sich am 9. Dezember 1651.

Diesen berufenen Beurteiler ging Harsdörfer um sein Urteil über seinen „Cato" an, da es „die Hälfte der Weisheit selber sei, die Weisen zu befragen". Die Entgegnung Richters unter dem 11. April ist ebenso gemütlich wie fein. Richter schreibt, er habe Harsdörfers Büchlein erhalten, wie ihm eben zur Ader gelassen worden sei. Zu seiner Erholung habe er es mit vollem Behagen gelesen. Er müsse Harsdörfer sagen, das Schriftchen habe ihn gleichermaßen durch seine große Sorgfalt, wie durch die Gewandtheit der Schreibweise angezogen. „Auf diese Weise ists nicht zu verwundern, wenn Harsdörfer, während er der Unsterblich=keit würdige Männer dem Gedächtnis der Mitwelt erhielte, selber den ruhmvollen Pfad der Unsterblichkeit beschreite." Nur eine einzige kleinere Ungenauigkeit bedarf der Richtigstellung.

Für die zeitgeschichtlichen Vorstellungen sind die „Türkischen Teppiche" und „Das beklagenswerte Deutschland" vom Jahre 1641 und die heftigen Gegenschriften gegen die „Türkischen Teppiche", „Römischer Vorhang" und „Das beklagenswerte Gallien" aus dem Jahre 1642 von nicht geringem Interesse. Die „Türkischen Teppiche" und „Das beklagenswerte Gallien" sind Übersetzungen aus dem Französischen, letztere vielfach zusammengezogen. Die beiden andern Schriften stammen von Harsdörfer selber.

Die französische Selbstüberhebung, die Vergötterung des französischen Königtums, Speichelleckerei und Liebedienerei vor Richelieu und der Politik des Erfolges machen sich in den „Türkischen Teppichen" ekelhaft breit.

Die einzelnen Reiche sind durch sechs prachtvolle Teppiche dargestellt, die der Bassa von Buda dem Sultan Murad übersandt haben soll, um diesen durch ihren Anblick zum Vernichtungskampfe gegen die Christenheit zu reizen. Während das türkische Reich, eine brennende Lampe, die nicht brennenden Lampen der christ=lichen Reiche in Brand zu stecken droht, sehen wir auf den Sinn=bildern dieser christlichen Reiche nichts als Zerfall und Uneinigkeit,

mit einziger Ausnahme des Symbols von Frankreich. Da erhebt
sich aus den Wogen ein sturmumbrauster Leuchtturm mit der Um=
schrift „Weit und breit werde ich wahrgenommen!" Frankreich,
der Pharus der Zeit. Auf ihm lodern zwei Fackeln: die Gerechtig=
keit des Königs, die Klugheit des Kardinals[67]). Warum tritt nun
der christlichste König diesem drohenden Unheile von Osten nicht
entgegen, ja, lebt mit dem allgemeinen Feinde in Freundschaft?
Der Schmeichler antwortet darauf: Aus Gründen der politischen
Notwendigkeit, die aus den mannigfachsten und überzeugendsten
Beispielen sich ergeben[68]). Nach einer Flut von Lobeserhebungen
auf den König kommt es schließlich bis zur Blasphemie: „Die
Wohlthätigkeit unseres Königs ist insoweit gottähnlich, als die
menschliche Natur der Gottähnlichkeit überhaupt fähig ist."

Harsdörfer setzt dieser Schrift, die er in seiner lateinischen
Übersetzung wohl niedriger zu hängen beabsichtigte, sein „beklagens=
wertes Deutschland", eine eindringliche Friedenspredigt, entgegen.
Schon sehr beherzigenswert für Frankreich ist das Motto aus
Augustin: Gerechtigkeit und Friede sind Freundinnen; man kann
die eine nicht haben ohne die andere. Alle Menschen wollen zwar
den Frieden, aber nicht alle wollen der Gerechtigkeit gemäß thun.

Es handelt sich in dem Kampfe um die Religion und um
Land und Leute; den Vorwand muß „die Freiheit" geben. Die
Rückgabe der von den Protestanten entgegen dem Passauer
Vertrage eingezogenen Kirchengüter fordern die Katholiken. Dazu
kommen die auswärtigen Feinde, Franzosen und Schweden. Das
ist eine grausame Frömmigkeit, die alle zu einer
Religionsform zwingen will. Daher kommen in Frank=
reich die Greuel der Bartholomäusnacht, in den Niederlanden
Albas Wüten, in Deutschland die endlosen Kriegsnöten! Konnten
wir nicht von Ferdinand I. bis Ferdinand II., fast hundert
Jahre, im Frieden nebeneinander leben? Erste und Haupt=
pflicht ist es, das Reich zu erhalten. Bedroht sind wir durch
das Kriegsglück der Franzosen und Schweden; hinter beiden
lauert der Türke. Pflicht der Fürsten ist es, das Blut der
Unterthanen zu schonen. Zudem sind wir Deutsche alle Brüder

— warum streiten wir also? Rühmlicher wäre es für den
Kaiser, einen Bürger am Leben zu erhalten, als hundert Feinde
in den Tod zu senden. — Aber auch ihr Franzosen seid
der Abstammung nach Deutsche! Nicht minder ihr Schweden!
Zudem seid ihr alle Christen! Als solche verehrt ihr alle einen
Gott und seid also verpflichtet, euch untereinander zu lieben [69]).

Im „Römischen Vorhang", einer direkten Streitschrift gegen
die „ausgebreiteten türkischen Teppiche", fordert Harsdörfer die
christlichen Reiche zur Eintracht gegen den Muhamedanismus auf.
Die thörichte Politik der französischen Könige, sich mit den Un-
gläubigen zu verbinden, wird als frevelhaft verworfen. Harsdörfer
ist der guten Zuversicht, daß der unter Ferdinand II. begonnene
Kampf unter Ferdinand III. siegreich beendet werde.

In Frankreich selber erhoben sich beachtenswerte Stimmen,
die die französischen Zustände und die französische Politik gleichermaßen anklagen. Als Beweis dafür gibt Harsdörfer eine freie
Übersetzung des „beklagenswerten Galliens". Diese Schrift ist ein
Pamphlet auf Richelieu. Sie strömt über von den schwersten und
giftigsten Beschuldigungen gegen den Kardinal, der für alles und
jedes Unheil, das über Frankreich, Deutschland und alle Länder
Europas durch die stetigen Kriege gebracht wurde, verantwortlich
gemacht wird. Ludwig XIII. wird ins Gesicht gesagt, man
würde richtiger schreiben statt „unter seiner Regierung": unter der
des Kardinals. Richelieu, der Unglücksmensch, stürzt alles ins
Verderben. „Blicke doch einmal auf die jammervollen Zustände
deines heruntergekommenen Reiches, auf die ungerechte Verwaltung
und die geradezu himmelschreiende Anmaßung des sogenannten
Kardinals Richelieu!" Alles vergossene Blut, von Gustav Adolf
angefangen, schreit um Rache zu Gott gegen ihn [70]).

Nürnberg hat nie von einem Bündnis mit Frankreich etwas
wissen wollen. Darin unterscheidet sich Harsdörfer sehr wesentlich
von seinem Lehrer Bernegger, der in französischem Interesse
thätig war. Was Harsdörfer in diesen publizistischen Erörterungen
im Einzelnen vorbringt, mag inhaltlich Utopie, formell Rhetorik
sein; darin trifft er jedoch die Herzensmeinung Hunderttausender:

Weg mit den Fremden aus dem Reiche — vergessen wir gegen=
seitig das Geschehene — machen wir Frieden und halten wir
Frieden — lassen wir jeden bei seiner Religion!

Damit sind wir schon in die Zeit einer für unsere Begriffe
nahezu beunruhigenden schriftstellerischen Vielgeschäftigkeit ge=
treten. Hat Harsdörfer doch, nur nach den Titeln gezählt, in
den vierziger Jahren siebzehn Schriften, in den fünfziger neunzehn
veröffentlicht. Nach Bänden bemessen, ergibt sich sogar die runde
Zahl fünfzig. „Eine kleine Bibliothek", wird man sagen. Gewiß, das
war gerade Harsdörfers Absicht. Er wollte von allem Beachtens=
und Wissenswerten der Zeit seinen Zeitgenossen Mitteilung machen.
Der encyklopädische, kosmopolitisch = didaktische Charakter ist das
eigentliche Kennzeichen seiner schriftstellerischen Thätigkeit.

Diese Schriften sind teils eigene, meist deutsch, selten lateinisch
geschrieben, teils Übersetzungen aus dem Lateinischen, Spanischen,
Französischen und Englischen. Diese Übertragungen kommen aber
für die Würdigung Harsdörfers nicht weniger in Betracht wie
seine eigenen Schriften. Denn einmal ist es gerade Harsdörfers
Absicht, eine Weltlitteratur zu schaffen; sodann ersehen wir aus
dem, was er für übersetzenswert hielt, Anschauung und Geschmack,
und zuletzt ist die Art, wie er übersetzte, für die Beurteilung seiner
stilistischen Fertigkeit sicherlich von großem Belang.

Inhaltlich besehen, haben wir wieder zwischen Schriften
wissenschaftlichen Gehalts und solchen unterhaltender und allgemein
belehrender Natur zu unterscheiden. Die Grenze ist freilich oft
schwer zu ziehen, denn bei der dilettantierenden Art der Zeit gehen
sie in der Behandlungsweise nur allzu gerne in einander über.
Ihre höhere Einheit finden sie in der durchaus lehrhaften Tendenz
des Verfassers. Die Parole der fruchtbringenden Gesellschaft
„Mit Nutzen erfreulich" ist für Harsdörfer in all seinem Thun
maßgebend geworden.

Selbst unersättlich in seiner Lernbegierde, beseelt ihn ein nicht
geringerer Lehrdrang. Sein Wahlspruch „Bejammernswert der
Mensch, der nicht tagtäglich etwas Neues dazu lernt," offenbart
uns die letzte Triebfeder seines schriftstellerischen Wirkens.

Harsdörfer ist kein schöpferischer, origineller Genius; es sind
eine Reihe fremder Ideen, die er in sich aufnimmt, verarbeitet,
woraus er sich seine Lebensanschauungen gestaltet, deren Weiter=
verbreitung nun seine Lebensaufgabe wird. Er fühlt sich in
erster Linie als Lehrmeister seiner Zeit; dahinter muß der
Gelehrte und Dichter zurücktreten. So sehr beherrscht ihn dieser
Gedanke, daß er trotz aller gelehrten Selbstgefälligkeit, die ihm,
wie der ganzen Zeit, eigen ist, in seinen Schriften sich selber
vielfach vergißt; die meisten derselben sind anonym erschienen.
Entweder bezeichnet er sich nur als „ein Mitglied der frucht=
bringenden Gesellschaft", oder er wählt geradezu irgend ein
Pseudonym wie: Dorotheus Eleutherus, Meletophilus, Quirinus
Pegeus. Durch den beständigen Wechsel dieser Namen machte er
es den Zeitgenossen und der Nachwelt nicht eben leicht, den
wahren Verfasser herauszufinden.

Ein vierfacher Einfluß macht sich in seinen Strebungen bemerk=
bar. Der am tiefsten gehende für Denkart und Schrifttum wird
von der fruchtbringenden Gesellschaft veranlaßt. In ihr sind es
wieder zwei Persönlichkeiten, die Harsdörfer wesentlich bestimmen,
der Vorstand der Gesellschaft, Fürst Ludwig von Anhalt=Cöthen und
der Jakob Grimm des 17. Jahrhunderts, der große Grammatiker
Georg Justus Schottel. Die Strebeziele, die die fruchtbringende
Gesellschaft sich gestellt hat, werden Harsdörfers Lebensaufgaben:
Deutsche Rechtschreibung — Deutsche Metrik — Deutsche Grammatik
— Verbannung der Fremdwörter — Deutsches Wörterbuch —
Bereicherung des deutschen Schrifttums durch Übersetzungen[71]).
Dabei ist es sein Bemühen, Schottels Gedanken, die dieser nur
gelehrt, schwerfällig von sich zu geben mußte, in gefälliger Dar=
stellung der deutschen Bildungswelt zu erschließen. Harsdörfers
sämtliche gelehrte Schriften, sein Specimen Philologiae Germanicae 1646, sein poetischer Trichter 1648—1653, sein deutscher
Sekretarius 1656—1659, aber auch sein litterarisches Hauptwerk,
die Gesprächspiele, 1641—1649 bewegen sich in dieser Richtung.

Den andern Anstoß empfing er im Auslande. Er wurzelt in
den Jugendeindrücken Italiens. Sein dichterisches Schaffen, seine

kunsttheoretischen Ansichten, sein Stil sind davon beeinflußt. Martin
Opitz' Klassicismus, der sich an die Niederländer und die Franzosen
lehnte, mutet ihn zu kalt an; da ist nur Verstand, keine Phantasie.
Es fehlt dieser nüchternen Art an „sinnreichen Gedanken“, es
gebricht ihr an einer „leichten, zierlichen, wohllautenden Dar=
stellung“ [72]). Im Gegensatz zu Opitz und den Niederländern (Julius
Cäsar Scaliger) will Harsdörfer „geschmeidig, weich, erfinderisch
sein, reichere Versmaße, stärkere Leidenschaften“ entwickeln [73]).
Dabei kam ihm seine natürlich heitere Art zu statten, ein warmes
Gefühl für den Naturlaut der Sprache. In Italien glaubte
Harsdörfer dies alles gefunden zu haben, hier erblühte die Schäfer=
Poesie, hier erglänzte der neue Stil. Hieher gehören seine Über=
setzungen von Loredanos „Dianea“ 1644 (1634) und Monte Mayors
und Gil Polos „Diana“ 1646, wie die 1. Pegnesis 1644. Darüber
übersah Harsdörfer ganz die Unnatur der Schäferei, ja, er
steigerte sie durch seine Allegorisierung noch ins Unerträgliche, den
Bombast und Schwulst des Stils, die Geschmacklosigkeit ewiger
Tonmalereien.

Doch heben diese Fehler das mancherlei Gute nicht auf, das
Harsdörfer eignet. Es ist sein metrisches Verdienst, gegenüber
den Opitzischen Jamben und Trochäen den Daktylen und Anapästen
Buchners mit zu ihrem Rechte verholfen zu haben, es ist sein
zeitgenössisches Verdienst, der deutschen Poesie „trotz Sturm und
Graus“ in Verbindung mit seinen Freunden Klai und Birken ein
im Barockstil der Zeit gehaltenes Dichterheim im Hirtenorden an
der Pegnitz begründet, es ist sein dauerndes dichterisches Verdienst,
manch einfach empfundenes Naturlied gesungen zu haben [74]).

Diente der erste gelehrte Anstoß der Muttersprache und damit
der Vaterlandsliebe, der zweite der lebenverschönenden und die
Widersprüche der Zeit versöhnenden Dichtkunst, so sollte der dritte
über Schmerz, Jammer und Nichtigkeit alles Irdischen erheben in
der Weckung und Kräftigung des religiösen Gefühls. Es ist wohl
Johann Michael Dilherr, Senior der Nürnberger Geistlichkeit und
Stadtbibliothekar, der diesen Keim in Harsdörfer zur Entwicklung
brachte. Neben einer großen Zahl geistlicher Lieder und kleinerer

und größerer Bruchstücke geistlichen Inhaltes, die wir in seinen Lehrschriften zerstreut finden, kommen namentlich noch vier Schriften dieser Art in Betracht, seine „Hundert Andachtgemähle" (1644?), seine herzbeweglichen Sonntagsandachten über die Evangelien (1649) und Episteln (1651), und die Übersetzung mystischer Schriften Novarinis und de Barrys (1653).

Der vierte Anstoß, von seinen Lehrern D. Schwenter und M. Bernegger ausgegangen, setzt sich fort in dem regen Interesse, das Harsdörfer stets den mathematisch-naturwissenschaftlichen Fragen zuwandte. Bedeuten seine mathematischen Erquickstunden (1651 und 53) und sein „Speculum solis" (1652) auch wissenschaftlich wenig, so haben sie als gelesene Schriften doch zur Wertschätzung dieser Wissenschaften in weiteren Kreisen ihr gut Teil beigetragen.

Damit ist aber Harsdörfers schriftstellerische Thätigkeit noch lange nicht erschöpft. Harsdörfer folgt nur dem Drange der eigenen Natur, wenn er sich in behäbiger Breite über Großes und Kleines, Nahes und Fernes, Fremdes und Eigenes, bald in Form der Erzählung, bald der Abhandlung, bald der Allegorie, häufig untermischt mit lateinischen und deutschen Versen und Gedichten, lehrhaft verbreitet. Nur einiger der dreizehn hieher gehörigen Schriften sei Erwähnung gethan.

Da belehren uns das kleine und große Trincierbuch (1652 und 1657) über die Vorschneidekunst, „Der große Schauplatz Lust- und Lehrreicher" und „Jämmerlicher Mordgeschichten", je zwei- bändig (1650—1652), über die seltsamsten Vorkommnisse; der „Mässigkeit Wohlleben und der Trunkenheit Selbstmord (1653)" über richtige leibliche Lebensführung; während uns „Monsieur du Refuge kluger Hofmann" (1654) über das Leben an den Höfen aufklärt. Von der beträchtlichen Zahl sittlich belehrender Schriften sei nur der einen Erwähnung gethan, in der sich Harsdörfer selber übertroffen hat, seines „Nathan und Jotham" mit der Zugabe „Simson", zwei Teile (1650 und 1651), einer Parabel- oder richtiger Allegorieen-Sammlung.

Wenn Harsdörfer in den letzten zwanzig Jahren seines Lebens nichts weiter gethan hätte, als diese Schriften zu verabfassen, so müßte er unseres Erachtens schon ein sehr fleißiger Mann genannt werden. Nun schrieb er aber dies alles nur nebenbei, während seine beste Zeit den Berufsgeschäften, dem persönlichen Umgange, den Besuchen von fern und nah, dem ausgedehnten Briefwechsel gewidmet war. Das konnte nur dadurch ermöglicht werden, daß Harsdörfer nach Birkens Zeugnis ungemein rasch arbeitete. Wie er es hinschrieb, wurde es gedruckt. Aber es erforderte auch, daß die Nächte häufig zum Tage gemacht werden mußten. Wir können uns nicht darüber wundern, daß einer solch starken Belastung schließlich auch der frischeste Geist und der spannkräftigste Körper erliegen mußte.

Im Jahre 1655 wurde er, wie schon erwähnt, auch noch Mitglied des kleinen Rates, zunächst als junger Bürgermeister, später als Schöffe. Sofort übertrug man ihm aber noch anderweitige zeitraubende Neben= und Ehrenämter. So wurde er Mitglied des „Baugerichts" (arbiter et judex litium mechanicarum) und 1657 Rugherr, d. h. Mitglied des in seiner Einrichtung auf das Jahr 1349 nach dem großen Aufstande zurückgehenden Rugamtes. Es bestand aus fünf Ratsmitgliedern und einem Amtsschreiber und hatte die Befugnisse eines Handwerkergerichts. Dieses Schieds= gericht, von dem Berufung an den Rat und das Reichsgericht zulässig war, tagte zweimal wöchentlich [75]). Bei der großen Zahl der Nürnberger Gewerke — beschäftigte doch die Metallarbeit 1621 allein 96 Handwerksbetriebe mit 3418 Personen, und zählte man um 1612 an 100 Goldschmiedmeister — und der Ausbreitung des Nürnberger Handels hatte dieses Gericht stets alle Hände voll Arbeit [76]).

Harsdörfer besaß namentlich drei sehr schätzenswerte Eigen= schaften, die ihm aber wieder viele Mühe und Arbeit verursachten. Es war ihm in seltenem Grade die Gabe klarer Rede eigen, er zeigte sich ungemein freundlich, ja vertraulich im persönlichen Umgange, und er spendete gern und reichlich Dürftigen aller Art. So wird es uns nicht wundern, daß er mit Bittgesuchen um Fürsprache und Unterstützungen förmlich bestürmt wurde. Namentlich Flüchtlinge der Religion wegen, arme Gelehrte, Studenten,

Geistliche beschenkte er reichlich; vielen half er zu Brot und Stellung.

Dazu kam nun sein litterarischer Ruhm! Fast tagtäglich trafen Fremde ein, die Harsdörfer zu sprechen begehrten. Viele besuchten Nürnberg nur seinetwegen. Mit brieflichen Anfragen wurde er überschüttet, die er alle gewissenhaft erwiderte[77]).

Der Sommer des Jahres 1658 brachte wieder einen hohen Besuch in Nürnbergs Mauern. Kaiser Leopold I. berührte Nürnberg bei seiner Rückkehr von der Kaiserkrönung in Frankfurt. In seiner letzten Schrift, ein paar Monate vor seinem Tode verfaßt, beschreibt Harsdörfer der Sitte der Zeit gemäß in lateinischer Sprache und in bombastischer Weise den Triumphbogen, den Nürnberg dem Kaiser errichtete. Kunstvolle Triumphbögen gehörten zu den Nürnberger Spezialitäten. Diesmal hatte man sich den Bogen Konstantin des Großen in Rom zum Vorbilde genommen. Der neue Kaiser galt als ein gelehrter Herr. Harsdörfers Widmungsschrift hatte nun die Aufgabe, das Sinn- und Kunstvolle von Entwurf und Ausführung dem Kaiser gebührend klar zu machen. Vielleicht stammen sogar Anordnung und Inschriften von Harsdörfer selber, wenn ihm nicht Birken hierin zuvorkam; sicherlich aber ist er der Verfasser der poetisch-emblematischen Beigabe, betitelt: „Die österreichischen Adler". Jedem Kaiser aus habsburgischem Hause, angefangen mit Rudolf I., wird unter dem Bilde eines Adlers ein rühmendes Doppeldistichon gewidmet. König Albrecht z. B. wird „der unbesiegte Aar" genannt, Ferdinand II. „der siegreiche", Ferdinand III. „der Ölzweig spendende". Eine lateinische Jubelhymne, als deren Komponist der Organist bei St. Sebald, Paul Heinlein, angegeben wird, endet das Ganze mit dem unter Pauken und Trompeten achtfach erbrausenden Refrain: „Plaude Noris Leopoldo, plaude Nympha Caesari!"

Schon seit Jahren litt Harsdörfer zeitweilig an Steinbeschwerden. Da überfielen ihn am 8. September plötzlich heftige Schmerzen mit starkem Fieber, das binnen vierzehn Tagen trotz der „äußersten" Mittel der damaligen ärztlichen Kunst allmählich die

Lebenskräfte aufzehrte. Schon acht Tage vor seinem Tode zeigte sich Harsdörfer im Gespräche mit Dilherr auf das Äußerste gefaßt. Er würde zwar gerne noch weiterleben „zum besten der Stadt, seiner zwei Söhne, der Armen", aber der Tod sei ihm „kein böses Stündchen, sondern ein gutes", er freue sich, aus der „Betrüglichkeit dieser Welt" zur „vollkommenen Glückseligkeit des künftigen Lebens" zu gelangen. Er verschied im väterlichen Hause am 17. September [78]), wie sein Totenschild bei St. Sebald bezengte, nicht ganz 51 Jahre alt. Am 22. September wurde er in die Familiengruft auf dem St. Johannisfriedhofe eingesenkt, wobei ihm sein Freund Dilherr die Leichenrede hielt über den Text: „Meine Zeit stehet in Gottes Händen", Psalm 31, 6. Am 23. März 1659 erklärte Vitus Georg Holzschuher in der feierlichen Lobrede zu Altdorf, daß Harsdörfer Verdienste und Tugenden höher adelten als seine adelige Abkunft.

Harsdörfer hatte sich selber die lateinische Grabinschrift verfaßt:

Mors Vitae imitabilis Eccho
Conditorium Hoc
Georgius Philippus Harsdoerfferus
Patriae Senator
Immutationis Suae Memor
Sibi Posterisque Pon. Vol.
Anno
CLeMentIae DIVInae.

Der eine der beiden ihn überlebenden Söhne, Karl Gottlieb, folgte später 1682 und 1683 seinem Vater in der Würde eines Senators und Rugherrn.

Vergegenwärtigen wir uns in Kürze den Gesamteindruck von Harsdörfers Persönlichkeit. Äußerlich eine stattliche Erscheinung, mußte er ebenso einzunehmen durch seine gewinnende Freundlichkeit, wie sich in Achtung zu setzen durch würdevolle Haltung. Er kannte und übte feine Sitte ohne Aufdringlichkeit und Manieriertheit. Ein klarer Kopf, überzeugte er mit beredten Worten, unterstützt durch den Wohllaut der Stimme. Vaterlandsliebe, aufopfernde

Thätigkeit, Wohlwollen, Freigebigkeit und Mitleid sind seine vor=
nehmsten Tugenden, Neigung zu Vielgeschäftigkeit, Oberflächlichkeit
und Eitelkeit seine Schwächen. Tief religiös, überblickte er von
hoher Geisteswarte das Wortgezänke der Parteien; das Christentum
war ihm die vollkommene Offenbarung, die evangelische Lehre
der reinste Ausdruck, die Bethätigung aber fand er unter den
Angehörigen aller Konfessionen.

In seinen Lebensanschauungen zeigt sich eine seltsam eigen=
artige Mischung von Besserungsdrang und Beharren beim Alten.
Geburtsadel muß sich erweisen in Gesinnungsadel, sonst wirkt er
schädlich. Die Frauen haben das gleiche Anrecht auf Bildung
wie die Männer. Die Alchymie ist ihm Betrug, der Zweikampf,
diese französische Unsitte, eine Thorheit; den Henker unehrlich
schelten, ist ungerecht; in Handel und Wandel denkt Harsdörfer
freihändlerisch. Aber den Teufel sieht er in Person überall
geschäftig, die Hexerei in vollem Schwange. Ihr Wesen ist Sünde
gegen den heiligen Geist, der Feuertod daher eine gerechte Strafe,
die Folter gerichtliche Notwendigkeit, wenn auch Maßhalten
dringend zu fordern bleibt [79]). Die Kunst des Festmachens, der
Waffensalbe, das Wunder der Alraunwurzel, des Einhorns er=
scheinen ihm glaubhaft [80]).

In seiner Gelehrsamkeit geht er mehr in die Breite als in
die Tiefe; er kennt die Litteraturen der alten und neuen Kultur=
völker; nach ihrem Muster soll die deutsche gebessert und um=
geschaffen werden. Aber um wirklich klassisch deutsch schreiben zu
können, dazu war, wie Meißner ganz richtig urteilt [81]), „Deutsch=
lands Sprache damals noch viel zu unbestimmt und rauh", hatte
Harsdörfer eine zu „übertriebene Liebe zu bildlichem Ausdrucke,
zu Blümeleien in der Schreibart". Aber Anerkennung verdienen
seine „vielfach guten Gedanken, trefflichen Perioden, schönen
Vergleiche, schlagenden Sentenzen". Von allen Dichtungsarten
stellt Harsdörfer „die Lehrdichtung" am höchsten. Gewiß hat er
auch in ihr das Beste geleistet. Doch gelang ihm auch das
Natur= und das Kirchenlied. Der Geschmacklosigkeit der Zeit hat
er daneben stattliche Hekatomben geopfert und damit der Mißgunst

späterer Zeiten es nur allzu leicht gemacht, sich in Hohn und Spott ein volles Genüge thun zu können.

Die Urteile über Harsdörfer als Gelehrten und Dichter haben daher im Laufe der Zeit schon sehr verschieden gelautet. So sehr ihn seine Zeitgenossen gewiß in beiden Beziehungen überschätzt haben, ebenso ungerecht verwarfen ihn Spätere gänzlich.

Mustergiltige Leistungen — wir müssen es zugeben — werden von ihm nur wenige aufzuweisen sein; dagegen hat er mancherlei geschaffen, das billigen Anforderungen entspricht, das namentlich für seine Zeit sehr wertvoll war. Dieses Gute findet sich aber häufig verborgen unter viel wertloser Spreu. Wir werden es einem Satiriker, wie dem bekannten Ästhetiker Vischer, gewiß nicht übel nehmen, wenn er einmal tüchtig in diese Spreu hinein=bläst, daß sie nach allen Seiten auseinanderstiebt. Dahin gehört, was J. Frapan in ihren Vischererinnerungen (S. 27) erzählt: „Oder wenn er (Vischer) ein Gedicht aus der Pegnitzschäferei vorlas, eines jener verrückten Lieder von Harsdörfer, die eine lächerliche Sucht nach Gleichklang zeigen: ‚Und die Nymphen in den Sümpfen‘ und wenn er nun in derselben Art noch eine Weile fortfuhr, zu sprechen, wie von unwiderstehlichem Drange getrieben, alles auf impfen und ümpfen, immer toller, immer ausgelassener, bis unter den Zuhörern ein wahrer Gelächterdonner losbrach.‟ Wir begreifen es vollständig, wenn am Ende des vorigen Jahr=hunderts im Vollgefühle des massenhaft zuströmenden Guten und Schönen, in dem Bewußtsein einer schöpferischen Kunstthätigkeit sondergleichen, in dem Glauben an die ewige Dauer des jungen Glückes eine berufene Stimme sich in einem Briefe an Meißner also vernehmen ließ: „Was liegt der Welt wohl daran, wie viel Fabeln, selbst wie viel Bücher Harsdörfer schrieb? Was kan elender, geschraubter, trotz allen Schellenklangs matter und kraft=loser seyn, als die Schreibereien dieses Mannes? — Daß er die Pegnitzschäfer, diesen Club von Scriblern stiftete; daß er das Haus unserer Sprache wegwischen wollte; das sei ihm endlich noch verziehn! Aber seine eigne Geburten — wer kan ihm diese vergeben? Sie sagen: Auch er sei (wie Rabener) einer Auswahl würdig. Liebster M., wenn Sie mir aus den zahlreichen Alphabeten seiner Schriften nur zwei vernünftige, jetzt noch lesbare Bogen herausheben können, magnus mihi eris Apollo. Doch nein, verderben Sie Ihre Zeit mit dergleichen Versuchen nicht . . ." [82]). Als einzig richtige Antwort darauf ließ Meißner eine Auswahl aus Harsdörfers Parabelsammlung „Nathan und Jotham" abdrucken.

Am Ende des 19. Jahrhunderts ziemt es uns, billiger und bescheidener zugleich zu sein. Wir haben gelernt, was den früheren Zeiten, auch noch dem vorigen Jahrhunderte, mangelte, alles in geschichtlichem Zusammenhange zu begreifen; wir haben erlebt, was dem 18. Jahrhundert unmöglich erschien, das Sinken des qualitativen Gehaltes der litterarischen Hochflut, den Rückgang des allgemeinen Interesses am Schöngeistigen und Idealen. Aus beiden Gründen wird unser Schlußurteil über Harsdörfer in des Dichters Worten bestehen dürfen: „Wer den besten seiner Zeit genug gethan, der hat gelebt für alle Zeiten!" Harsdörfer war kein großer Gelehrter, noch weniger ein großer Dichter, aber er ist und bleibt einer der größten deutschen Publizisten seiner Zeit.

Noten zu I.

¹) Paulſen, Einleitung in die Philoſophie, 2. Auflage, und Syſtem der Ethik, 2. Auflage. Berlin 1893 — ²) Praun S. 85 u. 86; Dilherr S. 14; Harsdörfer Familienbuch (Handſchrift) — ³) ſ. Familienbuch — ⁴) Praun S. 45 — ⁵) ſ. Familienbuch Bl. 31 — ⁶) ſ. Familienbuch Bl. 69 ff — ⁷) ſ. Familienbuch Bl. 29—31 — ⁸) Widmann S. 4, Dilherr S. 14 — ⁹) Praun S. 85 — ¹⁰) Memoria Chr. Fureri 1639 S. 7 ff — ¹¹) Will S. 15 ff — ¹²) Mem. Chr. Fureri S. 10 — ¹³) Will S. 190 — ¹⁴) Will S. 185 ff — ¹⁵) Mem. Chr. Fureri S. 10 — ¹⁶) Bünger S. 10 — ¹⁷) Bünger S. 201 — ¹⁸) Bünger S. 46 — ¹⁹) Bünger S. 100 — ²⁰) Bünger S. 333 — ²¹) Bünger S. 59 — ²²) Bünger S. 93 ff — ²³) Bünger S. 129 u. 115 — ²⁴) Bünger S. 109 — ²⁵) Bünger S. 295 ff — ²⁶) Wegele S. 482 — ²⁷) Bünger S. 125 ff — ²⁸) Bünger S. 313 ff — ²⁹) Reifferſcheid S. 1004 u. 1005 — ³⁰) Bünger S. 122 — ³¹) Bünger S. 72 — ³²) Bünger S. 123 ff u. 205 — ³³) Bünger S. 369 ff — ³⁴) Bünger S. 135 ff — ³⁵) ſ. Geſprächſpiele — ³⁶) Mem. Chr. Fureri S. 11 u. 12 — ³⁷) Math. Erquickſtunden II. Bd., Teil 13, Aufg. 15 — ³⁸) IV, Anmerkung 4 — ³⁹) Baumſtark S. 20 ff — ⁴⁰) Ebert S. 404 ff — ⁴¹) ſ. IV, Hirtenorden an der Pegnitz — ⁴²) Math. Erquickſtunden II, S. 402 u. III, Teil 7, Aufg. 10 — ⁴³) Familienbuch S. 3 ſein Totenſchild; gewöhnlich wird fälſchlich 1630 angegeben — ⁴⁴) Mem. Chr. Fureri S. 14 — ⁴⁵) Widmann S. 5 u. 6 — ⁴⁶) Soden, Kriegs- und Sittengeſchichte II, 137—145 — ⁴⁷) Donaubauer S. 76 — ⁴⁸) Donaubauer S. 75 — ⁴⁹) Soden, Kriegs- und Sittengeſch. III, 114 ff — ⁵⁰) Donaubauer S. 119 — ⁵¹) Threnodiæ, 19. Juni 1646, Noribergæ, Endter — ⁵²) Donaubauer S. 117 ff — ⁵³) Donaubauer S. 175 bis 207 — ⁵⁴) Soden, Guſtav Adolph u. ſ. Heer II, 172 — ⁵⁵) Soden, Guſtav Adolph u. ſ. H. II, 160—317—218 — ⁵⁶) Soden, Guſt. Ad. u. ſ. H. II, 169 — ⁵⁷) Soden, Guſt. Ad. u. ſ. H. II, 176 u. 177 — ⁵⁸) Soden, Guſt. Ad. u. ſ. H. II, 261 u. 262 — ⁵⁹) Soden, Guſt. Ad. u. ſ. H. III, 72 ff — ⁶⁰) Soden, Guſt. Ad. u. ſ. H. III, 198 — ⁶¹) Heilmann II, 2 S. 1070 — ⁶²) Soden, Guſt. Ad. u. ſ. H. III, 253 — ⁶³) Dilherr S. 17 — ⁶⁴) Widmann S. 7 — ⁶⁵) Dilherr S. 18; Widmann S. 7 — ⁶⁶) Will, Gelehrten-Lexikon S. 305—311 — ⁶⁷) Peristromata Turcica p. 28 — ⁶⁸) Peristromata Turcica p. 42 — ⁶⁹) Germania deplorata p. 9—13—30 — ⁷⁰) Gallia deplorata p. 14—28—45 — ⁷¹) Beigabe zur 2. Auflage des I. Teils der Geſprächſpiele: Schutzſchrift für die Teutſche Spracharbeit 1644 — Die ſechs Hauptforderungen S. 18 u. 19 — ⁷²) Kurz II, 229 u. 280 — ⁷³) Lemcke I, 231 ff — ⁷⁴) Lemcke I, 183 ff —

[75]) Roth IV, 172 ff — [76]) Roth IV, 165 ff — [77]) Widmann S. 8—10 —
[78]) Familienbuch Bl. 19. Der Totenschild bei St. Sebald trägt die Aufschrift:
„1658 den 17. September Ist in Gott selig Entschlaffen, der WohlEdel, Gestreng,
Fürsichtig und Wohlweiß Herr Georg Philipp Harßdörffer, des Innern Rahts
alhier, dem Gott eine fröliche Aufferstehung verleyhen wolle, umb Christi
willen." — Damit dürfte die bisher strittige Frage des Todestages ihre end-
gültige Erledigung gefunden haben. — [79]) Ars Apophthegmata II, 5684
S. 540 — Geschichtsspiegel LXXX, S. 587 — Teutscher Secretarius II, 6
S. 715 ff — II, 6 S. 707 — Der große Schauplatz jämmerlicher Mordgeschichten CLV, 552 ff — CLI, 533 — Math. Erquickstunden III Anhang
XII Tl. XXVII S. 654 ff — [80]) Der große Schauplatz jämmerl. Mordgesch.
VI, CXXV, S. 418 u. 419 — XLV, S. 151 u. 152 — Math. Erquickstunden III, Teil 10, Aufg. 28, S. 572 ff — Teutscher Secretarius II, 6 S. 673 ff —
[81]) Meißner II S. 25—33 — [82]) Meißner II, S. 19 (Quartalschrift für Ältere
Litteratur und Neuere Lektüre 1783).

Sic labor assiduus linguae fundamina nostrae
firmabit junctis sollicite manibus.

II.

Die fruchtbringende Gesellschaft.

Was den Menschen zum Menschen macht, ist vor allem die Sprache. Aber woher kommt sie? Immer noch ist es nach der Meinung unseres größten Sprachforschers Max Müller ein Problem, ob die Sprache ein Werk der Natur oder der Kunst sei [1]. Gewiß ist, daß ihre Erforschung ebenso der Naturwissenschaft angehört wie der historischen Wissenschaft. Fragen wir nach den einfachsten Sprachelementen, so hören wir, sie bestanden in den Wortwurzeln [2]. Wurzel aber sei, was sich in den Wörtern einer Sprache nicht auf eine einfachere oder

ursprünglichere Form zurückführen lasse. Als allgemein giltig
erkennt man die beiden Urformen der Wurzeln an, die onomato=
poetische und die interjektionale.

Aber schon Epikur erkannte, was Wilhelm von Humboldt
später ausführte, daß noch zwei weitere Momente zur Sprachbildung
wesentlich mitwirkten: Die Verschiedenheit der klimatischen und
sonstigen Verhältnisse der Länder und die Weiterbildung des
Naturlautes zur artikulierten Sprache durch eine gewisse
Verständigung oder Übereinkunft³). So tritt schon in der Urzeit
zur Natur die Kunst. Und fragen wir nun weiter nach den
Wurzeln, so wird uns der Bescheid, es sei ungewiß, ob ur=
sprünglich Wurzelbüschel gewesen, oder ob aus verhältnismäßig
wenigen Wurzeln durch kleine Zusätze diese Mannigfaltigkeit der
Wurzeln entstanden sei. Wir sehen, wie viele Sprachgeheimnisse
uns noch umgeben. Klar gelegt ist nur der richtige Weg zur
Erkenntnis, es ist der alterprobte „von dem Bekannten zu dem
Unbekannten", von der bekannten neuesten und neuen Sprache
zurück zur unbekannten früheren und frühesten.

Wie steht es nun mit der Erforschung unserer deutschen
Muttersprache? Trotz der bahnbrechenden Entdeckungen der Ge=
brüder Grimm, der regsten Thätigkeit unserer großen Germanisten,
des Monumentalwerkes des Grimmschen Wörterbuches konnte die
im Jahre 1888⁴) gestellte Preisfrage „Unsere Muttersprache, ihr
Werden und ihr Wesen" bis heute keine erschöpfende Lösung
finden. Wenn es wahr ist, daß jede Sprache „einen besonderen
Standpunkt in der Weltansicht angibt"⁵), wenn es weiter wahr
ist, „daß der köstlichste Stoff für das Selbstdenken in der Sprache
liegt", wenn es ferner sich bewahrheitet, daß die deutsche Sprache
nach dem Ausspruche des Franzosen Joret geradezu „unvergleich=
lich", als ein Wunderwerk unter den modernen Kultursprachen
dasteht, wenn es Thatsache, daß Sprachentfaltung und Volks=
entwicklung im engsten Zusammenhange stehen, und wenn es sich
erweisen sollte, daß das deutsche Volk noch lange nicht zu
der Stellung im Völkerleben gekommen sei, die ihm vermöge der
in dasselbe gelegten unzerstörlichen und nahezu unerschöpflichen

Triebkraft gebühre, dann werden wir begreifen, wie eine voll=
giltige Beantwortung dieser Frage heute überhaupt noch nicht
möglich ist.

Der Unterschied zwischen unseren Anschauungen und denen
früherer Zeiten über diese äußerst wichtigen Probleme besteht
eben gerade darin, daß man jetzt sich der vollen Schwierigkeit
bewußt ist, während man früher noch keine Ahnung von der
Weite und der Tiefe dieser Dinge hatte, so daß man in Kinder=
weise auf einem schwanken Brett in des Ozeans endlose Ferne
plan= und ziellos sich hinauswagte, oder kindlich naiv bunte Seifen=
blasen steigen ließ, und platzten sie dann, mit gleicher Freude
neue nachsandte.   Wollen wir die wichtigen Fragen, welche die
deutsche Bildungswelt des 17. Jahrhunderts ernstlich bewegten,
richtig würdigen, so müssen wir einen Überblick der Entwicklung
unserer deutschen Sprachverhältnisse voraussenden. Wir folgen
dabei der erprobten Führung eines Rückert, Scherer, Kluge, Paul=
Behagel. Zwei Fragen sind dabei für uns von besonderem
Interesse: Wie kamen wir zu einer deutschen Gemeinsprache im
steten Ringkampfe mit den heimischen Mundarten und den fremden
Kulturelementen, und welchen Anteil nahm an diesem Ent=
wicklungsgange die deutsche Schriftsteller= und Gelehrtenwelt?

Schon am Karolingerhofe entstand eine besondere Hof=
sprache [6]). Dieselbe erbte sich weiter durch die verschiedenen
deutschen Königshäuser hindurch mit jeweiligen mundartlichen
Zuthaten. So wurde die Hofsprache der Reihe nach durch
das Niederdeutsche, Mitteldeutsche und Oberdeutsche beeinflußt.
Daneben finden sich frühzeitig Spuren einer Gemeinsprache.
Mit dem 12. Jahrhundert macht sich sogar schon ein Streben nach
sprachlicher Einheit bemerkbar [7]). Im 12. und noch mehr im
13. Jahrhundert zeigt sich bereits ein entschiedenes Übergewicht des
Hochdeutschen über das Niederdeutsche. Hinderlich der deutschen
Sprachentwicklung erwies sich neben der kirchlichen und wissen=
schaftlichen Alleinherrschaft des Lateinischen die Courtoisiesprache
des Französischen. Mit dem Siege des Rittertums in allen
christlich=mittelalterlichen Staaten kommt eine erste französische

Sturmflut über Deutschland. Die Kreuzzüge, die Ritterorden fördern die französisierenden Einflüsse. Der Rückgang des deutschen Königtums nach dem Interregnum, der Zerfall des Reiches in selbständige Territorien lassen im 15. Jahrhundert die Gemeinsprache allmählich wieder verloren gehen.

Dagegen bildet sich um dieselbe Zeit ein hochwichtiger Ansatz zu erneuter Spracheinheit. Aus einer Mischung von Hof- und Gemeinsprache war die sogenannte Kanzleisprache entstanden. Das Lateinische hatte im Laufe des 14. Jahrhunderts dem Deutschen in den Kanzleien der größeren weltlichen Gebiete und namentlich in der Reichskanzlei Platz machen müssen. Es bildete sich mit der Zeit eine feststehende sprachliche Überlieferung, die je länger desto mehr sich bestrebte, die mundartlichen Eigenschaften abzustreifen. Schon im 14. Jahrhundert entsagte z. B. die Magdeburger Kanzlei dem Niederdeutschen. Die Führerschaft fiel der kaiserlichen Kanzlei zu. Seit Friedrich III. und namentlich Maximilian I. stand der Sieg über den Dialekt fest. Maximilians besonderes Verdienst bleibt es, die neue Diphthongierung in seiner Kanzlei eingeführt zu haben, die sich allmählich im Gegensatze zur mittelhochdeutschen herausgebildet hatte[8]).

Besonders treu an die kaiserliche schloß sich die kursächsische Kanzlei an. Was dieser Kanzleisprache aber durchaus abging, das war die Volkstümlichkeit. Sie war und blieb etwas Abstraktes, eine Schriftsprache, aber keine lebendige Volkssprache. Alles Leben= bringende aber in der Geschichte knüpft sich an die Thätigkeit großer Männer. Zu allen Zeiten war es das Persönliche, das den chaotischen Stoff geformt und ihm Leben eingehaucht hat. Ein solches Sprachgenie ersten Ranges war Luther. Seiner Sprache liegt in Lauten und Formen die kaiserliche und kur= sächsische Kanzleisprache zu grunde, in seinem Wortschatze dagegen hat er an das Mitteldeutsche seiner Heimat, die Meißner Mundart, angeknüpft[9]). So schloß die Schriftsprache mit der lebendigen Volkssprache ihren ewigen Lebensbund. Die Volkssprache aber ward dadurch veredelt, der heimischen Beschränktheit entnommen und zur Gemeinsprache erhoben. Damit war der Sieg des

Hochdeutschen über das Niederdeutsche im Prinzipe entschieden. Der Durchführung dieses Sieges sind die gelehrten Bestrebungen der ersten Hälfte des 17. Jahrhunderts gewidmet.

Viel langsamer freilich sollte sich der hochdeutsche Siegeszug in Oberdeutschland selbst vollenden. Es ist keine Frage, daß die Hauptschuld an diesem Aufschub die konfessionelle Scheidung Deutschlands trug. Nur sehr zögernd und erst im 18. Jahrhundert unter dem vorwaltenden Einflusse Gottscheds erschlossen sich die großen katholischen Gebiete, mit zuletzt die Schweiz.

Aber kaum trat die neuhochdeutsche Sprache ins Dasein, so mußte sie in ihrer gesetzmäßigen Weiterentwicklung im 16. und 17. Jahrhundert die schwersten Schädigungen erfahren[10]. Zuerst war es der Neulatinismus der Humanisten, der die Bildungswelt vom Gebrauche der deutschen Schriftsprache ebenso sehr abzog, wie er sie in der Anwendung derselben schwerfällig und verworren machte. Mit Karl V., dem ausgemachtesten Fransquillon in sprachlicher Beziehung, begann der verderbliche Einfluß des Französischen in die deutsche Kanzleisprache einzudringen, die Luther noch als eine der echtesten Quellen deutscher Schriftsprache hochgehalten hatte. Diese Beeinflussung steigerte sich in der zweiten Hälfte des 16. Jahrhunderts mit dem siegreichen Eindringen des Calvinismus in Deutschland. Die calvinistischen Höfe werden zu eben so viel Trägern französischer Sprache, Gesittung, oftmals sogar französischer Gesinnung in Deutschland. Die Hugenottenkriege, in denen die deutschen Reformierten ihren Glaubensgenossen vielfach Zuzug leisteten, vermehrten die französischen Tendenzen in Deutschland. Das Unglück des dreißigjährigen Kriegs und die strotzende Machtfülle Frankreichs erhoben die französische Sprache zur Bildungssprache in Deutschland, zur Diplomaten- und Hofsprache der Welt.

Zum zweitenmale — und jetzt in weit höherem Grade — bedrohte das Französische deutsche Sprache und Sitte. Indessen blieben aber auch die beiden andern romanischen Sprachen, das Spanische und Italienische, nicht unthätig. Auch sie ersehen sich Deutschland zum Felde ihrer Eroberung. Die katholischen Höfe waren es, die ihnen die Thore öffneten. Spanisches Ceremoniell und italienische Sprache und Geschmacklosigkeit machten sich breit und beherrschten die gute Gesellschaft. Die Manieriertheit des Stils kam aus Spanien und Italien.

Wie verhielten sich nun bis zum 17. Jahrhundert die Gelehrten und Schriftsteller zur Entwicklung der deutschen Schrift= und Gemeinsprache? Ihnen besonders lag ja die wichtige Aufgabe ob, dieser gleichsam das Rückgrat zu schaffen. Jede vollgiltige Sprache bedarf feststehender grammatikalischer Grundsätze, einer geordneten Rechtschreibung und Metrik. Nur sehr ungern machte sich die Gelehrtenwelt an diese Arbeit; die Praxis eilte im all= gemeinen voraus. Die Humanistengelehrsamkeit umnebelte noch die Sinne. Wenn auch einige Humanisten den Wert der deutschen Sprache vollständig begriffen, wie z. B. ein Hutten, die Mehrzahl derselben hielt sie noch in der ersten Hälfte des 16. Jahrhunderts für barbarisch [11]). Die großen Niederländer Humanisten, ein Scaliger, Vossius, Franziskus Junius, mußten in ihrer Pflege der holländischen Sprache den deutschen Gelehrten erst die Lehre geben, daß die Ausbildung der Muttersprache eine der Gelehrsam= keit nicht unwürdige Beschäftigung sei.

Unbeachtet blieben die ersten Versuche einer deutschen Grammatik des Landshuters Christoph Hueber 1477 und des Rothenburgers Valentin Ickelsamer 1534 [12]). Selbst den Ansatz zu einem deutschen Wörterbuch kannte das 15. Jahrhundert schon in Theuthonistes (Gerhard von Schueren) Lateinisch=deutschem Wörterbuche 1477.

Erst des Johann Clajus lateinisch geschriebener deutschen Grammatik 1578 gelang es, Schule zu machen. Sie brachte es bis 1720 zu elf Auflagen [13]). Clajus machte den Versuch, Luthers Sprache zu kodifizieren. Seine Beispiele entnahm er nur den lutherischen Schriften. „Luthers Sprache ist ihm die klassische Norm, direkte Offenbahrung des heiligen Geistes." So wertvoll des Clajus Arbeit auch gewesen, sie blieb doch in Anlage und Ausführung durchaus einseitig. Dem 17. Jahrhundert erwuchs also die würdige Aufgabe, nach Maßgabe seines Wissensstandes endgiltig zu bestimmen, was in Prosa und Poesie der deutschen

Muttersprache oder, wie man sie damals nannte, „der Teutschen Haupt= und Heldensprache" künftig Rechtens sein solle. Neben dieser theoretischen Zeitforderung lief die praktische her, eine deutsche Litteratur zu schaffen, die den Wettbewerb mit den englischen und romanischen Litteraturwerken aufnehmen könnte.

Man ist gewohnt, im allgemeinen absprechend über die litterarischen Arbeiten des 17. Jahrhunderts in Deutschland zu urteilen. Es kommt das mit daher, daß man den Niedergang, den der dreißigjährige Krieg allerdings im Gefolge hatte, zu sehr mit auf den Anfang des Jahrhunderts zurückbezieht. Die der Zeit gesetzte Aufgabe war eine hohe, der Feinde und Hindernisse waren viele; kein Wunder, daß schließlich die Erfolge nicht befriedigten. Aber will man gerecht sein, so darf man nicht verkennen, daß viel guter Wille, viel tüchtige Kraft, viel Arbeit und Mühe, ja auch viel richtige Einsicht aufgeboten worden sind. Die Anfangszeiten des Jahrhunderts leiten sogar entschieden einen kräftigen Auf= schwung ein, dem nur leider der Fortgang nicht entsprechen konnte. Trotzdem wird man billiger Weise urteilen müssen, die sprachliche Arbeit der ersten Hälfte des 17. Jahrhunderts bedeutet einen wesentlichen Fortschritt gegen den Stand der Dinge in der zweiten Hälfte des 16. Jahrhunderts.

Der Dichter Martin Opitz und die fruchtbringende Gesellschaft haben diesen segensreichen Wandel geschaffen. Beide gingen anfänglich ihre eigenen Wege. Verhältnismäßig spät, erst 1629, wurde Opitz als der Gekrönte in den Orden aufgenommen. Aber ihre Ziele waren von Anfang an die gleichen gewesen. Im Jahre 1617 trat Opitz mit seinem Aristarchus an die Öffentlichkeit, in dem er in lateinischer Schrift, um in Deutschland Beachtung finden zu können, seinen Zeitgenossen, besonders den Fürsten, eine donnernde Strafrede über die Verachtung der Muttersprache hielt, und im gleichen Jahre ward auf Schloß Hornstein von deutschen Fürsten zu Ehren der deutschen Sprache die fruchtbringende Gesellschaft, später der Palmenorden benannt, begründet.

Hatten sich die calvinischen Höfe in Deutschland schwer am Deutschtum versündigt gehabt, so muß jetzt rühmend anerkannt werden, daß es ein calvinistischer Fürst war, der nach dem Tode des ersten Vorstandes, Kaspars von Teutleben, an die Spitze der Sprachgesellschaft trat, daß es besonders calvinistische Höfe gewesen sind, die diese Bestrebungen kräftig unterstützten.

Opitz hatte wenig Originelles; er zeigt eine durchaus reflektierte Natur, kühl berechnend, geschmeidig, mehr klug als charakterfest[14]). Im Anschluß an die Niederländer wurde er der Reformator der deutschen Metrik, im Anschluß an die Italiener bahnte er der Schäferdichtung den Weg nach Deutschland. Ein Emporkömmling, errang er in seiner Person der deutschen Dichtung die höchste Ehrung in den Augen der Zeitgenossen, indem er durch den Kaiser ihrethalben geadelt wurde. Früh schon, 1639, wurde er durch den Tod dahingerafft, als „der Fürst aller deutschen Dichter" beklagt.

Fürst Ludwig von Anhalt bietet zu Opitz eine würdige Ergänzung. Von Haus aus fürstlichen Geblütes, gewinnt er es über sich, seinen Standesgenossen entgegenzutreten, um einer verachteten Sache sein Leben zu weihen. Dreiunddreißig Jahre, ein volles Menschenalter, widmete er der fruchtbringenden Gesellschaft. Er ist ein Mann voll „gemütvoller Humanität, Menschenkenntnis und Selbstlosigkeit", dabei festen, unbeugsamen Willens. Durch die ganze Schwere der Zeiten hindurch bis zu seinem 1650 erfolgenden Tode, oftmals vertrieben, bedroht vom Kaiser, bedroht von den Schweden, bleibt er seinen Idealen getreu, ja die fruchtbringende Gesellschaft selbst muß dazu dienen, die Entzweiung und den Haß zu lindern, Calvinisten und Lutheraner scharen sich unter ihrem Banner, auch Katholiken erlangen Zutritt; einflußreiche Staatsmänner und Feldherren von beiden Seiten, einen Oxenstierna, einen Gustav Wrangel, einen Pfalzgrafen Karl Gustav, aber auch einen Octavio Piccolomini, Herzog von Amalfi, finden wir unter ihren Mitgliedern.

Man mag über die litterarischen Leistungen der fruchtbringenden Gesellschaft urteilen, wie man will, günstiger oder ungünstiger, darin müssen alle übereinstimmen, daß Fürst Ludwigs Bemühen, kulturell betrachtet, nicht hoch genug angeschlagen

werden kann. In einer Zeit schrofffter Standesvorurteile, in der
man die Fürsten „Götter" zu nennen wagte, in der adelige
Geburt dem größten bürgerlichen Verdienfte vorging, in der
namentlich die Gelehrtenwelt in unwürdigfter Schmeichelei sich
gefiel, brachte es Fürst Ludwig zu stande, Fürsten, Adel und
Gelehrte zu einmütiger Arbeit um ideale Güter zu vereinen. Was
in der Zeit in geiftiger Beziehung von irgend welchem Belang
war, es hing unmittelbar oder mittelbar mit der fruchtbringenden
Gesellschaft zusammen. Wahrlich, es war keine leichtere Sache,
diese widerspenftigen Elemente zu sammeln, zu leiten, zu sänftigen,
wie es Wallensteins ruhmvolles Beginnen gewesen, ´seine sieg=
reichen Scharen aus der Erde zu stampfen.

Fürst Ludwig hatte bei seinem einjährigen Aufenthalte (1600)
in Italien der Accademia della Crusca in Florenz angehört
unter dem Namen der „Entzündete" (Acceso), mit dem Sinn=
bilde „der brennenden Stoppel" (la stoppia che arde) und dem
Denkspruche aus Petrarca: „Im Brennen mahnt michs an mein
Heil" (Fecemi ardendo pensar mia salute)[15].

Von da entnahm er die äußere Form der Vereinigung, an=
fänglich sogar die Namen, die mit Getreide und Mehl zu thun
hatten, wie der Nährende, der Mehlreiche u. s. w. Später folgte
der Fürst seiner Liebe zur Gartenkunst und nahm daher Namen
und Abzeichen. Die Seltsamkeit dieser Namen ergibt sich aus dem
Bilde und dessen Deutung. Betrachten wir diese zuerst, so
werden wir jene sogar vielfach sinnreich gewählt finden. Sehr
beachtenswert sind die Denksprüche, vom Fürsten „Reimgesetze"
genannt[16]. Er verfaßte sie sämtlich selber und liebte es, in ihnen
eine Charakteristik des Eintretenden zu entwerfen. Der Fürst hat
bis zu seinem Tode 527 Reimgesetze gefertigt.

Die Hauptgesetze des neuen Ordens waren:

1.) „Daß sich jedweder . . . ehrbar, nützlich und ergetzlich
begegnen . . . sich aller groben verdrieslichen reden und schertzes
darbey enthalten."

2.) „fürs andere, das man die Hochdeutsche Sprache in ihrem
rechten wesen und Stande, ohne einmischung frembder ausländischer

Wort, aufs möglichste und thunlichste enthalte, und sich sowohl der besten aussprache im reden, als der reinsten Art im schreiben und Reime-Dichten befleißigen."

Denken wir an die „namenlose, zotenhafte Gemeinheit der Rede", auch der höheren Stände, und an die Sprachmißhandlung namentlich seitens der Gelehrten, so müssen wir sagen, es waren ebenso wohlthätige, wie billige, durchführbare Bestimmungen [17]). Es soll eine selbständige deutsche Litteratur geschaffen werden, ebenbürtig den Litteraturen der westlichen Kulturvölker. Darin stimmen Opitz und Fürst Ludwig überein. Dazu ist es nötig, einmal das Gute aus den fremden Litteraturen durch Übersetzungen in Deutschland einzubürgern, fürs andere die deutsche Sprache in Grammatik, Metrik und Worterforschung einheitlich zu gestalten, um sie zu einem würdigen Gefäße selbständiger, ebenbürtiger Leistungen zu erheben. Geschieht das, so ist der Weg zur Welt-litteratur und zur Klassicität eröffnet. Diese Arbeit am Fortschritt zum Bessern und Guten deutet sinnig der fruchtbringende „indianische Palmbaum" an mit seiner Umschrift „Alles zum Nutzen".

Zur Erreichung dieser Aufgaben bedurfte es eines festen Programmes. Fürst Ludwigs eifrigstes Bemühen war darauf gerichtet, alle irgendwie geistig bedeutenden Männer ins Interesse der Gesellschaft zu ziehen und sie an den Gesellschaftsarbeiten nach Maßgabe ihrer Kenntnisse zu beteiligen. Bald kam es so weit, daß es für eine Ehre angesehen wurde, Mitglied der frucht-bringenden Gesellschaft zu sein. Da galt es, darüber zu wachen, daß nicht unwürdige oder doch ungeeignete Elemente in die Gesellschaft eindrangen. Wie die Zahl von 400 voll war, wünschte der Fürst eine Pause in der Aufnahme neuer Mitglieder. Bald aber ward er zu neuen Aufnahmen gedrängt. Es fehlte nicht an Reaktions-versuchen gegen die Gleichstellung des Adeligen mit den Bürger-lichen, ja Oberst Rudolf von Dietrichstein (Nr. 481), gewiß nur als Wortführer einer mächtigen Strömung, bringt 1647 geradezu den Antrag ein, die fruchtbringende Gesellschaft in einen Ritter-orden umzuwandeln, künftig nur mehr Adelige aufzunehmen und die Mitgliederzahl auf 500 zu beschränken. Fürst Ludwig lehnt diesen das ganze Wesen der Gesellschaft und ihre Wirksamkeit bedrohenden Antrag schroff ab mit der denkwürdigen Erklärung, daß die Gelehrten „von wegen der freien Künste auch edel seien"[18]).

So gläubig fromm Fürst Ludwig war, so hatte er doch seine guten Gründe, dem Eindringen der Theologen in die Gesellschaft zu wehren. Bei dem streitbaren Geiste, der diese Kreise beseelte, wäre dadurch der Friede zu sehr bedroht gewesen. Nur zwei, Johann Rist und Johann Valentin Andreä, fanden während Fürst Ludwigs Leitung Aufnahme; ein dritter, der berühmte Michael Dilherr, einer der versöhnlichsten Geister der Zeit, ward trotz kräftiger Fürsprache beharrlich abgewiesen[19]). War Abwehr der Verwelschung der deutschen Sprache Hauptaufgabe der Gesellschaft, so galt es doch bald auch, dem Übermaße entgegenzutreten, dem falschen Purismus. Gerade dieses Zuviel drohte alle Errungen=schaften wieder in Frage zu stellen, weil es mit dem Fluche der Lächerlichkeit behaftet war.

Betrachten wir uns in Kürze die Männer, die neben dem Fürsten die Last und Mühe der Gesellschaft trugen. Da ist es vor allem Dietrich von dem Werder in Cöthen (der Vielgekörnte mit dem „aufgebrochenen Granatapfel" und der Umschrift „ab=kühlend stärket" Nr. 31)[20]), Carl August von Hille in Braunschweig (der Unverdrossene mit dem „Beerenklau" und der Umschrift „in heilsamer Wirkung" Nr. 302), Augustus Buchner in Wittenberg (der Genossene mit dem „Kraut Musa" und der Umschrift „Je öfter, je lieber"), Christian Gueinz in Halle (der Ordnende mit der „Wurzel Mecho acana" und der Umschrift ‚Jedes an seinem Ort"). Am Schlusse seines Reimgesetzes heißt es:

> ... die deutsche Sprachlehr hab'
> Ich nun gezeiget vor, wie ihr gebrauch mir gab.

Als der bedeutendste von allen darf sicher Justus Georg Schottel aus Wolfenbüttel gelten (der Suchende mit der „Gemsen=wurzel" und der Umschrift „Reine Dünste" Nr. 397). Sein Reimgesetz lautet:

Die Gemsenwurzel wird auch Schwindelkraut genannt
Von Jägern, die dem thier in bergen hoch nachsteigen.
Die reinen Dünst ich such', und mache sie bekant,
Die unsrer deutschen Sprach in ihrer art sind eigen,
Recht auf dem grunde geh' und drin bleib unverwand,
Heist Suchend, auch wil fort, was ich drin finde zeigen,
Zu bringen frucht, die wol dem Vaterlande nutzt,
Und mit der deutschen Zung' all' andre frembde trutzt.

In diesen würdigen Verein tritt nun unser Harsdörfer und
wird mit Schottel im Bunde bald eines ihrer einflußreichsten
Mitglieder, so lange Fürst Ludwig am Ruder war. Nach dessen
Hingange zieht er sich mehr und mehr zurück. Er hieß „der
Spielende" mit „bunten Bönelein" und der Umschrift „Auf
manche Art" Nr. 368. Als Reimgesetz hatte ihm Fürst Ludwig
gegeben:

Die Bunte Bönelein von farben mancher art
Ergetzen, in sich, auch mit wolluft gleichsam spielen:
Der Nahme Spielend drumb mir nun gegeben ward,
Weil im gemüte man ergetzlichkeit kan fühlen,
Man im gespreche wird gantz tugendlich gebahrt,
Zu theilen mit was man begriffen hat in vielen
Und frembden Ländern wol: das nutzt dem Vaterland'
Und bringet früchte vor Spielweis' in jedem stand.

Der Vereinigung von Gesellschaftsdevise und eigenem Bei=
namen verdankt Harsdörfers: „Mit Nutzen erfreulich" seine
Entstehung.

Harsdörfer war durch Hans Philipp Geuder, einen Nürn=
berger (den Ergetzenden, Nr. 310), und dessen Herrn, den Fürsten
Christian II. von Anhalt (den Unveränderlichen), dem Fürsten
Ludwig zur Aufnahme vorgeschlagen und von diesem unter dem
11. März 1642 aufgenommen worden.

Von jetzt an entwickelt sich ein lebhafter Briefwechsel zwischen
dem „Nehrenden" und dem „Spielenden", in dem alle wichtigen,

die fruchtbringende Gesellschaft bewegenden Fragen zur Erörterung kommen, so daß dieser geeignet ist, zu einer Art Führer durch die innere Geschichte dieser Sprachgesellschaft zu dienen. Es ist das dauernde Verdienst Krauses, diese für Fürst Ludwig, die frucht= bringende Gesellschaft und Harsdörfer gleich wichtige Quelle in seinen beiden Werken „dem Ertzschrein" und der Lebensbeschreibung Fürst Ludwigs uns erschlossen zu haben. Wir bekommen damit einen Einblick in die ernste und nicht fruchtlose Arbeit dieser Männer, die keineswegs, wie Barthold noch in seiner Geschichte des fruchtbringenden Palmenordens, irregeleitet durch Neumarks Palmbaum, meinen konnte, mehr oder weniger eine, wenn auch gut gemeinte, Spielerei gewesen ist. Über die wichtigen Fragen der Grammatik, der Rechtschreibung und Metrik bilden sich zwei Hauptrichtungen aus; auf der einen Seite finden wir Schottel und Harsdörfer, auf der anderen Gueinz, dem Buchner zeitweilig Rückhalt bietet. Fürst Ludwig nimmt zwischen beiden eine ver= mittelnde Stellung ein, bemüht, die Gegensätze auszugleichen und ein persönlich gutes Verhältnis aufrecht zu erhalten. Anfänglich mehr Gueinz zugeneigt, der sachlich in manchen Streitfragen das Recht mehr auf seiner Seite hatte, fühlt er sich durch die recht= haberische und pedantische Art desselben je länger je mehr zu Schottel und Harsdörfer hingezogen. Übrigens wahrt sich Fürst Ludwig stets sein Schiedsrichteramt, tadelt ohne Scheu und findet meist williges Gehör.

Wir dürfen sagen, Harsdörfers schriftstellerische Thätigkeit wird uns erst mit der fruchtbringenden Gesellschaft verständ= lich. Hatte er sein Hauptwerk „die Gesprächspiele" auch schon begonnen, ehe er Mitglied geworden, so ist es doch ganz im Geiste derselben gehalten und wird unter der Ägide der Gesellschaft fortgesetzt und vollendet. Die wichtigsten seiner weiteren selb= ständigen Schriften wie Übersetzungen sind entweder der Gesellschaft oder einzelnen Mitgliedern derselben gewidmet, häufig sogar be= zeichnet sich Harsdörfer ohne Namensangabe nur als ein Mitglied der fruchtbringenden Gesellschaft. Besonders hängt seine wissen= schaftliche Thätigkeit mit den Strebungen der Gesellschaft zusammen.

Es sind, von kleineren Schriften, sogenannten Beigaben, abgesehen, namentlich drei Schriften, teilweise von beträchtlichem
Umfange, die hieher zu rechnen sind, eine lateinisch und zwei
deutsch geschrieben. Das „Specimen Philologiae Germanicae"
dankt direkt den im Schoße der Gesellschaft gepflogenen sprachlichen
Erörterungen seine Entstehung; der „poetische Trichter", eine
Poetik und Rhetorik, will die ästhetischen Anschauungen der
Gesellschaft zum Ausdruck bringen, während sein sprachlich vielfach
angefochtener „Teutscher Sekretär" eine Anleitung zu selbständiger
schriftstellerischer Leistung in den verschiedenen Beziehungen des
praktischen Lebens zu bieten versucht. Wir werden auf den
Inhalt dieser drei Schriften im Verlaufe noch in eingehender
Weise zu sprechen kommen.

Folgen wir zunächst also dem Briefwechsel mit dem Fürsten
bis zu dem Zeitpunkte, an dem Harsdörfer mit dem „Specimen
Philologiae" hervortrat.

Der Briefwechsel beginnt mit Harsdörfers Danksagung für
seine Aufnahme in die Gesellschaft [21]. Er kündet seinen zweiten Teil
der Gesprächspiele an und übersendet vier früher geschriebene
lateinische Schriften, welche vormals von seiner (des Spielenden)
müssigen und übel geschnidenen Feder flossen. Indessen langt mit
dem 11. März 1642 auch der zweite Teil der Gesprächspiele beim
„Ertzschrein" an. Der Nährende erwidert darauf Harsdörfer
unter dem 3. Mai. Er lobt den Rhythmus der Gedichte, aber
tadelt mit Recht das Versmaß der Reime. Er verweist den
Spielenden auf die zu Cöthen 1640 gedruckte deutsche Reimkunst.

Am 8. des Brachmonats (Juni) schreibt Harsdörfer schon
wieder. Er fragt an, ob sein dritter Teil Gesprächspiele unter der
Gesellschaft Namen erscheinen dürfe, und ob er fortfahren solle,
eine Art Überblick über die fremden Litteraturerscheinungen zu
geben. Er empfiehlt Dilherr in Jena zur Aufnahme, der ein
sonderlicher Liebhaber der Teutschen Sprache und seine Schüler im
Predigen so angewöhnet, daß derselben keiner ein Lateinisches Wort
oder sylben von sich hören läßt. In der Antwort vom 7. des
Christmonats (Dezember) billigt zwar der Nährende alles über die

Gesprächspiele Vorgebrachte, weist aber Dilherrs Aufnahme als eines Theologen, wie oben schon erwähnt, entschieden zurück.

Unter dem 19. April 1643 übersendet der Spielende den nunmehr vollendeten dritten Teil. Die Wortschreibung betreffend, scheinet als ob selbe noch der Zeit nicht zu grundrichtichem Stande gelanget war — massen der Suchende (Schottel) welcher in unserer Sprache viel nützlichs und nöhtiges gefunden, seine meinung in vielen geändert.

Nach einigen unwichtigeren Schreiben hinüber und herüber bemerkt der Spielende in seinem Briefe vom 20. des Herbstmonats (September), er habe nun die erste Hälfte seines vierten Teiles fertig gestellt, darin würde er die Übersetzung eines französischen Freudenspieles bringen, die Erfindung dieses Werkleins wird dem jüngst verstorbenen Cardinal von Richelieu zugeschrieben; es ist vor kgl. Majestät in Frankreich ... gespielet .. worden. Unter Hinweis auf Stück 165 seiner Gesprächspiele im III. Teil fordert er die Ausarbeitung und Herausgabe eines Wörterbuches angesehn, daß alle die, welche sich in ausarbeitung unserer Muttersprache bearbeitet, in fast wenig stücken mit einander übereinstimmen ... Des Suchenden Sprachkunst ... hat zur Zeit geringen Beyfall auch ist er viel zu ändern bedacht.

Über die Schreibweise einzelner Wörter entspann sich nun eine für uns nicht uninteressante Fehde. Nehmen wir unsere, bekanntlich nicht unantastbare, Schreibweise zum Maßstabe, so verteilt sich ungefähr Recht und Unrecht zu gleichen Teilen. Die erste Reihe gibt immer die Schreibung der fruchtbringenden Gesell= schaft, die zweite die Harsdörfers.

Bemerckung	—	Bemerkung	Beschäftigung	—	Beschäfftigung
Nahmen	—	Namen	Vaterland	—	Vatterland
beharlich	—	beharrlich	Geheimnus	—	Geheimniß
weis	—	weiß	Empfangen	—	Emfangen
mus	—	muß	Deutsch	—	Teutsch

Dazu bemerkt Harsdörfer: Wir Franken sagen Vatter, und solte in dieser Stadt kein Setzer zu finden seyn der Vater setzen würde. Gevatter ist gleichsam ein Mit = Vatter.

Wir erfehen daraus ein Doppeltes, einmal die Gewaltherrfchaft, die fich die Drucker herausnahmen, und fürs andere das Übermaß der Berechtigung, das der heimifchen Mundart noch zugebilligt wurde. Nach Rückert [22]) kommt dies daher, weil Nürnberg, Straßburg und andere füddeutfche Städte vom großen mittel= und norddeutfchen Sprachftamme durch dazwifchen liegende katholifche Gebiete, die damals außerhalb der Sprachentwicklung lagen, gleichfam abgefprengt waren, weshalb ihnen das Gefühl für Sprachrichtigkeit vielfach abging.

Unter dem 14. des Weinmonats (Oktober) tadelt der Nährende mit Recht, daß Harsdörfer Daktylen unter Jamben mifche. Der Fürft war übrigens kein Freund des Daktylen=Versmaßes, das Auguftus Buchner zuerft ins Deutfche eingeführt hatte. In feinem Briefe vom 24. des Wintermonats (November) fragt Harsdörfer an: Welche unter allen Teutfchen mundarten die naturmäßige, reinlichfte und zierlichfte fey? und Ob die Stammwörter in den abwandelungen, dopplungen und ableitungen jedesmal gantz, unzerftücket und unver· ändert richtiglich zu behalten? Eine entfcheidende Antwort erfolgt auf diefe Anfragen zunächft nicht.

Unter dem 26. des Oftermonats (April) 1644 überfendet Harsdörfer den vollendeten vierten Teil; darin finden fich feine Überfetzungen der „Logica“ und „Rhetorica“. Am 24. Auguft fchreibt Harsdörfer: Weilen nun diefes ortes die Teutfche Sprache in gang und fchwang gelanget, die Sprachkunft des Suchenden in den Schulen eingeführet (den Nürnberger), und Joh. Clajus, ein befliffener der Heiligen Schrift, zwey herrliche Gedichte, von jambifchen, trochäifchen, Anapäftifchen, Sapphifchen, daktylifchen und andern mehr Reimarten öffentlich hören laffen; werden der Hochlöblichen Frucht· bringenden Gefellfchafft Bücher befraget und verlanget; fonderlich aber ift der Weife Alte zu Regenfpurg und Augfpurg bezeichnet worden.

In der Antwort vom 24. Jannar 1645 verweift der Nährende darauf, daß die gewünfchten Bücher auf dem Leipziger Jahrmarkte an Lichtmeß durch den Buchführer Andreas Köhn im Frankfurter Buchladen zu beziehen feien. Im übrigen tadelt er an Schottel und Harsdörfer mit Recht, daß sie den Gebrauch des bestimmten und unbestimmten Artikels beim Adjektiv nicht unterschieden. Man sagt „der Spielende, der Nehrende", nicht „der Spielender" u. s. w., dagegen „ein Spielender". Ebenso irrig ist es, im Plural ein e anzusetzen, z. B. die Mördere, die Webere.

In seinem Briefe vom 9. Mai 1645 kommt Harsdörfer zuerst auf Zesen zu sprechen. Dieser „Caesius", jetzt Zesien, hat seinen „Ibraim" der fruchtbringenden Gesellschaft zugeeignet. Außerdem hat er eine eigene Gesellschaft, „die deutschgesinnte", aufgerichtet. Grafen und Freiherrn zählen schon zu ihren Mitgliedern. Jeder Aufzunehmende muß eine selbständige Arbeit einsenden. Zesien beabsichtige nun, ihn (Harsdörfer) ebenfalls aufzunehmen. Er würde den Namen des „Durchbrechenden" annehmen mit dem Sinnbilde eines „Botsmanns mit dem Brechschifflein", den eine Muse mit einem Rosenkranze kröne. „Fleiß bricht eis und erhält den Preis" würde dann die Umschrift lauten. Er fragt nun den Nährenden, ob er ihm die Aufnahme in die neue Gesellschaft gestatte. In diesem Falle beabsichtige er, 100 Andachtsgemähle zu fertigen und in Vorlage zu bringen.

Der Fürst antwortet darauf unter dem 29. Mai, er habe gegen den Eintritt Harsdörfers in Zesens deutschgesinnte Gesellschaft nichts einzuwenden, weil es aber fast scheint, als wan Caesius gar etwas neues in der deutschen Orthographie, oder Wortschreibung, für hat, so zimlich weit gesuchet, auch in etzlicher neu aufgebrachten und nicht alzu wol erfundenen wörtern bestehet, in massen sein verdeutschter Ibrahim .. mit mehrern .. ausweiset ... ist auf die mittel zu gedenken, wie etwa .. Caesius, der sonsten in seiner verdeutschung lauffig, und in der feder flüssig, Zuvor vollend Zur rechtmessigen gleichförmigkeit möge gebracht werden [28]. Bei den „andachtsgemählen" rät der Fürst Harsdörfer, doch ja recht vorsichtig zu sein, um nicht religiös Irriges zu bringen. Er fürchtet offenbar die „rabies theologorum".

Harsdörfer muß erst später gefunden haben, daß es sich gebühre, vorher die Genehmigung des Oberen zum Eintritte in eine neue Vereinigung sich zu erholen. Die Sache ist nicht ohne Belang für die kurz vorher durch Harsdörfer begründete Gesellschaft der Schäfer an der Pegnitz, wie ich an anderer Stelle ausführen werde.

Schon am 23. des Christmonats (Dezember) 1644 erklärt sich nämlich Harsdörfer in einem ausführlichen, an Zesen gerichteten Briefe gerne bereit, die auf ihn gefallene Wahl vorbehaltslos anzunehmen. Er thue dies um so lieber, maßen ich den Zweck dieser Genossenschaft dahin verstanden, daß die deutsche Hauptsprache durch vertrauliche Zusammensetzung mit starker Hand aus ihren Gründen in ihren majestätischen Ehrenthron erhoben werden soll. Es verfolgt somit die deutschgesinnte einen ähnlichen Zweck, wie die fruchtbringende Gesellschaft. Da nun in Italien der Einzelne Mitglied von drei, vier Sprachakademien sein kann, so wird dies auch in Deutschland möglich sein. Er wünscht „der Kunstspielende" genannt zu werden und als Sinnbild den Merkur zu bekommen, wie er Dornen von einem Rosenholze abschneidet, um einen Spielstab zu fertigen. Es bleibt auffällig, daß Harsdörfer an den Fürsten in dieser, wenn auch nebensächlichen Sache, so verschieden berichtet. Harsdörfer führt überhaupt in dem Briefe eine etwas ruhmredige, hochfahrende Sprache. Er fühlt sich offenbar Zesen gegenüber als Gönner und Mentor. Mir sind, ohne Ruhm zu schreiben, viel tapfere Poeten mit Freundschaft zugethan, welche alle mit eintreten sollen, wenn sie, wie ich hoffe, unter folgenden oder den gleichen Namen möchten aufgenommen werden. Er schlägt nun sechs Namen vor; vier von ihnen treffen wir im Verlaufe auch als Mitglieder des Pegnesischen Blumenordens wieder. Ihre Träger waren: Menzel Scherffer von Scherffenstein aus Schlesien, Isaias Rümpler von Löwenthal aus Elsaß, Johann Clajus, zur Zeit in Nürnberg, Johann Michael Moscherosch, „sonsten Philander von Sittenwalt", Samuel Hund aus Sachsen und Samuel Betulius aus Nürnberg. Er verspricht dabei, noch andere Mitglieder für die Gesellschaft zu werben. Fürs weitere fordert Harsdörfer, daß die Reimen oder Verse der Sinnbilder von einem allein aufgesetzt werden, wie bei der fruchtbringenden, und daß in den Stiftungsbrief aufgenommen werde, wie die Rechtschreibung kein wesentliches Stück der Sprache sei, denn sollte man dies nicht belieben .. würden viel

(vom Eintritt) abgeschrecket und unser Vorhaben merklich gehemmt
werden. Er verweist Zesen auf des Suchenden Sprachkunst und
wünscht zum Schluße mit meinen hochgeehrten Herrn ein Stündlein
davon zu reden. In der Nachschrift schlägt er noch vor, künftig
statt aller Titel nach der Art der Franzosen und Niederländer sich
gegenseitig mit Mein Herr anzureden.

Harsdörfer muß eine Ahnung davon gehabt haben, daß der
feurige Zesen und der bedächtige Fürst Ludwig schwer zusammen-
paßen; so möchte er gleich einen Stein des Anstoßes, die Rechtschreibung, freigestellt haben. Vielleicht hoffte er auch, durch den
Miteintritt seiner Gefreunde sich ein Gegengewicht gegen Zesens
stürmische Neuerungssucht zu schaffen.

Unter dem 17. August 1645 stellt Harsdörfer bei Gelegenheit
der Einsendung der Schriften degl 'Academia Ociosi den Antrag,
auch mit den „Unisonis und Incognitis" durch die Vermittlung
Dandalos und Loredanos in Venedig in Schrift- und Bücher-
wechsel zu treten. Er wünscht, daß vor Wiederauflegung der
Sprachkunst Schottels ein Einigungsversuch mit Gueinz angestellt
werde. Der Ergentzende (Geuder) und alle Gelehrte hier und zu
Ulm achten des Suchenden seine Sprachkunst, in ihren Hauptstücken
für richtig, maßen sie auch in etlichen Schulen eingeführt worden;
hingegen will dem Ordnenden (Gueinz) niemand beipflichten.
Er schlägt vor, die strittigen Schriften dem Vielgekörnten
(Dietrich von Werder), dem Genoßenen (Augustus Buchner)
und dem Träumenden (Moscherosch Nr. 436) zur Begutachtung
vorzulegen.

Der Nährende antwortet darauf unter dem 14. des Herbstmonats (September), er halte eine offizielle und in italienischer
Sprache verfaßte Begrüßung der „Ociosi" in Neapel für nicht
angezeigt; er müße zudem offen eingestehen, daß er „in der
toskanischen Schreibweise nicht mehr recht sattelfest" sei. Was
aber die Sprachlehre betreffe, bedünket (ihm) die Sache sey nicht so
weitleuftig und beruhe vornehmlich in Samlung der Stammwörter.
Wir sehen, Fürst Ludwig fürchtet das Auseinanderplatzen der
Geister; er möchte die streitenden Parteien auf ein beiden gemein-

fames, neutrales Gebiet verweisen. Doch der Stein ist im Rollen. Schon unter dem 23. des Herbstmonats (September) 1645 erwidert Harsdörfer: Noch vor Drucklegung des sechsten Teiles der Gesprächspiele bin ich gesinnet in Lateinischer Sprache Specimen Philologiae Germanicae zu verabfassen, in welchem vom alterthum, und Vergleichung der Teutschen und Ebraischen Sprache in gebundener und ungebundener Rede, zu lesen seyn wird; etlichen Miß= günstigen zu begegnen, welche mich beschuldigen, daß ich die Jugend von den Latein und Studiren abführe, und zu den Teutschen alleine verleite. Harsdörfer will mit einem Streiche zwei Gegner treffen. Er will Schottels Gegenpartner besiegen und die Verleumder entwaffnen, die ihn der Gesprächspiele wegen nach unserer Sprechweise „der Unwissen= schaftlichkeit" zeihen.

Am 1. des Wintermonats (November) schreibt Harsdörfer schon wieder. Wir erfahren, daß Moscherosch in diplomatischer Sendung sich in Paris befindet, außerdem werden Georg Conrad Osthofen (Verfasser des „weiblichen Tugend=Schatz), Wilhelm Böheim (Übersetzer von Schriften des Engländers Joseph Hales) und der Arzt Johann Helwig (Übersetzer des Boëthius) zur Auf= nahme vorgeschlagen. Etliche fragen, was sie noch rühmliches und und nützliches unternehmen sollen; dergestalt, daß die Gesellschaft der fruchtbringenden viel aufmuntert zu der Teutschen Spracharbeit, und zu unserer Zeit diese sache mehr als niemals getrieben wird. Zu Münster und Offnabrück haben etliche angefangen rein Deutsch und fast nach des Ordnenden Anweisung zu schreiben..... Der größte Streit wird seyn, wegen der Stammwörter wesent= liche Buchstaben, ob solche durch die vor= oder nachsylben können vermindert oder verändert werden? In allen andern stücken wird der Suchende gerne weichen.

Fürst Ludwig meint darauf unter dem 9. des Christmonats (Dezember) 1645, die Vorgeschlagenen, Osthofen und Helwig, sollten erst ihre Übersetzungen im Drucke erscheinen lassen, dann wolle er sich die erinnerung gefallen lassen. Sie wurden übrigens später doch nicht aufgenommen. Am 17. des Christmonats

(Dezember) sendet Harsdörfer 10 Thaler ein für Anfertigung seines Gesellschaftsgemäldes, außerdem eigene Schriften. Dabei gewinnen wir einen schätzenswerten Einblick in die ganz erstaunliche Schaffensfreudigkeit Harsdörfers. In diesem Jahre (1645) fertigte Harsdörfer eine Übersetzung der drei Teile der Diana des Monte Major, des ersten Teiles des königlichen Katechismus, verfaßte die Fortsetzung der Pegnitzschäferei, des „Specimen Philologiae Germanicae" und einen großen Teil der sechsten Sammlung seiner Gesprächspiele.

Ehe wir den Hauptinhalt des „Specimen Philologiae" näher betrachten, müssen wir vorher noch einen Blick auf die vorausgehenden Verhandlungen werfen. Der Ordnende (Gueinz) hatte im Auftrage des Fürsten Ludwig eine deutsche Sprachlehre verfaßt. Der Fürst hoffte, dieselbe zur Norm für die ganze fruchtbringende Gesellschaft machen zu können. Deshalb forderte er Gutachten. Aber eben aus diesen entwickelte sich ein heftiger Streit, der eine Vermittlung immer schwieriger und in ihrer Wirkung zweifelhafter erscheinen ließ.

Schottel äußert in seinem Gutachten über Gueinz' Buch (28. März 1640), nachdem er im Eingang in fast prophetischer Weise davon gesprochen, daß die deutsche Sprache [24] nur auf das glück einer mehr befreiten Zeit warten (müsse), darin Sie Zu eiligem Wachsthumb und unwandelbarer Zahl gerahten, und als eine zeitige Geburt das .. Urteil des Vaterlandes begrüßen könne ... die Teutsche Sprache ruhet fest und unbeweglich in ihren, von Gott eingepflanzten haubtgründen, welche lautere, reine, deutliche, meist einsilbige Stammwörter sind, deshalb brauchen wir von fremden Sprachen nicht zu entlehnen. Das Griechische und Lateinische stammt vom Celtischen (Deutschen). Gueinz behauptet dagegen, Sprachen können wir nicht machen, sie seindt schon .. der Gebrauch .. muß den anschlag geben, und nicht die Regel dem gebrauch. Das Deutsche ist eine abgeleitete Sprache, wie sie Adam im Paradiese nicht gesprochen habe. Nicht richtig ist es, daß alle Stammwörter einsylbig. Eine eingebildete ... Narrheit ist es, daß die Celtische sprache ehe gewesen alß die Griechische. Handelt es

sich um Deutsch und Hebräisch, so stammt sicherlich eher das
Deutsche vom Hebräischen, nicht umgekehrt.

Im weiteren Verlaufe des Streites beschuldigt Gueinz
Schottel, er thue im Übertragen der Fremdwörter viel zu viel, es
fehle ihm das rechte Sprachgefühl[25]), man merke seine „Sachsen=
zunge". Darin hatte Gueinz nicht ganz unrecht, Schottel blieb
wirklich Zeit seines Lebens stilistisch im Banne des Lateinischen. Der
mehr auf das Praktische gerichtete Sinn des Fürsten Ludwig ersah
bald, daß mit dem Eigensinne der Gelehrten schwer zurecht zu
kommen sei, namentlich kränkte ihn Gueinz mit seiner pedantischen,
schulmeisterlichen Rechthaberei. In seinem Ärger darüber schreibt
er ihm einmal (29. Januar 1644)[26]), er merke wohl, er sei
ein lateinischer Deutscher, nicht ein deutscher Lateiner. Mit Disputiren
und Zanken kömmet man aus dem Handel nicht .. und weil
(die Gelehrten) mit gar hohen sinnreichen sachen wollen zu thun
haben, so können sie in den niedrigen, die der Natur am nächsten
kommen, gar leicht irre gehen.

Daß der Fürst selbst wohl weiß, was er will, geht aus dem
Briefe vom 14. Februar 1644 an Gueinz hervor, indem er fürs
erste Minderung der Mitlaute im Deutschen fordert. Alle frembde
völker bemühen sich ... zu schreiben, wie sie reden .... Warum
wolten den die Deutschen .. solche ungeschickte Regeln machen.
Fürs andere soll das Deutsche, wie „das Lateinische und
Griechische" durch Gelehrte „nach Griechischer und Lateinischer art"
ist geordnet worden, also nach deutscher art geordnet werden.

Der Gedanke trifft ins Schwarze; hätte man diese „deutsche
art" nur damals verstanden, verstehen können!

Die deutsche Rechtschreibung liegt dem Fürsten sehr am
Herzen. Bitter beschwert er sich in einem Schreiben an Gueinz
(4. März 1645), daß vom Spielenden (Harsdörfer) und Clajo in
Nürnberg und .. dem Suchenden (Schottel) in Braunschweig unter=
schiedene Neue und sich übel schickende Schreibarten .. aufgebracht
worden, noch „fremdere und ungewöhnliche" freilich
„von Zesio". Der Vielgekörnte (Dietrich von Werder) fordert
(20. April 1645), „der Suchende und der Spielende" sollten sich

in der rechtschreibung unterwerfen, sich in Schranken halten, und nicht so nach ihrem blossen wahn oben hin regeln und neue arten .. setzen und einführen. Werder meint unter der Norm die deutsche Rechtschreibung, angeordnet und der fruchtbringenden Hochlöblichen Gesellschaft übergeben von dem Ordnenden 1645. (Im Manuscript noch vorhanden.)

Eine dritte Sache harrte ihrer Erledigung, ein deutsches Wörterbuch. Der Suchende (Schottel) wünscht Fürst Ludwig dafür zu erwärmen (7. Oktober 1645): es würde die gantze Teutsche welt dem Nährenden mit immerwährender Dankbarkeit auch daher desto mehr verbunden sein, wan durch dessen anordnung, ein volks oder volständiges Wörterbuch Teutscher Sprache verfertiget .. werden könte. Er erbietet sich, seine Vorstudien dazu zur Verfügung zu stellen; den Umfang berechnet er auf 60 Druckbogen, auch erhofft er guten Absatz. Fürst Ludwig weist die Sache nicht von der Hand (28. Oktober 1645). Ein guter Versuch dazu sei durch Henisch in Augsburg (1549—1618) gemacht worden, seine Anordnung sei noch immer brauchbar. Gut würde es sein, die Arbeit zu verteilen. Der Suchende solle einmal den Versuch wagen.

Alle diese Fragen sucht nun Harsdörfer in seinem „Specimen Philologiae" zu lösen. Es ist gewiß nicht die gründlichste Schrift, — Schottels Schriften übertreffen Harsdörfer hierin weit — aber sie ist übersichtlich gehalten, gewandt, nicht ohne Geist geschrieben, zeigt bei allem Phantastischen, Barocken, Unhaltbaren, bei allem oberflächlichen Dilettantismus doch wieder so viel Belesenheit, gesundes Urteil und ehrliche Begeisterung, daß sie als äußerst charakteristisch für die Zeit und den Mann angesehen werden darf. Daß wir heutigentags inhaltlich sehr wenig davon brauchen können, darf unsere Würdigung nicht beeinträchtigen. Für die Erkenntnis der Menschen und Zeiten sind ihre Irrtümer oft wertvoller als ihr Wahrheitsbestand. Schon die Zeitgenossen hielten die Schrift hoch. Schottel urteilt in dem V. Buch seines Hauptwerkes [27] „Von Teutschlands und Teutschen Scribenten", einer Art zeitgenössischer Litteraturgeschichte: Harsdörfer habe sich „zumahl" durch seine „nützliche herrliche Bücher", um die Teutsche

Sprache ... „hochverdient" gemacht, ... darunter sonderlich, so viel die Teutsche Sprache betrift, ist Specimen Philologiae Germanicae. Und Rückert[28]) faßt sein Urteil über Harsdörfers Bedeutung als Gelehrten zusammen: „Überall ist sein Interesse der gelehrten Erforschung und Begründung der lebenden· deutschen Sprache zugewandt. Geschieht es nach unserer Auffassung in der Form des naivsten Dilettantismus, so genügte es doch der Zeit vollständig." Über das „Specimen" sagt er noch im besonderen: „es sei in jeder Art außerordentlich merkwürdig". Ich glaube daher nichts Unnötiges zu thun, wenn ich das Wesentliche herausgreife.

Die Schrift ist August dem Jüngern[29]) von Braunschweig= Wolfenbüttel (1579—1666) gewidmet, dem Gönner Calixts, Valentin Andreäs, Schottels. Dieser Herzog war ein gelehrtes Original. Als vierter Sohn hatte er wenig Aussicht, zur Regierung zu gelangen. In seinem 55. Lebensjahre wurde er noch Herzog von Braunschweig=Wolfenbüttel. Er unterhielt mit vielen Gelehrten eifrigen Briefwechsel, war selbst schriftstellerisch thätig. Seine ganze Liebe wandte er seiner Bibliothek in Hitzacker zu. Wie er 1644 in den bestrittenen Besitz von Wolfenbüttel gelangte, war sein erstes, das Zeughaus dortselbst in ein Bibliothekgebäude zu verwandeln und dahin seine geliebten Bücher umquartieren zu lassen.

Im „Porticus Augusti" folgte Harsdörfer der Zeitunsitte und streute dem Herzog Weihrauch fast über Gebühr. Diese Schrift ist dem „Specimen Philologiae" vorangestellt. Sinnig zeigt uns das Titelbild die Eintreibung eines Brückenpfahles, wobei sieben Arbeiter die Ramme ziehen, während der achte den Pfahl hält: nur gemeinsame, schwere Arbeit verbürgt Erfolg.

Als Aufgabe einer wahrhaft philosophischen Grammatik fordert Harsdörfer in der Vorrede in Anlehnung an Baco Erweis der Analogie von Worten und Dingen. Eine genaue sprachliche Untersuchung würde die scheinbare Vielheit der Wörter als gesetz= mäßige Wandlung verhältnismäßig weniger ausweisen. Nun folgen zwölf Einzeluntersuchungen von verschiedener Länge

und sehr verschiedenem Werte. In der ersten, „die Sprachwissen=
schaft" betitelt, schlägt er vor, für die Worte „Philosophen" und
„Philologen" die deutschen Bezeichnungen „Witdode" und
„Wortdode" zu setzen, was „Weisheits= und Wortfreunde" bedeute.
Unumstößlich richtig ist der Grundsatz, daß ein falscher Gebrauch
niemals bindend für die Zukunft sein dürfe. Die II. Unter=
suchung „die Benennungen der Deutschen" fragt nach der Her=
kunft des Wortes „Deutsch". Hinsichtlich der Schreibweise
entscheidet sich Harsdörfer nach Vorgang der Kaisererlasse für
„Teutsch". Die III. handelt vom „Alter der deutschen Sprache".
Es gibt keine vollständig reine und von allen fremden Bestand=
teilen unberührte Sprache. Nicht einmal die in besonderem Sinne
göttliche hebräische Sprache ist von Vermengung verschont geblieben.
— Germanen und Kelten sind ein Volk, bei ihrer Nordwanderung
blieb ein Überrest in der Krim zurück, die sogenannten Krimgothen.

Untersuchung IV belehrt uns über „die Ausbreitung der
Nachkommenschaft Japhets". Die deutsche Sprache unterlag im
Laufe der Zeit vielfachen Wandlungen. Die Nachkommen Japhets
erfüllten in ungezählten Mengen die ganze Welt. Von Japhets
Sohne Gomer stammt Askenas und von diesem stammen die
Germanen. Sicher ist, daß die germanische Sprache die alte
hebräische sei, rein oder vermischt. Die Germanen sind Nachkommen
des Volkes Gottes, da Japhet nach dem Segen des Vaters in
den Hütten Sems wohnte. Was würden wohl zu dieser Entdeckung
Harsdörfers unsere Antisemiten sagen? Daraus erhellt, daß
unsere Sprache uralt, viel älter als Griechisch und Lateinisch ist.
Das Deutsche ist also kein Gemisch aus Griechisch und Latein,
vielmehr werden diese Sprachen von deutschen Bestandteilen durch=
setzt. — Den Juristen muß der Vorwurf gemacht werden, daß sie
sich zwar stets um das Griechisch und Latein der römischen Kaiser
bekümmert haben, sich aber „keinen roten Heller" das Deutsch der
deutschen Kaiser angelegen sein ließen.

In Untersuchung V wird uns „die Notwendigkeit der Erlernung
der deutschen Sprache" vorgeführt. Man hält es bei uns für

Unsinn, die Muttersprache zu erlernen. So kommt es, daß man eben, wie ein Bauer, ungeschlacht redet. Die Gebildeten der Juden, Griechen und Römer besaßen genaue grammatikalische Kenntnisse ihrer eigenen Sprachen. Das hat sich seit Schottel und Gueinz gebessert. Harsdörfer betrachtet es als seine ganz besondere Aufgabe, auf die Heranbildung der Jugend in deutscher Sprache zu wirken. Lateinischer und deutscher Sprachunterricht läßt sich trefflich vereinigen, ebenso kann an der lateinischen Poetik die deutsche erlernt werden. Der deutsche Fürst würde sich unsterb= lichen Ruhm erwerben, der es zuerst wagen würde, einen Professor der deutschen Sprache an seiner Universität zu ernennen. Die Italiener, Franzosen (Richelieu), Schweden haben es uns längst vorgemacht.

Welche Erweiterung des allgemeinen Bildungsstandes würde sich daraus ergeben? Hier in Nürnberg erlernen augenblicklich 200—300 Schüler Latein; mindestens soviel Tausende würden herbeiströmen, wenn Deutsch in gebundener und ungebundener Rede gelehrt würde. Nachdem die Bereicherung unserer Mutter· sprache durch die Schätze der Wissenschaften ermöglicht worden ist, dürfen wir von der Zukunft zuversichtlich hoffen, daß wir nach Beseitigung des nur wenigen zugänglichen Lateinmonopols alle Wissenschaften und Künste in erster Hand durch unsere Muttersprache beziehen werden.

Die VI. Untersuchung spricht von den „deutschen Buchstaben". Die Schriftzeichen sind die bedeutendste Erfindung, denn es gibt nichts bewundernswerteres, als das Vermögen mit wenigen Zeichen festhalten zu können, was überhaupt Heiliges Vor aller Welt und Insgeheim je gesagt oder gedacht zu werden vermag. Diese Erfindung geht schon auf Noah und Japhet zurück. Es gibt zwei Buchstabensysteme: das hebräische und das kimbrische. Vom kimbrischen oder keltischen stammten die griechischen und lateinischen Schriftzeichen. Unsere deutsche Schrift hat folgende Wandlungen durchgemacht. Zuerst war die Runen= oder keltische Schrift üblich, ihr folgte die griechische, seit Karl dem Großen die lateinische, später die heutige Schriftform.

In Unterfuchung VII reitet Harsdörfer fein Lieblingsftecken=
pferd „die Übereinftimmung der hebräifchen mit der deutfchen
Sprache". Wir können daraus recht deutlich erfehen, in welch
fprachlichem Wirrfal man fich vor der vergleichenden Sprach=
wiffenfchaft umhertrieb. Alle Sprachen find mit einander verwandt.
Aber zwifchen der hebräifchen und deutfchen Sprache befteht eine
Urverwandtfchaft, weil die deutfche unmittelbar aus der hebräifchen
hervorgegangen ift. Daher zeigt fich denn auch eine materiale
und formale Übereinftimmung diefer beiden Sprachen. Harsdörfer
fucht diefe Übereinftimmung in fünf Hauptpunkten aus Schickards
hebräifcher und Schottels deutfcher Grammatik zu erweifen. Nach
dem zweiten Hauptpunkte ftammen in beiden Sprachen die Haupt=
wörter von den Zeitwörtern, nach dem dritten gilt in beiden die
zweite Perfon des Imperativs Singular als die Stammwurzel.
In Punkt 5 fordert Harsdörfer für beide Sprachen die Silben=
trennung nach Sprach=, nicht nach Sprechfilben.

Die VIII. Unterfuchung kommt auf „die Beziehungen der
griechifchen zur deutfchen Sprache" zu reden. Früher waren die
Deutfchen Barbaren, jetzt finds die Griechen felber, wie Gent
1644 aus Konftantinopel an Dilherr gefchrieben. Die nahen
Beziehungen zwifchen dem Griechifchen und Deutfchen find fehr
alt. Schon die Druiden verftanden Griechifch, Maffilia war
Hochfchule für ganz Gallien, zudem erlernten es die Deutfchen
bei ihren Einfällen in Griechenland. Das Lateinifche ift nichts
weiter als eine halbgriechifche Sprache. Beide aber find weit
jünger als das Deutfche. Dagegen läßt fich nicht leugnen,
daß diefe hoch entwickelten Sprachen unfer zurückgebliebenes Deutfch
bis in die allerneuefte Zeit in Schatten geftellt haben. Damit ift
aber nichts gegen das höhere Alter der deutfchen Sprache erwiefen.
Beide, Griechifch und Deutfch, ftammen aus dem Hebräifchen.
Unfere Aufgabe ift es, das heutige Deutfch grammatikalifch nach
allen Richtungen hin auszubauen. Zu diefem Zwecke ift ein
Sechsfaches zu fordern: Schutz der Reinheit der deutfchen Sprache
— Wahrung ihrer Spracheigentümlichkeit — Einheitliche Regelung
der deutfchen Grammatik und Profodie — Schaffung zweier

großer Sammelwerke, eines Wörterbuchs mit allen Wurzelwörtern,
Zusammensetzungen, Abteilungen, Redensarten und Sprichwörtern in
alphabetischer Folge, und eines Realwörterbuchs mit allen wissenschaftlichen und technischen Kunstausdrücken. Außerdem sollen die
Werke aller Schriftsteller von Belang in deutsche Sprache übertragen werden.

Bedenken wir diese Forderungen, hinter deren Erfüllung die Zeit
freilich weit noch zurückbleiben mußte, so müssen wir einräumen,
daß wir heutigentags auch nicht mehr verlangen können, daß sie
für alle Zukunft ihr Recht behalten werden. Harsdörfer fordert
alle zur Mitarbeit an diesem Programm der fruchtbringenden
Gesellschaft auf, wer die nötige Begabung und den hingebenden
Fleiß besitzt. Sagt man, dazu ist ein Jahrhundert des Friedens
nötig, so sage ich nicht eines, sondern viele!

Von der „deutschen Dichtung" wird in der IX. Untersuchung gehandelt. So viel Unrichtiges im einzelnen sie auch
enthält, es geht durch sie ein richtiges Ahnen, ein begeistertes
Hochgefühl für die künftige Herrlichkeit unserer Dichtung. Litterar-
geschichtlich interessiert uns das gute Verständnis des Unterschiedes
der deutschen von der antiken Metrik, die alphabetische Aufführung
der litterarischen Zeitgrößen. Schottel hat später in einem Abschnitt
seines Hauptwerkes sogar eine zeitgenössische Litteraturgeschichte zu
geben versucht.

Die Geschichte unserer Sprache ist in ihren Anfängen in Dunkel
gehüllt. Die „Weisen" der Meistersänger können uns zeigen, wie
etwa die Gesänge der Skalden gewesen sein mögen. Nach Buxtorf
hatten auch die zehn Gebote ihre Melodie. Schon die ältesten
Gesänge der Germanen waren rhythmisch. Man braucht die
deutsche Dichtung nicht nach griechischer und lateinischer Prosodie
zu modeln, man muß sie nach ihrem eigentümlichen Sprachgeiste
behandeln. Dabei hat sich unsere Metrik sehr vervollkommnet.
Es besteht ein großer Unterschied „unter den alten Pritschreimen
und den heutigen Kunstversen". Otfried von Weißenburg meint
noch, in der deutschen Sprache ständen weder Zahl noch Geschlecht
fest, und jetzt vereinigt der deutsche Versbau in sich das Majestätische

der Spanier mit dem feinen Anstand der Italiener und der Zierlichkeit der Franzosen. Und doch ist unsere deutsche Verskunst schwieriger als die antike, denn Casus, Quantität und Rhythmus müssen sorgfältiger eingehalten werden. **Trotz der schlechten Zeiten fehlt es uns nicht an begeisterten Dichtern, aber eines fehlt uns, die Marone bedürfen der Mäcene!**

Nun schwellen die Untersuchungen an Umfang immer mehr an. Die X. handelt von der „deutschen Rechtschreibung".

Harsdörfer erklärt, er anerkenne zwar ein gutes Herkommen, aber er fordere männiglich auf, sich von der Tyrannei eines übelberechtigten Herkommens frei zu machen. Unsere Rechtschreibung beruht auf zwei Dingen: auf Vernunftgründen oder auf Autorität. Es ist z. B. vernunftgemäß, Vokale und Konsonanten auch äußerlich auseinander zu halten, also nicht v für u zu setzen oder auf Ableitung und Zusammensetzung zu achten, als „muß" von „müssen", nicht „mus", „Gelt" von „gelten", nicht „Geld", oder auf Ähnlichkeit bei Wortbildungen zu sehen, z. B.: Genoßschaft statt Genossenschaft nach Freundschaft, Kundschaft. Merkwürdig ist dabei Harsdörfers Vorschlag, starke Dinge mit harten, milde mit weichen Konsonanten zu schreiben, z. B. drukken, statt trukken.

Bei der Berufung auf Autorität gilt der Grundsatz der Übereinstimmung ihrer Träger unter sich. Zu tadeln ist, daß welche Luthers sprachliche Autorität, die einmal „grundlegend" ist, beseitigen wollen. Das c als undeutsch ist zu verwerfen, ebenso das ck, wofür kk zu schreiben. Die Fremdwörter mit f zu schreiben, verstößt gegen die Regel, die eigentümliche Schreibung derselben ist beizubehalten. Das Ideal bleibt, daß sich, wie Scaliger meint, das gesprochene und geschriebene Wort decken. Es ist aber dabei stets zu bedenken, daß die mündliche Rede wandelbar ist wie Sand. Den Mundarten gegenüber muß der Sprachgebrauch seinen Rückhalt an den festen Regeln und Eigentümlichkeiten der Schriftsprache haben.

Bei uns gilt es besonders gegen die Einwanderung von „Latium und Frankreich" auf der Hut zu sein.

Fremdwörter sind nur dann zuläſſig, wenn ſie wirklich etwas bezeichnen, das wir im Deutſchen ſonſt nicht auszudrücken vermögen. Bei allen Fremdwörtern aber iſt darauf zu achten, daß ſie, einmal aufgenommen, deutſch geſchrieben und vollkommen wie deutſche Wörter behandelt werden.

Zur ſprachlichen Sicherſtellung bedarf es eines alphabetiſch geordneten Wörterbuches.

Dieſe Grundſätze über die Behandlung der Fremdwörter ſind durchaus vernünftig und ferne von ungeſundem Purismus.

Unterſuchung XI iſt den „deutſchen Eigennamen“ gewidmet. Dieſelben ſind teils fremden, teils deutſchen Urſprungs. Die fremden Heiligennamen kamen mit dem Chriſtentum ins Land, wahrſcheinlich, weil die Geiſtlichkeit die Bedeutung der deutſchen Namen zu wenig verſtand. Und doch ſind dieſelben, ähnlich wie bei den Hebräern, meiſt von Frömmigkeit und Tugend her= genommen. Mit der zunehmenden weltlichen Herrſchaft der Biſchöfe ging die ſteigende Vorherrſchaft des Lateiniſchen Hand in Hand. Unſere deutſchen Eigennamen ſind meiſt Zuſammenſetzungen erſter Ordnung, gewöhnlich aus zwei Wurzelwörtern gebildet, deren zweites die Eigenart, deren erſtes dagegen den äußeren Unterſchied angibt, z. B. Richter, alſo Land-richter, Stadt-richter. Die zuſammen= geſetzten Eigennamen zweiter Ordnung fügen noch ein drittes Wurzelwort dazu in der Weiſe, daß dieſes letzte vorangeſtellt wird, z. B. Ober-Land-richter. In ſolchen glücklichen Wortverbindungen übertreffen die griechiſche und deutſche Sprache die lateiniſche und ſpaniſche. Der Grund hiefür liegt in dem größeren Reichtum an ein- und zweiſilbigen kurzen Lanten.

Die letzte Unterſuchung, die XII., von der „Sprachver= gleichung“, faßt, wie in einem Brennſpiegel, alles Falſche und Schiefe, aber auch alles Wahre und Gute der Harsdörferiſchen Anſchauungen noch einmal zuſammen. Mit aller Wärme, die ſich mitunter zur Begeiſterung ſteigert, verkündet Harsdörfer das Lob der deutſchen Sprache, ihren Vorzug vor den anderen Kultur= ſprachen. Nach ſeiner Meinung verdient nur eine Sprache den

Vortritt und auch diese nicht ihres Wohllautes und ihres Reich=
tums, sondern ihrer eigentümlichen Würde wegen, — die hebräische.
Sie war die Sprache des Menschen in seinem reinen Urzustande,
Gott selbst hat sie geschaffen, Adam nur verkündet. In ihr sind die
höchsten Geheimnisse beschlossen.

Die deutsche Sprache ist ihre erstgeborene Tochter. Sie hat
sogar eine Reihe von Vorzügen vor ihr voraus. Sie erfreut sich
größerer Freiheit und eines weit bedeutenderen Wortreichtums. Ja,
durch Luther ist sie eine zweite göttliche Offenbarungssprache geworden.

Dem übertriebenen Lobe gegenüber, das Heinsius der
griechischen Sprache spendet, alle Huldgöttinen, alle Anmut und
Feinheit hätten in ihr ihren Thron aufgeschlagen, läßt sich anführen,
daß einmal Künste und Wissenschaften überhaupt nicht ausschließlich
an eine Sprache gebunden seien, fürs andere, daß der deutsche
Erfindungsgeist — nehmen wir nur die Buchdruckerkunst und die
Kanonen — dem griechischen überlegen sei, und fürs dritte, daß
wir in Wortverbindungen dem Griechischen zum mindesten eben=
bürtig seien.

— Wie richtig schätzt Harsdörfer den Wert des Lateinischen.

Die lateinische Sprache ist die Gelehrtensprache .. ihrer Verbreitung wegen die Weltsprache. Ja, man kann hinzufügen: Sie
allein vermittelt den ganzen geistigen Verkehr Europas in Kirche und
Staat. Wer sie nicht versteht, weiß überhaupt nichts! Und wie
mangelhaft ist doch diese Sprache! Daß sie so vorwaltet, liegt im
letzten Grunde nicht in ihrer Würdigkeit, sondern im verhängnisvollen
Gange der Dinge. Hätten wir die vielen Jahrhunderte auf die
Ausbildung der deutschen Sprache verwandt, wir bedürften wahrlich
der Alleinherrschaft des Lateinischen nicht, wir könnten uns sofort an
die Erlernung der Wissenschaften selber machen, statt jetzt unsere
besten Jugendjahre mit Wortlernerei verderben zu müssen; wir
könnten ohne zeitraubende Umschweife gleich ins Herz alles Wissenswerten dringen. Den Töchtersprachen des Lateinischen aber gebricht's
bei „aller Feinheit des Italienischen, aller Würde des Spanischen,
aller Anmut des Französischen" an „Einfachheit und Lieblichkeit".

Es gilt, alle fremden Sprachen zu erlernen, aber nicht, um sie nachzuäffen, sondern um der Muttersprache damit zu dienen. Harsdörfer schließt mit dem fast inbrünstigen Bekenntnis: Von Jugend an habe ich die Wissenschaft von der deutschen Sprache für die schönste, anziehendste und nützlichste erachtet. —

Naturgemäß reiht sich zeitlich wie inhaltlich an das „Specimen Philologiae" Harsdörfers „Poetischer Trichter"; der erste Teil, dem Gevatter Dilherr gewidmet, erschien bereits 1646, der zweite 1648, der dritte erst 1653. Der „Trichter" schließt sich als Spezial= untersuchung an die IX. Untersuchung an, zugleich verläßt Hars= dörfer wieder das Gelehrtenlatein und wendet sich deutsch an alle Schriftsteller und Gebildeten des Volkes. Seine lateinisch=deutschen Vorbilder sind dabei Scaliger und A. Buchner, seine deutschen Opitz und Gueinz, sein französisches Vorbild ist Ronsard.

Opitz' Büchlein 1624 von der deutschen Poeterei war eine That von durchschlagendem Erfolge gewesen. So klein es ist, so beginnt doch mit ihm eine neue Sprache dichterischer Form in Deutschland. Opitz zeigt sich in seiner Erkenntnis vom Wesen eines Dichters und von der Bedeutung dichterischen Schaffens weit größer als in seinem Verhalten und Wirken als Dichter und Mensch [30]) selber. Der Poet muß .. von sinnreichen einfällen und erfindungen sein, muß ein großes unverzagtes gemüte haben, muß hohe Sachen bei sich erdenken können, soll anders seine rede eine art kriegen, und von der erden empor steigen. (III, 12 und 13.) Ein ewiger Fluch liegt auf aller Gelegenheitsdichtung. Niemand schadet echter Dichtung und den Dichtern mehr, als wer auff alles .. thun und vorhaben verse fordert, man wil uns auff allen Schüsseln und kannen haben. Das widerstreitet allem dichterischen Werdegesetz, denn ein Poete kann nicht schreiben, wann er will, sondern wann er kann und ihn die regung des Geistes .. treibet. Opitz eifert für Sprachreinheit und fordert vom Dichter dann, was wir hoch= deutsch nennen besten vermögens nach zue kommen und nicht derer örter sprache, wo falsch geredet wird, in (die) schrifften (zu) ver= mischen. (VI, 27.) Ganz unzulässig aber ist die Beimischung von Wörtern aus fremden Sprachen, geschmacklos nach Art der

Italiener vier oder fünf Epitheta zu einem Worte zu setzen. (VI, 33.) Seine wichtigste Entdeckung bringt Opitz mit solcher Bescheidenheit vor, daß es fast zweifelhaft erscheint, ob ihm selber die große Tragweite derselben schon völlig klar gewesen sei. Nochmals ist auch ein jeder verß entweder ein jambicus oder trochaicus; nicht zwar das wir auff art der griechen und lateiner eine gewisse grösse der sylben können in acht nemen: sondern das wir aus den accenten und dem thone erkennen, welche sylbe hoch und welche niedrig gesetzt soll werden ... Wiewol nun meines Wissens noch niemand, ich auch vor der Zeit selber nicht, dieses genawe in acht genommen, scheinet es doch so hoch von nöthen zu sein, als hoch von nöthen ist, daß die Lateiner nach den quantitatibus oder grössen der sylben jhre verse richten und reguliren. (VII, 40 und 41.) Nach Weise der Franzosen empfiehlt Opitz den Alexandriner auch fürs Deutsche. Alles Weitere will er denen überlassen, die mir an liebe gegen unsere sprache gleiche, und an geschicklichkeit überlegen sein". (VIII, 54.)

In diese Erbschaft tritt nun Harsdörfer; er führt Opitz' Gedanken weiter aus. Im zweiten Teile seines „Trichter" macht er den ersten Versuch zu einer ästhetischen Würdigung der dramatischen Dichtungsart. Harsdörfer hält von der Poeterey sehr hoch. Es bedarf dazu Gaben der Natur und die Erkundigung fast aller Wissenschaften. Übrigens bezeugt Harsdörfer von sich selber ausdrücklich, daß er keines Weges in dem Wahne stehe, als ob er der Poeterey Meister sei, er schreibe nur, weil kein anderer sich bis jetzt habe finden wollen. (I, 9.)

In sechs Stunden will Harsdörfer seine Teutsche Dicht- und Reimkunst ohne Behuf der Lateinischen Sprache .. eingießen. Aufgabe des Dichters ist es, nicht nur verständlich zu schreiben, sondern zu belustigen. Inhaltlich darf er nur Gutes, nie Schandbares bringen. Die Liebe ist ihm eine Tugend, die edle Poeterey eine Jungfrau, man grüsset sie von ferne, und sie danket von ferne. Dazu macht Harsdörfer die feine Bemerkung: Unsere Sprache trägt gleichsam von Natur eine Abscheu von aller Unsauberkeit, daß wir viel unflätige Sachen nicht wol nennen können ohne sondere Umschreibung. (I, 114.) Nicht nach dem Lateinischen darf man sich richten, unsere Sprache wil nach ihrer Eigenschaft gerichtet werden. (I, 18.)

Man sieht, in manchem fühlt sich Harsdörfer selber noch nicht sicher. So ist er für Gestattung unreiner Reime, man lässet zu verwandte Buchstaben. (I, 36 ff.) Bedenklicher noch hört sich das über die Mundarten Gesagte an, es vermeint ein jeder „seine Mund= und Tonart sey die beste", . . . „jeder schreibt nach seiner Ausrede". Das sieht fast aus, als gäbe Harsdörfer die Schrift= sprache überhaupt preis. Doch so schlimm ist es nicht gemeint, man darf hierinnen nicht auf den gemeinen Pöbel sehen, . . sondern auf vorneme, gelehrte und tapfere Männer. (I, 102.) Anfängern und Schülern will er gestattet haben, sich fremdboer Poeten Er= findungen zu bedienen, ja er meint nicht unrichtig, es sey ein rühmlicher Diebstal, vorausgesetzt, daß sie die Sache recht vorzu= bringen wüßten. Wir begegnen in Lessings Ausführungen über Weises Richard einem ganz ähnlichen Gedanken. Harsdörfer folgt nur seiner Natur, wenn er unter allen Erfindungen die Lehrgedichte . . für die artigsten hält. (I, 105.) „Wolerfundene neue Wörter" zieren ein Gedicht. (I, 109.) Hauptsache ist, daß sich der Dichter der Tonmalerei befleißigt. (I, 110.) Dagegen dürfen fremde Wörter mit Fug in einem Teutschen Gedicht nicht stehen. (I, 112.) In dem Anhang „von der Rechtschreibung" vertritt Harsdörfer seine alten Forderungen.

Tiefer in die Sache führen uns Harsdörfers weitere sechs Stunden des zweiten Teils.

Die Poeterey ist eine Nachahmung dessen, was ist oder seyn könnt. Wie der Mahler die sichtbarliche Gestalt und Beschaffenheit vor Augen stellet, also bildet der Poet auf das eigentlichste die innerliche Bewanntniß eines dings . . . (II, 7.) Sonderlich aber siehet man des Poeten Kunst in der Beschreibung, welche e i n r e d e n d e s G e m ä h l und mit dem natürlichen Worten eigentlichst ausgebildet werden soll (II, 33.) Was hundert Jahre später die

Schweizer, ein Bodmer, Breitinger, und die Bremer Beiträge behaupteten, sagt hier schon Harsdörfer in gleicher Einseitigkeit.

Von den heidnischen Götternamen, wie sie Rist liebt, will er nichts wissen, dagegen entsprachen seiner Denkart alle möglichen allegorischen Personen, seien es die Tugenden und Laster, oder die Flüsse, Bäume und Zeiten. (II, 40 ff.) Am wichtigsten ist das über die Schauspiele Bemerkte, worüber uns die beiden letzten Stunden belehren. Er schließt sich darin dem Erklärer des Aristoteles, dem Italiener Castelvetro, an [30]).

Wir erfahren, es gibt drei Arten, das Trauerspiel, das Freudenspiel und das Hirten= oder Feldspiel; sie entsprechen den drei Ständen: dem Herren=, Bürger= und Bauernstande. Harsdörfer meint mit Scaliger, jedes Volk würde am besten die Fabeln seiner eigenen Geschichte entnehmen. Je nach ihrem Umfange sind diese Schauspiele einschichtig oder mehrschichtig. Für Trauer= und Hirten= spiele eignet sich am besten die gebundene, für Lustspiele die ungebundene Rede. (II, 70 ff.) Hinsichtlich der Worte gilt: Hohe Sachen mit hohen, geringe mit geringen zu bezeichnen, Ausgenommen die Hirten und Schäfer, welchen zugelassen aus allerhand Wissen= schaften schickliche Einfälle mit unterzumischen. (II, 79.)

Des Trauerspiels Absicht muß es sein, die Zuseher betrübt, erstaunt und mitleidig zu stimmen. Es ist wie ein gerechter Richter, das die Tugend belohnet und die Laster bestraffet. (II, 83.) Doch muß das Mitleiden das Erstaunen überwiegen. Der Poet sol verstehen den Schauplatz auszuzieren und seine Dichtung der Örtlichkeit so genau anzupassen wie der Feldherr seinen Schlachten= plan. (II, 86.)

Die Freudenspiele bedienen sich eines Vorredners; ihre Personen sind Charaktertypen. Zu ihrer Aufführung eignet sich Musikbegleitung. Übrigens gibt es eine Mittelart zwischen Trauer= und Freudenspielen, „die Trauerfreudenspiele“. (II, 96 ff.)

Eine neue Erfindung ist das Hirtenspiel. Weder Griechen noch Römer kannten es, deshalb hört auch hier des Aristoteles Machtgebot auf. Hirtengedichte nennt man nun alle die, welche teils hoher Personen Liebeshändel unter verdeckten Namen beschreiben, teils zu Trauer- und Freudenbegängnissen mit sondern Erfindungen gewidmet seyn. (II, 100.)

Inhaltlich bringt uns das Hirtengedicht Betrachtungen der Geschöpfe Gottes, der Eitelkeit der Welt und der höllischen Satyren Betrug. Neben dem „Lobe des Feldlebens" ist es besonders „der verborgene Verstand", der sie auszeichnet. (II, 102.) Die Namen der Hirten können deutsche sein oder aus fremden Sprachen gewählt werden; womöglich sollen sie die Eigenschaften ihrer Träger versinnbildlichen. Bunter Wechsel der Reimarten erfreut, Lieder, Chorgesänge, Musik vermehren den Eindruck. — Der Anhang enthält ein Register der meisten „Stamm- und Grund-wörter unserer Teutschen Sprach". Es werden derselben 2829 alphabetisch aufgeführt, darunter viele heute nicht mehr gebräuchliche.

Der III. Teil preist die „Wohlredenheit" als eine der Poesie ebenbürtige Kunst. Beide Künste sind miteinander verbrudert, verschwestert, verbunden und verknüpfet, daß keine sonder die andre gelehret, erlernet, getrieben und geübet werden kann. Während nun in den drei ersten Abschnitten alle die deutsch-sprachlichen Forderungen wiederholt werden, wie sie schon im Specimen Philologiae behandelt worden sind, kommen wir mit dem IV. zum Inhalte der Rede. Schwungvoll geschrieben, zeichnet ihn besonders noch ein reichliches Maß treffender Belege aus. Als Haupterfordernis einer Rede hat zu gelten: Klarheit des Inhaltes, die durch eine natürliche Disposition und mäßigen Gebrauch der Sentenzen bedingt ist. Gehoben wird der rednerische Eindruck werden durch „zierlichen", aber „durchschlagenden" sprachlichen Ausdruck. (III, 34—39.)

In Abschnitt V kommt Harsdörfer auf die „Nachahmung" und „Dolmetschung" (Übersetzungskunst) zu reden. Man muß dem Wortverstand zurücklassen und die Meinung allein dolmetschen, es ist besser, man gehe zu weit von der Grundsprache . . . als man verbleibe so nahe darbey, daß es der Leser nicht fassen und begreifen möge. Die lateinischen Schriftsteller können uns hierin treffliche

Führer sein, denn sie haben aus der Griechischen Mänteln neue Kleider gemachet und sie mit güldnen und silbernen Borten verbremet, daß sie nicht mehr erkentlich gewesen. (III, 43 ff.)

Als Musterschriftsteller der deutschen ungebundenen Rede empfiehlt Harsdörfer den Teutschen Ciceronem H. D. Luthers Bücher, welcher das Liecht des H. Evangelii, gleichsam auf den Leuchter unserer Sprache gesetzet: Nachgehends kan man lesen Aventinum, Goldast, Lehmann, Hordleder, und sonderlich die Reichs Abschiede, in welchen die Reinlichkeit unserer Sprache (wie in corpore Iuris die Lateinische), wenn sie aller Orten verloren were, wieder zu finden. Für die gebundene Rede dagegen empfehlen sich die Gedichte von Opitz, Rist, dann von Flemming, Londen und Homburg. (III, 52 ff.)

Im siebenten Abschnitte erfahren wir, daß die Grundlage aller Zierlichkeit der Rede in der Sprachrichtigkeit bestehen müsse, denn in der grundrichtigen Kunstfügung der Teutschen Sprache zeigt sich die Wunderkraft der Natur, das Wesenbild aller Dinge, der Nachspruch aller Kunst ... Welche aber .. unverantwortliche Neuerungen einführen wollen, sind gleich denen Aufrührern, die das Regiment zu verändern gedenken. Bei Gleichnissen, die andern Sprachen entnommen sind, ist sehr darauf zu achten, daß sie der Teutschen Sprach-Art nicht entgegen. (III, 62 ff.)

Was in ungebundener Rede oft wenige Worte besagen können, bedarf in gebundener oft weiterer Ausführung. Maßgebend dafür muß stets der Zweckbegriff sein. Wir sagen in ungebundener Rede z. B.: Es wird Tag. In einem ernsthaft gehaltenen Gedichte könnten wir da etwa sagen:

> Die guldne Morgenröt mit Purpur hellen Stralen,
> beginnt die hohen Berg und Hügel zu bemahlen.
> Der schnelle Wiederhall reimt mit der Nachtigall.
> Der Perlen silber Tau besafftet unsere Felder
> man hört die holde Lerch, begrüssen alle Wälder
> es flieht die schwartze Nacht mit ihrer Sternen Wacht.
> Es hat der frühe Han, den Ackersmann erwecket.

Soll es dagegen „scherßweis" gemeint sein:

> Es hat die Sonnen Magd vom Bett erst aufgestanden,
> sie hat das Kammerpot in ihren roten Handen,
> Und schüttet es gar aus (den Tau). (III, 70 ff.)

Uns freilich will das erstere schwulstig, das zweite viel zu drastisch erscheinen. Trefflich charakterisiert Harsdörfer im achten Abschnitte das ästhetische Wohlgefallen am Reime: Es ist dieses deß Menschen Natur eingepflanzet, daß ihm angenehm ist, was eine Gleichheit hat, und hingegen mißfällig, was eine ungleichheit aus- weiset. (III, 79.)

Die zweite Abteilung des dritten Teiles behandelt in fast 400 Seiten kürzere und längere, nach dem Alphabet geordnete Erklärungen von 539 Begriffen; in bunter Reihe folgen da Substantive und Adjektive, konkrete und abstrakte. Häufig schließen sie mit allegorischen Abbildungen, mitunter auch mit Sinngedichten. Über „Gold" und „Gott" z. B. dichtet Harsdörfer (III, 238 ff):

> Man stellt mir listig nach, ein jeder will mich haben,
> man müßt sich über Meer die Erde zu durchgraben:
> Ich schaffe was man will, ich bau und reise ein
> wenn mich ein Esel trägt, hat er den Ehrenschein.

> Der Anfang und das End, im Himmel und auf Erden,
> deß was gewesen ist, und nachmals möchte werden;
> doch bin ich der ich bin, ohn Anfang und ohn End'
> Wol dem der glaubig mich, und auch sich recht erkennt.

Vom „Rad" heißt es (III, 384):

> Vier Schwestern lauffen fort, und können sich nicht weilen,
> doch keine selbsten kan die ander übereilen:
> sie gehen einen Weg, und siehet jedermann
> daß keine, dieser vier, die andre rühren kann.

Auch diesem Teile sind wieder mancherlei „Beigaben" angefügt. Die zehn „Geistliche Geschicht=Reden" sind episch-lyrische Gedichte über alttestamentliche Personen. Im „Reuigen Kain" wird die

Pein der Reue eindringlich geschildert. Kain wird als eine Art ewiger Jude vorgeführt. (III, 509—512.)

.... Mir ist mein langes Leben
lang — lang — erlangte Pein. Ich bin nicht, der ich bin;
Weiß nicht ob Gottes Gnad wird endlich ob mir schweben.
Weh dir, der du voll Neids hägst einen Kains Sinn.

Inhaltlich das beste Gedicht darunter, wenn auch metrisch mitunter stark zu beanstanden, bleibt: „die betrübte Mara deß Richters Jephta Tochter Trauerlied". (III, 523—528.)

Dem Antistes Frisch bei St. Ägidien ist eine weitere Beigabe gewidmet „Mantissa Monasticha"[31]), eine Art „geistlichen Kirchenjahres" in lateinischen Distichen. Manche darunter sind von frappanter Wirkung.

Doch kehren wir zurück zu dem „Specimen philologiae" und seiner Wirkung. Wir besitzen ein Konzept des Fürsten Ludwig vom 31. Januar 1646[32]), in dem derselbe seine Anschauung teil= weise mit köstlicher Ironie darlegt. Es ist zweifelhaft, ob dieser Brief zur Versendung kam. Fürst Ludwig meint unter anderm: Neue Regeln in der deutschen Sprache zu machen ... stehet nicht in eigner erfindung und meinung, sondern es muß .. vom alten Herkommen, oder durch die erfarung und gewonheit beyfal haben, den eines oder zweyer Menschen (Schottel und Harsdörfer) einbildung es nicht thun können. Erfreulich ist, daß der Spielende die Drucksetzer für Mecaenates Ignorantiae (Einfalts= pinsel) erkennet. Lutherus hat reiner in der Bibel geschrieben und geredet, als kein Francke, Schwabe, Reinländer ... auch mancher Meissner nie gethan. Aber sehr zweifelhaft bleibt, ob Luther Schottel beistimmen würde. Die Analogie mit dem Hebräischen will ihm recht zweifelhaft bedünken. Von Melissus aber mit seiner „rauhen" Sprache oder gar „Zäsien" mit seiner aus den Niederlanden und Frankreich eingeführten will er gar nichts wissen. Zudem hat man recht unnötige Wörter gebildet, wie z. B.: „kunstrichtig, gleichgründig, hertztraurig", gibt es etwa auch ein „kopftraurig?" Man wird am wenigsten irre gehen, wenn man sich an unsern heutigen Sprachgebrauch und die geltende Aussprache hält. Es scheinet aber, man habe sich in einführung des Schottelin Sprachlehre in Nürnberg übereilet, und wil nun nicht gern davon ablassen.

Unter dem gleichen Datum schrieb Harsdörfer an seinen Rivalen, den Ordnenden (Gueinz). Er bereitet ihn in seinem Briefe auf das kommende Schriftchen gleichsam vor und entwickelt ihm in Kürze seine Anschauungen. Besonders betont er seine Grundsätze über Rechtschreibung und über Herkunft des Deutschen aus dem Hebräischen. Luther sei Cicero, nicht Varro, ein Redner, kein Sprachlehrer. Daß A. Buchner alle die, welche kk statt ck schreiben wollen (darunter Herzog August von Braunschweig und Schottel) „narren" nennt, ist eine „unbescheidenheit", auf die man nur „mit verachtung sehen" kann. Indessen erfolgte am 6. April 1646 wirklich die Vorlage des Büchleins mit der Bitte, dasselbe Dietrich von dem Werder (dem Vielgekörnten) und Gueinz (dem Ordnenden) zur Begutachtung vorzulegen, wobei namentlich das VII. und X. Kapitel zu beachten seien. Auf „gut befinden" will er das Werklein fortsetzen. Schon unter dem 9. Juni teilt der Fürst mit, er habe das Schriftchen durchgelesen und finde viel Gutes darinnen. Über das Strittige wolle er das Gutachten der Gelehrten erwarten. Am 5. Juli sendet bereits Rektor Wendelinus aus Zerbst eine lateinisch geschriebene erste Gegenschrift an Harsdörfer, der später eine zweite vom gleichen Verfasser folgte. Der Fürst meint dabei, es würde schwer halten, schließlich abzuurteilen, weil der Menschen, ja auch gelehrter Leute gedancken und mundarten unterschieden und mancherley, und ein jeder seiner art und weise gewohnet, ja dieselbe für die schönste und beste hält. Die von Harsdörfer unter dem 17. Juli eingesandte lateinische Erwiderungsschrift gegen Wendelinus' Angriffe ist nicht mehr vorhanden. Sehr wichtig und eingehend ist der Brief des Fürsten vom 2. Herbstmonat (September). Demselben sind des Ordnenden (Gueinz) fünfzehn Bedenken gegen die Harsdörferschen Aufstellungen beigelegt. Der Brief macht dem Fürsten alle Ehre. Er zeigt darin seinen klaren Blick, der die Beschränktheit seiner Zeitgenossen weit übersieht, zugleich aber auch das schöne Maßhalten, das sich mit dem Möglichen begnügt und der Zukunft noch etwas zu thun übrig läßt. Er billigt vollständig Harsdörfers Forderungen vom Unterrichte in der Muttersprache; er hält ihre Durchführung für wohl erreichbar. Dazu bedürfe man junger Leute, die „der deutschen sprache sonderliche liebhaber“ derselben so mächtig seien, um die freyen künste den schulen in deutsch recht für Zulegen und durch beyspiele zu erklären. Man müsse mit solchen Lehrkräften grunddeutsche Schulen anlegen, und wan die schüler mit dem deutschen lesen und der Sprachlehre angefangen, ja solche gefasset, dan sei es leichter sie Zu dem lateinischen desto leichter anzuhalten, wan der verstand da; dazu ist gleichförmigkeit der kunstsachen (der termini technici) in beiden Sprachen eine notwendige Voraussetzung. Alten lehr- meistern .. die der Lateinischen und Griechischen Sprache im Lehren gewont, diese Neuerung auf Zudringen, würde nicht allein widrig sein, sondern auch nicht viel nutzen schaffen.

Der Fürst kann die von Harsdörfer beliebte Abwerfung der e im Präsens und Imperativ nicht gut heißen („ich lieb“, statt „ich liebe“, „lieb“, statt „liebe“). Er wünscht weiter, daß Schottel die neue Ausgabe seiner Sprachlehre vor ihrer Veröffent- lichung zur Begutachtung vorlege.

Interessant und in manchem den Nagel auf den Kopf treffend sind des Ordnenden (Gueinz) Einwände. Mitunter merkt man freilich die persönliche Gereiztheit heraus.

Wir werden Gueinz recht geben können, wenn er meint (1), daß Philologe nicht der sei qui loqui amat, sondern nur der, welcher sich um die Sprachen sorgfältig bekümmert, der Wörter Ursprung, eigentliche Andeutung und rechten Gebrauch beobachtet. Ferner versteht niemand das Wort „Witdod“, wohl aber verstehet man das, was üblich und gebräuchlich (2). Mit Hohn bemerkt er, man könne deutsch mit d schreiben, auch wenn es nicht vom hebräischen dod komme, und sicherlich sei die Ableitung von Köthen vom landesüblichen Koth weit natürlicher als vom hebräischen kohen (3). Am besten scheinet es, so machen, wo nicht darwieder erhebliche Ursachen, wie die andern, gebähnte wege sind die besten,

obſchon ein ander richtiger ſcheinet, deshalb ſoll es bei der Ab=
teilung nach Sprechſilben, nicht nach Sprachſilben ſein Bewenden
haben (10). Aus gleichem Grunde ſchreibt man ck, nicht kk. Luther
iſt auch in der Rechtſchreibung nicht zu unterſchätzen (14). Wir
lieben und loben was üblich .. und dürfen in keiner Sprache nach
unſerm Gefallen etwas ändern. Es hats kein kayſer, oder
mächtiger Herr jemals thun können, andere werden es
auch nicht thun wollen (15).

Es zeugt von Denken, wenn Gueinz meint (11), es ſei fraglich,
ob viele deutſche Wörter aus dem Griechiſchen und Lateiniſchen
ſtammen, oder ob eine Verwandtſchaft zwiſchen dieſen Sprachen
beſtände. Übrigens zugegeben, die deutſche Sprache ſei älter,
ſo haben die Deutſchen ſicherlich viel von dem, was ſie nicht
hatten, den Griechen und Römern entnommen; ſo kommt gewiß
auch ſchreiben von scribo.

Einmal möchte er Harsdörfer gerne mit einem „syllogismus
cornutus“ zum Ketzer machen. Denn es ſei ebenſo gegen die
heilige Schrift wie gegen die Kirchenväter, daß Japhet nicht bei
der Sprachverwirrung geweſen ſei. Denn ſonſt hätten entweder
nicht alle Völker einerlei Sprache gehabt oder die Mannigfaltigkeit
der Sprachen wäre nicht durch die Sprachverwirrung entſtanden (5).
Der Harsdörferiſchen Aufſtellung, daß der Imperativ das Stamm=
wort ſei, ſtellt er die Behauptung entgegen, es ſei dies vielmehr
der Infinitiv — Behauptung gegen Behauptung, gleich wertlos.
Harsdörfer dämmerte wenigſtens etwas vom Richtigen in ſeiner
Analogie mit den hebräiſchen Wurzelbuchſtaben, während Gueinz
meint, es müſſe nicht allezeit das längere von dem kürzeren herkommen. Entſchieden unrecht hat Gueinz mit ſeiner Behauptung,
Buchſtabe komme von litera, während Harsdörfer das Wort
richtig vom „Buchbaum“ herleitet (7).

Harsdörfer läßt ſich die Gelegenheit nicht entgehen, Gueinz
zu erwidern. Unter dem 15. des Herbſtmonats (September)
ſchreibt er bei Erwähnung des „Stammworts“: Es iſt aber faſt
wunderlich zu hören, das man erſtlich exceptiones und hernach
regulas machen will; man muß auf die durchgehende gleichheit

sehen, und sich der ungleich fließende wörtlein nicht hindern lassen: Es ist kein sprache die nicht anomalirt habe, solten darumb kein regeln können gemacht werden?

Seine Wortabteilungsart habe den großen Vorzug, eben weil sie natürlich sei, leichter lernbar zu sein. Herr Hager zu Hamburg und andere viel schulhalter haben dessen proben gethan und solche Lehrart nicht genugsam loben können.

Schließlich will der Ordnende die Gewohnheit allen richtigen Ursachen vorziehen: Wan man das wil behaupten, so müssen wir alles, wie es vor hundert und mehr Jahren gewesen, behalten und hat der Streit ein ende. Es ist aber eben die Frage: Ob die Gewohnheit so oder so zu schreiben richtig sey? Übrigens spricht Harsdörfer seine Geneigtheit aus, sich mit dem Ordnenden mündlich vergleichen zu wollen.

Fürst Ludwig bemerkt unter dem 31. des Weinmonats (Oktober) darauf, man wolle sich in Sache der Mundart neutral verhalten, allein ist dieses ... zu wissen, das man bey der fruchtbringenden geselschaft nicht auf die gemeine landesart, die viel mangels hat, ... gegründet (nämlich die meisnische) und dasjenige .. so für weibisch und zärtlich gehalten .. nicht gut geheissen.

Am 17. Januar 1647 teilt Harsdörfer dem Fürsten Ludwig mit, daß Moscherosch (aufgenommen 1645, Nr. 436 als der Träumende) eine vermehrte Gesamtausgabe seiner Werke beabsichtige, entweder bei Elzevier in Amsterdam oder Endter hier. Hille (der Unverdrossene, aufgenommen 1636, Nr. 302) läßt gegenwärtig seinen Teutschen Palmbaum in Nürnberg drucken. Es würde sich empfehlen, Joh. Matth. Schneuber aus Straßburg als den Riechenden in die Geselschaft aufzunehmen. (Der Riechende, aufgenommen 1648, Nr. 498.) Der Brief schließt mit einem feurigen Lobe Rists, der besten Teutschen Poeten einer .. Wenn alle seine schriften beysammen, es wäre mehr als des Gekörnten.

In der Erwiderung des Fürsten vom 22. Januar werden zwar Schneuber in seiner Poeterei allerhand verstöße wider die sprachlehre.. und in dem maße (Versmaß) nachgewiesen, im übrigen ist der Fürst seiner Einnahme in die Geselschaft geneigt. Zesius besuchte den Fürsten; letzterer hat ihm aber mitgeteilt, daß er seine (des Zesius) Wortschreibung nicht gut heisse. Bei aller lobens= werter Begierde zur fruchtbringenden gesellschaft, so müsse doch stets die Hauptsache bleiben die reinlichkeit und richtigkeit der deutschen sprache; es sei durchaus unzulässig, dieselbe durch unerhellige neuerung in grössere unrichtigkeit und verwirrung ... zu bringen.

Am 6. Hornung schreibt Harsdörfer, daß augenblicklich aller Druck in Nürnberg stocke, da es an Papier hiezu gebreche, nach dem Memmingen und Ravenspurg gantz verderbet worden in Folge der letzten Verheerungszüge Turennes und Wrangels. Wir ersehen aus dieser Mitteilung, woher damals Nürnberg sein Druckpapier bezog[38]). Hamburgs Selbststreit wie der VII. Teil der Gesprächspiele müssen daher augenblicklich ungedruckt liegen bleiben. Doch schon am 26. April kann Harsdörfer wieder berichten, daß der Druck der Gesprächspiele und seines ins Lateinische übersetzten Sophista begonnen habe.

Noch im Jahre 1647 kann Harsdörfer seinen VII. Teil Gesprächspiele (27. November) und die zweiten 6 Stunden des poetischen Trichters (7. Dezember) dem Fürsten einsenden. In letzterem Briefe macht er zugleich Ludwig die Mitteilung, daß der Suchende (Schottel) keine Zeit habe, um ein Wörterbuch anzu= fertigen. Eben habe er den achten Teil der Gesprächspiele in Arbeit, nach dessen baldiger Vollendung wäre er dazu erbötig, nach dem Muster der Stammwörter im zweiten Teile des poetischen Trichters ein Jahr auf diese Arbeit zu verwenden, wenn sich aber ein anderer dieser fast knechtischen Bemühung unterziehen wolle, so würde er gerne seine Vorarbeiten zur Verfügung stellen. Dieses Werk muß mit grossem Vorbedacht überlegt und angetreten werden, massen weit besser ist, nicht anfangen, als davon ablassen, und die darauf gewendete Zeit und mühe verloren geben.

Ein Schema dieses Wörterbuches liegt dem Briefe bei unter dem Titel: „Des Spielenden Unvorgreifliches wolgemeintes Bedenken, Wie ein Teutsches Dictionarium oder wortbuch zu verabfassen." Diesem neuen Wörterbuche war der volltönende Titel zugedacht:

„Vollständiges Wortbuch, in welchem die Majestetische deutsche Hauptsprache aus ihren gründen kunstfüglich erhoben, nach ihren angeborenen
Eigenschaften eingerichtet, mit ihren stammwörtern, Ableitung und
verdopplung ausgezieret, und durch lehrreiche Sprüche, Hofreden,
Gleichniß und redarten erklärt, Zum erstenmahl an das Licht gesetzet
wird. Allen christlichen und weltlichen, Gesanden, Sachwaltern,
Rednern, Poëten und liebhabern unserer Sprache wichtig und nutzlich
durch Etliche Mitglieder der hochlöblichen fruchtbringenden Gesellschaft.“
Nach dem Beispiele der „crusciani“ sollten es die Gelehrtesten
— etwa der Suchende (Schottel), der Genossene (A. Buchner) und
Ordnende (Gueinz) — nach dem Alphabet kunstfüglich, methodice,
lehrrichtig zusammenstellen, während alle andern Beihilfe dazu
leisteten. Zur Anordnung würde sich etwa empfehlen: 1) das
Stammwort, 2) Doppeldeutung homonyma, 3) gleichdeutung syno-
nyma (wenn selbe zu finden, lateinisch zu erklären), 4) Ableitung
derivata, 5) Verdoppelung composita, 6) Lehren und redarten
phrases, und hierunter gehören auch die Scharfsinnigen Hofreden,
oder Apophthegmata. Fürst Ludwig meint nach seiner vermittelnden
Tendenz in seinem Gutachten vom 18. März 1648 darüber, man
möge die Frage nach den Stammwörtern offen lassen, indem man
einfach die drei in Frage kommenden Zeiten angebe: a) den Imperativ, b) die erste und dritte Person Ind. Präsentis und c) den
Infinitiv. Im übrigen empfiehlt er, wie schon früher, die Anordnung nach Georg Heinschius, d. h. Henisch (Augsburg 1616)
zu treffen. Dagegen müsse er ein für allemal das Silbentrennen
nach Sprachsilben ablehnen.

Aus einem Briefe Harsdörfers vom 14. März 1648 erfahren
wir, daß ihm der Fürst als Zeichen seiner Verehrung sein Bild
übersandt hatte, von Gold gegossen und mit vier Diamanten
umsetzt. Er schlägt Friedrich IV. von Dänemark zur Aufnahme
in die Gesellschaft vor. Derselbe sei ein großer Liebhaber der
deutschen Litteratur, habe viel der Schriften der fruchtbringenden
und sonderlich die Gesprächspiele (!) gelesen, auch habe er kürzlich den
Rüstigen (Rist) persönlich in Wedel aufgesucht. Wir sehen, schon
damals waren die dänischen Könige Liebhaber deutscher Dichtung.

Die Sache zerschlug sich übrigens, vielleicht durch den baldigen Tod des Fürsten Ludwig. Dagegen kam, von A. Buchner vor= geschlagen, Zesen zur Aufnahme als der Wohlsetzende (Nr. 521 mit dem Ruhrkraut und der Umschrift „der Natur nach"). Man hoffte von ihm, er würde sich berichten laffen. Fürst Ludwig hatte seine großen Bedenken, gab aber dem Andringen nach trotz eines mehr geringschätzigen als lobenden Gutachtens von Gueinz, dem früheren Lehrer Zesens. Seine Herzensmeinung spiegelt sich in dem Reimgesetz [84]):

Wohlsetzend der Natur nach bin ich hier genannt,
Denn wie das Ruhrkraut pflegt die Leiber wohl zu setzen,
Zum Abfluß, also wird die Schrift für gut erkannt,
Die flüssig ist, sie kann den Leser wohl ergetzen.
Gezwungne Neuerung sei weit von uns verbannt,
Weil sie die Eigenschaft der Rede will verletzen.
Wer neue Sachen setzt, der setze mit Bedacht,
Und nehme die Natur der Sach' und Sprach' in Acht.

Zesen fühlte wohl, wie es gemeint sei. Er schrieb am 2. Dezember in das Gesellschaftsalbum:

Tugend hat leider! allzuviel Neider, aber indessen
Werd ich sie dennoch allezeit lieben, nimmer vergessen,
Willstu die Rosen unter den Dornen völlig abbrechen,
Mußtu nicht achten oder betrachten, daß sie dich stechen.

Wahlspruch:
Laft häget Luft.

Am 26. April 1649 übersendet Harsdörfer dem Fürsten den letzten Teil der Gesprächspiele. Dabei versichert er ihm, er wolle nun anderweitig schriftstellerisch thätig sein, denn ich .. bin nicht gesinnet die Feder von Handen zu legen.

Am 24. Juni, wiederholt den 7. August, schlägt Harsdörfer dem Fürsten den schwedischen Hofrat und Kanzleidirektor Bartho= lome von Wolffsberg zur Aufnahme vor. Wirklich erfolgt dieselbe noch im gleichen Jahre (der Befliffene Nr. 525 [85]). Indessen bricht der Sturm über Zesen herein. Derselbe hatte in seinem

Briefe vom 13. November 1648 dem Fürsten versichert: Was ich dergleichen (Übertreibungen) ehemals verstoßen habe, ist meiner jugend schuld, die von Tage zu Tage reiffre gedanken zu führen beginnet. Aber die Herausgabe des „Deutschen Helikons", der erschien, ohne vorher der Durchsicht der fruchtbringenden Gesellschaft unterlegt zu haben, veranlaßte den Kanzler Milagius (den Mindernden, 12. Mai 1649), heftige Beschwerde bei dem Fürsten zu erheben. Zesen lasse sich nicht berichten: Mich deucht, es stecket eine nichtswürdige Eitelkeit darunter, und eckelt mir recht für den Großen Zesen. Wenn wir auch von den Kleinlichkeiten der damaligen Wortfechterei, ob man z. B. Gelehrte „Erlauchte" oder „Durchlauchte" nennen dürfe [35]), ganz absehen wollen, so läßt sich nicht leugnen, Zesen beseelte ein anderer Geist als die führenden Geister der fruchtbringenden Gesellschaft. Er stand in engster Fühlung mit dem radikalen Purismus der Niederländer, war verwöhnt von der ungeteilten Bewunderung, die ihm in seiner deutschgesinnten Gesellschaft entgegengebracht wurde, dabei war er weit genialer wie die Altmeister der fruchtbringenden Gesellschaft, aber auch weniger sorgfältig und maßvoll. Das zeigte sich namentlich auf dem Gebiete der Rechtschreibung und der Wortbildung. Mag es sich mit seinem umstrittenen „Windfang" für „Mantel" verhalten, wie es will, es genügen als Zeugen seiner schrankenlosen Verdeutschungswut [36]) vollständig die unbestreitbaren Wortbildungen wie: Zeugemutter (= Natur), Tageleuchter (= Fenster), Jungfernzwinger (= Kloster), Reit- oder Sattelpuffer (= Pistole), Löschhorn (= Nase), von seinen mythologischen Albernheiten ganz abgesehen. Dazu war seine Rechtschreibung geradezu abscheulich.

Der Fürst sah durch solch rücksichtsloses Vorgehen sein ganzes Lebenswerk gefährdet. Ob man ihn deshalb einen „fürstlichen Schulmeister" [37]) nennen darf, möchte ich bezweifeln. Er stellte unter dem 26. Mai 1649 Zesen geradezu vor die Wahl, ob er sich fügen wolle oder aus der Gesellschaft austreten [38]):

Mehrere verwirrung in deutscher sprache, wie schon von seiner genossenschaft in der übelschreibung, und andern überflüssigen

Klügeleyn, die mehr in selberfundenen einbildungen und sonstigen meinungen, nach fremden sprachen gerichtet, als auf den rechten grund, die natur und eingeführten guten gewohnheit, bestehen, helt der Nehrende gantz undienlich, und mag der erfinder oder anfänger solcher genossenschaft sehen, wie sie ins künftige ablauffen, Von der fruchtbringenden Gesellschaft und andern verstendigen, gelehrten, recht=deutschen werden sie nie gut geheissen werden...... Er wird gewis in Holland, Niderland, Franckreich u. s. w. ... der Deutschen sprache grund, aussprache und rechtschreibung nicht finden, noch endlich sein eingebildete meinung behalten können. Wird demnach guter wolmeinung vermanet sich hierunter nochmals wol für Zusehen, damit er nicht wegen seiner ausschweiffenden gedanken den Nahmen des wolsetzenden verliere und solches auf sich durch eigenliebe und widrigen verstand Ziehe.

Zesen war indessen wieder nach den Niederlanden abgereist. Es kam mit dem Fürsten zu keinen weiteren Auseinandersetzungen, der Tod desselben erhielt Zesen der fruchtbringenden Gesellschaft, ja, es trat später sogar in den leitenden Kreisen ein Umschwung zu Zesens Gunsten ein. Vorerst nahm Rist — und man wird gerne zugeben müssen — in unschöner und über alles Ziel weit hinausschießender Weise den Kampf gegen Zesen auf, indem er sich bis zu sittlich = ehrenrührigen, durchaus unbeglaubigten Behauptungen verstieg und deutlich durchmerken ließ, daß er um Zesens Seligkeitsansprüche auch nicht das Mindeste geben möchte [39]). Schottel, wie Harsdörfer, standen ganz auf Seite des Fürsten, ohne in das häßliche Treiben Rists zu verfallen. Schottel urteilt über Zesen, deutsche Worte ausstoßen und undeutsche aufnehmen, sei ein Werk überhitzter Einbildung [40]), man mache damit die deutsche Sprache „zur Bettlerin, Almanshure und Diebin" und Harsdörfer fügt bei, solch ein „Irrgewirr" verderbe die Spracharbeit.

Harsdörfers Verhältnis zu Zesen und seiner Rosengesellschaft erkaltete über dem Streite sichtlich. In einem Briefe an Neumark (den Sprossenden, 2. April 1653) erwähnt er, Zesen habe sich unbekannter Weise auf einer Reise nach Regensburg bei ihm ein= geführt. Er habe ihm dabei auf Befragen nicht verhehlt, daß er

Zesen für einen eitlen, ruhmsüchtigen, wankelmütigen Mann halte. Weder seine Person noch sein Gespräch habe auf ihn irgend welchen Eindruck zu machen vermocht. Zesen fand bei Kaiser Ferdinand III. glänzende Aufnahme, ja Erhebung in den Adel= stand. Auch bei den fürstlichen Frauen in Weimar wußte er sich durch seine Schriften sehr in Gunst zu setzen. Harsdörfers Stern war dagegen in Weimar sichtlich im Sinken. Resigniert schließt Harsdörfer seinen Brief: Solches alles geht mich nichts an und gönne ihm und einem jeden gern sein Glück.

Übrigens erwiesen sich diese Gunstbezeigungen windig genug; trotz aller äußeren Ehrungen hat es Zesen nie zu einer so sehnlich erwünschten festen Bedienstung bringen können. Die folgenden beiden Briefe vom 6. Oktober und 4. November 1649 sind nicht mehr an den Fürsten selber, sondern an Dietrich von dem Werder (den Vielgekörnten) gerichtet. Sie enthalten weitere Vor= schläge neuer Mitglieder der Fruchtbringenden Ehre bestehet in ihrer grossen Anzahl und Tugendliebenden Gliedern[42]). Dabei bemüht sich Harsdörfer, die kaiserliche und schwedische Partei gleichermaßen zu berücksichtigen. Neben dem kaiserlichen Kriegsrat Georg Adam Grafen von Kueffstein wird der schwedische Resident in Westfalen, H. Johann Klein, vorgeschlagen. Der Letzt= vorgeschlagene ist ein Ritter von Sulzbürg. Darüber starb Fürst Ludwig. Die Übertragung des Jubelgesangs des heiligen Bernhard auf Jesus ins Deutsche krönte sein Lebenswerk.

Die wichtige Stellung Harsdörfers in der fruchtbringenden Gesellschaft erhellt, wenn es dazu weiterer Belege bedürfte, auch daraus, daß ihm der Auftrag wurde, alle Vorgänge, die sich an die Neuwahl des Nachfolgers knüpften, in einer Druckschrift zusammenzufassen, um solche allen „Gesellschaftern" zusenden zu können. So entstand seine „Fortpflanzung der Fruchtbringenden Gesellschaft 1651". Wir entnehmen diesem amtlichen Berichte, daß man nach Verlauf eines Trauerjahres am 8. Januar 1651 in Köthen zur Neuwahl eines Vorstandes schritt[43]). Man einigte sich dahin, es solle der Sitz der Gesellschaft nach Weimar als ihrer Geburtsstätte zurückverlegt werden. Vier und zwanzig

Wähler fanden sich zusammen, darunter drei Fürsten von Anhalt
(der Erlangende 358, der Gefüllte 322, der Strebende 486) und
die beiden Werder (der Vielgekörnte 31 und der Zeitigende 386).
Die feierliche Botschaftsüberbringung fand am 8. Mai zu Weimar
statt. Der Gleichgefärbte ward zum Sprecher der Gesandtschaft
erkoren. Herzog Wilhelm (der Schmackhafte) empfing die Gesandtschaft, umgeben von den Weimarer Mitgliedern der fruchtbringenden
Gesellschaft. Feierlich wurden Rede und Gegenrede gewechselt;
daran schlossen sich Festmahl, Tags darauf Festgottesdienst und
Verkündigung der Namen von neun neuaufgenommenen Mitgliedern[44]). Harsdörfer läßt dabei die „mäſſigende Neuerung"
nicht unbemerkt, daß der Neuaufzunehmende den „Oelberger"
(den Pokal) nicht mehr, wie früher, auf Zutrunk des Fürsten
allein zu leeren hatte, sondern nur nach geschehenem Umtrunke
die Neige. Seinerseits bringt nun Harsdörfer dem neuen Gesell-
schaftshaupte seine Huldigung dar in einer beigefügten Festschrift.
Dieselbe ist nach Inhalt und Form für Harsdörfer und die
Erwartungen, die man hegte, gleich charakteristisch[45]).

„Lobrede des Geschmackes / dem Hochwerteſten und Teuerſten
Schmackhaften / der Hochlöblichen Fruchtbringenden Geſelſchaft preiß-
würdigſten Oberhaupts / Zu pflichtschuldigſter Ehren / verfaſſet
von dem Spielenden."

Klingreimen (Sonett):

Der Waffen Jammerzeit (gegr. 1617) pflegt alles zu bezwingen:
Sie gleichet einem Gifft, der niemals läſt gesund:
Sie gleichet einem Laſt der blötzlich druckt zu Grund.
Der deutſch Palmbaum kont wenig Früchte bringen. /
und seiner Zweige Laub kaum in die Höße schwingen:
Weil ihn die Kriegesbürd ein felſenſchweres Pfund,
berucket und gedruckt. Nun, zu der Friedens Stund
beginnt er, Laſter frey, faſt Wolcken an zu dringen!
Er ſtoſet Wurzelfeſt erneuernd seine Kraft:
Die Frucht iſt wolgeschmack / und ziehet vollen Saft,
weil ihn ein Deutſcher Held erhält / und wil beſchutzen.

Das edle Kunst-Gewächs / sigt in dem Deutschen Feld,
mit nie verwelckern Laub behagend in der Welt /
Dem höchsten Gott zu Ruhm, und zu gemeinem Nutzen.

Nach dem Muster der Italiener folgt eine Spielrede über
den Namen, die sich in Paradoxen bewegt.

Erweis, daß der Geschmack der oberste der Sinne. Als die
drei geistigen Sinne des Menschen gelten Verstand = Bildung,
Einbildungskraft und Gedächtnis. Sapere und Sapientia sind
eines Stammes: Geschmack — Verstand. Geschmack ist verbunden
mit Geruch und Fühlung, die unter ihm stehen. Der Geschmack
bedeutet mehr als Gefühl und Gehör; allerdings ist durch ihn der
Sündenfall gekommen, aber eben dieser schlechte Gebrauch zeigt seine
Überlegenheit über die andern Sinne. Sein Träger ist die Zunge,
das wertvollste Gut, deren Verlust größer zu erachten ist als der
der Augen und Ohren. Der Zunge edelste Gabe aber ist die
Sprache. Mit Geschmack unserer Muttersprache zu warten, ist die
Aufgabe der fruchtbringenden Gesellschaft und ihres Leiters, des
Schmackhaften. „Die Sprachen sind die Scheiden, in welchen das
Schwert des Geistes geführet wird", daher auch die Gnadengaben
des Hl. Geistes in den Sprachwundern des Pfingstfestes bestehen.

Es gibt zwei Schutzwehren: die Waffen und die Sprache
und die auf letzterer ruhende Gelehrsamkeit.

Indem wir unsere Sprache loben und uns bemühen, selbe auf
den Majestätischen Thron der höchsten Vollkommenheit zu erheben,
verachten wir keineswegs die ausländischen Sprachen, sondern lieben
sie mit wolverständiger Bescheidenheit, lernen sie mit standhaften Fleiß,
studiren sie mit kunstmäßiger Gewißheit und kostbarer Bemühung,
gebrauchen sie aber ohne Vermengung mit der unsern, und lassen uns
das unteutsche Teutsche von der mißbräuchlichen Gewonheit und ehr-
süchtigen Neugierigkeit keines wegs aufdringen.

Davon singt der Rüstige in dem Klaglied auf des Gekrönten
(Opitz) Tod:

„Was zieren wir uns doch, wie federlose Dolen,
Die ihren Schmuck zumal den andern abgestolen,
Die fremdgeborgte Wahr: wann jeder nimmt zu sich,
Was ihm entwendet ist, so heißt es: Schäme dich!"

Solchem einreißenden Unheil einen Damm gegen zu setzen,
solchen besorglichen Nachtheil zusteuern, und zugleich alle hohe
Tugenden, wolständige Sitten, deutsches Vertrauen, und unsere hoch-
besagte Heldensprache zu pflanzen, zu erhalten, und zu handhaben,
ist .. Aufgabe der fruchtbringenden Gesellschaft.

Die Erwartungen, die Harsdörfer über die Zukunft der frucht=
bringenden Gesellschaft aussprach, schienen eine gewisse Berechtigung
zu haben. Warum sollte der Friede nicht gut machen, was der
Krieg verbrach? Aber er übersah dabei ein wichtiges Werdegesetz!
Das ältere Geschlecht hatte bessere Tage gesehen. Es hielt trotz
aller Drangsale des Krieges unentwegt am Guten fest in der
Hoffnung auf schönere Zeiten. Aber dieses Geschlecht schwand
dahin. Der Nachwuchs stammte selbst aus der Zeit des Elendes,
des Verfalles, es fehlte ihm der ideale Zug der Altvordern. Dazu
kam ein nur zu natürlicher Rückschlag, das einschläfernde Ruhe=
bedürfnis nach soviel Sorge und Mühe. Die allgemeine Blutleere,
woran der deutsche Volkskörper nach solchen Aderlässen litt, mußte
lähmend auf allen geistigen Schaffensdrang zurückwirken. So kam
es in den nächsten Jahrzehnten nur zu kraft= und saftlosen
Träumereien; es fehlte an Lebenslust und Lebensmut, dieser
nötigsten Voraussetzung selbsteigner Thätigkeit.

In dem Maße, als der Geist einer menschlichen Einrichtung
entschwindet, tritt die äußere Form in den Vordergrund. Dieser
Erfahrungssatz bethätigte seine Wahrheit auch an der frucht=
bringenden Gesellschaft. Der gute Wille Herzog Wilhelms
zur Förderung derselben steht außer allem Zweifel. Aber er
hatte schon das 53. Lebensjahr vollendet, als er die Leitung der
Gesellschaft überkam. Er führte dieselbe elf Jahre bis zu seinem
Tode 1662[46]). Zu den unter Fürst Ludwig aufgenommenen
527 Gesellschaftern kamen 262 Neuaufgenommene hinzu. Jedoch

je länger, je mehr fehlte es an einem bewegenden Geiste, die
Strebeziele der Gesellschaft verloren ihre Zugkraft. Galt es
früher als die höchste Ehre, Mitglied der Gesellschaft zu heißen,
so blieben ihr die besseren Geister mehr und mehr fern, die
übrigen Älteren fühlten sich vereinsamt und zogen sich zurück.
Leerer Prunk und hohles Ceremoniell traten in den Vordergrund.

Der Erzschreinhalter der Gesellschaft oder, wie man sie jetzt
nannte, des „fruchtbringenden Palmenordens" Georg Neumark,
der uns in seinem „Palmbaum" darüber berichtet, kann gewiß
als ein unparteiischer Zeuge gelten. Was Fürst Ludwig seinerzeit
so kräftig abgewehrt hatte, jetzt kam es zur Durchführung [47]).
Der „Schmackhafte" hat infolge einer schlechten Erfahrung die
Einschränkung getroffen, daß hinfüro außer Fürst — Graf — und
andern Ritterstandspersonen Niemand weiter eingenommen werden
soll, man habe denn genugsam Bericht ... des Herkommens ...
von guten gelehrten Geschicklichkeiten ... und vors dritte, in einem
Ehrenamte und wirklichen Dienste begriffen. Ja, der Schmackhafte
ging noch weiter; der Aufzunehmende konnte überhaupt allen
gelehrten Dingen fernstehen, wenn er nur ein Mann, der mit
dem Degen seine Ehre suchte und dem Ordensziele allen möglichen
Vorschub leistete. So sank die Gesellschaft zu einem Ritterorden
herab, in dem das Zeitgebrechen deutscher Bedienten= und
Lakaienhaftigkeit bald seine üppigsten Blüten trieb. Können doch
nach Neumark [48]) „niedrige Standespersonen wie der Suchende
(Schottel), der Spielende (Harsdörfer), der Rüstige (Rist) und der
Sprossende (er selber)" mit schuldig unterthänigstem Dank .. nicht
genugsam .. der hochfürstlichen und gräflichen .. Gesellschafter ...
dieser „Weltgötter" .. hochruhmbareste Leutseligkeit ....
preisen. Als oberste Ordenstugend gilt für solche „Niedrig
Geborene" höfliche Bescheidenheit und schuldige Ehrerbietung, und
Neumark führt solchen den schönen Denkspruch zu Gemüte:

> Wer sich zu nah ans Feuer, und bei die Flammen setzet,
> Wird oftmals am Gesicht und sonsten mehr verletzet;
> Wer sich mit großen Herrn allzugemeine macht,
> Wird, eh er sichs versieht, um seine Wolfahrt bracht.

Das war sehr deutlich geredet; es wurde auch entsprechend
verstanden! Harsdörfer und Schottel hielten sich ferner, ohne
übrigens je in äußeren Zwiespalt zu geraten. Sie förderten nach
wie vor die Ordensziele. Manch wertvolles Werk beider fällt
noch in diese spätere Zeit. Vom Palmenorden selber aber meint
Harsdörfer 1657 einmal, ein Jahr vor seinem Tode[49]): Treuherzig
zu reden hat der Palmenorden sich weit ausgebreitet, ermangelt aber
der unfruchtbaren Äste nicht, und scheinet, es werde von dem ersten
Vorsatz weit abgewichen. Boshafte Zungen aber urteilten viel
schärfer; sie behaupteten, Gastmahle und Trinkgelage wären die
Hauptordenstugenden und der „Detzlberger" der Sorgenbrecher
der hochadeligen Gesellschaft.

Es ist das bleibende Verdienst der fruchtbringenden Gesell=
schaft, den ersten gelehrten deutschen Briefwechsel veranlaßt zu
haben. Wir haben einen sehr wesentlichen Bruchteil daraus im
Auszuge eben an uns vorüberziehen sehen. Nur selten gelingt es
den Briefschreibern, sich gemütlich über eine gewisse steife Form zu
erheben. Wir werden dem verdienstvollen Geschichtschreiber des
deutschen Briefes Steinhausen[50]) Recht geben müssen, wenn er
von diesem deutschen Briefstile sagt, daß er meist „trocken" und
„höflich gewunden" erscheine.

Der deutsche Brief war eben etwas Neues, er steckte noch
bis über die Ohren in der schwerfälligen Form des Kanzleistiles,
aus dem er herausgewachsen war[51]). Noch gelten die lateinischen
Briefsteller mit ihren Formularien, die von jedem stilrichtigen
Briefe verlangten, daß er aus fünf, mindestens aber aus drei
Teilen bestehen müsse. Dieselben mußten in schöner Reihenfolge
regelrecht aufmarschieren. Nun begann mit dem 17. Jahrhundert
allerdings „der neue Ton" auch im Briefe sich einzunisten[52]). Er
bestand aber im wesentlichen im gehäuften Gebrauch von Fremd=
wörtern und „zierlicher Phrasenhaftigkeit" — gewiß sehr zweifel=
hafte Vorzüge. Das Übel wurde dadurch nur größer, indem
zum lateinischen Kunstausdruck jetzt noch der französische Wort=
schwall dazu kam. Seit 1650 fängt es sogar unter Fürsten
und Adel an, Mode zu werden, die Privat=Korrespondenz

französisch zu führen. Gegen Ende des Jahrhunderts erschienen
bereits französisierende Briefsteller [53]), wie solche Christian Weise
und Talander (August Bohse) in seinem „Des Gelehrten Frauen=
zimmers Sekretariat=Kunst" herausgaben. In den kaufmännischen
Geschäftsbriefen hatte das Italienische schon seit langem sich ein
Ehrenbürgerrecht erworben.

Es ist daher gewiß ein verdienstliches Werk, daß Harsdörfer
in seinem „Teutschen Sekretär", wie später Kaspar Stieler (der
Spahten) — der letzte Ausläufer einer fruchtbringenden Thätigkeit
des Palmenordens, der Verfasser eines deutschen Wörterbuches
— in seinem „Teutsche Sekretariatkunst" [54]), es unternahm, eine
deutsche Briefkunst zu begründen. Ist Harsdörfers Schrift auch
nicht direkt der fruchtbringenden Gesellschaft gewidmet, so deutet
doch schon die Bezeichnung „Von etlichen Liebhabern der Teutschen
Sprache" auf ihren deutsch=reformatorischen Charakter hin. Des=
halb glaube ich sie auch am geeignetsten hier als die dritte und
zeitlich letzte seiner sprachwissenschaftlichen Schriften zur Besprechung
bringen zu sollen.

Die umfangreiche, aus zwei Teilen mit vielen Beilagen be=
stehende Schrift ist denn auch wieder nach Harsdörfers Art weit
mehr als ein gewöhnlicher Briefsteller, sie ist eine Art „Ency=
klopädie des Wissenswerten" und berührt sich nach dieser Seite
mit seinen Gesprächspielen. Mancherlei Themata, die dort schon
zur Verhandlung gekommen waren, werden wieder in Anspruch
genommen, einige davon in sehr dankenswerter Weise ergänzt.
Doch folgen wir Harsdörfer selber in seinen Darlegungen. Der
I. Teil ist betitelt:

Der Teutsche Secretarius v. i. Allen Cantzleyen, Studir= und
Schreibstuben nützliches, fast nohtwendiges, u. zum vierdten mal ver=
mehrtes Titular= und Formularbuch / 10 Abschnitte mit Anfügung
von 100 Formularien / Von etlichen Liebhabern der Teutschen Sprache.
Das Motto ist aus Verulam de Augm. Scient. f. 108 c. 12
entnommen.

Briefe haben vor den Reden die größere Natürlichkeit, vor
den beiläufigen Gesprächen den gediegeneren Inhalt voraus. Reihen

sie sich in ununterbrochener Zeitfolge aneinander, so eignen sie
sich zum schätzbarsten Material der Geschichtsforschung.

Zweck ist allein unsre liebliche und löbliche, unssre durch-
dringende und herzzwingende, unsere künstliche und dienstliche,
unsere mächtige und prächtige, unsre reinliche und scheinliche, ja
unsre holdselige und glückselige Teutsche Heldensprache in folgenden
Briefen, wo nicht zu wichtigen, jedoch aber vielen nachrichtigen
Behuff, an das Liecht zu setzen. (S. 3.)

Darum sollen wir neugierige Teutschen nicht „unsre Sprache
ohne Noht, mit frembden Flickwörtern zu beflecken,
mit ausländischen Anstriche zu beschmincken, mit dem
Französisch — Welsch, Lateinischen Bettlersmantel zu verhüllen" . . .
Ich sage, daß man, ohne Noht, unsre teutsche Sprache mit frembden
Worten nicht verunehlichen soll. Hierunter aber wollen wir
nicht verstanden haben, etliche frembde Sachen und
zugleich frembde Wörter, die zwar ihrer Ankunfft nach nicht
teutsch, aber dem Gebrauch, durchgehenden Verständniß und der
teutschen Schreibung nach keines Wegs verwerfflich auch von dem
beliebten allgemeinen Gebrauch bestättiget und deswegen billig
behalten werden. (S. 5.)

Nach einer Abhandlung über die Schreibkunst folgt ein
Widmungsgedicht: „Die Feder an den verständigen Lehrer":

Ich bin dem Binsel gleich, der alles kan bemahlen,
nach dem man meine Farb und Arbeit will bezahlen:
Der ich mich mit Bedacht, nach allen Leuten richt,
obgleich, was dem behagt ein andrer achtet nicht.
Der liebt die teutsche Sprach und pflegt rein Teutsch zu schreiben
darzu ihm eignes Lob der Seinen an kan treiben:
und jener spickt den Brief mit mehr als halb Latein,
und will für hochgelehrt dardurch gehalten seyn.
Der Hofmann und Soldat mag hier bey triumphiren,
und in der Red, als Schrifft, französisch courtisiren.
Der Kauffmann schlägt dazu, sein Wort ist semper frey,
bringt seinem Trafsico die Welschen Wörter bey.

Damit nun meine Schrift mög jedem wol gefallen,
so schreib ich Teutsch, Latein, frantzösisch, Welsch und allen
nach jedes Art und Weiß: Ey wol, ergreiff den Kiel
und mahle mit der Farb, die jeder haben wil! (S. 22, vergl. S. 51.)

Es bezieht sich dies auf den Inhalt der verschiedenen Teile.
Harsdörfer ist hier an Musterbeispiele gebunden. Er schafft die
Sache nicht, sondern gibt sie wieder. Nur wo er schöpferisch
thätig, kann er naturgemäß selbständig sprachlich wirken. Anders
würde sein Buch an Brauchbarkeit und Zuverlässigkeit verlieren.
Man denke zudem an die Steifheit des damaligen öffentlichen und
persönlichen Verkehrs! Die Vorrede beginnt mit der Erklärung
der Titel, hierauf folgt, was auf einer Adresse anzugeben.

Schreibt man an geringere, als Unterthanen, Knechte, Kinder
u. s. w., so pflegt man sie zu dutzen. Schreibt man an seines gleichen,
so pflegt man sie zu ehren, wie wir von ihnen wollen geehret seyn,
und soll sie zum wenigsten geirtzt und geherret oder mit ihnen in
der 3. Person geredet werden. Schreibet man an höhere, so muß
man ihnen ihren angebornen Titul beylegen, und nach ihren Stand-
und Amptsdiensten. Solche aber werden nicht auff eine Art geherret,
denn etliche nennet man günstig, andre gestreng, höhre gnädig,
gnädigst und allergnädigst. Nach so besagter Hoheit muß man auch
die Erbietungs-Dienste sehen: Willig, schuldig, gehorsam, unterthänig,
unterthänigst, allerunterthänigst. Gleicher Weise nennen sich die
Weiber demütig, nicht unterthänig, die geringen sind Erbar und
Tugendsam, die höhern Stands, Ehr- und Tugendreich, Hoch-Edel
geboren, Hoch-Ehr- und Tugendreich zu nennen. Die Herren-Standes
sind, erhalten ihrer Ankunffte und Ehegemahlen Titel. Ins gemein
soll in dem Schreiben an sie das Ehren Wort, als Ehren-günstig,
Ehrgeliebte, Ehrverdienste u. s. w. vorgefügt werden. (S. 36.)

Bei der Zusammenfaltung soll man darauf Bedacht nehmen,
an Hohe „große Briefe“, an geringe Leute „kleine Briefe“ zu
senden, der Überschriften wegen.

. Hierauf folgt ein alphabetisch geordnetes Titularverzeichnis,
gewöhnlich mit dem bestimmten Namen des gegenwärtigen

Würdenträgers, dann ein Verzeichnis aller kaiserlichen Geheim=
räte (21), Reichshofräte (14 der Cavallier=, 7 der Juristen=Bank),
der Hofkriegsräte (18), der Hofkammerräte (17), bis herunter zu
den Kanzlisten und Kammerdienern — ein förmliches Staats=
handbuch, geschichtlich interessant für uns durch die Namen der
hohen Würdenträger meist österreichischen, aber auch fränkischen
und fremden Adels. (S. 31—76.) Damit schließt die erste
Abteilung.

Die zweite Abteilung bringt höfliche Gunstbriefe / Freund=
und Feindschaftsbrief, Eingaben, Verlobungserwiederungen /. Nehmen
wir einen heraus, betitelt: „Abmahnung vom Duellieren
(Brief eines Geistlichen)" (S. 41—47). Er enthält eine scharfe
Strafpredigt über das Thema „du sollst nicht töten". — Aber
auch die Gründe der Vernunft sprechen dagegen. Was hat die
Stärke und Fechtkunst mit der gerechten Sache zu thun? (S. 44.)
Was für ein Gesetz kann uns hiezu verpflichten ... Ich wil es
deutlich sagen: Ein falscher Wahn etlicher stolzen Großsprecher ...
(S. 46.) Das ist eine Sprache gar nicht nach dem Geschmacke
des neumodischen, französisierten Kavaliertums! Ich glaube, nicht
irre zu gehen, wenn ich diese Ansicht als die Harsdörfers selber
ansehe.

Die Briefe an die Fruchtbringende Gesellschaft
sind, im Gegensatz zu den meisten anderen, sehr blumenreich
gehalten, hie und da findet sich auch als P. S. ein eingelegter
Zettel, aber selten.

Die dritte Abteilung bringt auf S. 1—162: Lehr — Klag —
Trost — Bitt ... Verwahrungsbrief / mancherley Inhalts, die
meistenteils in die Sitten= oder Tugendlehre einlauffende / Die Vor=
rede hebt die Wichtigkeit der Briefe hervor. Sie ermahnt zu guter
Schrift und kommt bereits dem bekannten Worte nahe „der Stil
ist der Mensch", wenn sie meint Aus (dem Inhalt der Briefe)
kann man leichtlich ein reiffes Urtheil von deß Schrift-Stellung
Verstand ergreifen.

Der Inhalt der Briefe ist so vielfältig wie der Gesprächsstoff.
Der Unterschied zwischen Rede und Brief beruht nur darauf, daß

der briefliche Ausdruck gewählter sein muß wie in der münd=
lichen Rede. Vier Punkte sind zu beachten: Ein Brief soll sein kurz,
deutlich, zierlich und mit gebräuchlichen Worten verabfaßt.
(S. 75.)

Zur Stilbildung empfiehlt Harsdörfer auch hier wieder das
Studium der Reichstagsabschiede u. s. w.

Häufig sind die angeführten Briefe kürzere populär=philosophische
Abhandlungen. Sie berühren sich nach dieser Seite, wie schon
erwähnt, mit dem Inhalte der Gesprächspiele und ihren Beigaben.
Hören wir einige von den Brieftiteln: Von der Verachtung der
Welt an einen Hofmann — Von dem Ehrgeitz — Von der Verein-
barung des Studirens und des Soldatenwesens — Daß ein Privat-
leben dem hohen Ehrenstand weit vorzuziehen seie — Klage über die
Armut . . . Wegen der zeitlichen Güter Verlust . . Lob des Land=
lebens . . . Vermahnung zur Erhaltung der Gesundheit (sehr kräftig —
die Häuptlehre: Maßhalten) (S. 104 ff.) — Klageschreiben über
das zuchtlose Soldatenleben — Erinnerung an einen unruhigen Kopf
(der gegen die Obrigkeit sich erheben möchte) (S. 139) . . . Gründe
der deutschen Sprachverderbnis (S. 147) . . . Den Schluß machen
Hochzeits=, Gevatter Brief . . . Dabei sind auch einige Gedichte mit
eingestreut, die von Lob und Tadel des Landlebens handeln.

Die vierte Abteilung (S. 165—362) bringt L Wichtige Cantzlei
und Rechtssachen, betreffende Briefe. Dieselben sind größtenteils
Originalbriefe, aus den Kriegsläuften und Friedensverhandlungen
des 30 jährigen Krieges entnommen (meistens aus dem VI. Teil
des theatrum europaeum). Die Vorrede besagt „Man muß und
kann keine neuen Wörter machen, die aber bereits gebräuchlich sind,
kann man nach der Sprach Aehnlichkeit beobachten" . . . Der rechte
Gebrauch ist „die Art zu reden unter verständigen Leuten bei Hofe,
und die Art zu schreiben, wie solche in den meisten teutschen Cantzleien
heut zu Tage gewöhnlich ist" . . . Es gibt nun wohl welche „die
alles rein Teutsch haben wollen, und die von jedermann bekannte und gebräuchliche Wörter nicht, sondern
sie mit neuen und unbekannten austauschen, die sind
wie Leute, die keinen Wein riechen können, oder wie

Knaben, die, mit einem schwachen Damm, den starken
Fluß der fortwallenden Gewonheit auffhalten
.. wolen." (S. 165—167.) So wünschenswert nun die „vollständige Reinlichkeit" in unserer Sprache wäre, „so
kann doch solche nur nach und nach von uns eingeführt
werden"... Inzwischen aber bist du, der du dieses liefest, und
ich, der ich solches schreibe, viel zu schwach, das Maß der Zeit und
die gebräuchliche Gewonheit auffzuheben und zu ändern: daß wir
also verantwortlicher thun, wir halten uns in solchem Zweiffel, in
schreiben und reden, gleich andern, ob wir gleich vermeinen
und wissen, jenes sey besser und unsträflicher teutsch
geredet. (S. 168.)

Die deutschen Wörter werden am besten allmählich durch Bei-
fügung neben den fremden gebräuchlichen eingeführt. Überdies ist
nicht zu übersehen, daß sich eben eine Gelehrtensprache ausgebildet
hat, die dem Volke zwar unverständlich, aber in gelehrten Dingen,
wie auch Schottel einräumen muß, ihre volle Berechtigung hat.
Ein gewisser Wandel der Sprache ist zudem mit der größeren
Ausbildung und Vervollkommnung der Sprache nur natürlich.
Vollzieht sich ja Ähnliches im Kleinen bei jedem Menschen auch,
wenn er vom Kinde zum Knaben und Mann heranreift. (S. 169.)
Die Schriftstücke enthalten kaiserliche, bayerische, pfälzische, sächsische,
braunschweigische, schwedische Schreiben und Belehrungsbriefe. Sie
sind nach der Zeitsitte namentlich mit lateinischen Fremdwörtern
überladen.

Abschnitt 5 (364—412) bringt: „Allerhand höfliche Schreiben
an das löbliche Frauenzimmer".

Motto: Was Sinn, Geist und Verstand übt, mehret und erhöhet,
   bey Manns- und Weibsperson, in gleicher Würde stehet:
      Das Weib regirt das Haus, der Mann regirt die Stadt:
      Sag, ob nicht jeder Theil Verstand vonnöhten hat?

Der Vorrede entnehmen wir: Stumme Lehrmeister, die Bücher,
sind dem Frauenvolck absonderlich vonnöhten: Massen die Schönheit
so wol, als die Herrschafft mehr Fuchsschwäntzer, als Straffmeister

findet: Deßwegen ihnen dann die verstorbenen Lehrer viel sicherer sagen können, was die Lebendigen nicht sagen wollen. Das gilt natürlich nur von guten und nützlichen Schriften. Es wird auch von Liebe die Rede sein. Kann man doch das hohe Lied nicht aus der Schrift ausmustern! Solche Liebesneigung wird nicht als ein Laster, sondern als eine Tugend betrachtet. (S. 366 und 368.)

Die Briefe sind in reinem Deutsch geschrieben, der Stil dagegen ist mitunter überladen. Werbebriefen folgen Annahme- und Absagebriefe. Einer führt als Anrede „Überschönes Fräulein". Es fehlt nicht an ernstlichen Worten, wie in der Vermahnung einer Mutter an ihre Tochter von Beobachtung der Keuschheit, oder in dem Schlußbrief, einer Abmahnung, ins Kloster zu treten. Auch in diesen Briefen treffen wir auf große Ähnlichkeiten mit den Gesprächspielen.

Mitunter sind Gedichte eingestreut (S. 380—399).

Der sechste Abschnitt (415—464) bringt: „Allerley Wechsel-Handels-Fracht-Aviso-Briefe". Jeder Stand hat seine besondre Wort- und Rede-Art, so auch der Kaufmannsstand. Dabei handelt es sich um viele lateinische, französische und namentlich italienische Fremdwörter. Diese Art zu schreiben, ob sie wol unsre keusche Mutter-Sprache gleichsam verunehlichet, welche von den Kauffherrn nicht verworffen worden, wird keineswegs verdammt, und zu eines jeden Beurtheilung gestellt, was darvon zu behalten und auszustellen seyn mag. (S. 417.)

Es folgt nun eine verdeutschende Erklärung der hauptsächlichen fremdländischen kaufmännischen Ausdrücke, darauf eine Erklärung der Münzen und Maße. Daran reihen sich 50 Schriftstücke: Wechselbriefe, Frachtbriefe, Schuldverschreibungen, Kaufbriefe, Vollmachten, Abrechnungen, Bittschriften um Vorschuß.

Der siebente Abschnitt handelt „Von der Rechtschreibung der teutschen Hauptsprache". (467—556.) Nach einer Vorrede größtenteils aus Buchner folgt ein alphabetisches Verzeichnis einer Reihe von Wörtern, die nach Rechtschreibung und Inhalt erklärt werden.

Im achten Abschnitt „Von der Schriftscheidung" (559—570) kommt Harsdörfer nach Darlegung seiner Grundsätze der

Rechtſchreibung in 12 Paragraphen mit dem 13. Paragraphen auf die Interpunktion zu reden.

Abſchnitt 9 bringt: „Rechtmäſſige Erb- und Lehenbriefe Formularien" (573—598). In der Vorrede werden die Lehen auf Kaiſer Karl den Großen zurückgeführt — die Lehenbriefe ſind in „reinem" Deutſch gehalten, nur S. 581 wird das Wort „reverſirt" gebraucht, S. 593 ut prius — ut supra — S. 595 Designation — Adhaerenten — S. 597: praescription — utile dominium — Agnaten — S. 598: jurisdiction.

Abſchnitt 10 bringt uns „nachſinnige Juriſtiſche, Philoſophiſche und hiſtoriſche Briefe". Nach der Vorrede dient „Zur Belehrung neben den Geſprächen, den Tragödien und Komödien beſonders die Briefform". Ueber allerhand merkwürdigen Rechtshändeln und ſeltſamen Naturwundern kommt Harsdörfer in XXXIV wieder auf das Zipperlein zu reden. (S. 674 ff.) Diesmal behandelt es Harsdörfer etwas anders, wie im Heraklitus und Demokritus (LXIX, 405—414). Er meint: „es iſt eine ſchleumige Feuchtigkeit, welche ſich mit der Galle oder dem Geblüt vermiſcht (nach Galen), die Melancholiſchen aber ſelten beläſtiget. Die Urſachen werden erweckt durch den ſchweflichten Wein, durch übermäſſigen Beyſchlaff und ſonderlich durch grimmigen Zorn und Verbitterung.

Die Artzney dieſer marterhaften Krankheit beſtehet in Mäſſigung der Speiſen, welche auch keinen ſcharffen Safft enthalten, alte geſunde und nicht ſtarcke Weine, die Keuſchheit, trocken und Warmhaltung des Haubts und der Füſſe . . und iſt ein fröliches Gemüt nicht der geringſte Antheil nohtwendiger Artzney. Nimmet aber der Schmerzen überhand, ſo muß die Gedult das beſte thun.

Trotz der hölliſchen Schmerzen loben viele das Zipperlein. Es hat neben anderem Guten das, daß es das Haubt nicht belanget und demſelben geſunde Gedanken einzugeben pfleget. Doch meint Harsdörfer, er habe dieſes Lob andern zu Troſt, keineswegs aber meiner Vergnügung oder Verlangen zu Papier geſetzet.

Der II. Teil beſteht aus 6 Abſchnitten mit Bericht „Von den Buchhaltern". Er enthält im weſentlichen nur „Titular und Formularbuch". Wir hören:

I. Von den Ehrentituln hoher Potentaten u. s. w.

II. Von gebräuchlichen Gruß- und höflichen compliment-Brief.

III. Von lehrreichen Klag- Trost und Verwahrungs

IV. Von wichtigen Geschäfft- und Cantzley } Schreiben,

V. Von Beispieln Aus der Sittenlehre wie

VI. Aus der Naturkündigung.

Die Vorrede handelt in 4 Abschnitten und 37 Paragraphen von der Schreibkunst und insbesondere dem Inhalte des Secretarius. Im dritten Abschnitte wird untersucht, ob der, welcher viel schreibt, auch viel rede. Nach § 31 sind diese Künste häufig getrennt zu finden.

Der I. Teil erlebte in drei Jahren vier Auflagen; trotzdem beschwert sich Harsdörfer über vielfache litterarische Anfeindung (IV, 36). Doch tröstet er sich damit, daß, was den Weisen gefalle, den Thoren mißfalle. Diese Fortsetzung soll nun eine Ergänzung bilden.

Im zweiten Abschnitt Von gebräuchl. Gruß- u. s. w. Compliment Brief wird die Frage erörtert: Ob ein verständiger Mann viel Wort-Höflichkeit oder Compliment gebrauchen soll? (S. 1—34.) Nach Harsdörfers Meinung ist von den angeführten Beispielen nur Anfang und Schluß zu gebrauchen, das andere nach den jeweiligen Verhältnissen zu gestalten (§ 12).

Es folgen nun: Neujahrswünsche — Bittbriefe — Werbungsbriefe — Leichladung — Trostschreiben — Abdankung bei einer fürstlichen Leiche, häufig mit Antworten. Ein böser Brief ist Nr. XXXV Von übler Schrifft; darin wird geschrieben, der Briefschreiber solle auch gleich einen mitsenden, der seine Briefe lesen könne, er, Empfänger, könne dies nicht!

Im Abschnitt 3 „Lehrreiche Klag — Trost — Beicht u. s. w." folgen 50 größere und kleinere Abhandlungen, oft mit Rückantwort; eine Vorrede vom Elende des menschlichen Lebens leitet das Ganze ein. Dabei sind öfters längere Gedichte eingefügt. (S. 37—226.) Da lesen wir z. B.:

IV. Trostbrief an einen, der sich aus Lebensüberdruß den Tod geben will (58—61).

Abschnitt 4 handelt „Von wichtigen Geschäfft- u. Cantzley-
Briefen" (229—475). Die Vorrede belehrt uns: Von dem Ampt
und Tugenden eines Secretarii. Zum wenigsten soll „der Sekretarius"
Lateinisch reden vnd schreiben können . . . sonderlich zu dieser Zeit,
da viel vermeinen, es könne kein wolgestellter Brief seyn, wenn er
nicht mit Latein unterzogen, welche auch in technicis, ohne verächt-
liche Neuerung, nicht füglich, nach der Zeit nicht anders beschehen
kan. Es wäre noch gut, daß es bey dem Latein und dem Teutschen
verbliebe, und nicht zugleich das Französische und Italienische,
mehrmals in einem Brief zugleich, mit eingeflochten würde. (S. 230.)

Gegenüber der Meinung, daß es in Briefsachen keine Regel
geben soll, meint Harsdörfer, Ordnung müsse überall sein,
besonders in Geschäftssachen. Hauptsache ist Nicht zu kurz, aber
auch nicht zu lang schreiben, sondern den Mittelweg halten. Die
Schreiben sind Originalschreiben der Stände, auf den Frankfurter
Konvent bezüglich.

Abschnitt 5 bringt „Streitfragen aus den Historien, Regiments-
und Sittenlehre" (478—602). Häufig wird ein Brief mit Antwort
gegeben, mitunter noch Entscheid, z. B. in III von der Wissenschaft.

In diesem Brief (492—499) wird die Wissenschaft für eine
„Tugend" erklärt, in der man Vergnügung und Beruhigung des

Verstandes finde, die man also nie im Übermaß besitzen könne.
Dagegen bemerkt die Antwort: Man könne zwar an sich nicht zu
viel Wissenschaft besitzen, doch sei das Streben, alles erlernen zu
wollen, bedenklich. Das hat schon zur Schwarzkunst getrieben.
Auch hier gilt es, Maß zu halten. — Der Entscheid unterscheidet
zwischen klug und gelehrt sein. Gott giebt einem jeden so viel
Verstand, und so viel Mittel zu lernen, ... als ihm zu seinem Beruff
anständig und nohtwendig. Der Gelehrtenstolz verunehrt übrigens
nicht die Wissenschaft, sondern ist nur Kennzeichen der Thorheit der
Person. Denn keiner ist so gelehrt, daß er nicht ein mehrers solte
lernen können.

Es ist dann von allerhand Tugenden und Lastern die Rede,
von der Liebe, den sinnlichen Trieben der Tiere u. s. w.

XLVIII Von den Festmachen. Durch natürliche Mittel kann
sich niemand fest machen, nur durch teuflische, also durch ein
Bündnis mit dem Teufel. Solch ein Bund ist aber eitel
Täuscherei, weil der Teufel nicht unsterblich machen kann. Der
Satan kan zwar einen blauen Dunst machen, und weil er ein Fürst
der Lufft ist, die Kugeln auffangen, die Streiche und Stöße unter-
kommen, seinen Betrug zu begründen. Das hilft aber nichts gegen
deß Henckers Schwerd, und man geht dabei der Barmherzigkeit
Gottes verlustig. (587—89.)

In L wird eine Abhandlung von einem Tugendlichen Leben
gegeben. Hauptregeln sind: recht urteilen — recht gewillt sein —
recht thun — viel wissen (592—602).

Abschnitt 6 bringt: „Philosophische Streitfragen aus der Naturkündigung. (L. Abhandlung, 605—712.) Die Vorrede handelt
„Von der philosophorum Verachtung und Verantwortung". Es
werden die zwei Hauptvorwürfe zu widerlegen gesucht, daß
Wissen aufblähet und daß des Bücherschreibens kein Ende. Diese
Vorwürfe fallen dahin, wenn man daran festhält, daß die Glückseligkeit nicht in der Wissenschaft liegen kann, daß wir über dem
Studium folglich nie unsere Gemütsruhe verlieren dürfen, und
daß wir uns nicht einbilden dürfen, alle Geheimnisse würden uns
offenbar werden. Unter diesen Voraussetzungen wird es wahr

sein, daß wir durch Gelehrsamkeit gescheiter, tüchtiger und besser werden. (605 ff.) Dabei kommen absonderliche Fragen zur Besprechung, z. B. ob das Hasenfleisch schön; worüber geteilte Meinung besteht. Der Entscheid meint humoristisch ein wolgebildetes Angesicht .. wird Hasenfleisch niemals zu wege bringen. (625—629.) In XXI von den verbrannten Leichnam bekennt sich Harsdörfer geradezu zu der ketzerischen Ansicht, daß von allen fünf Beerdigungsarten das Verbrennen der Leiche „ehrlicher" sei als das Begraben und ein würdiger Unterschied des Menschen vom Vieh. Zudem ist das Feuer das Sinnbild der Ewigkeit. (652—654.)

In XXXV wird in Brief und Erwiderung die Frage vom Einhorn abgehandelt. Nachdem von Plinius angefangen alle Schriftsteller hergezählt werden, die vom Einhorn berichten, wird auf die Ungereimtheit aller dieser Berichte hingewiesen. Die Erwiderung meint, falsche Ansichten schlössen eine Existenz des Einhorns an sich noch nicht aus. Die Heiligen Schriften thun seiner Erwähnung; weitere Erforschung könne es am Ende noch auffinden. (673—686.)

Im Brief vom Baden (XXXIX) mißbilligt Harsdörfer die Dampfbäder der Römer, die Weichlinge machten und „die Schweißlöchlein .. der bösen Lufft" öffneten, weshalb man mit Recht das Baden in Pestzeiten verbiete. Andererseits seien Sauerbrunnen und warme Bäder, mäßig gebraucht, lobenswert aus Gründen der Reinlichkeit und Gesundheit. (687—688.)

Kulturhistorisch interessant ist die Belehrung „von dem peinlichen Verhör" (XLIX), daß man darin nicht zu wenig oder zu viel thue. (705—715.)

Nachdem von den drei Graden der Folterung gesprochen, wird darauf hingewiesen, daß der Richter bei Anwendung dieser Grade stets die Rechtssache im Auge behalten müsse; bei geringen Vergehen dürften nur die leichten Formen der Folter, bei schweren Verbrechen die stärkern in Anwendung zu bringen sein. Dabei dürfte auch die leibliche Beschaffenheit des Angeklagten und sein Stand zu berücksichtigen sein. (707.)

Dem Einwand, daß die Folter schlechthin eine Grausamkeit und dem Christentum schnurstracks zuwider sei, ist entgegengehalten, daß man ein Recht hat, sich gegen das Böse zu wehren, und daß man mit der Folter nichts anderes als die Wahrheit zu Tage bringen will. Dagegen ist nicht zu leugnen, daß der Satan den heidnischen Völkern unerhörte Arten der Plagen eingegeben. Auch sind in England (das Pressen), in Frankreich, den Niederlanden, Spanien ungewöhnliche Folterarten in Gebrauch. (708.)

Nachdem der Menschen Bosheit zugenommen, so haben auch diese Zwangsmittel, die Wahrheit zu erzwingen, sich vermehrt, und werden alle Richter vermahnet, sich dergleichen ungewöhnlichen Marter nicht zu gebrauchen; versichert, daß Gott verborgen haben will, was durch die ordenliche peinliche Frage nicht heraus kommt. Solche zu verwerfende Dinge sind: die Spanische Kappe, der Dänische Mantel, die Englische Jungfrau, die Braunschweigische Stiefel .. Die Hencker haben sich in dergleichen sinnreich erwiesen, den Tyrannen mit.. sondern Erfindungen an die Hand zu gehen. (711.)

Der Anhang bringt einen „Kurtzen u. gründlichen Bericht von dem Buchhalten". (715—742.) „Wie die Handelschafft empor zu bringen", wird in der Vorrede abgehandelt.

Motto:

Es ist des Menschen Thun, ein solcher Arbeit Wandel,
daß keiner leben kan, ohn Ambt, Beruf und Handel,
der Bauer schafft die Speiß, der Handwerksman das Kleid,
und was das Land nicht trägt, das bringen Kauffmannsleut.

„Durch was zuträgliche Mittel der Handelschafft und Gewerbe näher zubringen", verrät uns deutlich, daß Harsdörfer sich in den Niederlanden seinerzeit genau umgesehen hat. (715—718.)

Die Handelschafft ist eine alte Sache, der man sich mit Ehre und Ruhm rechtmässig gebrauchen kan ... Das zuträglichste Mittel ist.. „gute Waaren in billigem" zu kaufen und verkaufen .... Dazu gehört besonders „die Handhabung einer guten Müntzordnung, an welcher .. eines Landes Wolfahrt gelegen ist".. Um den

Handel gewinnreich zu machen, sind „Compagnien und Gesellschafften" nötig.

Die Hauptsache ist, alle Hindernisse zu beseitigen; solche sind
1) die Trägheit der Jugend, 2) Mangel an Handwerkern und
schiffbaren Flüssen, 3) Unsicherheit und Beschwerlichkeit der Wege,
4) Neid, Eigennutz und Untreue, 5) „die alten und neuen Auflagen, Zölle, Mauten und Ambtgelder". Dazu müssen die Obrig=
keiten mit helfen. Nach unserm jetzigen Sprachgebrauch wäre das
ein ziemlich freihändlerisches Programm.

VII. Von dem Buchhalten. Das Buchhalten hat, wie alle
Wissenschaft, Kunst und Handwerk seine termini.

Weil ein Kaufmann frembder Sprachen bedarf „so ist es
zuträglich, daß die Knaben, welche zu der Handlung gezogen werden,
sollen einen feinen Grund in Latein legen, also daß sie einen Casum
setzen können, und hernach die frembden Wörter, welche meinsten
Theils aus Latein herkommen, leichter verstehen, mercken und correkt
schreiben".

Als Grundlage der Vorbildung der Kaufleute sieht also
Harsdörfer den Besuch der Lateinschulen an. Daran schlossen
sich dann sogenannte Rechenschulen, die von „Rechenmeistern"
privatim, aber mit Ratsgenehmigung gehalten wurden. Wir
können daraus ersehen, daß unsere heutigen Handelsschulen
eigentlich nichts weiter sind als zeitgemäße Umbildungen unter
Vereinigung dieser früher getrennten Bestandteile.

Die weiteren Anleitungen Harsdörfers erfolgen in 53 Ab=
schnitten oder Formularien.

Man hat Harsdörfer gerade aus dieser Schrift einen Vor=
wurf machen wollen. Man hat behauptet, Harsdörfer wurde
hier seiner eigenen Lebensaufgabe untreu, die er mit so hohen
Worten so vielfach angepriesen hat, nämlich dem Kampfe gegen
die Fremdwörter. Ich glaube, das Angeführte widerlegt diese
Behauptung von selber. Harsdörfer ist sich durch das ganze
Buch dieses seines Gegensatzes wohl bewußt. Aber er ist mit
Schottel der Meinung, daß man die Fremdwörter nur sehr

allmählich wird verdrängen können und nur insoweit, als man entsprechend gute deutsche Wörter an ihre Stelle zu setzen und dieselben einzubürgern vermag.

Vergegenwärtigen wir uns übrigens noch einmal den Zweck des Buches. Es ist ein durchaus praktischer, den verschiedensten Berufsarten soll Handreichung gethan werden. Soweit nun Harsdörfer dabei freie Hand hat, wie bei dem Briefsteller selber, werden wir finden, daß er Fremdwörter streng ausschließt. Anders aber muß er sich naturgemäß stellen, wo er z. B. Anleitung zur Fertigung von diplomatischen Schriftstücken oder in der Führung kaufmännischer Korrespondenz erteilt. Will er gelesen werden, so muß er die hergebrachten Ausdrücke mit aufnehmen; nur durch dieses Zugeständnis wird ihm die Möglichkeit auch anderweitigen heilsamen Einflusses eröffnet. Wie sehr er übrigens bei der Auswahl der angeführten Schriftstücke aufs Deutsche hält, darauf habe ich an betreffender Stelle hingewiesen. Wir müssen dabei bedenken, es sind lauter Originalurkunden. In ihnen machte sich aber gerade die Fremdwörtersucht besonders breit.

Es waren Schwierigkeiten zu überwinden, die zunächst über des begabtesten Mannes Kräfte gingen. Wer konnte den wieder erneut anschwellenden Widerstand der Fürsten und des Adels brechen, wer die Gelehrten bekehren, die das Deutsche lobten, aber lateinisch schrieben, wie Buchner, wer „die unfertige, ungeformte deutsche Prosa" zu klassischer Reinheit und Klarheit erheben?[55] Schottel, der den unseligen Zwiespalt zwischen seinem Wollen und Können nur zu sehr verspürte, erkannte diese Schwierigkeiten in ihrem ganzen Gewichte. In seinem Hauptwerke, der „Teutschen Haubtsprache 1661"[56], meint er darüber: Man hat vor etzlich Jahren „aus vornehmer Fürsten und Herrn Vorschub" ... die Teutsche Sprache .. auf Academien und in die Facultäten bringen wollen, das hat deshalb „nicht zum besten gerahten können" .. „weil man ... Palläste .. bauen wollen, eher ein rechter Grund .. gelegt. Man hat die terminos artium verteutschen wollen, willführlich und ohne daß man sie verstanden hätte," das ist unmöglich, „ehe die Sprachkunst und volles Wörterbuch vorhanden und angenommen".

Die puristische Bewegung kam zum Stehen, erst Leibniz nahm in seinen „Unvorgreiflichen Gedanken" und in seinen „Ermahnungen an die Teutschen" die alten Forderungen Schottels und Harsdörfers wieder auf. Aber liegt darinnen nicht gerade auch die Anerkennung, daß diese Männer bei allen Fehlgriffen im einzelnen wie ganzen doch das Richtige erstrebt hatten?

Wir danken ihnen übrigens mehr, als wirs gewöhnlich glauben. Ein gut Teil unserer häufigst gebrauchten Wörter sind Geschenke ihres Geistes.

Wolff [57]) führt beiläufig 125 Wörter an, die unser deutscher Wortschatz der puristischen Bewegung zu verdanken habe. Es ist dies für ein solches Kraftaufgebot und das gewaltige Rufen im Streit sicherlich ein bescheidenes Ergebnis. Acht Männern wieder und dem Ertzschrein gebührt diese Errungenschaft. Der Löwenanteil fällt auf Schottel mit 53 Wörtern, dann kommt Harsdörfer mit 24, Zesen mit 23 Wörtern. In den Rest teilen sich mit dem Ertzschrein Neumarck, Opitz, Betulius (Birken), Gueinz und Hanmann.

Auf Harsdörfer sind zurückzuführen die Wörter: Beispiel — Beiwort — Beredsamkeit — Betrachtung — Brief= wechsel — Denkkunst — Dichtkunst — Ebenmaß — Gesichtskreis — Grundlinie — Himmelsfeste — Hochschule — Lehrart — zu Felde liegen (campieren) — Mittelpunkt — Schauspieler — Sehnerven — Sittenlehre — Übereignungsschrift (Dedication) — Umschreibung — Unterweisung — Verfasser — Widerhall — Zweikampf.

Wir werden zugeben müssen, daß diese Wörter recht gut gebildet sind, und daß mindestens 22 von diesen 24 in unserm gang und gäben Wortschatz sich volles Bürgerrecht erworben haben. Nicht berücksichtigt dabei sind die grammatikalischen Be= zeichnungen, die von Schottel und Harsdörfer gemeinsam her= rühren. Ein nicht unbeträchtlicher Teil derselben hat sich wenigstens neben den üblichen lateinischen und griechischen Be= zeichnungen dauernde Geltung zu erringen verstanden, z. B.

Geſchlechts=, Nenn=, Zeit=, Zahlwort, oder Doppellaut, Doppel=
punkt, Fragezeichen. Die deutſchen Bezeichnungen für die
Wiſſenſchaften ſtammen aus Harsdörfers Geſprächſpielen. Aus
ihnen übernahm ſie Schottel. Harsdörfer möchte auch gerne alte
Worte wieder aufleben laſſen, ein Beſtreben, für das aber Schottel
wenig Sinn zeigte, das Gueinz ſogar grimmig befehdete. Selbſt
die Mundarten möchten Schottel und Harsdörfer beigezogen ſehen,
um namentlich im Gewerblichen zu Hand zu gehen. Wie nahe
z. B. liegen niederdeutſche Bezeichnungen für alle mit dem
Schiffsweſen im Zuſammenhang ſtehenden Dinge [58]).

Alle dieſe durch Unverſtand und Unkenntnis verſchütteten
Sprachquellen, nicht zum mindeſten die bei Harsdörfer ſo beliebte
Tonmalerei, ſie ſind in ſpäteren glücklichen Zeiten wieder auf=
gedeckt worden und ſprudeln in unſeren Tagen ein unerſchöpfliches
Leben. Berechnet doch Behagel [59]), daß in neueſter Zeit ſolcher
tonmalender Wörter nicht weniger als 200 entſtanden ſeien von
„patſchen, plumpſen, klatſchen“ angefangen bis zu „ſchneidig“.
Die deutſche Sprache hat ſich zu einem Organ der Weltlitteratur
ſonder gleichen entwickelt. Es gilt für alle Zeit, was Ernſt Moriz
Arndt von der deutſchen Sprache rühmte [60]):

„Die deutſche Sprache iſt nach allgemeinem Einverſtändnis
eine der wichtigſten der Welt, tief und ſchwer an Sinn und Geiſt,
in ihren Geſtalten und Bildungen unendlich frei und beweglich,
in ihren Färbungen und Beleuchtungen der inneren und äußeren
Welt unendlich vielſeitig und mannigfaltig. Sie hat Ton, Accent,
Muſik. Sie hat einen Reichtum, den man wirklich unerſchöpflich [61])
nennen kann, und den ein Deutſcher mit dem angeſtrengteſten
Studium eines langen Lebens nimmer zu umfaſſen vermag.“

Noten zu II.

¹) M. Müller II, 6 ff — ²) Müller II, 356 ff — ³) Müller II, 379 ff — ⁴) Heß S. 24 — ⁵) Heß S. 21 ff — ⁶) Scherer S. 45—70 — ⁷) Paul-Behagel I, 540 ff — ⁸) Kluge S. 23 — ⁹) Paul-Behagel I, 542, und Scherer S. 64 — ¹⁰) Rückert II, 20—222 — ¹¹) Kluge S. 21 — ¹²) Paul-Behagel I, 21 ff — ¹³) Kluge S. 37 — ¹⁴) Rückert II, 233 ff — ¹⁵) Krause, F. Ludwig II, V — ¹⁶) Krause, F. Ludw. II, VI und 3—5 — ¹⁷) Rückert II, 247 — ¹⁸) Krause, Ertzschrein S. 15 — ¹⁹) Krause, F. Ludw. II, 250 — ²⁰) Krause, F. Ludw. II, 35, 88, 134, 169, 233, 234, 248 — ²¹) Krause, Ertzschrein S. 307—400 und F. Ludw. II, 248—320 — ²²) Rückert II, 237 — ²³) Dissel, Zesen S. 55—57 — ²⁴) Krause, Ertzschrein 246 ff — ²⁵) Krause, F. Ludw. II, 236 — ²⁶) Krause, F. Ludw. II, 238 — ²⁷) Schottel, Von der Teutschen Haubtsprache S. 1175 und 1178 — ²⁸) Rückert II, 290 — ²⁹) Henke, Calixt II, 44 ff — ³⁰) Tittmann S. 55 — ³¹) siehe Anhang — ³²) Krause, F. Ludw. II, 270 und 272 — ³³) Krause, Ertzschrein 383 und 384 — ³⁴) Dissel S. 28 und 29 — ³⁵) Krause, F. Ludw. II, 306 ff — ³⁶) Dissel S. 29 — ³⁷) Wolff S. 86—100 — ³⁸) Dissel S. 30 — ³⁹) Krause, Ertzschrein 424—425 — ⁴⁰) Dissel S. 31—34 — ⁴¹) Wolff S. 107 — ⁴²) Krause, Ertzschrein 186-190 — ⁴³) Harsdörfer, Fortsetzung der fruchtbringenden Gesellschaft S. 8 ff — ⁴⁴) Harsdörfer, Fortf. d. fruchtbr. Gesellsch. S. 16—24 — ⁴⁵) Harsdörfer, Fortf. d. fruchtbr. Gesellsch. S. 25—56 — ⁴⁶) Barthold S. 65 ff u. S. 276 und Neumark, Palmbaum S. 401 — ⁴⁷) Neumark, Palmbaum S. 184 — ⁴⁸) Neumark, Palmbaum S. 75 und 79 — ⁴⁹) Wolff S. 33 — ⁵⁰) Steinhausen II, 31 — ⁵¹) Steinhausen I, 103 — ⁵²) Steinhausen II, 4 ff — ⁵³) Steinhausen II, 24 — ⁵⁴) Steinhausen II, 31 — ⁵⁵) Wolff S. 120 ff — ⁵⁶) Schottel S. 1244 und 1245 — ⁵⁷) Wolff S. 130—132 — ⁵⁸) Wolff S. 68—80 — ⁵⁹) Heß S. 86 — ⁶⁰) Heß S. 94 — ⁶¹) Heß S. 89. Wie wir jetzt wissen, ist die deutsche Sprache die wortreichste aller Kultursprachen, reicher noch als die englische. Littrés Wörterbuch zählt 109 000 Wörter, der englische Sprachschatz wird auf 120 000 Wörter angegeben. Dagegen wird die Zahl der in ein deutsches Wörterbuch aufzunehmenden Wörter rund auf eine halbe Million veranschlagt.

III.

Die „Frauenzimmergesprächspiele".

Eine Frauenfrage hat es eigentlich seit Menschengedenken gegeben. Man thut gut, in einer Zeit von Bebels „Frau", der Frauentage und der Mädchengymnasien sich dessen zu erinnern. Die ganze Geschichte der Menschheit drängt zu einer Vervollkommnung der Umstände und Bedingungen, unter denen die Menschen die Aufgaben des Lebens zu über= nehmen und weiterzuführen haben. Die Menschheit selbst ist aber wieder durch eine natürliche Schranke in zwei Teile zerlegt, deren jedem seine eigentümlichen Vorteile und Nachteile zukommen.

Es ist kein Zweifel, der augenfällige Vorteil bei dieser Scheidung liegt auf der Seite der Männerwelt. Bei ihnen finden wir gewiß das Übergewicht der leiblichen Stärke, wie behauptet wird, auch das des Verstandes und Willens. Sicher ist, daß man sich dieses wirklichen und vermeintlichen Übergewichtes jederzeit in der schrankenlosesten Weise bis zur größten Härte und schreiendsten Ungerechtigkeit bedient hat. Die rächende Wirkung dieses Über= maßes blieb nicht aus, sie fiel zurück auf die Häupter des starken

Geschlechtes. In dem Maße, in dem die berechtigten Daseins=
bedingungen der Frauenwelt mit Füßen getreten oder doch mehr
oder minder unberücksichtigt bleiben, in dem gleichen Maße leidet
je länger je mehr bis zur Unheilbarkeit die Lebensentfaltung des
siegreichen Geschlechtes selber. Man wird schwerlich zu weit gehen,
wenn man behauptet, Lebensdauer und Entwicklungsfähigkeit eines
Volkes bestimmen sich im letzten Gliede nach der richtigen Wert=
schätzung, die bei ihm die Frauenfrage findet.

Von den Kulturvölkern der klassischen Mittelmeerwelt hat sich
ein einziges bis in unsere Tage lebenskräftig erhalten. Und
gerade dieses war von allen am meisten mißhandelt worden.
Seine unerschöpfliche Lebenskraft verdankt es nicht zum mindesten
der verhältnismäßig günstigen Stellung seiner Frauen. Die dem
Judentum entstammende neue Weltreligion des Christentums im
Bunde mit dem richtigen Gefühle der germanischen Naturvölker
bemühte sich angelegentlich, die Stellung der Frauen menschen=
würdig zu gestalten. Man kam allmählich zur Einsicht, daß nicht
nur das männliche Geschlecht, daß auch das weibliche eines
besonderen erziehlichen Unterrichtes bedürfte. Anfänglich meinten
die Wohlgesinnten, der gleiche Unterricht müßte für beide Ge=
schlechter gleich günstig wirken.

Solche Einzelversuche weist schon das Mittelalter auf. Die
gelehrte Nonne und Dichterin Hroswita von Gandersheim, die
Heloise Abälards und andere bezeugen das. Auch der Huma=
nismus in seinem Drange, alle Welt mit klassischer Bildung zu
durchtränken, kannte kein anderes weibliches Bildungsideal. Eine
Olympia Morata, Viktoria Peskara (Colonna), Anna Marie
Schürmann, Anna Römer, Dorothea Eleonore von Rosenthal,
Marie Elisabeth von Hohendorf sind solche strahlende Sterne
am Renaissancehimmel. Man wird dem gegenüber sagen müssen:
„Eines schickt sich nicht für alle". Der natürliche Gegensatz
zwischen Mann und Weib läßt sich nicht willkürlich aufheben.
Alle wohlgemeinten Versuche dieser Art müssen scheitern. Es
bleibt stets ein unüberbrückbarer Abgrund zwischen dem Berufe
des Mannes und dem der Frau zum Heile beider. So ist es

z. B. unnatürlich, wenn es auch durch das Staatsrecht da und dort gebilligt wird, daß Frauen Fürsten von Land und Leuten werden. Zum Glücke für die Menschheit sinds doch immer nur Ausnahmefälle gewesen. Daß darunter einzelne glänzende Ausnahmen, beweist nur die Thatsache, daß es ebenso gut mitunter Mannweiber geben kann wie weibische Männer.

Der Hauptberuf der Frau muß stets das Haus, die Familie bleiben, wie der des Mannes seine Stellung in der Welt. Nur ausnahmsweise und als Notstand, der immer nur zeitweilig vorwaltet, dürfen anderweitige Berufsarten in Betracht gezogen werden. Wie aber dieser Beruf in Haus und Familie, sei es als Gattin und Mutter, sei es in irgend einer dienenden Stellung, sich am schönsten, würdigsten und nützlichsten zugleich gestalten könne, das bedarf der stets erneuten Prüfung und erzieherischen Neugestaltung. Das häusliche Leben angenehm und anregend zu machen und damit die Männerwelt mit unzerreißlichen Banden an die Familie, diese Grundlage aller Gesittung, zu ketten, bleibt der dauernde berechtigte Inhalt der echten Frauenfrage.

Nun nehmen wir die Zeiten des 17. Jahrhunderts, des dreißigjährigen Krieges! Wie schlecht stand es um die geistige und sittliche Bildung der herrschenden Klassen der Männerwelt in Deutschland! Wie waren sie in Unwissenheit während des Krieges aufgewachsen, wie verrohend und entsittigend hatte der lange Krieg gewirkt! Was Bildung der Prinzen und des jungen Adels schaffen sollte, die langen Reisen nach Paris und Italien, leerten nicht nur die Beutel, sondern entleerten auch allzu häufig Herz und Gemüt von Sitte und Gewissen und brachten Laster und Unsitten des Auslandes an die deutschen Fürstenhöfe und über Stadt und Land. Der französische Hof wurde das Vorbild der calvinistischen Höfe zunächst und bald der protestantischen überhaupt, die italienischen Tyrannenhöfe, der spanische für die katholischen Höfe Deutschlands. Deutsche Roheit, Völlerei und Sauflust, gepaart mit scheinheiliger Rechtgläubigkeit und jesuitischer Gleißnerei, gingen einen unnatürlichen Bund ein mit französischer Leichtfertigkeit und wälscher Frivolität. Sollte es besser werden, so mußten

geiftige Intereffen erftehen, ftark genug, diefem Verderben zu
fteuern. Der Umgang der beiden Gefchlechter der höheren Kreife
mußte veredelt werden durch eine beiden Teilen gleich zugängliche
Bildungswelt. Die Gefpräche, die Spiele, die Lebensführung
mußten einen höheren Inhalt bekommen, follte die gemeine
Alltäglichkeit erfolgreich bekämpft werden können. Aus der Fremde
war das Übel gekommen, die raffinierten Lafter der Renaiffancezeit
in Italien und Frankreich und die brutalen Greuel der Religions=
kriege; die Fremde follte auch die Heilung bringen in einer
geläuterten Erkenntnis einer verfeinerten Sitte.

Die Gefprächs-fpiele des Harsdörffers, meint Kühlmann in
feiner Tugendblume[1]), vergleichen fich mit einem Blumengarten,
darinnen die außerlefenften Weiß-heit Lehr· Hoff-· und Tugend·
blumen der Welfchen, Franzofen, Spanier und Holländer gepflantzet
werden. Die Nachwelt fuchet fie mit Ergetzen und gebrauchet fie
mit höchften Nutzen. Und Balthafar Schupp in Hamburg, in
feiner grobkörnigen Art der vielfach tändelnden der Nürnberger
Dichter nicht eben fehr gewogen, fchreibt doch an feinen Sohn
auf der Univerfität: Wenn du von deiner ordentlichen Arbeit müde
bift, fo fuche deine recreation in ... tugendhafften Spielen, darzu
der hochedle Nürnbergifche Rahtsherr, der finnreiche und arbeitfame
Harsdörffer gute Anleitung gibt, welchem du einmal in meinem
Namen auffwarten und fagen folt, daß er mit feinem Spielen mehr
außgerichtet habe, als ein gantz Regiment Pedanten und Schulfüchfe
mit ihrem Arbeiten, Schlagen und Plagen[2]).

Doch hören wir Harsdörfer felber, was er mit feinen
„Gefprächfpielen" eigentlich beabfichtigte. So fagt er in feiner
Vorrede zum erften Teil, ihr Zweck fei, daß ich allein Anleitung
geben wollen, wie bey Ehr· und Tugend-liebenden Gefellfchaften
freund· und fruchtbarliche Gefpreche aufzubringen. Eingedenk, daß
gute Gefprech gute Sitten erhalten .. Gegen den Einwand, ihr
Inhalt fei für Frauen zu fchwierig, verweift er auf die Beifpiele
der Maria Schürmann und Anna Römer, die die hohe geiftige
Begabung des weiblichen Gefchlechtes außer allen Zweifel geftellt
haben. Diefe Gefpräche follen aber gleicherweife auch den jungen

Männern sich dienlich erweisen, um sie zu Verstandesübung anzuleiten .. und zu volständiger Höflichkeit zu veranlassen.

Wenn Harsdörfer auch mit Herausgabe des dritten Teiles den Titel „Frauenzimmergesprächspiele" in „Gesprächspiele" verallgemeinerte und in einer Zuschrift vom 11. März 1642 an Fürst Ludwig von Anhalt meint[3]), er beabsichtige sie nicht dem Frauenzimmer, sondern der studierenden Jugend .. in die Hände zu bringen, und der Teutschen Sprache genugsamkeit ergreiffen machen, daß sie nechst nützlicher Verstandübung der hergebrachten Beymischung fremder Wörter sich entbrechen und als Teutsche, Teutsch zu reden bemühen möchten, so änderte das in Wahrheit an Form und Inhalt der Gesprächspiele gar nichts. Mir macht es den Eindruck, Harsdörfer wollte damit allenfallsigen Bedenken des hochkonservativ denkenden Oberhauptes der fruchtbringenden Gesellschaft zuvorkommen. Feine Lebensart und Wissen in leichter, anmutiger Form frommen eben beiden, den Frauen wie der heranwachsenden männlichen Jugend.

Und in der Vorrede zu dem letzten, dem achten Teile, setzt Harsdörfer auseinander, warum er gerade die Form des Gesprächs, der freien Unterhaltung gewählt habe. Durch Verstand und Rede erhebt sich der Mensch über das Tier, das Zwiegespräch ist die vollkommenste Lehrart. Das haben schon die Alten eingesehen, in neuerer Zeit die Italiener, Spanier und Franzosen. Zum Inhalt gibt Harsdörfer seinen Gesprächspielen alles Wissenswerte:

> Er breitet es lustig und glänzend aus,
> Das zusammengefaltete Leben;
> Zum Tempel schmückt er das irdische Haus,
> Ihm hat es die Muse gegeben;
> Kein Dach ist so niedrig, keine Hütte so klein,
> Er führt einen Himmel voll Götter hinein!

Dieses dichterische Vorrecht beansprucht er für sich als Lehrer der Menschheit. Den Stoff hiezu entnimmt er allerdings zum großen Teile dem kulturell überlegenen Auslande, aber es ist zugleich, wie er es meint, eine That echter Vaterlandsliebe. Alles

Schöne und Gute in der Welt soll nun den Deutschen in ihrer Muttersprache erschlossen werden, sie sollen und nicht zum mindesten die Frauenwelt, diese Trägerinnen des Familienwohles, dabei lernen, daß das köstlichste aller Güter, in der sie alle anderen geistigen Güter unmittelbar genießen dürfen, ihre herrliche Muttersprache sei. Sie sollen begreifen lernen, daß ... unsere Sprache .. nunmehr andern Zungen, an Zier, Nachdruck und Füglichkeit nichts bevorgibt, sondern selbe vieleicht weit übertriffet. Wir sehen also auch hier Harsdörfer als den Bannerträger der fruchtbringenden Gesellschaft, in deren Diensten und zu deren Ehren sämtliche acht Bände geschrieben sind.

Harsdörfer verkennt dabei nicht, daß er damit einer An= schauung, der der Berufsgelehrsamkeit, schnurstracks entgegen= arbeite, deren Meinung es ist, jede Wissenschaft sei so tief, daß sie einen ganzen Menschen erfordere. Dazu sei auch eigentlich jeder nur zu einer Sache beanlagt. Aber dieser steht doch wieder eine andere Meinung entgegen, und mit ihr hält es Harsdörfer. Die Wißbegierde des Menschen ist unendlich; warum sollte sie nur auf eines beschränkt bleiben? So ist nun sein Zweck, ein übersichtliches Wissen in angenehmer Form zu bieten zu aller Welt Lust, nicht zu eigener Ehre und eigenem Gewinn. Alles ist ihm willkommen, und alles findet Aufnahme und Berück= sichtigung, was in den gebildeten Gesellschaften der Zeit Stoff und Gegenstand der Unterhaltung war.

Der Gedanke der Gesprächspiele ist keine selbständige Erfindung Harsdörfers. Er fand seine Vorbilder in den Italienern Balthasar Castiglione und Girolamo Bargagli. Castiglione in seinem libro del Cortegiono (1533) läßt auf einem Schlosse Urbinos sich Männer und Frauen über die Eigen= schaften eines guten Hofmannes unterhalten[4]). Ebenso wenig originell ist das meiste von dem, was Harsdörfer mitteilt. Nur wenn er auf seine Lieblingsgedanken über deutsche Sprache u. s. w. zu reden kommt, da bietet er vielfach eigenes. Wer ihm daraus einen Vorwurf machen wollte, würde seine Absicht verkennen. Alles Wahre, Schöne und Gute in der Welt soll zur Besprechung kommen, er nimmt es, wo er es in der antiken und zeitgenössischen Litteratur der Kulturvölker findet, und teilt es seinen Deutschen mit. Seine großen Sprachkenntnisse und seine ausgebreitete Belesenheit verschafften ihm dazu die nötigen Mittel.

Es hielt nicht so leicht für Harsdörfer, Druck und Verlag der Gesprächspiele zu besorgen. Er klagt vor Herausgabe des sechsten Teils derselben bitter über „den Geiz des Verlegers" [5]) und meint, er würde das Unternehmen deshalb wohl aufgeben müssen. Dennoch gelang es ihm, dasselbe noch bis zum achten Teile zu fördern. Der Herausgabe dieses letzten Teiles aber stellte sich die eigentümliche Schwierigkeit entgegen, daß, wie schon erwähnt, der Kriegsläufte wegen längere Zeit nicht genügend Druckpapier vorhanden war [6]).

Es gilt bei diesen Gesprächspielen ein Doppeltes zu betrachten, ihre formelle und ihre inhaltliche Seite. Besehen wir uns zunächst ihren Aufbau und ihre Spielweise. In der ersten Auflage des ersten Teiles waren es vier Personen, später werden sechs Personen als redend eingeführt, drei Herren, drei Damen, also drei Paare. Dem Reymund Discretin, einem gereisten und belesenen Studenten, entspricht Angelica von Kuschewitz, eine adelige Jungfrau; neben Degwart von Ruhmeck, dem verständigen, gelehrten Soldaten, finden wir die adelige Jungfrau Cassandra Schönlebin; dem Vespasian von Lustgau, dem alten Hofmanne, ist Julia von Freudenstein, eine kluge Matrone, zugesellt. Die drei Paare entsprechen den drei Lebensaltern, der Jugend, den mittleren Jahren, dem Alter. Zarte Zurückhaltung, gepaart mit Wißbegierde, ziert die jungen Jahre, Thatendrang und verständiges Handeln eignen der Lebenshöhe, die Weisheit der Erfahrung, die sich Mut und Freudigkeit zum Leben bewahrt hat, ist die reife Frucht des Alters. Wir müssen zugeben, daß die drei Vertreter der drei Lebensalter sehr glücklich gewählt sind, der junge Mann mit Wissen, aber noch wenig Erfahrung, der erfahrene, durch das Leben abgehärtete Kriegsmann, der kluge, der höchsten Gesellschaftsklasse angehörige Hofmann. Nicht gleich günstig gewählt erscheinen die drei weiblichen Vertreter. Zum mittleren Paare würde eine verheiratete Frau sich besser geeignet haben.

Diese Personen sind als Typen ihres Geschlechtes, Alters und Standes gedacht. Nun hat es immer seine große Schwierigkeit, Typisches und Individuelles vereinen zu wollen. Daran scheitern erfahrungsgemäß die meisten dramatischen Versuche dieser Art. Gesteigert wird diese Schwierigkeit noch, wenn das Typische, wie hier, ein Dreifaches in sich schließen soll. Harsdörfer hat sich diese Schwierigkeiten nicht eben viel anfechten lassen. Er hat den gordischen Knoten einfach zerhauen. Er verfährt in freiester Aus= wahl mit den Typen, das Individuelle berücksichtigt er fast gar nicht. Bald klingt der Hofmann durch, bald der Soldat, der Student, bald ists das Widerspiel von Erfahrenem und Unerfahrenem, bald schärft sich der geschlechtliche Gegensatz von Mann und Frau und teilt die Gesellschaft in zwei Heerlager. Noch häufiger aber als alles dies läßt Harsdörfer den persönlichen und typischen Charakter ganz beiseite, nimmt die Personen nur als Vertreter verschiedener Meinungen, ja, gar nicht selten hört eigentlich der Dialog ganz auf, die verschiedenen Personen führen nur die Gedanken beliebig weiter, ohne eine selbständige Meinung zu vertreten.

Noch schlimmer gestaltet sich die Sache, wenn man etwa Kunstdialoge verlangen wollte. Dieser Anforderung entspricht wohl kein einziger. Entfaltung, Verschlingung, Höhe, naturgemäße Lösung und befriedigender Abschluß fehlen meist vollständig oder sind nur andeutungsweise vorhanden. Sehr häufig wird ein Gedanke nur angeschlagen und gar nicht weiter geführt oder nur bruchweise. Eine künstlerische Lösung liegt offenbar nicht einmal in der Absicht Harsdörfers. Die Gründe hiefür dürfen wir einmal in Harsdörfers Person suchen, dann aber auch in seinem letzten Zwecke. Harsdörfer war ein Mann voll Schaffensdrang. Ein Gedanke drängte den andern. Er untersuchte nicht viel auf Gehalt, noch weit weniger auf Form. Wie die Gedanken kamen, wurden sie rasch verwertet und hingeworfen. Mehr, als zu einem kurzen Überschlagen eines Gedankens gehört, hat er wohl schwerlich je Zeit darauf verwendet. Goethe äußert sich über seine Reiseaufzeichnungen einmal zu Eckermann (I, 48), sie seien entstanden, „wie wenn man einen Eimer Wasser ausgießt". Ähnliches läßt sich von Harsdörfers Gesprächspielen auch sagen, vielleicht mit dem Beisatze, daß das Wasser nicht immer das reinste gewesen. Bedenken wir, daß er acht Jahre hinter= einander 300 solcher Dialoge zu schreiben unternommen, von den verschiedenen Zugaben und den gleichzeitigen anderweitigen schrift= stellerischen Arbeiten ganz abgesehen. Das Zweite aber ist sein vorwaltend stoffliches Interesse, seine ausgesprochen lehrhafte

Frauenzimmer Gesprächspiel Anderer Theil

Tendenz. Er will häufig nur die Anregung, das Thema, höchstens den Entwurf zu einem Gesprächspiel geben; andere mögen es ausführen. Er will möglichst viel bieten, der Inhalt ist ihm die Hauptsache.

Ehe wir aber an die Betrachtung und Zergliederung dieses überreichen Inhaltes gehen können, ist es nötig, einen kurzen Blick auf die Spielweise zu werfen. Harsdörfer belehrt uns darüber in seiner Vorrede zum I. Teil (I, 3): „Man pflegt herumzufragen, wie jeder in der Gesellschaft die Zeit zu vertreiben beliebe? In etlichen Streitfragen wehlet man einen Schiedsrichter oder Richterin; in etlichen muß man gewisse Pfande geben; in etlichen wird ein Lob

oder Schand dem, der Ehr oder Unehr einlegt, zuerkannt, und wird
jenes der Jungfrauen Preis, dieses aber der Undank genant." Der
Leiter oder die Leiterin des Gespräches erhält ein Elfenbeinstäbchen
als Zeichen ihrer Würde. Wer den Spielstab führt, dem steht
das Recht zu, Fehler und unpassende Antworten mit Pfändern
zu belegen, die Art der Auslösung derselben zu bestimmen und
schließlich Lob und Schande zu verhängen.

Damit kommen wir zu der schwierigsten Aufgabe, eine
annäherungsweise Vorstellung von der inhaltlich ungemeinen Reich=
haltigkeit dieser Gesprächspiele zu geben. Sie sind in den
Jahren 1641—49 geschrieben. Jedem der acht Bände sind nach
der Zeitsitte Widmungsgedichte von Freunden und Gönnern, meist
von Mitgliedern der fruchtbringenden Gesellschaft, beigegeben.
Der letzte Band will eine zusammenfassende Wiederholung aller
vorausgehenden sein; er gibt auch eine ziemlich verwickelte Ein=
teilung der verschiedenen Spielarten. Zueignungen, Vorreden, oft
doppelte, und Nachworte mehren den Umfang; jedem Band ist
aber noch eine besondere „Zugabe", eine Schrift für sich, beigegeben.
Die Zugaben behandeln nachfolgende Fragen: „Schutzschrift für
die Teutsche Spracharbeit und derselben Beflissene" — „das Schauspiel deutscher Sprichwörter" — „Melisa oder der Gleichniß Freudenspiel" — „Rede von dem Spiele, dazu „das Christliche Waldgedicht
oder Freudenspiel genant Seelewis Gesangsweis auf Italienische
Art gesetzet" — „die Reutkunst" — „Andachtgemähle" mit Anmerkungen — „Frauenzimmerbücherschrein" und „Fünf und zwanzig
merkwürdige Fragen aus der Naturkundigung und Sitten oder
Tugendlehre". Viele der Gesprächspiele, einige der Zugaben sind
mit Kupfern verziert, von denen nicht wenige recht gut und
anschaulich sind, manche freilich auch äußerst geschmacklos. Titt=
mann und alle Beurteiler sind darinnen einig, daß diese
Gesprächspiele ein Bild des gesamten Kulturlebens der Mitte des
17. Jahrhunderts bieten, sie verzichten aber der Mannigfaltigkeit
wegen darauf, dieses an der Hand des gegebenen Materials
anschaulich vorzuführen⁷). Man gestatte wenigstens einen kurzen
Überblick.

Wir wollen dabei von den leichten Fragen der Unterhaltung, den Spielfragen, den Fragen des guten Tones u. s. w. ausgehen und dann zu den ernsteren der Wissenschaften, besonders der deutschen Sprache, der Erziehung, des Naturwissens übergehen, hierauf zu den Künsten, der Dichtkunst, den bildenden weiter=schreiten, dann die Fragen der Lebensweisheit, der Religion, meist in dichterischer Form, berücksichtigen und mit den Fragen aus der Gesundheitslehre und den rein zeitgeschichtlichen Vor=stellungen, z. B. des nicht unwichtigen Kapitels des Aberglaubens, abschließen. Dabei sollen die deutsch=sprachlichen Dinge nur kurz gestreift werden, da diese in dem Abschnitte über die fruchtbringende Gesellschaft schon ihre eingehende Würdigung fanden.

Das Narrenspiel (I, L, 298). V. „Es sollen durch Aussetzung von Preisen junge Leute aufgemuntert werden zu allen rühmlichen Tugenden und höflichen Sitten. Dann nicht wol auszureden, wie unvermerkt die Gesellschaften, in welchen man sich befindet, die Gemüter gestalten, und ausbilden." Ich sage unvermerklich, nicht anders, als wie man siehet, daß die Kräuter, Gewächs und Bäume sicher wachsen, wie sie aber täglich von Stund zu Stund aufschießen, und sich erheben, ist nit leichtlich zu spüren: daß es nun auch solche Bewantniß mit dem zarten Verstand und den Gemütsneigungen der Jünglinge und Jungfrauen habe, kann die Erfahrung genugsam bezeugen. Daher wollte ich nicht zweiffeln, es solte die natürliche Begierd zu wissen, welche allen und jeden Menschen von Natur eingepflanzet werden, durch dergleichen Gesprächspiele mit erfreulichem Nutzen erhalten und in etwas besättiget werden."

Diese Übungen des Scharfsinnes, der Ausbildung in der Muttersprache, in allem Wissenswerten, guter Sitte und Höflichkeit (Takt) können wenig oder gar nicht in den üblichen Spielarten des Dammspieles, des Schachspieles u. s. w. (IV, CXCIX, 429 und VIII, CCLXXVIII, 40 ff) stattfinden, weil diese eine zwecklose Ermüdung des Verstandes herbeiführen. Letztere waren deshalb mit Recht in den Jesuitenschulen verboten. Dagegen gilt das Werk: „Redest du, so sehe ich dich." Solche leichtere Arten sind

Buchstabenspiele. (VIII, CCLXXX, 23—27.) Man verteilt z. B.
die Buchstaben eines Namens des Mitspielenden, worauf jeder ein
Lob des Mitspielers mit diesem Anfangsbuchstaben anzugeben hat.
Bei den Silbenspielen (VIII, CCLXXX, 45 ff) handelt es sich
entweder um Vor= oder Nachsilben, die in den Antworten wieder=
gegeben werden müssen. Bei den Wortspielen (VIII, CCLXXXI, 53 ff)
sollen z. B. alle Wörter rasch genannt werden, die sich mit
„Wort" zusammensetzen lassen. Unter den aufgezählten finden
wir manche bei uns jetzt ungebräuchliche z. B. „Affterwort"
(VIII, CCLXXXII, 60—68) — Forschwort — Hofwort — Rett-
wort — Schamwort".

Man gibt „Wortspiele" auf, oder läßt „Geberden" deuten.
(VIII, CCLXXXII und CCLXXXIII.) Witzig und anmutig
machen sich die sogenannten „Überschriften". (VIII, CCLXXXIV,
76 ff.) Es sollen z. B. die vier Lebensalter durch eine Harfe
bezeichnet werden. Dieselbe ist gar nicht besaitet, halbbesaitet,
besaitet bis auf die Baßsaite und voll besaitet zu denken.
Darüber ließe sich etwa schreiben:

> Ich bin bereit (Kindesalter)
> Nach dieser Zeit (Knabenzeit)
> Mit Grund besaidt (Jünglingszeit)
> Zu Freud und Leid (Mannesalter).

Zu den Vexierfragen (II, LXVII, 160 ff und II, LXVIII,
165 ff) ist zu rechnen, wenn immer ein „Schlagwort" in der Ant=
wort vorkommen muß, oder in der Erzählung etwa die Buchstaben
„m" oder „l" durchaus gemieden werden müssen. Übermütiger
sind die sogenannten Waidsprüche, sich überbietende Aufschneidereien.
(II, LXXXIV, 232 ff.) Dazu gehören auch die „Wünsche".
(II, XCI, 265 ff.) Wer den mäßigsten Wunsch ausspricht, muß
ein Pfand geben. Dieses Geschick traf den, der sich so viele gute
als falsche Freunde wünschte.

Ein übermütiges Spiel ist auch die sogenannte „Sprachverwirrung". (II, XCVII, 294 ff.) Jeder muß bis zu einem
gewissen Zeichen in seiner Mundart sprechen. Sehr naiv und

drastisch geht es oft bei den auferlegten Bußen zu. So mußte
sich eine Jungfrau so lange närrisch stellen, bis sie von den
Anwesenden davon freigesprochen wurde. Was that sie? Sie
schlug so lange auf den Strafverhänger ein, bis er sie freisprach.
(I, XXVI, 150 und 151.)

Höherer Art sind die Blumenspiele. (VIII, CCLXXXV,
131—160.) Die einzelnen Blumen treten auf: Rose, Lilie,
Tulpe, Veilchen u. s. w. und singen ihr Lob, mit Melodie und
Tanzweisen versehen, oder es gilt, Reime über die einzelnen
Gartengeräte schnell zu ersinnen, z. B. über das Grabscheit:
„Rasten macht rosten" oder „Mühe und Arbeit den Glanz bereit'",
oder zwei Frauen treten auf, Natur und Kunst, im Wettkampf
miteinander. Die Natur läßt eine Rose hervorsprießen, die Kunst
veredelt sie; da läßt Natur die veredelte dahinwelken. Der Fleiß
versöhnt die beiden Streitenden, indem er der obsiegenden Natur
einen Blumenkranz (die Vereinigung von Natur und Kunst dar=
stellend) überreicht. Recht anmutig und witzig ist das Lob des
Salats. (III, CXI, 76—77.) Der ausgesprochenste Vegetarianer
könnte es nicht besser machen. Ich bilde mir vor schöne, weise
Frauenhände, welche so mancherley grüne Blättlein untereinander
mischen, und selbe mit Oel gelind, mit Essig zart, mit Salz
angenehm machen, mit lieblichen Blümlein bestreuen, und mit
gesunden Würtzelein umlegen. Wolte Gott, daß wir uns mit so
schlechter Tracht genügen lassen wolten, und nicht (wie leider
geschieht) durch viel und mancherley Essen, uns selbsten das Leben
abkürtzeten. Ein anderes aber fügt verächtlich bei: Bei dem
Salat, solte man sich unserer ersten Eltern Sündenfalls erinnern,
als ob welchem sie verurtheilt worden, das Graß auf dem Felde
zu essen.

Ein Vorwurf anderer Art ist, über an sich bedenkliche Dinge
Gutes beizubringen. (III, CXIII, 83.) So wird über die
Teuerung gerühmt, die als alte, abschreckende Frau dargestellt
wird, sie sei eine gute Zuchtmeisterin der Gesparsamkeit, und were
zu wünschen, daß alle junge Eheleute, auff eine Zeit Theuerung

9

erfahren hätten, sie solten das Geldlein besser an sich zu halten wissen. Zum Lob des Durstes läßt sich sagen: Wer durstig zu Bett geht, steht gesund auf. Zum Lob der Unhöflichkeit: Aus Höflichkeit hat Adam den Apfel der Eva angenommen und gegessen, wie mancher hat sich schon durch Gesundheittrinken um Leib und Leben gebracht. (VIII, CCXCVI, 403—415.) Die Höflichkeit ist Ursache, daß einem Fürsten die Wahrheit nie zu Ohren komt und daß Land und Leute deßwegen übel regieret werden. Der Häßlichkeit läßt sich nachrühmen: Ungestalt ist eine Ursache der Demut, Schönheit des Hochmuts, und von der Trunkenheit gilt, durch sie ist bey Fürsten und Herrn oft mehr zu erhalten, als durch grosse Geschenke und langgeleiste Dienste, sie ist der Schlüssel aller Geheimnissen, und machet freye Leute, nach dem Sprichwort, weß das Hertz voll ist, gehet der Mund über. Bei der Frage über Traumbilder finden wir den sinnigen Reim (VII, CCLII, 29):

> Wie heißt das zarte Weib? Die Hoffnung, so erkranket,
> Und von der Schmerzenangst des langen Kampfes wanket,
> Ja gar zu Boden sinkt, als sey sie blötzlich todt.
> Warum? Der Feind entflieht, und lässet uns in Noht.

Dagegen läßt sich nicht leugnen, daß in allegorisierenden Bildern oft erstaunlich Geschmackloses geboten wird. (VII, CCLII, 69.) So denke man sich folgendes Bild. Es ist die Rede von den Tugenden und Lastern. Dabei wird die Schamhaftigkeit dargestellt als eine Jungfrau, die die Augen niederschlägt, auf dem Kopfe einen Elephanten trägt, der für sehr schamhaft gilt, und auf der linken Hand einen Falken, weil dieser nie Aas genießt.

Die Fragespiele über die Liebe bieten ein weites Feld. (III, CXXII, CXXIII, CXXIV, S. 123—133.) Darinnen waren namentlich die Italiener sehr fruchtbar. So hören wir nach Bargagli Dom Liebestempel, von der Liebe Vollkommenheit, was für vollkommner zu achten, die Liebe gegen dasjenige, das man siehet, oder gegen dasjenige, das man nicht siehet, von der Liebe Wildbad. Dazu meint Harsdörfer: „Wenn ich recht sol meine Meinung ..

sagen, so halte ich es für faules Geschwätz, welches viel mehr zum Bösen, als zum Guten verleiten . . ." muß.

Merkwürdig durch ihre Beantwortung wird die Frage „ob besser were, daß ein Mann viel Weiber, oder ein Weib viel Männer hätte?" (IV, CXCVI, 399—407.)

Am weitesten bringen es Mann und Weib allein. Doch heißt es: Es ist nicht gut, daß der Mensch allein sei. „Manchem ist eine Frau zu viel, wie sollte er dann mit mehreren auskommen? Hiegegen dienet zu der Weiber Ehre, von vielen bedienet und geliebet zu werden . ." „Weil heut zu Tage viel mehr Weiber als Männer in der Welt, würde die Austheilung schicklicher kommen, wann jeder etlich Weiber, so viel er nemlich zu ernehren getrauet, nehmen sollte." (IV, 406.)

„Ob die Liebe durch Besitzung abnehme?" (VI, CCXXXI, 91—95) wird dahin entschieden, daß dies beim Geiz sicherlich nicht der Fall sei, sonst aber wird man sagen können, die leidenschaftliche Jugendliebe nimmt ab, dagegen die stille, beständige Neigung nimmt zu. Als weitere Fragen werden empfohlen: (I, XXII, 134 ff) „Ob die Furchtsamen oder Hertzhaften mehr lieben — Ob der Haß oder die Liebe eine wichtigere Gemütsbewegung sey? — Ob man die Liebe zaubern könne? — Ob die Verliebten gleich sind denen, die im Schlaf reden und gehen? — Ob die unkeusche Liebe ohne Furcht seyn könne?"

Wenn wir uns zu andern Fragen wenden, so wird z. B. der Schönheit Erwähnung gethan, ihrer Vergänglichkeit und Gefährlichkeit. (II, LXXV, 199—206.) „Gefällt euch meine zarte Haut, sagte jene Jungfrau frei, so würde sie euch mißfallen, wenn ihr sie auf der andern Seite sehen sollet." Dagegen ist stets daran festzuhalten: Schönheit ist „Gab des Himmels, Postbrief der Natur" . . Nicht die Schönheit trifft irgend eine Schuld, nur „ein geil Gemüt". „Die Häßlichen sind mehr bemühet, wie sie sich der Verachtung, als der Verfolgung wehren wollen. Gut ist das über „das Lachen" (III, CXXXVII, 282—286) Bemerkte: „Das Lachen ist eine erfreuliche Verwunderung über seltsame und unerwartete Dinge."

Narren lachen deßhalb mehr als vernünftige Leute, weil ihnen eben
alles seltsam vorkommt. — Schon Aristoteles meint, jede Freude sei
eigentlich ein verborgenes Herzensgelächter. Im Anschluß an diese
Besprechung muß jeder etwas erzählen, das durch Verspottung
Abwesender oder Anwesender zum Lachen reizt. Wer nicht von
Herzen lachen kann, muß Pfand geben.

Über Lob und Tadel des Spiegels heißt es (IV, CLXXXIV,
326—339): „Er ist stumm, und unterrichtet, wie man mit guter Art
reden sol — Er ist ohne Seel und Geist, und kan doch das Gesichte
mit Schönheit beseelen. Er ist unbekleidet, und lehret doch wie man
sich zierlich kleiden sol. Er ist der natürlichste Bildhauer, und ist doch
nichts, als ein flüchtiges Gemähld, eine flache Bildung, und ein brech-
liches Glas. Gegen ihn aber läßt sich sagen: Dieweil die Eitelkeit
nicht nur aus Gold und Silber, sondern auch aus dem Glasse ein
Götzenbild machet, wollen wir solches aus unserem Hertzen und
ärgerlichen Augen reisen. Besser ist die Jungfrauen gleichen der
Diane, welche sich nicht wollen sehen lassen, als den selbstliebenden
Narcissen, die ihnen allzugroßes Ansehen machen wollen, sind vielmals
bey Gott übel angesehen.. Sie bespiegelten ihr Thun, und ver-
leisten ihr Gewissen.. Ich gestehe gerne, daß der Mensch allein
seine Gestalt in dem Spiegel erkennet, aber nicht seine Schwachheit,
und dieser Mangel kommt nicht von seinem Verstand, sondern von
seinem Willen her. Vielen wird er zum Hofmeister der Laster und
hohen Schul aller Üppigkeit." „Der Dantz" gibt billiger Weise
zu Lob und Tadel reichlich Veranlassung. Zu seinem Lob
spricht: Alles tanzt im Himmel und auf Erden, die Gestirne
und die Elemente. Der Mensch, als mit Verstand begabt,
erweist dabei seine Geschicklichkeit, daher tanzen alle Völker, Natur-
und Kulturvölker. Plato läßt es in seinem Staate zu, Lykurg gebietet
es. Die Musik geht mit dieser Kunst einen innigen Bund ein. Alle
Geschöpfe bewegen sich in ihrer Ordnung. Ein „erbarer Freuden-
tantz wird von keinem Verständigen übel gesprochen". Über unsere
Tänze freilich würden sich die Indianer noch mehr wundern wie
über das Spazierengehen. Die springenden Heuschrecken in der
Offenbarung sind solcher Tänze Urbilder, geführt von einem Engel

aus dem Abgrund. „Ein so angenehmer Springschneck ist geweft Herodias, so Johannis Haubt ertanzet." „Ich, für meine Person, halte das Dantzen und das Fieberhaben für fast gleiche Übel". „Solcher falschen Freude folgt wahre Reue auf dem Fuß." (IV, CLXXXI, 366—373.)

Wie sollten Edelmann, Hofmann und der Weise beschaffen sein, wie sieht's aber häufig damit aus? (VI, CCXLI, CCXLII, CCXLIII, 226—240.)

Zum Edelmann gehört vor allem, daß er nicht auf Ererbtes pocht, sondern „nach eignem Tugend ruhm" trachtet, der gute Hofmann wahrt sich stets ein gutes Gewissen, der schlechte kennt keinen Gott als seinen Fürsten, keinen Himmel als den Hof. — Der Weise ist stets ein tüchtiger Schüler und trefflicher Lehrmeister, der sich alles, was er höret und siehet, zur Unterrichtung dienen läßt. Er liebt die Tugend wegen Übertrefflichkeit, auch ohne Nutzen und hasset das Laster wegen der Schändlichkeit, auch ohne Bestraffung. Der „vielgeschäfftige Heuchler" dagegen ist unwillig, daß man seinen klugen Rahtschlägen die Regierung des Römischen Reiches nicht anvertrauet.

Eine sehr beliebte Weise war auch die Wechselerzählung. (VI, CCXLVIII, 281—325.) So sind z. B. sämtliche Anwesende gehalten, eine Liebesgeschichte zu erzählen, wobei jedem wieder ein besonderer Auftrag zu teil wird. B. hat aus der Erzählung ein Sinnbild, C. eine Lehre, D. einen Letternwechsel, A. ein Sprichwort und R. eine Anmerkung beizubringen.

Die vierte Erzählung berichtet von einem portugiesischen Großen aus der Zeit König Philipps II. Dieser liebte Wechsel=heiraten zwischen Portugiesinen und Castilianern. So warb der König um die ältere Tochter eines Ritters für einen castilischen Edeln, der Vater gab diesem aber die jüngere, hübschere Tochter, die ältere, klügere mit den Gütern einem portugiesischen Edelmann. Um sich vor dem Könige zu entschuldigen, brachte er vor, er habe dem Narren die Kluge, dem Klugen die Närrin gegeben. Der Verlauf der weiteren Lebensschicksale gab ihm Recht, die ältere Tochter brachte ihren Mann von Irrwegen zurück, während es dem caſtiliſchen Tochtermann gelang, ſeine Frau von den Gefahren höfiſchen Lebens zur ehelichen Pflicht zurückzuführen.

D. Als Sinnbild zwei Hände, von denen nur die linke einen Ring mit der Beyſchrift: „Nicht nach Verdienſt".

C. Niemand iſt ſo ſchlecht, daß man ihn nicht zurecht bringen könnte.

D. Durch Letterwechſel aus Erben = Reben, denen die Kinder Pſalm 128 zu vergleichen.

A. Sprichwort: „Der Haan kan nicht ſo viel zuſammentragen, als die Henne zerſcharren kan."

R. Männer und Frauen müſſen gegenſeitig miteinander Geduld haben.

Unter den Nachbarvölkern ſind es beſonders die Franzoſen, die die Blicke der Deutſchen auf ſich ziehen. Es werden ihre guten Seiten gerne anerkannt, die ſchlechten aber dabei nicht überſehen. (VII, CCLXV, 274 ff.) Können die Franzoſen .. für unbeſtändig und leichtfertig gehalten werden? Es ſoll das in ihrer „Landesart" und in ihrer „Höflichkeit und Freundlichkeit" liegen. Darauf läßt ſich ſagen, ſie ſind nicht unbeſtändiger als andere und werden nur wegen ihrer Fertigkeit von den langeweiligen und ſorgfältigen Trauertöpfen alſo genannt. Eben weil ſie ihre Tracht ändern, ahmen ſie die andern nach. Dagegen wird an anderer Stelle berichtet (VII, CCLVI, 288): Ein Deutſcher antwortete jenem König auf ſeine Bemerkung: die Teutſchen hätten viel in Frankreich, die Franzoſen dagegen in Teutſchland nichts zu lernen. Die Franzoſen ſolten von den Teutſchen die Beſcheidenheit lernen, wie wir von ihnen Fechten, Reuten und Dantzen.

Wer ſind nun die ſinnreichſten Leute in der Welt? Welche erklären nach den Temperamenten die Völker gegen Mittag (die choleriſchen) oder die gegen Mitternacht (die melancholiſchen) oder gegen Morgen (die ſanguiniſchen) für die ſinnreichſten. Schließlich werden die Deutſchen dafür erklärt.

Hitz und Kälte iſt nicht eine geringe Urſache des wol oder übel beſchaffenen Verſtands: die mittelmäßige Bewandniß, iſt und bleibet, in dieser wie in allem andern die beste... Die Menschen sind noch zu klein, noch zu groß ... der Verstand noch zu subtil, noch zu grob. Ist eine sinnreiche Kunst in der Welt, so ist sie von den Teutschen erfunden worden. Ist eine Sprache in der Welt, so lernen sie die Teutschen, und übersetzen derselben nützliche Bücher in die ihrigen. Wann ihre Thaten von Anfang der Welt beschrieben weren, wie andrer Völker, so würde man mehr Exempel der Tapferkeit von ihnen, als von allen andern zu erlernen haben. (VII, CCLVI, 136 ff.)

Das Lob der deutschen „Haupt= und Heldensprache" wird Harsdörfer nicht müde, in allen Tonarten zu singen, bald lehrhaft eindringlich, bald begeistert und verzückt. Sie ist kein Gemisch wie die Französische und Italienische. Von alten Zeiten her Kultursprache, wurde sie durch Karl den Großen, dann Luther wieder zu Ehren gebracht, zuletzt durch die fruchtbringende Gesellschaft, die der „schmählichen Sprachvermischung von Latein und Deutsch" ein Ende machen will [8]). Aus der Schutzschrift für die Teutsche Spracharbeit und derselben Beflissene mögen nur einige Sätze hier stehen: Viele lassen sich durch die Feindschaft der Gewohnheitsmenschen einschüchtern (3) .. Die Natur redet in allen Dingen, welche ein Getön von sich geben, unsere Teutsche Sprache (4). Sie donnert mit dem Himmel, sie blitzet mit den schnellen Wolken, stralet mit dem Hagel, sauset mit den Winden, brauset mit den Wellen, rasselt mit den Schlossen, schallet mit der Luft, knallet mit dem Geschütze, brüllet wie der Löw, plerret wie der Ochs, brummet wie der Beer, beeket wie der Hirsch, blecket wie das Schaaf, grunzet wie das Schwein u. s. w. (12). Alles ist in ihr Musik, lieblich und schrecklich zugleich. (III, CIXL, 290 ff.) „Es krachen die Wolken" .. und „der Hagelschlag fällt mit Geprassel", aber „das Wässerlein lispelt durch den bunden Kieß" (18 und 19). Deshalb soll man sich aller „Fremdwörter und Flickwörter" enthalten, soll „Teutsche Sprach= und Kunstlehrer auf Hochschulen anstellen" (25), soll für bessere „Rechtschreibung" (29 ff) sorgen und soll sich vor allem der Spracharbeit nicht schämen als einer „Schulfuchserei" (41). Die deutsche Sprache ist neben der hebräischen die älteste Sprache der Welt. (II, LIV, 29.) Diese Spracharbeit ist die schuldige

Dankerneuung, so wir unserm lieben Vatterland mit unsterblichem
Nachruhm zu leisten verpflichtet sind, damit es der täglich ein-
gemischten fremden Wörter-Schande entnommen, und daß das
Teutsche in Teutschland vernemlich und verständlich erhalten werde.
(Aus der Vorrede zu Teil IV.)

Es wird gesprochen von den menschlichen Geisteskräften.
Dahin gehört die Frage: „ob des Menschen Verstand unendliche
Wirkung leisten könne, oder ob solche sich nur auf gewisse Handlungen erstreckten". (VIII, CCXC, 283—298.) Sie wird nach
den zehn logischen Fragen weitschweifig und echt scholastisch
untersucht. Das Resultat faßt sich zusammen in der Erkenntnis,
daß der Mensch nur endliche Dinge zu erkennen vermöge, dagegen
alle unendlichen nur mit dem Glauben erfassen könne. Der
Glaube wird nach Römer 10, 17 der Wissenschaft entgegengesetzt.
Doch, meint hier Harsdörfer weislich, sind so schwierige Fragen
ohne gründliche Erkundigung vieler Sachen nicht zu verstehen.

Sehr wichtig ist es, sich ein gutes Gedächtnis zu bewahren
(I, X, 45 und 46), denn das Gedächtniß ist gleichsam die Scheurn,
in welche wir die Früchte unseres Fleißes einsamlen, sie ist der
Schatzkasten, welcher den Reichthum unserer Wissenschaft verwahret:
Sie ist die einige Glückseligkeit unseres Verstandes, ohne welche wir
auch in den grauen Jahren Kinder genennet werden. Wir erhalten
es uns durch ein mässiges Leben, damit das Haubt nicht mit vielen
aufwallenden Dämpfen angefüllet werde. — Von großem Belange
sind die Erziehung und der Unterricht der Jugend, der männlichen
wie der weiblichen.

Doch haben sie ihre Grenze in der Naturbeanlagung:

> Gleichwie die jungen Knaben,
> nicht alle gleichen Geist zu dem studiren haben,
> ein grober Bauernrülp verbleibt ein armer Tropf,
> weil er nicht ist begabt mit einem Doktorskopf.
> So dienet manches Pferd dem Müller an den Wagen,
> und kan dem Reutersmann zum Reuten nicht behagen.

(Aus der Zugabe „die Reutkunst".)

Wie viel „Mühe und Arbeit" müssen wir in jungen Jahren auf das Erlernen von Latein, Griechisch und Ebräisch, Italienisch, Französisch, Spanisch und Englisch verwenden, aber gar keine auf unsere „angeborne Muttersprache", die wir denn doch handhaben müssen. (IV, 476.) Wie anders hielten und halten es doch die Völker des Altertums wie unserer Zeit, unter welchen der theure Norden-Held wegen der Schwedischen, der Cardinal Richelieu wegen der französischen, der Hertzogen von Florentz wegen der Welschen Sprache, ewigen Namenspreiß haben werden. (Aus der Zugabe „Rede von dem Wortspiel".)

Viel stehen in dem Wahn, weil sie Teutsche seyn, so dürffen sie ihre Muttersprache nicht lernen. Es ist weit gefehlt, denn die Ebreer, Griechen und Lateiner ihre Kinder zu Sprachmeistern, Rednern und Poeten in die Schule schicken müssen, wenn sie etwas mehrers, als der Pövelmann, von ihrer Sprache wissen wollen. Es wird nicht ein Wort mit uns gebohren: was wir nicht lernen, das können wir nicht. . . . Deßhalb ist die deutsche Sprache zu erlernen als der einzige Werkzeug, unsere Gedanken zu eröffnen, unsern Verstand auszubilden, und andern mit Raht und That Beystand zu leisten. (III, CXXXIX, 288—295.) Wie wir andere Wissenschaften lernen müssen, so auch diese. Denn es ist ein anders reden, ein anders wol reden, ein anders schreiben, ein anders recht schreiben. Fürwar es ist zu erbarmen, daß wir auß unbedachtsamer Fremdgierigkeit, uns mit Erlernung der Griechischen, Lateinischen und andern Sprachen von Jugend auf plagen, und unsere vollkommene, herrliche, deutliche, wollautende, vernehmliche, Kraft- und Saftreiche, wunderschickliche, Teutsche Sprache zu begreiffen niemals gedenken. . .

Der Frauen Aufgabe wäre, die Kinder darin zu belehren und zum Wort Gottes, so uns anderer gestalt als durch unsere Sprache nicht vernemlich ist, angewohnen; zirlich aber, weil sie ihre schöne Gedanken mit unartigen Worten nicht außreden mögen. Sollen die Frauen das aber vermögen, so müssen sie es selbst in der Jugend erlernen. Und doch ärgern sich welche darüber und sagen: „Es sey den Jungfrauen nohtwendiger mit der Nadel und Spindel zu spielen,

als sich mit müssigen Gesprächen zu belustigen" (II, LIV; 33 ff),
dazu müßten sie zudem fremder Sprachen kundig sein. Es ist
aber „ein grosser Irrthumb zu glauben, ob die Vernunfft an gewisse
Sprachen gebunden sey, und als wann die Wissenschafften nicht auch
in Teutscher Sprache könnten erklärt und vorgetragen werden".
(II. LIV, 43.) So nur werden die Frauen lernen, nicht was sie
für Küche und Keller, wohl aber, was sie zur Bildung brauchen,
„wie sie mit rühmlichen Tugenden, ihren Eheherrn sollen beywohnen,
mit Verstand ihren Mägden gebieten, und sich in allen Begebenheiten
und Fügnussen klüglich verhalten".

Sehr merkwürdig ist auch „der Frauenzimmer Bücherschrein",
eine Sammlung von sechs Traktaten christlicher Schriftsteller des
Altertums. Es sind Schriften Tertullians, des Paulinus, des
Hieronymus, übrigens nicht aus dem Lateinischen, sondern aus
dem Französischen des Chatunieres de Granaille, unter mannig=
fachen Kürzungen und zeitgemäßen Anpassungen ins Deutsche
übertragen (126 Seiten). Die Sprache der Übersetzung ist
gewandt und doch kräftig und eindringlich, die Wortbildung oft
eigenartig wie in „Stoltzling, Weltling, Wolluster". Naturgemäß
tragen diese allerdings an Frauen gerichteten Schriften der Kirchen=
väter einen durchaus asketischen Charakter, oft ans Nonnenhafte
angrenzend. Ob sie gerade sehr nach dem Frauengeschmack des
17. Jahrhunderts gewesen sein mögen?

Das Naturwissen zog Harsdörfer mächtig an. Nach der
Art damaliger Zeit ist Wahres und Falsches bunt gemischt. Hier
nur wenige Proben. „Ob die Welt älter werde" (VII, CCLXIV,
252 ff). Versteht man unter Welt die Menschen, so ist die Frage
zu bejahen, da dieselben an den Tugenden abnehmen, an Zahl und
Boßheit aber zunehmen, was schon an den langewährenden Kriegen
zu ersehen. Im übrigen ist wie in einem Circel weder Anfang,
noch Ende „alles nimmt ab, alles zu" bis zu dem übernatürlichen
Weltende.

„Ob sich die Erde bewege und der Himmel still stehe?"
(VIII, 504—508.) Die Frage ist umstritten, ein Resultat steht
noch nicht fest, die Prüfung der Gründe des Für und Wider

verbleibt dem „verständigen Leser". Für das Stillstehen der Erde sprechen:

1) Die heilige Schrift in Psalm 89 „du hast die Erde gegründet, und sie soll nicht beweget werden in Ewigkeit", dazu das Gebot Josuas an Sonne und Mond.

2) Weil die Erde als schwerster Körper Weltmittelpunkt ist.

3) Weil wir überall sechs himmlische Zeichen oder den halben Himmel übersehen können.

4) Weil wir die Sterne stets in gleicher Größe sehen.

5) Wenn sich die Erde bewegen würde, so könnte kein aufwärts geschleuderter Stein gerade herab, sondern müßte weit weg fallen; der notwendig raschen Erdbewegung wegen müßte die Kanone früher an der Stelle sein als die abgeschossene Kugel; ja, es müßten alle Häuser übereinander fallen.

Für die Doppelbewegung der Erde sprechen:

1) Es sei natürlich, daß sich Erde und Planeten um den größten Himmelskörper, die Sonne, bewegen. Der gegenteilige Augenschein beruhe auf Täuschung.

2) Moses habe nur nach der Zeitanschauung geschrieben.

3) Die Sterne hätten einen ebenso geregelten Umlauf wie die Erde.

4) Der Erdmittelpunkt ziehe alle Gegenstände an.

Wir müssen bedenken, daß zu Harsdörfers Zeit die Erweise für das kopernikanische Weltsystem nur zum Teil erbracht waren. Zwar hatten schon Kepler und Galilei ihre schwerwiegenden Gründe vorgebracht, aber Tycho de Brahe hatte sein Vermittlungssystem einzuschieben gewußt, und der volle Abschluß des Erweises durch Newton stand zeitlich noch aus.

„Warum das Meer ab- und zulauffe?" (VIII, 500—503.) Es werden fünf Ursachen angegeben:

1) Der Ab- und Zulauf geschehe, damit das Wasser durch die Bewegung nicht stinkend würde.

2) Nach andrer Meinung schwanke das Meer zwischen seinen Küsten hin und her, so daß Ab= und Zunahme im Wechsel stattfinden.

3) Andere bestreiten das und führen es auf die Hitze zurück, die von der Erde aus das Meer gleichsam siedend mache.

4) „Der Mond, ein Beherrscher aller Feuchtigkeit," zieht das Wasser an, besonders in den ersten Vollmonden im März und August.

5) Das Meer habe eine Seele, die es beliebig bewege.

Den Beschluß wollen wir machen mit „der Sterne Würkung". (VI, CCXXVII, 23—28.) Was ist von der Sternkunst zu halten, in wiefern richten sich „Hitze, Feuchte, Trokken und Naß" nach den Gestirnen? Daß die Gestirne Einfluß auf der Menschen Geschicke ausüben, wird als Aberglaube verworfen. Ihr Einfluß beruht einzig auf ihren Bewegungen und ihrem Lichte. Wer sich von den Gestirnen noch weiteres verspräche, der müßte vermeinen, „Gott habe das Zukünftige mit Hebräischen Buchstaben an den Himmel geschrieben und sei verbunden, seiner Handschrift nachzukommen". Diese ganze Kunst ist ein Irrgarten gelehrter Unwissenheit. Seine Anschauung aber über das Wesen des Naturerkennens faßt Harsdörfer in die Worte zusammen (VI, CCXXVI, 12): „Viel tausenterley Wirkungen sind in der Natur noch der Zeit verborgen, werden aber täglichs durch sonderliche Gnadengaben den Menschen zu gut, entdekket." [9]

Folgen wir nun Harsdörfer zu den verschiedenen Künsten. Unter den bildenden Künsten sind es die Baukunst und die Malerei, in deren Wesen und Aufgaben er einzuführen sucht. (VIII, CCXCIX, 431—443.) Die Werke der Baukunst verdienen schon deshalb große Beachtung, weil sie zu den dauerhaftesten aller menschlichen Kunst zu zählen sind. Alle Bauwerke dienen zu „Nutz, Schutz und Lust". (V, CC und VIII, CCCLIII.) Ein rechter Baumeister muß ein sehr ausgedehntes Wissen besitzen; er muß sein Maler, Feldmesser, Optiker, Rechenmeister, Bildhauer, Naturkundiger und muß dazu noch die Rechte und Gebräuche seines Landes verstehen.

Die Baukunst ist durch die Griechen und Römer auf die Deutschen gekommen. Grundlegend sind die fünf Säulenordnungen, die toskanische, dorische, jonische, korinthische und die gemischte. Altertum und Mittelalter haben mehr auf das Gotteshaus, als auf die eigenen Wohnungen gewendet.. Wir aber wenden es um, und sorgen nur für unsere Häuser, wenn gleich die Kirchen einfallen sollten.

Zur Malerei übergehend, hören wir zuerst, wie der Maler beschaffen sein soll. (I, XVII, 113 ff.)

D. Der Mahler, sol fröhlichs Gemüths seyn, kühn, und sich nicht scheuen, alles durch seine Kunst zu verstehen zu geben.

C. Der Mahler, welcher nicht stetig neue Erfindungen bringt, ist für keinen Mahler zu halten ...

D. Es ist kein Wunder, daß es viel Stümpler in der Mahlerey giebet, weil keiner nichts studieret hat, da doch solches die Kunst fordert, und ein vollkommener Mahler vor allen Dingen die Beschaffenheit des Auges, die Sehkunst, die Ebenmässigkeit des Menschlichen Leibes, die Natur des Liechts und Schattens, die eusserlichen Gemüths-bezeugungen, und mit einem Wort zu sagen, alles, was im Himmel und auf Erden ist, erkundigt haben sol. Weil aber eines Menschen Leben zu solchen allen viel zu kurtz scheinet, ist sehr wohlgethan, daß ein jeder sich auf etwas gewiesses begiebet, als einer mahlet Landschaften, der andere Seefahrten, der dritte Früchte u. s. w.

„Die Worte sind Abbildungen der Gedanken.. Ihre Dentung.. durch der Menschen Satzung eingeführt.. wirket oftermals in vielen Sprachen und unterschiedlichen Verstand: allein die Mahlerey redet aller Völker Sprachen."

Der erste Künstler fertigte nach dem Schatten ein Bildnis, „die Noht war die Urheberin der Malerey, denn die trefflichsten Künstler sind alle sehr dürfftig." Ihr Ruhm ist: „das Gesicht von allen Sinnen zu dem Abwesenden zu kehren, darum gebührt ihr der Sitz neben der Sternkündigung."

Fünf Stücke gehören zum Maler: „Den Inhalt erfinden, nach vorgedachtem Ebenmaas ausbilden, die Farbe, Licht und Schatten bestimmen, Gemütserregung und äußere Bewegung nach kunsteigentlicher Verkürzung geben, Alles in schöne Ordnung bringen." (VIII, CCLXXXVI, 160—193.)

Sehr ausführlich wird Harsdörfer über die Kunst des Wortes in Theorie wie in Praxis, über die Dichtung. In seiner Zuschrift an den „Mindernden" vor der Zugabe von den XII Andachts= Gemählen spricht er über den „rechten Gebrauch der löblichen Poeterei".

Ich hab aus dem Gespräch so manches Spiel erdacht,
Dardurch man Zeit gewinnt, die sonsten geht verlohren.
Kunst lernet man von Kunst: Kunst wird durch Kunst gelehret,
Doch eines Dichters Sinn, darf keinen Lehrer nicht,
es fleußt aus seiner Quell, Erfindung und Gedicht.
Nicht jeder Zeit und Ort, ist ein Poet bescheret.
Wer von dem Höchsten nicht zu dieser Kunst erkoren,
Der richt durch grosse Müh, und Fleiß gar wenig aus;
Die Arbeit ist umsonst, die gute Zeit verlohren.
Ein solcher wird im End, reim richtig lernen schreiben,
nach gleichen Wörter Laut, und was die Mundart weist,
bemerken; aber wo, wo bleibt der Feuergeist,
Der das Poeten Volk beharrlich pflegt zu treiben? . . .
Er ist mehr als ein Mensch, wann sein Gemüht erwachet,
Sein Sinn steigt Himmel an, der Blitz geschwind erreget,
was sonsten die Natur führt in dem Wunderschild,
das dolmetscht sein Gedicht, er tauscht ihr Wesenbild,
daß sie, der Rähtsel gleich verhüllet vorgeleget. . . .
Man frage nicht, warum die Dichtkunst wird verachtet.
Der Mißbrauch ist zu groß, der Stimpler ist zu viel. . . .
Der Inhalt, nicht der Reim, hat überhohen Schein.
Es deckt der Zeiten Flut, was du wirst eitels schreiben. . . .
Es bildet das Gedicht, was niemals ist gewesen
und auch nicht werden wird. . . .

Erinnern uns diese Worte nicht an Platens „Dichterlob":

> Wen die Natur zum Dichter schuf, dem lehrt sie auch, zu paaren
> Das Schöne mit dem Kräftigen, das Neue mit dem Wahren;
> Dem leiht sie Phantasie und Witz in üppiger Verbindung
> Und einen quellenreichen Strom unendlicher Empfindung;
> Ihm dient, was hoch und niedrig ist, das Nächste wie das Fernste,
> Im leichten Spiel ergötzt er uns und reißt uns hin im Ernste!
> Sein Geist, des Proteus Ebenbild, ist tausendfach gelaunet,
> Er lockt der Sprache Zierden ab, daß alle Welt erstaunet!
> Er weiß, daß nach Aeonen noch, was sein Gemüt erstrebet,
> Im Mund verliebter Jünglinge, geliebter Mädchen lebet;
> Indeß der Zeit Pedanten, längst verwahrt in Bibliotheken,
> Vor Staub und Schmutz vermoderten, als wurmige Scharteken [10]).

Die Dichtkunst ist eine Fertigkeit aller Sachen schickliche Gestalt zu erfinden, beweglich vorzutragen und volständig außzubilden. Dichten (erfinnen) ist von reimen sehr verschieden. (V, CCIV, 16—59.)

> Gleich wie deß Töpfers Hand nimmt einen Klumpen Erden,
>
> gestalt, und bildet ihn zu einem Ehrgefäß:
>
> So muß auch das Gedicht wol ausgedrehet werden,
>
> durch der Poeten Sinn, der wahren Kunst gemäß.

Man sol viel Poeten lesen, viel Gemähl und Kupferstükke durchsehen, die seltenen Erfindungen beobachten und den Ab- und Uberfluß aller Wissenschaften in die Teutsch-fruchtbringenden Auen leiten: Benebens aber sich nicht nur bemühen, fremder Scribenten Gedanken nachzuahmen, fremde Gedichte zu Teutschen, sondern auch selber Inhalt und anderer Meinung anbringen und aus selbst-eigenen Wolvermögen viel zu erfinnen wissen, dazu die Dichtkunst kunstrichtig veranlasset.

Dazu diene noch folgende Bemerkung, aus der wir in Harsdörfer den Vorläufer der Schweizer Richtung erkennen können.

„Die Poeterey (ist) nichts anderes, als ein natürliches Gemäld, welches mit Kunstschicklichen Wortfarben ausgestrichen wird; die Mahlerey aber ein stummes Gedicht, und zu vorgedachter Dichtkunst gehörig." (IV, CLVI, 99.)

Die Anleitung hat Gelegenheitsgedichte im Auge (Trauer=, Hochzeitsgedichte u. s. w.). Die Erfindung muß aus der Sache

selbst genommen sein, den Personen eignen nach Alter und Stand
gewisse Eigenschaften, zur Ausschmückung tragen Tugenden, Künste,
Jahreszeiten, Städte u. s. w. bei, die man personifizieren kann.

Die höchste poetische Leistung ist „das Trauer- und Freudenspiel", denn dazu gehört noch Bühnentechnik. Das verstehen
manche nicht. Der Dichter darf den Verlauf der Handlung in
Nebenumständen abändern, was dem Geschichtschreiber nicht
zusteht, doch soll sich auch der Dichter thunlichst in den Hauptsachen
an die geschichtliche Wahrheit halten. Sentenzen sind mit Maß
einzustreuen. Was der Dichter darstellt, muß er auch selber
empfinden. Was dem Maler die Farben, sind dem Dichter die
Worte, besonders die „Beywörter", doch müssen es deutsche Worte
sein. „Welche fremde Wörter einmischen, werden an der Majestät
unserer Sprache brüchig." In Christlichen Gedichten aber sol man
die schönen Machtworte der Profeten, und ihre Gedanken behalten,
maßen keine grössere Wolredenheit, als in der H. Schrift.

Jedes Gedicht soll des besseren Verständnisses wegen einen
Titel führen. Die heidnischen Götternamen können als gang und
gäbe Personifikationen gebraucht werden, z. B. für Meer und
Dichtung: Neptun und Apollo. Diese Urteile werden wir im
wesentlichen billigen können; nun aber macht sich die Geschmacklosigkeit geltend, die wir gewöhnlich kurz mit dem Namen der
zweiten schlesischen Dichterschule bezeichnen. (IV, CLXXXI,
319—322.)

Es wäre zu wünschen, daß ein Gelehrter alle fürs Deutsche
irgend thunliche Beiwörter aus dem Griechischen und Lateinischen in
ein Buch sammle: Denn sie sind theils nohtwendig und gleichsam
die Zügel ... vermittelst welcher unsere Wort sicher geleitet werden,
anders theils zierlich und prächtig und sind mit dem Geschmeide
oder Spangen unserer Mode zu vergleichen z. B.:
Schauet der Schaafe linde Wollen-Herd — Das zarte Wollen
thier — Der Hund heißt wagsam .... wolffgierig — Der Garten
„Blumenbunt" „neubegrünet Baumenreich" — Das „Safft-
gründige Erdreich" ist „Samgierig" und „von lieblichem
Geruch geschmucket und beschminkt."

Der Fluß „das schöne oder nasse Wellenkind" — „der schlanke Wasserfluß" — „die stete Wasserfolg" — „der Erden Aderfeuchte" — das Schiff „die leichte Wellenlast" — „die wankelbare Reise". Das Nähere darüber finden wir in dem poetischen Trichter[11]).

Worin liegt nun die Beliebtheit der Schäfergedichte? (V, CCXV, 324 ff.) „Warum haben doch alle Poeten ihre höchste und schönste Gedanken denselben eingerükket?" „Weil sie hierdurch die güldne Zeit, und das unschuldige Leben der ersten Menschen vorstellen wollen. Wir Teutschen folgen billich unserm selig gekrönten Herrn Opitzen, dem der Vers niemals lieblicher, als in den Hirtenliedlein zu Papyr geflossen, wie sonderlich aus seiner Hercinia zu ersehen ... Dergleichen Gedichte dienen zu Freuden und Trauer, zu Glükwünschungen, Beschreibungen, und was nur in der Poeterey vorkommen mag, wann man sonderlich die Erfindung in gebundner und ungebundener Rede ausbildet." „Wie nun die Welschen, Französischen und Spanischen Poeten an ihren Flüssen dergleichen Hirtenliedlein gesungen — Petrarcha und Sanacar, Ronsard und Belley — so sollen auch die Liebhaber der Poeterey sich an allen Strömen Teutschlands mit vertraulicher Freundschaft verbinden und beschreiben, was Denkwürdiges sich bey ihnen zuträget?"

„Sind die Hirten von den Schäfern zu unterscheiden?" „Der Hirten sind viererley: Kühehirten, Schafhirten, Geißhirten und Schweinhirten; dieser letzten wird aber gar selten gedacht, trotz des göttlichen Sauhirten Homers. Der Schafhirten aber und Schäfer am meisten; weil sie bey ihren Heerden fast müssig, ihren Gedanken am besten abwarten können und kein so unbändiges Viehe, wie die andern, zu hüten haben[12]). (V, CCXV, 325.)

Dem Drama schenkt Harsdörfer besondere Beachtung. (VI, CCXXIX, 39—42.) Er entrollt uns ein Bild von der Bühne und ihrer Technik. Dabei wird der Grundsatz aufgestellt, für den gemeinen Mann gehören Possen, weiter nichts. Es erhellet, daß die Poeterey kein Handel für den gemeinen Mann, weil sie seinen Verstand weit, weit übertrifft, und er davon zu urtheilen pflegt, wie der Blinde von der Farbe. Einen Zahnbrecher,

Taschenspieler, Gaukkler, Pritschemeister und Spruchsprecher .. kan er mit Belieben anhören, aber ein rechtes poetisches Gedicht gehöret nicht für den gemeinen Pövel, sondern für Gelehrte und mehr verständige Leute.

Wir sehen, Harsdörfer huldigt hier dem Vorurteil seiner Zeit von der Gelehrtenpoesie.

Es gibt dreierlei Spiele nach den drei Ständen: Für der Fürsten Ehrenstand — Trauerspiel mit Palästen u. s. w.; Für der Bürgerlichen Haus- und Wehrstand — Freudenspiele mit Strassen, Märkten, Brunnen u. s. w.; Für Bauer oder Nehrstand Hirten- und Schäfersachen mit Auen, Flüssen, Dörffern u. s. w.

Ist alles in einem Stück vereinigt, muß die Szene wechseln, wie denn der Dichter überhaupt in allen Künsten: Baukunst, Perspektive, Mahlerey, Music u. s. w. erfahren sein muß.

Die Bühnentechnik scheint überhaupt durch das italienische Ballet nach „Bisaccione" sehr entwickelt gewesen zu sein. Es ist der Schauplatz, und unsere Trauer- und Freudenspiele in solcher Vollkommenheit, daß uns noch die Griechen noch die Römer dergleichen jemals ausgesonnen haben. Aristoteles ist nicht mehr der Poeterey Gesetzgeber und Euripides, Aristophanes, Sophokles, solten soviel von uns zu lernen haben, als Plautus und Terentius. Wenn sie wieder lebendig werden und uns zuschauen können, so würden sie es bekennen müssen.

Bei den Ballets ist darauf zu achten, daß die Tragenden Stäbe mit Buchstaben führen, damit je nach Änderung der Figuren unter den Klängen der Musik neue passende Inschriften entstehen.

Beginnen wir mit einem satyrischen Schäferdrama. Harsdörfer nimmt es von Belle-forest. In der Weise des Gigote della Mancha hatte Belley seine „lehrreiche Geschichte" und Belle-forest seine „traurige Geschichte" geschrieben. Die beste Nachahmung des Cervantes, in der die ganze Thorheit dieser Art Schriftstellerei gegeißelt wurde, bietet „der wahnwitzige Schäfer des Jean de Laude". Nun gibt Harsdörfer einen leider nicht vollständigen Auszug aus diesem satyrischen Schäferroman. Lysis,

ein Pariser, wird trotz aller Abmahnungen Schäfer und verliebt
sich in die Stallmagd Charite (Katharina). Rot ist von jetzt
an seine Leibfarbe, so daß er nur rote Speisen genießen will.
Herrlich ist sein Gespräch mit einem wirklichen Bauernschäfer.
Um ihn zu heilen, bringt ihn Adrian mit seiner Liebsten
zusammen; später schafft er sie beide zusammen aufs Land.
Dort machen sich ein anderer Edelmann und dessen Gemahlin
die Freude, den Lysis zu verzaubern u. s. w. Damit bricht
die Erzählung ab, um in eine Abhandlung über die Thorheit
der Seelenwanderung überzugehen. (VII, CCLVI, 139—165.)

Gehen wir nun zu den Freudenspielen über. Wir beginnen
mit Melisa, eine Zugabe zu Teil III oder der Gleichniß Freudenspiel.
(III, 363—431.)

Nach der Vorrede sind Fabel und Ausführung aus verschiedenen
Schriftstellern zusammengetragen, so aus Balsac „La Comedie
des Comedies“, Lope de Vega „Escolastica Zelosa“, aus
Cocodrillo „Angelica“, aus Aretino, Capponi u. s. w., aber
auch „eigenem Gutdunken“ ist dabei Platz gegeben. Ein
Hauptmann Parabolano und drei Studenten, Reinhold, Narcissus,
Valerius, bewerben sich um die Hand der Jungfrau Melisa.
Bierwald und Girfalk sind Diener, Mnesia Magd der Doktorin
Sofia. Der Dr. Meletes wurde vor zehn Jahren von Kroaten
geraubt. Die Jungfrau begünstigt Reinhold, hält aber die andern
Bewerber auch in Ehren. Ihr Vater soll nach seiner Rückkehr
entscheiden. Der Hauptmann läßt in der Stadt verbreiten, morgen
sei seine Verlobung. Da sinnen die Studenten Narcissus und
Valerius auf eine List. Sie wollen einen alten Manu anstiften,
der sich für den Vater ausgebe und die Verlobung zu nichte mache.
Zufällig treffen sie aber auf den wirklichen Vater, der aus der
Gefangenschaft glücklich entkommen war. Indessen wird Parabolano
der Anschlag verraten. Er glaubt nicht anders, als er könne
einen Betrüger entlarven. Aber Meletes ist wirklich der Vater,
Reinhold erkennt ihn zuerst, in Melisa und Sophie regt sich die
Stimme des Blutes. Meletes verlobt seine Tochter mit Reinhold.
Melisa ist die sittsame, kluge Tochter, Parabolano der feige

10*

Renommiſt, der mit Fremdwörtern um ſich wirft; die Studenten
ſind waghalſig und verſchlagen. Diener und Dienerin ſpielen die
Rolle der luſtigen Perſonen — alle mehr Typen als Charaktere.
Der Wert des Stückes liegt in den Geſprächſpielen, Wortſpielen,
Aufſchneidereien. In dem Geſprächſpiel „Von was Holz macht
die Liebe ihre Pfeile" müſſen die Pfänder mit Reimen ausgelöſt
werden. Meliſa thuts mit dem Reime:

„Die Tugend iſt der Pfeil, der Adeliche Hertzen
  Verwundt und heilt zugleich mit hönigſüſſen Schmerzen."

Bierwald lobt ſeine Bücherkenntnis:

Ich hab geleſen den Ariſtoteles von den Mönchs- und Nonnenleben.
Pindaros von jüdiſchen Kriegen.
Hippokrates von der Kunſt den Hipocras zu machen.
Cicero von den Heldenthaten der Hertzogen von Bovillon.
Pythagoras von der Curtſchkunſt.
Rabelais von den Gewiſſensfällen.
Mercurius Trismegiſtus vom Affendantz.
Seneca von der Schalksnarren Vortreflichkeit.
Herodotus von den rohten Naſen.
Petronius von der Keuſchheit. (Cremail-le au Herty fol. 13.)

Das Schauſpiel Teutſcher Sprichwörter. Aus dem franzöſiſchen
mit zuläſſiger Freyheit überſetzt durch den Spielenden... (II, 328—416.)
Hören wir aus der Vorrede: Eine jede Sprache hat ihre Eigen-
ſchafft, und will den Zwang, ſonderlich in den Sprichwörtern, nicht
leiden. Man muß die Wort fahren laſſen, und bedacht ſeyn, wie
man den Verſtand derſelben ausdrucken möge; und ſolches mit
groſſer Befreyung, daß man auslaſſen, darzuſetzen, ändern, und
wechſeln darff, wie man will.

In Kürze die Fabel: Ein Edelmann Libias liebt die Tochter
Florinde des Doktors Theſaurus, der Doktor aber will ſie dem
Hauptmann Fierebras geben. Der Edelmann entführt ſie; man
ſagt, Räuber hätten ſie geraubt. Wie die Flüchtigen im Walde
ſchlafen, tauſchen Zigeuner mit ihnen die Kleider. Die Flücht=

linge kehren nun als Zigeuner verkleidet zu Thesaurus und
Fierebras zurück und weissagen ihnen unerkannt. Fierebras
macht der Zigeunerin vergeblich Liebesanträge. Die Scharwache
vertreibt ihn bei einem nächtlichen Ständchen. Florinde erklärt
ihrem Vater, Lidias habe sie von den Räubern errettet. Der
Vater gibt nun seine Zustimmung zur Hochzeit.

Die Komposition der Handlung ist roh und oft unwahr=
scheinlich, die Charaktere sind unklar und verschwommen, nur Typen,
gut dagegen vielfach der Dialog, die Häufung der Sprichwörter,
die sehr geschickt wiedergegeben sind.

Fierebras ist ein junger, renommistischer „miles gloriosus“,
Thesaurus ein gelehrter Pedant. Trefflich sind die Aufschneidereien
des vor der Scharwache fliehenden Fierebras.

Wo sind die Bracher hingekommen? sie sind geloffen, wie ein
Schuster, der den Marck versäumt hat. Man muß den Banren
ihre Kirchwey lassen, und aus der Noht eine Tugend machen. Wie
bin ich entwichen? nicht ihnen, sondern mit einem unüberwindlichen
Gemüte weiche ich der Widerigen Fortun, welche mir nicht mit
gebührender Ehrerbietung entgegengekommen ist. Allzu scharff macht
schartig. Es ist in anderer Ohren zu schneiden; wie in einen Filtzhut,
und das Lauffen halte ich billich für einen kurtzen Auszug, wann
das Glück einem den Zins auffsagt. Ich weiß meinen Zorn mit
Verstand zu mässigen: Dann so ich Fuß gehalten, hätte ich unter
diesen sterblichen Menschen eine Sündflut, von Blutströmen anrichten
müssen. Ich wage niemand schlagen, der schwächer ist als ich. Es
ist besser so. Die Ursach ist der Mühe nicht werth. Lieb haben und
nicht geniesen, das möcht weiß nicht wen verdrüssen. Jungfrau Lieb
ist ein fahrend Haab, heut Lieb morgen Schabab. Weil ich also
zwischen zweyen Stülen niedergesessen bin, so will ich dem Liebs-
götzen, der mich durch die Hechel zu ziehen vermeint, ein Absagbrief
schicken, mein Degen ist länger als er und seine Pfeil: und will mich
wider begeben zu der Ehrwerbenden Martialischen Stück· Pulver·
Bley· Spieß· Degen· rühmlichen Handthierung. Jungfrauenhertzen
zu erobern ist meines gleichen schimpflich. Festungen, wie der Turm

Babel gewesen, besteigen, bringt unsterblichen Namen. (II, 407 u. 408.)
Hier berührt sich Harsdörfer mit des Gryphius Horribilicribrifax.

Ein ganz merkwürdiges Ding ist die aus dem Englischen
überkommene „Vernunftkunst". Harsdörfer hat sie auch unter dem
Titel „Sophista" ins Lateinische übersetzt. (V, CCVIII—CCXIII,
85—280.) Ursprünglich ist das Stück von den Studenten in
Oxford vor dem Könige gespielt worden. „Ich kann mit Wahrheit
sagen, daß ich viel hundert, ja tausent Freudenspiele in allerley
Sprachen gelesen, dergleichen aber ist mir noch nie zu Handen
kommen, das so witzig erfunden und so spitzig alle Wort gesetzt."
Doch ist mancherlei im Deutschen frei behandelt, dazu gefügt oder
fortgelassen. —

Die logischen Termini bilden die handelnden Personen.
Eigene Arbeit Harsdörfers ist ihre Verdeutschung:

der König Discursus oder rationatio = Rodrich;

erster Sohn Demonstratio = Wahrmund, zweiter Sohn
Topicus = Denkraht, sein Bastard Fallacia = Trügewicht;

zwei Diener dieses: Ambiquitas = Alart und Ignoratio
Elenchi = Umbricht;

Intellectus (Sohn Seelewichs animae), am Hofe Rodrichs sich
aufhaltend;

seine Hofmeisterin Inventio = Findigunda, sein Hofmeister
Judicium = Rechthold;

    dessen Diener Descriptio = Federwitz.

Die Reichsstände: Definitio = Wesemar; Oppositio = Wider=
mann; Divisio = Sonderwig; Propositio = Sagolf;
Analysis = Schieblob; Contradictio = Gegling; Distinctio
= Teillob; Aequipollentia = Gleichhelm.

Der Kerkermeister Conclusio = Schlüßhart; sein Diener
Reductio = Bringbold.

    Ort = Freyredreich (παῤῥησία), in dem vier Herzogtümer:

Substantiae = Stoffland.

Quantitatis = Land zur Maaß.

Qualitatis = Wieland.

Relationis = Sipland.

Veritas = Wahrheit; ihre zwei Töchter:
Scientia = Wißtraut
Opinio = Wahngild } mit Wahrmund und Denkraht verlobt.

Fabel: Der König Rodrich hat drei Söhne, zwei eheliche, wackere, Wahrmund und Denkraht, und einen unehelichen, aus der Art geschlagenen, Trügewicht. Die beiden zur Nachfolge berechtigten Söhne sind verlobt mit Wißtraut und Wahngild. Trügewicht macht nun den Vater durch einen Zaubertrank unsinnig und regierungsunfähig, hetzt die beiden Stiefbrüder gegen einander, so daß sie einander töblich verwunden und stellt nun deren Bräuten nach. Als König entledigt er sich auch seiner Werkzeuge Widermann und Gegling, die vermummt und ohne einander zu erkennen, beide im Auftrage des Königs einander gegenseitig töten. Indessen kommt durch eine Verwechslung die Hinterlist und Ränkesucht Trügewichts an den Tag. Der König wird geheilt, die beiden Brüder ebenfalls, die Gefangenen werden befreit, Trügewicht entkommt im letzten Augenblick, indem er seinen einzigen Getreuen noch, Alart, hintergeht, der statt seiner in König Rodrichs Hände fällt.

Das Stück ist Allegorie; es wird der Versuch gemacht, unter dem Bilde der handelnden Personen das Wesen dieser rhetorischen Begriffe darzustellen. Die rhetorischen Spitzfindigkeiten sind denn auch oft recht ergötzlich; selbstverständlich leiden darunter Charakteristik und Handlung.

Harsdörfer hat ein selbständiges Spiel über einen ähnlichen Gegenstand gedichtet, seine „Redekunst". (V, CCXVI—CCXIX, 326—458.) Dieses Freudenspiel, die „Redekunst", sucht die ganze Rhetorik in allen ihren technischen Ausdrücken in den Charakteren der handelnden Personen anschaulich zu machen. Interessant sind namentlich wieder die Verdeutschungen der Kunstwörter. Die Namen sind nach altdeutschen Vornamen gebildet. Die Fabel, mit Vor= spiel und Beschluß in drei Handlungen ausgeführt, ist ziemlich kunstlos und unwahrscheinlich zusammengestellt, besser sind einige eingeschaltete Szenen, die aber dem Spanischen oder Französischen entnommen sind. Immerhin bleibt ihre gewandte

Wiedergabe lobenswert. Das dichterische Nachspiel über=
trifft in Gehalt und Form das Spiel selbst beträchtlich.

Statt vieler mögen einige Hauptnamen, die zum Verständnis
der Fabel gehören, angeführt werden.

Inventio	Königin Findegard	(Ermingard)
Elocutio	Prinzessin Wortigund	(Kinnigund)

	Deliberativum	Wahltemar		(Othomar)
Genus	Demonstrativum	Zeigraht	Grafen	(Heilraht)
	Judiciale	Kargkram		(Junkram)

Actio . . . . . . Sittraut, Gemahlin
Wortigunds . . . . (Gertrund)

vox . . . . Siegstab ⎫ ihre Söhne ⎰ (Siegstab)
gestus . . . . . . Handnod ⎭ ⎱ (Hildisnod).

Schauplatz: Wortdodland = Lehrland oder Redinen
(nach Hispanien gebildet).

Prinzessin Wortigund verliebt sich auf der Jagd in den
Grafen Wahltemar. Sie bestellt ihn zu einem Stelldichein auf
ihre Kemenate, um sich heimlich mit ihm zu vermählen. Graf
Kargkram, der das Gespräch belauscht, veranlaßt die Königin, einer
angeblichen Gefahr wegen Wahltemar gefangen zu nehmen, geht
selbst unerkannt zur Prinzessin, empfängt ihren Ring und vermählt
sich mit ihr. Wahltemar, der, wieder der Haft ledig, Unrat
merkt, verläßt den Hof und vermählt sich mit Sittraut. Die
Prinzessin verfällt in Wahnsinn. Nach Jahren kommt Wahltemar
mit Frau und Kindern zu Hof. Da gesteht endlich die Prinzessin
ihrer Mutter, was sie gethan, wie sie von Wahltemar sich hinter=
gangen fühle. Die Königin legt Wahltemar, der nichts Böses
ahnt, die Sachlage vor und fordert seinen Richterspruch. Wahltemar
urteilt dem Hofe zu Ehren: die Gräfin ist zu töten, die Kinder
sind zu entfernen, der Graf muß die Prinzessin heiraten. Nun
nimmt den Bestürzten die Königin beim Wort: er selbst soll die
eigene Gemahlin ermorden. Sein Freund Zeigraht rettet die
Gräfin in Männerkleidern und sendet die Kinder zum Großvater.
Wahltemar stellt sich über den Tod seiner Gemahlin wahnsinnig
und wird ins Gefängnis gebracht. Wieder nach Jahren rücken

die Söhne mit einem Racheheer, im Banner das Bild der Mutter, gegen Wortdobland. In ihrer Bestürzung schickt die Königin zum Grafen Kargkram und ernennt ihn zum Oberbefehlshaber. An dessen Hof war indessen, aus einem Schiffbruch gerettet, Sittraut gebracht worden. Kargkram, reumütig, bekennt sich als den Urheber ihres Unglückes. Er nimmt nun Sittraut mit an den Königshof, versöhnt die Feinde, indem er ihnen Mutter und Vater wiedergibt, und wird von der Prinzessin als Gatte zu Gnaden angenommen. —

Das Nachspiel „die Reimkunst" von Herhink (Jambus), Hinkher (Trochäus) und Springeschalk (Dactylus) aufgeführt, entwickelt Schottels Grundsätze. Mit gutem Grund wird das Recht der neuen Erfindungen wie das der Übersetzungen des bewährten Alten hervorgehoben. Die Trinkrede der Musen ist nicht ohne Humor.

Damit verlassen wir das Gebiet der weltlichen Poesie und folgen Harsdörfer in das der geistlichen. Ein geistliches Schäfer= spiel, hier Waldgedicht genannt, beginnt den Reihen. Harsdörfer meint, wir haben noch wenige Schäfereyen, während in Italien, nach Balsac „dem Land der Musik und Freudenspiele", schon so viele vorhanden. (IV, CLIV, 31 ff.) Manche glauben, daß die aus dem Welschen gedolmetschten Schäfergedichte ihre Anmutigkeit gantz verlihren, wenn die zarten Pflantzen, so vom feisten in ein dürres Erdreich gesetzt werden, nicht recht anschlagen, wie der ver= teutschte Aminta, der getreue Schäfer (il pastor fido) . . . erweisen können. Ein Grund mag sein „weil wir Teutsche nicht so zärtlich, wie jene, ist unsere Sprache geschickter, tapfere Heldenthaten heraus= zustreichen, als weithergesuchte Liebsschwanke auszukünsteln." „In die Trauer und Trübsal Deutschlands hinein sollen die Gesprächspiele Trost und Freude bringen zu besserer Zeit" (IV, 483); zugleich will Harsdörfer zeigen, ob nicht auch die deutsche Sprache der italienischen Anmut fähig sei. Später hat er das Stück als Zugabe zu IV „gesangweis auf Italienische Art gesetzt". (IV, 489—622.) Dort singt die Symphonia:

Mag ich die Frevelwitz des Pövels nicht genügen:
So wird mein Ehre doch gelangen himmelan . .
Hört nun, so euch beliebt, wie schön mit mir vermählet,
die freie Reimenkunst, die so verliebt in mich,
daß sie mein Selbst-Wort heist, von meinem Geist beseelet,
mein Spiel, mein Hertz, mein Schatz, sie mein selbst Ander ich.

Das geistliche Waldgedicht Seelewig (IV, CLVI—CLXIV,
41—155) hat drei Handlungen in beliebigen Aufzügen (Auftritten)
nach Art der Spanier. Den Prolog macht die Musik mit einem
Gesang, den Schluß bildet ein Engelchor. Jedem Aufzug ist ein
über Inhalt und Form berichtendes Gespräch angefügt, der Inhalt
gibt zu einem Sinnbild mit Motto Veranlassung.

Schon die Namen deuten die Allegorie an. Die Nymphe
Seelewig wird vom Schäfer Künsteling verfolgt. Diesem sind die
Trugewald, Ehrelob und Reichimuht zu Willen. Selbst die Nymphe
Sinnigunde läßt sich verleiten, für Künsteling zu wirken. Die
andern Nymphe Hertzigild und namentlich ihre Herrin Gewissulde
suchen Seelewig zu beschützen. Durch Sinnigunde verführt, läßt sich
Seelewig durch die Geschenke der Hirten bethören: Vergrößerungs=
glas — Angel — Jagdgeräte. Durch Gewissulde bestimmt und

ein Gewitter erschreckt, thut sie das Nichtige von sich und empfindet Reue. Aber aufs neue bestrickt sie Sinnigunde, ein falsches Echo (Trugewald) bestärkt sie in ihrem Wahn, sie spielt mit den Hirten „blinde Lieb". Noch zur Zeit retten sie Hertzigild und Gewissulde, reißen ihr die Binde von den Augen, verjagen die Hirten; entseelt sinkt Sinnigunde hin.

Der Verstand will den Menschen berücken, des Ewigen zu vergessen; die Sinne ebnen ihm den Weg. Ehre und Macht erscheinen in trügerischem Lichte.

Eine Art dramatisierte Erzählung gibt die Geschichte von der Schöpfung und dem Sündenfall. (VIII, CCXXCIX, 256—283.) In den biblischen Bericht werden Reden der einzelnen Personen, Gottes, Adams, Evas, der Schlange eingefügt, die dann ihrerseits wieder zu weiteren Betrachtungen Veranlassung geben. Die Schöpfung Evas wird Anlaß zu der mephistophilischen Zweifel= frage, ob ihre Schöpfung überhaupt ein Glück für die Welt. Verhältnismäßig gut ist das beigefügte Klaggedicht der Maria Magdalena.

Zur religiösen Lyrik gehören die sogenannten „Andachts= gemähle". (Anhang zu VI.) „Herr Opitz hat einen guten Anfang gemacht ... Der Anfang ist aber ferne von der Vollkommenheit, und muß aus andern Sprachen Nachahmung mit langer Hand erhalten werden." (VI, 78.)

Die Versmaße sind häufig den Italienern entnommen (Graf Bonifazio, Abt Coppel und Strozzi), oder Harsdörfer versucht sich nach Scaligers Anleitung.

Manche Strophen haben entschieden dichterischen Schwung, manche wieder geraten ins Tändelnde und Spielende; mitunter sind sie nur gereimte Prosa. Inhaltlich zeugen sie von innerem Leben und gereifter Erfahrung.

Zweite Strophe (Gottes Lob):

Die Himmel erzehlen die Göttliche Macht,
Die Sonne den Sternen, die Tage der Nacht,
Blitz, Hagel und Schlossen
Werden nach deinen Befehlen geschossen,

Hochherrlich, hochherrlich, hochherrlich ist Gott,
Der Herr Zebaoth!
Der mächtig ist donnerndem Wetter zu wehren:
Die Wolken erschüttern,
Zerbörsten, zersplittern,
Und rollen dem Herrn der Herrn zu Ehren. (VI, 3.)

Vierte Strophe:

Gott war auf dieser Welt der Gast, so dir gegeben,
verborgen in dem Wort, den Glauben, Gnad und Leben,
du aber, so du wilst ergreiffen mit der Hand,
und schauen mit dem Aug, das treuvertraute Pfand,
verleurest solche Gab: Es ist kein Glaub zu nennen,
was man mit Menschensinn kann fühlen und erkennen.
Wol denn, so spottst du mein? Merk du, was dir gebricht,
und daß der selig ist, der glaubt und sihet nicht. (VI, 27.)

Siebente Strophe (Ein Knabe wirft Kiesel in den Bach): (VI, 31).

Hör, dein Gemüt ist dieser stille Bach,
der sich ergeust durch diese Jammererden,
der seinen Glanz hat von dem Himmelsdach,
und wil von Gott alhier beleuchtet werden.
. . . .
So bald der Wahn, der Schroff' und bunte Kies
mit Erdenthand des Hertzensflut betrübet:
So bald zergeht der Sonne Ruhgenieß,
und wird zerritt, ja Wurbelweis zerstiebet.

Achte Strophe (Der Cirkel): (VI, 35).

Wenn der Punkt (in dem eingesetzt wird) ist Gottes Wort,
und wir fest darauf bestehen,
kann der Will in seinem Ort,
nicht auf Sünden Wegen gehen.
Gottesfurcht und Lieb gewinnen,
sind der Tugend Königinnen.

So ernsthaft sicherlich die Frömmigkeit gemeint ist, so treten doch mitunter Geschmacklosigkeiten zu tage, die an die spätere Pietisten- und Herrnhuter Zeit gemahnen. So sind unter den Abbildungen zu den sieben Seligpreisungen manche recht gut, z. B. zu „Selig sind die Sanftmütigen“: ein Kind, ein Lämmlein umarmend. Dagegen macht sichs widerlich, unter den Worten „Selig sind, die da hungert und dürstet nach der Gerechtigkeit, denn sie sollen satt werden“ den Heiland am Kreuze zu sehen, darunter ein Kind, das sich von dem Blute der Wunden nährt. (VII, CCLIV.)

Die eigentliche Stärke Harsdörfers liegt in dem Lehrhaften. Da fließen und strömen ihm nur so die Beispiele, da sprudelts von witzigen und durchschlagenden Einfällen, trefflichen Bildern und überzeugender Rede. Wie richtig spricht er sich in der Widmung seines VI. Teils an Herzog Wilhelm von Sachsen aus über das Verhältnis von Lehre zu Beispiel ... Richtig verstanden ergibt sich die Lehre aus dem Beispiel. In der Wirkung ist das Beispiel meist der Lehre überlegen. Ein Verständiger folgt vielleicht der Lehre, ein Unverständiger stets nur dem Beispiel. Und doch gehören beide zusammen. Man kan sagen: die Lehre ohne Erfahrung ist lahm, aber die Erfahrung ohne Lehre ist blind.

Vierundzwanzig Punkte gehören nach Ronsard zur Schönheit, und doch ist äußere Schönheit kein Anzeichen von Verstand und Tugend. Die schönste Schönheit .. ist die Tugend, die nicht aus dem Angesicht, sondern aus guten Sitten ... einem unsträfflichen Wandel zu erkennen.

Die Schönheit gehört zur Tugend. (I, XVIII, 120 ff.)

A. Ich bin der vergewisserten Meinung, Tugend sey die bewährteste Schönheit, welche noch Trauren, noch Krank- heit, noch Alter unterworfen, noch dieser eines. Daher man auch siehet, daß die Liebe, welche auf Schönheit gegründet vor jeden fiebrischen Windlein ..., leichtlich abgeblasen wird, die aber auf Tugend bestehet, mit reifem Verstand nach und nach zunimmt ....

R. Daß die Schönheit nicht in einem bloſſen Wahn oder Meinung
beruhe, iſt daher kräfftiglich zu ſchlieſſen, weil ſelbe jedermann gefället . . . Alſo iſt die auſſerliche Schönheit anders
nichts als ein Stral der innerlichen Tugenden zu achten, . . .
Ja die Schönheit iſt ein köſtlich Gefäß, . . . ein Ebenbild
innerlicher Vollkommenheit, und i ſt u n l e u g b a r , daß die
Böſen von der Natur mit ſonderlichen Kennzeichen bemerket,
die Guten aber mit gewiſſen Arten gleichfalls gezeichnet ſind.

Wie ſteht's mit dem Heiraten? (VI, CCXXXVI, 167—170.)
Die Frage iſt ungemein wichtig, ſeit die Welt ſteht. Harsdörfer
gibt darauf, wie billig, ausführlich Beſcheid. „Der Eheſtand iſt
gleich der Grundfäſte, auf welcher alle Regimenter ruhen, und
ſonder welchen die Menſchen den unvernünftigen Thieren nicht
unähnlich weren." Doch verdient der jungfräuliche Stand „weil
eine ſeltene Gabe" mehr Lob, der Eheſtand aber iſt eine Schule
der Geduld . . . Mit noch größerer Genauigkeit wird die Unter=
frage unterſucht, wann und unter welchen Umſtänden zu heiraten
ſei. Als Alter erſcheint für den Mann das 25.—30. Jahr als
das geeignetſte, dem Stande nach ſollen Adelige, ſoweit ſie nicht
mit Glücksgütern geſegnet ſind, es ſich ſehr überlegen, während
vermögliche Bürgersleute viel freier daſtehen; Landleute, denen
Familienzuwachs Arbeitskräfte ins Haus bringt, ſollen mit
beiden Händen zugreifen. Das hygieiniſche wie das volkswirt=
ſchaftliche Moment wird dabei klar und beſtimmt ins Auge gefaßt.
Dabei fehlt's nicht an humoriſtiſchen Wendungen, wie: „Vor dem
dreißigſten Jahr in den Eheſtand zu treten, ſei zu früh, nach dem
dreißigſten zu ſpät."

Die große Frage nach dem Glück löſt ſich am beſten und
einfachſten, wenn man an Gottes Schickung glauben will. Andern=
falls bleibt nur blinder Schickſalsglaube. (VI, CCXXXVI, 173 ff.)

„Welche ſo viel auf Glück und Unglück halten, ſind gleich
denen, die Schunken und grobe Speiſe eſſen, und hitzige Wein darzu
trinken, auf daß ſie ſich darüber beklagen, und ſolche Koſt verfluchen
können, wenn ſie an dem Zipperlein darnieder liegen, maſſen ſie
deswegen ſonſt mit niemand zanken können".

Genauer wird die Sache untersucht in „Glückesbau". (IV, CLXXIV, 254—267.) Jeder ist seines Glücks eigener Werkmeister. Dazu stelle man sich zwei Bilder vor:

1) Winkelmaß mit Überschrift: „Wer sich und andere recht erkennt";

2) Meßschnur mit Rötelfaß und Beil und Axt für das Baufach, Umschrift: „Richt alles zu berügtem End".

Nach Baco von Verulam de augmentis Scientiarum handelt es sich um drei Dinge: I. Andre zu erkennen, II. sich zu erkennen, III. „Alles Thun und Lassen mit reiffer Betrachtung angehen und ... widerwertige Begebenheiten klüglich vermeiden".

Für jedes von diesen gibts wieder sechserlei zu bedenken:

Zu I. 1) Aus Angesicht und Gebärden. 2) Aus den Worten. 3) Aus den Werken, namentlich aus ihrer Wichtigkeit, End= und Nebenursachen. 4) Bei Einfältigen aus natürlichen Neigungen, bei Verschlagenen aus Fürhaben und Begirden. 5) Aus Erziehung und Angewöhnung. 6) Aus den Berichten ihrer Hausgenossen.

Zu II. 1) Wie stimmen die Neigungen zur Zeitlage? 2) Wahl einer Lebensweise seinen natürlichen Neigungen gemäß. 3) Wie stehts mit dem Wettbewerb Gleicher? 4) Wahl und Gebrauch guter Freunde. 5) Anderer Beispiel nicht zu wenig, aber auch nicht zu viel nachahmen. 6) Mit seinem Plan nicht zu langsam, aber auch nicht zu rasch vorgehen.

Zu III. 1) Die Natur nachahmen, die nichts ohne Endursache verrichtet. 2) Wir müssen uns unser Glück selber schaffen. 3) Dabei müssen wirs uns saner werden lassen. 4) Uns nicht zu viel dabei um anderer Meinung kümmern. 5) Grundsatz: Liebe Gottes und des Nächsten. 6) Aus den Fehlern stets weiter lernen.

Baco meint ferner, um lang und gesund zu leben, solle man einem jeden Kinde vorschreiben, wie es sich in Speise, Trank, Schlafen, Wachen, Übungen u. s. w. verhalten soll.

Das sind moderne Gedanken; wir könnten sie nennen: „Erziehung zum Glück".

„Welches des Menschen grösste Freude auf der Welt seyn solte?" (VII, CCLXV, 202—272.) Es gibt sehr verschiedene Freuden, so verschieden die Menschen sind. Dabei treten zwei Haupt= ansichten gegen einander; nach der einen ist der Mensch zur Freude geboren, weshalb er die Traurigkeit haßt; nach der zweiten ist alle andere Freude eitel, die sich nicht auf Gott und sein Wort bezieht. Nur die Freuden des Geistes sind wertvoll.

„Sollte nun wohl die Wissenschaft oder die Tugend höher geschätzt werden?" (VII, CCLXV, 266 ff.)

Wenn es stets gelten wird, daß „die Wissenschaft Ruhm in dieser Welt schafft, und die Tugend in jener Welt belohnt wird", so ist doch daran festzuhalten, daß beide gleich notwendig und gleich wertvoll sind. Ja, wenn man nicht Wissenschaft mit eitlem Wissen und Tugend mit Gottesfurcht gleichstellen will, wird man sagen müssen, sie gehören zusammen, und keine kann ohne die andere recht wirksam sein.

Sinnig ist, was Harsdörfer über die Studien und ihren über die Zeit hinaus reichenden Wert sagt; vielleicht denkt er dabei an den Opitzschen Vers: „Worzu dienet das Studieren, als zu lauter Ungemach?" (I, XXVII, 152.)

> C. ... Ich habe bey mir betrachtet, wie gar unwehrt, ver-
> achtet und verarmet heut zu Tage diejenigen sind, welche
> sich auf das Studium begeben, und die Zeit ihres Lebens
> darinnen zugebracht: Mit diesen Gedanken druckete mir der
> Schlaff die Augen zu und ich sahe im Traum eine dörnichte
> Rosenstaude, welche zwar grün und frisches Holtz hatte, doch
> ohne Blättlein und Blumen: Hörte benebens eine mir
> unbekannte Stimme zuruffen: Es wird nicht allezeit so
> verbleiben.

Wie steht's mit dem Bösen und Guten auf der Welt, wozu neigen wir mehr? (VII, CCLXVI, 272.) „Die viehischen Menschen zum Bösen, die dagegen der Vernunft folgen, werden stets Ehre und

Ruhm der Schande und dem Schaden vorziehen." Wir könnten stets verständig sein, wenn nicht unsere Neigungen wären; diese verführen uns zum Schein, so daß wir vielmals sogar gegen die bessere Erkenntnis handeln. Es gibt eine dreifache Thorheit, die eine gehört vor den Arzt, die zweite liegt im Übersehen und unbedachten Handeln, der unterliegen wir alle zeitweilig; die dritte führt zum Laster; dieser kann sich jeder Verständige erwehren. (VII, CCLXX, 353 ff. und VIII. CCXCI, 315 ff.)

Leitet die Wissenschaft oder die Unwissenheit zu mehr Lastern und Untugenden an? (VII, CCLXVI, 279 ff. u. VI, CCXXXVI, 161.) Es gibt viele Lobredner der Unwissenheit, sie allein erhalte frommen Glauben und gute Sitten. Trotzdem gilt, daß „eben der gemeine Mann den gröbsten Schanden und Lastern unterworfen", daß die Gelehrten „durch Lehren und Vermahnen zu bessern trachten". So sehr man die oberste Weisheit ehren muß, zu wissen, daß man nichts weiß, und so sehr anzuerkennen „in Glaubenssachen, daß ein einfältiger Glaube der angenehmste für Gott", so ist doch wieder nicht zu leugnen, daß ein großer Kulturfortschritt nur durch die Zunahme des Wissens stattfinde. „Warum eifert ein jeder über seinen Wahn und seiner Meinung?" (VI, CCXXXIV, 116 ff. und VIII, CCXCI, 310 ff.) Der Hauptgrund ist wohl neben der allen Menschen mehr oder minder eigenen Beschränktheit die übertriebene Eigenliebe, doch kommen auch die Neigungen, das Lebensalter und die Temperamente in Betracht. Warum will niemand zufrieden sein, und sind wirklich alle unzufrieden? (VIII, CCCLI, 314 ff.) Einmal, weil auf der Welt alles dem Wechsel unterliegt, dann, weil dem Guten immer auch Böses anhaftet, weil der Neid so allgemein, weil der Mensch gegen alle stetigen Verhältnisse gerne Ekel bekommt und Veränderung wünscht, und schließlich, weil man von der Zukunft immer Besseres erwartet.

Warum bestraft man die Unzufriedenen nicht am Leben? Weil die ganze Welt entvölkert würde bei der allgemeinen Ver= breitung dieses häßlichsten Lasters. Schließlich hat auch niemand ein Recht auf Dank, da wir zum Gutesthun ohne Lohnforderung sittlich verpflichtet sind.

Und doch gibt es zum Glücke welche, wenn auch nur wenige, die zufrieden mit ihrer Lage sind. Sie wollen „die Krone und den Beutel mit dem Reichthum .. nicht in dem Wege aufheben". Sie allein sind glücklich zu schätzen. (VIII, XIV, 538—542.)

Welches ist nun das größte Laster, und welches die vortreff= lichste Tugend? Diese Frage könnte man je nach dem Stande verschieden beantworten. Für einen Soldaten z. B. wird Tapfer= keit die größte Tugend, Feigheit das größte Laster sein, bei einem Kaufmanne dagegen Rechtlichkeit dem Betruge entgegenstehen. Faßt man die Frage aber allgemeiner und tiefer, so kann man sagen: Trunkenheit und Mäßigkeit, denn alle andern Tugenden und Laster folgen aus ihnen, oder Gerechtigkeit und Selbstüber= hebung, denn sie sind die Wurzel alles Guten und Bösen, oder Weisheit und Unwissenheit, denn sie sind die Voraussetzungen alles richtigen und falschen Handelns. Und doch wird alles Gute schließlich zusammengefaßt in „der Tugendfreundschaft und thätlichen Nächstenliebe".

Wem ist nun leichter zu widerstehen, Schmerz oder Wolluft? (VIII, CCXCIII, 366—373, und VIII, XXIII, 591.) Es handelt sich bei beiden um das höchste Maß, den Schmerz in seiner fast unerträglichen Höhe, die leiblich und geistig vollständige Befriedigung. Ein Tapferer und sittlich Tüchtiger wird beiden gleichen ernsten Widerstand leisten, ein Weichling beiden erliegen. Viel kommt darauf an, wie einer von Jugend auf erzogen worden, auf Abhärtung und gute Gewöhnung; darin zeigen sich Segen und Fluch der Erziehung. Übrigens ist dabei die physische Beanlagung billiger Weise auch zu berücksichtigen.

Wodurch ist besser „Ehre und Geschicklichkeit erlangen" (VIII, XXIV, 591—596), durch Reichtum oder Armut? Die Hungersnot ist eine Erfinderin vieler Künste. Je besser das Land, je böser die Leute; die meisten, die es zu hohen Ehren gebracht, waren von geringem Stande. Und doch, wie viel leistet Geld der Gelehrsamkeit, dem Kriege, dem Lande! „Der Adel ohne Geld ist ein verachteter Bettel" und „der Reichtum ein Zukker, der keine Suppen verderbt". Das Beste ist übrigens der goldene Mittelweg.

Es gibt in der Welt verhängnisvolle Zahlen. (II, LVII, 57—69.) Da sind einmal „vier Festungen: Goldberg, Neideck, Hohenzorn und Haderwig"; in vier Seen schwebet die Welt, in: „Reichensee, Armensee, Kummer- und Hinderlappensee". „Auff diesen Seen fahren fünf Schiff: in einem sitzt Cain der Gerechte; in dem andern Nimbrod der Freigebige; in dem dritten Simon der Christliche; in dem vierten Judas der Aufrichtige; und dann in dem fünften der Herr Uberal (Omnis); dessen Wunsch ist das fünffte Element: nemlich Geld."

Warum ist die Wahrheit in der Welt verhaßt? (VII, CCLXXIII, 388 ff.) Die Menschen haben gemeiniglich Liebe zur Wahrheit und Furcht vor der Wahrheit. Sie scheuen und hassen daher die, welche ihnen die Wahrheit ungeschminkt vorhalten, und lieben es, sich die unliebsame Wahrheit durch Schmeichelei und Selbstbetrug zu verhüllen. Dennoch verachten sie im Herzen die Schmeichler und loben die Wahrheit.

Was ist stärker: Ehre oder Liebe? (VIII, XXI, 576—582 und VII, CCLXXIV, 396—424.) Viele Gründe sprechen für die Ehre, aber ebensoviele für die Liebe. Die natürliche und allen Menschen angeborene Liebe überwindet nur allzu oft die Stärksten und Besten, wenn die Ehre nur eine äußerlich angenommene Sache ist. Ist es aber die wahre Ehre, von der Seneca sagt „die Natur habe allen Geschöpfen etwas gewisses eingepflanzet .. dem Menschen aber die Ehrbegier", und die sich darinnen erweist „nicht wider Recht und Pflicht und Gewissen zu sündigen, so überwindet sie mit aller Liebesbegier und triumphirt über den Tod". Der Undank ist das Kardinallaster der Menschheit, „sol man nun mehr vertrauen dem, der uns oder dem, so wir Gutes erwiesen haben?" (VII, CCLXXIII, 380 ff.) Bei der Macht des Undankes in der Welt, der dem größten Wohlthäter aller Menschen, Gott, so schlecht lohnt, ist eher dem zu trauen, der mir Gutes erwiesen und „damit eine Probe seiner Treue geleistet hat".

Wem danken wir auf Erden am meisten: den Eltern oder den Freunden? (VIII, XVI, 547—552.) Sind nun die Kinder Vater oder Mutter mehr Liebe und Gehorsam schuldig? Die Väter wenden Vermögen und Erziehung auf ihre Kinder, weshalb

11*

sie auch mit Recht des Vaters Namen führen, die Mütter dagegen müssen um der Kinder willen viel leibliches Ungemach erdulden.

Ist nun die Freundschaft unter gleichen oder ungleichen Personen stärker? (VIII, XVII, 553—559.) Ein Hauptgrund der Freundschaft ist gegenseitige Ergänzung, deshalb ist die beständigste Freundschaft die zwischen Mann und Weib. Dagegen ist wieder ein Haupterfordernis eine gleichheitliche Gesinnung, sonst fehlt alles gegenseitige Verständnis.

Wie weit muß man in der Freundschaft gehen; muß ein Freund auch bereit sein, für den Freund das Leben zu lassen? (VIII, CCXCIII, 361 ff.) Bei wahrer Freundschaft handelt es sich nicht um Verwandtenliebe, Frauenliebe, Interessengemeinschaft, sondern „um die Tugendfreundschaft, die löblichste Wollust in diesem Leben". Der Freund ist der edelste Teil des eigenen Ichs. Diesen zu erhalten, habe ich das Recht, den wertloseren aufzugeben. Dem steht die Erwägung entgegen, daß jeder die volle sittliche Verantwortung für sich selber allein zu tragen hat. Ein billiger Entscheid liegt darin, daß kein Freund den Freund in gleicher Gefahr verlassen darf, daß aber auch keiner einseitig sich tollkühn in Gefahr werfen darf, sonst erlischt die Verpflichtung des andern.

Müßiggang und Luxus ruinieren Land und Leute; was schadet mehr von den beiden? (VIII, XVII, 560 ff.) Müßiggang läßt verarmen und führt zum Laster. Für Pracht dagegen spricht, daß sie Arbeit ins Land bringt, Erwerb schafft, die Künste fördert, das Leben menschenwürdiger gestaltet. Dennoch hat auch die Prachtliebe ihre Nachteile. Sie führt zur Verachtung des Heimischen, zur Finanzzerrüttung, zu Verweichlichung, macht die Menschen stolz und übermütig.

„Ein Knab, der ein schönes Kleid anträgt, dunkt sich mehr als sonsten, und verachtet einen andern, der schlechter bekleidet ist." Schließlich ist: der Müßiggang eine Ursache des Prachts, und der Pracht eine Ursache des Müßiggangs.

Mit den ernsten wechseln auch leichtere Lebensfragen; wie steht's z. B. mit den Scherzreden überhaupt, sind sie sittlich zulässig oder nicht? (VIII, CCXIV, 397—403.) Gewiß sind sie gestattet,

denn Lachen gehört zur menschlichen Natur, ist einer ihrer Vor=
züge gegenüber den Tieren. Doch ist die Fertigkeit zu scherzen
eine besondere Gabe, welche nicht allen gemein, und mehrmals bei
geringen Leuten zu verwundern ist. Es ist Zeichen von feiner Lebens=
art und richtigem Taktgefühl — die Lateiner nennen es urbanitas
—, darinnen das rechte Maß zu finden. Mit den besten und harm=
losesten Anlaß zur Scherzrede geben einfältige Worte und Handlungen.

Ganz vorzüglich ist die Schilderung der Eselsköpfe nach
T. Quarzoni La Sinagoga degli Ignoranti (I, XL, 212 u. 213):
„Sie verlachen, verachten, und beurtheilen alles, bilden ihme grosse
Wissenschafft ein; Antworten ungefragt und unbedacht von jedem
Ding, das im Gespräch vorkommet; verharren halsstarrig in einmal
gefaßter Meinung; reden viel und ist wenig darhinder; Verbleiben nicht
bey dem ersten Vortrag, sondern fallen von einem auff das andere;
widerholen das Besagte offtmals, und sind insgemein den Gelehrten
häffig, und ihresgleichen günstig. Ja es ist gewißlich wahr, was
gemeldter Scribent saget: Troja sey durch ein grosses Pferd zu Grund
gegangen, aber vielmehr Land und Leute durch die Eselen...“.

Es fehlte nicht an „allerhand Sprachthorheiten“ in damaliger
Zeit, wie heutigentages auch, an einer Neigung zu Superlativen und
unnötigen Worthäufungen. Dagegen wendet sich Harsdörfer in seinen
„unartigen Reden“. (IV, CXCV, 397—399.) Solcher Worte sind
z. B.: „schrecklich lustig -- greulich schön — grausam fro“. Wem käme
dabei nicht zu Sinn das im württembergischen Volksdialekt eine
geradezu allbeherrschende Rolle spielende Wort „scheußlich“ oder der
Mißbrauch des Wortes „großartig“. Nicht minder gilt das Gesagte
von den Ausrufen und Wendungen: „heilige Weynachten (Wey =
heilig) — erzogen und geboren — aus und eingehn — einer oder acht
— Verschluß für Verkauf — einen aus der Stadt versperren — glückselige
Wolfahrt anwünschen“ und andern tagtäglichen Ungereimtheiten.

Harsdörfer spinnt diese Lebensfragen ins Endlose aus; wir
wollen uns jetzt noch zu der letzten wenden, der Frage nach
Leben und Tod.

Hören wir da zunächst, ob Hoffnung oder Furcht am stärksten
sei? (VIII, XIX, 566 ff.) „Hoffnung und Furcht lieget bei den

Menſchen in gleichen Waagſchalen". Doch überwieget Hoffnung die Furcht in unſerem Gemüte, ſie läßt uns die offenkundige Todesgefahr überwinden. „Ein Menſch ohne Hoffnung iſt elend .. ohn Furcht verwegen und .. tollkühn".

„Die Hoffnung ſtehet da, iſt beherzt und verſichert, Ehre einzulegen. Die Furcht hingegen blaſſet in dem Angeſicht, zittert mit den Händen, und gehet zurükke". Zudem „fürchten die Menſchen nicht das gröſſte, ſondern das nächſte und ihnen zuwiderſte Übel".

„Haben die Heyden verantwortlich gethan, daß ſie ſich ſelbſt ermordet." (VIII, XX, 571—576.) Den Heiden war ein künftiges Leben zum mindeſten zweifelhaft. Sie hielten es daher für Tapferkeit und Ehrenhaftigkeit, die Bitterkeit des Todes zu überwinden. Der Tod iſt beſſer als Ehrverluſt und Übermaß der Schmerzen. Wage ich mein Leben an den Feind, ſo habe ich auch ſelber ein Recht über das Leben. Dagegen aber ſpricht: Daß kein Tier je ſich ſelber getötet, daß man mit Recht den ſtraft, der die Schlachtordnung verläßt; ſo muß auch der Menſch aushalten, bis er abberufen wird. Wir ſind einmal im Kerker; den Schlüſſel, um herauszugehen, wenn wir wollen, haben wir nicht.

Wie ſteht's nun mit Leben und Tod: was iſt beſſer, leben oder ſterben? (VI, CCXXXVII, 184—195, und VIII, CCXCIII, 358—359.) Nachdem über das Weſen von Leben und Tod ausführlich geſprochen worden, meint Harsdörfer „Wann uns unſere natürliche Neigung leidet, das Leben zu verlangen, ſo weiſet uns hingegen die Vernunft, daß das kurze Leben das beſte ſey". Andern Menſchen iſt Leben oder Tod zu wünſchen, nachdem ſie ſich heilſam oder ſchädlich erweiſen, ſich ſelber aber ſtets Geduld und Ausdauer in den notwendigen Leiden des Lebens. „Kan nun die Todesſtund des Menſchen .. durch Artzney aufgehalten werden?" „Artzney iſt viel zu ſchwach, wenn nicht die Mäſſigkeit, als der Grund aller Geſundheit, des Lebens, und der Stärcke, beobachtet wird." — Wie unſer Willen frey iſt, und doch von Gott geleitet, aber nicht gezwungen wird, alſo ſtehen auch unſſre Tage etlicher Maſſen in unſern Händen .... Wer lebt, wie er ſol, und in

Krankheit gebrauchet die Mittel, die Gott uns allen zum besten erschaffen hat, der ist versichert, daß er sein Leben, wie er zu thun schuldig ist, beobachtet und kan die Zeit .. seines Abschieds .. Gott heimstellen.

Wie erhalten wir uns nun gesund? Durch naturgemäße Lebensweise, durch Wechsel von leiblicher und geistiger Beschäftigung, vor allem durch Mässigkeit und Genuß von freier Luft.

> „Clystieren, Tränklein und Artzney,
> Gebrauch nicht, sondern diese drey,
> Freud, Mässig, Mahlzeit, Ruh dabey!" (I, 193.)

Der Jugend gönne man Zeit zur leiblichen Entwicklung „man sol die Kinder in den zarten Jahren nicht anstrengen zu großer Arbeit, damit das Wachsthum des Leibs, und die Werkzeuge des zarten Gehirns nicht verderbet werden" .. „mit dem Verstand und mit dem Leib zugleich arbeiten, ist in die Harre nicht aus-zustehen. Wann es aber Wechselweise geschihet, kann eine Bemühung die andere erleichtern". (VIII, 483.)

Wie soll man nun essen, schlafen, sich Bewegung machen? Soll man mittags oder abends mehr essen? (VIII, 523—527.) Wir essen zu oft; die alten Deutschen aßen nur einmal des Tages und waren viel gesünder und kräftiger. Demnach würde es sich empfehlen, nur einmal (und zwar mittags) zu essen, wie schon alte kirchliche Vorschriften bestimmen. Dagegen spricht für stärkere Abendmahlzeiten, daß man mehr Zeit zum Verdauen habe, und daß sich die Nacht hiezu besser eigne als der Tag. Für alle Fälle ist „Mässigkeit die beste Artzney". „Die Zeit aber zu essen, ist bey den Reichen, wan sie wollen, bey den Armen, wan sie es haben. Zu viel essen, ist Mittags und Abends ungesund" ... Hunger und Durst sind die natürlichen Mahner ... „Merkwürdig ist, daß die Ärzt, welche wissen, wieviel die Kost der Gesundheit verträglich und nachtheilig, sehr mässig leben, und es zu sehr hohem Alter gebracht. . . ."

Warum schlafen nun die Alten weniger als die Jungen? (VIII, 515—522.) Als Ursachen des Schlafes werden angegeben: Magendämpfe, die das Gehirn umnebeln, eine natürliche Hitze, die zeitweilig den ganzen Leib einnehme; manche meinen, nur äußerliche Ursachen bewirken Schlaf und Mattigkeit, Rauschen von Wind und Wasser, Gesang u. s. w. Junge Leute entsenden aus dem Magen stärkere Dämpfe, da sie viel mehr essen und verdauen als Alte. Dazu halten die Alten noch die Sorgen und die Todesfurcht wach.

Was ist zuträglicher, spät zu Bette gehen und früh auf=stehen oder spät aufstehen und sich zeitig legen?

Vier Gründe sprechen für spät zu Bette gehen und spät auf=stehen. Die Ruhe der Nacht fördert die Arbeit. Es ist gesünder, sich nicht bald nach dem Abendessen zu legen. Früh zu Bette gehen, verstößt gegen unsere Lebensgewohnheit. Der Morgenschlaf ist der süßeste und erhält für den ganzen Tag frisch.

Dagegen sprechen drei Gründe für das Gegenteil. Die Ein=richtung der Natur, die den Tag zur Arbeit, die Nacht zum Schlafe geschaffen. — Die Morgenstunden sind die besten zur Arbeit, das wissen Landmann wie Student. — Damit ergibt sich eine vernünftige Zeiteinteilung: zwei Drittel Arbeit und ein Drittel Ruhe.

Manche schlafen sehr wenig, z. B. der Türkenbesieger Castriot. „Es kommen aber alle, die wenig schlafen, nicht zu hohem Alter...."

Letztere Behauptung dürfte nicht so unbeschränkt Gültigkeit haben. Unsere größten Gelehrten wenigstens, die ein sehr hohes Alter erreichten, bedurften meist wenig Schlaf. Gesunder, ruhiger Schlaf erfordert für alle Fälle entsprechende Leibesbewegung. Welche ist nun die beste? (VIII, CCXCI, 307 ff.) Das Spazierengehen, „welches den natürlichen Bewegungen am nächsten kommt und das Mittel hält zwischen den gar zu starken und gar zu schwachen Übungen des Leibs". Andere dagegen meinen: das Reiten, Fahren, Leibesübungen, besonders das Ballspiel, wodurch die „bösen Feuchtigkeiten, die Stein und andere Krankheiten, dazu Faulheit und Trägheit verursachen" vertrieben werden, Schreien und Singen, wodurch Brust und Hirn gereinigt werden. Schließlich sind die besten und jedem zuträglichsten und naturgemäßesten solche, die in jedes Beruf liegen. Kranke und Leidende dagegen haben besondere Rücksichten zu nehmen.

Die Vorzüge des Spazierengehens und der damit in Zusammenhang stehende Naturgenuß laßen Harsdörfer einen förmlichen Lobgesang auf diese Art der Bewegung anstimmen, dem aber als Dämpfer eine ganz verständige Klausel bei= gegeben wird.

Spazierengehen ist vorzüglich für Leib und Geist. Es ist notwendig zur Erhaltung von Kraft, Ausdauer, Schönheit, zur Erheiterung des Gemüts in der freien Natur bei schönem Wetter. „Solche Übung ist eine Ursach der Gesundheit, wie die Gesundheit eine Ursach der Übung". Schon Sokrates sagt: „Ich suche den Lust zum Essen". Die Frauen bedürfen desselben noch in höherem Grade als die Männer. Das Spazierengehen ist auch die richtige Zeit zu guten Gesprächen, daher gibts Wechsel von Gesellschaft und Einsamkeit dabei. Beides vereint, wirkt förderlich, beides allein nur schädlich. Überall ists schön in der Natur, am schönsten in läuschigen Laubgärten, Irrgärten und frischen Blumenbeeten, namentlich im Gespräch mit liebenswürdigen Jungfrauen. Doch fehlt auch dieser Erdenlust nicht das Gift. „Spazieren ist an sich selbsten ein Müssiggang, welches sich auch die zur Ruhe bedienen, die zuvor fast ihres Lebens niemals gearbeitet haben. Ich weiß mich auch nicht zu erinnern, daß ich gehört hätte, man were von dem fleißigen Spazierengehen verständiger geworden. Man sucht oft nicht die Einsamkeit, um Sünden zu bereuen, sondern Gelegenheit, selbe ungescheuet zu begehen." (IV, CLXXXVIII, 356—366.)

Bisher haben wir Harsdörfer mehr über die allgemeinen Verhältnisse vernommen, wie sie in allen Zeiten Geltung haben. Jetzt wollen wir noch eine Reihe von Bildern an uns vorübergehen laßen, die im besonderen Sinne den Stempel der Zeit des 17. Jahrhunderts tragen. Wie stand es um den Zeitgeschmack? Welche Bücher wurden am liebsten gelesen? Was hielt man für besonders sinnig und ansprechend? Wie stand's um gute Sitte, Erholung, Kleidertracht? Welche Rolle spielte der Aberglaube? Wird der Krieg endlich dem Frieden weichen? Auf diese Fragen und andere mehr laßen wir Harsdörfer antworten.

„Der Titel, sagen die Buchführer, verkaufft das Buch. Ist solcher wichtig, seltzam, schön oder wolgestellt, so löst der Krämer Gelt", obgleich es den Büchern, wie der Münze heutzutage geht, deren Prägung zwar immer besser, aber deren Schrot und Korn schlechter wird: schöner Titel, schlechter Inhalt. (VI, Vorrede § 8 ff.)

„Bei dieser Zeit, ist fast kein Buch verkäufflich ohne einem Kupferbild, welches dem Leser desselben Inhalt nicht nur mit Worten, sondern auch mit einem Gemähl vorbildet" ... „Dieser ist der schönste und behäglichste Titel, welcher des gantzen Werkes Haubtbegriff am deutlichsten und zierlichsten zu verstehen giebt, und dem Leser eine so gute Meinung von dem Buch in das Gedächtniß drukket, daß er solches zu kaufen und zu lesen begierig wird."

Höchst beliebt und gesucht ist die Lieblingswissenschaft Harsdörfers, die Sinnbildkunst. (I, IX, 54 ff. und IV, CLXXI, 216 ff.) Darüber gibt er folgende acht Regeln: „Jedes Sinnbild sol bestehen in Figuren und etlichen beygeschriebenen Worten — der Figuren solten auf das meiste drey seyn, auf das wenigste eine — die „deutende Gestalt" sei „scheinlich" .... — die Figuren dürfen nicht ganz unbekannt seyn und keine Gestalt von einem Menschen haben — die Schrift bestehe in wenig Worten, von einem bekannten „Scribenten" oder selbst ersonnen — sie sei kurz, bestehe aus ein bis zwei Versen, selten nur aus einem Wort — der Dichter spreche in erster oder dritter Person. — So entsteht aus „der anmutigsten .. von ... Poeten entnommener Dichtkunst und Mahlerey .. eine .. Lustreizende Vereinigung" — Figuren und Schrift müssen so gewählt sein, „daß keines ohne das ander könne verstanden werden..." Als Beispiel diene das Bild „Meer", darüber schwebt eine Taube, einen Ölzweig im Schnabel, mit der Umschrift: „Der Waffen Elend Fröhlich End". Diese Umschrift sei deutsch, nicht lateinisch, nach dem Vorgange von Heinsius und Hugo Grotius, die niederländisch geschrieben. Dabei gilt es, klüglich zu verfahren, daß „nicht verechtliche Deutungen bey dem gemeinen Mann" entstehen können. (IV, CLXV, 177.) Gott Vater im Paradiese schon hat sich dieser Sinnbildersprache bedient. Da lesen wir vom Baume der Erkenntnis mit der Umschrift:

„Du ſolt nicht davon eſſen", oder vom Engel mit dem flammenden Schwert, Umſchrift: „Gottes Zorn", von dem Regenbogen, Um= ſchrift: „Gottes Gnade". Ja, „all' unſere Glieder dienen dieſer Kunſt. Verfolgen wir das an Haupt, Augen und Händen". (IV, CLXXVI und CLXXVII, 276—297.)

Das Haubt hochtragen bedeutet Stoltz und Übermuht — Haare und Bart ſcheeren — Schmach; die Augen mit der Hand bedecken, Schamhafftigkeit, den Mund gegen etwas eröffnen, Ver= langen, Begierd, Verwunderung, die Zähne aufeinanderbeiſen, Zorn und … Rachgierde. — Das auffälligſte iſt das Küſſen, das bei den Lateinern 3 Worte geben: Bassium (Eltern) — Osculum (Freund) — Suavium (Geliebte).

Die Sprache der Augen läßt ſich faſt mit Worten nicht ausreden, und werden wenig Hertzenregungen ſeyn, welche nicht in den Augen erhellen, und zu verſtehen können gegeben werden.

Die Stirne … iſt der Schauplatz ſeiner verborgenen Gedanken.

Ich hebe meine beiden Hände gegen den Himmel (Gebet, Ver= wunderung) — Ich lege meine Hand auf meine Bruſt (Ehrerbietung, Beglaubigung) — Ich biete dem Herrn die Hand (Höflichkeit, Merk= zeichen von Treue und Freundſchaft) — Ich ſtrecke meine rechte Hand aus (Gutes), dagegen die linke (Böſes), die offene (Freigebigkeit), die geſchloſſene (Kargheit) — Ich waſche meine Hände (Unſchuld).

Die Sinnbildkunſt iſt eine Erfindung der Italiener. (IV, CLXV, 166 ff.) Es kam zu einer heftigen litterariſchen Fehde darüber, ob das Bild der Leib und das Wort die Seele ſei, oder ob das Wort nur eine Wirkung des Bildes ſei. Die Intronati in Siena teilten ſich in die Anhänger Ruscellis und Bergaglis. Das üble Beiſpiel wirkte weiter über Italien hin. Außer dieſer müßigen Streitſucht ſind es namentlich noch zwei Eigentümlich= keiten, in denen man die Italiener bei den Geſprächſpielen nicht nachahmen ſolle, die eine iſt ihre ſittliche Ungebundenheit, die andere ihre leere Klatſchſucht. Zu der erſtern Art gehört die ſogenannte „Liebespredigt", wobei man ſich einen beliebigen Text wählt und darüber predigt. Ähnlich verhält ſichs mit der „Liebes-

mühle", den Spielen von den „Mönchen und Nonnen". Solche
Dinge sind „Mißbrauch und Entheiligung der chriſtlichen Gewonheit".
(VIII, CCXCVII, 415 ff.)

Nicht in den höfiſchen, wohl aber in den bürgerlichen und
bäuerlichen Kreiſen Deutſchlands gingen übrigens damals nicht
minder anſtößige Geſellſchaftsſpiele im Schwange. So beklagt
Harsdörfer die in den Rockenſtuben üblichen und oftmals aller
Zucht und Ehrbarkeit ſpottenden Spiele „von der blinden Kuhe
oder blinden Mauß, des Herrn Eberharts Adam hat ſieben Söhne,
von der Wachtel" u. ſ. w. (III, CXLIX, 332—335.) So weit
wir dieſe Spiele heutigentages noch kennen, ſind ſie ſehr harm=
loſer Natur; ſie müſſen alſo damals in anderer, lasciver Weiſe
betrieben worden ſein. Harsdörfer iſt ferne von dem, was wir
„Prüderie" heißen. Häufig geht er ſelber in ſeiner „Naivität"
für unſer Gefühl zu weit. Um ſo glaubwürdiger ſcheinen ſeine
Klagen. Ganz freilich kann ſich Harsdörfer ſelber dem Einfluſſe
der Italiener nicht entziehen. Er gerät mit ſeinen guten Grund=
ſätzen mitunter in bedenkliche Widerſprüche. So erzählt er eine
ihrer Moral nach ſehr bedenkliche Geſchichte und verſieht ſie als
„Rätſelſpiel" nach allen Seiten hin mit witzigen Bemerkungen.
(VI, CCXXXV, 140—152.) Oder er unterſucht alles Ernſtes
die Frage, ob das „Hörneraufſetzen" und „Hanrei machen" den
unſchuldigen Ehemann entehre. (VII, CCLXVII, 311—319.)
Eine Verführung zu leerem Gerede findet Harsdörfer in
der Beſtimmung des Erzbiſchofs Sebaſtian Quirin für die
Ignoti, die Spiele hätten nur den Zweck „der Wolredenheit",
keiner beſondern Wiſſenſchaft zu dienen. Es wäre für die Italiener
weit beſſer, ſolche Geſprächsſtoffe zu wählen, die mehr „die Sitten"
als „die Liebeslehre" förderten. (IV, CXCI, 377—38.)

„Wann bey uns in Teutſchland dergleichen Zuſammenkunften
in allen Hofhaltungen und Stätten, zu Ausübung der Sprachen und
des Verſtandes, ſolten angeſtellet werden, iſt nicht zu zweiffeln, daß
wir es allen andern weit bevor zu thun vermöchten; dieweil wir
von den Italienern, Frantzoſen und Spaniern zu lernen pflegen, ſie
aber unſere Sprache und Wiſſenſchaften .. verachten .. und es iſt

gewiß, daß der viel lifet, allezeit . . . mehrere Gedanken beifetzen kan, als der alles aus feinem Hirn fpinnen muß.

Eingehend wird das Kapitel von der Höflichkeit abgehandelt. Wir erfahren, wann der Frau der Vortritt zu laffen, wann dagegen der Herr vorzutreten habe. Letzteres hat ftets ftattzu= finden bei Stiegeauf= und Abgehen und wenn es fich darum handelt „ein Tapet zu heben". Um ein Ausweichen bei Begegnungen auf Stiegen zu vermeiden, hat der Herr die Stiege wieder hinabzugehen. (I, XLIX, 276 ff.)

Die Pflege der ritterlichen Künfte wird eifrigft anempfohlen. Der Anleitung zur Reitkunft ward eine eigene Schrift gewidmet, die alle Feinheiten und technifchen Worte der franzöfifchen Reit= kunft, der erften der Zeit, ausführlich darlegt[18]). Ganz begeiftert wird Harsdörfer, wenn er auf das prachtvolle Schaufpiel zu reden kommt, das er felbft auf dem Königsplatze zu Paris mit angefehen hat. Achtundvierzig Reiter mit vier Trompetern bildeten nach den Klängen der Mufik alle möglichen kunftvollen Figuren. (VII, CCLI, 1—7.)

Die Grundfätze der Heraldik „Heroldskunft" werden entwickelt; dabei wird auf ihre Fortbildung hingewiefen. (IV, LXXIX 304—314.) Als Wappengetier gilt „das Geflügel für rühmlicher als die vier=

füßigen Tiere". Die Kreuze kamen mit Konstantin in die Wappen. Selbstverständlich sind sie bei der Geistlichkeit sehr beliebt; diese hat allmählich zwanzig verschiedenerlei Kreuzesformen aus= gebildet mit eigentümlichen französischen Namen. Übrigens klagt Harsdörfer über den Verfall des Adels: „Heut zu Tage werden die Wapen durch das Sonnen=Metall erhalten, welches an stat aller anderer Tugenddienste herfür leuchtet". Er weiß wohl und sagt es oftmals, daß Adel ohne Besitz wertlos sei. Aber nicht der Besitz macht den Adel, sondern die wirklich vornehme Gesinnung, die sich im aufopfernden Dienste für das Gemeinwohl erweist.

Dem großen Zeitsport, der Jagd, wird alle Gebühr gezollt. (III, CXVIII, IX, XX 105—119.) Wir erfahren die ganze Jägersprache. Doch kann Harsdörfer dabei nicht alle Bedenken unterdrücken. So ist es ihm auffällig, daß die heilige Schrift „Jagen und Vogelfangen" niemals belobe. Für einen geistlichen Herrn hält er daher Jagen nicht für schicklich. Er findet, daß es volkswirtschaftlich ein recht teures Vergnügen sei. Und wie zuzugeben sei, daß „Jagen Fürstenlust", so gehören eben auch dazu „Fürstliche Einkommen oder Fürstliche Schulden".

Zu den Hauptlastern der Zeit und der Höfe gehörten die Völlerei und die ungebührliche Kleiderpracht. (IV, CXCVIII, 417—425.)

„Canonen, grobe Stucke und Spiese sind zu Kriegszeiten unsere öffentliche Feinde; Zu Friedenszeiten die grossen Hofbecher, Gläser und Kannen, welche bey den Gastmahlen von den Kriegern in der Föllerey gebraucht werden" ... „Der Bauch ist der Teutschen abscheulichster Götz. Viel essen nicht um zu leben, sondern leben um zu essen, und sich von dem Raube aller Elementen zu ersättigen" ... Bei Salz und Honig statt Pfeffer und Zucker stands noch gut. „Nun wir aber das Gewürtz, fremde Krankheiten und fremde Laster einkommen lassen, muß man sich auch fremder Artneyen gebrauchen: wie wol scheinet, daß die in unserem Lande befindliche Gewächse unseren Leibesbewandtnissen viel anständiger als ausländische." Schlimmer noch als das Essen ist das viele Trinken. „Die Teutschen haben den schlechten Nachruhm, daß sie ihre Freundschaft durch Trinken stifften." Doch gönnt Harsdörfer dem Trinken sein

Recht und macht einige humoristische Versuche, sein göttliches Recht zu vertreten. „Es ist denkwürdig, daß die höchsten Reiche dieser Welt allezeit bey denen bestanden, welche das Trinken sonderlich beliebet" ... „es kommt nicht zu verwundern, wenn wir Teutschen, nach wolgebrachter Gewonheit, uns das Römische Reiche nicht abtrinken lassen wollen." Ja, in seiner „heimlichen Frage" behauptet Harsdörfer aller neuen Naturheilmethode zum Trotz, daß ein tüchtiger Trunk für die Deutschen geradezu Natur= notwendigkeit sei. (I, XXXV, 180 ff.)

Man beschuldiget zwar die Teutschen, daß sie viel trinken, man sagt aber nicht, daß sie auch offt und viel dürstet. Wir wohnen in einem kalten Lande, sind grosse und starke Leute, die wol arbeiten, auch wol essen und trinken mögen, darzu hat uns Gott so guten Wein wachsen lassen, daß wir desselben geniessen sollen, unsere kalte Mägen zu erwärmen, wie den Italienern die Citronen und Pomerantzen zur Erfrischung, und den Mitternächtigen Völkern das Futter= und Beltzwerk zu Bekleidung gegeben ist. —

Wie soll mans halten in der Kleidertracht, um das zu wenig und zu viel zu vermeiden? (I, XIV, 95—110.)

R. „Man kennt den Vogel an den Federn ... und der Franzosen Wanckelmuthe, sowol aus der vielfältigen Kleiderordnung, als der Spanier Standhafftigkeit in unverruckter Handhabung, ihrer Bekleidungsart abzunemen scheinet."

A. „Wenn man die Sachen von aussen ansiehet, möchte ich wol wissen, wie man sich doch kleiden müsse, daß es jederman gefiele .... Diejenigen, so die Kleidungsarten nicht zu ver= ändern gedencken, da doch alles und jedes in der Welt den Wechsel und Veränderung unterworfen ist, solten noch Beltz von Ziegenfellen oder Feigenblätter, noch Adams l. Kleidung, zu tragen schuldig seyn, oder je mit Grund darthun, von welchem Tagesgemerk dato die Kleidungsgestalt herzunehmen."

D. „Das Mittel (die Mitte) zu treffen solte vielleicht wol das verantwortlichste seyn, und bin ich nicht in Abred, daß die Thoren zu Zeiten etwas erfinden, welchem auch kluge Leute

fich nachbequemen müffen, weil fowol die Kleider, als
die Sprache fich nach der Zeit richten fol."

J. „Es ift nicht ohn, daß die Vernunft und die Gewonheit fich
mit der Sonne und dem Monde vergleichen läffet, .. wie wol
das eine viel heller als das andere leuchtet ... daß aber
folches bey heutigen Trachten in acht genommen werde, kan
ich nicht glauben" .....

Wir rauben und nemen fchier von allen Thieren auf der Erden,
uns zu bedecken und zu fchmucken: Von dem einen nemen wir die
Wolle, von dem andern die Haut, von dem dritten das Fell, ja von
etlichen . ihren Koht, nemlich die Seide, die nichts anders ift als
etlicher Würmer Entladung: folche Sachen alle werden auf fo
wunderlich und unterfchiedliche Art und Weis verkleidet werden daß,
der folches betrachtet, fich des Lachens fchwerlich enthalten kan. Bald
gebraucht man fich kleiner Hütlein, welche mit einem fo groffen Stulp
umgeben, als wenn man daraus einen Römifchen Schauplatz machen
folte. Bald find felbe widerum im Wachfen, und erhöhen fich wie
die Thürngraber (Pyramiden) in Egypten: Die Krägen ändern faft
mit dem Mondfchein, erreichen bald die Gürtel, und verkleinern fich
bald wie der Neumond: Wie unterfchiedliche Trachten und Veränderungen von Wammes und Hofen in wenig Jahren in Gebrauch
kommen, ift nicht wol zu gedencken, und fcheinet daffelbe in ftets-
wärendem Streit verfaffet, welches das andere vermindern folle.
Über das, fo haben die vielfältigen Neftel fo überhand genommen,
daß man faft den Bart auch einzunefteln aufbringen wird. Von den
Stifeln und Schuhen kan man fich billich verwundern, daß felbe nicht
mehr nach dem Fuß, fondern nach eines jeden „Fantaften Sinn
gemachet werden, ja durchs gantze Jahr der Rofen nicht ermangeln:
Diefem nach ift zuvor nicht unrecht vorgefchlagen worden, man folle
die groffen und kleinen Hüt, die außfchweiffende und fchmale Krägen-
lein, fowol auch die kurtzen Wammefer und lange Hofen zufammen-
heirathen laffen, damit doch endlich derofelben Nachkommen, in
mittelmäffiger Gröffe aufgebrütet werden möchten."

T. .... Wir Frauenleute fehlen in diefem Fall gleich foviel,
und find derer nicht wenig, welche die Zwytracht ihrer Haar

vor der gläſern Richter (Spiegel) oftmals viel Stund zu
entſcheiden pflegen. An den Ohren trägt man offt gantze
Häuſer (verſteht derſelben Wehrt) das Geſicht wird verhüllet
mit einer Masque, die Wangen mit Farben gemahlet, die
Brüſte entblöſſet, der Länge, durch die hohen Holtzſchuch, faſt
eine Eln zugeſetzt, und allerſeits ſich um entlehende Schönheit
beworben, daß gewißlich zu befahren, es möchten die allzu-
mannlich bekleidete Weibsbilder vielmals der Schamhaftigkeit
und die allzubuntlich geſchmückte Männer der Tapfferkeit
ermangeln. Dieſes alles aber iſt noch nicht genug, ſondern
wir kommen zu den Fiſchen, betteln von ihnen etliche Perlen
und Korallen, die wir um uns hangen: Wir laſſen aus der
Erden Gold und Silber graben: Wir kehren den Sand des
Meeres um Edelgeſtein zu ſuchen, und wann wirs alſo von
andern Kreaturen haben genommen, ſo ſtoltzieren wir auf und
nider, daß uns die Leute anſehen, als ob es das Unſrige und nicht
fremdentnommenes Guht were: Wann das Edelgeſtein an unſere
Fingeren leuchtet, ſo bilden wir uns ein, wir leuchten: wann
Silber und Gold und andere Dinge auf unſere Liebe glänzen
und ſchimmern, ſo weiſen wir uns damit, als käme alle ſolche
Schöne von uns, und bringen ſolcher geſtalt unſere Zeit in Eitelkeit zu, und werden unſerer Thorheit nicht einmal gewahr...

V. . . „Der Thiere Bekleidungen ſind unfehlbare Zeichen ihrer
Natur, bey dem Menſchen, ihrer Sinne .. und Beliebungen.
Wenn man die Wahrheit geſtehen wil, ſo iſt groſſer Misbrauch
in dieſen, wie in andern Stücken eingeriſſen, und faſt niemand
zufrieden, ſeinem Stand gemäß bekleidet, zu gehen. Es
bedrohet dorten Gott ſonderlich auch zu ſtraffen und heimzu-
ſuchen alle, die ein fremd Kleid tragen.“

R. „Daß aber in den Edelgeſteinen übertreffliche Tugend verborgen,
iſt ſonderlich zu verweiſen, aus dem neugebauten Jeruſalem,
von welchem in der Offenbarung Johannis Meldung beſchiehet.“

Der Aberglaube, dieſer Bodenſatz überwundener Kulturen, iſt
naturgemäß zu allen Zeiten vorhanden. Er iſt ſo notwendig, wie
der Schatten dem Lichte. Es heißt gegen Windmühlen kämpfen,

12

ihn mit einemmale mit Stumpf und Stiel ausrotten zu wollen.
Solch thörichtes Beginnen charakterisiert eine falsche Aufklärung.
Nur sehr allmählich und nie vollständig weicht er besserer Be=
lehrung, verbunden mit gebesserten Lebensverhältnissen. So
tiefgewurzelt ist er in der menschlichen Natur, daß kein Staub=
geborener sich wahrheitsgemäß rühmen kann, von ihm vollständig
frei zu sein. Diese Selbstbetrachtung soll uns zur Bescheidenheit
bei der Beurteilung früherer Zeiten anleiten. Und doch ist die
Macht des Aberglaubens in entschiedenem Rückgange begriffen.
Nichts ist erfreulicher bei der Beobachtung menschlicher Dinge
als diese Wahrnehmung. Daran wird aller Pessimismus end=
giltig zu Schanden.

Wie kommt es aber, daß längst tot geglaubter Aberglaube
plötzlich sein Gorgonenhaupt wieder erheben kann zu einer bedroh=
lichen Verdüsterung am Zeitenhimmel? Der Fehler liegt darin,
daß wir ihn fälschlich für tot gehalten hatten. Durch irgend
welche mißlichen Zeitverhältnisse begünstigt, die wir, wollen wir
uns die Mühe nehmen, leicht auffinden können, wagt er sich auf
einmal wieder ans helle Tageslicht hervor. Aber in kurzem geht
es ihm wie den Nebeln vor der Sonne. Jede solche Kraftprobe
schwächt für die Zukunft seine Macht. Daß das 17. Jahrhundert
mit seinem dreißigjährigen Kriege für Deutschland eine Zeit aber=
gläubischer Umdüsterung werden mußte, liegt auf der Hand. Mit
den traurigen Folgen des Krieges schwand auch allmählich dieser
trübe Schatten. Das Volksgemüt wurde in dieser furchtbaren
Zeit in seinen tiefsten Tiefen aufgewühlt. Was Wunder, daß
aller Schlamm und Schmutz, der seit Jahrhunderten sich abgelagert
hatte, wieder auf die Oberfläche getrieben wurde. Harsdörfer
war gewiß für seine Zeit ein hochgebildeter Mann. Er ist sich
seiner Aufgabe, diesen finstern Gewalten entgegenzutreten, voll=
ständig bewußt gewesen, doch zahlt auch er den Tribut seiner
Zeit. Wir finden sein Auge mitunter merkwürdig getrübt, seine
Haltung hie und da überraschend unsicher.

Verhältnismäßig harmlos lassen sich eine Reihe von aber=
gläubischen Meinungen an, die auf naturwissenschaftlichen Irrtümern

beruhen. So fürchten sich die Löwen deshalb vor dem Hahnengeschrei, weil der scharfe Laut ihre „großen Ohrröhren" unangenehm berührt. In Thessalien und Mazedonien aber haben sich die Hähne das Krähen sogar ganz abgewöhnt. (VIII, 485—489.)

Geradezu ergötzlich sind die Auseinandersetzungen darüber, warum der Magnet das Eisen anzieht, und warum er sich nord= wärts wendet. (VIII, 489—495.)

Für das erste gibt es vier Ursachen: Die Naturgeister im Magnet umklammern das Eisen, des Magnets Wirkung liegt im Eisen, der Magnet ist selber ein unvollkommenes Eisen und wird in der Erde verborgen allmählich zu Eisen. Endlich bestehen zwischen den einzelnen Naturkörpern „gewisse" Freundschaften wie zwischen Mond und Meer. Der Magnet wird durch das Eisen gleichsam genährt, ja wenn man ein Messer mit einem Magnet bestreiche, schmerze der Schnitt nicht. „Die Probe steht jedem frei", meint Harsdörfer etwas ungläubig.

Die Nordrichtung ersieht man aus Nachfolgendem. Es gibt zwei Arten von Magneten, weiße (fleischfarbene) und schwarze. Hier handelt es sich nur um den schwarzen. Es sollen vier Ursachen für die Richtung nach Norden sprechen. Nach der einen liegt das Hauptbergwerk dieser Magnetsteine auf der Insel Ilva im Norden, nach der andern zieht von Süden nach Norden ein magnetischer Bergzug, nach der dritten sinds die beiden Bären= sterne, die an den äußersten Himmelsenden stehen, nach denen sich der Magnet richtet, wie die Blumen nach dem Lichte. Ja, die vierten wollen sogar wissen, der Magnet habe eine Haut, „wann man solche herabzieht, finde man die besagten zween Sterne schnurstrakks gegeneinander bemerket". Scaliger und mit ihm andere bekennen ihre Unwissenheit und stellen die Sache der Allmacht Gottes anheim.

An die Wunder der „Chimica oder Scheidkunst" glaubt Harsdörfer fest. Man kann die Asche einer „Rose oder einer Brennessel" so zurichten, daß man ihre ursprüngliche Gestalt wieder erkennen kann; man braucht dazu aber über Jahr und Tag. Gold hat, wie alles Erdengewächs, seinen Samen bei sich, der durch künstliches Feuer, wie das Gold in der Erde durch die Sonne, gemehrt und gezeitigt wird. (VII, CCLXII, 215.) Damit ist der Goldmacherkunst, der Alchymie, Thür und Thor geöffnet. Ob Harsdörfer selber mitunter im Geheimen seinen „faulen Heinz" geheizt hat, ist nicht ersichtlich.

Wahrsagerei und Zahlenspiel steht er nicht, ferne. Er glaubt an die Regeln der Chiromantie, die er, der größeren Anschaulichkeit wegen mit Abbildungen versehen, genau herzählt (I, XX, 124—129), hält es nicht für unmöglich, aus dem Gesichte verborgene geistige Eigenschaften abzulesen (I, XIX, 122 ff), — eine Art Phrenologie vor Lavater — unter Berufung auf eine Schrift des Neapolitaners Johann Baptist Porta, ist dem Zahlenspiel der Rabbinen, der sogenannten Kabbala, durchaus nicht abgeneigt. (VIII, CCLXXVIII, 23—40.) Die ungleichen Zahlen bedeuten das männliche, die geraden das weibliche Prinzip. Alles Gute kommt durch die ungeraden Zahlen. Daher treten alle Krankheits=krisen in ungeraden Daten ein. Pillen müssen immer in ungleicher Zahl gegeben werden, das 9×7. Lebensjahr $= 63$. ist das gefährlichste aller Stufenjahre.

Nach dem Vorgange von Ovid, Plinius und Plutarch glaubt Harsdörfer, daß man durch Schlangen die Keuschheit der Weiber erkunden könne, indem man solche zu den Kindern lege. Aus Schlangen werden „treffliche Artzneyen" bereitet, ja aus der Menschen Mark werden sogar Schlangen. (VIII, CCLXXXVI, 190 und 191.)

Ein anderer medizinischer Aberglaube tritt in seiner Ab=handlung über den Aussatz zu Tage. (VIII, XII, 528 ff.) Da hören wir, daß aller kalten Krankheiten Sitz das Gehirn sei, aller hitzigen die Leber. „Also kochet die Leber bei den Aussätzigen ein verbranntes Geblüt." Die heißen Länder neigen mehr dazu, als die kalten. „Die Juden, welche jederzeit ein unsauberes und unflätiges Volk gewesen", hatten viel damit zu thun. Bei uns wird der Aussatz seltener, weil die Aussätzigen aussterben, und weil dafür die neapolitanische Krankheit (Syphilis) aufgekommen ist. Ob diese nun gerade ein Zeichen von besonderer Reinlichkeit und Sittlichkeit, verschweigt uns Harsdörfer.

Nicht eben viel scheint er von der Kunst zu halten, das Zukünftige erkennen zu wollen. (VII, CCLXXIII, 373–395.) Er unterscheidet zwar zwischen prophetischer, d. h. göttlicher Eingebung und solcher durch Hexerei infolge teuflischer Offenbarung, meint aber schließlich, es gebe keine Gesetze, wonach man das Zukünftige erfahren könne. Hier in diesem sterblichen Leibe sind wir an die Reihenfolge der Zeit gebunden. Das „Baarrecht" hält Harsdörfer für eine praktische Einrichtung, ohne aber den volkstümlichen Glauben zu teilen. Die Hauptsache dabei ist das Geständnis des Mörders. Das wird durch die Furcht, die der Mörder empfindet, leicht zuwege gebracht. Übrigens ist nicht ausgeschlossen, daß durch den Transport, die veränderte Lage u. s. w. vielleicht aus der Wunde mitunter wirklich auch Blut fließe. (VI, CCXXVI, 20.)

Um „Talismane" ist es eine eigene Sache; es gibt künstlich gefertigte und von der Natur geschaffene (Gemahen). Sie können Liebe, Haß, Furcht erwecken und Krankheiten heilen (wie z. B. die Löwenpfennige). Auch magnetische Heilungen und Schutz gegen schädliche Tiere rechnet man zu ihren Wirkungen, und zwar alles aus natürlicher Ursache. Es wird eingeworfen, daß nur der Stoff wirke, Planet und Figur seien zwecklos. Dagegen wird behauptet, des Menschen Antlitz sei ein vollständiges Abbild des Planeten. Harsdörfer meint „man sol von den Talismanen nicht gar zu viel, aber auch nicht gar zu wenig .. halten". (VI, CCXXVI, 1 ff.) Ganz merkwürdig ist seine Stellung zum Gespensterglauben und Teufelsspuk. Am liebsten möchte er offenbar die Gespenster ganz leugnen, dagegen hält er fest an einem massiven Teufelsglauben. Um der Gespenster los zu werden, macht er sie zu höllischen Spukgestalten und Täuschereien. (VII, CCLXXI, 361—372.)

Alles geschieht übernatürlicher, natürlicher oder künstlicher Weise. Mitunter ist es zweifelhaft, ob auf natürliche oder übernatürliche, „massen der Satan ein Tausendkünstler, der unsern bösen Neigungen, allerley Sündenmittel an die Hand gibt", während andererseits aber auch viel menschlicher Betrug mit unterläuft. Da spielt in Stockholm so eine Geistergeschichte; die ermordete

Metzgerin erscheint als Gespenst mit zerspaltenem Kopfe einer mutigen Gräfin, die ihren Ring zwischen die klaffenden Haupt= teile legt. Tags darauf läßt man nachgraben und findet den Ring im zerspaltenen Haupt.

Warum läßt Gott solche Dinge zu?

„Gott straft nicht alles Übel, damit die rohen Menschen nicht wähnen, es sey keine ewige Straffe; er läßt aber nicht alles ungestrafft, damit man nicht gedenke, er schaue nicht auf das Niedrige." Alle Gespenster, auch die angeblich guten, sind Teufelsspuk und daher trügerisch.

„Was ist nun von den Zetteln mit gewissen Buchstaben und Zeichen zu halten, so man wider das Fieber und andere Krankheiten pfleget anzuhängen?"

Solche Mittel helfen an sich gar nichts, aber „der böse Geist als ein Naturkundiger weiß der Krankheiten Ende" und kräftigt damit den Glauben an seine Macht. Dabei ist mit dem Teufel nicht zu spaßen. So nahm er den Franzosen in Rochelle mit einer glühenden Zange bei der Nase, weil dieser immer frevelhaft geprahlt hatte, der Teufel solle ihn schneuzen, wenn er nicht die Wahrheit sage.

Damit wollen wir dieses Nachtgebiet der Schemen verlassen und wieder zurücktreten auf den harten Boden der Wirklichkeit. Der lange Krieg mit seiner Gefolgschaft, der Menschenverwilderung und Entvölkerung, gab zu seltsamen Erwägungen Veranlassung. Bekannt ist der kaum glaubwürdige Beschluß eines fränkischen Kreistages, der Bigamie gestattet haben soll. Ein ähnlicher Gedankengang mag es sein, der Harsdörfer die Frage aufwerfen läßt, „ob es nicht gut were, daß man sich wieder der leibeigenen Knechte gebrauchte". (VIII, XXV, 597 ff.) Das ist eine Sache, „so zu der Haushaltung gehöret". Dafür spräche das Beispiel anderer Länder, z. B. Böhmens. Es ließe sich dafür anführen, daß man sonst „die Ruchlosen" zu übermäßig lohnen müsse, um sie bei der Arbeit zu halten. Auf diese Weise könnten auch zum Tode verurteilte Verbrecher noch Nutzen schaffen. Es gibt überhaupt vier Klassen von Leibeigenen auf der Welt. 1) Alle „Dummen"

sind „Knechte von Natur" der Verständigen. 2) Die Kriegs=
gefangenen der Türken. 3) Die begnadigten Verbrecher. 4) Die
Überschuldeten. Dagegen wäre es unrecht, Freigeborene zu
Knechten machen zu wollen. Solches verstieße gegen die christ=
liche Liebe, das Völkerrecht, die kaiserlichen Gesetze. Es würde
zu einem Bauernkriege führen und wäre zudem überflüssig, da
man andere Mittel hat, „das ruchlose Gesindlein zu Gehorsam zu
bringen". Was wo anders gebräuchlich, „lässet sich nicht einführen,
wo solches nicht landesüblich". Übrigens sind bisher die Bauern und
ihre Herren mit einander unter der Soldaten Dienstbarkeit gestanden.

Harsdörfer ist nicht müde geworden, Fürsten und Völkern
den Frieden zu predigen. (VIII, CCLXXVI, 1—16 u. VIII,
CCC, 443—468, u. VI, CCXXXXVIII—L, 330—345.)

Was hilft so lange Zeit, der Raub und Wiederstreit?
Nach oft erlangtem Sieg, folgt bald erneuter Krieg.

Er mahnt: „Sieg sol nach Frieden streben". Er droht mit
dem Zusammenbruch der ganzen Weltordnung, wenn nicht bald
Friede geschlossen würde. Ein Indianer, der durch die Welt
gekommen, wunderte sich über nichts mehr, als darüber, daß er
so wenig Reiche und so viele Arme und Bettler gefunden, und
daß nicht längst durch Gewalt eine andere Ordnung der Dinge
geschaffen worden, in der alle genug hätten. Harsdörfer jubiliert
beim nahen Frieden:

Der Friedensstand darniederliegt,
Mord, Raub und Brand das Land bekriegt,
Doch hat Verstand nechst Gott gesiegt.

Er ist begeistert für das große Werk menschlichen Geistes,
das der geistvollste Manu der Zeit, Baco von Verulam,
vorgeschlagen in seinem „Bensalem oder Salomos Haus". (VII,
CCLIX, 187—211.) Nach dem Vorgange von Christian Rosen=
kreutzers „Chimischer Hochzeit" (Straßburg 1615) und dem
„Gespräch Salomos mit der Königin aus Reich Arabia" versucht
Baco, die schwierigsten Endfragen zu behandeln. Auf einer Insel
findet sich ein in Rotundenform aufgeführter Wunderbau, der

aus sieben nach den Weltschöpfungstagen angelegten kreisförmigen
Gemächern besteht, und der zum Zwecke hat, „die endliche
Erkundigung aller natürlichen Ursachen soweit es nemlich menschlicher Verstand bringen kan". In der Vorhalle gilt es, die Frage
zu beantworten: „Ob eine Gewißheit, und unfehlbare Sicherheit
in den Wissenschaften zu finden?"

Unsere Sinne täuschen uns, die Wissenschaft von den Zahlen
und den Verhältnissen der Dinge (die Mathematik) ist die
genaueste, doch gibt auch sie nicht die Endursachen. Nur ein
Teil dieser Ursachen liegt für uns zu Tage.

Die sieben Gemächer umfassen alle irdische Kunst, Wissenschaft,
Technik, alle idealen und materiellen Güter. Es soll wirklich der
Plan bestanden haben, alle Gelehrten der Welt zur Mitarbeit
auf königliche Kosten zu gewinnen. Der Krieg hatte das ruhm=
würdige Werk gestört; nun soll es der Friede glorreich ergreifen
und vollenden.

Wir sind am Ende angelangt unseres Ganges durch den
Irrhain der Gesprächspiele, ein wahres Labyrinth des Zeitwissens.
Ich war bemüht, thunlichst viele Saiten anzuschlagen, die
Harsdörfer berührt hat. Selbstverständlich konnten es nur einzelne
Töne sein gegenüber der wallenden Melodienflut, die uns in
seinen Gesprächspielen umbraust [14]). Aber auch diese selber sind
ja nach Harsdörfers eigenen Worten „nur halb geschrieben" ..
„Sie müssen mit holdseligen Lippen, wolständigen Geberden, lieblicher
Stimme, und löblicher Bescheidenheit von denselben Liebhabern
ergäntzt, und vollständig gemachet werden". (VIII, CCC, 468 ff.)

Fanden die Gesprächspiele wirklich die gewünschte Aufnahme?
Harsdörfer erzählt uns, daß nach ihrer Anleitung an einem Hofe
täglich regelmäßig nach dem Mittagessen gespielt worden sei.
Man ist dabei versucht, an den Köthener oder Weimarer Hof zu
denken [15]). Ob andere Höfe diesem Beispiele folgten, ist unbekannt.
Jedenfalls steht so viel fest, daß die Gesprächspiele gerne gelesen
wurden. Dafür zeugen die mehrfachen Auflagen, wenigstens der
ersten Teile. Sie waren für die damaligen Zeiten schön aus=
gestattet, die Herstellungskosten nicht unbedeutend. Schottel schreibt

einmal an Harsdörfer, daß ihre Herstellung und ihr Verschleiß von allen Städten ganz Deutschlands nur in Nürnberg allein möglich sei. Es ist dies ein ruhmvolles Zeugnis für den blühenden Stand der Buchdruckerei und des Buchhandels in Nürnberg. Sandrat, Endter, Vater und Söhne, und Fürst, waren weitberühmte Namen.

Über den geistigen Einfluß der Gesprächspiele gehen die Beurteilungen sehr auseinander. Manche halten ihn für verschwindend, manche wieder für nicht unbeträchtlich. Man wird soviel sagen können: Thatsächlich konnten sie den Strom der Ausländerei, der sich italienisch und französisch über Deutschland ergoß, nicht aufhalten. Sie konnten die schweren geistigen und sittlichen Wunden, die der Krieg geschlagen hatte, nicht heilen.

Aber sie sind ein erfreuliches Zeichen dafür, daß es nicht an Männern in dieser trüben Zeit fehlte, die wider den Strom zu schwimmen wagten, die ihre Stimme zu kräftigem Proteste erhoben, die nicht müde wurden, auf den von ihnen für richtig erkannten Weg mannhaft hinzuweisen. Wenn es als ein Zeichen der Zeit gelten darf, welche Bücher gelesen werden, so dürfen wir gewiß sein, die Harsdörferschen Gesprächspiele haben ihres Eindruckes nicht verfehlt, sie haben zu der geistigen Unterströmung beigetragen, die in besserer Zeit Oberwasser erlangen sollte.

Noten zu III.

[1] H. Kurz II, 413 — [2] Schupp, Lehrreiche Schriften S. 294; vergl. des Verfassers: J. L. Schupp, Beiträge zu seiner Würdigung, Nürnberg 1888 — [3] Krause, Ertzschrein S. 310 — [4] Tittman S. 23 — [5] Krause, Ertzschrein 20. Brachmonat 1646 S. 357 und 16. Herbstmonat S. 374 — [6] Krause, Ertzschrein Januar 1648 S. 396 — [7] Ich verweise hier auf R. Hobermanns treffliches Schriftchen „Bilder aus dem deutschen Leben des 17. Jahrhunderts I. Eine vornehme Gesellschaft" mit einem Neubrucke der „Schutzschrift für die Teutsche Spracharbeit". Paderborn 1890. Der ganze Rest der Auflage (300 Exemplare) ist durch die Güte des Verfassers der Ordensleitung zur Verfügung gestellt worden. Einzelexemplare können durch dieselbe bezogen werden. Das äußerst anmutig geschriebene Büchlein sucht im Anschlusse an die Charaktereigentümlichkeit der sechs Personen über den mannigfachen Inhalt der Dialoge aufzuklären; der ganzen Anlage des Schriftchens nach geschieht dies mehr andeutungsweise. Sehr verdienstlich ist der angefügte Neubruck der „Schutzschrift". Dieselbe kann als Programmschrift der fruchtbringenden Gesellschaft gelten. (Vergl. Abschnitt II „Die fruchtbringende Gesellschaft") — [8] Aus der lateinischen Einleitung zum „Lob der Teutschen Heldensprache" — [9] Vergl. VI, Harsdörfer als mathematisch-naturphilosophischer Schriftsteller — [10] Platen, Die verhängnisvolle Gabel, Stuttgart 1853, IV, 37 — [11] Der Poetische Trichter, vergl. II „Die fruchtbringende Gesellschaft" — [12] Vergl. IV „Der Hirtenorden an der Pegnitz" — [13] Gesprächspiele V, Zugabe — [14] Harsdörfer gibt für die Teile I und II 218 Schriftsteller und anonyme Schriften an, die er benützt hat, für die Teile III und IV deren 115. Zu den 4 letzten Teilen fehlen diese Verzeichnisse, doch bemerkt er am Rande gewissenhaft Schriftsteller und Schriften. Da fände sich reichliche Ausbeute für litterarische Kleinarbeit, um ein vom Standpunkte der Weltlitteratur aus erschöpfendes Zeitgemälde vorzubereiten — [15] Gesprächspiele VI, Vorrede § 6.

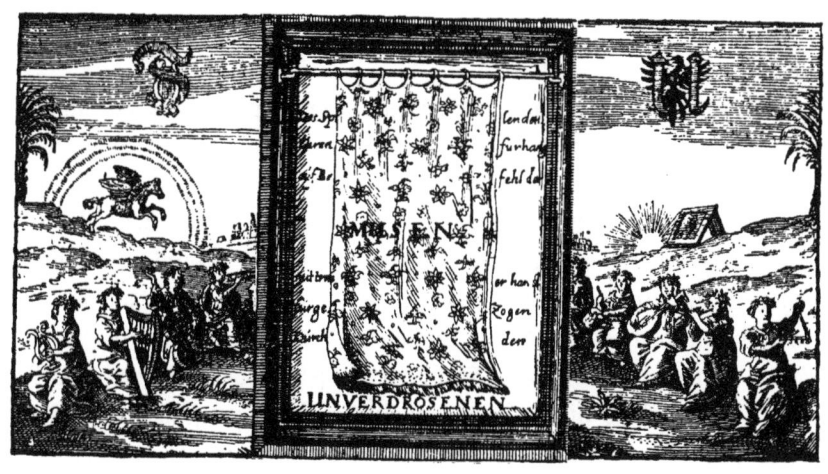

IV.

Der Hirtenorden an der Pegnitz.

Ein großer Sehnsuchtsgedanke durchzieht die Menschheit, der Drang nach Einheit von Ideal und Wirklichkeit. Aus ihm quillt alle wahre wie falsche Mystik, aus ihm jede Kunst, aus ihm die Spekulation des Pantheismus. Aber immer wieder macht sich der klaffende Riß geltend, der die elysäischen Gefilde auf immer trennt vom rauhen Diesseits; die Trauerkunde: „Und das dort ist niemals hier" schreckt wieder zurück in die Leiden und Kümmernisse des Alltagslebens. Aus grauer Vorzeit tönt zu uns die frohe Mär, wie Mensch und Tier in trautem Umgang standen, einig in den Freuden der Mutter Natur. Und Prophetenstimmen verkünden die herrliche Zeit der Rückkehr zu diesen Jugendtagen der Menschheit, daß Lamm und Panther zusammenweiden, daß Kinder die Hände stecken in die Höhle des Basilisken. Diese Trostgedanken begleiten die Menschheit auf ihrem Lebensgange; je härter das Leben, desto kräftiger erscheinen sie, desto mehr klammern sich die Vesten an sie; sie sind die Arche des Lebensmutes in der Sintflut der Schrecken des Daseins. Die Rückkehr zur Natur aus dem Strudel und der Not der Zeit, wir hören diesen Sirenenruf durch die Jahrhunderte schallen.

Welche sind nun diese glücklichen Berufsarten, die vor allen andern solchen Naturgenuß gewähren? Darauf wird uns die Antwort: der Landmann, der Hirte sind diese Glücklichen. Frühzeitig schon wird dabei dem Hirten der Vorzug. Welchem Kinde gefiele nicht der fromme Abel viel besser mit seinen Lämmlein als der trotzige Kain mit seinen Getreidegarben; wie sinnig bildet die Kunst den Jesusknaben, spielend mit einem Lämmlein, und sind es nicht Hirten, denen die Wundermär durch Engelmund verkündet wird?

Die alte Welt ging ihrem politischen Ende entgegen. Schwer lastete das Römerreich auf den Kulturländern des Mittelmeeres. Eisen und Blut hatten es geschaffen, von Alexander dem Großen an bis Aktium; nur der dröhnende Machtschritt der Legionen hielt es zusammen. Gähnend klafften die Gegensätze von Reich und Arm, der Latifundien und der Sklaverei! Da entstand die Idylle, dieses Himmelskind ward geboren „in einem Thal bei armen Hirten", im Sicilien Theokrits, im alten Rinderlande Vergils.

Schon spürt man das Wehen der Neuzeit im Anfange des vorigen Jahrhunderts. Die Sturm verkündenden Vögel umflattern den Port. Wohin weist ihr Flug? Hin zu dem fernen Strand des einsamen Eilandes Felsenburg. Rückkehr zur Natur bringt uns Robinson mit seinem Freitag und seinem Lama, Rückkehr zur Natur predigt uns Rousseau in seinem Emil und seiner neuen Heloise. Die harmlose Spielerei der Holländerei im Trianon Marie Antoinettes kündet dieses Evangelium nicht minder, wie Robespierres verderbenschwangere Rede am Tage des höchsten Wesens.

Ist es bei uns etwa anderes? Das, was man idyllisch nennt, mag je nach Zeit und Geschmack verschieden erscheinen. Zu grunde liegt ihm immer die Forderung des Gefühls nach Behagen an dem Dasein. Je weniger man dieses berechtigte Gefühl in der Gegenwart findet, desto mehr sucht mans abseits von der Heerstraße bei irgend einem Stande in Vergangenheit und Zukunft. Dickens' englisches Kleinbürgerleben, unsere Bauerngeschichten, die Hochflut der „besten Welten" in den jüngsten Tagen, sie sind lauter echte Kinder dieses ewig sprudelnden Jungbrunnens der Menschheit.

Das 16. und 17. Jahrhundert erzeugten ihre eigenen idyllischen Formen, den Schäferroman, das Schäfergedicht. Wohl reichen ihre Wurzeln einerseits in die altklassischen Zeiten Siciliens und Italiens; wir ersehen dies an dem Spiele mit den klassischen Namen. Aber andererseits ists der Gegensatz zur rauhen Wirklichkeit, zum Drucke des gesellschaftlichen Zwanges, der sie geschaffen. Es ist kein Zufall, daß das Schäfergedicht dem Spanien Karls V. und Philipps II., der klassischen Heimat der goldgierigen Conquistadoren und der geisterbannenden Inquisition, entstammt. Spanien und die Welt erzitterten vor den Welteroberungsplänen der ersten Habsburger, wie ein Alpdruck lag die steife Etikette auf den höheren Ständen, der Ritterroman beherrschte die Lesewelt, die Inquisition wehrte jedem politischen, jedem freien Gedanken. Da ergriff ein Grauen vor soviel Unnatur die dichterisch gerichteten Geister. Sie entflohen ins Land der Fabel, der Märchen, ins Hirtenland Arkadien als fromme Schäfer und Schäferinnen, oder sie hingen cynisch den Bettelsack um als Gauner und Bettler. So kam es zum Schäfer=, aber auch zum Schelmen= und Abenteuerroman.

> Ich möchte manchmal wie ein junger Schwärmer
> Auf meinem Pegasus ein bißchen reiten.
> Doch da die Zeit betrübter wird und ärmer,
> So möcht' ich flieh'n in fabelhafte Zeiten.

Was hier Platen von seinen Tagen klagt, ähnlich erging es den Dichtern damaliger Zeit. Daß sie damit ins Herze ihrer Zeitgenossen trafen, daß es keine leere Phantasterei, keine Marotten waren, denen sie nachjagten, das zeigt die liebevolle Aufnahme, die sie fanden, die Begeisterung, die alle Welt der neuen Dichtungsart entgegenbrachte. Die Schäferdichtung begann ihren Siegeszug durch Europa.

Der Neapolitaner Sannazaro in seiner Arkadie (1502) ist der Begründer dieser Richtung. Ihre eigentliche Heimat fand sie aber in Spanien. Die spanischen Eroberer brachten sie wieder nach Italien zurück als Trost und Balsam für die tiefen Wunden, die sie diesem Lande schlugen. Die Greuel der Hugenottenkriege, der

königliche Despotismus bereiteten dem Hirtensang in Frankreich
seine Wege, Verschwörungen, die Armada und die drohende
puritanische Hochflut in England, der Schrecken des dreißigjährigen
Kriegs scheuchte endlich auch die deutsche Dichtung ins glückliche
Nimmermannsland.

Es sind bedeutende Namen, diese ersten Dichter des Schäfer=
romans in Spanien: Neben Jorge de Monte mayor bei Coimbra
mit seinen Fortsetzern Alonso Perez und besonders Gil Polo, kein
geringerer als Cervantes de Saavedra selber. Von Gil Polos
„liebender Diana“ rühmt Cervantes, „sie verdiene aufgehoben zu
werden, als ob sie von Apoll selbst wäre“[1]). Unserem Geschmacke
will das freilich wenig einleuchten. Zieht sich doch eine uner=
trägliche Gleichförmigkeit durch alle Schäferromane. Immer sucht
der Schäfer die Schäferin, oder diese jenen, alle Bäche, Flüsse
und Meere, alle Haine, Grotten und Schluchten hallen wieder
von dem ewigen Einerlei der Liebesklagen. Und wie unnatürlich
manieriert, wie voll von Widersprüchen ist doch diese Schäferwelt!
Diese Schäfer und Schäferinnen entlaufen dem wirklichen Leben
und vagabundieren länger oder kürzer in Schäfermaske durch die
Welt, wie man etwa des Geschäftsdranges müde in die Sommer=
frische geht, oder wie die Kleinrussen früher in der Kosakensetsch
der Saporoger ihrem Abenteuerdrange zeitweilig Genüge thaten.
So bös ihnen das Leben seinerzeit mitgespielt hat, so ungefährdet
läßt es sie jetzt ihrem Liebeswahne leben. Ganz unvermittelt
laufen die wirkliche und die eingebildete Welt nebeneinander her.
Ein Ausgleich zwischen beiden wird gar nicht versucht.

Und doch birgt auch diese poetische Verirrung, wie wir sie,
als Dichtungsart betrachtet, wohl bezeichnen dürfen, ihre eigen=
tümlichen dichterischen Schönheiten. Welch' wahres, echtes Gefühl
atmen viele der Lieder und Gesänge, wie zierlich sind sie in Form
und Aufbau, wie melodisch sprudeln ihre Reime. Wie zerreißt
so oft der dünne Spinnenwebenflor der poetischen Fiktion, und
wie kräftig und derb realistisch treten dann Land und Leute ans
helle Tageslicht! In den Episoden, den Erzählungen, Natur=
schilderungen, Liedern liegt die dichterische Stärke dieser Dichtungen.

Harsdörfer hat das Verdienst, Montemayors und Gil Polos „Diana" uns 1646 verdeutscht zu haben. Zwar wurde schon von Johann Ludwig von Kueffstein, einem Mitgliede der fruchtbringenden Gesellschaft, der Versuch einer Übersetzung von Montemayors Diana (13 Bücher) gewagt. Dieselbe war aber noch mit Fremdwörtern aus allen Sprachen so gespickt und überladen, daß sie einer Umarbeitung dringend bedurfte. Harsdörfer machte sich an diese Arbeit; er bemerkt dabei entschuldigend: man verstand es zu Kueffsteins Zeit noch nicht besser, mit der Sprache umzugehen. Aber Harsdörfer fügt noch etwas weiteres hinzu, woran sich Kueffstein noch gar nicht herangewagt hatte, eine Übersetzung und Umdichtung der eingefügten Lieder. Zum erstenmale führt er dann des Valencianers Gil Polos „liebende Diana" in 5 Büchern ins Deutsche ein. Sie gibt sich als Fortsetzung von Montemayors Diana, hat aber mit diesem Romane nur die Namen gemein.

Verfolgte bei Montemayor Silvano Diana, so folgt nun Diana dem Silvano, der, plötzlich von Abneigung ergriffen, vor ihr flieht. Zuletzt nach vielen Abenteuern bringt Felicite in ihrem Wundertempel den Getrennten liebende Versöhnung.

Harsdörfer hielt in seiner Einleitung eine Entschuldigung für notwendig. Er beruft sich dabei auf Luthers drastischen Ausspruch: „Die Teutschen haben vor Jahren nichts geschrieben, wie die Ebraer, Griechen und Lateiner, deswegen müssen sie in aller Welt Bestien heißen, die nichts mehr können als kriegen, fressen und sauffen." Diese Scharte gilt es auszuwetzen. Es ist also unsere Pflicht, nützliche Bücher zu schreiben, und zwar nicht nur geistliche, auch weltliche. Da hat nun neben dem fürstlichen Trauer- und bürgerlichen Freudenspiel auch das bäuerliche Waldgedicht oder Hirtengedicht sein gutes Recht. Wird doch „durch diese so beliebte Dicht Art die gülden Zeit der ersten Welt ausgebildet". Harsdörfer möchte von dem dichterischen Reichtum der andern Völker nach dem Vorbilde von Opitz seinen Deutschen auch etwas zu verkosten geben. Man wende nicht ein, es sei unschicklich, so viel von Liebe zu sprechen. Es kommt darauf an, wie man von der Liebe spricht. Hier hören wir von ihr als der hohen

Tugend, vor der alle Unkeuschheit und Lüsternheit sich scheu
verbergen muß. Wir dürften die Bibel nicht mehr zur Hand
nehmen, wollten wir von dieser Liebe nichts wissen.

Harsdörfer will uns aber noch ferner beruhigen, so gerne wir
ihm diesen Trost auch erließen. Er meint, die Schäferinnen selber
seien ja, bei Licht besehen, nichts weiter als Allegorisierungen der
Tugenden. Und welche treffliche Gedanken lassen sich nicht alle
in die Form der Schäferei kleiden. Kann man doch von den
Schäfern Tassos und Guarinis sagen, „daß sie nicht Bäurisches an
sich haben, als den Namen und die Kleidung." Harsdörfer hat
dabei keine Ahnung von der Grausamkeit dieses poetischen Tot=
schlags, den er zu verüben im Begriffe steht. So treibt er in
aller Unschuld der verhängnisvollen Bankerotterklärung des gesamten
Pastorales entgegen, daß die Schäfer die Dichter, ihre Schafe die
Bücher, deren Wolle ihre Gedichte, die Hürden aber ihre freien
Mußestunden seien[2]). Aber es geht Harsdörfer und seinen Zeit=
genossen wie den Traumwandelnden; sicheren Fußes eilen sie, unbe=
wußt der Gefahr, dahin am drohenden Abgrund.

Harsdörfer bekundet bei seiner Übersetzung gesunden sprachlichen
Takt. Er beruft sich auf Antonio Perez' Ausspruch, daß die
Worte die Einkleidung unserer Gedanken seien. Deshalb gilt es,
überall auf den deutschen Sprachgebrauch Bedacht zu nehmen.
Besonders frei hält er sich bei der Übertragung der Gedichte.

Vielfach ändert er die Versmaße, manche der Lieder sind voll=
ständig freie Umdichtungen. Wie weit ihm der Wurf gelungen ist,
möge aus einem Vergleiche mit späteren Nachdichtungen ersehen wer=
den[3]). Den Hirten des Rheins, der Donau und der Elbe gilt seine
Widmung, seine mahnende Aufforderung. Er hofft, es möchte von
allen deutschen Strömen sich der wetteifernde Dichtersang erheben.

Ich habe das der Zeit nach spätere, weil wichtigere voraus=
gesandt. Schon zwei Jahre vorher, 1644, so glaube ich nämlich
annehmen zu dürfen[4]), ließ Harsdörfer eine Übersetzung von
Loredanos „Dianea", aber ganz namenlos ausgehen. „Francesco
Loredano" † 1669[5]), ein venetianischer Nobili und mittelmäßiger
Dichter im Stile Bernis, bedankt sich bei Harsdörfer persönlich

dafür, Amarantes (Herbegen) gibt das Original des Briefes⁶). Loredano fühlt sich so geschmeichelt, daß er sich zu der sicherlich nicht so ernsthaft gemeinten Behauptung versteigt, er wolle Deutsch lernen, nur um Harsdörfers Übersetzung genießen zu können. Harsdörfer nennt den Roman „ein Rätsel". Er hält von ihm sehr hoch und versichert uns in der Widmung an Herrn Curt von Burgsdorff, daß es zu seinem rechten Verständnisse einer mindestens vierfachen Lesung bedürfe. Bei einer allerdings nur einmaligen Lektüre habe ich den Eindruck gewonnen, daß er ein gar nicht übles Märchen im Stile von Tausend und eine Nacht, drinn Könige, Prinzessinnen, Ritter, Zaubergrotten, heiße Liebe und grimmiger Haß, Großmut und schwarzer Verrat ihr buntes Spiel durch vier Bücher treiben, aber etwas weiteres vermochte ich nicht zu entdecken. Auch darin steht die „Dianea" der „Diana" weit nach, daß keinerlei Gedichte eingefügt sind. Nur ein Widmungssonett ist vorangestellt, zur Erklärung des Titelkupfers:

> Was überreicher Wehrt mag Dianea gleichen?
> Der Erdengrüne Schooß bringt keine solche Frucht:
> Des Goldes Stralenfarb, die Sonnen schöne Zucht
> muß kraftlos neben ihr erblassen und verbleichen.
> Doch kan das Tyrer=Meer uns eine Muschel reichen,
> Die jenen Schäferhund gejaget in die Flucht,
> als er dem Herkules den Purpur erst gesucht,
> und mit berötem Mund erwiesen selbes Zeichen.
> So königliche Farb' umschmucket hohe Kronen;
> wie Dianea Lehr' anfeuret hohen Geist,
> und wird des Pövelmanns mit ihrem Glanze schonen.
> Doch ist der Unterschied: der Purpur ist umwunden
> mit ungestalter Härt', in derer Ritz er gleißt:
> hingegen wird alhier nichts sonder Zier gefunden!

Wir befinden uns jetzt in den Jahren, die Harsdörfer besonders dichterisch bewegten. Er sah sich nach Gleichgesinnten, Gleich= strebenden um. Ein gütiges Geschick hatte ihm da zunächst zwei Männer entgegengeführt, die, verschieden an Jahren, Stellung und

13

Wissen, doch für sein weiteres Leben höchst bedeutsam geworden sind. Die Einwirkung des älteren von ihnen gestaltete sich allseitiger und im Verlaufe wirksamer, im letzten Jahrzehnt Harsdörfers geradezu bestimmend, während des jüngeren stürmisches Temperament anfänglich Harsdörfer gewaltig erfaßte und ihn dichterisch nicht unwesentlich beeinflußte, um später mehr einer ruhigeren, nüchterneren Betrachtung der Dinge Platz zu machen. Die beiden waren Johann Michael D i l h e r r und Johann K l a i.

Dilherr[7]) zu Themar im Hennebergischen 1604 geboren, ein Schüler des bedeutendsten lutherischen Theologen des 17. Jahrhunderts, Johann Gerhards in Jena, selbst Lehrer dieser Hochschule, wurde, auf einer Studienreise nach Italien begriffen, 1642 durch Christoph Führer, Ulrich Grundherr und Georg Imhof, trotz kräftiger Einsprache des im

Schulwesen hervorragenden General-Superintendenten Johann Kromayer in Weimar, für die Leitung des Nürnberger Schulwesens gewonnen. Zunächst Direktor des Ägidianeums, Inspektor aller Nürnberger Schulen, Bücher-

zensor, Stadtbibliothekar und Professor der orientalischen Sprachen, wurde er seit 1646 mit Sauberts Abgang Hauptprediger bei St. Sebald, damit Senior der Nürnberger Geistlichkeit und Vorsitzender im Scholarchate. Die ehrendsten Rufe, die ihn in die einflußreichsten und bestbezahlten Stellungen entführen wollten nach Hamburg, Pommern und Sachsen, lehnte Dilherr beharrlich ab, um bis zu seinem am 8. April 1669 erfolgten Tode in Nürnberg zu verbleiben. Seine wissenschaftliche und schriftstellerische Thätigkeit ist geradezu erstaunlich; er hat 41 zum Teil sehr umfangreiche Schriften verfaßt[8]). Kaiser Leopold I., den er am 7. August 1658 durch die Räume der Nürnberger Stadtbibliothek geleitete, mußte trotz seiner tiefsten Abneigung, ja Verachtung, die er gegen alles Protestantische hegte, die Gelehrsamkeit,

Weisheit und feine Sitte Dilherrs bewundern. Mit vielem Takte und großer Mäßigung verstand es Dilherr, die heftigen Streitig= keiten, die über Calixts Auftreten entbrannt waren und unter dem Namen der synkretistischen das protestantische Deutschland zer= rütteten, von Nürnberg und Altdorf fernzuhalten unter Wahrung der eigentümlichen kirchlichen Sonderstellung Nürnbergs, das von jeher unter Ablehnung der Konkordienformel dem milderen Melanchthonismus zugeneigt blieb.

Seine warme Frömmigkeit, seine ergreifende Kanzelberedsamkeit verschafften ihm allseitige Liebe und Verehrung bei Hoch und Nieder. Der damalige Leiter des Nürnberger Kirchen= und Schulwesens im Rate, Richter, wünschte nichts sehnlicher, als unter Dilherrs geist= lichem Beistande einmal selig entschlafen zu dürfen, ein Wunsch, der ihm wirklich in Erfüllung gehen sollte. Zeitgenossen rühmen namentlich seine erfolgreichen Bemühungen um sittliche Hebung des Landvolkes. War es bei so viel Lob und Anerkennung ein Wunder, daß Dilherr für die allgemein menschliche Schwäche und den ur= eigenen Gelehrtenfehler der Eitelkeit nicht unempfänglich blieb?

Was ihn Harsdörfer insonderheit verband, das war neben den erwähnten Eigenschaften des Kopfes und Herzens seine Vor= liebe für Musik und besonders sein warmes Interesse für·deutsche Sprache und Dichtung. In der Predigt bediente sich Dilherr einer einfachen Sprache, die aber nach Bedürfnis ebenso scharf und gewaltig, wie mild und eindringlich werden konnte. Nicht gleichen Lobes erfreute sich sein schriftlicher Stil, der an dem Zeitfehler der „Weitschweifigkeit, der Neigung zu Abschweifungen und Überladung“[9]) litt, wodurch er etwas Weichliches und Schwächliches erhielt. Weit besser dagegen sind seine geistlichen Dichtungen; ihnen merkt man die Schule Paul Gerhardts an, wohl auch Harsdörfers und Birkens, wogegen er in der Er= bauungslitteratur Harsdörfer zum leitenden Freunde geworden ist. Einig fühlt er sich auch ferner mit Harsdörfer in der starken Abneigung gegen fremdes Wesen in Wort und Sitte: „Solche Mengerei und Einführung von Fremdwörtern ist gemeiniglich ein Vorboth einer Mengerei und Veränderung des Regiments. Jetz=

nnder muß es alles in den Kleidern und in den Reden französisch
sein . . . . . da doch unsere heroische und wortreiche Muttersprache
solcher bettlerischen Flickerei ganz und gar nicht bedarff: Gott gebe,
daß mit den französischen Kleidern und Wörtern nicht was mehres
in unser liebes Vaterland mit einschleiche [10]) . . ." Gerne hätte Hars=
dörfer seinen Freund der fruchtbringenden Gesellschaft zugeführt,
er würde derselben nicht zur Unehre gedient haben. Wir wissen
bereits, aus welchen Gründen Fürst Ludwig die Aufnahme
geweigert hat.

Wenn aber die „fruchtbringende" wirklich allseitig befruchtend
wirken sollte, so mußten ihr überall in Deutschland Stätten bereitet
werden zur Pflege der Sprache und des Sanges. Da traf es
sich, daß Johann Klai, geboren 1601 zu Meissen, nachdem er
seine theologischen Studien zu Wittenberg beendet hatte und
gekrönter Dichter geworden war, 1644 nach Nürnberg kam, um
dortselbst seinen Unterhalt durch Stundengeben sich zu erwerben.
Nürnberg war seit langem vom Kriege verschont geblieben,
während Sachsen noch in dieser letzten Zeit unendlich darunter
zu leiden gehabt hatte. Harsdörfer und Dilherr nahmen sich des
Heimat= und Mittellosen sofort liebend an. Wie erfreut waren
sie, in ihm einen Mann zu finden, der mit seiner Vorliebe für
die deutsche Sprache zugleich dichterische Gestaltungskraft verband.
Im April 1644 (23. April) widmete Klai dem Rate Nürnbergs
seine „Auferstehung", ein dramatisches Gedicht, und am 15. Juni
des gleichen Jahres seinem Gönner Dilherr sein „Weihnachtslied".

Jetzt begann eine eifrige dichterische Thätigkeit Harsdörfers
und Klais. Dilherr sorgte dafür, daß Klai die Kirchen der Stadt
zur Verfügung gestellt wurden, um dort seine geistlichen
Dichtungen, eine Art Melodrama, ähnlich den alten Mysterien,
zur Aufführung bringen zu können [11]). Man war in Nürnberg
von den Meistersängern her, die ihrer Kunst in der Martha= und
Katharinenkirche oblagen, solcher Aufführungen nicht ungewohnt.
Von 1644 bis zu seinem Wegzuge 1650 leitete Klai vielfach diese
geistlich=dramatischen „Lesekonzerte" Tittmann berichtet uns von
einer Einladung Dilherrs zu so einem „Kirchspiel" Klais. Es

war das sein „leidender Christus" vom 16. März 1645. Das
Programm ward lateinisch und deutsch an den Thüren von St.
Sebald angeschlagen. Die Aufforderung Dilherrs lautete:

O tod ergebener Mensch:
Komm, schau das Heil der Welt,
Den höchsten Gottessohn,
an Deiner Statt gestellt,
An das verfluchte Holz
durch Deine Missethat,
Bedenk die Marterqual,
Die er gelitten hat.

Ein teutsches Andachtslied,
Das Geist und Feuer hegt,
Dadurch Dein Sinn entzündt
Die Himmelsflamm erregt,
Wird Klaj, mit Lorbeerlaub
bezieret, singen vor.
Wenn morgen ist gewandt
Die Predigt und der Chor.

Joh. Michael Dilherr, den 29. Tag des Lenzenmonats.
Im Jahr 1645.

Im Jahre 1647 ward Klai als Lehrer an der Sebalder Latein-
schule angestellt, 1648 vermählte er sich. Führte ihn so Dilherr
in die kirchliche Welt Nürnbergs ein, so unternahm es Harsdörfer,
ihm die regierenden Kreise der Stadt geneigt zu machen, indem er
ihn als geschätzten Gelegenheitsdichter zu den Familienfesten der
Geschlechter beizog.

Die Gelegenheitsdichtung birgt stets eine große Gefahr für
Dichter und Dichtung in sich. Ein rein äußerliches Moment, ein
Nützlichkeitsmotiv, drängt sich dabei in den Vordergrund. Schon
Opitz' Muse litt stark unter diesen Einwirkungen. Und doch läßt es
sich wieder nicht in Abrede stellen, daß gerade die Gelegenheits-
dichtung der deutschen Poesie und ihrer Wertschätzung vielfach die
Wege zu Hoch und Nieder gebahnt hat. War es auch nicht der

echte Goldklang der Poesie, es war doch der heimische Laut in
schöner Form, der erfreute. Man muß sich wundern, daß Hars=
dörfer bei seiner Vielgeschäftigkeit verhältnismäßig wenig sich
mit Gelegenheitsdichtung abgab. Seine selbständige, angesehene
bürgerliche Stellung überhob ihn einerseits dieses Dienstes,
und andererseits mag ihn wohl auch das richtige Gefühl
geleitet haben, daß die Dichtung eigentlich zu etwas Besserem
bestimmt sei.

Es hätte sich keine passendere Gelegenheit finden können zur
Einführung seines jungen Freundes als die Doppelhochzeit, die
am 14./24. Oktober 1644 gefeiert wurde. Das eine Brautpaar
bildeten Johann Peter Tetzel von Kirchensittenbach und Anna
Felicitas Haller von Hallerstein, das andere Karl Schlüsselfelder
und Marie Salome Tetzel von Kirchensittenbach. Unter den
Feiernden finden wir zwei Ratsmitglieder, den Hieronymus Wil=
helm Schlüsselfelder und den Johann Albrecht Haller.

Solche Art Feste zu feiern, erschien die Schäferdichtung als
besonders geeignet. Die Nymphe Hercynie von Opitz galt hiefür
als klassisches Vorbild. So entstand „das Pegnesische Schäfer
Gedicht in den Berinorgischen Gefilden, angestimmt von Strefon
und Klajus", dieser Nürnberger Lokalsang im Schäfergewand, die
fruchtbare Mutter zahlreicher Töchter. Gibt man die Schäferfiktion
einmal zu, so birgt diese Art wieder manche Vorzüge. Anschaulich
bietet sie die Thatsächlichkeiten des Lebens, streift die litterarischen
Verhältnisse, schildert uns Nürnbergs Ruhm und Pracht, welche
die Folgen des Krieges dauernd nicht zu schädigen vermochten,
und das alles im anmutigen Wechsel von gebundener und
ungebundener Rede. Ein Überblick der Dichtung selber mag das
Gesagte erweisen.

Aus Sesemin (Meißen) durch die Schrecken des Krieges ver=
trieben, kommt Clajus, der Hirte, nach vielen Irrfahrten an die
Pegnitz. Die Nymphe des Gegenhalls verkündet ihm um seiner
„Kunst" willen hier „Gunst". Darüber erfreut, besingt er die
Pegnitz, die von der „Sudöden Fest" kommt und „der Nürnberg

seinen Ruhm und Nahrung danken muß". Er besingt weiter, durch ihren Anblick begeistert, „Die Altadelige Neronsburg":

> Wie hat doch Dich geliebt der große Nordenheld /
> Eh als er abgereist hin in das Sternenfeld.

Darüber sinkt Clajus wieder in Trauer über seine verlassene Heimat, weiht ihr ein Trauerlied und teilt mit seinem Hunde „Wakker" sein letztes Brot. Da tönt Gesang zu seinen Ohren. Clajus sieht einen Hirten singend seine Schafe sammeln und ab= ziehen.

> Ich liebe die flutgeschmoltzne Crystallen /
> Betaueter Erden triefendes Haar /
> Wenn reichlich bereiffte Früchte gefallen /
> Und lieget in Wochen das heurige Jahr.
>
> Wann andere voller Kümmernis Bürden
> Ermüdet von Sorgenbrechendem Schlaf /
> So ziehen wir fort mit unseren Hürden /
> Und weiden in Freuden unsere Schaf.

Clajus eilt hin zu dem Baume, unter dem der Hirte vor= her verweilte; dort sieht er einen Reim in die Rinde desselben geschnitten. Er findet einen lieblichen, vom Flusse gebildeten kleinen See, rings von Bäumen beschattet (die spätere Dichter= halbinsel). Die Unterschrift des Gedichtes lautet: „der unwürdig Spielende". Clajus eilt dem berühmten Hirten nach, der sofort seinen Schäfernamen Clajus am Hirtenstabe erkennt und ihm die Grüße des in der Ferne weilenden Myrtillus überbringt. Clajus dagegen rühmt von Strephons Muse, daß sie „das lieblöbiche Frauenzimmer . . belustiget" (die Gesprächspiele). Strephon teilt ihm mit, wie ihm jüngst ein Wasserrad den Wunsch nahegelegt:

> Ach, wünscht ich in meinen Sinnen, liesse / gleich dem Silberbach /
> Jeder aus der Feder rinnen in die Felder Teutscher Sprach'
> Alles, was uns unbewust, was von fremder Zung entspringet /
> Und nicht ohne Hertzenslust Weltverlangte Früchte bringet.

Indessen unterbrach das Wechselgespräch der Trauergesang der Schäferin Pamela, die in ihrem Jammer wähnte, „das arme und in letzten Zügen liegende Teutschland" zu sein. In kunstvollem Rhythmus beklagte sie den brudermörderischen Streit, der ihr Mutterherz zerreißt, denn auch Franken und Gothen sind ja ursprünglich deutschen Stammes. Wir erkennen sogleich Harsbörfers Art in der ersten Strophe:

> Es schlürfen die Pfeiffen, es würblen die Trumlen /
> Die Reuter und Beuter zu Pferde sich tumlen /
> Die Donnerkartaunen durchblitzen die Lufft /
> Es schüttern die Thäler / es splittert die Grufft /
> Es knirschen die Räder / es rollen die Wägen /
> Es rasselt und prasselt der eiserne Regen /
> Ein jeder den Nechsten zu würgen begehrt /
> So flinkert / so blinkert das rasende Schwert.

Als ein einziger Lichtschein fällt in ihre Trauernacht:

> Was neulich Opitzgeist beginnet auß dem Grund /
> Ist ruchtbar und am Tag auß vieler Teutschen Mund.

Umsonst sucht Strephon in einem stimmungsvollen Liedlein zu trösten, dessen wiederkehrender Schlußreim: „Hoff, da nichts zu hoffen ist!"

Strephon und Clajus nähern sich der gewerbethätigen Stadt. Sie besingen eine Drahtmühle in Ambosform, dann ein Mühlwerk einer Papiermühle, den Turnierplatz in allen Redewendungen der edlen Reitkunst, auf einem Stein finden sie die Worte eingehauen:

> Mich tritt des Ritters Fus, ich helff ihm bald zu Pferde /
> So dienet hohem Stand das niedrig auf der Erde.

Unter solchen Gesprächen durchwandern sie die Hallerwiese mit ihren „hellzwitschernden" Vöglein, ihren „dickbelaubten hohen Linden", ihren „drey hellquellenden Springbrunnen, die durch das spielende überspülen ihres platschschlüpfrigen Lagers lieblich platscheten und klatscherten". Strephon führt Clajus durch die Wiesen auf die Höhe und zeigt ihm von dort aus die wildreichen Wälder, die fischreichen Seen, das fruchtbare Gelände. Den Einwand des

Clajus, er habe vernommen, es sei in dem „Nordgaw ein solcher unfruchtbarer Boden, da nicht so viel wachse, daß die Heuschrecken davon leben könnten", entkräftet Strephon: „Gemach, gemach, unsere Gegend gibt an köstlichen Früchten, Pomeranzen, Zitronen, Granaten, Feigen Welschland wenig bevor. Die Zeit, welche alles zu verändern pfleget, hat unsern vor diesem unfruchtbaren Sandboden nach und nach glücklich aufgebauet." Ob die Burg wirklich in grauen Zeiten von Nero errichtet, bleibt zweifelhaft, gewiß aber ist, daß unsere deutschen Vorfahren mehr ruhmreiche Thaten vollbracht, als aufgeschrieben werden konnte, daß auf das höchste die vielen „hocherwerckten Geister" zu erheben sind, die was „Regen und Ungewitter von den Steinen aufgewaschen, die Zeit aus den Metallen gekratzet, in das Register der Ewigkeit einzutragen" sich bemühen.

Plötzlich erscheint das Gerücht, schwingt ob ihren Häuptern eine Fahne mit eingewirktem Lorbeerkranz und der Umschrift: , dem Überwinder", und führt sie zu dem „Tempel der Ehrengedächtnis". Rechts Siegespalmen, links Cypressen, in der Mitte die Göttin Pallas, auf ihrem Schilde die Wappen der Tetzel, Haller, Schlüsselfelder. Im Innern des Tempels stehen die Bildsäulen der Ahnen, Strephon und Clajus lesen im Wechsel die lobpreisenden Inschriften. Zuletzt kommen sie an zwei noch leere Piedestale, die den Ruhm der noch lebenden Haller und Tetzel künden. Der herbstliche, mit Früchten behängte Garten gibt Veranlassung zu Buchstabenrätseln. Da fordert das Gerücht von den beiden den dichterischen Lobpreis der Hochzeitspaare. Sie beginnen nun, in ihrem Wettgesange erst die Liebe, dann die Ehe zu preisen; immer kunstvoller, verschlungener werden die Strophen. Aber welche Weise Strephon auch anschlagen mag, stets folgt ihm Clajus siegreich nach. Die Jahreszeiten bringen den Brautpaaren ihren Ehrenpreis: der Frühling die Tulpe, die Lilie der Sommer, der Herbst die Traube, Rosmarin der Winter; Tag und Nacht preisen sie, aber persönliches Lob der Gefeierten verbietet das Gerücht als selbstverständlich und gegen die gute Sitte. Für unseren Geschmack anzüglich ist das Liedlein: „Sie

fragen nicht darnach u. ſ. w." „Beyde Schäfer erwarten nun des
Leutſeligen Gerüchtes, gerichtlichen und redlichen Entſcheidſpruches.". .
Damit ſchließt die Dichtung ab.

Die Namen Strephon, Clajus, Myrtillus ſind aus Sidnys
Arkadia entnommen. Die Frage, wem der hauptſächlichſte Anteil
an der Pegneſis gebühre, möchte ich mit Gervinus und Tittmann
für Clajus entſcheiden. Aber ſicherlich iſt der Plan gemeinſam
entworfen worden und ſtammen einzelne Gedichte von Harsdörfer.
Der ganze Charakter der Dichtung atmet etwas von der ſelbſt=
bewußten Art des patriziſchen Stadtpatriotismus, der in dem
Gefühle eigner Kraft und Macht auch am bedrohten Wohle des
Geſamtvaterlandes nicht verzagt. Das iſt Harsdörferiſch, nicht
Klaiiſch. Bekanntlich hat die „ſpätere Ordenslegende" den Tag
dieſer Doppelhochzeit zum Geburtstage der Hirtengeſellſchaft an
der Pegnitz erhoben, ja, die poetiſche Fiktion von dem Gerüchte,
das den Blumenkranz dem „Überwinder", d. h. dem beſten
Dichter verleihen wolle, wurde durch dreißig Jahre des weiteren
ausgeſponnen. Darüber kam man allmählich ſo von allem
Thatſächlichen ab, daß Birken und ihm nach Omeis vom
Jahre 1642 als dem Gründungsjahre des Ordens redeten.
Dieſer Irrtum wird ſchon durch die eine Thatſache widerlegt, daß
Clajus erſt Frühjahr 1644 nach Nürnberg gekommen iſt. Zu
jeder Vereinigung gehören aber Mitglieder; erſt vom Jahre 1645
an erfahren wir, daß thatſächlich ein ſolcher Verein beſtand, in
dem nun eine Reihe von Mitgliedern Aufnahme finden. Ehe wir
aber dieſer Unterſuchung näher treten, wollen wir zunächſt die
Ordenslegende vorausſenden. Birken=Betulius iſt wohl ihr eigent=
licher Schöpfer, halb bewußt, halb unbewußt. Es paßt das ebenſo
zu ſeiner allegoriſierenden Richtung, wie zu dem myſtifizierenden,
roſenkreuzeriſchen Zuge der Zeit überhaupt.

Zwei Schäferdichtungen aus dem Jahre 1645 bringen uns
dieſe Legende, die „Fortſetzung der Pegnitzſchäferei" 1645 von
Floridan und „der Pegnitz=Schäfere=Geſellſchaft=Weide und Frühlings=
freude beſchrieben durch Floridan". In der Fortſetzung der Pegnitz=
ſchäferei läßt Klai, d. h. Birken, das Echo ſagen[12]):

Wir sollen den Krantz theilen / und er werde uns alsdann
all so nützen, daß wir dessen Ruhm haben / wohlan / wir wollen
sehen / was sich zutragen möchte. Damit nahme Strephon den
Krantz / und wolte ihn zertheilen / wir befanden aber / daß er mit
sondrem Fleiß von mancherley schönen Feldblumen zusammengetragen /
welche unter denen Lorbeer-Blättern artfügig eingeschlichen / also /
daß wir abermals Bedenken trugen / ein so schiffförmiges Gebäude
zu zergliedern. Nein, nein ruffte ich, er bleibe wie er ist / und
krönte hinfort den Wirbel Strephons / welcher wohl eines besseren
würdig, als dieses ringfügigen. Strephon aber wolte weder den
Krantz noch das Lob auf sich nehmen, sondern mir ebenfalls den
Verdienst dieses Danks und die Besitzung des Krantzes in den Busen
schieben. Endlich, nachdem wir eine geräume Weil gestritten ....
sprang Strephon auf / und sagete: Jetzt verstehe ich / was uns
der schwätzige Fels zu verstehen geben wollen / nahme darauf den
Krantz / zerschnitte das / was ihn zusammenhielte / und fuhr folgends
fort wider mich / ich solle mir eine / von denen Feld Blumen oder
Gewächsen desselben / aussersehen: Also erwählete ich mir den Klee /
und Er selbst ihme das Maienblümchen. Das übrige fesselte er
wieder mit dem Faden / und hangete den entgäntzeten Krantz an
dem nächsten Baum / ferner also redende: Es soll vormahliger der
Nymphen Aussag nach / dieses Krantzes Riß bunt verehren
die Hirten. Demnach so behalte Klajus sein Feldkraut / und ich
meine Blume / und sollen diese Blumen das Bemerke unsrer
Hirtengenoßschaft seyn / welche auch forthin die
Gesellschaft der Blumen Schäfere heissen mag.

Wird sich aber nach der Zeit einer oder der andre Schäfer
belieben lassen / in diese zu uns zu treten / der soll von uns mit
einer Blum aus jenem Krantz / nach seinem Gefallen / beschenket /
und in dieselbe unverzüglich aufgenommen werden / Jedoch mit
der Bedingung / daß er fortan unsrer Mutter-Zung
mit nützlicher Ausübung / reinen und ziersteigenden
Reimgedichten / und klugen Erfindungen / emsig wolle
bedienet seyn / und bemühet in Beförderung ihres Aufnemens.
Dieweil aber / fuhr er fort / diese Blumen mit Wäre der Zeit

verdorren und nichtig werden möchten: So will ich eine jede derselben / so viel deren dem Krantz einverleibet / mit Seiden auf ein
weißes Band stikken lassen / solcher gestalt / daß man an einem
End die Blum / an dem andern aber den Nahmen dessen / der
solche belieben würde / sehen soll. . . . . . .

Also ward dieser Schäfer-Gesellschaft der Anfang gegeben: Und
fanden sich kurtz hernach sehr Viele / die sich zu Ordens-Genossen
anboten / und folgends in denselben auch traten.

In seiner „Weide und Frühlings-Freude" vom gleichen Jahre
fährt dann Birken (Floridan) weiter: [13])

Ich lebe dem Edlen Strefon verbunden (sagte hierauf Floridan
ferner) daß ich von ihm die Ehre habe / einer von den Pegnitz-
hirten und Blumengenossen zu heissen. Ich verlange aber
bei dieser Ansprache zu vernehmen, was ihnen / die Pegnitz-Schäfere
mit Blumen in eine Gesellschaft zusammen zu binden / erstlich anlaß
gegeben? Die Veranlassung (versetzte Strefon) war ein Lorbeer-
Kranz / welchen Fama mit Blumen unterbunden / und also / den
Klajus und mir / als wir das erstemal / in diesem Pegnitz-Gefilde /
eine Wette miteinander vorsungen / zum Zier-Dank aufgeworfen.
Weil wir aber letzlich von ihr keinen Ausspruch erhalten / und unser
keiner den Kranz nicht zu sich nehmen wolte, wurden wir endlich
des Schlusses einig / einen Hirten Orden anzufangen / selbigen mit
diesem Lorbeer-Kranze zu krönen / und die daran befindliche Blumen
unter die Ordensgenossen zu vertheilen.

So möchte dann . . . dieser unsere Gesellschaft / wol genennet
worden /   Der Gekrönte Blum-Orden.

Was könnten wir aber / dem Orden / für ein Sinnbild zu
eignen? Die Rohrpfeife Pans (versetzte Klajus) damit anzu-
deuten / daß / gleichwie diese unterschiedliche und ungleiche Rohre /
in eine Pfeife vereinigt / zu einem Thone zusammen stimmen / also
auch diese Gesellschaft-Hirten / mit ihren Liedern und Gedichten /
alle auf einen Zweck / nämlich die Teutsche Sprache und Poesy
auszuüben und zu erheben zielen sollen. Es ist wol erinnert (sagte

Strefon) und wird sich / über dieses Sinnbild / gar schicklich setzen lassen / diese Bindschrift:

Melos conspicunt singuli in usum
Alle zu einem Thon einstimmend.

So weit die Legende. Was ist nun aus ihr als richtig zu entnehmen? Vor allem ist festzustellen, daß Birken selber erst 1645, damals noch ein junger Student, in den Orden auf= genommen worden ist. Seine Nachrichten hat er also von Harsdörfer und Klai. Die gesellschaftliche Stellung dieser beiden war aber der Art, daß allein Harsdörfer als maßgebend betrachtet werden kann. Damit fällt die Behauptung von Gervinus dahin, Klai sei eigentlich der Ordensbegründer. Ich glaube aber über= haupt — und es stimmt darin, wenn ich anders recht unterrichtet bin, Dr. Littig mit mir überein [14]) —, wir dürfen uns diese Ordens= gründung nicht so formell vorstellen. Ursprünglich war wohl nichts weiter geplant, als mitunter zusammen zu kommen, sich gegenseitig dichterisch anzuregen, die neuesten Dichtungen sich mit= zuteilen, ein Kränzchen würden wir es wohl modern nennen. Daß man sich dabei Hirtennamen gab, lag in der Zeit.

Man fand auch noch an der Pegnitz unterhalb der Weiden= mühle eine mit schattigen Bäumen bewachsene lauschige Halbinsel, die jetzt leider nicht mehr vorhanden ist. Was bedurfte man mehr: Wiesengrün, Wassergemurmel, rauschende Wipfel, im Hintergrunde die sich türmende Stadt, ein paar zeitgemäße Kunst= zuthaten noch, eine kleine Ruine, die Anfangsbuchstaben der Hirten= namen den Baumrinden eingeschnitten — und fertig war der ganze Schäferhimmel! Nun hatte man einen Dichterhain; die Hirten an der Pegnitz im Gegensatz zu denen an Rhein, Donau, Elbe u. s. w. hatten sich gefunden. Diese Vereinigung dürfen wir zunächst als eine ganz zwanglose ansehen; der im Sommer 1644 in Nürnberg anwesende Samuel Hund aus Meißen führte z. B. damals schon seinen Schäfernamen Myrtillus, wie dem ersten pegnesischen Schäfergedichte zu entnehmen ist, ohne daß von einer Ordens= mitgliedschaft in dieser Zeit die Rede sein konnte.

Die Erweiterung des Kreises legte die Frage nahe, ob man nicht der Vereinigung auch eine gewisse äußere Ordnung geben wolle. Da lag nun wieder die Form eines Hirtenordens am nächsten. Harsdörfer kamen dabei seine italienischen Erinnerungen in den Sinn. In der fruchtbringenden Gesellschaft wählten die Mitglieder als Embleme allerhand Bäume, Sträuche und Gewächse.

Dichtern gebührt etwas Zarteres, Sinnigeres, so wählte man die Blumen des Feldes, Maiblümchen und Klee, die auf ein weißes Seidenband gestickt werden sollten.

Damit kam auch die Frage nach dem Namen und den Satzungen. Der „gekrönte Blumenorden“ oder die „Blumenhirten“ sind Birkensche Phantasien; man blieb beim natürlich gegebenen Namen des Hirten= oder Schäferordens an der Pegnitz, woraus

nach den Blumen=Emblemen mit der Zeit der „pegnefifche Blumen=
orden" ward. Die Ordensgefeße mögen im wefentlichen den kurzen
Andeutungen entfprochen haben, die Birken in feiner „Weide= und
Frühlingsfreude" angibt. Der Orden felbft nahm als Gefellfchafts=
zeichen die Panspfeife an mit der Umfchrift: „Mit Nußen erfreulich!"
Die lateinifche Devife ift fpätere Zuthat Birkens, ebenfo die
Wahl der Pafsionsblume (Granadill) als „Gefellfchaftsblume" zur
dauernden Erinnerung an den Tod ihres Wohlthäters und geift=
lichen Vaters J. M. Dilherrs (8. April 1669 [15]).

Seinem Maienblümlein fchob Harsdörfer (Strephon) folgende
Verszeilen unter [16]:

> Wo des Schattens Fittich fchwebet,
> Ob der Auen Sommer=Kleid,
> Weinet in der Winter=Zeit,
> Was in diefen Trifften lebet.
> Unfrer Nymphen Wangen gießen
> Threnen, gleich dem Berg=Cryftall,
> Und von folcher Zähren=Fall,
> Sieht man diefe Blum entfprießen.
> In dem ftolzen Blumen=Garten
> Findet man dergleichen nicht:
> Darum hält Dich mein Gedicht
> Höher, als die andern Arten.
> Majen=Blümlein! deine Glocken
> Sind zerfpaltnen Perlen gleich.
> Der fich unterfteht, entweich,
> Eins von diefen abzupflocken.

Den Klai läßt dagegen Birken feinen „Wiefenklee" begrüßen:

> Wie der Bockgefüße Pan
> Diefes ganze deutet an,
>   Welt und See,
>   Feld und Klee,
> alles, was man nennen kan:

Also, was ein Dichter kan,

ist diß Ganze um und an,

Glut und Luft,

Flut und Gruft,

und der Horngefüße Pan.

Weil der Hufgefüße Pan

Klee mit Tritten pflanzen kan,

nimt mit Ruhm

Klee zur Blum

unser Schäfer Klajus an.

Gedruckt wurden die ältesten Satzungen nie; im handschrift=
lichen Original sind sie nicht mehr vorhanden. Wir verdanken
ihre Erhaltung nur der Überlieferung. Ordenssatzungen erschienen
überhaupt erst 1716 im Drucke [17]. Ich glaube, es hat Hars=
dörfer bei seinen Bestimmungen die Erinnerung an die Gesetze der
„Intronati" in Siena vorgeschwebt. In der Vorrede zum V. Teil
seiner Gesprächspiele vom Jahre 1645 kommt er nämlich auf diese
zu sprechen, lobt sie sehr und empfiehlt sie den Deutschen zum Vor=
bilde; ja, er paßt sie sogar sofort den deutschen Verhältnissen an.
So heißt es gleich im I.: „Die Feinde der Tugend und der Teutschen
Helden Sprache, sollen hier nicht zugelassen werden", und im II.
wird verordnet: „Du aber bet andächtig, studiere fleissig, sey fröliches
Gemüts, beleidige niemand. Frage nicht nach frembden Händeln.
Glaub Deinem Wahn nicht. Laß Dich ein fröliches Scherzwort
nit betrüben" u. s. w. Amarantes (Herdegen) [18] berichtet als
Hauptforderung „Reinbehaltung der Teutschen Sprache" neben „der
Ehre Gottes und der Ermunterung zur Tugend", ferner: das Mit=
glied „möge durch seine gelehrte Feder der Teutschen Sprache
Ruhm weiter ausbreiten". § 3 und 4 fordern Schutz der deutschen
Sprache und Förderung der Dichtkunst mit Ausschluß „der neuen,
unbekannten Wörter, der wunderbaren und widrigen Zusammen=
fügungen". § 6 wünscht, daß Ordensmitglieder ihre Schriften vor
Drucklegung dem Ordensrate zur Begutachtung vorlegen. Diese
Paragraphierung stammt ebenfalls erst aus späterer Zeit.

Wie dachte sich nun wohl Harsdörfer die Stellung des Pegnitz-Hirtenordens zur fruchtbringenden Gesellschaft?

Wir haben gehört, daß er seinerzeit bei Fürst Ludwig um die Erlaubnis einkam, Zesens deutschgesinnter Gesellschaft beitreten zu dürfen. Seltsamerweise geschieht dagegen im ganzen Briefwechsel mit Fürst Ludwig seines Hirtenordens nie die geringste Erwähnung. Der Grund mag wohl darin zu suchen sein, daß Harsdörfer diesen nicht als eine Sprachgesellschaft betrachtet wissen wollte, sondern als eine deutsche Dichtervereinigung. Daß einer solchen aber Schutz und Stärkung der deutschen Sprache Hauptpflicht sein müsse, verstand sich dabei von selber. Ich bin demnach geneigt, B. Schultz beizustimmen, wenn er den Hirtenorden an der Pegnitz nicht unter die Sprachgesellschaften im engeren Sinne rechnen will, obgleich derselbe die Sprachreinigung Zeit seines Bestehens bis auf den heutigen Tag nie aus dem Auge verloren hat. Ist es doch annoch Sitte, daß sich bei Ordenssitzungen jedes Mitglied für etwa gebrauchte Fremdwörter eine Geldstrafe nach Selbsteinschätzung zu Gunsten der Ordenskasse auferlegt.

Vielleicht hoffte auch Harsdörfer von seinem Hirtenorden, was Neumark in seinem Palmenbaum über den Elbschwanorden Rists an den Schmackhaften (Herzog Wilhelm) berichtete, daß [18]) „aus solcher (Gesellschaft) sowohl, als aus der Pegnesischen, gleichsam, wie aus einem Pflanzgarten, ein und anderes geschicktes und würdiges Mitglied genommen, und, nach Abgang der alten und gelehrten fruchtbringenden Gesellschaftern, in dem höchstbelobten durchlauchtigsten Palmen-Orden möchten versetzet werden".

Ein im Archive des Ordens sich befindendes Notizbuch aus späterer Zeit gibt die Zeitfolge der aufgenommenen Mitglieder an. Amarantes hat sich viel Mühe gegeben, die Identität der Personen festzustellen. Der Erstaufgenommene — und zwar auf seinen besonderen Wunsch — war der schon erwähnte Samuel Hund aus Meißen (Myrtillus), früher Hofmeister des Kurprinzen Johann Georg, später Kursächsischer Rat und Hofhistoriograph. Er wählte sich die Schwarzbeerblüte (Myrtille) [19]). Die wertvollste Erwerbung für die Zukunft machte der Orden aber in dem damaligen

Studenten der Theologie Sigmund Betulius-Birken (Floridan) [20]).
Harsdörfer erkannte richtig in ihm ein ungewöhnliches Talent.
So kam der junge Mann zu dieser hohen Ehre. Birken dankte
der Gunst Harsdörfers sein weiteres Lebensglück. Kaum auf=
genommen, sandte ihn Harsdörfer unter Empfehlungen an Schottel
seinem Gönner, dem Herzog August, nach Wolfenbüttel, wo Birken
bis 1648 verblieb. Vor seinem Abgange, anfangs November
1645, machte ihm Harsdörfer zwei denkwürdige eigenhändige
Einträge in seine beiden Album [21]). In das eine schrieb er ihm
die eigene Devise aus Seneca: Miseri Mortales nisi quotidie
invenirent quod discerent, in das zweite als dichterischen
Scheidegruß „Der Pegnitz Abschied-Lied":

Floridan, Beliebter Hirt,
Du hast meinen Ruhm erhoben / und mit Sinnerhellter Gab
    meinen trüben Sand geziert,
Daß mich ander Flüsse neiden . warum wilst Du von mir scheiden?

Floridan / Dein süsser Tohn
Hat mein schlankes Fluten / giessen / machen in dem Feld erspriessen,
    Daß des Pflügers Erndelohn
sich verbessert / samb den Heyden . warum wilst Du von mir scheiden?

Floridan / Du Hirten=Hort /
so Viel tropfen / als ich trage / so viel mild Beglückter tage
    leb an andren flüssen dort,
in nach wunsch erfolgten freuden / weil Du ja mußt von mir scheiden.

    Zu dienstfreundlich angedenken gesetzt der Spielende
          S t r e p h o n.
Nürnberg / A. 1645.

Dasselbe ziert auch ein Bild Harsdörfers, das von den sonst
bekannten etwas abweicht.

In Wolfenbüttel gewann Birken die dauernde Gunst des
Herzogs, wie später noch so vieler hoher Herren. Erst mit den
Friedensverhandlungen treffen wir Birken wieder in Nürnberg;
er übernahm es mit Klai, die Friedensfestlichkeiten dichterisch zu

verherrlichen. Schon vor Harsdörfers Ende verließ Birken zum zweitenmal Nürnberg, um zunächst nach Bayreuth zu ziehen. Seine eigentliche Bedeutung für den Orden fällt erst in die nachharsdörferische Zeit. Als seine Blume hatte er das Tausend=

Georg-Philippus Harsdörfer

Strephon.

schön gewählt (die Amarante). Ich verweise statt alles weiteren auf die beigegebene Monographie Birkens.

Im gleichen Jahre fanden noch Aufnahme der Arzt Johann Helwig zu Nürnberg als Montano mit dem Feldnegelein, der aber schon 1649 Nürnberg dauernd verließ, um als Leibarzt im

Dienste des Bischofs und Kardinals von Wartenberg in Regens=
burg bis zu seinem Ende 1674 zu verbleiben, ferner der spätere
Diakonus bei St. Marien Christoph Arnold, damals noch Student
zu Altdorf, als Lerian mit der Heckenrose, der städtische Registrator
Friedrich Lochner aus Oels in Schlesien als Periander I. mit der
Schlüsselblume. Aber alle schon Erwähnten übertraf an dichterischer
Bedeutung der schon öfters genannte Johann Rist aus Wedel
bei Hamburg [22]).

Zu Pinneberg 1607 geboren, machte er seine Studien zu
Rinteln, Rostock, Utrecht und Leiden. Seit 1635 finden wir ihn
als Pastor zu Wedel, wo er bis zu seinem Tode 1667 verblieb.
Aus dem „Recreationsjahr", von Francisci fortgesetzt, auch
„Monatsgespräche" genannt, die erst 1703 in Druck gegeben
wurden, erfahren wir viel Wichtiges über Rists Leben und
Meinungen. In manchem gemahnen diese Monatsgespräche an
Harsdörfers Gesprächspiele. Der Vater Rists stammte aus Nörd=
lingen, war ein großer Blumenfreund und Botaniker und pflanzte
dieses Wissen seinem Sohne schon in der Kindheit ein. Rist
umfaßte Naturkunde und Altertumswissenschaft mit gleicher Liebe.
In seinem Pfarrhause finden wir Destillieröfen, Naturalienkabinett,
mathematische Gerätschaften neben einer stattlichen Bibliothek.
Dabei zeichnete und musizierte er eifrig, nebenbei verstand er sich
noch vortrefflich auf die Arzneikunde. In seinem Umgange einfach
und gemütlich, beherrschte er als volkstümlicher Redner das Wort
in hervorragender Weise. Von der herrschenden Streittheologie
hielt er nichts; er wagte es offen auszusprechen, die Synkretisten
seien rechtschaffene Leute, wackere Christen, verständiger als andere.
Ebensowenig gab er auf die „grammatikalischen Marterpossen der
Schule", ja er vermißt sich, einen des Lateinischen Unkundigen,
aber der deutschen Sprache Mächtigen, zum Entsetzen aller gelehrten
Pedanten, als „poëta laureatus" zu krönen. Der Neid und die
kleinliche Nörgelsucht der Zeit sagten ihm grundlos alles mögliche
Schlechte nach; von Eitelkeit und persönlicher Reizbarkeit scheint er
dagegen nicht frei gewesen zu sein. Er fand viele äußere
Anerkennung, wurde zum Kirchenrat, später vom Kaiser zum

„Pfalzgrafen" ernannt. Als Schriftsteller war er äußerst frucht=
bar; danken wir ihm doch allein 611 Kirchenlieder.

Mit Harsdörfer stand er seit längerem in freundschaftlichem
Verkehre. Im Jahre 1644 widmete Rist Harsdörfer eine
100 strophige Dichtung in Alexandrinern „Holsteins Klagelied",
dessen poetischer Wert freilich nicht hoch anzuschlagen ist[23]).

Harsdörfer übersandte Rist einmal zum Geschenke ein kunstvoll
gefertigtes Trinkglas mit den Distichen[24]):

> Riste, qui tetricis terrenis coelica miscas,
> Ablue flexanimo tristia fata mero,
> Threnorum satis est, vivamus: fac generosa
> Infundant vitro gaudia pro lacrimis!

Zu Deutsch etwa:

> Mein teurer Rist, du träufst ins Erdenleben
> Doch sonst des Liedes stärkend Himmelstau,
> So scheuch' den Kummer fort in ferne Weiten,
> Es blinkt der Wein, es strahlt des Äthers Blau!
> Der Klagen ist genug, laßt uns erheben
> Das Glas, es gilt ein neues, frisches Leben!

Rist dankt in einem Gedichte, dessen 6. und 9. Strophe lauten:

> Euren Rat den will Ich loben,
>
> Fassen will Ich einen Muht,
>
> Teufel, Krieg und Welt mag toben,
>
> Endlich wird es alles guht:
>
> Nach dem Regen scheint die Sonne,
>
> Leicht komt auff die Traurigkeit
>
> Nach dem stürmen stille Zeit,
>
> Auff das Trauern Freud und Wonne.

In den Hirtenorden ward Rist als Daphnis aus Cimbrien
aufgenommen und ihm wahrscheinlich der Lorbeer zugesprochen.

Das Jahr 1646 sah fünf Aufnahmen, darunter die einer Frau.
Harsdörfer verpflanzte damit nach Deutschland, was in Italien
längst Sitte gewesen war. Man blieb seitdem diesem Gebrauche

in dem Hirtenorden getreu. Birken (Floridan) nahm zwei
Frauen in denselben auf. So führte der pegnesische Blumen=
orden ins Leben ein, was die Gesprächspiele theoretisch anzu=
bahnen sich bestrebten: die gleiche Würdigung von Mann
und Frau.

Diese erste Hirtin erhielt den Namen Diana. Sie soll nach
einem Briefe Kempes aus Königsberg an Birken, der Amarantes
vorgelegen hat, die Gattin des Dr. Nikolai zu Stade gewesen sein.
Unter den vier andern Aufgenommenen finden wir Johann
Sachß aus Böhmen, seit 1636 in Nürnberg als Korrektor in
der Endterischen Buchdruckerei thätig. Er erhielt den Namen
Alcidor, als Ordensblume das blaue Veilchen. Längere Zeit
blieb fraglich, wer unter Fontano I. zu verstehen sei, bis sich
herausstellte, daß es niemand anders als der vertraute Genosse
Harsdörfers in allen sprachlichen Fragen gewesen sein mußte,
nämlich Justus Georg Schottel. Ihm ward der Rosmarin
zugesprochen. Konrad Osthof aus Celle, über dessen weiteres
Leben nichts bekannt ist, wurde als Amyntas mit dem Blümlein
„Vergißmeinnicht" in den Orden aufgenommen. Aber alle
andern dieses Jahres überstrahlt Johann Georg Volckamer
(1616—1693), kaiserlicher Rat und Leibarzt, Vorstand der 1652
in Schweinfurt begründeten ersten medizinischen Gesellschaft, der
Leopoldinischen Akademie[25]), und Senior des Nürnberger Medizinal=
Kollegiums, aus einer berühmten Nürnberger Gelehrtenfamilie,
die sich den kaiserlichen Briefadel erwarb. Er hatte sich zu ver=
schiedenen Malen längere Zeit in allen wichtigeren Städten
Italiens und Frankreichs aufgehalten, dort eingehende Studien
gemacht, besaß in Anatomie und Chirurgie ungewöhnliche Kennt=
nisse und ward deshalb als Autorität von seinen Zeitgenossen
verehrt. Er stand mit Nah und Fern in gelehrter Korrespondenz;
in seinem Hause versammelten sich alle reisenden Gelehrten, es
war eine Akademie im Kleinen. Neben all diesen Bestrebungen
fand er noch Lust und Zeit zu lateinischen und deutschen Gedichten.
Bei seiner Aufnahme erhielt er den Namen Helianthus mit der
Sonnenblume als Ordenszeichen.

In den späteren Jahren fanden zu Lebzeiten Harsdörfers nur noch zwei Aufnahmen statt. 1648 ward Anton Burmeister aus Lüneburg, damals Student der Theologie, als Philanthon mit der Schafgarbe aufgenommen, und kurz vor Harsdörfers Tode, also 1658, Christoph Frank, aus Nürnberg gebürtig, Professor der Theologie zu Kiel, mit dem Namen Silvius. Seine Ordensblume ist unbekannt.

Betrachten wir die Persönlichkeiten dieser dreizehn Mitglieder des Hirtenordens und die Zeit ihrer Aufnahme, so fällt uns ein Dreifaches auf. Einmal, wo bleibt Dilherr? Es fehlte ihm durchaus nicht an dichterischer Begabung, wie seine vielfachen geistlichen Dichtungen beweisen. Er hielt es offenbar mit seiner geistlichen Stellung für unvereinbar, einen Hirtennamen zu führen. Obgleich er also äußerlich dem Orden nie angehört hat, ist er auf Harsdörfer und seinen Nachfolger Birken von größtem Einflusse gewesen, hat die mit der Zeit immer mehr hervortretenden geist= lichen Tendenzen des Ordens nach Kräften gefördert, das Ansehen desselben durch offen zur Schau getragene Gönnerschaft gestärkt — so lud er z. B. zu Ordenssitzungen durch lateinische Distichen des öfteren ein —, zuletzt noch durch eine Stiftung zu Gunsten des Ordens dessen äußeren Bestand nicht unwesentlich gesichert.

Fürs andere überrascht, daß wir im Orden außer dem Begründer selber keinen einzigen Angehörigen des Nürnberger Patriziats finden. Es ist nicht anzunehmen, daß diese zahlreiche und gebildete Gesellschaftsklasse so ganz ohne Sinn für eigene dichterische Bethätigung gewesen sein sollte! Ich glaube, wir dürfen den Grund hiefür darin suchen, daß der herrschende Stand diese nahe Beziehung zu Männern anderer Lebensstellung für nicht zweckdienlich erachtete. Man hatte nichts gegen die Tendenz des Ordens, ja förderte dieselbe im gewissen Sinne, da sie sich dem Gemeinwesen bald auch förderlich erweisen sollte; seinem Be= gründer, der nun einmal in mehr als einer Beziehung sich von den übrigen Standesgenossen abhob, gönnte man diese Lieblings= stiftung, aber man verblieb bei seiner gesellschaftlichen Sonder= stellung. Noch hundertfünfzig Jahre später, nachdem der

Blumenorden längst nicht nur aus Dichtern, sondern der Mehr=
zahl nach aus Litteraturfreunden bestand, finden wir unter
fünfundfünfzig Mitgliedern keinen einzigen patrizischen Namen.

Als drittes geben uns die Aufnahmsjahre deutlichen Einblick
in die Entwicklung des Ordens. Fast sämtliche Mitglieder werden
in den ersten beiden Jahren 1645 und 1646 aufgenommen; 1648
kommt noch ein Nachzügler hinzu. Der Fortzug Klais (1650) bedeutet
den eigentlichen Abschluß dieser ersten Blütezeit. Die Fünfziger
Jahre sind die Zeit des Rückganges und des Verfalles. Die meisten
Mitglieder waren teils tot, teils nicht mehr in Nürnberg. Harsdörfer
hatte sich fast ausschließlich der didaktischen und Erbauungslitteratur
zugewandt. Seine Aufnahme in den Rat brachte ihm neue
Geschäftslasten. Die Ordenszusammenkünfte ruhten; die Aufnahme
Franks im Jahre 1658 bedeutet nichts weiter als eine litterarische
Ehrung, die dem gelehrten einstigen Stadtkinde erwiesen wurde.

Worin bestanden nun die dichterischen Leistungen der Ordens=
mitglieder?

Ein späteres Mitglied, Christian Schwarz (Eudemus), hat
sich die Mühe gegeben, die Titel aller von Ordensmitgliedern
bis 1820 verfaßten und auf den Orden Bezug habenden Schriften
handschriftlich niederzulegen. Schwarz, † 1835, trat 1789 dem
Orden bei. Er ist einer der Letzten, die Dichternamen und Ordens=
band getragen haben. Schwarz zählt nun innerhalb der ersten
vierzehn Jahre des Ordens 22 Schriften auf, die hieher zu
rechnen sind. Inhaltlich lassen sich diese Schriften in drei Klassen
teilen. Zuerst haben wir die Hirtenpoesie im engeren Sinne,
namentlich die dem Orden eigentümliche Pegnitzschäferei; dann
kommen die Dichtungen Klais besonders in Betracht, und zuletzt
gilt es, noch einen Blick auf die Gelegenheitsdichtungen des Ordens
zu werfen, wodurch er die Reichsstadt Nürnberg bei den Friedens=
verhandlungen und Festen (1648—1650) zu vertreten sich bemühte.

Dem Pegnesischen Schäfergedichte in den Berinorgischen Gefilden
von Strephon und Klajns (1644) reiht sich an „die Fortsetzung der
Pegnitz=Schäferey" ...., besungen durch Floridan (1645). Beider

Dichtungen haben wir schon bei der Ordensgründung Erwähnung gethan. Fälschlicher Weise wird gewöhnlich Klai als Mitverfasser genannt. Letztere ist ungefähr doppelt so umfangreich wie die Pegnesis selbst, verherrlicht die Kriegshelden des dreißigjährigen Krieges in Epigrammen, bringt sämtliche Schäfer des Ordens mit ihren Emblemen und Sinngedichten und die ganze Mythe des Hirtengottes Pan. Am wertvollsten sind die Verspottungen maccaronisierender Poesie (86—94).

> Ich bin nun deschargirt von dem maladen Leben.
> Mir hat der Maur facon genug disgousto geben.
> Wo Einfalt avancirt, und Unschuld mit raison,
> Die retrogarde hat, da ist die Sache bon.

> Von mir wird mesprisirt das baise-les-mains in Städten
> Der Achseln parlement, der Füß und Hut courbetten.
> Mon coeur hegt Hundestreu, die mein delectament.
> Ich bin ein frommer Sot, und niemahls malcontent.

> Der aestimiret nicht der Hürden avantage,
> Der sich nur macirirt um schnödes Sorgengage
> Der bey der casse schwitzt. Mein Sinn mocquirt das Geld,
> Von Stroh ist mein logis, mein thresot ist die Welt.

> Adieu, stolze Stadt, bon jour ihr Berger Haiden,
> Bon jour, du Schattenruh, ihr serenirten Weiden.
> Salvete, die ihr mich vociret zu der Trifft.
> Sans aventure jo, hab ich zu port geschifft.

oder noch besser in einem wahren Hohenliede des Unsinns:

> Maistresse meines Leibs, Princesse meiner Glieder,
> Altesse meines Glüffs, Duchesse meiner Lieder,
> Lucerne meines Thuns, Artzt meiner nullitet,
> Die meinem sensitif ein güldnes Cabinet.

> Ein ordre meiner Ruh und meines Tods Oracul,
> Des Denkens, das ich nehr, ein stäts habitacul,
> Revange meiner Noht, Madame, die ihr seyd,
> Hört an mein chanzonet, parlant von meinem Leid.

Ihr seyds, Madamoisell, die mich so tourmentiret,
Die mich condelement der Morta addressiret.
Mein Hertz voltirt bereits der Geist geht in galop,
Die Kehle maintenirt, stringirt des Athems Tropp

. . . .

. . . . , der Wörter gentilezza
Die fremde majestät und holde politezza
Logirt so wohl in mir, als in dem cerebell
Deß, der da rümt, er hab ein Welsches naturell.

Sämtliche sieben Hirten des Jahres 1645 singen dann noch
zum Beschluß desselben ein „Lustgedicht zu hochzeitlichem Ehren=
begängniß Herrn Dr. Johann Röders, und Jungfrau Marie Rosine
Schmidin" . .

Erst 1648 stimmen Filanthon (Hagen) und Floridan (Birken)
abgemerkt durch den Schäfer Klaj wieder ein „Pegnesisches
Schäfergedicht, in den Nordgauen Gefilden" an zur Ehre der
Vermählung Phil. Joh. Tetzels mit Marien Helene Baier. Es ist
eigentlich mehr ein Bauern= als ein Hirtengedicht. Der plumpe
Bauer Filanthon will in der Stadt „Kohl und Tannen Meisen"
verkaufen, erstarrt aber geradezu, als er durch Floridan von der
Pracht und den herrlichen Gerichten der städtischen Hochzeit
vernimmt.

Das Jahr 1649 bringt zwei weitere Hochzeitsgedichte zu
Ehren von Quirin Moscherosch und Wolfgang Gutbrod. Als
eine ansehnlichere Leistung wieder, im Geschmacke der Pegnesis
und der Nymphe Hercynie gehalten, darf „die Nymphe Noris"
von Montano (Johann Helwig) gelten (1650). Er beschreibt und
verherrlicht darinnen seine Vaterstadt. Der Schrift sind die
Wappen von achtundzwanzig edlen Geschlechtern der Stadt bei=
gegeben. Gabriel Richels Hochzeit mit Marie Tetzel besingen
Falindor und Hylos in dem Schäfergedichte „Schönheit=Lob" . . .
neben einem „Glück=Zuruf" 1651. In ähnlichem Geschmacke wie
die Nymphe Noris ist Birkens „Ostländischer Lorbeerheyn" zu

Ehren des Erzhauſes Öſterreich (1657) gehalten. Chriſtoph
Franks in Königsberg (Sylvius) „Schäfergedicht und Schäfer=
geſchicht, in dem begneſiſchen Erlenthal" (1658) beendet die
Schäferdichtung, ſoweit ſie der Orden unter Harsdörfers Leitung
pflegte.

Harsdörfer ſelber hat in dem III. Teile der Geſprächſpiele
(1644) in ſeiner „Selewig" ein geiſtliches Hirtendrama veröffent=
licht. Später beſchränkte er ſich, wie wir ſehen, auf ſpärliche
Beiträge zu Hochzeitsfeſten. Es iſt kein Zweifel, Klai übertrifft
mit ſeinen zahlreichen poetiſchen Schöpfungen in den vierziger
Jahren weitaus die übrigen Ordensgenoſſen. In den ſieben Jahren
von 1644—1651 zählen wir nicht weniger als vierzehn größere
Dichtungen Klais, von den Kirchenliedern ganz abgeſehen. Er
ſcheint in dieſen Jahren ſeine ganze Produktionskraft erſchöpft
zu haben, wenigſtens hören wir nach ſeinem Wegzuge von
Nürnberg bis zu ſeinem 1656 in Kiſſingen erfolgten Tode
nichts weiter mehr von neuen Dichtungen Klais. Klai gilt als
der Dramatiker des Nürnberger Kreiſes. Aber auch bei ihm
ſteht das lyriſche Moment im Vordergrund, gepaart mit einer
ſtarken rhetoriſchen Beanlagung. Was an ſeinen ſogenannten
Dramen ſich Lobenswertes finden mag, beſteht in lyriſchen
Epiſoden und in rhetoriſchen Schilderungen. Die Handlungen
ſelber entbehren allen Zuſammenhanges und jeglichen künſtleriſchen
Aufbaues.

Betrachten wir zunächſt einige ſeiner rein lyriſchen Schöpf=
ungen. Am 15. Juni 1644 widmete Klai ſeinem Gönner Dilherr
ein „Weihnachtslied". Man wird dieſem neben vielem geſchmack=
loſen Bombaſte, der namentlich der antiken Mythologie ent=
nommen iſt, dichteriſche Geſtaltungskraft, warmes Gefühl und
echt lyriſchen Schwung nicht abſprechen können. Gewaltig iſt
die Schilderung des Römerreiches, zart=anmutig die der Mutter
Jungfrau.

Hören wir daraus einige Proben, zuerſt das „Lob des
Kindes" (S. 16 und 17):

Wie schön erröthen doch die Aepffel auff den Aesten
Du du du schönes Kind / bist schöner als die besten /
Bist schöner als das Blut das meinen Mon bemahlt
Bist schöner als der Glantz der Feuer-Lilien stralt.

Wie süsse ist der saat ein angenehmer Regen /
Wie süsse ist der schlaff den müden unter Wegen /
Wie süsse ist der Taw dem Honigvögelein /
Wie süsse ist der Klee den müden Schäfelein /

Du du du süsses Kind du süsser Himmelssegen
Bist süsser als der Klee / und Schlaff / und Tau / und Regen /
Du Honig süsses Kind bist süsser als der Wein /
Der süsse schmeckt und ist / O süsses Jesulein!

und dann aus dem „Wiegenlied der Nymphe" (S. 21 und 22):

Schlaff / schlaff du liebes Kind du Sängerin der Erden
Durch deren Stimme Saat und Heyden heimlich werden /
    Tireliret
    Musiciret
    Singt und saget
    Lacht und klaget
    Klagt und lachet
Das deiner Augen-Licht nicht auß der Ruh erwachet.

Schweig, schweig mein Jesulein der Perser Reuterey
Bringt dir von Morgen her gut Gold und Specerey /
    Güldene Hörner
    Weyhrauch-Körner
    Myrren-Aehren
    Zukker-Röhren
    Zimmet-Rinden
Und was der heilge Christ / wird mehr zusammenbinden.

Fällt das Weihnachtslied in den Beginn von Klais Nürnberger Aufenthalte, so gehört „die Trauerrede über das Leiden Jesu" (1650) in die Letztzeit seiner Nürnberger Thätigkeit. Sie

behandelt in gebundener und ungebundener Rede die Leidens=
geschichte. Auch hier wieder übertriebenes Pathos und lächerlicher
Schwulst, daneben aber ergreifende Gedanken, z. B. die Verant=
wortung der Marterwerkzeuge, der Kriegsknechte, schließlich auch
Marias und des Engels Gabriel. Alles will ohne Schuld sein!
Da spricht Gott selber und löst den Knoten, wie am Schlusse des
Buches Hiob.

Wie namenlos geschmacklos sind Wendungen wie:

> Mein Bräutigam, mein Himmelszier,
> mein Waitzenbrod, mein Malwasir
> Der mich speist, der mich tränket (S. 3)

oder:

„das blanke Heer der Sterne zwitschert" (S. 7)

oder:

„die Wangen (Jesu), die denen wachsenden Apotheker=Wurtzgärtlein
ähnlicher .." (S. 10).

Dagegen wie ergreifend ist nachfolgende Episode (S. 11 u. 12):
„Man führt das Jammerbild heranß / sein abgematteter Leib
kenchet / die unvermögenden Füsse strauchlen, ... daß ihn kein Mensch
vor einen Menschen ansehe / wann nicht Pilatus sagte: Sehet, welch
ein Mensch; Sehet / welch ein Mensch / rufft Gott der Vatter vom
Himmel / warer Mensch und warer Gott / Gott von mir von
Ewigkeit; Mensch von der Mutter in der Zeit. Sehet, welch ein
Mensch / rufft die Mutter / Wegen der Menschen Mensch worden /
wegen der Sterblichen gestorben! Sehet welch ein Mensch / rufft
der Oberengel Gabriel / ein Sohn des Höchsten / der über das
Haus Jacob herrschen wird ewiglich; Sehet / welch ein Mensch /
rufft der Feind Menschlichen Geschlechts / der auß allen Steinen
nicht einen Bissen Brod machen kann; Sehet, welch ein Mensch /
rufft der Heyd: Der so viel Kranken geholffen / kann ihm selbst
nicht helffen; Sehet / welch ein Mensch / rufft das Volck / ein Auf=
rührer und Verführer deß Volcks. Die Engel im Himmel fragen

Gott den Vater / sihe / ob diß deines Sohnes Rock oder nicht? Die Menschen ruffen auf Erden: Creutzige, Creutzige ihn / denn er hat sich zu Gottes Sohn gemacht.

Von den geistlichen Liedern Klais fanden namentlich zwei Aufnahme in die Gesang= und Erbauungsbücher der Zeit, darunter auch in das Nürnberger Gesangbuch vom Jahre 1677[26]).

Wenden wir uns nun zu den Dramen. Da hat Harsdörfer zu dem „leidenden Christus" 1645 ein Begleitschreiben verfaßt und zu „Herodes, dem Kindsmörder" vom gleichen Jahre ein Nach= wort geschrieben. Wir erfahren daraus, was man sich über Inhalt und Form eines Dramas damals dachte. „Wie die Griechen die Griechen, die Römer die Römer, die Spanier die Spanier . . ., so soll der Teutsche die Teutschen Händel auf den Schauplatz führen, welcher Umstände unsere Sitten, Redarten und Gewohnheiten viel gewisser sind, als jene Ausländische" . . Wenn man sich nicht zu viel zutrauen will, so übersetze man frei nach Anderen und bilde diesen nach[27]."

Im „Begleitschreiben" mahnt Harsdörfer, die gleichmäßigen Reimzeilen nicht beizubehalten, sondern nach dem Vorbilde der Italiener einen Wechsel je nach der vorwaltenden Gemütsstimmung eintreten zu lassen. Bei „Erzählungen" seien „lange", bei „freudigen Händeln mittelmäßige", bei „traurigen kurze Reimarten" zu wählen[28]). Dilherr preist in einem Widmungsgedichte zur „Auferstehung" 1644, die, wie schon erwähnt, dem Rate Nürnbergs gewidmet war, „Parnassus ist nun teutsch der Musen Sommerhaus" und

> Als Astrea ließ der Gottvergesenen Land,
>   Hat sie auf ewig sich nach Nürenberg gewandt!

Wollen wir diesen „Dramen" gerecht werden, so müssen wir ihren „Zweckbegriff" bedenken. Der Dichter Klai deklamierte sie selber in den Kirchen, er allein sprach alle Rollen; dazwischen hinein fielen erzählende Episoden. Nur die Lieder wurden unter Pauken= und Instrumentalbegleitung von Sängerchören vor=

getragen [29]). So erinnern die Dramen einesteils an die alten Mysterien nach Inhalt und Örtlichkeit ihrer Aufführung, andern= teils sind sie die Vorläufer der Melodramen, der Oratorien, ja der Opern. Das eigentlich Dramatische tritt hinter dem Rhetorisch=Deklamatorischen und Musikalischen zurück.

In der „Auferstehung" wird in schwungvollen trochäischen, anapästischen und jambischen Versmaßen von den biblischen Personen, den Frauen, Maria Magdalena, den Jüngern, Christus selbst, inhaltlich an die biblischen Berichte angelehnt, die Auf= erstehungsthatsache besungen.

Hören wir „die zween Engel im Grab" (S. 6—7):

Was suchet ihr Gottes ergebene Fraun /
Was kommt ihr finstere Gräber zu schaun?
          Christus der Krieger /
          Höllen Besieger.

Ist heut mit hüpfender Sonne erstanden /
Und hat euch errettet von eisernen Banden /
          Stillet das Leiden /
          Heget nur Freuden /

Der traurige Winter ist gäntzlich verschwunden /
Es haben sich Blumen und Blüten gefunden /
          Gehet zu schauen
          Wiesen und Auen.

Laßt Himmel und Erden erfreulicher singen /
und Buchen und Eichen in Wäldern erklingen:
          Christus der Krieger /
          Höllen Besieger!

Nun gehet / die fröhliche Zeitung zu bringen
Dem Petrus von solchen bezüglichen Dingen /
          Höret ihr Brüder!
          Christus kömbt wieder.

In seinem „leidenden Christus 1645" folgt Klai in der Darstellung Gregor von Nazianz und Apollinaris von Laodicea. Wir haben hier vier Handlungen, jede eingeleitet durch die Bibel= worte. Darauf sprechen einzelne Personen: Christus, Petrus, Pilatus, Judas u. s. w. Den Beschluß macht stets ein Chor. Die Sprache ist gehoben, oft edel und ergreifend, mitunter zu weit= schweifig, z. B. bei den Worten des Hauptmanns. I. Handlung: Christus in Gethsemane. — II. Handlung: Des Petrus Kampf mit Christus vor Caiphas und Pilatus. — III. Handlung: Judas Ende; Pilatus verurteilt Christus. — IV. Handlung: Christi Tod. — Der Hauptmann. — Die Grablegung. Bei allen seinen Fehlern ist das Stück doch so warm gehalten, wirkt der Wechsel von Bibelwort, Dichterwort und Gesang so ergreifend, daß wir voll= kommen einsehen können, wie die seinerzeitige Aufführung von durch= schlagendem Erfolge gekrönt gewesen sein mag. Als Proben mögen uns des „Judas Fluch", ein „Weiberchor" und Worte aus der letzten Handlung dienen.

Des Judas Fluch über sich selbst:
Es werde dir der Arm vom Donner weggeschmissen,
Es werde dir das Haar vom Hagel hingerissen.
Der Nordwind schwenke mich der Welt zu Spott und Hohn /
Wer nur vorübergeht / wird sein schlimm Maul zerzerrn
Und sagen: solche Müh die gibet solchen Lohn /
Da Judas / wuchere mehr mit Deinem Gott und Herrn!
Der Stamm des Baums wird eisenfest erharten /
Es ist umsonst auf Gottes Gnade warten!
Nun Zunge stehe still und mich nicht förter quele /
Ich werffe mir den Strick an meine Kele.　　　　　(S. 16.)

Chor der Weiber 3 und 4 (S. 20).

3.

Blinden gibst du / Liecht vom Liechte /
Ihr Gesichte.
Himmelsbrod / die wenig Aehren
Tausend nähren /

Auch der Krankheit blaſſe Leichen
        Müſſen weichen /
Du trittſt in das Schiff hinein /
Das Geſtade wird zu enge
        Vom Gedränge
Und die Berge ſind zu klein.

4.

Geſtern haben dich beſungen
        Salems jungen /
Palmen auf den Weg geſtreuet /
        Dich erfreuet.
Heute deine Wundenfluten /
        Reichlich bluten.
Du trägſt deines Creutzesſtamm /
Der dich armen ſelbſt wird tragen /
        Schmerzlich plagen /
Dich / du armes Oſterlamm.

(Der Heiland) Gott ſprach: eh morgen früh das Sonnenlicht aufſtehet
Und wie ein Bräutigam aus ſeiner Kammer gehet /
        Wird dich der ſelge Garten
        Als lieber Gaſt erwarten. (S. 25.)

Der Landsknecht einer forſcht / ob Chriſtus gäntzlich tod.
Eröffnet mit dem Speer dem Lebensbrunn die Seiten /
Woraus ſich mildiglich ganz ſchöne Bächlein leiten /
Blut / das des Vaters Zorn und Eiferbronnen ſtillt /
Und Waſſer / das hinein in jenes Leben quilt. (S. 27.)

Schluß:

Bleibet der am Creutz verflucht /
Welchen meine Seele ſucht?
Wo iſt ſeines Leidensfrucht /
Welchen meine Seele ſucht?

Welcher meine Lieb vergnüget /

Lieget furchenweiß gepflüget /

Aus dem bittren Frülingsleiden

Sproßt der Schwachen Sünderkrafft.

Der Granaten Purpursafft

Kann uns trösten, laben, weiden /

Trösten in dem Threnenzelt /

Laben / lassen wir die Welt /

Weiten in dem Sternenfeld. (S. 29.)

Am wenigsten befriedigt wohl „Herodes, der Kindermörder 1645", trotzdem daß Harsdörfer meint, er fände nur den einen Fehler daran, daß Klai nicht auch die „Strafe des Herodes" gebracht habe. Das Stück besteht fast nur aus Greuelszenen, die ohne allen Zusammenhang aneinandergereiht sind. Den Anfang macht des Herodes Höllentraum, drauf folgt ein haarsträubender Botenbericht über die Ermordung der Kinder; die Kunde, daß das Jesuskind entronnen ist, hat einen erneuten Wutausbruch des Herodes zur Folge, der nun seine eigenen Kinder töten läßt. Ein Klagelied Deutschlands über seine durch den Krieg gemordeten Kinder schließt das Ganze. Es gehören die Nerven und der Geschmack des 17. Jahrhunderts dazu, um so etwas ertragen und schön finden zu können.

Um so besser glückte Klai der Wurf in zweien seiner letzten Stücke, dem „Engel und Drachenstreit 1650" und dem „Freuden= gedicht" aus dem gleichen Jahre. Der Engel= und Drachenstreit ist Karl Gustav, dem künftigen schwedischen Thronerben, zugeeignet. Die Vorrede hebt mit einer Scene im Himmel an. Vor allen Engelchören empfiehlt Gott selbst den Engeln, Ruperts Haus und seine Nachkommen zu schützen. Alle Engelfürsten versprechen dies, all' dieser Segen kommt auf Karl Gustav.

„Michael gibt ihm Sieg / Fürst Gabriel gibt Krafft /

Fürst Uriel gibt Licht / Fürst Raphael gibt Safft /

Der langsam sterben läßt."

Inhalt des Stückes ist der Streit zwischen Michael und Lucifer, der Schauplatz das Himmelsfeld. Die Chöre bilden Teufel und Engel. Breitspurige Anmerkungen erläutern den Text.

Lucifer im Hochmut kündet Gott den Gehorsam; er will nicht dem Sohne gehorchen, er, der Gottnächste; Michael wird nun von Gott gesandt, Lucifer zu besiegen. Lucifer und seine beutegierige Rotte wird aus den Himmeln geworfen. Der Poet, von Anfang an bei Gott, sieht diesen Kampf sich abspielen und preist Gottes Macht.

Das Freudengedicht vom 24. Dezember 1650 ist dem schwedischen Feldmarschall Karl Gustav Wrangel zugeeignet.

Die himmlischen Heerscharen rücken in der Weihnacht in Schlachtordnung aus, um der Welt den Frieden zu bringen — so hat Wrangel durch sein „gottgewolltes Siegen den Frieden erbracht."

Wahrhaft poetisch ist der Aufmarsch der himmlischen Heer= scharen gehalten.

„Da stehet der Feldmarschall Michael / auf dessen geätzten Helm eine Feder von einem Paradißvogel spielet / dessen Leib mit einem güldnen Brust Stücke verpanzert / dessen Seite ein Schwert von hellen Jaspis schützet / weiln seine sieghafte Hand ehmals den Drachen und seine Kriegsleute geschlagen: da hilt der Obrist Cherub / der mit dem blossen hauenden Schwert den Weg zu dem Baume des Lebens eröffnet! Der Fändrich Gabriel / welcher eine silberne dreygeeckte Standare führet / in der das Bildniß eines schönen Weibesbildes / so ein Kindlein auf den Armen trägt / mit der Überschrift: Das Wort ist Fleisch worden."

Das Gedicht behandelt in vier Handlungen Verkündigung und Geburt des Heilands. Kaiser Augustus verkündet der Welt Friede und neue Schatzung. Die Eltern wandern nach Bethlehem. Freude der Engelscharen und der Hirten, Schrecken bei Herodes und in Jerusalem, Trost der frommen Waisen. Chöre bilden die Römer, die Hirten, die Engel und die Christen. Hören wir einen Gesang

15*

der Maria nach der Melodie: „Vom Himmel hoch" u. f. w.
(S. 8 und 9).

1) Auf Stimme auf / auf Saiten bebt /
   Mein Seel den Herren hoch erhebt /
   Mein Geist erfreut sich Gottes hier
   Und meines Heilands für und für.

2) Er hat gesehen seine Magd /
   Ihr Elend Ihm und Sie behagt /
   Von nun an mich die grose Welt
   Vor seelig preist / vor seelig helt.

3) Der mächtig ist und mächtig gibt /
   Hat grosse Ding an mir verübt /
   Sein Nam wird heilig hochgeacht /
   So lang als Sonn und Monde wacht.

4) Sein Hertz im Leib vor Liebe warmt /
   Sich jetzt und immer jetzt erbarmt
   Deßjenen / der in Ehr und Spot
   Ihn fürchtet und auch sein Gebot.

5) Es zeiget seines Armes Pracht
   Die Himmelweite Wundermacht /
   Er ist es / der die Hoffart scheut
   Und stolzen Sinn wie Spreu zerstreut.

6) Der mit Gewalt Gewalt verletzt /
   Wird mit Gewalt vom Stul gesetzt /
   Was nidrig ist / was unterthan /
   Das hebt / das setzt er oben an.

7) Dem / der sich plaget sonder Gut /
   Füllt er den Magen / macht ihm Muht /
   Der Reiche (Habgierige) muß bey gelbem Koht
   Nichts haben und noch leiden Noht.

8) Was er dem Abraham versprach /
   und seinem Samen nach und nach /
   Ist waar und bleibet ewig waar /
   verzög es sich viel tausend Jahr.

Eine Anekdote berichtet, wie endlich der westfälische Friede zu
stande gekommen sei, da habe ein Pfarrer seiner Gemeinde von den
Segnungen des Friedens geprebigt. Die armen Leute, die ihr
ganzes Leben unter den Greueln des Krieges verbracht hatten,
konnten sich friedliche Zustände so wenig vorstellen, daß sie nicht
anders glaubten, als ihr Pfarrer sei wahnsinnig geworden. Wir
können uns schwer ein Bild machen, von der namenlosen Freude,
die bei der Friedensbotschaft Hoch und Nieder in Deutschland ergriff.
Man muß es den Staatenlenkern des 17. Jahrhunderts lassen, sie
haben sich mit ihrem Friedenswerke sicherlich nicht übereilt. Nach=
dem man an die fünf Jahre in Münster und Osnabrück getagt
hatte, brauchte man fast noch zwei weitere Jahre in Nürnberg
dazu, um nun mit den Ausführungen der Friedensbestimmungen
zurecht zu kommen. Ja, nachdem man im Jahre 1649 wenigstens
zu einem provisorischen Abschlusse gekommen war, schien es noch
einmal, als ob alles wieder in Frage gestellt und die Kriegsfurie
aufs Neue entfesselt werden sollte. Schließlich brachte der 16. Juni
1650 die endgiltige Erlösung.

Diese beiden Jahre waren eine große Zeit für Nürnberg.
Die Blicke Europas, die Hoffnungen Deutschlands richteten sich auf
diese Stadt. Ein Heer von Gesandten mit großen Gefolgschaften
nahm in ihr seinen Sitz, Karl Gustav von Zweibrücken, der
künftige Schwedenkönig, und der Herzog von Amalfi, Octavio
Piccolomini an der Spitze. Da galt es, die Gäste zu ehren, zu
unterhalten. Und diese wieder mußten die Pflichten der Repräsen=
tanz ihrer Mächte ausüben. Man sah sich nach Männern um,
die Feste geistig zu verschönern verständen. So kamen die Dichter
des Schäferordens zu welthistorischer Bedeutung, das einzige Mal
während seines ganzen Bestehens. Harsdörfer, Klai und Birken,
am meisten die beiden letzteren, entwickelten in Veranstaltung und

Ausschmückung von Festgelagen und Feuerwerken allen emble=
matisch=allegorischen Prunk des überladenen italienischen Barocks.
Man kann ihrer Erfindungsgabe und der Pracht der Ausführung
alle Anerkennung zollen, muß aber doch die Ideenarmut, Geschmack=
und Poesielosigkeit der Zeit beklagen. Am 25. September 1649
gab Herzog Karl Gustav im Rathaussaale ein großes Friedens=
mahl, nachdem der sogenannte „Interimsrezeß" glücklich zu stande
gebracht worden war. Durch das Gemälde Joachim Sandrarts
ist dasselbe dauernd verherrlicht worden. Das Mahl³⁰) bestand
aus sechs Gängen, die ersten vier Gänge aus je 150 Speisen, den
fünften bildeten Gartenfrüchte, den sechsten Zuckerwerk und
Konfekt. Dabei prangten auf der Tafel zwei große Schaugerichte.
Zwölf Köche hatten an diesen Festlichkeiten ihre Kunst erschöpft.
Was uns aber mehr interessiert als alles: kein Geringerer als
Harsdörfer selber hat den Aufbau dieser Schaugerichte geleitet
und sie mit schmückenden Inschriften versehen. Das erste stellte
den Triumphbogen der Eintracht dar, von Karl Gustav zu Ehren
Kaiser Ferdinands III, der Königin Christine und König Ludwigs
XIV. errichtet. Sämtliche Inschriften sind in lateinischer und
deutscher Sprache.

Aurea felici sociantur sidera nexu:
    illustrat belli nubila temperies
Pace benignus amor: jungit Concordia corda:
    Terra Trophaea gerens astra serena refert.

Der Sternen guldner Glantz ein Glücksgestirne füget
Daß Kriegeswetter weicht; es folget heitre Zeit.
Der Fried bringt milde Lieb' und Hertzens Einigkeit:
so froher Himmelsschein der Erden Sieg vergnüget.

Die Einigkeit triumphiert:
    „Concordia — unum necesse est:

Eins ist nöhtig dieser Zeit, nemlich Fried und Einigkeit",
während die „Zwietracht" stirbt und der „Sieg" sich zum Schlafe
niederlegt.

Darauf folgen die sieben Planetengötter, die sämtlich den Frieden verherrlichen. Den Beschluß macht „Luna".

Rerum facies, luneta novatur.
Die Welt und des Mondes Schein,
Wird nun bald erneuet seyn.

Das Lob des Friedens künden die Endworte:

Pax grata resolvit.
Was verwirrt ist hie und dort,
Oeffnet nun deß Friedens Wort.

Pax cuncta serenat.
Der beliebte Friedens Lauff
Löset, was verkehrt ist, auff.

Das zweite Schaugericht stellt einen sechseckigen Berg dar, der in drei Teile gesondert ist. Der kaiserliche Teil hängt voll von Früchten, der schwedische starrt von Schneebergen und Felsen, der französische ist ganz in Blumen gehüllt. Auf den Bergen stehen drei Nymphen, gekleidet in die Farben Österreichs, Schwedens und Frankreichs, die gemeinsam einen Ölzweigkranz halten.

Auf des Kaisers Seite sitzt ein Adler in einem Neste, und eine Henne brütet unter einem Feigenbaum und Weinberge. Auf Schwedens Seite liegt ein Löwe auf Schild und Schwert und daneben Simsons Kinnbacken, aus dem Rosenwasser quillt. Frankreichs Seite weist einen Hahn auf, der auf einem Helme steht:

Vigilantia Felix
Meine Sorg und Wachsamkeit
Hat mir manches Glück bereit

und einen frischen Ölzweig auf dürren Stamm gepfropft.

Unter dem Berge halten drei Winde verborgen:

In Pacem conspirant undique venti.
Nun! die Pfeilgeschwinde Wind
In der Welt zu finden sind.

Dieses schwedische Friedensmahl endete bekanntlich mit der humoristischen Scene, daß die ganze Gesellschaft, die Fürsten als die Offiziere, die übrigen Gesandten als die Gemeinen auf die Burg marschierten, dort die Geschütze lud und abfeuerte und hierauf vom kaiserlichen Oberst Ranfft abgedankt wurde.

Bei dieser Gelegenheit wohl war es, daß Harsdörfer entgegen seinen sonstigen Gepflogenheiten Karl Gustav, als Mitglied der fruchtbringenden Gesellschaft „der Erhabene" benannt, ein Lob= gedicht übersandte. „Fried= und Freudenschall dem durchleuchtigten Fürsten und Herrn Carol Gustav Pfalzgraf .... der Kgl. Majestät aus Reichs Schweden .. Generalissimus .. angestimmt durch ein Mitglied der fruchtbringenden Gesellschaft, Nürnberg 1649." Es besteht aus 9 Strophen, deren jede überschrieben ist: „Fröhliche Post". Die siebente lautet:

Held Gustav nechstkünftiger König in Schweden
macht unsre Teutschen, als Träumende, reden,
befreyend sie von den bluttriefenden Feden.
Die güldenen Zeiten
sich wieder herleiten,
und enden des Krieges frühzeitiges Töden.
Der Höchste belohne
aus Göttlichem Throne
den Pfälzischen Löwen mit Schwedischer Krone [31]).

Karl Gustav übersandte Harsdörfer eine goldene Kette und hundert Dukaten. Ob Harsdörfer dieser klingende Sold wohl behagt haben mag?

Klai verherrlichte das gleiche Mahl in seinem Karl Gustav gewidmeten „Schwedisches Fried und Freudenmahl .. zu Nürnberg 1649".

Krieg, Frieden, Fröhlichkeit und andere allegorische Personen, dazwischen der Chor der Pegnitzschäfer, treiben ihr buntes Spiel.

Nicht ohne dichterische Kraft ist sein Loblied auf den Frieden:

Als Teutſchland Gott durch ſeine Macht
Den Frieden wieder ſchickte,
Deucht es uns ſeyn ein Traum bei Nacht,
Den man im Schlaff erblickte,
Doch fingen wir zu ſingen an:
Das, das hat Gott an uns gethan,
Wilkommen fried, wilkommen!

Er thut an uns ja freilich viel,
wie die ſo Mittag haben,
Die kühlen Bäche ſonder Ziel,
im dürren Sande laben,
wir ſäten ja mit Threnen ein,
jetzt wir als Schnitter frölich ſeyn,
Wilkommen fried, wilkommen!

Es pflegt der Ackermann zwar hin
aufs Feld mit Leid zu ziehen,
Doch wird ihm bald erfreut ſein Sinn,
wann er die Saat ſieht blühen,
wann, daß er bey den Garben ſingt,
und ſie mit Luſt nach Hauſe bringt,
Wilkommen fried, wilkommen!

Nach dem „Friedens-Exekutions-Hauptrezeß“ hielt am 4. Juli 1650 der Herzog von Amalfi Piccolomini im Namen und Auftrage des Kaiſers ſein großes Friedensbankett.

Birken hatte 1649 im Auguſtinerkloſter vor einer gewählten Zuhörerſchaft ſeine Rede über „Krieges- und Friedensbildung“ gehalten. Dieſelbe iſt ſpäter mit einer „Schäferei“ gemehrt im Drucke erſchienen. Nach unſerm Geſchmacke iſt ſie durchaus ungenießbar, dem Herzog von Amalfi aber hat ſie ſeiner Zeit einen ſolchen Eindruck gemacht, daß er Birken, oder wie er ſich damals noch nannte „Betulius“, mit den Anordnungen zu ſeinem Friedensbankett und dem darnach folgenden Feuerwerk auf dem Schießplatze bei St. Johannis betraute. Dieſes Feuerwerk bildete die

Krone der ganzen Festlichkeit. Von Birken selber, von Klai, im großen Trincirbuch 1657 haben wir die eingehendsten Schilderungen desselben mit Plänen und Abbildungen. Die allegorische Dichtung der Zeit feierte ihren Triumph im Brillantfeuer der Pyrotechnik. Das Feuerwerk scheint wirklich für die Zeit eine außerordentliche Leistung gewesen zu sein, die emblematischen Dichtungen dagegen erheben sich in keiner Weise über das bis zum Überdruß bekannte Gepräge. Ein breitspuriges Festspiel Birkens „Teutscher Kriegs Ab- und Friedens Einzug in etlichen Aufzügen" hatte die Feierlich= keiten eröffnet. Man konnte sich nachgerade in Verherrlichung des Friedens nicht mehr genug thun.

Nachdem Fürsten und Herren längst Nürnberg verlassen hatten, bildete der Friedensschluß noch auf Jahre hinaus einen erwünschten Vorwurf schriftstellerischer Thätigkeit. So schrieb Klai seine „Irene d. i. vollständige Ausbildung deß zu Nürnberg geschlossenen Friedens 1650". Birken ließ 1651 seine Margenis aufführen, d. i. das vergnügte, bekriegte und befriedigte Teutschland (später auch gedruckt). Montanos (Helwig) schon erwähnte Nymphe Noris dürfen wir ebenfalls hieher zählen. Zum Schlusse gibt Birken noch in einer Art historischem Romane, wenn man dem Namen nicht zu wehe thut, in seiner „Friederfreuten Teutonia 1652" eine zusammenfassende Darstellung aller hieher gehörigen Ereignisse.

Warum eigentlich Klai Nürnberg verließ, bleibt bis jetzt unaufgeklärt. Sollte es seinen so einflußreichen Gönnern Hars= dörfer und Dilherr wirklich unmöglich gewesen sein, ihm eine auskömmliche Stellung in Nürnberg selber zu verschaffen? Fast möchte man an eine Verstimmung glauben, um so mehr, da Klai mit seinem Wegzuge sich überhaupt von der Schriftstellerei zurückzog. Die Rückkehr Birkens nach Nürnberg, der große Anklang, den dieser noch junge Mann so rasch fand — wer weiß, ob sich hiedurch nicht Klai zurückgesetzt fühlte!

Die radikal=puristische Bewegung der deutschgesinnten Gesellschaft Zesens hatte auch nach Nürnberg ihre Wogen geschlagen. Unter der Leituug der als sprachgelehrten Frau in hohem Ansehen stehenden Katharine Regine Freiin von Greifenberg auf Seissenegg, † 1654, blühte eine zeitlang in Nürnbergs Mauern die „Lilien= zunft". Auch Harsdörfer (der Kunstspielende) und Birken (der Riechende) gehörten äußerlich zu dieser Genossenschaft. Letzterer unterhielt sogar mit der Freiin von Greifenberg einen eifrigen Briefwechsel. Dennoch bestand, wie wir schon wissen, ein tief= gehender Gegensatz zwischen Harsdörfer und Zesen. Ob der Orden der Pegnitzschäfer unter diesem Wettbewerb zeitweilig zu leiden hatte, läßt sich nicht mehr nachweisen. Diese Lilienzunft zerfiel übrigens bald wieder [32]).

So viel ist gewiß, der Hirtenorden verödete in den Fünfziger Jahren. In der letzten Zeit vor Harsdörfers Tod führte er nur mehr ein Scheindasein. Er wäre sicher mit Harsdörfer ent= schlummert, hätte ihn nicht Birken zu neuem Leben erweckt.

Noten zu IV.

---

[1]) Dohm, die spanische Nationallitteratur S. 202 ff — [2]) Motto zur Pegnesis und anderweitig — [3]) s. Anhang unter „Diana" — [4]) Gewöhnlich wird die Übersetzung von Loredanos „Dianea" schon in das Jahr 1634 gelegt. Auch Amarantes thut das. Letzterer erwähnt, dieselbe sei sehr selten geworden, weshalb wohl die wenigsten Gelehrten seiner Zeit (1744) sie zu Gesichte bekommen haben werden. Man findet sie deshalb auch unter den Harsdörferschen Schriften häufig, wie ich glaube, gar nicht erwähnt. Auch Wolfg. Endter thut derselben in seiner allerdings ziemlich leichtfertig verfaßten buchhändlerischen Anzeige vor dem 3. Teil des Nürnberger Trichters (1653) keine Erwähnung, obgleich er anderweitige Schriften herzählt, die nicht einmal in seinem Verlage erschienen sind. Alle meine Bemühungen, dieser Dianea von 1634 habhaft zu werden, blieben erfolglos. Dagegen finden sich in Göttingen wie in München Exemplare einer Übersetzung aus dem Jahre 1644, die bei Wolfg. Endter ohne Angabe des Verfassers erschienen ist. Gödeke III, 108 schreibt diese Dietrich von dem Werder zu auf Grund der anagrammatischen Unterschrift: Ich rede dir von Trewe. Nun leitet aber diese Übersetzung gerade das Widmungsgedicht ein, das Amarantes als charakteristisch für Harsdörfer anführt. Wer Harsdörfers Art einigermaßen kennt, wird sagen müssen, das Gedicht kann nur von ihm sein. Ich bin daher der Meinung, Amarantes hat auch diese Übersetzung von 1644 vorgelegen, er hielt sie für einen spätern Abdruck der Übersetzung von 1634. Wie wäre es nun, wenn es überhaupt gar keine Übersetzung von 1634 gegeben hätte? Wenn diese Übersetzung von 1644 die Harsdörfersche wäre? Dafür sprächen äußere und innere Gründe. Einmal besitzen wir dafür kein Zeugnis, daß irgendwer die Übersetzung von 1634 wirklich gesehen hat, fürs andere stammt das Widmungsgedicht wirklich von Harsdörfer, fürs dritte trägt die Diktion ganz Harsdörfers Gepräge, zum vierten entspricht diese Annahme weit besser dem ganzen Schrifttume Harsdörfers. Würde diese Übersetzung nämlich schon 1634 erschienen sein, so wäre sie die erste deutsche Schrift Harsdörfers, der erst 1641 wieder eine weitere gefolgt wäre. Dazwischen lägen nur lateinische Schriften. Es ist weit natürlicher und zeitgemäßer, daß Harsdörfer mit lateinischen Schriften begann und dann erst allmählich den Mut faßte, zu deutschen überzugehen. Der zeitlich viel später als 1634 geschriebene Dankbrief Loredanos ist an keinen litterarisch Unbekannten, sondern an eine deutsche Berühmtheit gerichtet. Ich möchte mich demnach dafür entscheiden, unter Verzicht auf die imaginäre Über-

ſetzung von 1634, die vorliegende Überſetzung von 1644. für Harsdörfer in Anſpruch zu nehmen — ⁵) Sauer, Geſchichte der italieniſchen Litteratur S. 402 und 403 — ⁶) Amarantes S. 70 — ⁷) Schwarzenberg: Leben und Wirken Dilherrs, Dresden 1892 — ⁸) Schottel, „Von Teutſchlands . . Scribenten Lib. V, S. 1210 ff — ⁹) Beck, S. 169 u. 170 — ¹⁰) Dilherr: Hohe Schule der höchſten Lehren 424 ff nach Schwarzenberg S. 35 — ¹¹) Tittmann S. 163 — ¹²) Fort⸗ ſetzung der Pegnitzſchäferei S. 31 u. 32 — ¹³) Pegneſis 1673 S. 94 u. 95 — ¹⁴) Pegneſis S. 97 u. 98; Dr. Littig hielt im Frühjahre 1893 im Vereinslokale einen eingehenden und ſehr anregenden Vortrag über Harsdörfer. Leider er⸗ ſchien derſelbe bisher nicht im Druck — ¹⁵) Amarantes S. 29 und 33 — ¹⁶) Wolgemeinte Satzungen und Verordnungen, welche die ſämtliche Glieder der löblichen Nürnbergiſchen Blumen⸗Geſellſchaft an der Pegnitz zu beobachten haben. Nürnberg, Gedruckt mit Endteriſchen Schriften 4⁰ 1 Bogen — das erſte gedruckte Mitgliederverzeichnis erſchien erſt 1794 (dieſe Angaben ſind den handſchriftlichen Aufzeichnungen von Schwarz 1828 entnommen) — ¹⁷) Ama⸗ rantes (Herdegen) S. 46—57 — ¹⁸) Amarantes S. 4 — ¹⁹) Amarantes S. 238—281 — ²⁰) Amarantes S. 79—158 — ²¹) Der Orden beſitzt noch von Birken zwei Album. Die Einzeichnungen beginnen mit dem Jahre 1644 und enden mit 1680. Das erſte trägt gewiſſermaßen einen offiziellen Charakter. Es iſt „dem Theuren fruchtbringenden auch fürtrefflichen Blumengenoſſen und Kunſtliebenden gewidmet". Die der Zeit nach älteſten Einzeichner ſind Chriſtian Dietrichſtein und Harsdörfer aus dem Jahre 1645. Den Ehrenplatz nimmt ein Herzog Auguſt von Braunſchweig mit dem Denkſpruche: „Omnium rerum vicissitudo" 1648. Das zweite kleinere trägt einen allgemeineren, mehr per⸗ ſönlichen Charakter. Es enthält 60 Einzeichnungen. Harsdörfers lateiniſche Einzeichnung fol. 34 trägt die Widmung:

Hoc Praestantissimo atque amicissimo suo Betulio, cum voto omnis prosperitatis, inserebat.

Norimb. postrid. Kal. Nov. 1645.

Georg-Philippus Harsdörffer
Dicaster. Noric. Assessor.

Der Spielende.

Von bekannten Namen begegnen wir noch Chriſtoph Führer dem Vater fol. 30, Karl Guſtav von Hille (fol. 39), Juſtus G. Schottelius (fol. 42), Elias Oelhafen (fol. 58).

Der „Erwachſene" meint:
Strefon, Riſt, Fontano
ſtehen beiſammen
Sie fühlten, unſre Sprach zu zieren, gleiche Flammen:
Drum ſind ſie Doppel⸗Glieder worden,
im Palmen und im Blumen-Orden.

Floridan (Birken) urteilt über sich selber:

Was dort
Der Edle Strefon
hat ersonnen /
Das Blumen-Band.
Daran hat Floridan hier fortgesponnen
am Pegnitz-Strand
Thut, was Ihr thut,
Belobte Hirten=Brüder!
Gott, Tugend, Sprach!
u. s. w.

[22]) Hansen, Rist S. 150 ff — [23]) Hansen, Rist S. 79—80 — [24]) Hansen, Rist S. 63 — [25]) Hirsch, Geschichte der medicinischen Wissenschaften in Deutschland. 1893, S. 92 — [26]) Siehe im „Anhang" — [27]) Herodes, der Kindermörder, S. 55—62 — [28]) Der leidende Christus S. 33 — [29]) Gervinus III., S. 429 ff — [30]) Trincirbuch (1657) S. 241 ff und Betulius, die Friederfreude Teutonie S. 56 ff — [31]) Krause, Fürst Ludwig II., 307 — [82]) Pfister, Handbuch der vorzüglichsten Denk= und Merkwürdigkeiten der Stadt Nürnberg 1833, II, 339 —

V

Harsdörfer
als didaktisch-religiöser Schriftsteller.

Als Erzähler setzt Harsdörfer in vier Sammlungen das Werk fort, das er in den Gesprächspielen begonnen hat. Hier, wie dort, sind es meist fremde Stoffe, denen Harsdörfer nacherzählt; hier, wie dort, tritt das Ermahnende, Belehrende, öfter Strafende stark in den Vordergrund. Es ist die leichtere Form der Erzählung, der Novelle in damaligem Sinne, der sich Harsdörfer bedient, um seine Gedanken unter die Leute zu bringen. Er schlägt dabei freilich eine bedenkliche Sorte von Geschichten an, eine Art von Pitaval-Novellen. Sie erregten ungemein die Neugierde. Reißend gingen diese Geschichtensammlungen ab; manche erlebten noch im 18. Jahrhundert neue Auflagen. Der Nachdruck arbeitete dabei noch wacker mit. Faſt ſchmunzelnd berichtet uns Harsdörfer in der Vorrede zu ſeiner vierten Sammlung, dem „Geſchichtsſpiegel" (1644), welchen Anklang dieſe Schriften gefunden, wie die Nachfrage ihn immer wieder zu neuen Fortſetzungen veranlaßt habe.

Dabei kann er um ſo feſter auf ſeinem Schriftſtellerrechte beſtehen, den Menſchen den Spiegel vorzuhalten über ihr Thun und Treiben. Er will es getroſt darauf ankommen laſſen, und wenn es ihm auch ergehen ſollte, wie dem Spiegel des alten Mütterleins. Das hatte ſeit zwanzig Jahren nicht mehr in denſelben geſchaut. Als die Alte nun wieder einmal hineingeblickt und ihr runzlichtes Antlitz daraus erſehen, da meinte ſie: „Die Spiegel ſind nicht mehr ſo gut als vor deſſen / man kan ſie nicht ſo wol machen / oder ſie verderben mit der Zeit" (Geſchichtsſpiegel 742). Über die Schreibart urteilt Harsdörfer ſelber, daß „ſolche keine außgeſuchte Worte der groſſen Wolredenheit leide, ſondern auß einer gleichgeſchnittenen Feder herflieſſe". Kurz meint: „Roher Stoff in roher Darſtellung", während Tittmann „den Vortrag meiſt einfach und natürlich" findet, ja „oft in der Form ganz anziehend"[1]). Beider Urteil hat ſeine Berechtigung. Mitunter ſind die Erzählungen nach Inhalt und Form von beleidigender Rohheit, und andern wieder iſt ſchriftſtelleriſches Geſchick, eine gewiſſe Anmut und Naivität des ſprachlichen Ausdruckes nicht abzuſprechen. Harsdörfer eignete entſchieden ein ganz ſchönes Erzählertalent; es gebrach ihm nur an Geiſteszucht, Ruhe und Überlegung; er würde bei öfterer Durchſicht und Verbeſſerung ſicherlich Vortreffliches zu leiſten vermocht haben. Aber wir kennen ja Harsdörfers Arbeitsweiſe! Wie die Dinge eilig aufs Papier geworfen worden waren, ohne nochmalige Sichtung, ſo kamen ſie unbeſehen zum Drucke.

Wir beſitzen vier Sammlungen dieſer Art. „Der groſſe Schau-Platz Luſt- und Lehrreicher Geſchichte", zwei Bände, der zweihundert Erzählungen enthält, erſchien von 1650—1653 in drei Auflagen. Hierauf folgte „Der groſſe Schau-Platz Jämmerlicher Mordgeſchichte", wieder aus zweihundert Erzählungen in zwei Teilen beſtehend. Bis zum Jahre 1693 erlebte dieſes Werkchen nicht weniger als ſieben rechtmäßige Auflagen. Die beiden Büchern angefügten zahlreichen Anekdoten, unter denen sehr gute und für die Zeitverhältnisse recht charakteristische sich befinden, vermehrten sicherlich die Zug= kraft. Als dritte Sammlung reihte sich daran „Heraklitus und Demokritus, d. i. 100 fröliche und Traurige Geschichte" 1652, dem 1653 eine zweite Sammlung, wieder mit hundert Geschichten, unter dem gleichen Titel folgte. Den Beschluß macht „Der Geschichtspiegel Vorweisend hundert denkwürdige Begebenheiten" vom Jahre 1654. Sämtlichen vier Sammlungen sind Zugaben, oft doppelte, beigegeben.

Den Stoff entnimmt Harsdörfer zum größern Teil spanischen, italienischen, englischen Schriftstellern, weitaus am meisten wieder den Schriften des Franzosen Jos. Petrus Camus, Bischof von Belley; nur zum kleinsten Teile sind es eigene Erzählungen. Dieser Camus (1582—1652), der uns noch öfter begegnen wird, ein ungemein fruchtbarer Schriftsteller — spricht man doch von zweihundert Schriften desselben —, gilt als der Schöpfer des sogenannten „frommen Romans" in der französischen Litteratur. Man nannte ihn überschwenglich auch „den geistlichen Lucian". Noch 1703 ließ der Jesuit Richard Simon eine seiner Schriften neu auflegen. Camus wurde Bischof von Belley; später, nach Harsdörfer auf Richelieus Veranlassung, der ihm übel wollte, verzichtete er auf sein Bistum, wurde Abt zu Aunay und leistete den Armen im Lazarett von Paris mannigfache Hilfe[2]).

Neben Camus tritt der Engländer Hall besonders in den Vordergrund. Joseph Hall (1574—1656), erzogen im Emanuel= Colleg in Cambridge, Dekan zu Worcester, später Bischof zu Exeter und Norwich, war ein Gegner des Parlaments, weshalb er im Bürgerkriege zweimal in den Tower geworfen ward. Seine Schriften sind teils asketisch=mystischen, teils satyrischen Inhaltes, englisch oder lateinisch geschrieben[3]). Harsdörfer bezog sich sehr vielfach auf ihn. Hall stand ihm offenbar geistig noch viel näher als Camus. Seiner religiösen Richtung nach durch und durch Ireniker, strebte Hall, wie Duräus, eine Vereinigung aller Protestanten an, ein gewiß ebenso berechtigter, wie undurchführbarer Wunsch.

16

Als besondere Fundgrube dienten Harsdörfer Belleys „Evénements" und „L'Amphitheatre Sanglant". Dabei sollen nach Baco von Verulams Wunsch nicht nur die Thaten der Fürsten, sondern auch die des gemeinen Mannes ihre Berücksichtigung finden. Die starke Nachfrage ermutigte Harsdörfer zu stetiger Vermehrung. Während z. B. der erste Druck der „Jämmerlichen Mordgeschichte" nur fünfzig Erzählungen aufweist, bringt der dritte davon hundert, die dann durch Herausgabe eines zweiten Teils auf zweihundert vermehrt werden. Betrachten wir uns die dritte und vierte Sammlung, den „Demokritus und Heraklitus" und den „Geschichtsspiegel", in denen sich die Lehrtendenz immer mehr zuspitzt, etwas näher.

„Demokritus und Heraklitus d. i. 100 Fröliche und Traurige Geschicht", denen zehn sogenannte Geschichtreden beigegeben sind, vom Jahre 1652, ist im ersten Teile fünf herzoglichen Brüdern von Weimar gewidmet. Der zweite Teil dagegen, im Jahre 1653, der außer weiteren hundert Geschichten noch „10 dreyständige Sinnbilder der Gemütsneigungen" enthält, wurde der Herzogin Eleonore Dorothee von Sachsen zugeeignet. Die meisten Geschichten, namentlich des ersten Teils, sind des Bischofs Jean Pierre Camus von Belley Memoriaux Historiques 1643 entnommen. Diesen damals noch lebenden hochangesehenen Mann macht Harsdörfer für die Glaubwürdigkeit verantwortlich.

Im zweiten Teile hat er sich eigene Zuthaten gestattet. Den lehrhaften Charakter wahren die Einleitung und ein Bibelwort, mit dem die Erzählung immer abgeschlossen wird. Harsdörfer erklärt die Wahl des Titels damit, daß man der Welt Dinge doppelt ansehen könne, beklagens- und belachenswert. Allerdings walte das Elend vor, deshalb habe er auch mehr traurige als lustige Geschichten mitgeteilt. In zwei Schutzreden für Heraklitus und für Demokritus sucht er die Berechtigung des weinenden und des lachenden Philosophen nachzuweisen. Zum Schlusse meint er dann, vieles freilich sei gleichermaßen beweinens- und belachenswert. Oder kann man etwa Besseres thun, „wenn unsere Jugend 10. Jahre an der lateinischen Sprache lernet, so ist es so lächerlich, so schädlich und weinenswerth, wenn sie vermeinen, daß sie gelehrt seyn, in dem bestehet alle ihre Wissenschafft in Zweiffel und etlichen zusammen gerafften Unterscheidungen, ist dieses nicht lächerlich, und zugleich mit Threnen zu bedauern?"

Die meisten Geschichten handeln von Liebeslust und =leid; es fehlt dabei nicht an Gift und Dolch; Ehebruch, Entführung, Schwert, Strick, Rad sind keine Seltenheiten. Doch finden wir mitunter auch andere seltsame Begebenheiten mit eingestreut. Sehr anmutig zum Beispiel liest sich die Geschichte von der „Heilung deß Ziperleins" (LXIX, 405—414). Wir erfahren, daß das Zipperlein aus den scharfen Kopfdünsten entstehe, die sich zwischen Haut und Hirnschale ansammeln und nun nach den Gelenken hinabfließen. Schrecken soll diese heillose Krankheit schon öfters vertrieben haben. Am besten aber erweist sich doch „die älteste Diäte, welche nemlich Gott dem Adam vorgeschrieben, sagend: Im Schweiß deines Angesichts, solt du dein Brod essen".

Die dem ersten Teile beigegebenen zehn Geschichtsreden sind den Italienern Gio Battista Manzini und Gio Francesco Loredano nachgedichtet. In Deutschland hat diese Gattung, eine Art von Heroiden, zuerst August Buchner, aber in lateinischer Sprache, eingeführt. Seine Rede, die er dem zum Tode verurteilten König Karl I. von England in den Mund legte, erregte seinerzeit Auf= sehen. Harsdörfer läßt durchgehends Männer und Frauen des Altertums wie „die klagende Helene", „den reuigen Alexander", „die gedemütigte Kleopatra" oder „den sterbenden Germanicus", ihr tragisches Geschick in langatmigen, bombastischen Reden aus= einandersetzen und beklagen.

Dem zweiten Teile gab Harsdörfer zehn von ihm selber ersonnene moralische Betrachtungen bei. Jede derselben zieren drei Bilder mit Sinnsprüchen. So handelt z. B. die achte Ab= handlung „von der Furcht". Wir sehen da zuerst einen scheu sich bergenden Hasen, den ein Jagdhund hierauf aufjagt und schließlich ereilt. Die Umschriften lauten: Schwach und verzagt — Zu fliehen wagt — Wird letzt erjagt. Inhaltlich bewegen sich diese Abhandlungen vollständig in der hergebrachten Weise

16*

unter Berufung auf Aussprüche der heiligen Schrift und der
Weltweisen und auf eigene innere Erfahrung.

Der Geschichtsspiegel bringt uns hundert Erzählungen. Die
ersten achtunddreißig sind aus Belleys „Spectacles d'Horreur,
Paris 1630" entnommen (S. 258). Diesmal gibt Harsdörfer
zunächst ein Sinnbild, dem dann die Geschichte folgt; eine
Ermahnung bildet den guten Beschluß, die sich mitunter zu einer
förmlichen Abhandlung erweitert. Liebe und Eifersucht, echt
romanisch, spielen wieder eine große Rolle darinnen. Es fehlt
nicht an ziemlich gepfefferten Stellen. Aber auch dem Unschönsten
wird ein moralisches Mäntelchen umgehängt.

So wird z. B. bei der Kindsmörderin (XIV, 79—85) in sehr
ausführlicher Weise vom Selbstmord gehandelt, und wie Altertum
und Christentum denselben angesehen haben. Einen fast komischen
Eindruck macht es, wie im Kinderspiel (XVIII, 106—111) alles
Ernstes das Schwein in allen seinen unschönen und nützlichen
Eigenarten abgehandelt wird. Namentlich berührt der Schluß
eigentümlich, daß auch der Menschen erste Kost Eicheln gewesen
seien. Mit großem Eifer spricht sich Harsdörfer in den „drey
Häuptern" dafür aus, daß die Strafe des Hängens für Diebe
durchaus nötig sei, der Häufigkeit der Diebstähle wegen. Zudem
wird nach der Carolina erst der dritte Diebstahl über fünf Solidi
mit dem Tode bestraft. Zieht man aber die Galeere vor, so
fragt sichs sehr, welches die grausamere Strafart sei. (XXI, 135.)

Natürlich fehlt es auch nicht an allerhand Teufelsspuk,
ohne den es nun Harsdörfer einmal nicht thut (vergl. Zauber-
händel, LV, 389—95; die falsche Wunder, LXX, 506—515; die
wunderlichen Krankheiten, XCVIII, 719—729). Die Goldmacherkunst wird in LXXX, 581—589 gründlich abgewandelt. Er
erwähnt dabei der verständigen Meinung, daß man wohl
etwas der Farbe nach goldähnliches hervorbringen könnte, nie
aber echtes Gold. „Es wäre zu wünschen, daß alle, welch
hierinnen arbeiten, nicht nur die Hand in den Kohlen, sondern
auch die Augen in den Büchern übten", ... denn „es
gehört Wissenschafft und Uebung zusammen, wie Leib und Seele".

Für alle Fälle ist es eine bedenkliche Kunst, gleich geeignet zu Selbstbetrug, wie zum Betrug anderer. Deshalb sollte überall das englische Gesetz gelten, daß die Ausübung der Kunst von obrigkeitlicher Bewilligung abhängig gemacht werde.

Den Schluß bilden „die Jungfräulichen Wundertugenden" (C, 734—741). Darin kommt er wieder auf die Frage zu reden, ob Frauen studieren sollten. Aus sechs gewichtigen Gründen scheint Harsdörfer es wünschenswert, deren hauptsächlichster wohl der ist, daß darinnen erst die volle Gewähr der Gleich= berechtigung der beiden Geschlechter verbürgt liege. Thöricht sei, wenn die Gegner erwidern, die Frauen wollten dann alle studieren, oder sie thätens nur der Ehre halber. Dagegen zeige sich die heimliche Furcht in dem Vorwande, die Weiber könnten zu klug werden. Solche Männer fürchten der Frauen Überlegen= heit, und in der That, es gibt Frauen, die ihren Mann stellen: die Königin von Schweden, Christine, die Pfalzgräfin Elisabeth, die Herzogin von Braunschweig=Lüneburg, Sophie Elisabeth, Prinzessin von Rohan, Margaretha Maria von Bubinckhausen und Walmerod, das Fräulein von Gournay, Marie Crinitia, Anna Ovena, Laura Cereta, Salome Schimpfer u. s. w. Lassen wir zum Schluß Harsdörfers Gedicht über den Reichtum folgen, das dem „nehrenden Honig" (LXXIV S. 535) entnommen ist.

Den Reichtum nennt man gut weil er / wie Honig nehret /
Er heist die guldne Kron / die man gehorsam ehret /
Der Armen Trost und Heil / das allen Elend wehret /
Ein Gut / das alles Leid und Streit zum Besten kehret.
Das Gut / ist böß und gut / das guts und böses lehret /
Das fried und Einigkeit zerrucket und verstöret.
Das Gut macht übermut / daß sich das Volk empöret:
So daß man Leut und Land / mit Flam und Schwert verheeret /
Gleich wie deß Zeitlers Hand im Honigschnitt verfähret
Es ist das Gold ein Götz / darbey der Geizhals / schwöret /
Daß ihm so Nachts so Tags die Martersorgen mehret
Und die Gewissens Ruh mit Bitterkeit versehret.
Das Gallen-bittre Geld / die ganze Welt bethöret /
Das manchers Sünders Sinn in freud und Leid verzehret.

Wie wir aus den Gesprächspielen schon wissen, gab es keinerlei Kunst und Kunstfertigkeit, der Harsdörfer nicht sein Interesse entgegenbrachte. So gibt er uns unter anderm dort eine Anleitung zur „Reutkunst" in Reimen und belehrt uns in den Gesprächspielen C (S. 83) und CCXXIX (S. 58 ff) über „Dantzspiele" und „Schauessen". Von den letzteren als einer hochwichtigen Sache handelt eine ganze Litteraturgattung des 17. Jahrhunderts, die sogenannten Trincirbücher [4]). Das Wort kommt aus dem italienischen trinciare, das „zerlegen" bedeutet, wofür später seit Stielers Wörterbuch „Trinschiren" und schließlich, wohl infolge des Französischen trenchier, „Tranchieren" gesagt wurde. Die Vorschneidekunst galt im Mittelalter als zur ritter=lichen Zucht gehörig. Im satirischen Tone der Grobianus=litteratur wird sie gegen die rauhen Sitten der niederen Stände verteidigt. Neben den Komplimentier= und Zuchtbüchlein gehen nun seit dem 17. Jahrhundert die anfänglich „sehr zeremoniös" gehaltenen Trincirbücher einher. Diese Kunst stammt aus Italien; sie hat auch dort ihre beiden ersten klassisch gewordenen Dar=stellungen gefunden, die inhaltlich allen späteren Bearbeitungen dieses Jahrhunderts zu Grunde liegen. Die erste stammt von Giacomo Procacchi aus Cremona, 1601 in Rom erschienen, und 1620 ins Deutsche übersetzt. Die zweite hat merkwürdiger Weise einen Baiern aus Mosburg, Matthias Geiger, zum Verfasser, der sein Werklein 1639 in Padua italienisch herausgab [5]). Aus diesen beiden schöpfen nun die zwei gleichzeitig in Rinteln und in Nürnberg 1648 herauskommenden Trincirbüchlein.

Für uns handelt es sich nur um dieses letztere. Es ist bei dem Kunsthändler Paul Fürst erschienen. Einleitung und Gedichte sind mit Sicherheit aus Harsdörfers Feder. Später (1652) wurde bei einer zweiten Auflage das Werklein um zwei Abschnitte erweitert, so daß es nunmehr fünf zählte. Diese Erweiterungen erweisen sich großenteils wieder als Harsdörfersche Zuthat. So ist z. B. das Lob des Geschmackes am Beginne des vierten Abschnittes wortwörtlich der Lobrede auf den Schmackhaften in der „Fort-setzung der Fruchtbringenden Gesellschaft 1650" entnommen. Das geschmacklose dramatische Gedicht „der Götter Blumenmahl" wird nun an das Ende des vierten Abschnittes gestellt, während die bei Harsdörfer so beliebten Fragen, hier „Gast- und Tischfragen" genannt, den fünften Abschnitt füllen.

Das Büchlein fand Anklang, denn schon 1657 erscheint als dritte Auflage ein wörtlicher Abdruck dieser zweiten. Aus der Vorrede erfahren wir, daß schon das Altertum auf Ordnung und Anstand bei den Mahlzeiten gehalten habe, daß aber besonders Italien, Frankreich und England die Pflegestätten guter Sitten wären. Selbst die heilige Schrift wird beigezogen und die Gott= gefälligkeit der Gastmähler aus dem Vergleiche mit dem großen Abendmahle zu erweisen gesucht. Die erste Abteilung behandelt als Einführung die Tafeldeckkunst: wie müssen Tischtücher und

Servietten gefaltet sein, in welcher Ordnung sind die Speisen aufzutragen? Abteilung II führt uns dann in die eigentlichen Geheimnisse der „Trincirkunst" ein, indem wir da „Von Zerschneidung und Vorlegung der Speisen" hören. Nicht eben sein, aber sehr deutlich erschallt es uns entgegen aus der poetischen Widmung „An Herrn Grobian von Säuhausen" (S. 54).

Dich schau ich an / Herr Grobian ʒ und deine Bauren Sitten.
Der du wohl nie / mit Kunst und Müh / die Speise hast zerschnitten.
Von dir ist weit all Höflichkeit / soll man dich nicht beschämen?
Du schöner Knab / schneid Nägel ab / mit ihren Kotgebrämen.
Eil / eil von hier / wasch vor der Thür / die Händ ohn widersprechen:
Du schneidest bas / das nasse Gras / und gabelsts mit dem Rechen.
Man kan von dir / deß Adels Zier / niemals mit recht erheischen /
Denn dein Gericht / zerlegst du nicht / du kanst es sonst zerfleischen.
Im fetten Speck und Kuttelfleck / kannst du die Glencke finden /
Im langen Mist dein Arbeit ist / such dorten Zimmetrinden.
Darumb schweig still! Der Klappermühl / deß Pövels / ist zu lachen.
Er richt geschwind / gleich wie der Blind / und kan nichts besser
machen.

Dagegen steht solche Kunst „allen Mannspersonen .. sonderlich den Hof-leuten .. und .. holdseligen Frauenzimmer" wohl an. Wie lieblich macht sichs doch, wenn sie mit zarter Hand die Ärmel aufstreift, um ein Haselhuhn zu zerlegen (S. 56):

„Die Finger spitzte sie / ließ sich nicht lang erbitten /
in einem Augenblick hatt sie das Hun zerschnitten /
und legte darvon für / mit so beliebter Art!
Daß in derselben Stund mein Hertz verwundet ward.

Die Lieb / die heiße Lieb / durchpfeilte meine Glieder /
Durchschnitte mir das Hertz / und ich kan nichts darwider.
Ach Jungfrau / lehrt mich doch: ist nicht dort in der Mitt /
Wie man zu reden pflegt / der beste Pfaffenschnitt?"

Was da „kreucht und fleugt" wird jetzt gelehrt, kunstgerecht zu zerlegen. Wers recht gut machen will, bedarf dazu fünf Gabeln und vier Messer verschiedener Größe. Auf fürstlichen Tafeln wird außerdem noch ein eigenes „Credenzmesser“ gebraucht. Dazu kommen: Eierhalter, Markpfriemen und Marklöffel, Austermesser und Wetzstahl. Die Gabel, bei den Mongolen erfunden und über Byzanz im 13. Jahrhundert nach dem Westen verbracht, wo sie sich sehr langsam einbürgerte[6]), finden wir bereits in Thätigkeit. Weiter hören wir, wie Torten, Konfekt und Obst zu behandeln sind. Eine sehr kräftige Ermahnung an den „Trincirer“, sich des Räusperns, Hustens, Kratzens u. s. w. zu enthalten, beschließt diesen wichtigsten Abschnitt.

Der III. Abschnitt bringt uns den „Kuchen-Calender“; wir erfahren, wann Tier, Frucht und Kräutlein für den Gaumen am wohlschmeckendsten seien.

Im IV. Abschnitt werden wir über „die Schauessen“ belehrt. Harsdörfer verkennt nicht in der Vorrede zu den Schau= gerichten, „daß solcher Pracht überflüssig, unverantwortlich und vielmals mit der armen Unterthanen Nachteil / und deß gantzen Landes Unheil Werckstellig gemachet werden“ (S. 202 ff), es sei „ein Mißbrauch eingerissen“, „daß Fürsten und Herrn auff Schauspiel und Schauessen mehr wenden, als ihre Einkünfften und des Brodes Angelegenheiten leidet“ (S. 205), aber „solches lieget ihnen ob zu verantworten, und hat Gott keine Privat·Person zum Richter gesetzet ... die Umbstände und eines jeden Gewissen wird hierinnen den Außspruch machen“. (S. 206.)

Der korinthische Gebrauch wäre nachahmenswert. Trieb einer vielen zu großen Luxus, so mußte er sich darüber ausweisen; konnte er es nicht, so wurde er entmündigt.

Nun werden uns acht solcher Festbankette früherer Zeiten und der Gegenwart vorgeführt (S. 224—240). Mit der ausführlichen Schilderung der Friedensbankette Pfalzgraf Karl Gustavs 1649 und des Herzogs von Amalfi 1650 zu Nürnberg wird der Beschluß gemacht. (S. 240—285.)

Der V. Abschnitt handelt von „Sachen, welche über Tische zu Gesichte kommen, und zu einem nützlichen und erfreulichen Gespräche veranlassen“ (S. 300—304). Die Römer hatten den Gebrauch, vorlesen zu lassen, die Griechen gaben Rätselfragen auf; bei uns gilt der Grundsatz: „Nach dem die Gäste sind, nach dem ist das Gespräch." Unter den 25 vorgeschlagenen Gesprächsthemen treffen wir auf hygieinische (z. B. II Wie oft man den Tag über essen soll?); gastro = sophische (z. B. XI Wie man die Speisen auftragen soll?); gesellige (z. B. XIV Woher das Gesundheittrinken entstanden), aber auch auf ganz wunderbare, wie XIX Was dem Herrn Christo an dem Creutz zu trincken gereichet worden? oder XXV Warum Gott dem Herrn nicht alle äusserliche Sinne zugeeignet werden? Daß Harsdörfer sich die Gelegenheit nicht entgehen ließ, seinen Zeitgenossen das Gewissen über einen Hauptkrebsschaden der Zeit, über die entsetzliche Völlerei, gründlich zu schärfen, verdient gewiß uneingeschränktes Lob.

Der Mässigkeit Wolleben und der Trunckenheit Selbstmord u. s. w. ist gewidmet dem Schwedischen Residenten in Deutschland Georg Snolski als einem besonderen Verehrer mäßiger Lebensweise. Die Widmung führt aus, daß es trotz der Ermahnung Bacos, jedem Kinde die Hauptlehren mäßiger Lebensweise schon einzu= prägen, in Deutschland bislang noch immer an einer er= schöpfenden Darstellung dieser für das Volk so wichtigen Sache gefehlt habe. Und doch ist die Nachfrage darnach wahrlich nicht gering. Erlebt doch dieses Büchlein jetzt seine dritte Auflage.

Als Hauptregeln der Mäßigkeit können für alle Zeiten gelten:

1) „Sich nicht völlig ersättigen mit Speis und Getranck."

2) „Unverdrossen seyn zu der Arbeit oder ergetzlichen Leibes= übungen."

3) „Den Lebenssamen erhalten, als in welchem die Lebens= Wärme verborgen ist."

Uns Deutschen thut soch' eindringliche Mahnung vor allem Not. „Ist doch die nasse Höflichkeit das Weywasser, mit welchem die ankommenden und abscheidenden ... besprützet werden. Saturnus frisset nicht so viel Kinder, und Mars würget nicht so viel Männer, als Bacchus und Uranus mit schmertzlichen Zufällen und dem früh= zeitigen Tod geführet."…. Cornaro kann als mustergiltiges Beispiel vernunftgemäßer Lebensweise gelten. Maß in Essen und Trinken bedingt von selbst alle andern Gesundheitsregeln, ja, ist sogar imstande, sie teilweise zu ersetzen.

Der eigentliche Verfasser der Schrift, angeblich ein hoch=angesehener Mann, ist unbekannt. Von Harsdörfer rührt diese dritte, mit Zusätzen vermehrte Überarbeitung her. Der schärfste amerikanische Temperenzler könnte nicht gewaltiger losziehen, wie der ursprüngliche Verfasser. Wo bleibt da etwas von Gottes Ebenbildlichkeit am Menschen? „Will man die Treuherzigkeit scheinen lassen, so muß es gesoffen seyn; Will man die Redlichkeit beweisen, so geschichts durch tapfferes bescheid thun, und wer sich weigert, kompt in verdacht, er hab ein Schelmenstück gethan, oder hab eines im sinn. Die fürnembste handlungen, ob sie schon Lande und Leuth betreffen, wollen under wehrendem sauffen verrichtet." (S. 197 und 198.)

Wie kann man sich aber wundern über solche Gepflogenheiten, wenn die Fürsten und Herrn selber mit ihrem schlechten Beispiele vorangehen. „Wenn grosse Herren fressen und sauffen, so pflegen diejenige, welche darzu beruffen werden, solches für eine grosse Gnad auffzunehmen, und ziehen öffters dergleichen Sauffdemuth und Begnadigung, wie mans nennt, einem stattlichen Geschenck vor: die Herren selber bilden ihnen ein, durch sauffen können sie der Leuth gemüther gewinnen; darbey haben grosse würckung und krafft die Gesundtränck . . . Je grösser zumahl die Kübel seynd, darauß man saufft, Je größer ist die Ehr." (S. 195 und 196.)

Die vorgeschlagenen Maßregeln decken sich meist mit der auch heutigentags mit Recht geforderten vernünftigen Lebensweise. Den richtigen Maßstab für das Essen gibt die Verdauens=fähigkeit. „Derjenige, welcher den Leib stötig und vilfältig bemühet . . muß eine stärckere Nahrung vor dem haben, der beharrlich auf denen Büchern ligt." (S. 56.) „Denn was einem jungen starcken Menschen wol zuschlägt . . das ist für einen alten, schwachen doppelt und dreyfach zu vil." (S. 60). Man darf nur darauf Acht geben, daß nie „einbildung, der Verstand und die Gedächtnuß bedrückt" werden. (S. 63.) Selbstverständlich darf der

Übergang vom unmäßigen zum mäßigen Leben nur „allgemählich geschehen". (S. 70.) Je älter man wird, desto mehr gehe man in der Menge der aufzunehmenden Speise zurück; was früher „nach Pfunden", muß man später „Unzen weiß .. ausmegen lassen". (S. 71.)

Nebensächlicher ist die Auswahl der Speisen. Alles ist da gut, was nicht „Ekel" erregt. Für alte, schwache Leute empfiehlt sich „ein Panado", ein Brotmus mit ein bis zwei Eiern (S. 80), in Wasser oder Fleischbrühe gekocht. Viele Leute werden ohne alle Fleischnahrung sehr alt. Dagegen bekommen wieder andern Gemüse nicht. (S. 84.) Die Jahreszeiten bei der Auswahl der Speisen besonders zu beachten, erweist sich als unnötig. (S. 92.) Wie oft man des Tags Nahrung zu sich nehmen soll, ist strittig. Die Alten aßen nur einmal. Wer zwei= oder dreimal ißt, beobachte eben entsprechenden Ausgleich, einmal Mittags mehr, das andere Mal Abends. (S. 98.) Dem venetianischen Nobile Cornaro genügten durch fünfundbreißig Jahre täglich „12 Unzen Speiß und 14 Unzen Getrancks". (S. 99.) Da sich im Körper, namentlich bei den studierten Ständen, leicht unverbrauchte Stoffe sammeln, so ist eine zweimal im Jahre (im Frühjahre und Herbste) vorzunehmende Reinigung anzuraten. (S. 104.) Durch solch vernünftige Lebensweise werden die Krankheiten vermieden und wird die Lebensdauer vermehrt, ja es wird ein naturgemäßer schmerzloser Tod herbeigeführt. (S. 139.)

Weit größer aber noch, als diese leiblichen und zeitlichen Vorteile, sind für den Mäßigen die geistigen und ewigen. Das Temperament des Menschen wird gebessert, seine geistigen Be= anlagungen, wie Verstand und Gedächtnis, steigern sich, die sittlichen Versuchungen werden abgeschwächt und leichter siegreich über= wunden; der Mäßige allein zeigt Empfänglichkeit für das Göttliche, Ewige (S. 148 ff). Ich glaube, nicht zu irren, wenn ich namentlich diese letzteren Ausführungen Harsdörfer zuschreibe. Es sind dies Lieblingsgedanken von ihm, denen wir auch anderweitig begegnen. Es folgen nun des Mäßigkeitsapostels der damaligen Zeit, des Venetianers Ludovici Cornaro, eben so gut gemeinte, als weit= schweifige Abhandlungen, einschließlich seines Sendschreibens an

den Patriarchen von Aquileja. Diese Weitschweifigkeit kann nicht
auffallen, da Cornaro seine Schriften vom 83. bis 95. Lebensjahre
schrieb [7]). Die Mäßigkeitsbewegung unserer Tage nimmt vielfach
auf ihn als einen ihrer berufenen Vorläufer Bezug. Bis zu
seinem 36. Jahre lebte Cornaro ganz wie Leute seines Standes.
Da verfiel er in eine töbliche Krankheit. Darüber kam er zur
Besinnung. Nnn brach er mit seinen bisherigen Lebensgewohn=
heiten gründlich und ersann sein System naturgemäßen Lebens,
das auf größte Mäßigkeit und Regelmäßigkeit in Essen und Trinken
begründet war. Von den vierundzwanzig Stunden des Tages
widmete er acht Stunden der Arbeit, acht der Erholung und
Belehrung, acht dem Schlafe. Dadurch erreichte er, wie er im
91. Jahre dem Patriarchen von Aquileja schrieb, daß er sich
gesunder und kräftiger als je fühle, allen geistigen und leiblichen
Arbeiten vorstehen könne und über eine starke, wohlklingende Sing=
stimme verfüge. Noch im 100. Jahre war er im Besitze aller seiner
Sinne und Kräfte.

Als Gegenstück zu diesem Triumphgesang der Nüchternheit
zeigt uns nun weiter Harsdörfer die Trunkenheit mit all ihren
abschreckenden Folgen. Die Unthat Alexanders am getreuen Klitus
und seine verspätete Reue sind der klassische Beleg für alle Zeiten.
Sechs Lehrgedichte in der Art Nathan und Jothams gehalten,
verspotten die Sauflust: „Der Wein unmässig getruncken, richtet bei
den Gallreichen Zorn an, die Melancholischen machet er Zancken, die
Phlegmatischen Schlaffen, und die Blutreichen Dantzen, und Bulen.
Er beherrscht den Verstand, schwächet die Füsse, hemmet die Zunge,
bepurpert die Augen und Nasen, verursachet Hauptwehe, kräncket
den Beutel, bringet mit sich das Zipperlein, die Schwind- und
Wassersucht, und wird öfter der weeg zu solchen Gassen, welche in
den Spital leiten“. Der Weinstock spricht zu jedem:

Ich leyde viel, den Menschen zu vergnügen,
Als ein Geschöpff erschaffen ihm zu gut;
Wann er sich läßt die Süessigkeit betrüegen,
So werd ich ihm zu einer Henckers Rutt.

(S. 372 und 373.)

Die Frauen werden in den dreizehn kurzen Abmahnungen „vom Spatzierschmaus" noch besonders abgekanzelt. Die Frau soll den Wein ganz meiden; sehr schädlich für Leib und Seele sind die großen Gastereien. Gehts aber dem Wein einmal zu Leibe, so darf des Tabaks nicht vergessen werden. Zwar wird anfangs allerhand Wundersames von seinen segensreichen Wirkungen erzählt, wie er gut gegen die Folgen des Giftes u. s. w., aber bald hören wir so schreckliche Dinge von ihm, daß Strebels „Rauchhexe" davon lernen könnte. So sollen „der Artznei verständige" alles Ernstes bei der Sektion gefunden haben, daß der Raucher „Gehirn gantz schwartz und verbrennet gewesen" (S. 421), denn „der Tabacksrauch erhitzet das Haupt, verdüstert den Verstand, schwächet das Gedächtniß, durchräuchert das Gehirn, erzeuhet allen unflat, verursachet die Trawrigkeit und machet durch übermässigen Gebrauch, gleichsamb zu geräucherten, oder doch berauchten Bierbrüdern". Das „Tabacksschmauchen" ist nichts weiter als eine „Eytelkeit", eine Selbsttäuschung, in die sich der Mensch stürzt. (S. 423 und 424.) Es scheint, Harsdörfer war selber kein Raucher.

Die allgemeinen Lebensverhältnisse sind es, die Harsdörfer Veranlassung geben, Quevedos Traum zu übersetzen oder den mathematischen Erquickstunden moralisierende Betrachtungen beizufügen. Hören wir zunächst von ersterem.

„Traum der entdeckten Warheit, von einem Hund und dem Fieber betreffend die Mißbräuche, Laster, MeuchelList und Trügung der Weltlinge insgemein" — so lautet der Titel.

Franzisco Gomez de Quevedo y Villegas (1580—1645[8]) gehört zu den geistvollsten Schriftstellern Spaniens. Nur Cervantes ist ihm überlegen. Sein äußeres Leben zeigt einen bunten Wechsel von Ehre und Genuß, wie von Elend und Schmach. Bouterweck urteilt über Quevedos Schriften in Versen und Prosa: „Sie gleichen einem großen Juwelenschmucke, der zum Teil vortrefflich, zum Teil sehr schlecht gefaßt ist, und in welchem sich unechte Steine neben echten von unschätzbarem Werte ungefähr in gleicher Menge befinden. Der satirische und komische Teil dieser Schriften ist der zahlreichste und unstreitig der vorzüglichste." Neben seinem berühmten Schelmenroman „Vida del gran tacaño" verdienen seine „Träume" besondere Hervorhebung. Er ist der Erfinder dieser „neuen phantastischen Form der Satire". Moscherosch hat bekanntlich aus ihnen seine „Gesichte Philanders von Sittewald" teilweise geschöpft, wie man annimmt, nach einer französischen Übersetzung. Sie sind damit ein unveräußerlicher Besitz unserer deutschen Litteratur geworden. Einen solchen Traum (S. 60) über= setzte auch Harsdörfer unter dem Pseudonym Silenus Alcibiades.

Das angebliche Gespräch des Hofhundes mit dem Fieber an der Krankenhauspforte besteht in einer ganz erstaunlichen Häufung sprichwörtlicher Redensarten über alle möglichen Vorkommnisse des Lebens. Man muß dabei die Sprachgewandtheit bewundern, mit der Harsdörfer dafür entsprechende deutsche Redewendungen zu setzen weiß. Zum Beispiel: „Wehle den 3jährigen Fisch, den zweyjährigen Wein, und das einjährige Fleisch, das gesterige Brod, das heutgelegte Ey, den Kees der weint, und eine Suppen die Augen hat." (S. 345.) Oder: „Ich lasse den Türcken spatzieren gehen, den Mohren fasten, den Teutschen trincken, den Engländer fressen, den Niederländer speyen, den Spanier aderlassen, den Indianer drehen, den Italiener schlaffen, und den Frantzosen purgiren." (S. 360.) Die Übersetzung macht Harsdörfers Sprachgeist alle Ehre. Sie erschien als Anhang mit fortlaufender Seitenzahl (S. 324—384) an „Erneurtes Stamm und Stehbüchlein" eines unbekannten Verfassers bei „Paulus Fürsten Kunsthändlern" 1654.

Den mathematischen Erquickstunden im dritten Hauptteile sind in Teil XI und XII Fragen allgemeiner Art angefügt, die sich mit den in den Gesprächspielen behandelten vielfach berühren. Teil XI, der „Von der Sitten oder Tugendlehre" insbesondere spricht, greift dreißig Fragen sehr unterschiedlichen Wertes heraus. So handelt z. B. Frage IV „Von der Beherrschung der Gemüts= neigungen" (S. 593 ff), während in Frage X untersucht wird, warum Neidische blaß auszusehen pflegten. (S. 598.) Sehr sinn= reich ist die Geschichte, der wir auch in Jotham II, CXV, S. 117 begegnen, in welcher Weise Satan die sieben Todsünden an den Mann zu bringen verstand. Wie er sie nämlich zuerst auf den Markt brachte, wollte sich durchaus kein Käufer finden. Was that er? Er gab nun jeder einen andern Namen. Den Stolz nannte er Reputation, den Geiz Sparsamkeit, den Zorn Amtsgebühr, die Unzucht Freundlichkeit, den Neid Ehrbegier, die Völlerei Fröhlichkeit, die Unversöhnlichkeit Selbstverteidigung, und siehe da — nun gingen sie binnen kurzem reißend ab! (S. 585 und 586.) Nicht übel preist er den unvergleichlichen Wert der Tugend in einem Sinngedichte:

Schön ist der Sonne Liecht, schön ist des Mondes Glantz,
schön ist die helle Lufft, schön ist der Sternen Dantz,
    schön ist das Spiegel-Meer, schön sind die bunten Auen:
    Doch ist der Tugend Zier viel schöner anzuschauen.

Wann diese gantze Welt vergehet mit der Zeit,
so bleibt der Seelen Zier in grauer Ewigkeit.
    So lasset uns gesamt der Tugend Schmuck verschaffen
    Bevor der blasse Tod uns wird von hinnen raffen.

Der Laster Lust und List gleicht finstere Tunkelheit,
Die letzt zu stürtzen pflegt in unerwartes Leid.
    Die Tugend ist die Sonn der Schatten-Nacht entnommen,
    und die erhellt das Hertz und das Gemüt der Frommen.

Wir haben gesehen, wie es sich Harsdörfer in den Gesprächspielen eine Hauptsorge sein ließ, den höheren Ständen das Gewissen zu schärfen. Seine Bearbeitungen des „klugen Hofmanns" und des mir leider nicht zugänglich gewesenen „königlichen Katechismus" dienten dem gleichen Zwecke. Die Übersetzung von „Du Refuge" zweiteiligem „Klugen Hofmann" ist dem Erbtruchseß Freiherrn Hans Albrecht von Walburg auf Landsburg, selbst einem feinen Hofmanne, gewidmet. Gewandt liest sich die poetische Übertragung „An den spöttischen Dünckler":

Der Klugheit werd ich mich zu jeder Zeit befleissen,
Der immer stolze Spott mag euch auch thöricht heissen
    Nach seinem eignen Wahn. Liß vor das gantze Buch,
    Alsdann eröffne frey dein rechtgemässen Spruch.

Wann du nur hin und her beblickest wenig Zeile
Dann bald das Urtheil fällst, mit unbedachter Eile,
So warte, daß von dir deßgleichen werd gesagt;
Weil man dich nicht hierzu beschicket und gefragt.

Wer nur nach seinem Kopf will diese Welt regieren,
Den wird die späte Reu früh in die Schule führen.
Die Sache schwebet nicht für Momi Straffgericht:
Den Einspruch mag er thun, den Außspruch nimmer nicht!

Die alle möglichen Verhältnisse des Hoflebens weitschichtig
darlegenden Abhandlungen suchen klug Vorteil und Tugend mit
Pflicht und Forderung in Einklang zu bringen. Immer schwebt
die Gefahr der Ungnade oder doch mindestens des Undankes über
dem Hofmann.

Es ist der Fürsten Gnad so leicht als Feder Staub,
Erheischt man seinen Lohn, so wird der König taub;
Die Ungnad aber druckt, wie Centner schweres Bley,
Wol dem, der bleiben kann der Gnad und Ungnad frey!

(XL, 437.)

Einen andern, idealeren Ton schlägt des englischen Bischofs
Joseph Hall „Beschreibung Eines löblichen Hofmanns“ an
(S. 529—547), wie die eigenen zehn Betrachtungen Harsdörfers, die
er als dritten Teil beigegeben hat (S. 441—528). Hall muß freilich
einräumen, daß er selber nie an einem Hofe gewesen sei. So
lesen sich seine Ratschläge sehr platonisch. Immer und überall
soll eben ein Hofmann der Ehre, dem Rechte, der Tugend getreu
bleiben und allem Widrigen mannhaft entgegentreten. Damit
verallgemeinern sich die Forderungen zu einer Tugendlehre, bei der
man von der Eigenart besonderer Standesverhältnisse kaum mehr
etwas wahrnimmt. Nicht ganz so allgemein wie der gute Bischof
hält sich Harsdörfer. Er kannte ja Fürsten und Höfe zur Genüge.
Er meint „der kluge Hofmann hätte .. mit vielen Beylagen
bereichert und ausgeschmücket werden können“, begnügt sich dann
aber doch mit zehn Hauptforderungen. Er bemüht sich darinnen
ehrlich, die allgemeinen Gebote der Sittlichkeit mit den besondern

Standespflichten in Ausgleich zu bringen, ohne zu sehr in die Skylla der Nützlichkeitsmoral des Franzosen oder in die Charybdis des kategorischen Imperativs des Engländers zu verfallen. Vor allem wird „Gottesfurcht" gefordert, diese Grundvoraussetzung einer Gewöhnung „in den jungen Jahren, zu allen Tugenden, wohlwissend, daß die Gewohnheit die zweyte Natur ist". (S. 445.) Ein Hofmann muß ein Freund der Studien und darinnen selber bewandert sein, aber er muß „benebens den Büchern, der ritterlichen Uebung, als Fechten, Reiten, Dantzen u. s. w. verstehen, damit er nicht gar für einen Schulfuxen gehalten werde". (S. 459.) In Glück und Unglück darf ihn nie seine „Beständigkeit" verlassen. (S. 464.) Eine große Gefahr liegt in der Lästersucht und Klatsch= sucht der Höfe. „Unsere Gesellschafft und Gespräch ist ein unbetrügliches Kennzeichen unserer Sitten, und verändert uns mehr, als die Landart, oder die Lufft, oder das Wasser, oder die Speise." (S. 473.) Da gilt es also aufmerken zur rechten Zeit. Die Jagd nach Geld und Gut hat schon viele Hofleute gestürzt, auch hier gilts: „den Mittelstand sich begnügen zu lassen, nicht zu viel haben, darneben aber auch keinen Mangel zu leiden". (S. 483.) Der wahre „Ehrenruhm begründe sich auf . . . wolgeleiste Dienste, die . . . mit aller Demuth und Gelindigkeit, ohne eitlen Nachspruch geleistet werden". (S. 499.) Von den dreierlei Hoffreundschaften, die sich auf „Nutzen", „Kurtzweil" oder „Tugend" gründen, fällt einzig die letztere in Betracht, weil sie allein Aussicht auf Dauer ver= spricht. (S. 503.) Wer so handelt, bleibt vor den größten Hof= gefahren des geschäftigen Müßiggangs und der daraus fließenden Sittenlosigkeit bewahrt. (S. 509—521.) Es ist ihm damit ermöglicht zu der „Beruhigung seines Gemütes" durchzudringen, „deren Grund ein unschuldiges und unsträfliches Leben". Daher kommt dann „seine Großmütigkeit in allem Unfall, und seine Standhafftigkeit" (S. 523) bis in den Tod.

Wenn man bedenkt, wie sehr die Höfe und im engsten Zusammenhang damit die vornehme Gesellschaft die Sitte der Zeit beherrschten, so kann man diesen Versuch Harsdörfers, ratend und bessernd zur Hand zu gehen, gewiß nur für zeitgemäß halten.

Das Gebiet der Lebensweisheit betritt Harsdörfer in seiner
Sammlung von 6000 Lehrsprüchen aus den Jahren 1655 und
1656, die häufig vorzüglich gewählt erscheinen. Mit diesen Lese=
früchten aus alter und neuer Zeit kam er einem praktischen
Bedürfnisse entgegen. Solche geistvolle Citate und witzige Wechsel=
reden leisten dem geistlichen und weltlichen Schönredner vor=
treffliche Dienste. Deshalb wird es kaum zufällig zu nennen sein,
daß das von mir entliehene Exemplar gerade dem Münchener
Jesuitenkollegium seinerzeit angehört hatte.

Ars Apophthegmatica, d. i.: Kunstquellen Denckwürdiger Lehr=
sprüche und Ergötzlicher Hofreden. l. drei Tausend mit „30 Schertz=
schreiben“, 1655 gewidmet Christoph Carl von Schlüppenbach
„schwedischen Abgesandten in Teutschland“, als einem vielgereisten
Manne, der viel gesehen und gehört, ein Freund witzigen Wortes
und selbst schlagfertig in Rede und Gegenrede. Den Titel wählte
Harsdörfer nach Plutarch, veranlaßt dazu aber wurde er durch
Bacon von Verulam, der gerade dieser Art von Belehrung großen
Wert zuschreibt. Angabe der Quellen ist hier gerade so unnötig,
wie es nichts verschlägt, den Namen des Schusters und Schneiders
nicht zu nennen, wenn nur der Rock sitzt und der Schuh nicht
drückt. Wirklich gut und witzig läßt sich das Einführungsgedicht
an, „Apollos Privileg“ betitelt:

Dem nach ein helle Quell' im Teutschen Land' entsprungen.
  Die zwischen manchem Thal /
und tiefen Erden=Gang sich endlich durchgezwungen /
  mit Nutzen ohne Zahl;
verordnen wir hiemit / nechst gnädigen Begrüssen /
  nach jedes Standsgebühr /
daß solcher Quellen Brunn soll aller Orten flüssen /
  zu unsrer Sprache Zier.
So daß man diese Flut auf keine Weiß betrübe /
  in unserm gantzen Reich /
und so vergnügte Lust / aus Durst der Lehre / liebe /
  dem Hippocrene gleich;

17*

Wir setzen noch hierzu bey Straff / Vulcani Hincken /
   daß nie kein Eselskopf /
noch von der Spötter Rott soll aus dem Wasser trincken /
   wie auch kein Sauertopf /
und wollen / daß forthin / der hiervon hat empfangen /
   das Wasser / voller freud /
auch einen Blumen=Krantz soll an die Seule hangen /
   zu steter Danckbarkeit.

Harsdörfer teilt nun seine Reden und Erzählungen in zehn=
facher Weise ein: in Lehrsprüche, in einfache und doppeldeutige
Wortspiele, oder inhaltlich in geistliche, weltliche u. s. w., je nachdem
sie schicklich oder unschicklich, ob sie Gleichnisse enthalten, durch den
Gegensatz wirken oder allegorisch zur Darstellung kommen. Dieser
Einteilung bleibt er dann bei dem zweiten Dreitausend ebenfalls
getreu. In der Vorrede zu den „30 Schertzreden" meint er
(S. 45), Scherze seien Mitteldinge, sie könnten ebensowohl gut
wie bös gehandhabt werden. Auf jeden Fall gehöre Scherz und
Lachen zum Menschen, ja es sei ein Zeichen von gutem Verstande,
wie einer einen Scherz aufzunehmen und zu erwidern verstände.
„Welche aber ernsthafte Sauertöpfe und Saturnische Neidhämel
sind, können das Jovialische Schertzgespräche und das Lachen . .
nicht vertragen, erzürnen sich über jedes Wort . . und deuten alles
zum ärgsten; welches der Christlichen Liebe schnurstracks entgegen
läufft." (S. 46.) Den zweiten Teil widmet Harsdörfer dem
Freiherrn Gottlieb von Windischgrätz=Trautmannsdorf, also einem
Österreicher. In der Vorrede zum zweiten Teile kommt er auf
einen merkwürdigen Gedanken: das Meerwasser fließe in ver=
borgenen Kanälen wieder ins Land hinein, werde dort unter=
irdisch filtriert und steige in Röhren die Berge hinan, um als
Quellen wieder hervorbrechen zu können. (III, 4.)

Um sich ein Bild von den mancherlei Arten der sechstausend
kürzeren oder längeren Aussprüche, Vergleiche, Erzählungen machen
zu können, wird es sich empfehlen, eine kleine Auslese aus den
zwei Teilen nach den von Harsdörfer beliebten zehn Klassen
zu geben.

1) (Gehorsam.) Graf Friedrich von Urbino pflegte zu sagen: Er wolle einem Soldaten, der zu dem Feinde überlaufe, lieber verzeihen, als einem der ihm nicht schuldigen Gehorsam leiste. (I, 88, S. 20.)

(Haußhelterin.) Anna Schulthan in Utrecht sagte: Wann die Weiber recht haußhalten, so wächst der Speck am Balcken. (II, 5021, S. 420.)

2) (Undanck.) Heute zu Tage ist der Undanck Bancowärung, in dem man bekommet Hohn für Lohn, und Gestanck für Danck. (I, 108, S. 25.)

(Wein.) Es sagt der Lateiner Sprichwort: In vino veritas, In dem Wein ist die Wahrheit. Rechter aber schreibt man: in vino Feritas, denn der Wein macht wilde Leute. (II, 3177, S. 36.)

3) (Geschencke.) Geschencke sind ein handgreiffliches Recht bey dem ungerechten Richter. (I, 1143, S. 252.)

(Hunde übrig lassen.) Der Kaiser Aurelianus gelobte in der Stadt Tyana, welche er belagert hatte, nicht einen Hund übrig zu lassen. Als er nun der Stadt Meister worden, hat er alle Hunde tödten lassen, sein Gelübd zu vollstrecken. (II, 5264, S. 457.)

4) (Leben.) Wer nach der Natur lebt, hat alle Zeit genug: wer aber nach der Begierde seines sündlichen und unersätt- lichen Beginnens lebet, der hat allezeit Mangel. (I, 1193, S. 262).

(Adel.) Ein Knecht riete mit seinem Herrn bey einem Kirchhof vorbey und fragte: Welche unter den Hirnschalen der Edlen Köpfe gewesen? Der Herr sagte: die weissen / die andern aber sind der gemeinen Leute. Bald hernach kamen sie zu einem Galgen / und darunter lagen auch etliche weisse Hirnschalen; da sagte der Knecht: diese sind sonder zweiffel auch Edelleute gewesen! (II, 5305, S. 466.)

5) (Kalender.) Wann nach dem neuen Kalender (der 10 Tage früher datierte) der jüngste Richttag zehen Tage ehe kommet / so wird die Hölle so voll werden / daß die mit dem alten

Kalender (Griechen und Protestanten) keinen Raum mehr finden können. (I, 2329, S. 491.)

(Kriegszucht.) Cato hat den Soldaten, welche sich mit Rauben betretten laſſen, die rechte Hand laſſen abhauen: Wann ſolches dieſer Zeit geſchehe, ſo würden die meiſten Soldaten lincks fechten müſſen. (II, 4427, S. 296.)

6) (Einfalt.) Ein Schwab, ſagt Scherbius, gabe dem Schneider ein Schaffell, er ſolte ihm ein hirſchen par Hoſen daraus machen. (I, 427, S. 96.)

(Goldſchmied.) Ein Bretzenmacher ſahe / daß einem Goldſchmied ein Guß mißlungen und ſagte: Ja / wir Hand-werckshäute ſind vielen Unglück unterworffen. (II, 4438, S. 298.)

7) (Kranckheit; Thorheit.) Den Krancken hilfft kein guldnes Bett / und dem Narren hilfft das Geld nicht für die Thorheit. (I, 526, S. 119.)

(Boßheit.) Ein Böſewicht iſt gleich der Kohl, die brennt und ſchwärtzt. (II, 3506, S. 100.)

8) (Alte Soldaten.) Ein Obriſter fragte ſeines Feinds Trompeter: Warumb er, dem die Veſtung vertraut were, ſich nicht heraus in das Feld machte? Darauf ſagte er: Mein Obriſter wolte auch gern ein alter Soldat werden wie E. Gn. (I, 740, S. 161.)

(Alchymie.) Unſer Herr Gott hat alles aus nichts gemacht: Der Chymiſt dagegen macht aus allem nichts. (II, 5684, S. 540.)

9) (Schulden.) Joſeph Pullo wurde gefragt: Wie einer einen unſterblichen Namen nach dem Tod erhalten könne? Antwort: Wann er viel Schulden hinterläſſet. (I, 872, S. 187.)

(Geſundheit.) Welcher Sachen wird man nicht überdrüſſig: Deß lieben Brods / und der guten Geſundheit. (II, 3764, S. 153.)

10) (Tod iſt aller Orten:) Es fragte einer einen Schiffmann: wo ſein Vater geſtorben? Er ſagte: auf dem Meer. Wo ſein Anherr und Uhranherr? Gleichfals auf dem Meere,

sagte er. Wol, verseßte Frager: Fürchteſt du Dich / denn
nicht / daß dieſes unbeſtändige und ungeſtümme Element /
auch dich hinweg raffe? Der Schiffer fragte hingegen / wo
ſeine Eltern geſtorben? Er ſagte zu Lande und auf dem
Bette: Und du / ſprach der Schiffer / fürchteſt das Land
nicht / und liegeſt alle Nacht in dem Bette. (I, 2913, S. 605.)

(Hunger.) Ein Kind / welches einen Hund durch den
Reiff ſpringen macht: Was thut der Hunger nicht: Quid
non dira fames? (II, 5886, S. 596.)

Harsdörfer hatte in ſeinem „Heraklit und Demokrit“ und
ſeinen „jämmerlichen Mordgeſchichten“ aus den Werken Belleys
und Halls allerhand Geſchichten mitgeteilt, die auf Vertreter des
Juriſten= und Kaufmannsſtandes nicht eben ein günſtiges Licht
warfen. Darüber ward er nun mit Unrecht von deutſchen
Juriſten und Kaufleuten angefochten. Gegen dieſe Anſchuldigungen
legt er in der Vorrede zu ſeinem „Hiſtoriſchen Fünfeck Belleys“
(1652) feierliche Verwahrung ein: „Ich bezeuge mit Gott, daß
ich wider keinen von erſtbenannten Herrn Juriſten und Herren
Kauffleuten, einige Feindſchafft nicht trage, noch zu tragen urſach
habe.“ Warum man ihn in Deutſchland darüber angreife, ſei
um ſo unerfindlicher, da Belley in Frankreich nie Anfechtungen zu
erdulden hatte, obgleich er dort alles nach dem Leben geſchildert hat.

Die Finſterniß und Licht ſich nimmermehr vergleichen:
So muß der Laſter Nacht der Tugend Sonne weichen.
Was wunder iſt es dann, wann dieſer argen Welt,
Belley und Hallens Schrift nicht allezeit gefällt?
Wenn hier Herr Belley bellt, wie treue Hunde pflegen,
iſt Hall der Gegenhall doch auf faſt allen Wegen.
Wer lobt, was ſchändlich iſt, heiſſt aller Laſter Freund;
Wer ſchändt, was löblich iſt, heiſſt aller Tugend Feind.
O weh der böſen Zeit, was wird doch noch geſchehen,
wenn man die Wahrheit nicht will ohne Lerem ſehen?
. . . .
Wolan, zerreiß das Buch; darum beſchönt ſich nicht,
wenn du den Spiegel brichſt, dein ſcheeles Angeſicht.

Das Büchlein ist in seinem erften Teile ein Auszug aus dreizehn Schriften Belleys. Den feltfamen Titel führt es vom Titelbild, auf dem lorbeergekrönt die Tugend fich fiegreich über die fiebenhäuptige Lafterfchlange erhebt. Der fünfeckige Grund= ftein bedeutet die fünf Hauptgefchichten des Büchleins. Diefe Novellen unterfcheiden fich in nichts von der auch fonft üblichen Art folcher Liebesgefchichten, in denen fchließlich nach mannigfachen Abenteuern und Bedrängniffen doch das Gute obfiegt.

Inhaltlich intereffanter ist das beigegebene Büchlein Halls, betitelt: „Die Kennzeichen der Tugenden und Lafter.“ Mit diefer Schrift und mehr noch mit „Nathan und Jotham“ betreten wir das Grenzgebiet des Sittlichen und des Religiöfen. Harsdörfer kennt kein Sittliches, das nicht aus religiöfer Wurzel erwüchfe. Hall führt neun perfönliche Vertreter der Tugenden und dreizehn der Lafter vor; den Befchluß macht eine religiös = moralifche Betrachtung über „das menfchliche Leben“. (XXIV, 128—157.)

In der draftifchen Weife altteftamentlicher Spruchweisheit treten uns die Guten wie die Böfen entgegen. Zuerft werden uns vorgeführt: der Weife — der ehrliche Mann — der wahre Chrift — der Demütige — der tapfere Held — der Geduldige — der rechtfchaffene Freund — der Edle — die löbliche Obrigkeit. Darauf folgen: der Heuchler — der Gefchäftige — der Aber= gläubifche — der Ruhlofe — der Unbeftändige — der Schmeichler — der Faule — der Geizige — der Ruhmredige — der Ehrfüchtige — der Verfchwender — der Neidifche. Zum Belege einige Beifpiele:

II. Der ehrliche Mann: „Wenn auch kein Himmel were, würde er fich doch der Tugend befleiffigen.“ (S. 21.)

III. Der wahre Chrift: „Mit Gott redet er im Gebete, und Gott redet mit ihm durch heiliges Eingeben, in dem er fein Gemüt über alles Weltwefen erhoben fiehet“ oder „Er ist von alt= edlem Gefchlechte: Sein Schöpfer ist fein Vatter, fein Erlöfer ist fein Bruder, der Himmel fein Erbtheil, die Engel feine Diener.“ (S. 22 und 23.)

V. Der Tapfere: „Er bleibet allezeit mit einem klugen Entschluß gewaffnet, und entsetzet sich noch für der Gefahr, noch für dem Tode." (S. 33.)

VIII. Der Edle: „Er vermeinet alle Tugenden seyen ihm wohl- anständig, und alle Laster machen einen Edlen unedel und verächtlich, gleich dem gemeinen Pövel." (S. 45.)

IX. Die löbliche Obrigkeit: „Er ist der Schutz-Engel guter Gesetze, die Freystätt der unschuldigen, der Bestraffer der Laster, der Belohner der Tugend, der Beschirmer der Gerechtigkeit, der Pflegevater deß Friedens, der Vorsteher der Kirchen, der Vatter des Vatterlandes, und gleichsam Gott oder Gottes Leutenambt auff Erden." (S. 52 und 53.)

X. Der Heuchler: „Von dem Ueberfluß seines Reichthums bauet er ein Spital, und darin gehen diejenigen, welche er an den Bettelstab gebracht." (S. 61.)

XI. Der Geschäfftige: „Seine Ohren sind lang und hoch, seine Augen weitschweiffig und scharffsüchtig in andrer Gebrechen, welche er niemahls verschweigen kann." (S. 66.)

XIII. Der Ruchlose: „Der Abergläubische hat zu viel Götter, der Ruchlose hat gar keine." (S. 72.)

XIX. Der Ruhmredige: „Er ist gleichsam bey den Göttlichen Rechts- verläsen gesessen, und hat solche nach den Grillen seines Haupts abgeschrieben." (S. 106.)

XX. Der Mißtrauische: „Ihn bedunckt die große Welt seye voller Diebe, und an ihm selbsten zweifelt er gleichfalls." (S. 111.)

XXI. Der Ehrgeizige: „Die Ehre ist sein Schatten, sie läufft ihm und er Ihr nach." (S. 114.)

Mit recht guten „Macaronischen Scherzreimen an Dominum Momum" beendet Harsdörfer das Ganze.

> Dich Richter ex Arcadia,
> setz ich hier post principia:
> Weil du hast in primordio
> Das Büchlein syndiciret,
> Bevor du im Exordio
> Drey Blättlein percurriret.

Es ist ja nichts facilius
als omnia verachten:
Nichts schwerer, als in melius
mutare frembde Trachten.
Macht dir das Buch fastidia?
Viel andern bringt es gaudia
et plenius Vergnügen
Conscribe, sonder Namens-ruhm
Niemand wird dich turbiren.
und lass mich auch mein otium
pro lubito volviren,
so magst du dann in gloria
nicht sitzen post principia.

Goethe sagt in seinen Reflexionen[9]): „Es ist ein großer Unterschied, ob der Dichter zum Allgemeinen das Besondere sucht, oder im Besonderen das Allgemeine schaut. Aus jener Art entsteht Allegorie, wo das Besondere nur als Beispiel, als Exempel des Allgemeinen gilt; die letztere aber ist eigentlich die Natur der Poesie; sie spricht ein Besonderes aus, ohne ans Allgemeine zu denken, oder darauf hinzuweisen. Wer nun dieses Besondere lebendig faßt, erhält zugleich das Allgemeine mit, ohne es gewahr zu werden, oder erst spät!" Klarer und schärfer kann zwischen Lehrdichtung und dem, was Goethe „eigentlich" Poesie nennt, nicht geschieden werden. Damit ist uns auch die Grenze von Harsdörfers dichterischem Können deutlich gezogen. Das unbewußt naive poetische Schaffen, das ohne äußere Zwecke um seiner selbst willen „singt und sagt" und damit von selbst das Richtige trifft, blieb Harsdörfer vollständig versagt; seiner Muse war es nur beschieden, in Zweck und Bedeutung der Dinge, stets reflektierend, sich versenken zu können. Würde er sich stets in dieser natur=gemäßen Beschränkung gehalten haben, er hätte hierin Großes zu leisten vermocht. Den thatsächlichen Erweis für seine Schöpfungs=kraft in der Allegorie hat sein „Nathan und Jotham" erbracht. Wir haben keine weitere Dichtung von ihm, die sich damit in

Vergleich stellen ließe. Alle, die noch eingehender mit Harsdörfer sich beschäftigt haben, sind denn auch in dem Lobe und der Anerkennung dieser Allegorien einig. Wie Meißner darüber denkt, haben wir schon gehört. Tittmann urteilt: „Der didaktische Teil des Buches gehört zu dem Vortrefflichsten, was das Jahrhundert in dieser Beziehung hervorgebracht hat ... Welche Tüchtigkeit der Gesinnung .. welche Schärfe der Beobachtung, welche Gewandtheit des Ausdrucks ... Leider hält Harsdörfer auf die Dauer die Einfachheit der Diktion nicht aus und verdirbt dadurch später manches [10].“

Es wäre bei Harsdörfer sonst eine Danaidenarbeit aus= scheiden zu wollen, was eigene, was fremde Gedanken. Hier haben wir einmal eine Schöpfung, die zum weitaus größten Teile seine eigene, selbständige Arbeit ist. Nur drei Stücke der ganzen Sammlung sind wörtlich entlehnt, außerdem finden sich nur mitunter einzelne Züge fremden Erfindungen ent= nommen (s. Vorrede). Vor uns liegt die zweite vermehrte Ausgabe. Beide Teile bestehen aus je 150 Parabeln, wie sie Harsdörfer nennt, geistlichen und weltlichen Charakters. Der Prophet Nathan in seiner Erzählung an David gibt für erstere das Vorbild, Jotham in seiner trefflichen Geschichte vom Dorn= strauch, die an die Sichemiten gerichtet war, für letztere. Der erste Teil ist dem Kronprinzen Friedrich von Dänemark „dem Hochgeachteten" gewidmet, der zweite dessen Gemahlin Marie Elisabeth, einer kursächsischen Prinzessin. Beiden Teilen sind wieder reichliche Zugaben angefügt, Nathan I und II Aussprüche der heiligen Therese und ein poetischer Stammbaum Christi, Jotham I und II dagegen sind 200 poetische Rätsel beigegeben, denen Simson mit seinem Honigrätsel den Namen gegeben hat.

Harsdörfer spricht von „Geistlichen und weltlichen Lehrgedichten, zu sinnreicher Ausbildung der waaren Gottseligkeit, wie auch aller löblichen Sitten und Tugenden vorgestellet". In der Vorrede belehrt er uns, er beabsichtige auf Anregung Bacos in seiner Schrift de augmentis scientiarum solche Lehrgedichte zu bieten, denen ein Gleichnis zu grunde liege. Von den fünferlei

Arten dieser Gleichnisse beabsichtige er, Proben zu geben. Wir
bezeichnen solche Dichtungen mit Allegorien. Lassen wir zunächst
aus Nathan eine Reihe der besseren an uns vorübergehen.

Umsonst suchte das Elend auf Erden nach einer Gehilfin, die
das Leid tragen helfe. Niemand fand sich als die getreue Schäferin
Geduld. Die trug das Elend samt dem Kreuze trotz allen Spottes
der Welt bis vor die Himmelspforten. Da verklärte Gottes Barm=
herzigkeit das Elend in Herrlichkeit, die Geduld in Freude. (Die
Anfechtung I, IX, S. 9.)

Gottſeligkeit und Buße durchzogen gemeinſam die Welt, jene voraus leichtfüßig und freudig, dieſe hinten nach zögernd und furchtſam. Aber durch die enge Pforte zwängte ſich die Buße zuerſt und zog hernach die Gottſeligkeit mit ſich hinein. (Buße I, XIX, S. 20.)

Bei einem Bilderhändler kauft alles nach ſeinem Stande, aber nur ein Bettler kauft um ſein Bettelgeld das billigſte Bild: Chriſtus. (Chriſtus I, XXIV, S. 25.)

Drei Brüdern war das Erdenloos ſehr verſchieden gefallen. Der älteſte erſchien reich und geehrt, der zweite hatte ſein dürftiges Auskommen, der dritte dagegen lebte arm und verachtet. Wie es aber zum Sterben ging, da verzweifelte der Reiche in bitterer Todesangſt, der zweite ſchied in Trauer, der dritte aber entſchlief mit herzlicher Freude. Welcher iſt der Seligſte? (Glück und Unglück I, LXIII, S. 70.)

Die Religion, eine bejahrte Matrone auf güldenem Seſſel und in königlichen Kleidern, verfiel in Selbſtruhm. Da hielt ihr die Gottesfurcht den Spiegel der Wahrheit vor. Da erſchrak ſie über ihre Flecken und Runzeln und gedachte mit Wehmut der Schönheit und Reinheit ihrer Jugend. (Religion I, XCIX, S. 107.)

Ein ungebildeter Mann fragte einmal in gelehrter Geſellſchaft, was das Wort Religion bedeute. Da meinte einer „Freiheit des Gewiſſens", ein anderer „Gottſeligkeit", ein dritter „Pflicht gegen Gott und Nächſten", wieder einer „Glaubensbekenntnis", der letzte gar „das Recht der Fürſten, die Landesreligion zu beſtimmen". Darüber gabs ein heftiges Wortgezänke. „Kein Wunder," meinte der Frager, „daß viel Religion und wenig Gottesfurcht in der Welt". (Religion I, C, S. 108.)

Einer wollte ſeines Schattens dadurch ledig werden, indem er dieſen durch eine einfallende Mauer erſchlagen laſſen wollte. Kaum entging er dabei ſelber dem Tode. Der Schatten aber rief ihm zu: „Schau auf die Sonne der Gerechtigkeit und nicht auf die Sünde hinter dir." (Schattenlehre I, CVII, S. 115.)

Einſt verwunderten ſich die Menſchen der mancherlei Jahr= marktsſeltſamkeiten. Da zeigte ein frommer Mann auf einen

vermessenen Sünder, der sei doch im Himmel und auf Erden das
größte Wundertier. (Der Sünde Vermessenheit I, CXVII, S. 125.)

Über den Irrgarten menschlichen Lebens ließen Wahrheit,
Freiheit, Geduld und Weisheit folgenden Anschlag heften: „Die
Menschen sollen nicht Anfang und Ende forschen; den göttlichen
Willen zum Maßstab ihrer Klugheit machen; statt Rache zu nehmen,
des Übels zu lachen; stets eingedenk zu bleiben, daß nichts Gewißeres
als das die Ungewißheit." Da schrieb ein Schalk darüber: „Wo
bleibt der Ariadnefaden?" (Die Weisheit I, CXXXVI, S. 144.)

Die Andacht, eine alte Frau, muß warten, bis die Kirche
aufgeschlossen wird. Dann singen ein paar Schüler Latein, das
niemand versteht. Allmählich füllt sich die Kirche, sie aber wird
von Sitz zu Sitz getrieben und Predigt und Abendmahl geschäfts=
mäßig abgemacht. Da klagte sie über die schlimme Zeit, in der
auf breitem Wege und in den Sänften man sich in den Himmel
tragen lassen wolle. (Die Andacht II, III, S. 3.)

Gott wird die Faulheit der Menschen hinterbracht. Da
ordnet er Haushahn, Morgenstern, Morgenröte und Sonne ab,
sie zu wecken. Manche wollen auch da noch nicht aufstehen;
denen schickt er Lazari Bettelstab. (Die Faulheit II, XXXV, S. 42.)

Der Mensch beklagte sich über seine Kleinheit. Da sagte ihm
„der Bedacht": „Der Wert .. einer Sache stehet nicht in der Größe,
sondern in seiner Beschaffenheit. Ein Diamant ist mehr wert, als das
größte Marktstück." So ist auch der Mensch ein größeres Wunder
als die ganze übrige Natur. (Der Mensch II, LXXXIII, S. 102.)

Die Zufriedenheit ist die Tochter des Todes. Alle wollten
sie zur Gemahlin, aber alle wollten dabei ihren Wünschen
fröhnen, der Reiche wie der Stolze und der Ehrsüchtige. Da
versprach sie nun der Tod allen, die zu ihm kämen. Mit einem
Male wollte keiner mehr etwas von der Werbung wissen. (Die
Zufriedenheit II, CL, S. 186.)

Gehen wir jetzt zu Jotham über.

Auf Erden wäre alles gut, das einzige Wörtchen „aber"
stellt alles in Frage. Schon soll es ausgetrieben werden, da
legt „die menschliche Schwachheit" Fürbitte ein. (Aber I, II, S. 2.)

Die Aufrichtigkeit wird von der Verleumdung bezichtigt, daß sie „wahr" sage. Da erhielt sie Backenstreiche als Wahrsagerlohn. (Die Aufrichtigkeit I, VII, S. 7.)

Der Juwelier Stolz verkauft seine Edelsteine sehr teuer. Wie aber ein Müller seinen nützlichen Mühlstein verkaufen will, gibt ihm niemand etwas dafür. (Edelgestein II, XXI, S. 21.)

Sokrates riet einem Jünglinge zu „gutem Urteil". Man braucht zum Verstande nicht Latein und Griechisch. Es gibt viele gelehrte Narren und ungelehrte Weise. (Die Fähigkeit I, XXXII, S. 32.)

Als der Philosoph Plato seinen Staat aufrichten wollte, trat niemand hinzu, nicht Bauer, nicht Bürger, nicht Fürst. Da sah er ein, daß es ein anderes sei, „auf dem Papyr regiren, und wirklich regiren". (Politicus I, CVIII, S. 109.)

Die Buchstaben c, q, y wandten sich beschwerdeführend an die Reichsversammlung nach Münster wegen ihrer rechtswidrigen Verdrängung. Da wurde ihnen der Bescheid: „Die klagenden Buchstaben sollen in den ruhigen Stand gesetzet . . werden, in welchem sie sich den 1. Januar im Jahre 1624 befunden." (Die Rechtschreibung I, CXII, S. 114.)

Da der Wein einmal auf Erden mißraten war, wurde Umfrage angestellt, „wie man doch des Weines geraten könnte?" Alle andern Völker waren es zufrieden, nur die Deutschen erklärten es einmütig für unmöglich. So „ist es kein Wunder, wenn die Teutschen mehr um eine gute Wein-Ernd, als um den Frieden bitten, weil sie mehr Vertrauen auf Bacchum setzen, als auf Christum, den Friedens-Fürsten." (Die Trunkenheit I, CXXIX, S. 132.)

Nach dem Frieden verschworen sich der „Geitz-Teuffel, der Stoltz- Sicherheits- Sauff- freß- und Unzuchts-Teuffel, um die Welt zu verderben". (Bileams Recht II, VIII, S. 8.)

Was ist das Stärkste auf Erden? Denn wenn Wasser das Feuer, Erde das Wasser, der Mensch die Erde, Wein, Schlaf und Tod den Menschen zu überwinden vermögen, so überwindet doch diese alle und reicht über den Tod hinaus — die Ehrsucht. (Die Ehrsucht II, XVIII, S. 18.)

Adler, Schwan, Strauß, Hahn und Nachtigall stritten um das Königtum; jedes der Tiere rühmte seine Vorzüge. Zuletzt kam auch die Gans und berief sich auf ihre Federn. Alle Gelehrten stimmten ihr dann sofort bei. (Die Feder II, XXXII, S. 32.)

Die Jungfrau „Wissenschaft“ wurde viel umworben. Sie verwarf aber alle Freier, die mit ihrer Hand Macht, Ehre und Reichtum erwerben wollten, und wählte den, „der Gott und seinem Nähsten zu dienen verhoffte“. (Die Wissenschaft II, CXLVI, S. 148.)

In keiner andern Schrift gibt Harsdörfer gleichsam den Extrakt seiner selbst wie in dieser. Wohlthuend treten uns entgegen Gediegenheit der Gesinnung, Geklärtheit der Anschauung, scharfes Urteil, gewürzt durch Witz und Laune und gemildert durch Wohlwollen. Und doch scheint mir der Hauptvorzug auf dem stilistischen Gebiete zu liegen. Nirgends sonst zeigt Harsdörfer so bestimmt das redliche Bemühen nach Präzision des Ausdrucks, nach Maßhalten und Beschränkung. In breitem Redeflusse einherzufluten, häufig zwei-, dreimal dasselbe in etwas andern Wendungen vorzubringen, das entspricht der gewöhnlichen Art seiner Darstellung. Hier hatte er sich ein äußeres Maß gesetzt, und diese Selbstzucht kam in erfreulichster Weise auch der Konzentration seiner Gedanken zu statten.

Die unter Simsons Namen beigegebenen 200 poetischen Rätsel halten sich nicht auf gleicher Höhe. Wir treffen alle möglichen Arten von Rätseln, darunter Geschichts-, Wort-, Gleichnisrätsel u. s. w. Manche sind gezwungen und geschmacklos (z. B. XCIV), manche fast cynisch (z. B. XCIII). Harsdörfer will allen Anforderungen gerecht werden, es soll „die Kurzweil“ ihr Recht finden, aber auch „die verborgene Weisheit“. Hören wir einige bessere.

Der Bücher-Wurm (VIII).

Der Buchstab speiset mich, den ich doch nicht kan kennen,
ich lebe von der Kunst, die ich nicht weiß zu nennen.
dem Büchlein lieg ich ob, ich bleibe taub und stumm:
Wirff nur das a von mir, so nennst du mich warum
(mit Umstellung).

Das Gebet (XXI).

Ich steige Himmelauf, doch ohn Geleit und Leiter.
Ich bin der Armen Artz, der Armen Trostbereiter:
der alls verloren hat, verleuret mich doch nicht:
Den Sünder söhn ich aus für Gottes Straffgericht.

Das Geld (CXXVIII).

Wer mich nicht haben kan, führt ein bejammert Leben,
der mich erworben hat, pfleg ich viel Sorg zu geben:
Den Segen nennt man mich, der mein hat nicht genug,
Dem werd ich unbewust ein rechter Höllen-Fluch.

Das Gold (CXXXIV).

Man stellt mir listig nach, ein jeder will mich haben;
man müht sich über Meer, die Erden zu durchgraben:
Ich schaffe, was man will, ich bau, und reisse ein;
wann mich ein Esel trägt, hat er den Ehren-Schein.

Niemand (CLXI).

Wie nennet man den Mann, der nirgendwo zu finden,
Der fromm und christlich lebt, ohn Geitz und alle Sünden,
Der für den Armen zahlt, der niemals ist betrübt,
Der ferne von dem Neid, sich selbsten auch nicht liebt.

Schon vielfach haben wir die Schwelle des Religiösen
betreten, mitunter auch schon überschritten. Die beiden andern
Zugaben zu Nathan und Jotham gehören entschieden zum
religiösen Gebiete.

Die Zeit war religiös gestimmt. Not lehrt beten. David
von Schweinitz 1667 mag recht haben, wenn er meint: „Diese
Not .. drücket manchen Seufzer heraus, der bei guten Tagen wohl
wäre stecken geblieben"[11]). Es wurde guter Ton und Modesache,
Erbauungsbücher zu schreiben und geistliche Lieder zu dichten.
Kein halbwegs angesehener Schriftsteller konnte sich dieser Pflicht
entschlagen. So dürfen wir uns nicht wundern, wenn neben
dem vielen Echten und Guten, das gerade das 17. Jahrhundert
bietet, auch viel leerer Wortschwall, eitle Phrase, Gemachtes, Kaltes

18

und Süßliches einhergeht. Frühzeitig bemächtigte sich sogar dieser
Richtung schon buchhändlerische Spekulation. Erasmus Finx,
genannt Francisci (1694), trieb damit Broterwerb. Er versah
den Endterschen Verlag in Nürnberg gewerbsmäßig mit geist=
lichem Bedarf [12]).

Solchen Zwergen gegenüber erheben sich um so ehrfurcht=
gebietender und gewaltiger die Gestalten eines Johann Arndt mit
seinen „vier Büchern vom wahren Christentum" und dem „Paradies=
gärtlein" 1605 und 1612, „dem lebensfrischesten Erbauungs=
buche der Zeit", und seiner Schüler Lütkemann † 1655 und
Heinrich Müller † 1675 [18]). Trotz der Warnungen des strengen
Luthertums brach sich daneben die englisch=asketische Litteratur
weite Bahn in Deutschland. Der Übersetzungseifer der Sprach=
gesellschaften öffnete ihr die Thore [14]). Unter Dilherrs Einfluß
wurde namentlich Nürnberg eine der wichtigsten Zentren für die
Verbreitung englisch=religiöser Schriften. Um nur eines Beispiels
Erwähnung zu thun, so erschien 1652, mit dem Imprimatur
Dilherrs versehen, eine Übertragung der Westminsterkonfession.

Neben Übersetzungen von Imanuel Sonthams „Güldenem
Kleinode" sind es namentlich die religiösen Schriften Halls, die
besonders Harsdörfers Aufmerksamkeit erregten. Durch Dilherrs
Einfluß wurden Harsdörfer und mit ihm der Hirtenorden an der
Pegnitz in die religiöse Atmosphäre gezogen. Alle bemühten sich
redlich, ihren Überzeugungen Verbreitung und Eingang zu ver=
schaffen. Harsdörfers vielgelesene Schriften waren dazu sicherlich
die geeignetsten Organe. Weshalb also die abfälligen Urteile über
Dilherr und Harsdörfer, die von „seichter Andächtigkeit — künstlich
abgebranntem Feuerwerke — pomadisierter Atmosphäre, in der
kein kernhaftes Christentum bestehen könne," reden [15])? Muß
doch selbst zugegeben werden, daß es auf „praktisches Christentum"
abgesehen war, und versichert zudem der mit Recht vielgepriesene
Christian Scriver, † 1693, daß er neben Halls Schriften am
meisten durch Harsdörfers „hohe Schul Geist= und sinnreicher
Gedanken" zu einer seiner gediegensten Schriften „Gottholds
zufälligen Andachten" (1663) angeregt worden sei. Damit erfüllte

sich wortwörtlich Harsdörfers Wunsch in der Vorrede eben dieser
„hohen Schule" (1656), „daß viel fromme Lente ihre guten
Gedancken, welche sie in dieser oder jener Gelegenheit schöpften, zu
Papier bringen wolten". Das Büchlein enthält 396 Betrachtungen
mit einer Ergänzung von vier Tageszeitengebeten. Die Be=
trachtungen sind alphabetisch geordnet. Nach einer kurzen Unter=
suchung folgt immer ein ermahnender Abschluß, teils in Gebetform
gekleidet, teils als freier Willensentschluß hingestellt. Diese
Besprechungen verraten gute Bekanntschaft mit den alten Philo=
sophen und besonders mit den Kirchenvätern. Bezugnahme auf
die Legende der Heiligen ist dabei nicht ausgeschlossen.

Es werden die einzelnen Tugenden und Laster, mit Vorliebe
alles, was auf Christentum, Kirche und Religion Bezug hat, in
streng religiösem Geiste behandelt. Eine gewisse Weite der
Anschauung und Vertiefung christlichen Wesens gegenüber der
zeitgemäßen Schablone der Rechtgläubigkeit fällt wohlthätig auf.
Man sieht, der Verfasser stand in der Schule der religiösen
Mystik, seine Kenntnis von Land und Leuten hat ihn gelehrt,
andern Maßstab an religiöses Leben zu legen als den des
äußeren Bekenntnisses. Es geschieht dies, ohne daß der aus=
gesprochenen evangelischen Gesinnung (cf. Glaube 158 und 159,
S. 141—144) irgend ein Eintrag geschähe. Von der gehässigen
und damals so beliebten Kontroverspolemik finden wir keine
Spur. Wir Menschen müssen uns mit Gott bescheiden (60, 57).
Gott hat die ganze Welt geschaffen, „aber nur einen gar geringen
Anteil hat er für sich behalten". Heiden und Türken erfüllen drei
Teile der Welt, und schließen wir von den Christen aus, die nur
in Worten, nicht auch in ihrem Leben Gott bekennen, so wird
„sein Anteil" in diesen „wahren Gliedern seiner Kirche . . noch
viel kleiner". „Die Uneinigkeit in Religions Sachen erwecket unter
den streitenden manche Todfeindschaft" . . . (99, 94.) „Aber ich
will alle Kinder Gottes / wegen ihres Vaters im Himmel lieben."
Das Glück liegt nicht im Erfolge, da suchen es die Thoren,
„die Weisen beurteilen die Thaten nach der Richtschnur deß Worts
Gottes" und lassen „für den Erfolg Gott sorgen". (161, 144.)

Ein gutes Gewiſſen gewinnt und erhält man nicht ohne ſtetigen Kampf gegen „die Gemütsneigungen". (152, 136.) Dennoch „will ich kein Stoicus ſein, und mich aller Paſſionen entohnigen, ſondern ich weiß, daß mich Gott zu einem Chriſten gewürdigt hat, ſolche zu bezämen und zu regieren". (140, 106.) So lange ich aber lebe, „will ich, weil ich lebe, lernen" und auch meine Kinder dazu anhalten, ſich in allem Wiſſen zu üben, „dadurch man zu Ehren kommen kann; ohne Latein aber kann niemand einige Geſchicklichkeit in Sprachen und Künſten erlangen". (223, 204.)

Das Schriftchen will ein Führer durch die Welt zu Gott ſein; es klingt mitunter in Ton und Haltung an Epiktets Hand=büchlein, Mark Aurels und Auguſtins Bekenntniſſe an, ohne dieſe Schriften freilich in ihrer Meiſterſchaft zu erreichen.

Daran reiht ſich „Salomos Tugend= Regiments= und Hauslehre", eine freie Übertragung J. Halls „Salomos Regier= Haushaltungs= und Sittenkunſt". Im Gegenſatz zu ſeiner ſonſtigen Gewohnheit verſchweigt diesmal Harsdörfer den Namen des Verfaſſers, denn „für die Lehre handelt ſich's nur um die Münze, nicht den Münz= meiſter".

> Wer verlanget Ruh und Fried /
> in dem Hertz und im Gemüth
> der folg Salomonis Lehr';
> auf daß er / in ſeinem Leben /
> aller Tugend ſich ergeben
> Hab bey Gott und Menſchen Ehr.
> Wer in ſich ein Frieden Reich
> Hegt / iſt Salomoni gleich.

Die Tiere verſtehen ihren Vorteil beſſer als die Menſchen; ſie wehren ſich um ihr Leben, die Menſchen aber verlaſſen die Tugend, „das zuträglichſte Mittel ihres Glücks". Man unterweiſt die Jugend zwar aus Ariſtoteles über Tugend und Laſter, aber „ohne wirklichen Nachdruck". Viel beſſer als des Ariſtoteles Weisheit iſt Gottes Weisheit, wie ſie uns Salomo lehrt. Ariſtoteles ſteht zu Salomo „wie eine Kerze gegen die Sonne gehalten". (Vorrede.) In der Schrift ſelbſt wird der Verſuch

gemacht, aus Salomos Predigten und Sprüchen eine Übersicht
der gesamten öffentlichen und privaten Sittenlehre zusammen=
zustellen. Dabei folgt der Verfasser dem hergebrachten Schema
der Moralphilosophie, während die salomonischen Aussprüche
nicht immer genau das besagen, was der Autor gerade erwiesen
haben möchte. Doch zeigt die meist passende Aneinanderreihung
von einer erstaunlichen Stoffbeherrschung salomonischer Spruch=
weisheit.

Erbaulichen Zwecken sollten die beiden Zugaben dienen, die
Harsdörfer seinen später zu behandelnden Sonntagsandachten
über Evangelien und Episteln angefügt hat. So übersetzt er
„Hugo Groten Einzeilige Fragen und Antworten über die Haubt=
lehren deß Christlichen Glaubens / Für seine Tochter Corneliam"
aus dem Niederländischen. Der berühmte Staatsmann, der
Begründer des Völkerrechtes und Märtyrer des Arminianismus,
hält sich nicht für zu hoch, seiner Tochter in 183 kurzen Fragen
und Antworten den Inbegriff der evangelischen Lehre klar zu
legen. Protestantisch rechtgläubig gehalten wird darin geflissentlich
alle Polemik vermieden und das Lutheraner und Kalvinisten
Trennende übergangen. Hören wir einige Fragen!

 23. Wie läst er Böses zu, weil Er doch alls regiret?
  Weil er ist gut und weiß / das Böß zum besten führet.

 40. Was ist nun unser Glaub / sag / worauf soll er schauen?
  Was Gott im Wort verheist / dem sollen wir auch trauen.

 41. Was ist das höchste Wort / darnach der Glaub sich richt?
  Daß Gott die Seligkeit uns gegen nichts verspricht.

 99. Wie hat der Sohn bezeugt die Wahrheit seiner Lehr?
  Indem er nichts gelehrt / er that es noch vielmehr.

137. Sag einen Hertzentrost / der uns in Leid erfreut?
  Daß Gott mein Vatter ist, und ich sein Kind bereit.

In den „Geistreichen Betrachtungen nach den Sieben Bitten
für die 7 Wochentagen" gibt Harsdörfer in nicht ungeschickter
Weise den einzelnen Bitten dadurch einen besondern Bezug, daß
er immer ein Wort vorsetzt: Unser Vater — Unser König —

Unser Bräutigam — Unser Hirt — Unser Schuldherr — Unser Artzt — Unser Erlöser! Dagegen erheben sich die „Abents- Andachten / nach den Sieben Worten deß Herrn Jesu" in nichts über den gewöhnlichen Ton frommer Betrachtung. Der Über- setzung des vierzigstrophigen Andachtsliedes des heiligen Bernhard werden wir später beim „Hohenliede" eingehend Erwähnung thun.

Den Übergang zu Harsdörfers geistlicher Dichtung mag uns der Anhang zu Nathan II vermitteln „Das Geburt-Register unsers Herrn und Heilandes Jesu Christi Gottes und Mariä Sohns". Er teilt die Stammregister, wie sie Matthäus für Joseph, Lukas für Maria gibt, in sechs kulturgeschichtliche Weltalter. Das erste von Adam bis Lamech nennt er „die Kindheit der Welt — die Schäfer", das zweite von Noah bis Jakob „die Kindheit der Welt — die Soldaten", das dritte von Juda bis Jessa „die Jünglingschafft der Welt — die Hertzogen", das vierte von David bis Jechonia „das Mannliche Alter der Welt — die Könige", das fünfte von Sealthiel bis Johannes Hirkan „der Welt Alter — die Einsamen" und das sechste endlich von S. Panther und S. Mathan bis Jesus Christus „das verjüngte Alter — die Heiligen". Jede in dem Verzeichnis aufgeführte Persönlichkeit wird in einer Art von poetischem Rätsel verherrlicht. Eine Aus- wahl derselben, aus jedem Zeitraum eines, mag uns Absicht und Geschick des Dichters erweisen.

I. Enoch (7).

Ich starb und sterbe nicht.
Deß jüngsten Tags Gericht
Hab ich die Welt bericht /
Die mein Wort hat vernicht /
Mich führt ein Flammen-Liecht
Zu Gottes Angesicht.

II. Abraham (13).

Ein Wunder grosser Mann muß der gewesen seyn /
Der alle Frommen fasst in seiner Schose Schrein:
Des Himmels Sternenhaus / der Sand am tiefen Meere
Hat nicht so grosse Zahl / als seiner Kinder Heere.

III. Josua (29).

Der allerstärkste Ries, der Sonn und Mond gehalten /
ob dem der Herren Herr hat kräfftig wollen walten /
Daß er im Alter jung und seine graue Haar
Im Winter werden gleich dem grünen Lentzenjahr.

IV. Salomo (34).

Ein kluger Knab / ein Weiber Mann /
ein alter Geck / der weis sein kann /
Der manchen Trug gelistet aus /
Die Ehr und Unehr Davids Hans.

V. Mathathias (59).

Ein Fürst ohn Leut und Land / ein Priester ohne Tempel:
Ein Hertzog ohne Heer / ein Richter ohn Exempel.
Sein Harnisch war sein Hertz / sein Degen Zorn und Grimm /
Der Fahnen seine Faust, die Trompet seine Stimm.

VI. Jesus Christus (63).

Aller Frommen Zweck und Ziel / wer sich nicht zu diesem wendt /
wird des rechten Wegs verfehlen /
und der Sonnen Glantz verhelen.
Er ist aller Himmelsschrifft gleicher Anfang / gleiches End.

Das deutsche Kirchenlied, diese Schöpfung der Reformation, spiegelt in seiner Entwicklung genau den Zeitgeschmack wieder[16]). Es geht im 16. Jahrhundert aus von der Darstellung der objektiven Heilsthatsachen. Entsprechend dem ursprünglichen Charakter der beiden Reformationskirchen bildeten in der lutherischen Kirche die evangelischen Hauptwahrheiten den Mittelpunkt des Kirchenliedes, während die deutsch-reformierte Kirche sich mehr dem alttestament-lichen Psalmengesange anschloß. Das änderte sich um die Wende des Jahrhunderts; das Ende des dreißigjährigen Krieges bedeutet auch hier den vollendeten Umschwung. Abgestoßen von den Lehr-streitigkeiten und beeinflußt von der ausländischen Hirtendichtung wird das Kirchenlied mehr und mehr zum Erbauungslied, zum geistlichen Hauslied. Nicht mehr der gläubige Ausdruck der objektiven Kirchenlehre, sondern das fromme subjektive Gefühl, die mystische Versenkung bestimmt den Dichter.

Am weitesten in dieser Richtung geht wohl einer der genialsten geistlichen Dichter der Zeit, Johann Scheffler, † 1674. Das Hohelied tritt in den Vordergrund. Selbst ein so herzenskühler Mann wie Opitz muß ihm ein Achtungsopfer zollen. Gervinus trifft ins Schwarze mit seinen Worten: „Der Übergang von dem Psalter zu diesem Hohenlied, der häufige Gebrauch dieses Musters statt jenes, macht den Kern der Veränderungen in der geistlichen Poesie dieser Zeit aus; die Periode verhält sich zu der früheren wie Salomo zu David“ [17]). Als Janus zwischen zwei Zeiten, aber Vorläufer wie Nachfolger um eines Hauptes Länge überragend, erscheint Paul Gerhardt, † 1676; in ihm vereint sich in harmonischster Weise der objektiv-kirchliche Zug des 16. Jahrhunderts mit der subjektiv-lyrischen Richtung der neuen Zeit. Aus ihr entnimmt er die korrekte Form, die Wärme des Gefühls, ohne in das Spielende, Tändelnde, Süßlich-Schwächliche zu verfallen, was je länger, je mehr auf katholischer wie protestantischer Seite die geistliche Dichtung zu beherrschen anfängt. Einen ebenbürtigen Nachfolger hat Gerhardt übrigens nicht gefunden.

Die Pegnitzschäfer werden recht eigentlich die Führer dieser süßlich-geistlichen Richtung. Harsdörfer selber aber macht davon noch eine rühmenswerte Ausnahme. Es ist das zweifelhafte Verdienst Dilherrs und Birkens, dem Hirtenorden eine immer geistlichere Richtung gegeben zu haben. Christus, der große Blumenhirte, ist der klassische Ausdruck dieser Geschmacksverirrung. Harsdörfer dankte es wohl einer wohlthätigen Vereinigung von natürlicher Beanlagung und sittlicher Angewöhnung, die ihn vor diesem Fehler bewahrte. Es war das Trocken-Nüchterne einesteils, das einen wesentlichen Teil seiner Natur ausmachte, freilich ihm dafür auch häufig allen poetischen Aufschwung verdarb, und andernteils eine gewisse Ehrfurcht vor dem Heiligen, das ihn davor bewahrte, in seine im Weltlichen ihm übliche „Spielweise“ zu verfallen.

Wir haben von Harsdörfer eine große Zahl — mindestens an zweihundert — geistlicher Lieder. Harsdörfer ist aber auch der

Erfinder einer besonderen geistlichen Dichtungsart, wenn man so
will, der sogenannten „Andachtsgemähle". Sie bestehen aus
einer Vereinigung von Dichtung und Gebet. An der Spitze steht
ein Bibelwort, hierauf folgt ein Bild, dann eine poetische Um=
schreibung desselben, mit reichlichen biblischen Citaten gespickt; ein
passendes Andachtslied und kurzes Gebet beschließen das Ganze.
Harsdörfer thut sich auf diese Erfindung viel zu gut. Er scheint
sie zu Ehren von Zesens Neugründung 1644 gemacht zu haben.
Wie schon erwähnt [18]), widmete er der deutschgesinnten Genossenschaft

zum Dank für seine Aufnahme in dieselbe „hundert" solcher
„Andachtsgemähle". Leider konnte ich mir dieselben nicht mehr
zugänglich machen. Trotzdem glaube ich, damit wenig verloren
zu haben. Bei der Art, mit der sich Harsdörfer gewöhnlich zwei=,
dreimal und öfters selbst auszuschreiben pflegt, hat es große
Wahrscheinlichkeit, daß wir, wenn nicht allen, so sicherlich dem
weitaus größten Teile dieser hundert „Andachtsgemähle" in den
2×76 seiner „Hertzbeweglichen Sonntagsandachten" über die
Evangelien und Episteln von den Jahren 1649 und 1652 wieder
begegnen. Die ersteren sind seinem Gevatter Dilherr gewidmet
als Gegengabe für dessen „Sonntagsfeyr", die letzteren „Joachim
Pipenburg, Jcto und vornehmen Rahts=Herrn zu Lüneburg".

In der Zuschrift an Dilherr versichert Harsdörfer „Im Recht-
glauben und Rechtthun beruhet haubtsächlich unser gantzes Christen-
thum". Entstanden sind sie aus Aufzeichnungen, die er sich nach
den öffentlichen Gottesdiensten zu machen pflegte. Er hofft, sie
sollten als Privaterbauung nach der Kirche benützt werden.
Deshalb legte er auch das Schema des Kirchenjahres zu Grunde.
Die Vorrede der zweiten Folge belehrt uns darüber, welche
Bedeutung Harsdörfer seinen Emblemen beigelegt wünsche. Dem
dreifachen Sinne der heiligen Schrift, nämlich dem Wortverstande,
Gleichnis und mystischen Inhalt, entspreche eine dreifache Art
bildlicher Darstellung: die geschichtliche, allegorische und die
höchste, die emblematische. Er ist sich aber auch gewiß, in
seinen Dichtungen einen bedeutenden formellen Fortschritt auf-
weisen zu können. „Wie nun die neue Mahlerey der alten
überlegen, also ist nicht zu zweiffeln, daß die zu reiffen Jahren
gelangte Reimkunst, kluger und genausichtiger, als derselben Anfang
seyn können. Dahero ich mehrmals gewünschet, daß doch Herr
Lutherus S. als der Großvater unsrer Sprache die neuen Kunst-
richtige Lieder lesen, und die Lehrrichtige Verfassung unsrer Sprache
sehen möchte, nicht zweiflend, er solte ihm solchs erfreulich gefallen
lassen" . . . . Denn wenn auch der Inhalt der alten Kirchenlieder
sehr gut zu nennen ist, „die Reimungen aber und die Wort
lauffen vielmals den heutigen Lehrsätzen, die in der Eigenschafft der
Sprache gegründet sind, zu wider". Urteilte ja Luther über seine
Dichtungen selber, es sollten nur Beispiele zur Aufmunterung für
andere sein; die Späteren sollten es anders und besser machen.
Deshalb hat Fürst Ludwig von Anhalt-Cöthen 1642 ein Gesangbuch
zusammengestellt, in dem „viel alte Lieder verbessert, Reimrichtig
verfasset" werden. Ob Fürst Ludwig und Harsdörfer darin nicht
schon richtiger gefühlt haben, wie manche gelehrte Herren unserer
Tage, die der Textechtheit zu Liebe die größten Kamele sprachlicher und reimlicher Ungeheuerlichkeiten mit sichtlicher Wonne
und Erbauung verschlucken? Man übersieht dabei den großen
Unterschied, der zwischen den Anforderungen an eine kritische
Textausgabe und denen an ein Gemeindeerbauungsbuch besteht.

Ein Andachtsgemälde, das zugleich auch politisch nicht uninteressant ist, veranschauliche uns diese eigentümlichen Hars=dörferischen Gebilde.

Auf den Neuen Jahrstag [19]).

IX.

Andachtsgemälde.

Seyd friedsam / so wird der Gott der Liebe und deß friedens mit Euch seyn (2. Cor. 13/11).

Neujahrswunsch

(Bilder — zwei Medaillon)

Umschrift:

Pax cum Deo Pax cum Hominibus.

Weil wir durch Gottes Gnade den lieben frieden / dieses an-getretene 1649. Jahr / erlanget / wünschen wir hier allen Christ-gläubigen frieden mit Gott / und frieden mit den Men-schen, gebildet auf diesen friedenspfenning / durch ein Hertz / welches auf einer Seiten durch den Namen Gottes mit den dreyen s die Einwohnung in unsern Hertzen bedeutet / und auf der andern Seiten zween Oelzweige / oder einen Krantz von Olivenlaub geflochten / den frieden mit den Menschen bemerket.

Cento Biblicus.

oder

Biblisches Spruchgedicht.

Der Gott (Coloß. 3/15) und Herr (Teß. 3/15) des frieds / deß Sohn
heißt friedefürst (Es. 9/6),
Der selbst deß friedenfeinds / der Schlangen / Haubt zerknirscht
(1. Moß. 3 15),

erfüllet unfer Herz (Röm. 15/13) mit Frieden und mit
Segen (Pf. 19/11):

Er richtet unfre Füß / auf feines Friedes Wegen (Ef. 59/8, Röm. 3/17).
Er hat den Friedensbund / das Band der Einigkeit (Ephef. 4/3) /
wie dorten Salomon (I. Könige 4/24) gegeben diefer Zeit /
Deß Geiftes füße Frucht (Gal. 5/21) / die Liebe wird bekleiben /
und alle Furcht von uns und unfern Grenzen treiben (Pf. 38/4,
Pf. 147/14).

Gleichwie deß öhles Safft die Wunden Schmerzen legt (Ef. 1/6) /
fo mildert auch der Fried / wann Krieges Unglück fchlägt;
Die überbleiben find zu einem Friedensfamen (Zach. 8/1, 2) /
erkennen diefe Gnad / und loben Gottes Namen (Pf. 150/2).
Die fchönfte Friedensfrucht ift die Gerechtigkeit (Ebr. 12/11) /
Die mit erlangter Ruh nunmehr wird ausgebreit (Ef. 66/12)
und in den Thoren wohnt (Zach. 8/12) der Fried in unfern Hütten
(Joh. 5/24) /
wird nun das brache Feld mit Samen überfchütten (Marc. 14/8) /
Der Fried ift aufgericht zu Waffer und zu Land (1. Marc. 8/22, 23) /
nun Gott gewähre (Jer. 33/6) lang erlangten Friedenftand
(3. Marc. 7/4)!
Der Frommen Reu und Buß hat Fried gebracht auf Erden (Luc. 2/14) /
Daß zu der letzten Zeit auß Feinden Freunde werden (Sprüche 16/8) /
Die Berge bringen Fried (Pf. 72/3) / es weichet die Gefahr
(1. Sam. 20/21).
Gott fey Lob / Ehr und Preis / für diefes Friedenjahr!

Danklied.
Nach der Stimme: Mein Hüter und mein Hirt ift Gott der Herre.

1.

Die Friedenszeit / die wir fo lang verlanget /
Befiegt der Krieg / der uns hart hat bedranget.
Gerechtigkeit fich mit dem Frieden küffet (Pf. 85/11),
und Land und Statt mit Sicherheit begrüffet.
Es blüht der Fried / das Feld wird Früchte bringen (Pf. 72/7):
Daß Rind und Schaf auf Berg und Hüglen fpringen.

2.

Die öde Trifft wird widerum gepflüget:
Der Ackersmann mit reichem Herbst begnüget:
Der Wintzersmann erfreut der volle Reben /
Die allen Sorgen Rast und Ruhe geben:
Der Gärtner pflantzt / und setzet junge Bäumen.
Uns ist gleich denen / die von Frieden träumen (Pf. 126/1).

3.

Uns wird die Ruh in solcher Zeit gegeben /
Da wir gesammt in höchsten Nöhten schweben:
Zu solcher Zeit da Rauben / Mord und Brennen /
Zu Grund gericht der Armen Haus und Tennen.
Weil wir es stets mit Sünden übermachten /
sind wir so grosser Gnad nicht wehrt zu achten.

4.

Deßwegen wir dir Gott Dankopfer bringen /
von Hertzen Grund mit Mund und Psalmen singen:
Deß Herren Huld / Lieb / Warheit / Güt und Treue /
ist über uns nun alle Morgen neue:
Er wöll' uns all' in seiner Huld erhalten /
und über uns mit seiner Gnade walten.

Gebet.

Gnädiger Herr deß Friedens / gieb uns deinen Frieden / welchen die Welt nicht geben kann (Colof. 3/16). Laß uns den Geist des Friedens in alle Warheit leiten / daß wir nichts reden / thun oder gedenken / als / was dir gefällig ist (Joh. 16/13). Schaff auch lieber getreuer Gott Frieden in unsern Grentzen / so wollen wir dir danken / daß du so gerne hilffest und deinen Namen rühmen immer und ewiglich. Amen! (Pf. 147/14.)

In den verschiedensten Werken Harsdörfers treffen wir auf geistliche Lieder. So finden wir solche in den Gesprächspielen, in Nathan und Jotham, aber auch im Schauplatz lust- und lehrreicher wie jämmerlicher Mordgeschichten und im Geschichtsspiegel.

Außerdem hat Harsdörfer zu einer Reihe von Dilherrschen Erbauungsschriften als Beiträge Originallieder geliefert. Da diese Schriften selten geworden sind, und die Harsdörferischen Lieder sich meines Wissens, von einigen wenigen abgesehen, sonst nirgends finden, wird es sich empfehlen, der Büchertitel und Lieberanfänge kurz Erwähnung zu thun. Im „Himmlischen Freudenmahl" (1654) findet sich ein Abendmahlslied „Entweich, entweich O blödes Menschensinnen". (S. 582 ff.) In den zwei Teilen des „Hauspredigers" treffen wir auf je ein Lied:

„Eröfne dich, O schwacher Mund". (I, 184 ff.)

„Ein Loblied wil ich singen
wie man soll böse Lust bezwingen". (II, 538 ff.)

„Die Christliche Gedächtnis-Münze" weist dagegen deren sechs auf:

Kinderlied: O Gott wend zu mir Deine Gnad. (S. 121.)

Jünglingslied: Mein Gott, ich weiß nicht, wie ich geh. (S. 161.)

Alterslied: Gott, dessen Wort gemacht die Welt. (S. 214.)

Witwenlied: Gott, von dem aller Segen und alle reiche Gab. (S. 291.)

Waisenlied: O Vater aller Kinder. (S. 359.)

Sterbelied: Weil dein Erlösung nahet. (S. 501.)

Anders verhält es sich mit Dilherrs „Weg der Seligkeit". Diesem umfangreichen Buche hat Dilherr selber eine größere Zahl der seines Erachtens besten Erbauungslieder beigegeben, darunter sechs Harsdörferische. Vier derselben finden wir in den Gesang= büchern der Zeit wieder. Merkwürdiger Weise kennt von zweien derselben gerade der Herausgeber des Nürnberger Gesangbuches von 1677 bereits den Verfasser nicht mehr. Es sind das die Lieder:

„Das walte Gott, der uns aus lauter Gnaden" (S. 702 ff N. G. B. Nr. 741 Ignotus Autor).

„Der Tag ist nun vergangen" (S. 704 ff [20]) N. G. B. Nr. 822 Anonymus).

Wetzel berichtet uns, daß fünfundzwanzig Lieder Harsdörfers teils in das Coburger Gesangbuch vom Jahre 1655, teils in Guirsfelds „geistlichen Harffen=Klang" vom Jahre 1679, teils im Hamburger Gesangbuch vom Jahre 1684, im Bayreuther vom Jahre 1688, im Schönbergischen vom Jahre 1703, im Regens=burger Liedermanual vom Jahre 1710, teils in Kießlings Sonntags= Beicht= und Communion=Büchlein vom Jahre 1663 Aufnahme gefunden haben. Das nächstliegende, das Nürnberger Gesangbuch, übergeht Wetzel ganz. Dasselbe, 1677 von Sebastian Göbel verabfaßt, bedeutet insofern einen Fortschritt, als es zuerst Schefflersche Lieder aufnimmt, thut sich aber andererseits etwas darauf zu gut, die alten Liedertexte, namentlich der Lutherlieder, mit allen ihren sprachlichen Härten wieder hergestellt zu haben. Also hier schon eine altertümelnde Neigung! Von Harsdörfer bringt es siebzehn Lieder, darunter eines, das Wetzel unter seinen fünf=undzwanzig Liedern nicht aufgezählt hat. Dasselbe beginnt: „Gelobet seist Du Jesu Christ, daß nun der Tag erschienen". (Nr. 325 S. 359.)

Viele Harsdörferische Lieder entnehmen ihre Singweisen bekannten Melodien; soweit sie selbständige Kompositionen auf=weisen, rühren diese von dem Organisten bei St. Lorenz her, Sigmund Gottlieb Staden (1607—1655), einem auch sonst bekannten tüchtigen Musiker.

Aus dieser Liederfülle nur einige Strophen, die wenigstens das erweisen können, daß es Harsdörfer nicht an sprachlicher Kraft gemangelt hat.

Aus „Wohl dem, der nicht zu gehen pfleget".

<blockquote>
4. Der Reichthum ist ein güldner Riegel,
so manchen schleußt vom Himmel aus
Der Geitz ist aller Laster Spiegel,
ein hohes, aber armes Haus.
Viel besser ist mit Gott allein,
als reich an Gold und Silber sein.
</blockquote>

(Hertzbew. Sonntagsand. Evangelien S. 73.)

5. Ein jedes Thier kan sich erfüllen,
allein der Mensch wird nimmer satt,
Er plaget sich mit Sorgengrillen,
Die er ihm selbst geheget hat.
Mehr Zehrungsgeld wünscht er ihm mit,
wann er fast thut den letzten Schritt.

6. Ein solcher, der sich stetig grämet,
der stirbet mehr, als einen Tod:
Ein dummes Vieh ist baß bezähmet,
Das lebet sonder harte Noth.
Er pralet immer auf Verstand,
und ist ihm selbsten nicht bekant.

(Hertzbew. Sonntagsand. Epist. XXIV, S. 122.)

4. Die Vernunfft kan niemals fassen,
was man sicher glauben muß:
Diesen Esel muß man lassen
unten an Morja Fuß,
Wann man sich mit Gott bespricht,
und den Sinnen trauet nicht;
soll das Opfer Gott gefallen,
Das Ihm bringt des Mundes Lallen.

(Hertzbew. Sonntagsand. Epist. LXXII, S. 359.)

Unser Gesamturteil können wir dahin zusammenfassen: Die Sinnbilder in den Andachtsgemälden sind häufig gesucht und geziert, die Erklärungen überladen, verschroben, dunkel. Viel besser steht es um die Lieder und Gebete. Letztere schließen sich inhaltlich an erstere an; viele von ihnen verbinden Kraft mit Kürze. Harsdörfers geistliche Lieder verbreiten sich über alle Lebensverhältnisse; sie sind ebenso Kirchen= wie Natur= und Hauslieder. Die Erlösungsthatsachen, Sünde und Gnade, stehen zwar noch im Vordergrunde, aber bereits macht sich die Neigung zu Christus, dem Seelenhirten, stark bemerkbar. Breiten Raum daneben haben namentlich Abend= und Morgenlieder, Wald= und

Feld=, Stadt= und Landlieder. Das Reflektiertlehrhafte stört nicht
selten den harmonischen Eindruck. Die dichterische Form bleibt
häufig hinter der eigenen theoretischen Erkenntnis zurück. Es
fehlt nicht an groben metrischen Verstößen, z. B. Mischung von
Trochäen, selbst Spondeen unter Jamben. Übrigens finden wir
meist warmes Gefühl und würdevolle Haltung.

Mystik ist der Brunnquell aller echten Frömmigkeit, Selbst=
entäußerung, Hingabe an Gott ihr Gehalt. Deshalb war sie
stets international und interkonfessionell. Der Orient reicht die
Hand dem Occident. Heidentum und Islam, Judentum und
Christentum streiten um die Palme. Alle nur dogmatisch, kritisch,
skeptisch gerichteten Geister haben sie nicht begriffen und werden
sie nie begreifen, weil sie nicht zu begreifen ist. Sie ist Sache
des Fühlens, nicht des Verstandes. „Wenn ihr's nicht fühlt, ihr
werdet's nicht erjagen." Der größte Philosoph des 17. Jahr=
hunderts, Spinoza, hatte dieses Gefühl trotz seines Systems.
Darin beruht wohl der unüberbrückbare Gegensatz zwischen ihm und
den meisten seiner Anhänger. Aller Unterschied der Geburt, des
Standes, des Besitzes, der Bildung geht unter und versinkt in dem
endlosen Abgrunde der Liebe Gottes. Die Liebe höret nimmer auf!

> Die Erkenntnis ist das Erbe
> Nicht der Weisen, nein der Frommen;
> Nicht im Grübeln, nein im Beten
> Wird die Offenbarung kommen.
> Soll das Menschenauge schauen,
> Muß der Himmel sich erschließen
> Und ein Strahl von seinem Lichte
> In das dunkle Herz sich gießen.
>
> (Weber, „Dreizehnlinden" XVII, 243.)

Auf christlichem Gebiete unterscheidet man wieder eine
unkirchliche und eine kirchliche Mystik. Letztere erfüllt die Dogmen
mit mystischen Gefühlen. Namentlich die romanisch=katholischen
Länder haben solch' glühende mystische Liebesglut hervorgebracht.
Wir wollen übrigens dabei nicht vergessen, daß Luthers Lieblings=
büchlein die tief=mystische „Teutsche Theologie", und daß einer der
genialsten mystischen Dichter des 17. Jahrhunderts, Angelus Silesius,
unser deutscher Landsmann Johann Scheffler gewesen ist.

Harsdörfer selber war kein Mystiker. Dazu gebrach es ihm an ruhiger Beschaulichkeit, Vielgeschäftigkeit und Weltverstand walteten vor. Aber sein liebebedürftiges Herz fühlte sich wohlthätig erwärmt von diesem verborgenen Lichte, sein praktischer Verstand erkannte die hohe Bedeutung der Mystik für Religion und Sittlichkeit. Mystischen Anklängen, fremden und eigenen, sind wir schon mannigfach bei Harsdörfer begegnet. Im engeren Sinne können vier Schriften hieher bezogen werden. Drei davon enthalten Übersetzungen, die vierte und letzte bringt uns Harsdörfers Dichtungen zu Dilherrs Betrachtungen über das hohe Lied.

„Ein hundert Sprüche gezogen aus den Schriften der Hispanischen Nonne Theresa" lautet der Titel der Zugabe zu Nathan I. In seinem Vorberichte meint Harsdörfer: „Was den guten Wandel, und ein reines Gewissen anlanget, sollen alle Christen einer Religion seyn, gestalt ohne solchen kein Gottgefälliger Glaube bestehen kan." Diese Herzensunion, die über alles begriffliche Wortgezänke erhaben ist, wird stets das ungestillte Verlangen des Diesseits bleiben müssen. Auf sie hinzuweisen, sie als thatsächlich vorhanden zu verkünden, heißt Öl in die Wunden der Zweifelsucht und der Zwietracht der Zeiten gießen.

Die heilige Theresa, † 1582, gehört mit ihren Zeitgenossen Johann vom Kreuze, Luis de Leon und Petrus von Alkantara zu den seltenen Menschen, die neben aller Gebundenheit an die Zeitvorstellungen tiefer Einblicke ins Ewige gewürdigt wurden. Berninis Meisterhand hat sie in Rom verherrlicht, wie ihr der Seraph, ein geistlicher Amor, einen Pfeil ins Herz drückt [21]).

Die von Harsdörfer zusammengestellten Sprüche geben Zeugnis von einer innig-gläubigen, aber mystisch von der Welt abgekehrten Frömmigkeit. Manche Worte darunter enthalten vortreffliche geistliche Lebensregeln:

15. Der größte Trost ist, andre mit Worten oder guten Exempeln frömmer machen.

16. Die Demut ist eine Imme, die von allen Blumen (von allen Begebenheiten) Honig macht.

63. Eine bäurische Einfalt in dem Gebete ist die größte Höflichkeit
   an des Himmels-Königs Hofe.

72. Welchen unser Herr Gott nicht gibt, was sie von ihm bitten,
   die haben nicht in waarem Glauben gebetet, oder es ist ihnen
   nicht nutz gewesen, warum sie gebeten.

Ein Titelbild, „Joseph in Ägypten, vor ihm sich neigend seine
Brüder", eröffnet „Die göttliche Liebeslust, d. i. die verborgenen
Wolthaten Gottes" von dem Italiener Aloysio Novarini.

Novarini (1594—1654) trat 1612 in den Theatiner-Orden zu
Verona, ward mehrmals Superior des Klosters und entfaltete
eine reiche schriftstellerische Thätigkeit [22]). Harsdörfer eröffnet seine
Übersetzung der innig frommen Schrift mit einem Widmungsgedichte.

> Gleich wie Joseph in Egypten
> Seine Brüder und Gesipten,
> Auf verborgne Weis' ernehrt,
> Ihnen Frücht und Geld verehrt;
> Sie, benebens nicht von Hertzen,
> Mit bedrauen wollen schertzen:
> Also macht es Jesus Christ,
> Der auch unser Bruder ist,
> Der uns liebet und betrübet,
> Scheltwort und viel gutes giebet,
> Der sich trotzig stellet an,
> Als ein unbekannter Mann;
> Auff daß wir ihm Ehr' erzeigen,
> Uns, als lere Garben neigen,
> Und ihm dancken für die Gnad
> Die Er uns erwiesen hat;
> Dann giebt er sich zu erkennen,
> Läßt sich freund und Bruder nennen,
> Und setzt uns mit milder Hand
> In sein Reich, das Gosen Land.

Eine tiefsinnige Rabbinenfabel läßt David sich darüber
wundern, warum Gott eine Mücke, einen Narren, eine Spinne,
diese durchaus unnützen Wesen, geschaffen habe. Da muß eine
Mücke sein Weib Michal wecken, um ihn vor Sauls Häschern

retten zu können; da muß er sich selbst als Narr vor dem Philister=
könig Achis verstellen; da muß das Gespinst einer Spinne den
Flüchtigen vor Saul verbergen. Mit dieser Erzählung leitet
Harsdörfer die wunderbaren Wege der göttlichen Weltregierung
ein. Novarinis hundert Betrachtungen entschlagen sich aller
Beweisführung, alle atmen frommen Dank und kindliche Hingabe
an Gottes väterliche Führung. Zwei geistliche Lieder Harsdörfers,
das zweite in Gesprächsform, enden das Ganze. Der fromme
protestantische Mystiker Christian Scriver (1629—1693) [23]) nennt
es „ein wichtiges Büchlein". (S. 1341.) Was ist nun unter
dem „Verborgenen" gemeint?

Zu den verborgenen Wohlthaten Gottes gehört nicht nur alles
Gute des Leibes und der Seele, das wir bewußt und unbewußt
stündlich erfahren dürfen, sondern es ist auch dazu zu rechnen,
und zwar in noch weit höherem Maße, alles Üble, alles Böse,
leiblich und geistlich, das uns selber oder andere Menschen oder
die ganze Welt anwandelt. Was dem menschlichen Verstande der
tiefsten Denker ewig verborgen bleiben wird: „Was ist es um
das Böse in der Welt?" dem in Gottes Willen ergebenen
frommen Gemüte ist es klar und licht: „Um des Menschen
willen, gerade um des frommen Menschen willen, zu seinem Heil
und Besten ist es von Gott dieser Welt beigegeben worden. Ohne
das Böse, ohne die Vergänglichkeit und Nichtigkeit der Welt würde
die Weltlust so verführerisch, so allgewaltig erscheinen, daß keine
Frömmigkeit dabei bestehen könnte." Wir sehen, wie sichern Fußes
auf schwindelndem Pfade die Frömmigkeit wandelt und wie nahe
dem Abgrunde, in den die Spekulation des Pantheismus sich
kopfüber stürzt und darin religiös zu Grunde geht. „Die
Gottheit ist indifferent gegen gut und bös; gut und bös sind nur
zwei Seiten der einen Sache."

Es bestätigt dies die alte religiöse Doppelwahrheit: „Religion
entquillt nicht dem Verstande, sondern dem Gemüte" und „ohne
Schmerz und Leid keine Religion".

Nicht so glücklich in seiner Wahl war Harsdörfer in einer
zweiten, dieser beigegebenen Schrift. Mit mystischem Anfluge,

aber entschieden katholisch=konfessioneller gefärbt, treten uns die dreiunddreißig „Heilige Meinungen oder Verträge zwischen Gott und der . . . Seele" des französischen Jesuiten Paul de Barry entgegen. Es charakterisiert Harsdörfers weiteren religiösen Standpunkt, daß er es nicht für nötig erachtet, solche ein spezifisch katholisches Gepräge tragende Stellen abzuändern, obgleich er sonst nach seinem Vorberichte, der auch Friedrich Spees „Tugendbuch" Erwähnung thut, „etliches ausgelassen" und „etliche Sprüche aus H. Schrifft" eingefüget hat. Mit einer eigenen geistlichen Dichtung beginnt, unterbricht (nach der 12. Meinung) und schließt er die Abhandlung. De Barry (1587—1661) trat 1607 in den Jesuitenorden. Er ist der Verfasser zahlreicher französischer Schriften asketisch = mystischen Inhaltes, die vielfach in andere Sprachen, namentlich auch ins Deutsche übersetzt worden sind [23]).

Durch das ganze Schriftchen ziehen sich zwei stets wieder= kehrende Gedanken. Die gläubige Seele schließt mit Jesus einen besonderen Vertrag ab; nach diesem Vertrage nun soll der einzelne immer gehalten sein, sich auf Gnade und Ungnade, Segen und Fluch Jesus zu eigen zu geben. Das verleiht dem Ganzen etwas Eintöniges und wieder zugleich phantastisch Über= triebenes. Hören wir statt vielem nur eines. Es ist von der Anbetung Gottes die Rede. „Wenn ich meinem Wunsch kundte nachgehen, so begehrte ich zu haben nicht achtzig Jahr allein, sondern achtzighundert tausend Millionen der Jahren, und die gantze nachfolgende Ewigkeit, damit ich diese gantze Zeit durch dergleichen Anbettungen . . . bezengen kundte, daß nichts . . würdig sey also verehrt . . zu werden!" Das grenzt an die indischen Ungeheuer= lichkeiten! De Barrys Schrift steht an wahrem religiösen Gehalt tief unter Novarinis „Wohlthaten".

Dilherr ließ im Jahre 1654 Betrachtungen über das Hohe Lied Salomos erscheinen. Das Büchlein, mit Kupfern verziert, ward der Herzogin Christina Elisabeth von Braunschweig zugeeignet. Offenbar entsprach es dem Zeitgeschmack; innerhalb zehn Jahren erlebte es fünf rechtmäßige Auflagen, von Nachdrucken abgesehen, vor denen Dilherr in seiner fünften Auflage nachdrücklich alle „Buchführer und Verleger" verwarnt.

Wir werden nicht irre gehen, wenn wir diese Zugkraft des Büchleins der Mitarbeit unseres Harsdörfers zum guten Teile zuschreiben. Harsdörfer schrieb nämlich nicht allein eine denk= würdige Vorrede, er entwarf auch die Bilder, erklärte sie in kurzen Sinngedichten und fügte jeder der zwanzig Andachten geistliche Lieder bei. Soweit diese sich nicht nach gangbaren Melodien singbar erwiesen, wurden sie von Jos. Erasmus Kinder= mann, Organist zu St. Egydien, in Musik gesetzt.

In der Vorrede zeigt Harsdörfer, daß er eingehende Kenntnisse über das Hohe Lied, seine Sprache und Deutung besitze. Er bekennt sich als überzeugten Anhänger von der mystischen Bedeutung dieses Liedes. Es gehört ihm zum „Geheimnisse vom Himmelreich", „die Braut ist die christliche Kirche, und absonderlich jede reine und rechtgläubige Seele".

Aber sein dichterisches Gemüt fühlt sich angezogen von dem Reinmenschlichen. „Wenn man dieses Lied betrachtet, ist es ein Hirten=Gespräch, wie im Theocrito und Virgilio! Alle Gedanken sind von der Liebe, alle Gleichnisse vom Felde, Bäumen, Gärten, Aeckern und Gewürtzen, nach deß Landes Art, in welchem es geschrieben worden. Die Begebenheit der Liebe, welche verlanget, seufzet, zürnet, verwundert, lobet, weinet, lachet, sich vergnüget sind hier meisterlich abgebildet, und solches alles dargestelt, wie keusch verliebte sich miteinander begehen möchten."

Mit einer freien Nachdichtung eines spanischen Liedes von dem Karmeliten Juan de la Curz (soll wohl heißen de cruce) hebt Harsdörfer an. Lassen wir einige Strophen folgen.

> 1. Wo hast du dich hin verborgen /
>   meines Lebens Aufenthalt?
>   Mit viel seufzen / angst und sorgen /
>   such ich dich im dicken Wald.
>   Wie die Reh und Hirschen fliehen /
>   also fliehest du für mir:
>   Mein Hertz / mein Hertz folget dir /

daß sich nicht läßt von dir ziehen.
Meine Liebe ruft dir nach /
hör mein Klagen / Weh und Ach.

2. Wenn ihr Hirten in der Nähen /
den / so meine Seele liebt /
werdet hören oder sehen
so sagt / daß ich bin betrübt;
Sagt ihm / daß ich müsse steigen /
über hohe Berg und Thal
da viel Fluten ohne Zahl
mich ließ zu der Erden neigen;
und daß meiner Liebe Lauf /
keine Furcht kan halten auf.

3. Keine Blumen will ich brechen /
keinen Mörder scheu ich nicht:
Ob mich manche Dörner stechen /
in mein Threnend Angesicht.
Wann erlang ich mein Verlangen /
sagt ihr Brunnen auf dem Weg /
ist er nicht den schmalen Steg /
dem ich folge vorgegangen /
Sag mir / O du grünes Feld!
wo ist der / den ich erwehlt?

Antwort der Geschöpffe Gottes.

4. Er zog eilends diese Straßen
dein Geliebter / der dich liebt:
uns hat er auch hinterlassen /
was uns Zier- und Schönheit gibt.
Wo sein Aug sich hingekehrt /
hat sein Wort mit grosser Macht /
Krafft und Safft mit sich gebracht /
und der Wälder Frucht gemehrt.
Alles was wir mögen seyn
komt von seinem Gnadenschein.

Die Gottliebende Seele.

5. Meine Wunden zu verbinden /
treff ich leider niemand an;

der mich faget / wo zu finden /
der mich heilen wil und kan.
Was man mir von ihm gefaget /
daß er wunder schön und hold /
gleich der Sonnen-Stralen Gold;
meiner Seele mehr behaget:
aber diefer Wort Bericht /
kann mich ja vergnügen nicht.

6. Ach wie kann ich ferner leben /
ohne den / der lebt in mir;
der mir diefe Seel gegeben /
ift ihr Wefen für und für.
Der mir hat das Hertz verletzet /
machet / daß ich fterben muß /
ohne feine Lippen Kuß /
der erwecket und ergetzet.
Der mich hat mit Lieb verwundt /
machet mich allein gefund.

7. Ach wenn wird es dann gefchehen!
daß ich dich O meine Zier!
werd erfreulich können fehen!
wie verlanget mich nach dir!
Ich bin nun von Lieb erkrancket /
und entfernet deiner Gnad /
die mich doch erhalten hat /
mit der Eitelkeit umfchwancket;
daß ich nun dein Angeficht
leider nirgend finde nicht.

8. O du Brunnen von Cryftallen!
den kein Wirbelwind betrübet /
weife mir / für andre allen /
den fo meine Seele liebet!
dem ich mich hab gantz ergeben /
und geruffen taufendmal;
daß der felfen Widerhall
mit der Gegenftimme beben /

ſagend gleichſam wider mich /
ſchau / dein Liebſter findet dich.

Den Schluß bildet ein Winzerlied:

1. Der ſchnee und regen iſt dahin /
   der Lentz hat angefangen.
   Man ſchaut der Blumen Anbeginn.
   Der Winter iſt vergangen.
   Die gantze Welt wird nun erneut /
   man hört die Turteltauben /
   Das Schäfervölcklein wallt erfreut /
   Die Feigenbäume lauben /
   Den Früling zu beglauben.

5. Gott ſchauet uns in Gnaden an /
   mildreich ob uns zu walten:
   Er ſendet manchen Wintzermann /
   ſein Wort im bau zu halten:
   deß ſagen wir ihm Lob und Preiß /
   mit klingen und mit ſingen /
   einfältig nach der Wintzer Weiß;
   das Werck wird uns gelingen /
   wann wir die Erſtling bringen.

Unter den beigegebenen Liedern begegnen wir auch einem alten Bekannten, dem Immen=Lied „Ein Liedlein will ich ſingen vom Hönig-Vögelein". (Nathan II, LXXIIJ, 90.)

Der ſechſten Andacht iſt in vierzig Strophen eine Nach=dichtung von des heiligen Bernhard berühmtem „Salve mundi salutare — Salve Salve Jesu care" u. ſ. w. beigegeben.

Es iſt derſelbe herrliche Hymnus, an deſſen Übertragung ſich Fürſt Ludwig von Anhalt kurz vor ſeinem Ende verſuchte.

1. Sey gegrüſſet Heil der Welt /
   Jeſu ſey gegrüſſet,
   Du mein vielgeliebter Held,
   haſt für mich gebüſſet.
   Laß mich auch / O Gottes Lamm!
   Jeſu / mit Dir leiden /
   und von Deines Creutzes Stamm
   nimmermehr abſcheiden.

17. Wenn ich bin in Deiner Hand /
bleib ich unverfehret /
obgleich diefes Leibes Thand
Zeit und Stund verzehret:
ja bey meinem letzten End
hab ich fchon verfprochen /
meine Seel in Deine Händ,
eh das Hertz gebrochen.

34. Dem der liebt ift nichts zu fchwar /
er wird allzeit fiegen /
und in Jammer und Gefahr
niemals unterliegen.
Ich wil ftetig unverzagt /
in der Liebe leben /
und der Tod / der andre nagt /
wird mir freude geben.

40. Mein Herr, es fey mir erlaubt /
daß ich zu Dir fteige /
und Dein todenfarbes Haubt /
zu dem meinen neige.
Ach mein Heiland laß mich zu!
daß ich mit Dir fterbe /
und daß ich deß Himmels Ruh
in und mit Dir erbe. (S. 113—130.)

Es liegt etwas wie frommer Trutz in dem Löwenlied Daniels:

Mein Gott, fchau nun vom Himmel ab /
nun führ aus meine Sachen!
mir graufet für dem ofnen Grab /
in diefer Löwen Rachen.
Ich weiß Du höreft meine Stimm /
in dem mich der Verleumbder Grimm
zu ihrem Schaufpiel machen.

Wer fich verläßt auf Dich / O Gott!
Den wilft Du nicht verlaffen:
Du retteft mich aus Noht und Spott /
von denen die mich haffen.

Dieweil ich meinem Gott vertrau
und seine Gnadenschirmung schau;
Hütt mein die Löwen Dassen (Tatzen).   (263 – 266.)

Wir hören Jephtas Tochter klagen und weinen und doch mit
innerer Fassung ihrem schweren Geschicke entgegengehen. (Vergl.
die betrübte Mara, Poet. Trichter III, 523—528.)

11. Purpur Mund / du must verbleichen /
    Du Corall / musst werden Schnee:
    reine Haar / ihr müsset weichen /
    in den letzten Seufzers-Weh /
    Zartes Aug / die trübe Nacht
    nahet sich / und deine Macht /
    Die verdunckelt so viel weinen /
    wird die Sonn nicht mehr bescheinen.

16. Wol / mein Vater! Dein Gelübde
    will ich leisten williglich /
    nun bist du / der Hertzbetrübte /
    Denn ich weiß / du liebest mich.
    Besser ist an einem Kind /
    als an Gott begehen Sünd.
    Er wird mir nach diesem Leben
    seine Siegeskrone geben!   (301—308.)

Mit einem Abendliede „Nunmehr beginnt die Schatten-Nacht
die Sonne zu verjagen" und dem Hinweise auf jene letzte Nacht,
der ein Ewigkeitsmorgen folgen wird, scheidet Harsdörfer nach der
zwanzigsten Andacht von uns.

Noten zu V.

1) H. Kurz II, 410 und Tittmann S. 83 — 2) Lotheissen S. 140 und Jöcher I, 1615 — 3) Morley, Sketch of English Literature 7. Aufl. London, und Jöcher II, 1330—33 — 4) Vergleiche darüber Fuhse S. 1 ff — 5) Fuhse S. 8—10 — 6) Fuhse S. 14 — 7) J. Steinberg, Ludwig von Cornaro, Sonniges Alter, 2. Auflage, Leipzig — 8) Dohm S. 397—413 — 9) Goethe, Reflexionen III. Bd. IV, 209, Cotta 1840 — 10) Tittmann S. 95 und 97 — 11) Beck S. 159 — 12) Beck S. 171 ff — 13) Beck S. 115 ff — 14) Beck S. 177 ff — 15) Beck S. 169 ff — 16) Wetzstein, besonders S. 66 - 80, und Koch I, 303 ff — 17) Gervinus, Geschichte der poetischen Nationallitteratur der Deutschen III, 337, Leipzig — 18) cf. Fruchtbringende Gesellschaft — 19) Hertzbewegliche Sonntagsandachten, Evangelien S. 45—48 — 20) s. Anhang — 21) K. Hase, Kirchengeschichte III, 1 S. 390 und G. Arnold, das Leben der Gläubigen 1701 S. 169—241 mit Angabe der Schriften der h. Therese — 22) Jöcher III, 983 (1751) — 23) Jöcher IV, 445 ff — 24) Jöcher I, 811—12 und Großes Universallexikon 1733, III, 527.

VI.

Harsdörfers
mathematisch-naturphilosophische Schriften.

Unter den Schriften Harsdörfers mit mathematisch=
naturphilosophischem Inhalte stehen sowohl dem Umfange
wie der Zeit nach die „Erquickstunden" obenan. Dieses
für unsere jetzige Auffassung etwas wunderliche Werk besteht aus
zwei Teilen. Der Titel des ersteren derselben lautet:

Delitiae Mathematicae et Physicae Der Mathematischen und
Philosophischen Erquickstunden Zweyter Theil: Bestehend in Fünff=
hundert nutzlichen und lustigen Kunstfragen / nachsinnigen Aufgaben /
und deroselben grundrichtigen Erklärungen / Aus ... Mathematicis
und Physicis zusammengetragen durch Georg Philip Harsdörffern /
eines Ehrlöblichen Stadtgerichts zu Nürnberg Beysitzern. Nürnberg /
Gedruckt und verlegt bey Jeremia Dümlern. Im Jahr MDCLI.

Das Buch ist dem Landgrafen Wilhelm zu Hessen gewidmet,
in Quart gedruckt; die Einleitung, bestehend aus der Zuschrift
an den Landgrafen Wilhelm, der Vorrede „an den Kunstliebenden
Leser" und 17 „Schertzgedichten an den spöttischen Meister Klügling",
wie „2 zu spat eingeschickten Lobgedichten", umfaßt 13 Seiten, der

eigentliche Inhalt 584, das Ordnungsregister 17, das Inhalts=
register 19, das Fehlerverzeichnis 2 Seiten. — Des nächsten
Bandes Titel ist:

Delitiae Philosophicae et Mathematicae. Der Philosophischen
und Mathematischen Erquickstunden / Dritter Theil: Bestehend in Fünffhundert nutlichen und lustigen Kunstfragen / und deroselben gründlichen Erklärung: Mit vielen nothwendigen Figuren / so wol in Kupffer
als Holtz / gezieret. Und Auß allen neuen berühmten Philosophis und
Mathematicis, mit grossem Fleiß zusammen getragen. Durch Georg
Philip Harßdörffern, eines Ehrlöblichen Statt-Gerichts zu Nürnberg /
Beysitzern. Nürnberg / In Verlegung / Wolffgang des Jüngern / und
Joh. Andreas Endtern. Im Jahr / M.DC.LIII.

Gewidmet ist dieser Band König Friedrich III. von
Dänemark und gleichfalls in Quart gedruckt. Die 51 Seiten der
Einleitung enthalten die „Zuschrift" an den König, ein lateinisches
Lobgedicht auf ihn, ein deutsches „Fried= und Freuden=Gedicht", ganz
in der Weise Harsdörfers, beginnend: „Es rosten am Pfosten die
müssigen Waffen", ein Spottgedicht „an den unverständigen Tadeler",
ferner ein 28 Seiten umfassendes Register des Bandes, endlich
ein 6 Seiten langes Register der Bücher, aus welchen die beiden
Bände „zusammen getragen worden". Der eigentliche Inhalt
beansprucht die folgenden 660 Seiten.

Die Bezeichnung der beiden Bände als 2. und 3. Teil der
Erquickstunden deutet an, daß dieselben als Fortsetzung eines
älteren Werkes aufzufassen sind. In der Vorrede des 2. Bandes
ist hierüber bemerkt: In der Ordnung sind wir dem Schwenterischen
ersten Wercke billich nachgegangen: Ich sage nachgegangen / wie
dorten die Ruth (den Schnidtern Boas nachgelesen / und die nach-
gelassene ähren aufgesamlet / mit soviel mehr Mühe und stand-
hafftem Fleiß / weil dem ansehen nach / gar ein weniges zu rucke
übrig geblieben. Das Werk Schwenters nun, dem diese beiden
Bände nachgebildet sind, führt den Titel:

Deliciae Physico-Mathematicae Oder Mathemat. und Philosophische Erquickstunden. Darinnen Sechshundert Drey und Sechsig,
Schöne, Liebliche und Annehmliche Kunststücklein, Auffgaben und

Fragen,....... Allen Kunſtliebenden zu Ehren, Nuß, Ergötzung
des Gemüths vnd ſonderbahren Wolgefallen am tag gegeben. Durch
M. Danielem Schwenterum Mathematum & Lingvarum Orientalium
bey der löblichen Univerſitet Altdorff Profeſſoren Public. Nürnberg,
in Verlegung Jeremiae Dümlers. A.∻ M D CXXXVI.

Der in Quart gedruckte Band umfaßt XII und 574 Seiten;
als die eigentlichen Herausgeber nennen ſich am Schluſſe der an
den Herzog Auguſt den Jüngern zu Braunſchweig gerichteten
„Dedication Schrifft“ Schwenters „Hinderlaſſene Söhne vnd
Tochter“, in der gleichen Schreibweiſe auch noch zweimal in der
Widmung angeführt.

Schwenter, Lehrer Harsdörfers während ſeines Aufenthalts
in Altdorf, ward am 15. Januar 1585 zu Nürnberg als Sohn eines
Genannten des größeren Rates und Bürgerhauptmanns geboren,
erhielt 1608 die Profeſſur für hebräiſche Sprache an der Univerſität
Altdorf, 1625 jene der orientaliſchen Sprachen überhaupt, 1628
hiezu noch diejenige für die geſamte Mathematik übertragen,
nachdem 1625 Petrus Saxonius für math. superiorum (Aſtronomie)
und 1626 Odontius für math. inferiorum (Arithmetik, Geometrie
u. ſ. w.) geſtorben waren. Daß Schwenter als Mathematiker ſich
einen Namen zu erwerben gewußt hatte, beweiſt ſeine Berufung
nach Wittenberg für math. super. im Jahre 1634. Er blieb jedoch
Altdorf treu. Sein Todestag war der 19. Januar 1636; die
oben angeführte Widmungsſchrift der Hinterbliebenen iſt vom
10. April 1636 datiert. Die von Schwenter ſelbſt verfaßte „Vor=
rede an den Günſtigen vnd Kunſtliebenden Leſer“ iſt ohne Datum
und gibt die Vorgeſchichte des Werkes in den folgenden Sätzen
des Eingangs:

Es hat / Günſtiger vnd Kunſtliebender Leſer / ein Gelehrter vnd
Scharffſinniger Mathematicus zu Pariß (deſſen Namen mir zwar
vnbekannt.) ein Büchlein / welchs er Recreationes mathematicas, das
iſt / Mathematiſche Ergötzungen nennet vnd intituliret / vor wenig
Jahren in offnen Druck an den Tag gegeben: Darinnen er was in
Mathematicis vnd Physicis wunderlich / zu ergötzung deß Gemüths
annemlich / vnd dann dem Menſchen zu practiciern nützlich / in ſeiner

Muttersprach tractiert / vnd abhandelt. Solchs ist mir von einer Hoch-
gelehrten Person / als meinem sehr werthen lieben Herrn vnd Freund /
nicht vnlangst von Pariß geschicket vnd neben einem andern Hebraeischen
Tractat, zu einem Newen Jahrs Praesent verehret worden. Vnd ob
ich zwar der Frantzösischen Sprach nit so mächtig / daß ich selben
Tractat vollkommenlich vor mich selbsten / verstehen können / hat mich
doch nicht allein der Titel vnd Figuren deß Buchs / sondern auch der
grosse Eyffer vnd Begiert zu so annemlichen Künsten dahin getrieben /
daß ich mit hülff eines Frantzösischen Lexici, das meiste verstehen
lernen / vnd diß desto leichter / weil ein zimlicher ja der meiste
theil selbiger Künste mir zuvor nicht vnbekannt: Wie aber diesem
allem / weiln ich an vielen Orten den rechten völligen Verstand vor
mich selbsten nicht finden vnd erreichen können / hab ich endlich einen
Gelehrten vnd der Frantzösischen Sprach sehr wol erfahrnen Mann
von freyen stucken dazu angenommen / (dessen Namen / wann ich
wüste jhme dadurch ein Belieben geschehe / ich hie gern exprimiern
vnd meldten wolte.) die Vnkosten vnd Mühe daran gewendet / vnd
mit seiner hülff gedachtes Werck in die Teutsche Sprach versetzet:
Darauß ich dann bey meinen vielfältigen laboribus, nicht geringe
Ergötzligkeit erschöpffet vnd bekommen / also daß ich mir eingebildet /
in Mathematicis vnd Physicis mir kein Opus jemahls lieblicher
vorkommen. In meiner Jugend hatte ich solche vnd dergleichen
Künste / nur lusts halben zusamm zu tragen / eine sonderbahre Frewde /
die demonstration aber vnd Gründe solcher Künste / als das vor-
nembste ließ ich auß vnverstand ersitzen. Mein intent war gute
discursus dadurch zu continuirn / vnd da man sunsten die zeit mit
überflüssigen essen vnd trincken oder vnnützen Geschwätzen solte zubringen / dergleichen schöne natürliche Künstlein vor die Hand
zunemen damit die Zuseher zu delectiren, viel böses zuverhindern /
vnd je länger je mehr zu lernen; wie dann auch vielfältig geschehen.
Salomon in seinen Sprichwörtern am 27 Capitel spricht: Ein Messer
wetzet das ander / vnd ein Mann den andern welchs sich auch bey
mir befandt / dann in dem bißweilen einer diese / ein anderer eine
andere / vnd ich meine Kunst vorbrachte / wurden die mir vnbekante
stück / von mir allzeit auffgezeichnet / vnd so lang zusamm getragen /

biß derer Anzahl in viel hundert erwachsen vnd zugenommen. Als ich aber etwas älter worden / zu besserm Verstand gelanget / vnd was Nutz die demonstrationes solcher Künste / einem Studioso Mathematicae vnd Physicae brächten / gespüret / habe ich mich auff den Grund vnd Beweiß der Künste mehr als auff die Kunst selbsten geleget / vnd darauß nicht geringen Nutzen erlanget vnd zuweg gebracht. Ich hab aber offt solche meine observationes den Kunst-begierigen zu gut / in offenen Druck zu bringen / mir vorgenommen / allein dem Klügling vnd Lästerer nit ins Gericht zu kommen / ist es bißhero vnterlassen worden: Dann ich wol gewust / daß davon vngleiche judicia fallen würden. Weiln aber ein so vornemer gelehrter Professor zu Pariß der Sach einen anfang gemacht / mir gleichsam das Eiß gebrochen vnd den Weg gebahnet / habe ich solchs sein Werck mit meinen Zusatzungen zu publiciren / mich endlich resolviret.

Schwenter irrt, wenn er die Entstehung des Büchleins nach Paris verlegt. Es erschien 1624 zu Pont-à-Mousson unter dem oben angegebenen Titel: „Récréation mathematique etc.“, mit dem Autornamen H. van Etten, capitaine d'une compagnie de cuirassiers pour Sa Majesté d'Espagne aux Pays-Bas; letzterer war aber nur ein Vorgname des wirklichen Verfassers, eines Jesuiten Jean Leurechon (1591—1670), welcher im Kloster zu Bar-le-Duc Theologie, Philosophie und Mathematik lehrte. Aber auch hiemit sind wir noch nicht zu dem ursprünglichsten Muster des Harsdörferschen Werkes vorgedrungen. Leurechon hatte einer umfangreicheren und vielverbreiteten Sammlung damaliger Zeit die leichteren Aufgaben entnommen und durch weitere Auszüge sonstiger bekannter Bücher jener Zeit ergänzt. Im Jahre 1612 war jene Sammlung von dem Jesuiten Claude Gaspard Sieur Bachet de Méziriac (1587—1638), der als mathematischer Schriftsteller auch sonst bekannt ist, unter dem Titel: „Problèmes plaisants et délectables, qui se font par les nombres" herausgegeben worden; 1624 erschien die 2. Auflage, also gleichzeitig mit Leurechon's Nachbildung. Bachet's Sammlung erlebte fünf Auflagen. Das Werkchen von Leurechon selbst wieder wurde eingehender Prüfung unterzogen in: „Examen du livre des récréations mathematiques et de ses problèmes"

von dem Pariser Patrizier Claude M y b o r g e (1585—1647), einem
namhaften Geometer und nahen Freunde von D e s c a r t e s
(1596—1650). Auf diese Schrift von Myborge, welche S c h w e n t e r
nicht kannte, nimmt Harsdörfer des öfteren Bezug, wenn er neben
den Auslassungen Schwenters im ersten Teile der Erquickstunden
andere Anschauungen zu Wort kommen lassen will. Er führt im
Autorenverzeichnis des dritten Bandes 1638 als Verlagsjahr an,
P o g g e n d o r f f in seinem bekannten Handwörterbuch 1639 und 1648,
C a n t o r im zweiten, 1892 erschienenen Bande der Geschichte der
Mathematik 1630.

Bis 1694 blieben Schwenter=Harsdörfers Erquickstunden die
umfangreichsten, benütztesten Sammlungen dieser Art, dann wurden
sie überholt durch Jacques O z a n a m (1640—1717), Mathematik=
lehrer in Paris, welcher in jenem Jahre: „Récréations mathé-
matiques et physiques" in zwei Bänden, in 2. Auflage 1724 vier
Bände umfassend, herausgab. Er nannte darin die Erquickstunden
nicht. Der französische Astronom M o n t u c l a (1725—1799) gab 1778
eine dritte, verbesserte Auflage des Ozanam'schen Sammelwerks
heraus; endlich erschien 1803 eine weitere, vermehrte Ausgabe in
London unter dem Titel: „Recreations in mathematics and
natural philosophy" von dem Mathematiker der Militärakademie in
Woolwich, Charles H u t t o n (1772—1807), ebenfalls in vier Bänden.

Aus der verwickelten Vorgeschichte der Erquickstunden, wie aus
ihren Nachbildungen ist zur Genüge ersichtlich, daß die Neigungen
jener Zeit sich Aufgabensammlungen aus den Gebieten der Mathematik und Naturwissenschaften zugewandt hatten. Die Forschungs=
ergebnisse von Copernicus, Galilei, Kepler, die Entdeckungen neuer
Seewege, neuer Welten hatten eben eine neue Weltanschauung
angebahnt. Die Folge war notwendig eine gesteigerte Wert=
schätzung mathematisch=naturwissenschaftlichen Bildungsstoffes; ge-
meinverständliche Betrachtungen dieser Art wurden allenthalben
beliebt, besonders in der hergebrachten Weise von Frage und
Antwort, von Aufgabe und Lösung.

Die Werke über Arithmetik und Algebra bestanden in den
vorausgehenden Zeiten schon zumeist aus Beispielen, aus Lösungen

von Aufgaben mit gelegentlich daran geknüpften Erörterungen. (Vorlesungen über Geschichte der Mathematik von Moritz Cantor, 2. Band, S. 699). Allmählich wuchsen die beigegebenen Erörterungen mit der Ausbildung der Theorie, und eine Scheidung in Lehrbuch und Aufgabensammlung erwies sich mehr und mehr als nötig. Der bemerkenswerte Erfolg von Bachet's Aufgabensammlung als der ersten dieser Art beweist jene Notwendigkeit sowohl, wie die Vorliebe größerer Leserkreise gerade für die Aufgaben; er reizt zu Nachahmungen.

Auch die Schriften über Geometrie weisen ähnliche Wandlung auf. Wilhelm Holzmann (Xylander, 1532—1576), Professor der aristotelischen Logik in Heidelberg, vollendete 1555 eine deutsche Übersetzung der vier ersten Bücher des Euklid ohne Beweise, als Manuskript seiner Vaterstadt Augsburg überlassen, gab 1562 eine solche der sechs ersten Bücher heraus; statt der Beweise bringt er Zahlenbeispiele. Das gleiche Verfahren findet sich in einer Unterhaltung zweier Personen über das 7. Buch, 1564 von Sthen herausgegeben, ebenso auch in den geometrischen Aufgaben der Erquickstunden. Holzmann bestimmt seine Euklidübersetzung für Maler, Goldarbeiter und Baumeister; von den Beweisen meint er: „Mögen auch etwa schwerlich von Ungelehrten begriffen werden, und ein einfältiger deutscher Liebhaber dieser Künste ist wohl zufrieden, so er die Sache versteht, ob er wohl die Demonstrationen nicht weiß" (Cantor, II, 507 u. f.).

Matthias Bernegger (1582—1640), als Professor der Straßburger Universität für Geschichte und Beredsamkeit Harsdörfers Lehrer, hegte hinsichtlich der Beweise dieselbe Ansicht. In der Vorrede zu einem seiner mathematischen Werke, den 1619 erschienenen Tabellen samt Anweisung, dieselben nützlich zu gebrauchen, erwidert er dem Mathematiker Crüger (1580—1639), der bemängelt hatte, daß demonstrationes fehlten, solche Beweise seien für den gemeinen Mann, für den das Buch bestimmt sei, unnötig. (Bünger, Matthias Bernegger, S. 73.)

Für weitere Kreise „Kunstliebender Leser" sind auch offenbar die Erquickstunden bestimmt. Schwierige Aufgaben und

Erörterungen bleiben weg, ganz nach Leurechon's Vorgang bei Aus=
nützung der Sammlung Bachet's. Schwenter sowohl wie Harsdörfer
sprechen dies wiederholt aus, ja sie halten es für nötig, gegen
mögliche Vorwürfe wegen dieses Unterlassens sich ernstlichst zu ver=
wahren. Die Hinterbliebenen Schwenters erzählen in der Widmung,
weil er gefürchtet / es möchte etwan der Zoilus ... jhme vorwerffen
wollen / daß diese Arbeit vnnützlich / seinem Beruff zu wider / ein
Zeitverderber vnd Kinderwerck sey / ... ist er ... / niemahls gesonnen
gewesen / diesen seinen genannten Erquickstunden den rechten Namen
vorzusetzen / sondern wir / seine hinderlassene Söhne vnd Tochter /
haben vns / auff inständiges begehrn vnd anhalten deß Verlegers /
damit nemlich dieses Buch desto eher / wegen deß benannten Authoris,
abgehen / vnd er keinen Schaden daran leyden dörffte, endlichen
darzu bereden lassen. Sie rühmen ihm ferner nach, daß er seine
Auditores in Linguis Orientalibus vnd Mathematicis Studiis,
müglichstem Fleisse nach / trewlichst informiret: Sondern auch / nach
verrichter seiner ProfessionsArbeit die meisten Parerga vnd Horas
succisivas dahin gemittelt / daß er auch andern / so jhn gegenwärtig
zu hören verhindert wurden / abwesend möchte behülfflich sein. Auch
hoffen sie, daß man seine Lehrbegierde an dem Werke verspüre,
Welches er zu seiner guten muß / vnd an statt einer Ergötzung deß
Gemüths / so andere bißweilen im Trincken oder Spatziergehen zu
suchen pflegen / nach seinen verrichten Professionibus, nicht ohne
sonderbahre Mühe vnd Arbeit / zusammen getragen.

Schwenter selbst sagt in der Vorrede „An den Günstigen
Leser" Seite 5 und 6: Ich hab aber / was zu publiciren gewest
trewlich an Tag gegeben / das andere aber / so dem gemeinen
Mann zu wissen vnvonnöthen / verschwiegen vnd mir vorbehalten /
deßwegen mich niemand verdencken wird . . . . Waar ists / es
seynd viel Saalbader vnd Kindische Spiel in diesem Werck / welche
einig vnd allein wegen jhrer artlichen demonstration gesetzt. Viel
Dings practicirn die Kinder vnd gemeine Leut / derer demonstration
so subtil vnd künstlich / daß auch die gelehrtesten Philosophi selbige
zu finden / sich auffs eusserste bemühen müssen . . . . Zum Exempel /
Einem Knaben ist nicht schwer / Kugelrunde Wasserbullen / mit einem

Strohalm auß Saiffenwaſſer auffzublaſen / allein die Vrſach / warumb
ſie rund vnd nit einer andern Figur / auch was ſolche eine
geraume Zeit erhalte vnd widerumb zerbreche kan kein gemeiner
Mann anzeigen / Ein Physicus oder Naturkundiger wird dazu
erfordert . . . .

So wird nun der günſtige vnd auffrichtige Leſer mich nit ſchelten
noch verdencken / daß ich bißweilen Kinderpoſſen hierinn / einig vnd
allein der Ergötzligkeit vnd demonstration oder beweiß halber
vorgebracht.

Aus zwei Epigrammen von Seite 12 und 13 ſei hier noch
beigefügt:

> „Wilt du die Zeit wol bringen hin /
> So nimb diß Buch zu Hande:
> Ergötze damit Mut vnd Sinn /
> Löß auff trawrige Bande.“

> „Dem Authori der Ruhm gebührt /
> Weil er den Leſer delectiert.“

Harsdörfer ſpricht ſich dahin aus: Dieſes Vorhaben iſt von
den Frantzoſen abgeſehen / welche . . . . denen / welche nichts ſtudiret /
zu ſattſamer Vnterrichtung gedolmetſchet / daß man auch mit groſſer
Verwunderung das Frauenvolk aus ſolchen Wiſſenſchaften gründig
reden höret. (8. Teil der Geſprächſpiele, S. 476.)

Es gehören auch zu den Erquickſtunden leichte und luſtige Händel /
deren Nachdencken und Beantwortungen mit einem Gelächter endigen.
Schwere Sachen werden zu der Arbeitszeit ausgeſtellet. (S. X. der
Vorrede an den Kunſtliebenden Leſer zum 2. Teil der Erquick=
ſtunden.)

Viel ſchwere ſachen aus der Algeber übergehen wir mit fleiß /
. . . . wir ſuchen hie leichte und luſtige Aufgaben / **weil die ſchweren
ſachen nicht zu den Erquickſtunden / ſondern Arbeitſtunden gehören.**
(2. Teil, S. 3.)

Was nun für luſtige und nutzliche Stücklein von den Meiſtern
dieſer Kunſt erfunden worden, wollen wir hie ordenlich anfügen.
(2. Teil, S. 56.)

Bestehet also der Nutzen der Philosophischen und Mathematischen Erquickstunden / in Ausübung des Verstandes / welcher durch dergleichen Aufgaben ermuntert / geschärfft / vorbereitet und zu höheren Sachen fähig gemacht wird. (3. Teil, S. 19.)

Harsdörfer ahmte aber in der Schreibweise seiner Erquickstunden nicht nur seinen Altdorfer Lehrer Schwenter, sondern fast noch mehr seinen Straßburger Lehrer Bernegger nur zu getreulich nach. Berneggers im Jahre 1612 gedruckte lateinische Bearbeitung des Galileischen „Proportionalzirkels" von 1606 vermeidet jedes Eingehen selbst auf die einfachsten mathematischen Lehrsätze. Sie ist als Gebrauchsanweisung für Lente gedacht, die im Rechnen und in geometrischen Konstruktionen ungeübt sind. Durch gelegentliche Abschweifungen und eingestreute Geschichtchen weiß Bernegger das Interesse immer rege zu erhalten. Zugleich gibt die Schrift ein Bild seines Unterrichts, wie auch einen Überblick über die mathematische Litteratur, welche damals zu Gebote stand. Welchen Anklang diese Art seiner Erläuterungen zur Galileischen Schrift fand, zeigt sich auch darin, daß sie, ins Italienische übersetzt, einen Bestandteil des Galileischen Traktats bildeten. (Bünger, M. Bernegger, S. 68 und 69.)

Gleich den „Notationes" Berneggers zu dem „Tractatus" Galileis geben auch die 3 Bände Erquickstunden einen Überblick über einen gewissen Teil der mathematischen und fernerhin der naturphilosophischen Litteratur jener Zeit, bei Harsdörfer allerdings mit der Einschränkung, daß die Auszüge, besonders diejenigen geometrischer Art, des öfteren sehr unvollkommen, daher zuweilen unverständlich, ja ganz verfehlt sind. Der Umfang der benützten Litteratur ist jedoch beträchtlich.

Schwenter führt Seite 7 bis 12 nahezu 400 Namen auf von Autoren, die er „gebrauchet" oder von anderen Personen, deren er „darinn gedacht"; er beklagt sich, daß der Franzos selten der Authorum gedencket, ... weile aber jedem Inventori vnd Erfinder aber seine Ehr gebürt; Als hab ich an den meisten Orten die Authores gesetzet, were auch noch an vielen mehr geschehen, wann ich mein Bibliothec zur Hand gehabt / vnd nicht den meisten theil, Kriegsgefahr halben an sichere Ort transferiren müssen.

Harsdörfer gibt im 3. Bande ein Register der Scribenten / auß welchen der zweyte und dritte Theil der Erquickstunden zusammen getragen worden, welches nahezu 150 Autornamen nebst Titeln von Werken derselben zumeist mit Angabe von Verlagsort und Verlags= jahr aufweist. Im Texte sind übrigens noch eine stattliche Reihe weiterer Autoren oder Werke angeführt, die in jenem Register nicht genannt sind. Offenbar hatte eben beide der Gedanke zur Arbeit veranlaßt, aus ihrem Wissens= oder ihrem Bücherschatze über Mathematik und Naturkündigung für Nichtgelehrte das diesen Ver= ständliche und Wissenswerte auszuziehen und so eine Art populärer Encyklopädie der exakten Wissenschaften herzustellen. Wir finden in dieser Hinsicht bei Harsdörfer, Vorrede zum 2. Bande, die Stelle: Der wird für reich gehalten / welcher viel Geltes hat / ob er es gleich nicht gemünzet ... Darumb lieset man viel Bücher / daß man sich selber bedienen / und mit allerhand Künsten und Wissen= schafften bereichern wil. Wie nun die Handelschafft frembde Wahren in unsere Länder bringet; also ist auch jederzeit die Dolmetschung aus andren Sprachen sehr wehrt / und von denen / so deroselben unerfahren sind / für nützlichst befunden worden. Die gesammten neuen Autores, deren Beyhülffe wir hier gebrauchet / sollen nicht für 100 und mehr Reichsthaler können erkauffet werden: das vornemste aber aus ihnen allen ist hier verfasset / und viel rechters Kauffes zu finden; ja viel haben die Mittel nicht zu solchen seltnen Büchern / und noch unbekannten Schriften zu gelangen / oder verstehen die Sprachen nicht / in welchen sie geschrieben sind / wann sie auch den gehörigen Unkosten gern auf‧ wenden wolten.

Bemerkenswert ist noch, daß Schwenter in seiner Vorrede als Titel: „Mathematische und Physicalische Erquickstunden" wählt, daß dagegen die Hinterbliebenen auf dem eigentlichen Titelblatt „Physicalische" durch „Philosophische" ersetzen, daß Harsdörfer im Titel des 2. Bandes diese Form beibehält, also auch physikalisch in philosophisch erweitert, daß er endlich im Titel des 3. Bandes philosophisch voranstellt. Hiezu wird wohl das Gefühl gedrängt haben, daß der eigentliche Inhalt die Grenzen physikalischer Be=

trachtung ſehr weit überſchreitet und der mathematiſche Teil zuletzt ſehr zurücktritt.

Angeſichts der überaus krauſen und bunten Sammlung von Mitteilungen Harsdörfers auf den 1283 Quartſeiten beider Bände iſt es ſchlechterdings unmöglich, auch nur erſchöpfende Inhalts= angaben innerhalb üblicher räumlicher Grenzen einer Bericht= erſtattung zu bringen. Wir erachten deshalb, ſchon um die Geduld des Leſers nicht frühzeitig zu erſchöpfen, unſere Aufgabe dahin gehend, lediglich durch Stichproben aus dem überreichen Inhalte der beiden Bände möglichſt jenen Eindruck zu erzielen, welcher durch das Leſen der letzteren ſelbſt entſtehen möchte. Wie auch bisher, werden wir meiſt den Autor in ſeiner Sprache zu Wort kommen laſſen. Ab und zu wird ſich Gelegenheit geben, die Stellung Harsdörfers zu ſeinem Stoffe zu vergleichen mit jener, welche ſein Lehrer und Vorbild Schwenter zu demſelben einnahm; auch werden ſich gelegentliche Hinweiſe auf den Stand der Natur= wiſſenſchaft damaliger Zeit von ſelbſt darbieten.

Indem wir uns aber Harsdörfers poetiſche Apoſtrophe „An den unverſtändigen Tadeler" im 3. Bande:

Dich, der du manche Kunſt / mit Neid wilſt unterdrücken / kan dieſes freye Buch / auff keine Weiſ' erquicken. Verſtehſt du dieſes nicht / ſo biſt du viel zu ſchlecht / daß du ſolt in der Sach' ertheilen Lehr' und Recht.

ſehr zu Herzen nehmen, werden wir uns möglichſt hüten, den ſcheelſüchtigen Neidhämmeln zugezählt zu werden, von denen er am Schluſſe dieſer Anſprache alſo urteilt:

Was mag doch leichter ſeyn / als eine Sach verachten / und plumpsweiß / oben hin / mit ſchelem Aug betrachten: Der Anfang hat den Ruhm; wie dort ein Schiffersmann / ein Ey hat auffgeſtellt / daß nun ein jeder kan.

Da nun der Ruhm des Anfanges ſolch eines umfaſſenden Sammelwerkes in deutſcher Sprache ſeinem Vorbild Schwenter gebührt, nimmt Harsdörfer in ſeiner Beſcheidenheit nur die Kunſt eines jeden Nachahmers für sich in Anspruch. Er wird wohl selbst gefühlt haben, daß ihm die Tiefe des Wissens und der Erkenntnis Schwenters, „als einem dieser Sachen gelehrten Mann" (Vorrede zum 2. Bande), eben doch abging.

In der Einteilung des 2. Bandes hält sich Harsdörfer ganz an sein Vorbild; die 16 Teile sind in den beiden ersten Bänden gleich benannt. Der erste dieser Abschnitte des 2. Bandes umfaßt 50 Aufgaben aus „der Rechenkunst". Wie Schwenter, gibt er jedem der 16 Teile, so auch dem ersten, eine besondere Vorrede bei. Ein Satz der 3. Seite dieser Vorrede lautet: Weil nun die Zahl der Grund ist fast aller nachfolgenden Händel / hat sowol der französische Autor / als desselben Dolmetscher und Erklärer den anfang seines Buchs von der edlen Rechenkunst / die in Zahlen ·bestehet / machen wollen; welchen wir auch billich folgen / und etliche von ihnen ausgelassene Stücklein hierbey anfügen wollen.

Es zeigt sich sofort große Weitherzigkeit in der Auffassung des Inhalts dieser Kunst. Geheimschriften, Gedächtniskunst mit Hilfe von Zahlen, Chronostichon und Chronogramm („Zahlreim" und „Zahlschrifft" verdeutscht) werden abgehandelt neben eingekleideten Aufgaben aus dem Rechnen, wie sie heute noch in den Sammlungen vorkommen. Mitten in Aufgabe 5: „Anmerckungen zur Pythagorischen Tafel", dem Zahleneinmaleins bis zu 12, erscheint zum Vergleich die geometrische Figur zweier rechtwinkligen Dreiecke. Harsdörfer nimmt hier irrigerweise an, daß dem Kathetenverhältnis 1 : 2 das Verhältnis der Gegenwinkel 1 : 2 zukäme, die Winkel 30^0 und 60^0, wie dem Kathetenverhältnis 1 : 1 das Verhältnis der Gegenwinkel 1 : 1, die Winkel 45^0 und 45^0 entsprechen. Daß also diese Triangel in dem multipliciren oder vielfältigen / ihre Proportion halten / wie in dem addiren oder zusammensetzen. Es scheint ihm diese Abschweifung übrigens selbst bedenklich. Er meint am Schlusse: Wir vergehen uns aber zu weit. Ein jeder der den Euclidem versstehet / sich leichtlich darein richten können / massen diese Erquickstunden in etlichen Sachen dem Anfänger vielmals keine Ergetzlichkeit geben / aber zu fernerer Forschung veranlassen können.

Auch harmlose Scherzfragen werden eingestreut, so in der
9. Aufgabe, in der gezeigt wird, wie man 5 Eier unter 3 Personen
unzerbrochen teilen könne, wenn man einer 3 gibt. Harsdörfer
schließt hier: „Sapienti satis." — Schwenter gibt in der 58. Aufgabe eine ähnliche, als „Schulboß" bezeichnete, wobei er 4 Löffel
unter 3 Männer austeilt, so daß keiner mehr erhält als der andere;
der „andere" ist eben der zweite, dem er 2 Löffel gibt. Unter
Berufung auf diese Aufgabe Schwenters erzählt Harsdörfer in der
16. Aufgabe folgenden „Schulbossen aus Straparolla": Ein Wirt
setzte 3 satten Gesellen noch 3 Tauben vor. Jeder aß seine Taube,
es blieben doch 2 Tauben übrig. Wie ging dies zu? Antwort:
Der Name des einen war eben Jeder.

In der 17. und 18. Aufgabe finden sich Zahlenbeispiele arith-
metischer und geometrischer Reihen. — Die 32. Aufgabe gibt an,
daß 7 Gäste 5050 mal die Reihenfolge ändern können; nicht einmal
angedeutet wird aber, wie man zu dieser um 10 zu großen Zahl
gelange. — Die 42. Aufgabe ist überschrieben: Von etlichen Spiel-
fällen. Sie beginnt: Von dem Wort Zahl kommt unser teutsches
zählen / und erzehlen. Dann folgen 3 Erzählungen von Spielern.
Der Schluß lautet: Diese Spieler nennen wir deßwegen glükselig /
daß sie nicht alsobald widereinander ergrimmt / vnd in dem Zorn
einander ermordet / sondern die Strittigkeit Spielverständigen zu
beurtheilen / heimgestellet.

Die 44. Aufgabe schildert Einrichtung und Gebrauch der
„Rechenstäblein" des schottischen Freiherrn und Mathematikers
Johann Neper (1550—1617, bekannter durch die ersten, nach ihm
benannten Logarithmen), eine Art Rechenmaschine, bestehend aus
12 vierkantigen Stäbchen, auf deren Seiten die Zahlen des Ein-
maleins verzeichnet sind. Diese Erfindung, in John Neper's
Rabdologia („zu Teutsch Stock- oder Stabrechnung") 1617 veröffentlicht, erregte damals ein weit über ihre Bedeutung hinaus-
gehendes Aufsehen. Den Schluß der Erklärung bildet das Wort
einer kinderlosen Spanierin: Mein Mann addiret / dividiret / sub-
trahiret / kan aber nicht multipliciren. — Die 47. Aufgabe berichtet
von einer großen 37 teiligen Rechenscheibe mit 37 Kreisen eines

„Rechenmeiſters zu Pariß", von welcher ein Stück als Probe bei=
gegeben iſt; der Gebrauch wird an einigen Beiſpielen gezeigt. Die
Tafel ſei hier deßwegen beygebracht / weil die Erfindung ſehr ſinn-
reich iſt / und erweiſet / daß im Ende alles rechnen auf einen Triangel /
und gewiſſe Proportion hinauslauffet. (Man vergleiche Seite 313,
Zeile 7 von unten.) — In der 50. Aufgabe wird, wie am Schluſſe
jedes der 16 Teile, ein „Lehrgedicht" vorgetragen, gewöhnlich eine
kurze Erzählung oder Betrachtung in ungebundener Rede, zumeiſt
in ſehr entferntem und äußerlichem Zuſammenhang mit dem
Inhalt der Abteilung; die vorletzte Aufgabe jedes Teils ſchildert
ein Sinnbild für die betreffende Kunſt.

Der 2. Teil, betitelt: „Von dem Feld= und Land=
meſſen (Geometria)" enthält 40 Aufgaben. Die Schlußſätze
der Vorrede lauten: Wir ſagen Meßkunſt / vnd iſt dieſes Wort
mehrbedeutend / als Geometria, welche nur das Feldmeſſen begreifft /
da man doch die Gebäu / Waſſer / vnd vielmals den Lufft auch zu
meſſen pfleget.

. . . . . . Von dem Nutzen / welcher aus dieſer Kunſt entſtehet / were
viel zu ſagen / und iſt dem gemeinen Weſen viel daran gelegen /
daß die Rechen= und Mäßkunſt öffentlich gelehret und gelernet werde.
. . . . . . Was nun für luſtige und nutzliche Stücklein von den Meiſtern
dieſer Kunſt erfunden worden / wollen wir hie ordenlich anfügen,
und von dem beſcheidnen Leſer keine mehrere Gunſt erbitten / als
daß er das / was er nicht verſtehen möchte / zu fernerem Nach=
ſinnen ausgeſtellet wolle ſeyn laſſen / oder kunſtgründigen Bericht
hiervon einzuziehen / belieben tragen: Inzwiſchen aber verſichert
ſeyn / daß ſich die Sache angegebener maſſen verhalte.

Ob man wohl aus dem Schlußſatze dieſer Vorrede einigen
Zweifel Harsdörfers hinſichtlich der Tiefe ſeines eigenen Ver=
ſtändniſſes heraushören darf, ohne ſogleich als ſcheelſüchtiger Neider
dazuſtehen? Seine letzte Zuſicherung erweiſt ſich leider nicht
immer als ſtichhaltig.

Laut Aufgabe 1 ſollen die Winkel des rechtwinkligen Dreiecks
auf den Gegenſeiten gemeſſen werden. Die Einteilung der Seiten
dieſes „gebrochenen Lineals" wird ſehr kurz mit den Worten

abgethan: „Die Zahlen können leichtlich darauf ausgetheilt werden."
Gemäß Abbildung des Instrumentes kann übrigens nur einer der
spitzen Winkel auf seiner Gegenseite mittelst der Funktion tg a
abgelesen werden. — Bemerkenswert ist Aufgabe 4, welche von
den Bienenzellen handelt. Es wird erwähnt, daß nur dreierlei
Figuren die Ebene völlig erfüllen, das Quadrat, das regelmäßige
Dreieck und Sechseck. Ist also dz Sechseck / nach dem Cirkelring /
die raumigste und vollkommenste Figur. Damit ist aber auch der
geometrische Teil abgethan, in welchem die Lösung einer Minimal=
aufgabe unter gegebenen Bedingungen schwach angedeutet ist. Aber
nun weiter: Hier will ich anfügen / was ich jüngst über diese
Honigvögelein poetisiret / wie sich nemblich die Christen an den
Immen spiegeln / und die Liebe deß Nechsten von jhnen lernen sollen.
Es folgt eine Quartseite Verse. — In der folgenden 5. Aufgabe
wird das Spinnengewebe als geometrische Figur erörtert, und
dann werden verschiedene Lehrsätze aus Euklid daran demonstriert.
Hierauf folgt ein Gedicht über die Spinnen, mit dem Lob des
Höchsten beginnend; nach diesem Gedicht lauten die Schlußworte:
Doch soll man die Spinnenweben gebrauchen in der Artzney / für das
dreytägige Fieber.

Die 8. Aufgabe lehret, einen Kreis in ein flächengleiches Rechteck
zu verwandeln, „wiewol nach der Zeit noch etwas unvollkommen".
Die eine Seite wird Durchmesser („Durchschnidt"), die andere $^4/_5$
desselben. Als weitere „wiewol nicht so genaue" Weise, welche
„der berühmte Nürnbergische Mahler Albrecht Dürrer erfunden",
wird ein Quadrat hergestellt, dessen Diagonale $^5/_4$ des Durch=
messers ist. Während Schwenter bei solchen Aufgaben stets
rechnet, läßt es Harsdörfer bei obigen Angaben bewenden. Sehen
wir zu, ob seine Meinung über den gegenseitigen Grad der Ge=
nauigkeit zutrifft. Im ersten Falle ist die Fläche des Rechtecks
0,8 d^2, im zweiten diejenige des Rechtecks 0,7813 d^2 gegen jene
des Kreises 0,7854 d^2. Harsdörfers Schätzung war verkehrt. Im
weiteren Verlaufe schildert er kurz, aber unklar und unzutreffend,
die Exhaustationsmethode, die er mit den Worten abthut: Weil
aber zwischen den krummen und geraden Linien so wenig

Vergleichung / als zwischen Liecht und Finsternuß / verfahren solche
nicht der Kunst gemäß / und wird diese Art von allen verständigen
billich verworffen. — Bereitwillig anerkannt sei übrigens die scharfe
Betonung des Unterschieds im Wesen der geraden und krummen
Linie. Statt der Auffassung des Kreises als des Grenzfalles seines
Sehnen= und Tangentenvielecks bei unendlich wachsender Seiten=
zahl findet man sogar in Schullehrbüchern die nachlässige Form:
Der Kreis ist ein regelmäßiges Vieleck mit unendlich vielen,
unendlich kleinen Seiten. Man möchte schier ob dieser, durch die
mißverstandene „Rechnung mit dem Unendlichkleinen" eingerissenen
Verwilderung der gegenwärtigen Anschauung ausrufen: Harsdörfer
hilf! — Er schließt mit den Worten: Etliche wollen dieses hand=
greiflich machen / nehmen einen Faden / und umbgeben damit eine
Kugel / deren Mittellini bewust / theilen darnach solchen Faden in
vier gleiche Theile / und vermeinen die Vierung des Cirkels zu haben,
untersucht jedoch nicht, wie weit diese Handgreiflichkeit fehl geht.
Er verweist hierauf unter anderem auf „Ludolph von Cöln in
seinen Kunstfragen".

Da Ludolph van Ceulen (1540—1610) in seinem Werk:
„Van den Cirkel, Delft, in 4°, 1596" die Zahl π auf 20, später
auf 32 Stellen berechnet hatte, so wäre 1651 eine Rechnung bis
zu 4 Stellen unter Benützung jener Zahl doch wohl angezeigt
gewesen, bevor ein Urteil gefällt wird, um so mehr, als in der
10. Aufgabe für π diese 32 Stellen aufgeführt werden. Harsdörfer
erklärt sich zu der letzteren Mitteilung veranlaßt, durch den Streit
Ludolphs eines Engeländers / der auf sein Grab schreiben lassen /
daß Er erfunden die rechte Proportion deß Diameters und der
Rundung. Ludolph van Ceulen ward geboren zu Hildesheim und
starb als Professor der Kriegsbaukunst an der Universität zu
Leyden; er wurde in der Peterskirche daselbst begraben. Auf
seinem Grabstein soll noch 1840 die nach ihm als Ludolphsche
Zahl benannte Zahl π bis auf 35 Stellen zu lesen gewesen sein.
(Cantor II, 551.)

Harsdörfer schließt die 10. Aufgabe mit den Worten: Wer
müßig ist kan dieser Sache weiter nachsinnen / Wir lassen es bey

dem alten verbleiben / und gehet es wie dort in dem Evangelio
stehet / daß sich die Weißheit Archimedis muß lassen rechtfertigen
von ihren Kindern. Offenbar schien Harsdörfer die Archimedische
Genauigkeit $^{22}/_7$ (das ist 3 mal $7^1/_7$!) ausreichend und der ganze
Streit über eine genauere Zahl zu Ende des 16. Jahrhunderts
höchst überflüssig; es geht dies auch aus der spöttischen Bemerkung
hervor: Daß der Umkreiß drey Durchschnitte mache / wissen die
Hutstaffierer wol / welch dreymal über den Hutstulp messen / wenn
sie denselben wollen einfassen oder füttern.

Die 16. Aufgabe lehrt, wie man die Quadratwurzel aus einer
Zahl mit Hilfe des Satzes vom Höhenquadrat des rechtwinkeligen
Dreiecks finden könne; ein Hypotenusenabschnitt erhält die Einheit,
der andere die Anzahl der Einheiten jener Zahl. Als Beispiel soll
die Wurzel aus 9 gefunden werden. Irrigerweise wird aber die
Länge der ganzen Hypotenuse 9 statt 10 gewählt; das Höhen=
quadrat wäre in diesem Falle 8. Harsdörfer zeichnet aber trotz=
dem in dasselbe 9 Quadrate, die nun eben, wie auch das Höhen=
quadrat, Rechtecke werden mit dem Seitenverhältnis 2,8 : 3. Wie
wenig er diesen Auszug aus Mario Bettini (1582—1657) ver=
stand, zeigt ferner die Bemerkung, daß die Lösung nach dem Autor
auch für andere Einteilung statthaben solle, welches sich aber nicht
will thun lassen. Gesetzt die Linie were 11 Stuffen lang / so muß
ich sie doch in 9 theile sondern / und werden sich die zwo über-
bliebenen eintheilen / und jede Stuffen $^2/_9$ mehr haben / so wol
auf der Linie / als in der Vierung. Nebenbei bemerkt, schrieb der
Jesuit und Lehrer der Moral, Philosophie und Mathematik zu
Parma, Bettini, ähnliche Werke, wie die Erquickstunden, in
lateinischer Sprache: Apiaria phil. math. 1641, 1642, Aerarium
phil. math. 1648; beide Werke sind von Harsdörfer im Register
der benützten Scribenten aufgeführt.

Eine bekannte Aufgabe unserer Rechenbücher erscheint als
19. Aufgabe unter dem Titel: „Von einem Feld darauf ein Haaß
und ein Hund laufft" wohl deshalb in der „Meßkunst", weil sie auf
einem Felde sich abspielt; sie erstreckt sich übrigens hier nur über
das Verhältnis der Längen beider Sprünge. — Die 21. Aufgabe

ist schon als 8. Aufgabe dagewesen. Die hier gegebene Um=
wandlung des Kreises in ein flächengleiches Rechteck ist höchst
unklar und unvollständig, jedenfalls kann die Figur auf dem
beschriebenen Wege nicht nachgebildet werden. Eine Quelle
für die Lösung ist nicht angegeben. Die Genauigkeit der bei=
gegebenen Figur ist sehr gering, der Kreisinhalt ist 707, das
ihm gleiche Rechteck 624, das beiden gleiche Quadrat 729 Quadrat=
millimeter. — In der 27. Aufgabe wird die Parabel mittelst
derselben Fadenkonstruktion herstellen gelehrt, welche auch heute
noch in einzelnen Patentschriften die Hauptrolle spielt.

Die 33. Aufgabe: „Von eins Ackers Abtheilung" beschäftigt
sich mit der Teilung eines Parallelogramms; es wird ein dem
gegebenen ähnliches Parallelogramm gefordert bei gegebenem
Flächenverhältnis 1 : 5. Harsdörfer meint nun, jede Seite des
Teiles müsse der fünfte Teil der betreffenden Seite des ursprüng=
lichen Vierecks sein, hat also seinen Euklid, dessen Studium er
stets so nachdrücklich betont, doch nicht recht sicher inne gehabt.
Hätte er übrigens, wie er vorschreibt, das „aufreissen nach dem
verjüngten Maßstab" richtig erledigt, so müßte ihm die Kleinheit
des neuen vermeintlichen Fünftels wohl aufgefallen sein. Der
Acker soll 40 Schuh lang sein, die Schmalseite 15 Schuh, die
„Zwerglinie" 35 Schuh, der Teil hätte also seiner Vorschrift ent=
sprechend 8, 3, 7 Schuh. Die Zeichnung weist zufällig 40 mm
Länge und 35 mm Diagonale, aber 18 mm Schmalseite auf, der
Teil 17, 15, 7 mm statt 8, 7, $3^1/_2$ mm, wie er will; demnach
ist der gezeichnete Teil nahezu $^1/_6$, statt wie verlangt $^1/_5$ oder statt
$^1/_{25}$, wie die Beschreibung ergibt. — Die 35. Aufgabe bringt den
Satz, jedoch ohne Beweis: Errichtet man über einer Seite eines
regelmäßigen Sechsecks ein gleichseitiges Dreieck nach außen und
verbindet den neu hinzukommenden Eckpunkt des letzteren mit den
Endpunkten der zur benützten gemeinsamen Seite parallelen Sechs=
eckseite, so wird diese gemeinsame Seite von Dreieck und Sechseck
gedrittelt. Der Lehrsatz steht hier in der Form einer Lösung der
Aufgabe: „Eine Linie mit unveruktem Cirkel / in drey gleiche
Theile zu theilen."

Der 3. Teil handelt „Von der Stereometria oder erhabner Sachen Mäßkunst" in 30 Aufgaben. Die Vorrede beginnt mit den verschiedenen sprachlichen Bedeutungen des Wortes vermessen; so z. B.: Dieser Kunstsinnige Archimedes . . . . / der sich erkühnet / nicht nur die länge und breite / die tieffe und höhe dieses gantzen Weltbaues abzumessen / . . . . hat sich vermessen, die gantze Welt zu bewegen. Fernerhin meint er: Elle / Maß und Gewicht / wie auch die Aufsicht auf das Mühlwerck / und derselben Verordnung / gehört zu der hohen Obrigkeit / wie alle Juristen bejaen / und ändern sich mit dem Gebiet fast eines jeden Standes (Staates?). Er schließt die 3 Seiten lange Vorrede: Die Geometrische Figur sey eine Staffel zu Gott und solle nicht zu nichtigen Gewinn / und verächtlichen Sachen mißbraucht werden. Damit aber die lange Vorrede nicht verdrüßlich seye / wollen wir sehen / was in der Nachernde übrig gelassen worden / dasselbe aufsamblen / und dem Leser wolmeynend vortragen.

Die 3. Aufgabe lehret die im vorigen Teil mittelst ebener Zeichnungen hergestellten Linien 2. Grades als Kegelschnitte auffassen. Zur Veranschaulichung ist in geschickter Weise der Wasserspiegel in einem verschieden geneigten kegelförmigen Trinkglas benützt. Die Ellipse nennt Harsdörfer nicht nur „Eyerlinie", er sieht sogar in jenem Scharmützelglaß / wann man trincket und das Glaß neiget / daß der Wein ein solches Ey bildet / das oben spitziger als unten. Seine Beobachtungsgabe ließ also an Schärfe sehr zu wünschen übrig. — In der 5. Aufgabe wird der Erddurchmesser „aus dem Clavio" (Christoph Schlüssel, latinisiert Clavius, aus Bamberg, 1537—1612, Jesuit, anerkannter Mathematiker, dessen lateinische Euklidausgabe 6 Auflagen erlebte, Lehrer am Ordenskollegium zu Rom, Mitarbeiter an der Kalenderverbesserung) zu 22 500 Meilen angenommen und in der Voraussetzung, daß ein Körper „alle viertel Stund eine Meile fiele", seine Fallzeit durch ein diametrales Loch der Erde zu 7 Monat $25\frac{1}{2}$ Tagen berechnet. Diese Willkür ist Mitte des 17. Jahrhunderts denn doch etwas verspätet, nachdem zu Anfang desselben 1602 bis 1604 Galilei (1564—1642) die Fallgesetze erforscht und 1638 („Discorsi etc.")

veröffentlicht hatte. Harsdörfer, der auch sonst liebt, das Aller=
neueste beizubringen, nennt ihn im Verzeichnis der benützten
Autoren, allerdings nur mit: „Systema, Amsterd. 1635", dem
Werke über das Kopernikanische Weltsystem, das ursprünglich
italienisch im Februar 1632 zu Florenz erschienen war und den
bekannten Prozeß mit Galileis Verurteilung 1633 nach sich zog.

Die 8. Aufgabe will lehren, wie man die Erde von einem
hohen Turm oder Berge aus abmessen könne. Beschreibung und
Figur sind verfehlt, ein spitzwinkliges und ein stumpfwinkliges
Dreieck werden proportioniert genannt. Der Grundgedanke ist
wahrscheinlich der: Es sei der Erddurchmesser der eine Hypotenusen=
abschnitt (d), eine bekannte Turmhöhe der andere (h), die Dreiecks=
höhe sei ferner bekannt als Entfernung (e) des Fußes dieses
Turmes von der Spitze eines anderen Turmes, welche in der
Horizontalebene jenes Turmfußes liegt, dann ist hieraus der
Erddurchmesser $d = e^2/h$. Anzuerkennen ist, daß Harsdörfer es
bedenklich findet, von so kleinen Größen auf eine so große wie
den Erddurchmesser rechnerisch zu schließen. Der Ort / so mich hiezu
bequem bedunket / ist Dovern in Engeland / und Calais in Franckreich /
das Schloß Dovern liget auf einem überaus hohen weissen / Felsen
(daher das Land auch Albion heisset) die fast eine perpendicular oder
Waagrechte Linie mache. Wann nun eine Windstille und henter
Wetter / kan man Calais sehen / in einem halben Tage überfahren /
und mit einem angehängten Wasserrädlein den Weg leichtlich abmessen.
Hat man nun diese Grundlini (basin) und die perpendicular oder
Waagrechte Linie / so ist die Schluß- oder Zwerglinie (hypothenusa)
leichtlich zu finden.

Der Unterschied der Wege, welche Kopf und Fuß eines die
Erde umwandelnden, 6 Fuß hohen Mannes beschreiben, will die
17. Aufgabe finden lehren. Der Erdradius hat hier 1145 Meilen
zu je 15 000 Werkschuh, „wie zuvor gedacht". (In der 5. Aufgabe,
10 Seiten vorher, waren es jedoch 11 250 Meilen.) Hier rechnet
Harsdörfer unter Benützung des Satzes, daß die Kreisumfänge
sich verhalten wie die Radien, und gerät derart in die Brüche, daß
er 13 stellige Nenner fertig bringt. Auch mit seinen Hilfsmitteln

21

hätte sich die Differenz darstellen lassen als $2 \cdot \frac{24}{7} \cdot 6 = 37\frac{5}{7}$; er findet aus seinen Brüchen schließlich 5864 heraus nebst einem Restbruche mit einem 12 stelligen Zähler und 14 stelligen Nenner.

Die 20. Aufgabe: „Von einer Kugellauf" sei ganz mitgeteilt: Eine runde Kugel eines $\frac{1}{2}$ Schuhes dick / wird auf einen Boden 100 Elln lang geworfen / ist die Frag / wie offt die Kugel muß umblauffen / biß sie zu desselben Ziel gelanget?

Die Elle seye 2 Schuhe lang / wie hier die unserige zu Nürnberg. Antw. $1\frac{4}{7}$ wird der Kugel umbkreiß seyn / und $127\frac{3}{11}$ mal wird die Kugel biß zu Ende deß 100 Elln langen Feldes umblauffen müssen.

Es mühen sich auch etliche zu wissen / wie viel Goldes von nöthen die Erde zu überlegen. Das Gold ist zwar das schwereste unter allen Metallen lesset sich aber wegen seiner Reinigkeit dermassen dünn schlagen / daß aus einer Untz 1600 Blätlein gemachet werden können. 1600 Blätlein auf eine Ebne geleget / machen 400 gevierter Schuhe. Hieraus ist die Rechnung leichtlich zu machen.

Weder wird angedeutet, wie die leichte Rechnung zu machen ist, noch wird das Ergebnis derselben mitgeteilt.

Des 4. Teiles Titel ist: „Von der Music, Tonkundigung oder Singkunst." Die 2. der 40 Aufgaben bespricht die Abhängigkeit der Tonhöhe von der Saitenlänge. Althergebrachtermaßen legt Harsdörfer die Gründe für den Wohl- oder Mißklang eines Tonintervalles, dargethan an einem Monochord, in das Geheimnis der Zahlen. Die hier verborgenen Wunder begeistern ihn dann zu einem langen Gedicht, beginnend:

Ich rede nun mit euch, die ihr die Kunst verstehet /
die ihr der Saiten Stimm ernidert und erhöhet

und schließend

Dann wie kan doch der Glaub durch Gottes Geist gegeben /
bestehen / wo man führt ein rohes Sündenleben?
und thut deß Teuffelswerk. Genad ist nicht Genad /
in dem deß Werks verdienst / den Lohn des Lebens hat.

Nach dem „französischen Author" berichtet Schwenter im 1. Bande, 4. Aufgabe des 4. Teils, daß Saiten von Gedärmen des

Wolfs und Schafs wegen der natürlichen Feindschaft letzterer nicht zusammengestimmt werden können, es reiße eher die eine davon. Hiezu bemerkt Harsdörfer in der 3. Aufgabe: Was der Autor von der Wolff- und Schafgedärmer Saiten meldet / ist zwar insgemein beglaubt / hat aber in der Erfahrung keine verborgene Ursache. Er bringt zunächst Gegenbeweise durch angestellte Versuche, fügt aber dann gleich wieder hinzu als Mitteilung aus P o r t a (1538—1615, Edelmann aus Neapel) in Magia naturalis (1589 erste Ausgabe, Harsdörfer lag eine Ausgabe von 1648 vor), daß das geleberte Wolffs- und Schafsfell über Trommel geschlagen zugleich nicht können gehört werden / und daß das Schafsfell gleichsam verstumme und gar düster klinge.

Die 12. Aufgabe gibt, ähnlich der bekannten Preisfrage, warum ein lebendiger mehr als ein toter Fisch wiege, ein gutes Beispiel physikalischer Beobachtungs- und Denkweise damaliger Zeit: Wann aus einem Gefäß ein kaltes Wasser geschüttet wird / machet es ein größeres Gerausch / als ein warmes Wasser / ist die Frage / was die natürliche Ursache seye?

Das kalte Wasser ist noch nicht geläutert / und von den groben dämpfen gereiniget / wie das warme Wasser durch die Hitze gereiniget ist / und deßwegen machet es auch mehr geräusch / und wird der Luft dadurch heftiger bewegt.

Bezeichnend ist auch die 13. Aufgabe: Von den Ohren göllen. Die Ursache dieser Beschwerlichkeit entstehet bey denen / die mit vielen Flüssen behafftet sind / welch gleich allem Wasser in dem herab fallen gleichsam ein Geräusch machen / platzern und glatschern: Es vergehet aber / wann man ein grössers Gedöß von aussen höret.

In der 14. Aufgabe dagegen wird eine ganz modern erdachte technische Vorrichtung beschrieben. Es soll ein Rohr geschaffen werden, welches für das Ohr das gleiche bewirke, wie die damals neuen Fernrohre für das Auge. Eingeleitet wird die Beschreibung durch den neuerdings als Satz vom kleinsten Kraftmaß gekennzeichneten Gedanken, daß bei den Naturerscheinungen meistenteils Minimalaufgaben gelöst werden: Die Natur pfleget im sehen und hören durch die kurtzten Linien zu würken. Das Rohr wird aus lang-

21*

gestreckten Rotationsellipsoiden so zusammengesetzt, daß deren Drehachsen in derselben Geraden liegen und je zwei sich folgende gemeinsamen Brennpunkt besitzen. Es ist auch eine nicht gerade genaue, hier photographisch nachgebildete Zeichnung beigegeben, in welcher der Gang der „Stimmstralen" durchgeführt ist. Sogar eine geschickte Ausführung ist angedeutet mit den Worten, es lasse sich dieses mit etlichen so gestalten und wolgeglasten Häfen / die man ineinander fügen kann / zu werke zurichten...... Ein solches Rohr kan 100 und mehr Schuhe lang gemachet / und von einem Fenster zu dem andern gerichtet werden / daß man dardurch in geheimen Rathschlägen heimlich zusammen sprechen kan. Ein verständiger Baumeister kan es leichtlich verbergen. Weder hier noch bei der Wiederholung von Worten und Zeichnung in der 15. Aufgabe des 15. Teiles ist eine Quelle erwähnt, so daß auch eine Erfindung Harsdörfers vorliegen kann.

G   V   V   V

E   X   X   X   X   H

Die Aufgaben 20 bis 26 handeln vom Echo. — Nachdem in der 27. Aufgabe die Frage: Ob die Stimme / welche in ein enges Rohr eingeschlossen wird / eine Zeit über darinnen verbleibe? aus einigen Autoren mit ja beantwortet ist, erklärt Harsdörfer: Also gehet es wann man nur aus beyfallenden Gedanken ohne Erfahrung und würckliche Prob viel erfunden zu haben vermeinet / das sich am Ende nicht findet. Die reine Absage von der lediglich spekulativen Art der herrschenden Naturphilosophie! Auch weiterhin heißt es: Die Stimme ist nichts anders, als eine Bewegung deß Luffts / ist nun der Lufft eingeschlossen / so hat seine bewegung auch ein Ende. Leider ist aber Harsdörfers obige Warnung sofort wieder auf seine eigenen Schlußworte anwendbar, welche lauten: wann man aber in der mitten (eines sehr langen Balkens) einen Strick herumb bindet / so wird der schlag an dem andern Ende gar wenig / oder gar nicht gespüret werden. Schalleitung durch feste Körper hindurch vollzieht sich für ihn mittelst der Luft in den „Lufftlöchlein", da ja Schall Bewegung der Luft ist.

Von der Sehkunst (Optica) wird in den 40 Aufgaben des 5. Teils gehandelt. Die 6 Seiten lange Vorrede beginnt mit den Beantwortungen der Frage, welches der „übertrefflichste" Sinn des Menschen sei, seitens der „Naturkündiger"; Harsdörfer entscheidet sich fürs Auge. Hierauf wird von den „Sehe=arten oder Augstralungen" und dann von 6 Bedingungen des Sehens gesprochen, weiterhin von den Farben der Augen, den Gründen der Perspektive, es werden 8 Zeilen poetische Umschreibungen des Auges gegeben. Der Schluß lautet: Wollen wir nun nicht von der Sehung reden / wie die blinden von der Farbe / und unser Aug halten für ein Zimmer unsers Wohnhauses / darein wir niemals gekommen (welches einem fleißigen Haußvatter schimpfflich ist) so müssen wir ..... uns gefallen lassen diese Sehkunst zu studieren.

Die 1. Frage ist natürlich: „Wie die Sehung beschehe? ob die Stralen aus dem Auge, oder in das Auge schiessen?" Das Feuer, das aus dem Auge fährt beim Stoße, das feurige Auf= flammen im Auge des Zornigen beweist ihm das erstere, wie auch, daß der Basilisk mit dem Blicke töte, der Strauß damit seine Eier belebe und ausbrüte. Das so kleine Auge könnte auch keinen großen Berg sehen, wenn die Strahlen von letzterem und nicht von ersterem kämen. Hierauf beginnt das Gegenspiel der Gründe. Die Strahlen aus dem Auge gingen durch die Verteilung und die Hindernisse rasch verloren, wirkten nicht bis zu den Dingen, in dem Auge sei nicht genug des Lichts wie in der Sonne. Hören sei Empfahung des Tones, ebenso Schmecken Empfahung der Speise u. s. f. Gingen die Strahlen hinaus, so sei es wunderlich, daß das behalten werde, was davon gehe. Durch das Sehen werde nur ein Gleichnis, eine ebenmäßige Gestalt von der Selbständigkeit des Dinges abgesondert und gelange nach dem verjüngten Maß= stabe ins Auge. — In der 2. Aufgabe: Von den Eigenschaften des Gesichts, sagt er geradezu: Das Mittel aber dadurch wir sehen /

iſt das Liecht / ohne welches wir alle mit offnen Augen blind zu nennen. Wer dieſer Sache nachſinnet / wird befinden / daß ihm alſo.

Die 5. Aufgabe berechnet: Wie weit man ſehen könne. Hier wird von einem geredet / der ein ſcharffes Geſicht hat in die ferne zu ſehen / und auf einem Berge ſtehet der eine Meil hoch iſt / verſtehe nach Waagrechter (perpendicular) Linie / und ſetzen noch darzu / daß ſein Aug ſechs oder fünff Schuhe höher ſtehet. Zur Berechnung der Entfernung des Ortes vom Auge) wird der Erdradius 1344 Meilen angenommen. (Früher 11250 und 1145, der „Umbkreiß" S. 432 zu 7200 Meilen von je 3000 Schritten.) Mittelſt des Pythagoräiſchen Satzes gelangt er zu der Quadrat= wurzel aus 2689, welche $51\frac{88}{104}$ ſei. Leider deutet er die Methode ſeiner richtigen Wurzelausziehung nicht einmal an. — In der 7. Aufgabe verwendet Harsdörfer die Gleichheit der Peripherie= winkel im Kreiſe zur Bildung eines Ausnahmefalles von der Regel, daß weiter entfernte Gegenſtände kleiner geſehen werden; eine Kreisſehne erſcheint von allen Punkten des Kreiſes aus gleich groß, von ſolchen, die näher der Sehne, ebenſo groß als von anderen, die ihr ferner ſind. Der Kreis ſei ein runder, von Gebäuden ein= geſchloſſener Platz, die Sehne ein Haus, das dann, von allen Gebäuden geſehen, gleiche Breite behält. Den inneren Grund ſucht

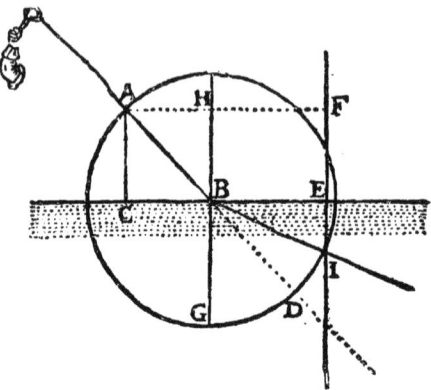

er aber nun darinnen, daß nemlich die Augſtralen keinen freyen Lauff haben / und von einem Gebäu beſchrenket worden.

Die 8. Aufgabe behandelt die Lehre von der Brechung und der Rückſtrahlung des Lichts an ebenen Grenzflächen. Die Wege der Lichtſtrahlen werden zutreffend mit den Wegen eines geſchlagenen oder geworfenen „Pallen" verglichen und die Erfahrungen der „Pall= ſpieler" angerufen. Bei der Brechung wird der Widerſtand des Waſſers herangezogen und aus dieſem die Ablenkung des Strahls erklärt; er kommet mit halber ſtärcke vorwärts. In der hier getreu nachgebildeten Figur halbiert der gebrochene Strahl den Winkel des einfallenden Strahls mit der Grenze, ſtatt gegen das Einfallslot hin abgelenkt zu werden, was ſchon ſeit dem 11. Jahrhundert durch Alhazen feſtgeſtellt war. (Harsdörfer führt im Verzeichnis der von ihm benützten Schriftſteller auf: Alhazen Optica & de crepuſculis fol. Basil. 1572.) Vitello führte im 13. Jahrhundert Meſſungen über den Verlauf dieſes gebrochenen Strahles durch, die zu Nürnberg 1533 und 1551 gedruckt erſchienen; Kepler (1571—1630) gab 1604 ein Supplement zu dieſer Optik des Thüringers Witelo (latiniſiert oder poloniſiert Vitellio, auch Vitello) heraus, in welcher ſchon ein Annäherungsgeſetz enthalten war, das bis auf $1/2^0$ genaue Übereinſtimmung ergab; Snell (1591—1626) ſtellte zu Leyden 1621 das Geſetz endgültig feſt, und Carteſius (1596—1650) veröffentlichte in ſeiner Dioptrique Snell's Geſetz 1637. Bei der ſonſtigen Beleſenheit Harsdörfers iſt es zu verwundern (beſonders, da er überdies „des Renati de Cartes Diopticam" S. 195 anzieht), daß er noch ſo unbeſtimmte und überdies verkehrte Anſchauungen über den Gang des gebrochenen Lichtſtrahles beſitzt. Es ſcheint ihm für die ſtrengere, die mathe= matiſche Form der Wahrheit Sinn und Verſtändnis in geringem Maße eigen geweſen zu ſein. Die zwei letzten, hier gleichfalls in getreuer Nachbildung beigegebenen Figuren über den Weg der Lichtſtrahlen, welche einmal von einer Kerze ausgehen und durch Reflexion oder Refraktion zu einem Auge (D, E) gelangen, das anderemal die Vergrößerung eines Flohes durch eine Glaskugel erläutern ſollen, ſind ganz und gar verfehlt oder nichtsſagend. Als Erklärung des letzteren Vorganges findet ſich lediglich, der Floh erſcheine achtmal größer als er iſt, weil ſich die Stralen der Rundung wegen von einander tragen. Dagegen zeigt ſich Harsdörfers Vor= liebe für Vergleichungen verſchiedener Formen derſelben Erſcheinung in den ſich unmittelbar anreihenden Schlußworten: Dieſes wiſſen die Goldſchmiede / welche bey runden mit Waſſer gefüllten Gläſern arbeiten. Hierdurch kan man auch den kleinen Druck bei Nachts leſen.

„Von den Fern= und Sterngläſern" iſt in der 9. Aufgabe die
Rede. Es hat vor vielen Jahren Jacob Metz / ein Brillenmachers
Sohn zu Alcmar in Holland / zwey Brillengläſer / deren das eine in
der mitten dick / und umb den Rand dünn / das andere umb den
Rand dünn / und in der mitten dick / in ein Rohr zuſammen ge=
ordnet / und alſo den Gebrauch der Ferngläſer ungefehr erfunden /

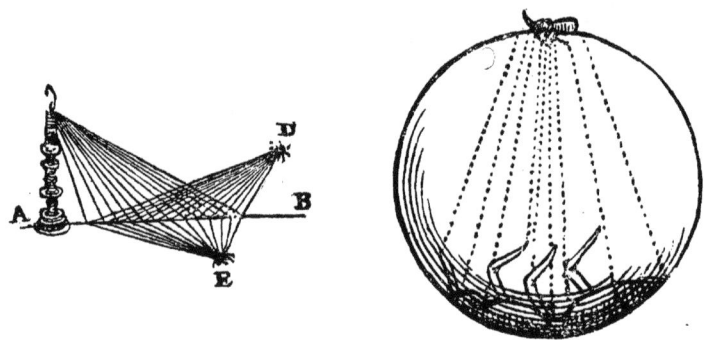

auß welchem Anfang hernach mehr erdacht worden. Der ſchlimm
wirkende Flüchtigkeitsfehler in der Verwechslung der Worte dünn
und dick beim zweiten Falle, der doch leicht zu entdecken geweſen
wäre, zeigt, wie raſch Harsdörfer bei dem Umfange ſeiner Schrift=
ſtellerei zu arbeiten gezwungen war (unter „Fehler" der beiden
letzten Seiten des Bandes findet ſich auch keine diesbezügliche Ver=
beſſerung); die allgemein gehaltenen, nichtsſagenden Redensarten
über die Wirkung der Gläſer zeugen leider ebenſo davon. Weiterhin
iſt erwähnt, daß Rohr auf 30 oder 40 Schuh .... zu finden bey
dem hochberühmten und kunſtreichen Herrn Johann Wieſel / wol=
erfahrnen Optico in Augſpurg / meinem inſonders geehrten Freunde /
der es in der Kunſt weiter gebracht / als Galileus Galilei, welcher
ſich in dem Geſtirn blind geſehen hat. Den Schluß bildet die für
einen der eignen Kritik ſich begebenden Sammler wie Harsdörfer
bezeichnende Klage: und finde ich hin und wider daß die jenigen /
ſo darvon geſchrieben / ſich noch nicht allerſeits verglichen: jeder
vermeinet / er habe die Kunſtgründigen urſachen erfunden. Die
Mitteilung Harsdörfers: „Jacob Metz, ein Brillenmachers Sohn
zu Alcmar in Holland ꝛc." iſt zwar nicht grundlos, jedoch auch

nicht ganz zutreffend. Jakob Metius, Sohn eines Festungs=
baumeisters und Bruder jenes Mathematikers Adriaan Metius,
welcher die Zahl π als $^{355}/_{113}$ darstellte, beschäftigte sich zu
Alkmaar mit Glasschleifen und legte den Generalstaaten 1608
ein von ihm etwa 1606 erfundenes Fernrohr zur Prüfung
vor. Es war ihm aber der Middelburger Brillenmacher
Lippershey im selben Jahre 1608 zuvorgekommen; auch
dieser erhielt übrigens kein Patent, weil die Erfindung schon
anderen bekannt gewesen sei. (Poggendorff, 2. Bd. S. 130,
1. Bd. S. 1475; Rosenberger, Geschichte der Physik, 2. Teil 1884,
S. 48 u. f.)

Die 21. Aufgabe lehrt das „aufreissen" von Plätzen oder
Gebäuden mittelst eines „Tischlein", welches „eines von Kaiser
Rudolphs geheimsten Kunststücklein gewesen". Der hier genannte
Kaiser Rudolph II. (1552—1612) beschäftigte sich viel mit
Alchemie und Astrologie. Tycho Brahe und Kepler standen
nach einander zu Prag in seinen Diensten. Sein Vater,
Maximilian II., hatte sich 1569 zu Wien von Prätorius
in Mathematik unterrichten lassen. Letzterer, Johannes Richter,
geboren 1537 in Joachimsthal, ward nachher erster Inhaber der
zu Altdorf neu errichteten Universitätsprofessur für Mathematik
von 1576 bis zu seinem Tode 1616; vorher bekleidete er von 1571
bis 1576 die gleiche Professur an der Wittenberger Universität.
Am bekanntesten ist er geworden als Erfinder der mensula, des
Meßtisches 1590. Sein bedeutendster Schüler Schwenter, seit
1608 sein Kollega zu Altdorf, 1628 auch sein Amtsnachfolger,
gab 1619 die erste Beschreibung des prätorianischen Tischleins in
Druck. Auffällig ist nun, daß Harsdörfer des Prätorius bei
seiner Beschreibung gar nicht gedenkt, umsomehr, als Schwenter
im ersten Band der Erquickstunden, 2. Teil, 47. Aufgabe „eine
ebene Fläche in Grund zu legen" lehrt durch „M. Prätorii
geometrisches Tischlein". Auch auf diese Aufgabe bezieht sich
Harsdörfer hier nicht, wie er doch sonst thut. Nachdem er ein
Diopter mit Reißstift, sowie das Meßtischblatt beschrieben, bemerkt
er überdies zum Schlusse: Dieses Instrument dienet auch zu dem

feldmeffen / und in Grund zu legen / von zweyen Ständen aus /
alles / was man überfehen kan.

Die 26. Aufgabe erklärt zutreffend die weiße Farbe des
fchäumenden Meeres durch die beigemifchte Luft. Um fo wunderlicher hebt fich hievon die 29. Aufgabe ab, betitelt: Von den
Truncknen, mit dem Wortlaut: Welche fich bezechet / daß fie der
Wein erhitt / und grobe Dämpffe in das Haubt fchicket / die pflegen
alle Sachen doppelt zu fehen / ift die Frage: Woher folches komme? —
Die befagten groben Dämpffe vermengen fich mit den Sehgeifterlein
(cum fpiritibus viforiis) daß ihre würckung dadurch gehindert wird /
und gleichfam durch einen Nebel unterbrochen / alles zwey und mehr-
fältig fehen machen / daß die Stralen dadurch gefchwächet / zerftreuet /
fchwanck und ungewiß herumb fchweben. Wann nun folche nicht grad
auf eine gewiffe Sache gerichtet werden / fo kan auch der Schwindel
daraus entftehen; deßwegen wie in der Vorrede gedacht worden / die
Waffertrincker heller fehen / als die Weinfauffer / welchen der Tag
zu kurt ift fich zu bezechen / und die Nacht nicht lang genug wider
auszunüchtern.

Der 6. Teil behandelt die Spiegelkunft in 30 Aufgaben.
Die erften 3 Seiten werden dem Glafe gewidmet; die Herftellung
des Glafes wird befprochen, des vorzüglichen venetianifchen Glafes
gedacht, welches von der Infel Murano ("Mouran") ftammt.
Ebene, hohle und bauchige, cylindrifche und konifche Spiegel werden
in den folgenden Aufgaben vorgeführt. Die 11. Aufgabe erklärt
für Hohlfpiegel in Übereinftimmung mit der modernften Ausführung
die Parabelform als die befte. Die Spiegel nach diefer Parabola
gegoffen / werden weit / gefchwind ftarck brennen und anzünden. —
Die 20. Aufgabe erwähnt auch des Leuchtfteins. Es wird in
Welfchland zu Bologna ein Stein gefunden / den leget man in die
Sonnen / und wann er erwarmet / in ein finfteres Ort / fo gibt er
ein folchen liechten Schein von fich: Der Stein gleicht dem Pimfenftein.
Diefe Eigenfchaft des um Bologna fich findenden Schwerfpats war
damals noch neu; ihre Kenntnis läßt fich nicht vor den Anfang
des 17. Jahrhunderts zurück verfolgen. — Auch der heute üblichen
Spiegel in den Lachkabinetten der Spiegelirrgärten wird in der

26. Aufgabe gedacht: Wann man einen Spiegel haben könnte / der halb erhaben / . . . halb hol / . . . . . so sollte man ein sehr wunderliches Angesicht darinnen sehen / man wendete auch den Spiegel auf die eine oder die andere Seiten. Ein solcher Spiegel wird in der 36. Frage des 3. Teils vom 3. Bande der Erquickstunden abgebildet und beschrieben.

Der Erquickstunden 7. Teil ist überschrieben: Von der Sternekunst, auch Sternekündigung; er umfaßt 30 Aufgaben. Der Schluß der 4 Seiten langen Vorrede lautet: Wer sollte nun nicht lust haben diesen herrlichen zelt genauer zu betrachten / . . . . und ein mehrers hiervon bey seinen Erquickstunden (wiewol etliche Sachen mühsam zu verstehen) zu vernehmen nicht verlangen tragen? Wer bey seinen Arbeitstunden ein mehrers hiervon zu wissen verlanget / der sehe nach in den Schrifften: Nicolai Copernici . . . . . (Verzeichnis von 45 Autoren), welche alle außer dieser letzten Copernici Meinung sind.

In der 3. Aufgabe sind Stellen der Bibel aufgeführt, in denen von Sternbildern die Rede ist. Hinsichtlich des Jakobsstabs ist bemerkt: also genennet von den Stäben / welche Jacob seinen Schafen in die Tränke gelegt / 1. Mos. 30/37. Daher ein Instrument / das man zu der Sternekunst gebrauchet / auch diesen Namen hat. - Die 7. Aufgabe: „Von dem Himmel" zählt die Linien der Himmelskugel auf, verdeutscht deren Namen und schließt mit den Worten:

. . . . . dem bösen Kinde schmeckt
viel süsser fremdes Brod / als das die Mutter beckt.

Die 8. Aufgabe beschäftigt sich mit der Frage: „Ob sich die Erden bewege / und der Himmel still stehe." Dem 8. Teile der Gesprächspiele (1649) sind 25 Aufgaben beigegeben; die 6. derselben ist hier als 8. fast wörtlich übernommen, jedoch auf 5 Quartseiten erweitert worden. Im 3. Bande der Erquickstunden, 4. Teil, 24. und 26. Frage, wird die Erdbewegung wieder erörtert. — Mehr als 100 Jahre nach dem Todestage von Copernicus (1473—1543), fast 20 Jahre nach Galileis Prozeß schreibt Harsdörfer: Diese Frage ist von den Gelehrtesten lang gestritten / und doch nicht verglichen worden. Daher sagt Verulamius, kommet / daß wir unser

Lebenlang Schuler bleiben / weil wir uns stetig mit den Fragen schleppen / da doch das / was so lang ist in zweifel gezogen worden / endlich verabschiedet und keine Frage mehr / sondern ein gewisser Lehrsatz seyn solte. Francis Baco, Baron von Verulam (1561—1626) stellte im „Novum Organon etc. 1620" gegensätzlich zur herrschenden spekulativen Naturphilosophie die Erfahrung als Grundlage des Wissens hin. — Harsdörfer will den Leser zum Richter bestellen und bringt 13 ausführliche Begründungen für die Annahme des Stillstehens, 7 für die Bewegung der Erde, zum teil wunderlicher Art, wie: IV. Ist die Erde kalter Natur: Die Kälte aber hindert die Bewegung / wie die wärme selbe fördert und verursachet / welches an allen Tieren Wassern und Gewächsen leichtlich abzusehen. Der kalte Marmol und alle Steine sind kalt und zugleich schwer / und ohne mühe nicht beweglich. Es werden dreierlei Bewegungen der Erde geschildert, einmal um ihre Achse, dann um die Sonne, und endlich überzwergs / durch die 12 himlischen Zeichen gerichtet / dadurch Tag und Nacht / indem sie ab- und zunehmen / gegeneinander ungleich werden. Diese 3. Bewegung glaubte Copernicus nötig, um zu erklären, warum die Erdachse sich stets parallel blieb; er nannte sie modus in declinatione. Selbst Kepler lehrte in „epitome astronomicae copernicanae, Lincii 1618" noch die dreifache Bewegung der Erde p. 117 u. f. (Harsdörfer „Erquickstunden", 3. Band, S. 309). Rothmann, Hofastronom in Cassel, Schüler von Copernicus, zeigte 1590 in einem Briefe an den Hofastronomen Rudolphs II. in Prag, Tycho Brahe, daß dieselbe unnötig sei.

Am meisten scheint Harsdörfer folgendes für die neue Anschauung zu sprechen: Zu dem haben sie ihre Rechnungen / welche die Sonn- und Mondfinsternussen so genau erweisen / daß sich darüber zu verwundern / und gewißlich aus der Planeten Lauf Copernicus nicht kan widerlegt werden. Er schließt die nun folgenden, durch Abbildungen unterstützten Angaben über die Weltsysteme von Copernicus (1473—1543), Clavius (1537—1612), Tycho Brahe (1546—1601) mit der Anschauung, daß die unterschiedlichen widerigen Meinungen der Schwachheit menschlichen Verstandes bey-

zumeſſen / und daß ſie durch ſoviel zweiffelurſachen irrig gemacht /
bekennen müſſen / ſie wiſſen keine Gewißheit.

Wir dürfen mit Harsdörfer ſeiner Zweifel wegen nicht ſtrenge
zu Gericht ſitzen. Auch ſein Vorbild und Lehrer Schwenter
berechnet in der 4. Aufgabe des 7. Teils die Geſchwindigkeit
des Sonnenlaufs um die Erden („in jeder minuten vngefehr
17521 meil“), diejenige eines Fixſterns „in dem äquinoctial Circkel
in jeder minuten 15 vmbkraiß der Erden“. Ebenſo war Prätorius,
Schwenters Lehrer, Anhänger des ptolomäiſchen Syſtems, wie ja
auch Baco von Verulam zeitlebens im Widerſpruch gegen
Copernicus beharrte. Noch im gleichen Jahre 1651, in dem die Er=
quickſtunden Harsdörfers erſchienen, zählte Riccioli (1598—1671,
Jeſuit, zuletzt Lehrer der Philoſophie, Theologie und Aſtronomie zu
Bologna) im Almagestum novum 57 Argumente der Copernicaner
für ihr Syſtem auf, die er alle ſiegreich zu widerlegen ſich vermaß.
(Whewell=Littrow, Geſchichte der induktiven Wiſſenſchaften, Bd. 1,
S. 412.) Ja, ſogar der Nachfolger Schwenters, Profeſſor Treu
(1597—1669), verſucht noch in ſeinem 1657 gedruckten „Directorium
Mathematicum“, für ſeine Zuhörer beſtimmt, eine Polemik gegen
die Lehre von der Erdbewegung. (Günther in der Nürnberger
Feſtſchrift zur Naturforſcher=Verſammlung 1892, S. 24.)

Aus der 9. Aufgabe: Von den Planeten, werde hier berichtet:
Durch die Sterngläſer oder Sternrohr (Teleſcopia) welche der weit=
berühmte Johann Wieſel zu Augſpurg in groſſer Vollkommenheit
machet / finden ſich die Planeten in wunderlichen Geſtalten . . . .
Mars iſt dreyeckigt / einem hohen Berge oder Felſen nicht ungleich.
Mond iſt dem Anſehen nach eine kleine Welt / mit vilen Flüſſen
Bergen / und hellgläntzenden Stralen ſcheinend / auf der tunckeln
Seiten aber der Erden gleich. . . . Die ſo ſcheinbare Flecken in dem
Monde ſind bald näher beyſammen / bald weiter voneinander. Saturn
hat noch zween Ringe umb ſich. Wer ein Aug in dieſes Planeten
Mittelpunct hette / dem würden alle Sterne wie der Mond für=
kommen.

Die 10. Aufgabe beſchreibt Verſuche über die Brechung des
Lichts beim Übergange von Luft zu Waſſer; ſie iſt alſo eine

Wiederholung eines Abschnitts der 8. Aufgabe im 5. Teile. Die Ausstellungen auf Seite 327 gelten auch hier, nur wird laut Figur wenigstens diesmal nach dem Eintritt ins Wasser der Licht= strahl auf das Einfallslot zu gebrochen. Dagegen findet sich der Satz: Durch dieses Mittel kan man den punct der Abweichung weisen / wann auch kein Wasser in dem Gefäß. Vielleicht meint Harsdörfer irrigerweise, man könne so auch die Abweichung in der Luft selbst demonstrieren, da er am Schluffe die Tafeln von Tycho Brahe über die Verschiebung der Sternorte infolge jener Ablenkung erwähnt. Brahe starb aber schon 1601, Kepler veröffentlichte sein Annäherungsgesetz 1604, Snell fand den zutreffenden Satz um 1621, Descartes gab demselben 1637 in seiner Dioptrik die jetzt übliche Form, ohne Snell als seine Quelle zu nennen, 1651 erst erschienen Harsdörfers Erquickstunden.

Die Abneigung Harsdörfers gegen eine mathematische Auf= fassung von Naturerscheinungen zeigt sich auch in der 13. Aufgabe: Von dreyen Sonnen. Obwohl seine eigne Erörterung, welche in der Grundlage richtig, in der Ausführung jedoch ganz unzulänglich, ja verkehrt ist, auf „Durchstralung und Gegenstralung" in Wolken hinausläuft, also rein geometrische Natur aufweist, leitet er sie doch mit den Worten ein: Weil nun diese Erquickstunden nicht nur Mathematisch / sondern auch Philosophisch genennet werden / wollen wir solcher Sachen ursachen betrachten. Im Titel des 3. Teiles hat er denn auch das letztere Wort dem ersteren vorangestellt. — Diese Erscheinung spielte in der Astronomie unter dem Namen des römischen Phänomens lange Zeit eine Rolle. Scheiner (1573—1650) unterzog sie zum erstenmale als Astronom ein= gehender Beobachtung, Descartes (1596—1650) behandelte sie in seiner Dioptrik, aber erst Huygens (1629—1695) gelang eine befriedigende Erklärung (A. v. Braunmühl, Christoph Scheiner, 1891, S. 67 u. f.). Harsdörfers ungenügende Erörterung erscheint somit gerechtfertigt.

In der 15. Aufgabe werden die Meinungen über die Jahres= zeit der Erschaffung der Welt (Hierinnen sind die Gelehrten / wie fast in allen andern Sachen strittig), in der 16. die Untersuchungen über das Jahr der Geburt Christi, in der 17. jene über Monat und Tag derselben mitgeteilt. Er zeigt sich in letzterer auch sehr belesen hinsichtlich theologischer Schriften und schließt, nachdem er seine Zweifel an der Richtigkeit des Anfangs unserer Zeitrechnung niedergelegt, mit den Worten: Wie es aber vor Alters die Kirche verordnet / lassen wir es in dieser ungewißheit darbey / und geben durch ungegründte Neurungen keine nachtheilige Ergernuß. — Der 18. Aufgabe Thema ist: „Von dem alten und neuen Calender". Die Frage: „welcher Kalender der beste / der neue / oder der alte?" wird beantwortet: „Ausser zweiffel der neue". Im Hinblick darauf, daß die Verbesserung Gregors XIII. von 1582 erst 1700 von den evangelischen Ständen Deutschlands, 1752 von England, 1753 von Schweden angenommen wurde, ist die Vorurteilslosigkeit des Protestanten Harsdörfer bemerkenswert.

„Von den Cometen oder Schwantzsternen" spricht die 21. Aufgabe. Daß hier wunderliche Ansichten über das Wesen derselben und ihren Zusammenhang mit den Weltereignissen zu finden sind, bringt die Zeit mit sich; doch stößt man hie und da gerade in dieser Hinsicht auf rühmlich unbefangene Anschauungen Harsdörfers. Eine der auffällig wenigen Stellen in den drei Bänden Erquickstunden, in welchen des eben beendeten dreißigjährigen Krieges gedacht wird, lautet: massen der Comet / so 1618 erschinen sich auff 40 himlischer Stuffen / (deren jede 20 Teutsche Meile begreifft) erstrecket . . . . . . und was auf obgedachten 1618 erschienenen Cometen / für ein dreisigjähriger Jammerkrieg erfolget / ist leider Weltkündig. „Stuffen" ist Verdeutschung für Winkelgrad („gradus"). — Die sich sachlich anschließende 22. Aufgabe: „Was von der Gestirne Wirckung zu halten" beginnt mit dem Ausspruch: Hierinnen sind die Gelehrten nicht einer Meinung / und halten etliche zu wenig / etliche zu viel auf der Sterne gewalt über die Menschen. Hiemit ist die Einwirkung zugegeben. Weiterhin heißt es aber: Was soll der Stern deß Menschen freien Willen bezwingen können? Seine böse Neigung kommen von der bösen Natur / und nicht von den Sternen. Andrerseits wieder: Die Sterne ertheilen ihre Würckung dem Lufft / und derselbe den Menschen / welcher aber solcher

Neigungen / jedoch wol selten / widerstehen kan / wie ein Voll=
sauffer / der grossen Durst hat / und eine volle Flaschen unter den
Armen / sich schwerlich deß trinkens enthalten kan. Daß nun in
den Weissagungen der Sternseher viel Irrthumb begangen werden /
ist gewiß / aber nicht der Kunst / sondern den ungelehrten Künstlern
beyzumessen / die sie / wie die Zahnbrecher der Artzney Würdigkeit
nicht können vernachtheilen. (S. auch S. 381.)

Nachdem die 23. Aufgabe 2½ Seiten: „Von den Talismannen“
gehandelt, erklärt die 24. Aufgabe den Regenbogen noch nach
Aristoteles (384—322 v. Chr.) und nach Johann Fleischer
(1539—1593, Dr. theol., Pfarrer in „Preßlau“) de iridibus
Wittenberg 1571. Daß in Descartes' Meteorum, unter An=
wendung des Brechungsgesetzes eine (und zwar die heute noch
gültige) Ableitung der Gestalt und Lage des Haupt= und Neben=
regenbogens sich findet, erwähnt Harsdörfer nicht, obwohl er in
der 26. Aufgabe aus „des-Cartes in Meteoris“ 1637 und aus
„Mercurius Cosmopolita: Pentalogos Hag 1640“, welcher ihn
vermeinet zu wiederlegen, Betrachtungen über die Gestalt des
Schnees herausschreibt; allerdings geschieht letzteres in allgemeinsten
Ausdrücken, wie er auch nur verweist auf Keplerum de nive
sexangula 8 Francf. 1625. Man wird hieraus eben wieder
schließen müssen, daß Harsdörfer der Sinn für mathematische
Deduktionen abging. Mag er sich im Jenseits mit Goethe trösten,
welchen die mechanische Auffassung der Natur schier empörte;
es sei hier nur an die Stelle im Monologe Fausts vor dem
Vergiftungsversuche erinnert:

> Geheimnisvoll am lichten Tag
> Läßt sich Natur des Schleiers nicht berauben,
> Und was sie deinem Geist nicht offenbaren mag,
> Das zwingst du ihr nicht ab mit Hebeln und mit Schrauben.

Der 8. Teil mit 30 Aufgaben ist benannt: Von den Uhr=
wercken, auch: Von den Sonnenuhren. In der 4 Seiten
umfassenden Vorrede ist unter vielem anderen auch vernünftiger
Zeiteinteilung für den Menschen gedacht: Die Gesundheit soll den
7 stündigen Schlaf endigen / und mit aufgeschlossnen Augen Gott

inbrünstig angeruffen werden.   Das Morgengebet / Tischgebet / und Abendgebet sol 4 Stunden täglich zugewendet werden / und wird hierunter begrieffen die Lesung H. Schrift / 3 Stund kan man mässig Essen und Trincken / 2 Stund zulässiger Ergetzlichkeit / und 8 Stunde zu der Berufsarbeit anwenden: so wird man versichert / die Tage deß Lebens nicht zu lang / sondern viel zu kurtz finden. Fast hört sich das an, wie der gegenwärtige Ruf: 8 Stunden Ruhe, 8 Stunden Muße, 8 Stunden Arbeit.   Hat jedoch Harsdörfer hienach gelebt, dann ists noch viel unerklärlicher, wann er die Zeit fand, neben seiner Berufsarbeit seine ungewöhnlich vielen Bücher zu schreiben und die noch weit größere Zahl von Büchern zu lesen, von denen er in seinen Schriften berichtet, zudem er wie sein Lehrer Schwenter nur ein Alter von 51 Jahren erreichte.

Unter den Aufgaben 1 bis 15, in denen von verschiedentlich gearteten Uhren die Rede, so auch vom Pulsschlag, beschäftigen sich jedoch 11 und 12 mit dem Magnet und seinen Tugenden. Für diese fabelhaften Mitteilungen, wie überhaupt für die Schilderung von Wunderwerken, in denen der Magnet die Hauptrolle spielt, ist „der Weltberühmte Jesuit Athanasius Kircherus" seine Quelle.   Seiner unbedingten Hochachtung gibt Harsdörfer bei der häufigen Nennung Kirchers steten Ausdruck durch lobende Bei= wörter, meist des obigen, oder „der niemals genugsam belobte Jesuit Kircherus", S. 137; sogar die letzten Worte am wirklichen Schlusse des 3. Bandes der Erquickstunden lauten: Wie sich ein Lehrling seines Lehrmeisters nicht schämen soll / so tragen wir auch keine Scheu / diejenigen zu benamen / deren Behülffe wir uns auß andern Sprachen / den Teutschen zu gut / bedienet. Vnter solchen ist der vortrefflichste und ungleichlichste P. Athanasius Kircherus / auß welches berühmten offentlich in Druck gegebenen / und noch ungedruckten Schrifften / H. P. Caspar Schott, Magiam Naturalem zusammen getragen / und benebens dem dritten Theil Artis Magneticae, in wenig Monaten an das Liecht setzen wird / wie erstbesagte H. H. Patres von Rom auß Schrifftlich berichtet.

Man fühlt den Stolz Harsdörfers, daß er noch am Schlusse des Bandes als erster die große Neuigkeit vom Erscheinen eines

22

Kircherschen Werkes der Welt mitteilen darf. Im geraden Gegensatz
zu dieser Verehrung nennt Cantor Seite 626 des 2. Bandes
der Vorlesungen über Geschichte der Mathematik Kircher einen
„Vielschreiber von berüchtigter Unzuverlässigkeit“. Die Auszüge
aus Kircher, welche Harsdörfer mitteilt, geben Cantor Recht und
Ermann, welcher in der „allgemeinen deutschen Biographie“
von ihm urteilt: Er war ein fleißiger Arbeiter, aber ihm fehlte
Treue und Gründlichkeit. Um der Bewunderung größerer Kreise
willen erlaubte er sich selbst Fälschungen. Er prahlte in seinen
Werken mit Entdeckungen und Erfindungen, die er gemacht zu
haben behauptete und ebenso mit einer nicht vorhandenen Ver=
breitung seiner Bücher. Rosenberger im zweiten Teil seiner
Geschichte der Physik sagt von ihm: Er ist durchaus bewandert
in der Naturphilosophie der Alten und geht noch gern in ihren
Bahnen, wenigstens da, wo ihn die Beobachtung nicht gewaltsam
heraustreibt; die mathematische Ader dagegen scheint ihm ganz
zu fehlen, und das gibt seinen Schriften einen noch mehr
dilettantischen Anstrich als sie ohnedies haben würden. . . . . . doch
sind sie dafür auch weitschweifiger und langweiliger, wie sie noch
mehrfach in dieser Zeit vorkommen.

Ein Urteil Goethes über Kircher ist wohl als allgemein
wissenswert zu bezeichnen. Goethe beschäftigt sich in seiner
vielleicht noch nicht genügend gewürdigten Geschichte der Farben=
lehre fünf Seiten hindurch mit Kircher und zollt ihm hohe Aner=
kennung ob seiner Auffassung der Farbe, fühlt sich aber auch zu
folgenden Aussagen veranlaßt: Kircher hat bei dem Vielen, was
er unternommen und geliefert, in der Geschichte der Wissenschaften
doch einen sehr zweideutigen Ruf . . Wenn Kircher auch wenige
Probleme auflöst, so bringt er sie doch zur Sprache und betastet
sie auf seine Weise. Er hat eine leichte Fassungskraft, Bequemlich=
keit und Heiterkeit in der Mitteilung, und wenn er sich aus
gewissen technischen Späßen, Perspectiv= und Sonnenuhr=Zeichnungen
gar nicht loswinden kann, so steht die Bemerkung hier am Platze,
daß . . . . man nun (im Gegensatz zum höheren Streben im
vorangegangenen Jahrhundert) das Ende von Spielereien und

Künsteleien gar nicht finden kann; .... woburch zwar die Kenntniß verbreitet, die Ausübung erleichtert, Wissen und Thun aber zuletzt geistlos wird. — Kircher (1602—1680) stammte aus der Gegend von Fulda, war von 1630 bis 1633 Professor der Mathematik und Philosophie, der hebräischen und syrischen Sprache an der Universität Würzburg, lebte hierauf zu Avignon und Rom, allwo er wenigstens eine wertvolle Sammlung für das collegium romanum anlegte.

Die in Aufgabe 15 nach Kircher „de arte magnetica 4° Colon 1643" beschriebene, in Wasser schwebende (eigentlich zwischen Weingeist und Weinsteinöl schwimmende) Uhr mit dem eisernen, ebenso schwimmenden Fischlein als Zeiger, welcher von einem weit unter der Kugel mit jenen Flüssigkeiten befindlichen Magnet gleichmäßig um die Uhr herumgeführt wird, ist zwar nach Hars= dörfer „eine von den subtilsten Erfindungen, die jemals an das Liecht gesetzt worden", dürfte aber schwerlich das Licht dieser Welt wirklich erblickt haben. — Genau ebenso phantastisch ist übrigens des Jesuiten Leurechon Telegraph mittelst 2 Magnetnadeln gleichen Ganges zu Rom und Paris, dessen Schwenter in der 10. Aufgabe des 8. Teiles gedenkt. Trotzdem Karl Grün in seiner 1880 erschienenen Kulturgeschichte des 17. Jahrhunderts (Bd. 2, S. 377) meint: H. van Etten, capitaine d'une compagnie de cuirassiers pour Sa Majesté d'Espagne aux Pays-Bas, habe schon 1627 den elektrischen Telegraphen angedeutet und Daniel Schwenter sei in den Erquickstunden (1656) „der herrlichsten An= wendung der Physik gleichfalls auf sicherer Spur", liegt eben thatsächlich weiter nichts vor, als eines jener Phantasiegebilde, welche jene lediglich spekulierende Zeit zu Hunderten als wirklich vorhandene Apparate und durchgeführte Versuche beschrieb. Jener capitaine v. Etten ist Leurechon; statt 1656 (bei Schwenter) sollte 1636 stehen.

Solcher halb phantastischer, halb unmöglicher magnetischer Künste nach Kircher bringt Harsdörfer noch eine ganze Reihe. Da er unter den benützten Autoren auch William Gilbert (1540—1603) aufführt, wäre sehr zu wünschen gewesen, er hätte

in Sachen des Magnetismus sich diesen Schriftsteller näher an=
gesehen. In dem Werke Gilbert's (des Leibarztes der Königin
Elisabeth und des Königs Jakobs I.): „De magnete etc. London
1600" findet sich die Stelle: „Der Magnet und der Bernstein
wird von den Philosophen als Erläuterung oder Aufklärung zu
Hilfe gerufen, so oft unsere Sinne in der Dunkelheit abstruser
Vorstellungen herumirren und unser Verstand nicht mehr weiter
kann." Er tadelt seine Vorgänger, „die nur die Buchhändlerläden
gefüllt haben, indem einer den andern abschrieb und wunderliche
Geschichten von der Anziehung des Magnets und des Bernsteins
zu Markte brachten, ohne irgend einen Grund oder einen
von ihnen gemachten Versuch anzugeben." (Whewell = Littrow,
III. Bd. S. 7.)

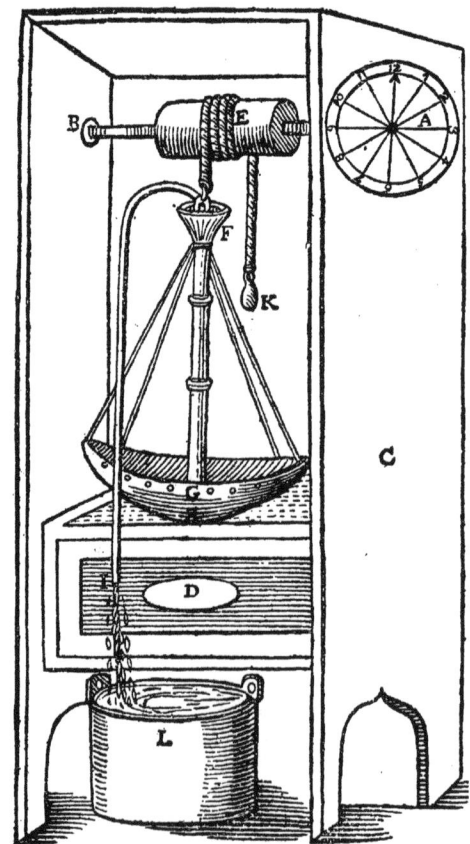

Die 3. der ersten 15
Aufgaben sei hier samt
Figur als Probe wieder=
gegeben: Eine künstliche
Wasseruhr zu machen.
Man schaffet einen Kasten /
ungefehr 3 Elln hoch /
darein setzet man ein Ge=
schirr von Metall / wie
hier D ist / voll Wasser /
und dieser rühret zu allen
seiten die Bretter an.
Oben gehet dardurch eine
Stangen A B, die sich umb=
drehen kan / und in der
mitten eine Rollen E hat /
zu ende aber den Zeiger A.
an dessen umbkreiß die
zwölff Stunden bemercket /
gleich weit von einander
gesetzet. Nachmals muß
ein Schifflein F G gesetzet

werden auf das Waſſergefäß D, und durch den Maſt deß Schiffes eine Röhren / welche von dem Grund H gehet biß in F, und von dar abhangt in I unter dem Grund H. Wann nun die Röhren mit Waſſer angefüllet bey I zu lauffen beginnet / ſo ſencket ſich dz Schifflein nach und nach und ziehet alſo die Wellen E ſampt dem Strick unter ſich / dz ſich der Zeiger in gleichem Gang herumb drehet / der verſtändig Leſer wird ſich in der Abriß leichtlich richten können.

Dieſe Erfindung Orontii Finei bedunckct mich ſchwer in das Werck zu ſtellen / wegen deß Syphi darvon in dem erſten theil am 499 Blat meldung geſchehen / und ſolte dieſe Uhr leichter zu wercke zu richten ſeyn / wann in dem Gefäſſe D. ein Hänlein gemachet würde / wie in einem Gießfaß / daß man nur tropffen oder gar klein lauffen lieſſe / alſo den umblauf *A* nach beſchaffenheit der Sachen zu mäſſigen.

Dieſem nach köndte das Sail E, herab gehen / biß in H und hätte man der Röhren I nicht von nöten / Sondern es würde das Schifflein einen / als den andern Weg mit abnehmenden Waſſer ſincken / und die Wellen E ſich herumb drehen. Doch iſt hie zu beobachten / dz das Gefäß D ſo groß / daß nicht alles Waſſer genau auslauffen muß; weil ſonſten die Stunden ungleich / und die letzten viel kürtzer werden würden / als die erſten / maſſen einvolles Weinfaß vil ſtärcker lauffen wird / als ein halb / oder faſt gar leeres. Der verſtändige Leſer wird ihm dieſe Erfindung / ſonders zweifel gefallen laſſen / und kan es auf einen oder andern Wege nach belieben probieren. Nach der erſten Art werden alle Stunden gleich kommen: nach der andern ungleich / deßwegen man die Aufgabe alſo ſtellen könte: Einer Waſſeruhre Stunden in ungleichen ſpatiis verzeichnen / die doch recht und andern gleich gehen oder weiſen ſoll.

Orontius Finäus (1494—1555) oder Oronce Fine hatte als Profeſſor der Mathematik am Collège royal beiſpielloſen Zulauf; der König Franz I., welcher 1532 für ihn einen Lehrſtuhl am Collegio errichten ließ, Prinzen, Geſandte, Beamte und Höf= linge, Gelehrte und Künſtler waren ſeine Zuhörer. Aber trotz der 31 Werke, die er ſchrieb, trotz der einſtimmigen Anerkennung ſeiner

Zeitgenossen, trotz seiner ausgezeichneten Lehrgabe verfiel er nach seinem Tode rasch der Vergessenheit. In seinen Büchern hatte er sich immer und immer nur wiederholt. (Cantor, II. Bd. S. 345 u. f.)

Die Wirkung des Hebers in obiger Uhr scheint Harsdörfer nicht ganz verstanden zu haben, weil er ihn, als schwierig herzustellen, beseitigt und durch einen Hahn ersetzen will. Gerade der Heber bewirkt, daß die Druckhöhe des Wassers immer dieselbe bleibt und damit auch der Ausfluß des Wassers gleichmäßig, ebenso das Sinken des Schiffchens und der Gang der Uhr. Als Praktiker erweist sich Harsdörfer, wenn er schließlich seine Änderung durch ein entsprechend geteiltes Zifferblatt brauchbar zu machen sucht.

In der 4. Aufgabe: „Eine Sonnenuhr unter ein Dach zu richten", teilt Harsdörfer eine von ihm gemachte Beobachtung mit, welche er in dem 1652 (also ein Jahr nach diesem 2. Bande der Erquickstunden) erschienenen 3. Teile von Ritters: Speculum solis wiederholt.

Ich erinnere mich daß ich vor 26 Jahren zu Ingolstadt eine Sonnenuhr unter einem Dache gesehen / welche meines behalts also gemachet gewesen. Die Zahlen waren nach ihrer Kunstrichtigkeit / verzeichnet / an statt aber deß Zeigereisens / dessen schatten die Stunden weiset / war das Dach nach Erhöhung deß Leitsterns (secundum elevationem poli) gerichtet / und in demselben soviel Löcher als Stunden / dardurch die Sonne mit ihren Stralen die Stunden bemerckte. Das Brett war etwas dick / und die Löcher unten weiter / als oben. Dieses kan mit fug eine rechte Sonnenuhr / die gemeinen aber Schattenuhren heissen / weil hier die Sonne / dorten aber Schatten weiset. Sapienti sat.

Die Besichtigung dieser Sonnenuhr dürfte während Harsdörfers Reise zur Straßburger Universität stattgefunden haben; seine Erinnerung hat ihn aber wohl getäuscht, an ihre Stelle wird seine Phantasie getreten sein. Das Dach bedurfte weder der Lage des Zeigereisens einer „Schattenuhr", da für das Loch die Art und Lage seiner Umhüllung ganz gleichgültig ist, noch waren 12 Löcher im Dache nötig, da eines völlig ausreichte und vielmehr die zu den 12 Löchern gehörigen 12 Stundenkreise auf dem Dachboden einen argen Wirrwarr dargestellt hätten; dagegen waren jedenfalls statt einfacher Zahlen an kurzen Strichen zu den Stundenangaben längere, eigens konstruierte Linien auf dem Dachboden vorhanden für die richtige Ablesung bei verschiedenen Sonnenhöhen während der verschiedenen Jahreszeiten.

Die 16. Aufgabe beschäftigt sich mit dem Gewinn oder Verlust eines Tages bei einer Reise um die Erde. Als Ursache wird kurz und richtig angegeben, daß bei Reisen gegen Osten die Tage länger, gegen Westen kürzer als 24 Stunden bei gleichbleibender Gesamtzeit werden. Dies wird an einer Figur erklärt und zum Schluß ein Vers beigegeben:

Der gegen Morgenland muß auf der Reise schweben /
bringt zwar mehr Wegs zu ruck / hat doch kein längres Leben.

„Von der Waagkunst" ist in den 30 Aufgaben des 9. Teiles die Rede. Die drei Seiten der Vorrede schließen: Weil nun solche Waagkunst eine von den allgewissen / und keinem Zweiffelursachen unterworffen / sollen wir so vielmehr lust darzu haben / und mit grossem Fleiß erlernen. Biß anhero hat sie als überflüssig unter der Banck verligen müssen / und haben auch ihrer gar wenig darvon geschrieben.

Der zweite Lehrsatz, „zu der Waagkunst gehörig", in der 2. Aufgabe lautet: Das Gewicht hange hoch oder nider / so behält es einerlei Schwerung. Im 1. Band der Erquickstunden, 9. Teil, 13. Aufgabe beschäftigt sich Schwenter mit dieser Frage und ist zunächst gegenteiliger Meinung. Er sieht, daß Draht vom Verkäufer an einen Haken des Wagbalkens gehängt wird, und hält dafür, daß er nun näher beim Drehpunkt sei als das Gewicht und um deswillen schwerer als dieses. „Allein auff fleissiges nachdencken / habe ich befunden / daß durch solch auffhängen doch eine gleichheit getroffen worden"; seine Gründe entwickelt er dann. Bezeichnend ist eben, daß nicht der Versuch, sondern der Verstand, nicht die Erfahrung, sondern die Spekulation entscheidet.

In der 4. Aufgabe will Harsdörfer offenbar das Verhältnis von Kraft zu Last gemäß der Betrachtung von Simon Stevin (1548—1620) darthun. Er führt zwar hier Stevin nicht an, aber in seinem Autorenverzeichnis die drei maßgebenden Werke von ihm auf und nennt ihn Seite 235: „Der berühmte Niderländer Simon Stevin". Diesmal trifft Harsdörfers Bezeichnung auch heute noch zu; Stevin begründete in jenen Werken „Beghinselen der Weegkonst, des Waterwichts" von 1586 in geistvoller, origineller Weise die heutige Mechanik der festen und flüssigen Körper (Ernst Mach: Die Mechanik in ihrer Entwicklung, 1883, S. 22 u. f., 82 u. f.). Harsdörfer legt der schiefen Ebene das Verhältnis 3 : 4 : 5 zu Grunde, gibt aber statt des hieraus sich ergebenden Verhält=nisses von Kraft zu Last, wie es Stevin gesetzmäßig geformt, nur allgemein gehaltene Redensarten. Schon die Überschrift zeigt den Mangel an tieferem Verständnis: „Daß ein Gewicht an einem Orte schwerer zu ziehen, als an dem andern." Am Schlusse meint er gar, daß ein über eine feste Rolle laufendes, einerseits vertikal, andrerseits schräg abwärts gerichtetes Seil hieher einschlägig sei, indem letzteres das Ziehen der Last an ersterem erleichtere. Dieses wissen wol die Wasserpfälstoffer / von welchen zu sehen ist das Kupffertitul / in unserm Specimine Philologiae Germanicae.

Höchst verwundertes Kopfschütteln erregt die 12. Aufgabe: „Daß das schwere ob dem leichten schweben und schwimmen könne", in welcher gesagt wird: Es ist aber gewiß, daß das Öl viel schwerer ist / als das Wasser / und solches schwimmet doch auf dem Wasser. Warumb? Das Öl und der Hönig hat eine dichte und satte feurige Eigenschafft / und eine Fettigkeit / die dem feuchten Wasser samtdringlich widerstrebet / und sich nicht will zertheilen und über-schwemmen lassen. Seine Behauptung, gewiß sei Öl schwerer als Wasser, ist um so verwunderlicher, als er fünf Aufgaben später, in 19, eine Tabelle bringt, laut welcher Wasser $1\frac{1}{11}$ mal so schwer als Öl, Honig $1\frac{9}{20}$ mal so schwer als Wasser ist. Ebenso wird im 3. Band, 6. Teil, 4. Aufg. in einer Tabelle das Gewichts=verhältnis des Wassers zum Öl als 100 : $91\frac{2}{3}$ angegeben.

Auch bei Schwenter im 1. Bande der Erquickstunden finden sich genug Wunderlichkeiten vor. Zum Belege diene „die 23. Auffgab des andern Theils": Eine Schrauben Lini außerhalb einer Schrauben zu repräsentirn.

Nimb eine hültzerne Schrauben so lang vnd dick du wilt / vnd nach dem Schraubenzug / winde fein geheb einen eisern / messen / oder küpffern Drot / heffte ihn oben vnd vnten starck an / daß er an allen Orten fein geheb aufflige. Lege die Schrauben mit sampt dem Drot in ein Fewer / laß das Holtz wegbrennen / so bleibt der Drot wie er ist gewunden worden / vnd representirt eine Schrauben Lini. Eben auff diese weiß machet man deß Cardani Ring / derer drey / vier oder mehr in einander / vnd keiner den andern anrühret: Sapienti sat dictum.

Für den Mathematiker Schwenter muß diese Art der Herstellung des Modells einer Schraubenlinie schon um deswillen wunderlich genannt werden, weil er ja den in die Gänge der Holzschraube gewundenen Draht gerade dem Wesen der Linie gemäß ohne jede Verbiegung herausschrauben kann. Die Ringverkettung auf diesem Wege ist ein Phantasiegebilde Schwenters.

In der 16. Aufgabe wird gelehrt: „Den Lufft abzuwägen." Eine mit Luft gefüllte und zugebundene Schweinsblase wird beschwert, bis sie unter Wasser taucht. Damit wisse man, „wie leicht der Lufft". Den Auftrieb, das Gewicht des von der Blase verdrängten Wassers, von Stevin längst aufgeklärt, hält Harsdörfer für die „Leichte des Lufft". Er spricht ferner davon, daß man erst die leere Blase und dann die mit Luft gefüllte Blase wiegen solle, durch den Unterschied dieser Gewichte finde sich „leichtlich, daß ein pfund oder ein halb pfunds Luffts" in der Blase, ein Zeichen, daß dieser Versuch so wenig, wie die meisten der in jener Zeit beschriebenen Versuche, wirklich ausgeführt wurde. Die Blase müßte jener Angabe nach ja 1½, beziehungsweise ¾ Hektoliter

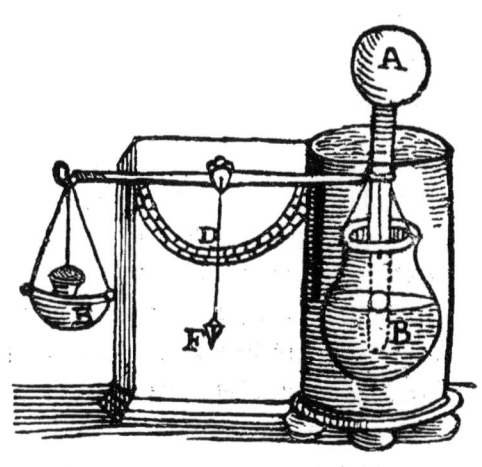

Inhalt gehabt haben, das Schwein also etwa 5 Meter Länge; auch
hätte Harsdörfer sich baß verwundern müssen, daß beidemale die
Blase, voll wie leer, gleich schwer gewesen wäre. Die Beschreibung,
wie dieselbe Aufgabe „auf eine andere weise" gelöst wird, ist samt
der hier treu nachgebildeten Figur völlig unverständlich; es
scheint die Vorrichtung auf eine Art Luftthermometer hinaus zu
laufen, wie sie im 3. Band der Erquickstunden, 4. Teil, 33. Aufgabe noch besprochen werden. Ähnlich ist wenigstens die zur
Registrierung des Luftdrucks erdachte Verbindung des Barometers
mit der Wage eingerichtet, eine Erfindung dieses Jahrhunderts.
Daß damals schon physikalische Instrumente zu Spielzeugen um-
geformt wurden, beweist der Schluß: Es kan auch ein Bild auf
das Gehäuß gerichtet werden / welches aus einem Berge heraus
gehet / wann warmes Wetter einfället / und hinein gehet / wann
es kalt wird.

Das Gewicht der Erde zu finden, will die 25. Aufgabe lehren
mit den Worten: Man multipliciret / oder vervielfältiget den
Durchschnidt / oder die Mittellinie einer Kugel mit dem umbkreiß /
so findet sich derselben Gewicht. Ein doppelter Irrtum! Einmal ist
die Regel für die Oberfläche statt für den Inhalt der Kugel
benützt (in der 26. Aufgabe des 3. Teiles lautet letztere richtig:
Cubus des Diameter mit 11 multipliciret und durch 21 getheilet)
und dann wird Körperinhalt mit Gewicht verwechselt.

Im 10. Teile, von den gewaltsamen oder künstlichen Bewegungen, 40 Aufgaben enthaltend, beginnt die
Vorrede von 4 Seiten mit den Worten: Alle Wirckungen / welche
sich begeben können / sind entweder übernatürlich / natürlich oder
künstlich. Wann wir die Ursachen eines Dinges nicht wissen / oder
erforschen mögen / so schreiben wir es vielmals GOtt oder dem
Teuffel zu . . . . . . Dieser Höllen Mohr würcket / als ein Tausendkünstler / viel natürlicher weise / das wir für übernatürlich aus-
schreyen / und ist kein Schluß zu machen von unserer Unwissenheit /
auf die übernatürlichen ursachen / dann viel Würckungen uns
unbekannt / und doch natürlich sind. Herzerfreuend ist sowohl der

Humor, wie die Unbefangenheit Harsdörfers, die er gegenüber den Anschauungen eines großen Teiles seiner Zeitgenossen mit diesen Worten an den Tag legt. Im ferneren Verlaufe der Vorrede zeigt sich eine weitsichtige Auffassung der Mechanik. Die künstlichen Bewegungen sind ein Antheil Artis Mechanicae / welche man zu Teutsch Erfindkunst nennen müste / und bestehet eigentlich in Erfindung der Gerüste / vorgegebene Bewegung gewaltsam zuwegen zu bringen. Letzteres ist eine gute deutsche Umschreibung des Wortes Maschine. Diese Erfindkunst kommet den Wercken der Göttlichen Allmacht am nähsten / und bestehet eigentlich / in zusammensetzung der natürlichen und künstlichen Würckungen / von diesen gründlichen Beweiß / von jenen den Stoff nehmend / dem menschlichen Geschlechte so nutzlich als nohtwendig / daß keiner weß Stands er auch seyn mag / solcher entrathen kan.

Die vier ersten Aufgaben handeln vom Hebel, die letzte schließt: Wer dieses nicht verstehet / kan in den Mechanicis nicht fortkommen. Nach einer Schwerpunktsaufgabe (5) kommen Flaschenzüge (6) und Haspel (7), Keil (8) und Schraube (9, 10), zuletzt auch die Schraube ohne Ende samt Rad zur Besprechung, aber stets nur in der Auffassung als Hebel. Stevins Aufklärungen über die Verhältnisse der genannten einfachen Maschinen mit Hilfe des Gesetzes der schiefen Ebene oder des von ihm gefundenen Satzes über den Gleichgewichtszustand dreier Kräfte wird nicht gedacht. Vielleicht zählte Harsdörfer dieselben als schwierig zu den „Arbeitsstunden". (Siehe jedoch S. 386.) Diesmal rechnet er wenigstens Verhältnisse von Kraft zu Last aus; erstere nennt er stets „Gewalt" oder „Lasthebende Gewalt". Einmal bemerkt er: Hierüber kan man viel philosophiren / und kommet dem Mathematico fast nichts zu Gesicht / daß nicht eine sondere Betrachtung aus seiner Kunst vorstellen solte: doch muß man sich bey unverständigen Gesellschafften darmit nicht herauslassen / wie einem gelehrten Studenten geschehen / der eben aus jetzt erzehlten Grund die Butscher / (die jetzt kaum mehr gebrauchte „Lichtputzscheere") als einen doppelten Hebel betrachtet / von den andern aber verlachet / und hernach der Monsieur Butscher genennet worden.

Die nun folgende 11. Aufgabe lautet: Einen Wagen ohne Pferde fortzuführen. Es hat allhier ein Circkelschmied / Namens Hanns Hautsch / einen Wagen mit 4 Rädern gemachet / der ohne Pferde hindersich und fürsich gehen können. Viel haben es für ein grosses Kunstwerck sehr verwundert: so bald ich aber solchen gesehen / habe ich dem Meister gesaget / wie es mit zweyen inwendigen Rädlein gemachet / in welche die zwey hindern Räder eingezähnet / wann nun selbe von dem darinn verborgenen sitzenden Knaben herumb gedrehet werden / greifft das Getrieb in einander / und müssen die hindern Räder die vordern treiben. Dieses ist auch der Grund / daß man ohne Pferde pflügen kan. Wie H. Quarciolli zu Siena dergleichen Pflug gemachet. Letzteren nennt er in der zweitfolgenden (13.) Aufgabe: „mein Lehrmeister zu Siena Hieronym. Guarciolli".

Die 12. Aufgabe beschäftigt sich gleich der 10. Aufgabe im 10. Teile des 1. Bandes mit der Möglichkeit einer „immerwärenden Bewegung" oder nach Schwenters Ausdruck: „Den motum perpetuum zu simuliren." Nachdem Harsdörfer seiner Gewohnheit gemäß Gründe und Erfahrungen dafür und dagegen beigebracht, fährt er fort:

Von der Kunst allein kan vielleicht einer solchen Bewegung fortsetzung erwiesen werden. Man nimmet ein gleichrundes / und gleichschweres Gefäß / wie ein Schachteldeckel ist / setzet es auf eine Spitze mit dem Mittelpunct / daß es Wassergleich oder Waagrecht (welches Wort gewöhnlich übrigens im Sinne der Vertikalen, meist durch den Beisatz perpendicular erläutert, gebraucht wird) stehet / lässet darein einen tropfen Quecksilber fallen / daß er das Gefäß ein wenig neiget / und weil keine ursache ist / warumb er / wegen seiner flüchtigen Eigenschafft still stehen solte / so bewegt er sich von einem Punct zu dem andern / und neiget also den Schachteldeckel herumb.

Dieses alles aber dienet zu einer Kunstsinnigen Betrachtung / und hat keinen Nutzen zu dem menschlichen Leben: Solte man aber diese Bewegung vorbeschriebener massen finden können / ist nicht zu

zweiffeln / es würde solche Erfindung alle Mühe und Arbeit vielfältig erleichtern.

Die Erfindung des Künstlers soll vorgemeldter maſſen von der
unvollkommenheit natürlicher Sachen nicht vernachtheilet werden.

Harsdörfer sagt nunmehr selbst, was allenthalben schon zu
erkennen war, daß es sich für ihn nicht sowohl um wirkliche Versuche, als vielmehr um Stoff zu Denkübungen handelt; erachtet er
ja sogar eine Erfindung als vollendet im Sinne einer Verstandes-
thätigkeit, wenn sie auch praktisch wegen Unzulänglichkeit der Hilfsmittel oder selbst wegen „Unvollkommenheit der Natur" nicht aus-
führbar ist. Er steckt demnach trotz zeitweiliger Einwände im
Sinne der neueren Anschauungen eines Galilei noch tief in der
Naturphilosophie des Aristoteles.

Zum Schluſſe der Aufgabe druckt Harsdörfer einen 2 Seiten
umfaſſenden Brief von Cornelius Drebbel ab. Dieser
Holländer (1572—1634), eines Bauern Sohn, schrieb nach Harsdörfers Angabe neben der Schrift „von der Natur der Elementen,
Leyden 1608" ein „Buch von der ewigen Bewegung", gedruckt
zu Alcmar (seinem Geburtsorte) 1607. Jener Brief ist „an
Kaiser Rudolphen den I dieses Namens" (wohl ein Druckfehler
statt II) „zu Prage geschrieben", aus welchem hervorgeht, daß
Drebbel auf Anordnung des Kaisers „in verhafft gezogen" und ihm
befohlen worden, „ein Verzeichnuß seiner inventionen" einzureichen.
Der Pechvogel ward als Erzieher der Söhne Ferdinands II. 1620
in Böhmen zum zweitenmale von den Truppen Friedrichs V.
gefangen; auf Fürbitte des Schwiegervaters des letzteren, König
Jakobs I., freigelaſſen, begab er sich an deſſen Hof, wo er
zu hohem Ansehen gelangte. (Poggendorff, Bd. 1, S. 602.)
— In jenem Briefe schildert nun Drebbel eine verwickelte Vorrichtung als Nachtrag zu dem „geſtriges Tags" eingereichten
Verzeichnis, welche „die Prob bey Kön. Majeſtät in Engeland
gemacht". Sobald und solange die Sonne scheint, ertönt liebliche
Muſik, springen 100 und mehr Waſſer, Neptun und Phöbus
erscheinen, letzterer samt Wagen und 4 Pferden, „durch die
Bewegung ihrer Flügel in der Lufft" schwebend, eine immer-

gehende Wasseruhr zeigt „die Stunden und Viertel deß Tages
perfect" an. „Alle diese Bewegungen sollen sich von sich selbst
bewegen durch einen ewigen Motum, darzu man niemals etwas
bedarff zu helffen." Diesen ewigen Motum können wir auch noch
heutigen Tags durch die Wärme der Sonnenbestrahlung erzeugen.
Zudem spricht Drebbel weiterhin davon, daß die Wärme der Hand
genüge, um jene Bewegungen zu zeigen, von welchen außer dem
„König in Engeland" „noch viel 1000 Menschen die Prob gesehen".
Das Datum des Briefes ist nicht angegeben; im Jahre 1603 hat
er eine ähnliche Erfindung wie die obige ausgeführt.

In der 13. Aufgabe schildert Harsdörfer eine größere Maschine
zur Hervorbringung „immerwärender Bewegung". Ein Wasser=
rad treibt eine archimedische Schnecke, diese hebt Wasser, welches
wieder das Rad bewegt. Das Bild am Beginne dieses Abschnittes VI,
den Gesprächspielen entnommen, mag im allgemeinen zeigen, wie
sich Harsdörfer die Anordnung dachte. Die Einwände, welche er
macht, wie deren Widerlegungen sind gleichmäßig seicht; er
entscheidet sich aber dahin, daß die Sache gehe. Dann erzählt er
ganz naiv: Zu Florentz sol diese künstliche Bewegung in einem
Modell werckständig gemachet worden seyn / wie mich mein Lehrmeister
zu Siena Hieronym. Guarciolli berichtet; Als es aber der Ertzhertzog
in einen Weyer (damit das Wasser nicht abnehme) wollen richten
lassen / hat es solche Würckung nicht leisten wollen.

Daß der Versuch dagegen entschieden, beeinträchtigt die Beweis=
kraft seiner Scheingründe nicht. Er phantasiert weiter über den
für ihn geheimnisvollen Vorgang in der Wasserschnecke, wünscht
eine solche von Glas, um zusehen zu können, wie das Wasser
hinaufgelangt, meint, das Gewicht desselben werde fallend „gleich=
sam unempfindlicher Weise erhöhet" und behauptet zum Schlusse,
daß „nach dem Verhältnis des Pythagorischen Driangel 3 : 4 : 5" die
Erhöhung der Achse geschehen muß, wenn die Schnecke wirken soll.

Durch die Anfangsworte der 22. Aufgabe gibt Harsdörfer
seiner steten Hochachtung vor der Mathematik folgenden Ausdruck:
Der Mathematicus oder Weiskünstler weiset allezeit mehr / als
andere zu sehen pflegen / und stellet Baldus unter andern auch diese

Frage: Warumb die vierfüſſigen Thiere in dem gehen die Füſſe allezeit geſchrenckt oder überzwergs aufheben? Bernadinns Baldus
oder Balbi (1553—1617) aus Urbino, welcher hier genannt
wird, ſtarb als Abt von Guaſtalla. Sein 1582 geſchriebenes
Erſtlingswerk: „In mechanica Aristotelis problemata exercitationes, Moguntiae 1621“ wird von Schwenter und Harsdörfer
fleißig ausgeſchrieben. Nebenbei bemerkt, iſt er einer der vielen
unter Namensnennung benützten Schriftſteller, welche in dem
umfangreichen Autorenverzeichnis des 3. Bandes fehlen. Betreffs
obiger Frage wird an der Hand einer Figur gezeigt, daß bei
jenem Gange der Schwerpunkt immer unterſtützt bleibt. Vom
Paßgang des Kamels, dem ſpaniſchen Tritt des Pferdes ſcheint
Balbi und Harsdörfer nichts bekannt geweſen zu ſein.

Die Pendelbewegung wird in der 29. Aufgabe beſprochen.
Johannes Baptista Balianus von dem vornehmen Geſchlechte zu
Genua bürtig / hat in ſeinem Buch de motu gravium solidorum
viel feine Aufgaben / welche theils zu dieſem zehenden Theile können
gezogen werden. Auch dieſer Schriftſteller findet ſich im Autoren=
regiſter nicht. Obiges Werk (vollſtändigen Titels fluidorum et
solidorum) erſchien 1646 zu Genua als Streitſchrift gegen die
Anſchauungen Galileis. Ein Ausfluß dieſer Quelle iſt, daß
bei Harsdörfer ſich von letzteren nichts vorfindet; ſtatt der Ent=
deckungen Galileis über die Art der Bewegung bringt er lediglich
den ganz allgemein gehaltenen Satz: Die Länge der Schnur oder deß
Fadens machet einen unterſchied an der Schnelligkeit / aber nicht an
der vielheit der Bewegung. Es wird hier auf die 19. Aufgabe des
8. Teils verwieſen, welche von der Herſtellung einer von Hund
oder Gans getriebenen Uhr handelt. Am Schluſſe iſt dort geraten,
man kan auch einen Schwängel nehmen / .... $3^1/_2$ Schuh lang /
ſo wird es 60 Schläge in $^1/_4$ Stunden / und 1800 in einer Stunde
thun. Dies wäre jedenfalls unſer Sekundenpendel mit 994 Milli=
meter Länge. Jene Zahlen ſtammen offenbar von wirklich
angeſtellten Verſuchen her, die Schläge ſind nach unſerer Auf=
faſſung Doppelſchläge, und 60 oder $^1/_4$ iſt ein grobes Schreib=
verſehen. Übrigens hat ſchon Galilei das Pendel, mit deſſen

Studium er in den Jahren 1583 bis 1602 seine bahnbrechenden Arbeiten eröffnete, den Ärzten zum Gebrauch am Krankenbette mit Erfolg empfohlen. Harsdörfer schließt die Aufgabe mit den Worten: Wie dieses zu den Schlägen der Pulsadern und Bewegungen deß Hertzens diene / hat sehr subtil erwiesen Marcus Marci in Sphygmica, einem guten / und fast unbekanntem Buche.

Marcus Marci de Kronland (1595—1667) war vierzig Jahre Professor für Medizin an der Universität in Prag, seit 1658 Leibarzt Ferdinands III. Obiges Urteil Harsdörfers wird erweitert und begründet durch Mach in der schon angeführten Mechanik S. 283 u. f.: „Marcus Marci war ein merkwürdiger Mann. Er hat für seine Zeit sehr anerkennenswerthe Vorstellungen über die Zusammensetzung der Bewegungen und ‚Impulse‘. Er findet den Galileischen Kreissehnensatz (in der Lehre vom Fall), einige Sätze über Pendelbewegung, kennt die Centrifugalkraft u. s. w. . . . Nehmen wir hinzu, daß Marci auch der Newton'schen Entdeckung der Zusammensetzung des Lichtes sehr nahe war, so erkennen wir in ihm einen Mann von bedeutenden Anlagen. Seine Schriften sind ein würdiges und noch wenig beachtetes Object für Geschichts= forscher auf dem Gebiete der Physik. Trug Galilei auch als der klarste und der kräftigste Geist die Palme davon, so sehen wir doch aus derartigen Schriften, daß er mit seinem Denken und seiner Denkweise durchaus nicht so isolirt dastand, als man oft zu glauben geneigt ist." Prantl in der „allgemeinen deutschen Biographie" rühmt von ihm, daß er den Aristoteles bekämpfte, und findet in seinen Schriften eine wunderbare Mischung von Naturforschung und Aberglauben. Auch das berühmte Tangenten= problem, welches später zur Differentialrechnung führte, habe er bearbeitet und sei dabei zur Längen= und Flächenbestimmung von Kurven gelangt. Harsdörfer benützt ihn des öftern, sein Autoren= Register enthält: Marcus Marci, opusc. varia 4° Pragae 1648.

Die 31. Aufgabe spricht von den Maschinenwellen als „von dem Grunde vieler künstlicher Bewegungen". Am Schlusse ist erwähnt, daß mittelst einer solchen auch eine Dreschmaschine durch einen berühmten Künstler hergestellt wurde. — In der 35. Aufgabe

wird ein Förderwerk für Erdmaſſen beſchrieben, wie es „der Kunſt=
ſinnige Baumeiſter Adam Wybe von Harlem zu Danzig" 1640
benützte, um einen Berg abzutragen und daraus eine Baſtei her=
zuſtellen. Abgebildet iſt die Einrichtung auf S. 426 Bd. 3 als
ganz moderne Seilbahn mit angehängten Körben, angetrieben von
Pferden mittelſt Göpel und Seiltrommeln. In der Vorrede zum
10. Teil iſt ſie gemeint, wenn geſagt wird, man könne auch ohne
Glauben Berge verſetzen.

Der 11. Teil behandelt in 40 Aufgaben die „Feurkunſt".
Aus der Vorrede von 3½ Seiten ſtammt: Das Feur iſt nun
leichter und trockner Natur: Leicht / weil es überſich ſteiget / wie
alles was ſchwer iſt, unterſich ſincket / und daher entſtehet die Frage:
Wo der Mittelpunct ſeiner leichtung ſeye? Wie der Mittelpunct
der Schwerheit in dem Mittelpunct der Erden iſt / ſo ſcheinet / daß
ſolcher ſey in der Sonnen / maſſen auch viel der Meinung / daß
kein andres Elementariſches Feuer ſey ..... Andre wollen / daß
der Mittelpunct der Erden / auch die Behaltnuß deß Elementariſchen
Feuers ſeye / .... daher ſehe man / daß die Erde und das Waſſer
von unten auf zu leinen / und ſich zu erweichen pflege .... und
wird in Mercure Francois geleſen / daß zu Paris 1627 einer (es
ſoll der gelehrte Gaffarel, welcher les curioſitez inoüyes, Paris 1620,
geſchrieben hat) geweſen ſeyn / deß Landes verwieſen worden / daß
er offentlich verfochten / das Feuer ſeye kein Element.

In den Aufgaben 2, 4, 5, 10 werden Beſtandteile und Her=
ſtellung des Schießpulvers, in 6 jene der ledernen Kanonen er=
örtert. Aufgabe 12 lehret „das allerbrennenſte Feuer machen",
welches „Kunſtfeuer Stein und Eiſen verbrennet, auch ſchwerlich
zu leſchen iſt, ein einiger Funcken dieſes hölliſchen Feuer kan den
Menſchen umb das Leben bringen". — Aufgabe 16: Das Feur
unterſich flammend machen. Halt Petrolium unter ein Liecht / ſo
wird die Flamme wider ihre Natur herabſteigen und es anzünden ....
Hieraus machet man faſt unausleſchliche Lampen.

Unter dem Titel der 20. Aufgabe: „Die Wärme von dem
Rauch zu ſondern" iſt aus „Frantz Kößlers Holzſparkunſt" die
Einrichtung von Öſen beſchrieben, damit 2 oder 3 Zimmer über

23

einander erwärmt werden können, auch ist ein „dergleichen Ofen
auf dem Rahthaus zu Augspurg zu sehen" abgebildet. — Aus
„Chriſtof Führer von Haimendorffs Raißbuch" wird in Aufgabe
22 mitgeteilt, daß zu Kairo in einem Ofen durch die Wärme ver=
weſenden Miſts „4000 Hünlein auf einmal ausgebrütet" werden. —
Über den Bologneſer Leuchtſtein handelt die 33. Aufgabe dieſes,
wie früher die 21. des 6. Teils. Der Stein beſtehet in Gips /
Schwefel / Salpeter / Spießglas / Operment. (S. S. 330.) — Auf=
gabe 34 beſchäftigt ſich mit der Frage: Warumb das Feuer das
Metall erweiche / und die Eyer erhärte. Alles Metall beſtehet aus
einer erkalten Feuchtigkeit / welche deß Feuers trocknen Wärme
entgegengeſetzet / von demſelben überwunden / und in den erſten
flieſſenden Anfang gewandelt und aufgeſchloſſen wird. Das Ey aber
hat keine ſolche kalte wäſſerigte Feuchtigkeit / ſondern eine Hitze /
welche von dem Feuer vermehrt und ausgetrocknet wird. Verkehrter
kann man, lediglich einem Gedankengang zu lieb, natürliche Ver=
hältniſſe nicht wohl darſtellen, noch ihnen größere Gewalt anthun.
Noch trefflicher iſt übrigens der Schluß: Weil wir hier von Eyern
reden / muß ich erzehlen / daß ein Sohn zu ſeinem Vatter geſagt /
nachdem beede jeder ein Ey geeſſen / und noch das dritte übrig
geweſen: Wehlet mein Vatter! Der Vatter aber geantwortet: Was
ſoll ich wehlen / es iſt nur eines übrig. Darauf der Sohn verſetzet:
Ob ihr das Ey wolt eſſen oder nicht?

Die Vorrede des 12. Teils: „Von dem Lufft und
Wind" oder: Von den Lufftwercken (Pnevmatica) erörtert ein=
gehend die verſchiedenen Meinungen über Weſen und Eigenſchaften
der Luft, aber, gemäß Harsdörfers Art, ohne einer beſtimmten
Anſchauung den Vorzug zu geben. So ſei die Luft „warm und
feucht" nach einer Meinung, „trocken und kalt" nach der andern,
weder das eine noch das andere nach einer dritten; für jede werden
die Gründe aufgeführt.

In der 1. der 20 Aufgaben wird gemeldet, daß „die neuern
Philoſophi ein zehnfaches Ebenmaß ſetzen / alſo / daß ein Tropffe
Erden / durch die Verſeltnung (per rarefactionem) werde 100 Tropffen
Waſſers / und aus einem Tropffen Waſſers / 100 Tropffen Luffts / ꝛc.

So schwärze auch ein Tropfen Dinten 100 Tropfen Wassers, hin=
gegen mache ein Tropfen Wassers kein Glas mit Dinten weiß.
Die Dinten sei eben der Erden gleich".

Die 2. Aufgabe ist überschrieben: Eine Leerheit zu weisen. Es
wird der Torricelli'sche Versuch, die erste Form des Barometers,
besprochen, aber des Namens Torricelli nicht gedacht, vielmehr
„Valerianus Magnus, der gelehrte Capuciner", als Urheber an=
gegeben. Auch Mach erwähnt des letzteren auf S. 110 der
Mechanik gelegentlich der Versuche Otto von Güerickes; dieser
„hat erst auf dem Reichstage zu Regensburg (1654), wo er seine
im Jahre 1650 erfundenen Versuche demonstrierte, durch Valerianus
Magnus von dem Torricelli'schen Versuche gehört". Magnus
(1587—1661) scheint eben als in Deutschland lebender Italiener —
er war aus der gräflichen Familie Magni in Mailand — viel zur
Vermittlung zwischen italienischen und deutschen Gelehrten bei=
getragen zu haben. — Im 3. Bande der Erquickstunden, 8. Teil,
13. Aufgabe behandelt Harsdörfer dieselbe Frage wieder und be=
merkt, daß der Versuch „deß Toricelli Erfindung / von welchem
sie Valerianus Magnus haben sol". (S. S. 389.)

Der berühmte Versuch Torricelli's, welcher die noch von
Galilei zur Erklärung benützte, jedoch im Gegensatz zu
Aristoteles begrenzt angenommene Scheu der Natur vor dem
leeren Raum, den horror vacui, durch den Druck der Luft ersetzte,
ist nunmehr ein Viertel Jahrtausend alt, wie Harsdörfers Schöpfung,
der Blumenorden an der Pegnitz. Torricelli (1608—1647) war
Galileis Mitarbeiter in dessen letztem Lebensjahre und Nachfolger
in seinen Ämtern. In seinem Auftrage stellte beider Schüler
Viviani (1622—1703) das erste Barometer 1643 her.

Harsdörfer neigt sich nach manchem Für und Wider dazu,
daß die Torricelli'sche Leere nicht erwiesen, sondern daß Luft über
dem Wasser oder dem Quecksilber vorhanden sei. Die Frage,
warum in dem 100 Schuh langen Bleirohre gerade 10 Schuh
Wasser bleibe, das übrige ausfließe, beantwortet er damit: „Weil
die bewegung deß Wassers nicht mehr als $^1/_{10}$ Lufft aufdämpffen

können". Die Benützung des Verhältnisses der Wasserhöhe zur Rohrlänge beweist nebenbei, daß er den Kern der Frage nicht erfaßt hat.

Die 3. Aufgabe lehrt „Windkammern zu machen"; es wird ein Wasserstrahlgebläse beschrieben, wie sie bei Schmiedefeuern benützt wurden, wiederholt im 3. Band, 30. Frage des 8. Teils. Aufgabe 4 schildert die Einrichtung von Windharfen nach Kircher. Hieher gehört auch die 31. Aufgabe des 4. Teils, nach welcher Kircher herrliche Musik zuwege bringt durch 7 Bäume mit großem Laub, in 7 Jahren nach einander gepflanzt. „Wann der Wind dardurch gehet, entstehet eine Musicalische Zusammenstimmung. Solten sich aber die Bäumen verhalten / wie 1 / 3 / 4 / 5 / 7 / so würde diese Baumenmusic besser zu bemerken seyn."

Aufgabe 8 weist nach Kircher an, Wunder zu thun. Wann ihrer zween ein Rapier Waagrecht (lies vertikal) schwebend halten / und der dritte nimmet ein Horn von einem Rhinocerot / machet mit demselben einen Kreiß / so wird sich die Klingen darvon bewegen / und wann man solches in rechter weiten darvon helt / so kan man die Hand darob hinweg ziehen / und wird doch der Degen in Lüfften schwebend bleiben. Ath. Kirch. ibid.

Die 9. Aufgabe beschreibt eine Windbüchse. — In der 12. Aufgabe wird erörtert, warum dieselbe Ursache, des Menschen Hauch, Entgegengesetztes bewirken könne, Hände im Winter erwärmen, die warme Speise abkühlen. Harsdörfer findet, daß die Ursache eben nicht ganz dieselbe sei, da im ersten Falle der Mund ganz offen wäre, im zweiten die Lippen fast geschlossen seien!

Der 13. Teil handelt in 20 Aufgaben von den Wasser= künsten (Hydraulica). In der 4 Seiten langen Vorrede berichtet Harsdörfer unter anderm, daß das Meer sich durch die Erde unter die Berge und „zu vermeidung der Leerheit sich nach und nach auf die hohen Berge" ziehe. Wozu doch der horror vacui nicht dienlich war! — Über Natur und Wesen des Wassers wird vielerlei Meinung beigebracht, Meer und Schiff verherrlicht.

In der 2. Aufgabe: Ob die Fische hören, welche Frage bejaht wird, ist erwähnt, daß der Schall im Wasser ebenso wie das Licht

eine Ablenkung erleiden müſſe, ſowie, daß die Stärke der Schall=
fortpflanzung in Waſſer und Luft ſich wie 2 : 5 verhalte. — Die
5. Aufgabe beſchreibt einen mit Weingeiſt gefüllten Heronsbrunnen,
durch Erwärmung betrieben; erſterer wird am Spritzrohr ent=
zündet (S. S. 391). — In der 6. Aufgabe ſoll der Waſſerbezug
aus einer Leitung bezahlt werden nach der Mündungsweite der
Rohre. Wie ſo oft, iſt auch hier die Rechnung nicht verſtändlich,
doch ſcheint ſie darauf hinauszulaufen, die Durchmeſſer mit den
Koſtenbeiträgen in ein gewiſſes Verhältnis zu bringen, ſtatt der
Quadrate der Durchmeſſer, wie der von Harsdörfer ſo ſehr hoch
verehrte und ſo wenig tief erfaßte Euklid es erforderte. Auch in
der beigegebenen Zeichnung ſtimmt nur der kleinſte Kreis mit

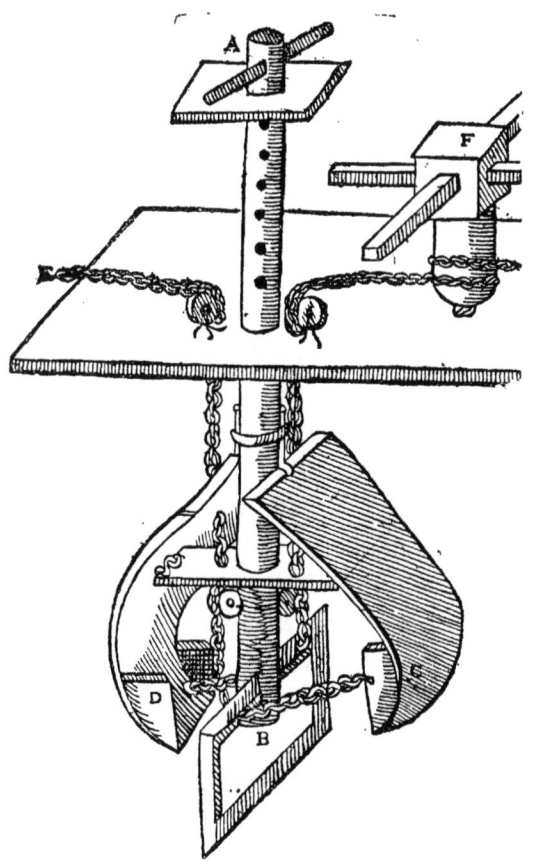

einer richtigen Teilung
nahezu überein, die
beiden andern dagegen
ſind zu klein. Wahr=
ſcheinlich dürfte irgend
eine Regel damaliger
Brunnenmacherkunſt
vorliegen. — In der
8. Aufgabe wird von
einem Boote erzählt,
das von Cornelius
Drebbel erfunden,
auf der „Teims in
Engeland" unter
Waſſer bewegt worden
ſei, und das dazu
dienen könne, der
Feinde Schiffe zu
durchbohren.

Die Figur zu der
15. Aufgabe: „Den
Sand aus einemSchiff=
hafen räumen" wurde

hier um deswillen in einer auf photographischem Wege her=
gestellten verkleinerten Nachbildung beigegeben, weil nach Hars=
dörfers Worten eine Handzeichnung von ihm zu grunde liegt. Es
ist noch beizufügen, daß neuerdings neben den üblichen Dampf=
baggermaschinen ganz ähnliche, von Dampfmaschinen betriebene
Greifer zum Ausheben von Schlamm und Sand, wenn mit Steinen
vermischt, benützt werden.

Wie hinderlich zu zeiten der Sand / welcher von den Meer-Wellen
in die Schiffhäfen geführet wird / ist allen Schiffern wol bewußt.
Solchem zu steuren / hab ich zu Genua hierbey gesetzten Schlamm-
und Sandheber gesehen und so gut ich gemögt zu Papyr gebracht.

AB ist die Haubtstangen mit dem scharffen Grundeisen /
CD sind die Hebschaufel gegeneinander gezogen durch die Ketten EI.
und wann es von nöthen / mit dem Haspel F. Dieser Handheber
wird zwischen zweyen Schiffen eingesencket / und der empor gebrachte
Sand in das dritte Schiff ausgeladen.

Der 14. Teil ist betitelt: Von der Schreibkunst.
„Wir haben biß anhero von dem Wasser geredet / Nun folget von
dem besten und bösten Wasser / nemlich der Dinten" beginnt die
Vorrede. „Eine leichte Feder aus dem Flügel einer verachten
Ganse / mit schwärtze angefüllet / trieffet auf einen nichtigen
Lümpen / und regieret mit grosser Wichtigkeit fast die gantze Welt."
In der 5. Aufgabe der 20 vorhandenen ist der „Fünffache Denck=
ring der Teutschen Sprache" dargestellt; durch gegenseitiges Ver=
drehen der 5 Ringe entstehen aus Anfangssilben, Mittelbuchstaben,
Endbuchstaben und Nachsilben Worte. Auch die Bildung von
Reimen mittelst der Ringe wird gelehrt. — In der 15. Aufgabe
wird erzählt, wie die Nürnberger Maler zu Zeiten Albrecht Dürers
eine achttägige Frist setzten zur Lösung der Aufgabe, „den besten
Zug zu weisen". Es gewann ein Schalk, der einen Haufen Geldes
auf den Tisch warf und dies Geld wieder einzog. — Die 16. und
17. Aufgabe lehren Geheimschriften.

Von den 20 Aufgaben des folgenden 15. Teils über Bau=
kunst behandeln die beiden ersten den Festungsbau, die dritte
empfiehlt Edelkastanien („Kästen") als nachhaltigsten Proviant für

Feſtungen, da der Nährwert derſelben dem des Brots gegenüber 4 : 1 ſei. — In der 10. Aufgabe wird gezeigt, wie man die Zahl der Steine einer Mauer aus den Maßen eines Steines und denen der Mauer berechnet, desgleichen wie viel Ellen Tuchs zu einem Zelt nötig ſind. Die Regel für letzteren Fall enthält 2 Fehler, das Zahlenbeiſpiel iſt richtig berechnet.

Die 13. Aufgabe lautet: Ein Bild vermittelſt der Sonnen tönend zu machen. Es meldet Tacitus / daß in Egypten ein Bild geweſen, Memnon genennet / welches ein Getön von ſich gegeben / wann es die Sonne angeſcheinet. Die Unwiſſenheit der Kunſt / hat es einem Wunderwerck gleich geſchätzet / beſtehet aber in beygeſetzten Stulgeſtelle verborgnen Gefäſſen. Eine derartige, ganz unnötig verwickelte Vorrichtung wird nun beſchrieben, bei welcher mittelſt Wärme Luft aus einem Gefäße durch Orgelpfeifen getrieben wird. Köſtlich iſt der Rationalismus dieſer Erklärungsweiſe; eine nähere Kenntnis der Erſcheinung iſt gar nicht notwendig: weil ſie ſo zu ſtande kommen könnte, alſo iſt ſie damit erklärt. — In der folgenden Aufgabe wird der Schall durch Röhren geleitet und hiebei die Wirkung dieſer Sprachrohre, wie der Fernrohre und der Kanonen einer ſondern Gewalt der Rohre zugeſchrieben; doch lehret die Erfahrung / daß kein Rohr über 500 Schritte die Stimme ſey auch wie ſie wolle überbringe. — Die 15. Aufgabe iſt lediglich die genaue Wiederholung der ſchon beſprochenen 14. Aufgabe und der 16. des 4. Teiles mit denſelben Figuren.

Der 16. und letzte Teil behandelt in 20 Aufgaben die Chymia, Scheid= oder Schmeltzkünſt. Der Beginn der vier Seiten langen Vorrede ſagt von ihr: Sie zertheilet die ungleichen Theile / reiniget die unvollkommenen / ſammelt das zerſtreute / vermehret das dienliche / erhöhet die Geiſterlein / und machet das hinfallende und vergängliche gleichſam unvergänglich / in dem alles verweßliche abgeſondert / und nur ein Geiſt davon erhalten wird.

Naturgemäß iſt hier die geringſte Ausbeute zu erwarten. Die 1. Aufgabe gibt die Kunſtzeichen und deren Bedeutung, ganz im Sinne der alchymiſtiſchen Richtung der Zeit. — Die 3. Aufgabe lehrt aus Waſſer, Roſinen und ſonſtigen Zuthaten Wein herſtellen

„so klar als die Sonn lieblich und geschmack / daß ihn niemand von dem gewachsenen Wein wol unterscheiden kan". — In der 8. Aufgabe wird ein Kitt für Glas aus Ziegelmehl, Kalk und weichem Käse, oder aus gestoßenem Glas, Leinöl und Kalk herstellen gelehrt. — Die 11. Aufgabe behandelt „der Weisen Stein / welchen bißhero noch niemand gefunden". — Sehr wunderlich nimmt sich hier die 12. Aufgabe aus, welche mitteilt: Die Hunde schweigen machen. Man vermeynt die Diebe / welche die Kettenhunde bey Nachts schweigen machen / seyen Zäuberer; sie tragen aber (wie Cardan schreibet) ein Bälglein (matricem) einer Hündin in den Schuhen bey sich / welches in dem gehen erwärmet / einen Geruch von sich gibet / der den Hunden so angenehm / daß sie ihrer Wachsamkeit darbey vergessen / und den Dieb nicht anbellen. — Cardanus (1501—1576), Professor für Mathematik in Mailand, für Medizin in Pavia und Bologna; sein Werk: de subtilitate 1550 und 1552 wird von Harsdörfer sehr oft benützt, im Autorenregister übrigens mit Basil. 1582, Genev. 1630 aufgeführt. Bekannter ist Cardanus geworden durch die nach ihm benannte Auflösung der cubischen Gleichung, welche er 1545 bei Petreius dahier mit Widmung an Osiander veröffentlichte, trotzdem er dem Erfinder Tartaglia oder Tartalea (der Stammler, wegen seines Sprechfehlers, 1506—1559) im Jahre 1539 einen heiligen Eid schwur, die Auflösung geheim zu halten. (Cantor II, S. 444 bis 456.)

Hinsichtlich der Auszüge aus dem 3. Bande der Erquickstunden soll hauptsächlich das geschichtlich Bemerkenswerte berücksichtigt werden, da ja die Proben aus dem 2. Bande das Gesamtwerk zur genüge kennzeichnen. Statt der 16 Abteilungen des 1. und 2. Bandes sind hier nur 12 Abteilungen, von denen die ersten 9 in den engeren Rahmen dieses Abschnittes VI gehören.

In der „Zuschrifft" an Friedrich den III., König von Dänemark, eingangs des Buches bemerkt Harsdörfer, Königliche Majestät habe ihn „zur Fortstellung des 2. Bandes der Erquickstunden anmahnen lassen". — Der „Vorbericht" umfaßt dreißig

Quartseiten; es werden 12 „Fragen" in 100 Abschnitten gestellt und beantwortet. Die 1. Frage lautet sehr zweckmäßig: Ob / und wie des Bücherschreibens kein Ende seye? Ihrer viel / welche am wenigsten in den Büchern lesen / beklagen sich / mit dem weisen König Salomon (Pred. 12/12.) daß des Bücherschreibens kein Ende. Nach= dem Harsdörfer die Klagen und die Vorschläge zur Besserung von dieser Seite ausführlich gebracht, geht er zu den Gegengründen über. Im Abschnitt 8 heißt es dann: Alle Künste und Wissen= schaften sind gestigen / und haben sich gleichsam auf den Stuffen unterschiedlicher Denkzeiten zu höherer Vollkommenheit geschwungen / ihre höchstständige Endschafft aber noch nicht erreichet / und kan des= wegen auch des nützlich und nöhtigern Bücherschreibens kein Ende seyn: weil die Knechte GOTTES / wie jener dergleichen Auflage bescheidenlich geantwortet / ihr von GOtt vertrautes Pfündlein nicht in die Erde zu verscharren pflegen. Auch diese Festschrift zeigt, warum des Bücherschreibens kein Ende sein könne; sie hat über Harsdörfers Schriften zu berichten, welche ja selbst zumeist Bericht= erstattungen über Schriften anderer Autoren sind. Es läge nahe, Schillers Wort hier anzuwenden: „Das eben ist der Fluch der bösen That ꝛc."

Abschnitt 33 beginnt die, 8 Absätze umfassende Erörterung der Frage: Warumb der Mensch natürliche Neigung viel zu wissen trage? mit den Worten: Einem wolgearten Menschen ist alle Be= lernung eine Erquickung seines Gemüthes . . . . Es findet sich aber diese Begierd zu lernen und zu wissen / nicht durchgehend bey allen und jeden / sondern müssen die Eselartigen Knaben dazu mit harten Worten und Schlägen angetrieben werden / und sollen sich unter 500 Schulern kaum 50 finden / welche von natürlicher Neigung / ohne Furcht und Ehrbegier / aus eigner Lustreitzung den Bücher obligen. Dies Verhältnis dürfte auch im 19. Jahrhundert noch ungeändert fortbestehen; die beiden Faktoren Furcht und Ehr= begier sind überdies äußerlich durch stete Einschränkung der Straf= mittel und allmähliche Beseitigung der Reizmittel innerhalb des Schulbetriebes stark gemindert worden. Das Gute aber lediglich um des Guten willen zu thun, ist eben auch heute noch ein Ideal, dem die Menschheit nur asymptotisch zustrebt. Nicht etwa, daß wir die früheren Zustände zurückwünschten; es handelt sich hier nur um Feststellung von Ursachen und Wirkungen. Dagegen trösten wir uns dessen, daß es denn doch früher noch viel, viel schlimmer bestellt war. Der berühmte Franziskaner Roger Baco (1214—1294) meldet, den Knaben würden mit Ruten= schlägen die vier ersten Sätze der euklidischen Elemente beigebracht und schon der fünfte heiße ihnen „Elefuga“, das sei Flucht der Unglücklichen. (Cantor II, 86, 87). Dieser gefürchtete Satz behauptet die Gleichheit der Winkel an der Grundlinie des gleich= schenkligen Dreiecks.

Absatz 42 bis 47 erörtert: Woher die unterschiedlichen Meinungen fast in allen Sachen entstehen? Harsdörfer findet: Wie nun ein jeder seine eigne Kinder mehr liebet / als fremde / und auch mehr von ihnen hält / als er nicht soll: gleicher Weise beliebet auch jedem sein Wahn und seine Meinung / daß er nicht darvon weichen wil / damit man ihn keines Fehlers beschuldige; massen solches auch viele Kranke mit höchstem Nachtheil erfahren. Es solte sich aber noch mehr zu verwundern seyn / wann alle Menschen einerlei Meinung wären / und nicht den Unterscheid / welcher in allem Weltwesen befindlich ist / auch hierinnen nachahmten.

Die Abschnittreihe 48 bis 61 wird eröffnet: Wann in allen Sachen ein so gewisser Grund verglichen were / als in den Mathe= matischen Künsten / so solte man sich leichter einhelliger Meinungen vereinigen / und entstehet hierbei die VII. Frage: Ob eine Gewißheit in den Wissenschafften zu finden? Es scheinet / daß alles unser Wissen Stückwerck / zweiffelhafftig und ungewiß seye / weil wir durch die betrieglichen Sinne urtheilen . . . . was aber gegenwärtig mit Zahlen und Linien vor Augen lieget / das kan kein Verständiger verneinen. . . . . Hierwider höre ich sagen / daß viele Mathematische Erfindungen ohne Nutzen gelehret / und getriben werden / daß das Leben kurtz / und keine Zeit zu versplittern / solche auch übel an= gelegt / wann wir nicht studiren / was zu unsrer Seelen / und unsres Leibes Wohlfahrt diene: alles das übrige seye Eitelkeit und eine gantz unfruchtbare Wolluft.

Durch diesen Einwurff wird veranlaßt die VIII. Frage: Ob in allen Sachen auf den Nutzen das Absehen zu richten? . . . . Bestehet also der Nutzen der . . . . Erquickstunden / in Ausübung des Verstandes / welcher durch dergleichen Aufgaben ermuntert / geschärffet / vorbereitet und zu höhern Sachen fähig gemacht wird; maßen die Mathematica zu der ersten Belernung der Jugend / daher sie auch von der Unterrichtung den Namen erhalten / nicht wegen ihr selbsten / sondern wegen höherer Wissenschafften von Alters her getrieben worden.

In Abschnitt 66 bis 71 wird untersucht, ob Hören oder Lesen, um sich zu unterrichten, zweckdienlicher sei; das Ergebnis ist: Aus den Büchern wird man besser schreiben, vom Vortragenden besser reden lernen. Ein ungeduldiger Mensch werde das Gespräch vorziehen, der Melancholische mehr Lust zu Büchern haben. — Die Abschnitte 72 bis 79 beschäftigen sich mit der Frage, was besser sei, eine Sache gründlich oder von jeder Sache etwas zu wissen. Harsdörfer findet, dies könne allgemein nicht entschieden werden, sondern hänge von der Fassungskraft des Einzelnen ab. Solchen viel Lehrgierigen hochgestirnten Geistern ist fast die weitschweiffige Welt zu klein / wie dem Alexander / dessen Lehrmeister Aristoteles dem Ehrgeitz in den Wissenschafften eigentlich nachgeahmet / und sich für einen Monarchen in der Philosophie aufgeworffen / der aller andrer Meinungen bezwungen / und besieget.

Abschnitt 80 bis 87 behandelt die Frage: Ob man nicht alle Wissenschafften Lehrartig in eine Verfassung bringen könne? Zu dieser Frage veranlassen sonderlich diejenigen / welche die lange Walfahrt durch die grossen Bücher verdrüßlich / und deß Zehrpfennings zu Ende zu kommen ermanglen . . . . . müssen zu solchem Ende alle unnöhtige Hinternissen aus dem Weg geraumet / und nur das nutzliche erlernet werden. Zum andern / müßte man nicht bey den Sprachen anfangen / welche uns 15 und mehr Jahre hinwegnemen / solang die Fürkäuffelei (Altnürnberger Wort für Handel mit Trödelkram) des Lateins nicht aufgehoben wird / welches die Franzosen und Italiäner / bey Ausübung ihrer Sprache / nicht von nöhten haben / sondern alsobalden von Erklärung der Sachen selbsten den

Anfang machen / und mit zuwachsenden Jahren und Verständnis
fortsetzen. Harsdörfer ist dann für Zusammenziehen der Einzel=
wissenschaften, so für Verminderung der Zahl der zu lehrenden
geometrischen Sätze, Beseitigung der Wiederholung dessen, was in
jeder Wissenschaft gleichmäßig mit einer andern vorkommt; er
wünscht am Schlusse die Herstellung einer Encyclopädia, die in
fünf Jahren möglich sei.

Von Abschnitt 89 bis Abschnitt 96 stellt er sieben Forderungen
auf, die ein „für die Strittigkeiten der Gelehrten rechtmässiger
Richter" erfüllen müßte. Er meint dann selbst im 98. Absatz:
Wenig werden sich dieser Vbertrefflichkeiten rühmen können / und
eben deswegen ist es besser / daß sie mit ihrem Urtheil zu rucke
halten / oder doch ihr Mißfallen und Wolgefallen ferner nicht er•
strecken / als sie verstehen und begreiffen können; mit gebührendem
Zweiffel / ob alles / was sie verworffen / auch verwerfflich seye /
und ob nicht andern beliebe / was ihnen verächtlich vorkomme? In
den nun folgenden Worten verwahrt er sich offenbar gegen einen
naheliegenden Vorwurf. Einem Schuster ist es keine Schande /
wann er kein Kleid machen kan; wie auch einem Schneider / daß
er keine Schuhe zu machen weiß. Also ist es auch einem Rechts•
gelehrten nicht nachtheilig / wann er kein Mathematicus nicht ist.
Ganz zutreffend! Wie aber, wenn der Rechtsgelehrte trotzdem
als mathematischer Schriftsteller thätig sein will?

Nachdem nun in 98 Absätzen auf 30 Seiten über die 12 Fragen
verhandelt ist, meint der Verfasser, er sei des Versehens / es werde
die Kürze der Behandlung dem verständigen Leser angenem seyn /
und ihn zu weitläuffigern Nachsinnen veranlassen; massen unsre
Meinung nicht ist / dieses Buches Titul zuwider / mit verdrüßlichen /
unnöthigen Ausschweiffen zu verfahren.

Die erste der 80 „Fragen" (so heißen im 3. Band die „Auf=
gaben" des 1. und 2. Bandes), in welche der 1. Teil von der
Schreib= und Rechenkunst zerfällt, ist von echter Scholastik:
„Warumb A der erste Buchstab in dem Abc seye?" Auf drei
Seiten verbreitet sich Harsdörfer hierüber, ohne sich für einen der
vorgeführten Gründe verschiedener Autoren zu entscheiden. In

den zwei folgenden Fragen wird darüber Untersuchung gepflogen, ob Buchstaben und Sprachen natürlich oder künstlich entstanden seien. Wie Worte Nachahmungen von Naturlauten darstellen, zeigt Harsdörfer in einem längeren Gedichte, dem wir ein paar Zeilen zur Probe entnehmen:

Das Schwein grunßt / bürstet sich / es schnudert / krobst und schmaßt;
Frißt das Geschlöper aus / rilßt / koßt ob dem Geschnuder.

Frage 5 bringt einen Geheimschriftschlüssel, ebenso Frage 11, Frage 6 eine jüngst erst patentierte Vorrichtung, zwei Briefe mit zwei Federn zugleich zu schreiben, von einem „Schulmeister in Cölln". Die 9. Frage behandelt stenographische Zeichen und Wort= kürzung. Dabei wird noch angeraten, das Gedächtnis zu stärken durch Melissen und andere vorgeschlagene Kräuter, auch durch gesunde und liebliche Luft, wie monatlich ein Fußwasser. Wer an stat eines Frühestuckes täglich 11 oder 12 grosse Ziweben / wie man sie von Damasco bringet / isset und nicht darzu trinket / wird ver- spüren / daß ihme der Magen / die Leber und die Gedächtnis gestärket werden wird.

Petrus Bungus: de secretis Numerorum, 4to Paris 1610 und andere „unbekannte Cabalistische Scribenten" liefern den Stoff für die Fragen 27 bis 50, die geheimnisvollen Eigenschaften der Zahlen 1 bis 24 (ausgenommen 19, diese „Zahl hat kein sondres Geheimnis in sich"), dann von 30, 40, 50 . . . 100, 1000, entnommen der Natur, der heiligen Schrift, der Geschichte, der Geometrie u. s. f. Beispielsweise ist im arithmetischen und geometrischen Teil für die Zahl 6 gesagt, diese erste Verbindung von grad und ungrad 2 × 3 deute die Verbindung von Weib und Mann, den Ehestand an, weshalb Martianus Capella die 6. Zahl die Venerische nenne. Ein „Geheimnis" ist jedenfalls folgende Eigenschaft: 6 hat eine doppelte Proportion in enthaltenen Theilen / als 4 gegen 2 / welches nur allein in denen Zahlen / die von diesen herwachsen / kan gefunden werden. Der halbe Theil von deß Cirkels Durchschnitt ist von desselben Umkreiß / sonderend 6 gleiche Bögen; vergleichend der runden Welt 6 tägige Erschaffung. Diese Rundung füllen sechs gleichgrosse Cirkel, umgebend einen Cirkel. Daraus

erhellet / daß 1 der Mittelpunct / 6 deſſelben Umfreiß / die Zahl
aber deß gantzen Cirkels iſt 7. Aus dieſer Geometriſchen Roſen
wird beleuchtet das Geheimnis der Erſchöpfung.

Die Fragen 52 bis 58 handeln von der Einrichtung und dem
Gebrauche des „Schregmäß oder Proportional Lineal“, eines
Recheninſtruments, auf welches wir in der 4. Frage des 2. Teils
nochmals zu ſprechen kommen. — Eingekleidete Rechenaufgaben
ſind die Fragen 60 bis 74, hierunter als 66. die altehrwürdige
von des Hausvaters Teſtament, welches auf einen nachgebornen
Sohn oder eine nachgeborne Tochter angelegt iſt und auf beide
zugleich angewendet werden muß. Hier iſt als Quelle Casp.
Ens: Thaumaturgus Mathematicus, 8°, Cöln 1636, S. 281 an=
geführt; ſchon im Talmud ſoll übrigens die Aufgabe enthalten
ſein. — Harsdörfer ſchreibt einmal Tavmathurgus, einmal Tav-
maturgus, wie auch übereinſtimmend mit Schwenter ſtets hypo-
thenuſa; erſichtlich wurde auf Rechtſchreibung in Fremdſprachen
ſo wenig Gewicht gelegt wie in der Mutterſprache. — Die Fragen
75 bis 77 zeigen, wie wunderliche Verwandtſchaften aus wunder=
lichen Heiraten entſtehen. — In Frage 79 wird auf 2 Druckſeiten
zu entſcheiden verſucht, welches der älteſte unter 2 Zwillingen,
zum Schluſſe noch auf die „jämmerlichen Mordgeſchichten unter
Ausſchnidling“ verwieſen.

Der 2. Teil „von der Mäßkunſt der flächen und
erhabenen Geſtalten“ umfaßt 50 Fragen, deren 1. lautet:
„Ob ein Mathematicus, und ſonderlich ein Geometra oder Mäß=
künſtler ein Philoſophus ſeye?“ Harsdörfer erweitert zum Schluß
den Begriff der Philoſophie auf alles Wiſſen, „was deß gemeinen
Mannes Fähigkeit übertrifft“. — In der 3. Frage wird gelehrt,
wie man die Multiplikation und Diviſion von Zahlen, die als
Potenzen von 2 in einer Tabelle enthalten ſind, durch Addition
und Subtraktion der beigeſetzten Exponenten und Aufſuchung der
zugehörigen neuen Potenzwerte in der Tabelle bewerkſtelligen
könne, alſo ein Rechnen mittelſt Logarithmen der Baſis 2. Auch
die Aufſuchung der Quadrat= und Kubikwurzeln wird gezeigt.
Neper's Logarithmen erſchienen 1614 (Harsdörfer benützt im

2. Bd., 1. Teil, Frage 44 Neper's Rabdologiae von 1617); ferner wurden Bürgis Logarithmen unter dem Titel Progress-Tabulen sambt gründlichen unterricht zu Prag 1620 gedruckt, endlich die jetzt noch gebräuchlichen Logarithmen von Henry Briggs erstmalig zu London 1618 und 1620. Es ist für Harsdörfers Stellung zur Mathematik jedenfalls bezeichnend, daß er die Spielerei mit den ganzen Potenzen der Zahl 2 für wichtig genug hält, mitgeteilt zu werden, jedoch der ernsten Verwendung dieser neuen Rechnungsart keinerlei Erwähnung thut.

Die Fragen 4 bis 15 beschäftigen sich mit der Anwendung des Proportionalzirkels auf die Lösung geometrischer Aufgaben. Dieser Apparat spielte schon in den Fragen 52 bis 58 der Rechenkunst eine Rolle; er ist als mechanische Vorrichtung einerseits Ersatz für Tabellen, die hier in graphischer Form als Streckenteilungen dargestellt sind, andrerseits als Zirkel geometrisches Instrument zur Herstellung von Strecken in gegebenen Verhältnissen. Am Ende des 16. Jahrhunderts begann der Proportionalzirkel sehr viel von sich reden zu machen. Seine Geschichte in dem 2. Bande der Vorlesungen von Cantor umfaßt die Seiten 629 bis 633. Sogar Galilei warf sich 1597 auf die Herstellung eines solchen Zirkels und hielt diese für bedeutend oder wenigstens für einträglich genug, um im Widerspruch mit der Vorrede seiner Erstlingsschrift (erschienen 1606, über den Gebrauch dieses Zirkels) später zu behaupten, er sei der erste und ausschließliche Erfinder. Der Übersetzung dieser Schrift durch Harsdörfers Straßburger Lehrer Bernegger ist früher schon gedacht worden (S. 310). Harsdörfer nennt in der 4. Aufgabe 7 Autoren, welche über den Proportionalzirkel schrieben, hat demnach die Frage ersichtlich mit Vorliebe studiert; sie betrifft ja auch nicht reine, sondern angewandte Mathematik. Auffallenderweise übergeht er auch hier den Namen Galileis unter jenen Autoren, obwohl die von ihm gekannte Erstlingsschrift Berneggers von 1612 den Titel führt: D. Galilaei de Galileis . . . . De Proportionum Instrumento . . . . In seinem Autorenregister ist die Schrift übrigens nicht aufgeführt. Ein Name, dessen Cantor nicht erwähnt, obwohl er für die Zeit von

1605 bis 1626 nicht weniger als 9 diesbezügliche Schriftsteller nennt, wird von Harsdörfer hervorgehoben mit den Worten: Keiner aber hat hiervon besser geschrieben / als . . . . G. Brendel in seinem Schregmäß. Das „Register der Scribenten" enthält: Georg Brendels Schrägmeß oder Proportional Circkel 8 Ulm 1615. — Im Proportionalzirkel sehen wir einen Versuch der in der heutigen Technik so ausgebildeten graphischen Rechenmethoden vor uns. Übrigens ist auch der logarithmische Rechenschieber selbst nicht ohne Vorläufer in dieser Zeit. Der Engländer G u n t e r (1581—1626, zuletzt Professor der Astronomie am Gresham College in London) fertigte 1624 logarithmische Rechenstäbe an, die den Namen Gunter's Scale führten. (S. auch S. 379.)

In der 5. Frage wird „ein Winkelrecht Eck zu nehmen" gelehrt aus den Seiten 30, 40 und 50 mittelst des Schregmäß; dies wird „einen rechten und waagrichtigen Winkel geben" und dient also das Schregmäß für ein Winkelmäß / nach der Pythagorischen Erfindung / welche er eines Opffers / von 100 Ochsen werth / geachtet. Schier jedesmal, wenn Harsdörfer jenen Lehrsatz anführt, ist dieser Zusatz auch zu finden, ferner benützt er immer das Verhältnis 3:4:5. — Die 14. Frage erzählt die Geschichte von der Forderung des Würfelverdoppelns bei den Griechen („Würffel oder Viereck"!) und zeigt die Lösung der Aufgabe mittelst des Schregmäß. — Die 22. Frage ist fast wörtlich schon in Frage 20 des 3. Teils im vorigen Bande gedruckt.

Die 25. Frage zeigt, wie man ohne Zirkel („ohne Mittel= punct") mit einem rechten Winkel einen Halbkreis beschreiben kann. In Frage 26 glaubt Harsdörfer, mit einem stumpfen Winkel erzeuge man, in gleicher Weise vorgehend wie in 25, „eine Ey= oder Bogen= linie ohne Mitteltupf"; Eilinie ist Ellipse. Hierauf schildert er, unter= stützt durch zwei Figuren, den einfachen Ellipsenzeichner, bei welchem zwei feste Punkte eines Lineals auf den Schenkeln eines rechten Winkels gleiten; die eine Figur nach B e t t i n u s, Apiaria 1642, p. 9, die andere nach George F o u r n i e r (1595—1652, Jesuit und Professor der Mathematik in Tournay), Hydrographie, Paris 1643 f. 480. — Auch der bekannte Astronom, Jesuit S c h e i n e r

(1573—1650) hatte 1614 zur Zeichnung der Linien für Sonnenuhren eine Form des Kegelschnittzirkels erdacht, welche heute noch
Patenten zu grunde gelegt ist; die Schilderung des Zirkels findet
sich in einer Dissertation vom 26. September 1614 niedergelegt.

Die 27. Aufgabe lehrt Herstellungsarten des regelmäßigen
Fünfecks. Die erste Art, ohne Quellenangabe, liefert eine mathematisch genaue Figur; die Seite wird als Grundlinie eines gleich-
schenkligen Dreiecks gefunden, dessen Höhe senkrecht zum Schenkel
gleich dem Kreisradius, während der obere Höhenabschnitt des
Schenkels gleich dem halben Kreisradius ist. — „Nach der Erfindung
des sinnreichen Albrecht Dürer" wird eine weitere Konstruktion
angegeben. Zwei gleich große Kreise haben als Mittelpunkts-
entfernung den Radius. Ein dritter, ebensogroßer Kreis geht durch

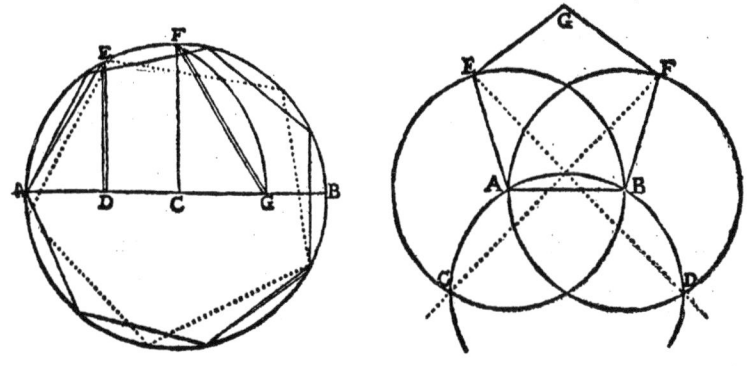

die Mittelpunkte jener beiden. Durch die Mitte des Bogens vom
dritten Kreis, der über der Centrale der ersten beiden Kreise liegt, und
durch die beiden Schnittpunkte des dritten Kreises und der beiden
ersten Kreise, welche nicht die Mittelpunkte letzterer sind, werden
zwei Gerade gelegt und bis zu den ersten Kreisen verlängert. Die
so erhaltenen Punkte sind zwei weitere Eckpunkte des Fünfecks
neben den Mittelpunkten der ersten zwei Kreise. „Dieses Fünffeck
berechnet Benedict. in Epist. f. 349 und erweiset / daß es gantz
richtig ist." Giovanni Battista Benedetti (Benedictis, 1530—1590)
war Philosoph und Mathematiker des Prinzen Carl Emanuel
von Savoyen. — Die Rechnung liefert für den Fünfeckswinkel

24

108° 21′ 58″ statt 108°, das Fünfeck ist also nur eine An=
näherungslösung.

Die 30. Aufgabe, ein Kreissehnenviereck aus vier gegebenen
Seiten herzustellen, ist „von dem Hertzogen von Savojen offt=
gerühmten Johann. Bapt. Benedicto aufgegeben worden". Nach
Chasles, Geschichte der Geometrie, deutsch von Sohncke 1839,
handelt es sich hier um eine uralte Aufgabe. Der indische Mathe=
matiker und Astronom Brahmagupta, geboren 598, gab schon
ganze Zahlen für die Seiten eines solchen Vierecks an. Benedetti
scheint auch nur eine Lösung in ganzen Zahlen gefunden zu haben.
(Diversarum speculationem mathematicarum et physicarum
liber, Taurini 1585.) Auffallend ist wieder, daß Harsdörfer diese
Quelle von 1585 kennt, der einen der beiden einzigen gedruckten
Schriften von Prätorius (Schwenters Lehrer zu Altdorf), welche
diese Aufgabe behandelt, erschienen zu Nürnberg 1598, aber gar nicht
erwähnt, obwohl darinnen auch Andeutungen über die Geschichte
der Aufgabe enthalten sind. Prätorius gibt drei Lösungen in ganzen
Zahlen. Harsdörfers wunderliche Beschreibung in vier Zeilen ist
trotz Figur völlig unverständlich; aber noch viel merkwürdiger ist
sein Schlußsatz: In diesem ist es richtig / aber man kan viel (Vierecke)
mit ungleichen Linien in keine Rundung bringen / man habe dann
darzu einen Cirkel / mit einer Federn / wie in den Uhren und Brettern
zu sehen / und gehet solche auf einer Seiten durch den Fuß des Cirkels.
.... Dieses dienet nun die Rundung / nach Belieben zu verjüngern
und zu ergrößern: weil aber die Vierungen vielmals so beschaffen
daß sie mit dem Umbkreiß nicht können bezirket werden / müsse man
von Faden oder von Drot / die vier Linien / mit einem Zeichen also
unterscheiden / daß man die Winkel hin und herziehen könte. Weil
aber diese Aufgabe zur Kurtzweil erfunden / und wenig Nutzen
hat / lohnet es der Mühe nicht / daß man sich viel darunter bearbeitet.

Aufgabe 33 bringt den Satz aus der Zahlenlehre, daß jede
ungerade Zahl ein Quadrat besitze, das um 1 größer sei als ein
Vielfaches von 8. Die Frage: „Wie solches zu erweisen?" wird
durch Beispiele zu 3, 5, 7 und durch „2c." erledigt erachtet. — Die
Aufgabe 34 gibt einiges aus der Lehre von den figurierten Zahlen.

Die Frage 35, „von Faltung der Tischtücher", ist samt den vier Abbildungen aus dem „Trincirbuch" entnommen. Im Schluß= satz wird darauf verwiesen: Hier könte von den Plicaturen oder Faltungen der Fatscheinlein viel beygebracht werden: weil aber solches in dem vollständigen Trincirbuch / bey Paul Fürsten Kunst= händler in Nürnberg zu finden / wollen wir den Liebhaber solcher Sachen dahin verwisen haben.

Die 39. Frage beschäftigt sich zwei Seiten hindurch damit, „ob besser seye / groß oder klein von Leibe zu seyn?" und eröffnet eine Reihe ähnlicher Fragen (Ursachen der Berge, edelstes Glied der Menschen, höchstes Glücksgut derselben u. f. f.) bis zur 50., wie man sich unsichtbar machen und doch alles sehen könne? Die Über= schrift dieses „andern" Teils lautete aber: „Von der Mäßkunst (Geometria)".

Der 3. Teil, von der Seh= und Spiegelkunst, zählt gleichfalls 50 Fragen. Die 8. derselben beschäftigt sich mit der Natur der Lichtstrahlen; sie werden den wesentlichen Eigenschaften der Sonne, den zufälligen der Luft zugezählt, man muß ihnen ein reines und liebliches Wesen / fast ohne Leibe / zuschreiben / ....: sie sind keine Mathematische und künstliche / sondern vielmehr Physische und natürliche Linien / deren Wesen in einem flüchtigen Glantz bestehet.

Die 9. Frage schildert die bekannte Hypnotisierung einer Henne mittelst des Kreidenstriches. Hiervon kan keine andre Ursach gegeben werden / als die starke Einbildung. Besiehe in dem vorhergehenden Theil die 42. frage. Diese Frage nun ist überschrieben: „woher der Unterscheid der Angesichter entstehe"; sie spricht des öftern von Wirkungen der Einbildung, macht den Vorschlag, Eier in den ver= schiedenen Stadien der Brütung zu öffnen, um die Entwicklung des Hühnchens genau zu verfolgen, und schließt mit der wunder= lichen Abbildung eines Kleiderschnittes zu Beinkleid und Wams aus einem Stücke. — Schwenter bringt im 1. Teil der Erquick= stunden als 13. Frage des 16. Teils „von den Chymischen vnd vielerley andern Künsten" den nämlichen Versuch mit der Henne als „eine wunderliche Kurtzweil", versucht jedoch keine Erklärung der Erscheinung.

Die Fragen 15 bis 18 behandeln die Farben. Also ist die Farbe eigentlich kein Liecht / es hat aber mit dem Schein deß Liechtes eine genaue Verwantschafft / indem beeder Glantz in die Rundung ausstralet. Das Liecht scheinet für sich; die Farbe aber erscheinet / indem sie bestralet und bescheinet wird .... Das Liecht wird dem einsichtigen / die Farbe den vermischten Sachen beygemässen / deßwegen lesen wir auch / daß GOtt das Liecht vor der Sonnen erschaffen / als die Elementa noch nicht vermischet gewesen / sondern eine Zeitlang in ihrer Reinligkeit verblieben sind. Die grüne Farbe der Pflanzen ist Mischung von Feuchtigkeit und Wärme, von blauer Farbe des Wassers und gelber Farbe der Sonne. Ist aber die innerliche Feuchtigkeit verzehret / so ist die Frucht gelb und reiff. Die Farben entstehen überhaupt durch Mischung von Licht und Finsternis in verschiedenem Verhältnis. (Bekanntlich vertritt Goethe die gleiche Anschauung in seiner Farbenlehre.) Je gleicher nun eine Sache der weißen Farbe / je näher ist sie dem Liechte: je ferner sie davon zu der schwartzen Farbe abweichet / je genauere Verwantschafft hat sie mit der Finsternis. Der mittelfarben sind drey / als nemlich Gelb / Rot und Blau / aus welchen alle die andern gemischet werden.

Die Fragen 20 bis 22 beschäftigen sich mit der Herstellung von Zerrbildern für Kegel= und Cylinderspiegel („Rundspitz= und Seulenspiegel.“). Als Quelle für die hier gelehrte Umwandlung von Bildern in derartige Verzerrungen (Anamorphosen), welche durch jene Spiegel in die ersten Bilder zurückverwandelt werden, ist „Niceronus, perspectiva curiosa“ angegeben. Niceron (1613—1646) war Minorit, lebte meist in Paris und veröffentlichte jene Schrift daselbst 1638 unter dem Titel: La perspective curieuse ..... des miroirs plats, cylindriques et coniques ... — Hieher gehörig finden sich noch die Fragen 2 bis 9, 18, 19, 23, 24 und 25 des Anhangs zum Geschichtsspiegel (1654) und die Frage 5 aus Teil 16 vom 2. Band der Erquickstunden.

Gelegentlich dieser perspektivischen und sonst gesetzmäßig abgeänderten Bilder wäre wohl auch des damals neuen Pantographen (Storchschnabels) zu erwähnen gewesen; der Jesuit Scheiner

(1573—1650) hatte ihn 1603 zu Dillingen erfunden und 1631 zu Rom ein Werkchen darüber veröffentlicht. Gerade weil die einfache, heute noch allgemein benützte Vorrichtung von jedermann leicht zu handhaben und auch zur perspektivischen Nachbildung räumlicher Dinge eingerichtet war, eignete sich ihre Schilderung für den Kreis der Erquickstundenleser.

Die Fragen 27 bis 30 zeigen die Vervielfältigung der Bilder durch Winkelspiegel, Spiegelkästen, Spiegelsäle u. dgl. Aus den Angaben: 4 Bilder bei 90°, 5 bei 72°, 6 bei 60° wird kein Gesetz abgeleitet, obwohl die weitere Angabe, bei $51^8/_{10}$° siebenmal (was wohl $51^3/_7$ heißen soll) auf Ergebnis aus Rechnung, statt aus Versuch hindeutet.

Die Fragen 39 bis 50 sind wieder für diesen Ort höchst wunderlicher Art, z. B. welches die schönsten Augen seyen, ob Schöne oder Häßliche Masken tragen sollen, ob einer sich verlieben könne, ohne die Person gesehen zu haben.

Der Teil 4 enthält 60 Fragen aus der Sternkündigung und der Uhrkunst. Die erste Frage lautet: „Was die Zeit seye"? Des Aristoteles Meinung, daß sie „eine Abmässung der Bewegung seye" wird durch Benedictus widerlegt erachtet; letzterer aber sagt leider auch nur, was sie nicht ist.

Die 3. Frage ist Wiederholung der 15. Frage im 7. Teile des vorigen Bandes nach der Jahreszeit der Weltschöpfung. Betreffs der 4. Frage: Woher die Neuenjahrsgeschenke kommen, meint Harsdörfer am Schlusse selbst: „Die Frage gehört zwar nicht zu der Sternkündigung."

In der 13. Frage wird berichtet, „wie die Polus Höhe durch den Magnet zu erfahren". Nach Kirchers Magnetkunst (Cöln, 1643) S. 370 beschreibt Harsdörfer, wie man eine Inklinations= nadel herstellt und aufhängt; dabei merkt er an: „scheinet sehr schwer zu sein / solches werkstellig zu machen." Hierauf wird die Gradeinteilung auf eine besondere Art durchgeführt, also ein wohl von Kircher willkürlich erfundenes Gesetz der Abhängigkeit der Inklination von der geographischen Breite zur Bestimmung der letzteren benützt. Den Verlauf der Linien gleicher Inklination auf

der Erde kannte man noch nicht; so nahm er überdies noch an,
daß diese Linien mit den Parallelkreisen zusammenfielen. Die
Inklination selbst war schon 1544 von Georg Hartmann
(1489—1564) entdeckt worden. Dieser merkwürdige Mann war
in Eggolsheim bei Bamberg geboren, hatte in Cöln Theologie und
Mathematik studiert, ließ sich in Nürnberg 1518 (zu Zeiten Dürers,
Schöners, Pirkheimers, des Pfarrherrn und Mathematikers
Werner) als Mechaniker nieder, verfertigte Globen, Astrolabien,
Horologien und Compasse, starb als Vikar an der Sebalduskirche.
Seine erstmalige Beobachtung der Inklination gelegentlich der Be=
stimmung der Deklination für Nürnberg ist in seinem Briefwechsel
mit dem Herzog Albrecht von Preußen niedergelegt. — Der
englische Seemann Robert Norman erfand das Inklinatorium,
welches Kircher und Harsdörfer in verkehrter Weise auffassen; er
beobachtete damit 1576 die magnetische Inklination für London zu
71° 50′ und veröffentlichte hierüber 1580 in der Schrift: The
new attractive. (Poggendorff I 1023, II 300.)

Auch Schwenter hat den gleichen Irrtum, den Harsdörfer
im 3. Bande der Erquickstunden aus der Magnetkunst des Jesuiten
Kircher abschrieb, im 1. Bande, 8. Teil, als „die 9. Auffgab: Wie
mit hülff deß Magnets der Polus arcticus zu finden" aus den
Recreationen des Jesuiten Leurechon übernommen. „Man möchte
wol billich fragen / woher es käme / wann man ein Magnet=
Zünglein / so dem Horizont nach auffgestellet / in rechter Wag
zwischen zween Steffte gelegt / schweben läst / es sich auff die Höhe
gegen den Polum wende vnd selben zeige / in dem sich das
Zünglein eben vmb so viel Grad von dem Horizont erheben wird /
als die Höhe deß Poli ist." Hier ist kurzer Hand angenommen,
die Inklinationsnadel sei parallel zur Erdachse gerichtet; offenbar
hatte weder Leurechon, noch Schwenter, noch Harsdörfer eine
solche Inklinationsnadel gesehen. Der hier erörterte Gedanke, die
geographische Breite eines Ortes aus der Inklination abzuleiten,
war ursprünglich für Schiffahrtszwecke als offene, durch Versuche
zu erledigende Frage angeregt worden von W. Gilbert in dem
schon erwähnten Buche: De magnete etc. London 1600. (S. S. 340.)

Frage 14 bespricht die Flecken des Mondes, die Fackeln und Flecken der Sonne. Bezüglich ersterer meldet Harsdörfer aus Bettinus (Apiaria VIII f. 74): Solche Flecken werden .... für Berge gehalten / die auch ... abgemässen werden können, fügt aber leider hinzu: Eigentlich aber keine Berge / sondern nur für dichtere und liechtere Theile des Mondes zu halten / die der Sonnen Bescheinung mehr oder minder fähig sind: massen der Mond in H. Schrifft für sich ein Liecht genennet wird / welches zur Regirung der Nacht erschaffen / 1. Mos. 1. v. 18. — Harsdörfers Anschauungen über Sonnenflecken und Sonnenfackeln sind nicht erwähnenswert; dagegen ist als auffallend zu bezeichnen, daß er über die Geschichte der Entdeckung jener Flecken völlig schweigt, trotzdem sie sehr viel von sich reden gemacht hatte. Der heftige Streit zwischen Galilei (1564—1642) und dem Jesuiten Scheiner (1573—1650), damals Professor der hebräischen Sprache und der Mathematik an der Universität Ingolstadt, war anläßlich jener Entdeckung entstanden. Im Verlaufe dieses Streits wußte letzterer ersterem beim h. Stuhle sehr zu schaden; auch war Scheiner während des Prozesses gegen Galilei in Rom anwesend und wohl gegen ihn thätig; sicher ist, daß er trotz zweimaliger Rückberufung nach Deutschland durch den Kaiser bis nach Beendigung des Prozesses in Rom blieb. Seiner Entdeckung erwähnte Scheiner in Briefen an den Augsburger Ratsherren, Stadtpfleger und kaiserlichen Rat Marcus Welser, vom November und Dezember 1611. Welser ließ die Briefe mit geborgter Unterschrift in Augsburg drucken und sandte sie Galilei. Dieser erklärte in einem Briefe an Welser vom Mai 1612, die Flecken schon vor jenem Briefschreiber entdeckt zu haben. Scheiner und hierauf Galilei erwiderte, der Streit nahm an Gehässigkeit zu; selbst im Jahre nach dem Tode Scheiners erschien noch eine Schmähschrift desselben gegen Galilei, obwohl auch dieser schon neun Jahre im Grabe ruhte. (A. v. Braunmühl: Christoph Scheiner, 1891; Galileo Galilei, 1893.) Nachträglich stellte sich heraus, daß der unerquickliche Streit beider um den Entdeckerruhm durch einen Dritten sich noch verwickelter gestaltet hätte, wenn dessen Veröffentlichung damals nicht fast unbekannt geblieben wäre. Der Ostfriese

Johann Fabricius erzählt in der Vorrede vom 13. Juni 1611 zu seiner Schrift: Narratio de maculis in sole observatis, er und sein Vater, als Astronom mit Kepler briefwechselnder Pfarrer bei Aurich, hätten Sonnenflecken durch holländische Fernrohre beobachtet und an ihnen die Achsendrehung der Sonne festgestellt.

Die 15. Frage lautet: Ob durch den Bleysenkel die Bewegung der Erden könne bewiesen werden? Hier finden sich Beiträge zu einer Vorgeschichte des Foucault'schen Pendelversuchs von 1851.

Petrus Gassendus schreibet an Naudaeum, daß ihn ein Edelmann aus dem Delphinat Alexander Calignonius genannt / berichtet / wie die Bleyschnur / wann sie sehr lang / und vor dem Wind verwahret werde / sich gleich dem Ab- und Zulauff deß Meeres bewege / 6 Stunde nach und nach hinaus / zwischen dem Winde Caeciam und Africum, od' West-Zuid West / und Nord-Nord Osten weiche / und dann wieder nach und nach / gegen der Ruhelinie zuruckkehre / daraus die Bewegung der Erden (wie Copernicus erwiesen / und aus den Astronomischen Rechnungen dieser Zeit noch nicht ist widerlegt worden) ohngezweiffelt zu schliessen.

Daß dieses falsch / hat der hochbegabte H. Johannes Caramuel *Lobkowitz*, welcher von dem Lob der Witz / oder Weißheit den Namen billich führen kan gründlich / aus der Erfahrung / widerstritten / in seinem Büchlein Perpendiculorum Inconstantia examinata geheissen / und erwiesen / daß solcher Bleysenkel nicht einen Punct von seiner Ruhelinie / ohne Bewegung / weiche / und vermutet / wie der Erfinder zu dieser Meinung seye verführet worden. — Dann folgen wieder über eine halbe Seite lang Gründe und Gegengründe betreffs der Erdbewegung, wie an so vielen Orten der Schriften Harsdörfers (es war dies offenbar ein stets beliebter Gesprächstoff jener Zeit); zum Schlusse heißt es:

Diesemnach ist sich nicht zu verwundern / wann die Bleyschnur gegen ihren Mittelpunct gerichtet / unbeweglich verharret. Andre zweiffeln / ob der Erden Mittelpunct / der in der Menschen Einbildung bestehet / so grosse Würkung haben könne / wie Benedictus vernünfftelt.

Bezug genommen ist hiebei auf die Unempfindlichkeit des Menschen gegen die Erdbewegung. Es hat den Anschein, als ob bei Lobkowitz wie Harsdörfer eine Verwechslung des Pendels mit dem Senkel vorläge.

Pierre Gassendi (1592—1655) war Minorit, zuletzt Professor am Collège royal zu Paris, seine Epistolae umfassen den Zeitraum von 1621 bis 1655. In dem oben erwähnten unseligen Kampfe zwischen Galilei und Scheiner suchte er, der mit beiden im Briefwechsel stand und beide gleich verehrte, wiederholt zu vermitteln und auch andere Gelehrte für eine Vermittlung zu gewinnen. — Die Schrift Caramuel's wird im „Scribentenverzeichnis" aufgeführt: Inconstantia perpendiculi examinata 12. Lovau. 1643. Johann Caramuel y Lobkowitz (1606—1682) war Cisterzienser und starb als Bischof in Spanien.

Auch Doppelmayr (1671—1750), Mathematikprofessor am Nürnberger Gymnasium, gibt in seinem Folianten: „Historische Nachricht von den Nürnbergischen Mathematicis und Künstlern, Nürnberg 1730", obige Erzählung mit geringer Abänderung wieder. Ein Edelmann der Dauphiné, Alexander Parinsius, habe 1640 ein 30' langes Pendel hergestellt und wie Ebbe und Flut zweimal täglich sich ereignende Reciprocationen beobachtet. Weiterhin wird hier mitgeteilt, daß der Nürnberger Kupferstecher und Astronom Eimmart (1638—1705) an einigen, in einem hohen Turme hängenden Pendeln die gleiche Erscheinung feststellte. Wie Harsdörfer ist auch Doppelmayr überzeugt davon, daß „Johann Lobkowitz, der gelehrte Bischof zu Satriano" schon 1643 die Unrichtigkeit des Experiments nachgewiesen habe aus seinen mit P. Grimaldo vorgenommenen Versuchen. Grimaldi (1618—1663), Jesuit, Lehrer der Mathematik zu Bologna, ist bekannter geworden durch die erstmalige Beobachtung von Beugungserscheinungen und den ersten Versuch einer Undulationstheorie des Lichts.

Die 26. Frage beschäftigt sich wieder einmal laut Überschrift mit der Frage: Wie die Erde beweget werde? Eingangs erzählt Harsdörfer, wie er eine hohe Person aufklärte, welcher es auffiel, daß die Berechnungen der Sonnen- und Mondsfinsternisse, gegründet auf das alte wie auf das neue System, gleichmäßig richtige Ergebnisse lieferten. Es beweist für ein ungewöhnliches Lehrgeschick Harsdörfers, daß er sofort das Relative der Bewegung erkennt und an Trinkglas und Finger darthut, wie es für die Bewegung an sich ganz dasselbe sei, ob der Finger um das ruhende Trinkglas wandere, oder das sich drehende Trinkglas am ruhenden Finger vorbeibewegt werde. Ferner wird mitgeteilt, Kepler habe die drei Bewegungen der Erde, welche Copernicus (S. S. 332) annahm, verglichen mit den drei Bewegungen der Magnetnadel: gegen den Mittelpunkt der Erde (Fallbewegung), gegen den Winkelstern (Nordrichtung), zu dem nächstvorhandenen Eisen. Auch vergleiche Wilhelm Blau in part. 2 der Institutio astron. l. 1. c. 3. Amst. 1640 (Poggendorf führt Ausgaben von 1634, 1652, 1655, 1668, 1690, holländische von 1620 und 1634 auf) die ersten zwei Bewegungen mit jenen einer geworfenen Kugel, welche sich umdrehe und von dem Werfenden entferne. — Der Holländer Bleau oder Blaeuw, auch Blau (1571—1638) war Gehilfe bei Tycho Brahe, später Buchdrucker in Amsterdam und Verfertiger von Himmels- und Erdkugeln. — Endlich sei von „M. Daniël Lipstorpio in Systemate Copernic. Disp. 1. § 7." (Rost. 1652) die schwer verständliche dritte Bewegung mit jener eines Schiffswimpels im Winde, welches diesem und dem Schiffe folgen müsse, verglichen worden. Auch habe Herr Lipstorp den Streit für den Copernicum in der sechsten Disputation entschieden und auf alle Einwände genugsam geantwortet. Warum aber trotzdem Harsdörfer die 23. Frage mit den Worten endigt: „Noch größere Ungewißheit solte zu schliessen seyn / wann sich die Erde / nach Copernici Meinung beweget" ist nicht recht erklärlich. — Daniel Lipstorp (1631—1684) war zuerst Magister in Rostock, dann Hofmathematiker und Prinzenerzieher in Weimar 1651 bis 1653, hierauf Professor der Jurisprudenz in Upsala 1662 bis 1672, endlich Hofadvokat in Haag bis 1675, er war geboren und starb in Lübeck; wie bei Harsdörfer das Lebensbild eines Juristen mit ausgesprochener Neigung zu den sogenannten exakten Wissenschaften.

Die 27. Frage ist sehr wunderlich: Ob die Sonne oder der Mond einen längeren Schatten werfe? Trotzdem man meine, daß der größere „Planet, die Sonne", den größeren Schatten werfen müsse, sei der von ihr erzeugte Schatten kürzer, weil sie höher stehe!

Frage 29 und 30 handelt von neuen Sternen und Kometen, Frage 31 von der Milchstraße. Zunächst wird die Frage verneint, daß neue Sterne des „Unglückes Vorbotten" seien, dann wird nach Tycho Brahe angeführt, „daß es GOttes Werk / und man nichts gewiesses darvon wissen könne", nach andern „daß ein neuer Stern was Neues / aber nicht allezeit was Böses bedeute", zum Schlusse der Frage 29 aber betreffs des jüngsten Wundersternes gesagt:

Seine Gestalt ist . . . durch das Sternglas erschröcklich anzuschauen gewesen / indem er an dem Rand mit schwartzen Mackeln / oder Flecken / umbgeben / in der Mitten rauhem Messing geglichen / und den kleinen Schwantz gegen den Aufgang gerichtet. Er ist dunkel anzusehen / und gleichsam blaß / bedeutend vielleicht Betrübnis / und Pestilentz / wie hiervon ausführlichen Bericht erstattet unser hocherfahrner Mathematicus Abdias Trew / wie bereit in dem offnen Druck zu lesen ist.

Treu (1597—1669) war Schwenters Nachfolger als Mathematiker 1636, übernahm 1650 auch die professio physica, welche bis dahin stets ein Mediziner mit überkommen hatte. Er gab 1658 eine „Physicam nach den Aristotelischen Principiis" zum Gebrauche seiner Schüler heraus (S. S. 333). Doch errichtete er auch 1657 die erste Sternwarte zu Altdorf auf einem Stadtmauerturme. — Bezüglich einer von Treu erfundenen Vorrichtung zu graphischen Rechenoperationen sagt Harsdörfer Seite 170 des 3. Bandes der Erquickstunden: Dieses hat der berühmte Mathematicus Herr Abdias Treu, dieser Zeit Rector und Professor auf der löblichen Universität Altdorf auf seinem achtseitigen Ingenieur Stab gelehret / und bereit in den offentlichen Druck gegeben. Damit es aber nicht das Ansehen gewinne / als ob wir uns mit andrer Erfindungen befedern wolten / beziehen wir uns auf besagtes Büchlein H. Treuens / gedruckt zu Altdorf 1649 / bey Georg Hagen.

Erinnern wir uns, daß Harsdörfer des Vorgängers von Schwenter und Treu weder bei Erörterung einer Art Meßtisch, noch gelegentlich der Aufgabe über das Sehnenviereck erwähnt, hier aber Treu den hocherfahrenen, den berühmten Mathematiker nennt. Vergleichen wir hiemit Günthers Urteile in der Nürnberger Fest=schrift von 1892, Seite 21 u. f.: „Die junge Akademie hatte in ihm (Prätorius) eine ganz vortreffliche Kraft gewonnen." „Der Nachfolger des trefflichen Schwenter stand nicht auf der Höhe, auf welche der Altdorfer Lehrstuhl der Mathematik durch seine Vor=gänger erhoben worden war." „Das die ganze Wissenschaft um=fassende ‚Directorium Mathematicum' (von Treu) war gewiß für die an geistige Hausmannskost gewöhnten Zuhörer ein recht brauchbares Hilfsmittel." Es wird dann gerechtfertigt erscheinen, wenn wir die Unterlassungssünden Harsdörfers als auffallend bezeichneten.

Von den Kometen ist in der 29. und 30. Frage hier, wie auch in Frage 21 des 7. Teils im vorigen Bande wenig Erwähnens=wertes gesagt. Harsdörfer meint, weil der letzte Komet vom 16. Dezember 1652 in Venedig, Nürnberg und Leyden sichtbar war und darum „höher gestanden sein muß als der Mond", könne „kein Comet von den schwefflichen Erddämpffen gezeuget" sein. „Der Milchweg oder Jakobsstrassen oder Galaxia" wird in Frage 31 als „bestehend in unzähligen kleinen Sternlein der sechsten Grösse" oder als „siebende Art der allerkleinsten Sterne" geschildert, des Galilei als Urheber dieser Auffassung aber wieder nicht gedacht. — Ebenso werden in Frage 30 die Kometen als Sternhaufen („zu=sammengeklumpte Sterne") erklärt, welche wie Bienen „ihrem Wiesel oder König folgen / zu ihm / und auch von ihm fliegen". (Niceph. Hist. Eccl. l. 2. c. 37.) In Frage 29 findet sich hiezu folgender Beleg: Joh. Bapt. Cysatus ein Jesuit von Ingolstadt meldet in seiner Beschreibung deß Cometen 1618 / daß er in lauter kleinen Sternlein bestanden / wie er durch das Sternglas erkennen können. — Cyfat (1588—1657) war Nachfolger von Scheiner an der Ingol=städter Universität, und seine Schrift „Mathemata astronomica etc. Ingolstadt 1619" enthält nicht nur die ersten teleskopischen

Beobachtungen eines Kometen (jenes von 1618), sondern auch die erste Nachricht vom Orionnebel.

In der 32. Frage über Vorherverkündigung auf grund der Gestirne kommt Harsdörfer auf ein in der 29. Frage bereits an= geschlagenes Thema zurück, welches ihn verschiedenemale auch im 2. Bande der Erquickstunden, so in Frage 21 und 22 des 7. Teiles, beschäftigt. Regen, Wind, Hitze hänge mit den Gestirnen zusammen. Wer hieran zweiffelt / der laugnet / daß das Feuer hitze / und mag sich selbsten eines bessern zu berichten / den Finger darein halten. Welthändel, Pestilenz, Einzelerlebnisse seien aus den Gestirnen nicht zu schließen.

Gewißlich ist deß Menschen freier Will der Gestirne Zwang keines weges unterworffen / und ob er auch einige Neigung zu diesem / oder jenen / bey sich verspüret / so scheinet solche der bösen Unarte mehr beyzumässen / als den Planeten / in seiner Geburtsstunde. Dieses ist die entfernte / jenes die nächste Ursach / (Causa remoto & proxima).

Die Ordnung deß Himmelslauff ist vor den Menschen erschaffen worden / und wann Adam in dem Stand der Unschuld geblieben wäre / solten sich die Conjunctiones und Oppositiones sowol / als jetzund / begeben haben; und folget nicht / dz solche Zeichen sich auf alle und absonderliche Dinge erstrecken müssen.

Doch wird auch zugegeben, daß Böses zubeförchten / . . . . wann die Zeichen ungewöhnlich / und selten / wie die Cometen und Wunder= sterne. Daß auch solche nichts Gutes bedeuten / wird kräfftiglich geschlossen / von dem bösen und sündlichen Wandel dieser letzten Welt / die nicht Gottes Gnade und Segen / sondern vielmehr seinen gerechten Zorn und Bestraffung verdienet / daß den Leuten bang wird / aus Furcht und Wartung der Dinge / die da kommen sollen.

Wann das Kind ist ungehorsam gewesen / mag es leichtlich ab= merken / daß es der Vatter abstraffen werde / wiewol es nicht weiß / ob er die Ruten / oder einen Stecken / ergreiffen werde.

Ob Harsdörfer, als er in diesen Bußpredigerton verfiel, daran dachte, daß er für die Erquickstunden schrieb? Er schließt auch ganz in diesem Tone mit den Worten:

Also bleibet es darbey / daß man noch zuwenig / noch zuviel / auf solche himmlische Zeichen halten / und sie mit kindlicher / und nicht mit knechtischer Furcht ansehen und betrachten solle. Die Umstände aber / was sie eigentlich / und welchem Lande sie Böses bedeuten / ob auch das angetraute (wohl: angedrohte, angedräute) Unglück / mit hertzlicher Busse / nicht abgewendet werden möchte / belangend höhere Ursachen / ist so schwer / als ungewiß / sonder Göttliche Offenbarung / zu versichern.

Die 33. Frage kommt auf die Wettergläser (Thermoscopia) zu sprechen, welche schon im 1. Bande der Erquickstunden (2. Aufgabe des 12. Teils „den Lufft vnd Wind betreffend") erörtert werden; das Instrument besitzt dort noch keinen Namen. Es liegt ein Luftthermometer vor, wie es Galilei 1597 erdacht hatte. Das jetzt gebräuchliche Flüssigkeitsthermometer wurde durch die Accademia del Cimento erst um 1660 hergestellt. Die Beschreibung ist bei Schwenter wie bei Harsdörfer sehr unklar. Schwenter scheint dies zu fühlen, weil er meint: „Die beygesetzte Figur wird solche Instrument besser vor die Augen stellen / als man mit vielen Worten lehren köndte." Wir geben deshalb die Abbildungen

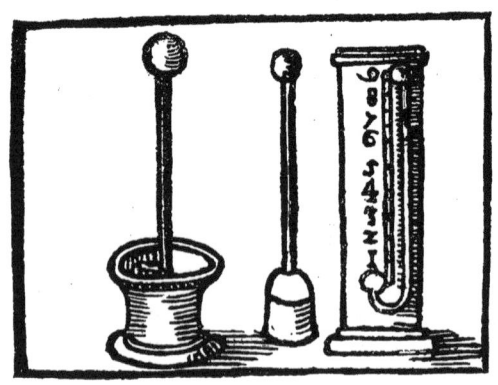

aus beiden Bänden hier wieder. Schwenter schreibt nach dem „Frantzosen": So man nun die Hand geschwind und leiß auff die Flaschen leget / wird man den Lufft mit aller seiner impression empfinden / das Wasser aber wird bald hinauff steigen / vnd wann man die Hand wider weg thut / so wird das Wasser allgemach wider herabsteigen an seinen ort. Schwenter ist jedoch hiemit nicht einverstanden, er fährt deshalb mit der kritischen Bemerkung fort: Hie halte mirs der Author zu gut: Dann das Widerspiel findet sich / wann die warme Hand drauffkompt / steigt das Wasser oder Wein nider / vnd in der Kälte wider in die höhe. Wann man aber die Flasche erwärmet mit dem Odem / ists noch empfindlicher / die vrsach dieses bewegens ist / daß der Lufft so in der Röhren erwärmet / rarior oder dünner wird / vnd deßwegen mehr raum

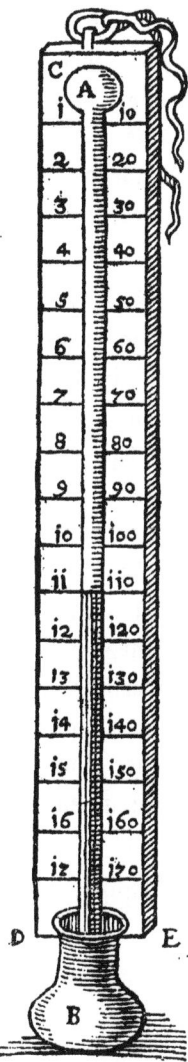

einnimmet / welchs das Wasser absteigend macht / im gegentheil wann die Lufft sich erkält vnd densior oder dicker wird / nimmet er weniger raum ein / vnd damit kein vacuum verursachet werde / so steigt das Wasser alsbald wider auff nach dem sich der Lufft enger vnd genawer zusamm ziehet. Von hier ab kommt dann der „Frantzos" wieder zu Wort vnd schildert die Anwendungen zur Beobachtung der Wärmeänderungen während eines Tages, dann eines Jahres, zur Ein=haltung einer bestimmten Zimmer= vnd Wasser=wärme, zur Beurteilung „vnterschiedlicher Hitz der Fieber vnd anderer Krankheiten".

Harsdörfer berichtet: Hinter dieses Glas richtet man eine gleich vnd genau abgetheilte Tafel DE, daß es täglich die zu= vnd ab-nemende Veränderung deß Wetters bezeichnet / vnd zugleich auch wird hierdurch zu erlernen seyn / wann die Lufft gantz heiter / daß man dem Auge sicher trauen darff. Steiget das Wasser gegen A, so bin ich versichert / daß ich sowol durch das Sternglas keinen richtigen Augen-schein haben / vnd auch die Mittaglinie nicht gewiß werde finden können.

Ein Steigen des Wassers kann aber nur durch Abkühlen oder durch stärker werdenden Druck der äußeren Luft eintreten. Der Einfluß auf Sterngucken und Mittagliniefinden ist somit nicht recht verständlich und der Rede Sinn sehr dunkel, noch mehr aber in der Fortsetzung: Diese Wettergläser werden auch noch auf eine andre Weise bereitet / wann das Glas drey Schuhe lang gewunden / oben offen / und auf den dritten Theil angefüllet / und alsdann wieder vergläset wird. Dieses Glas bildet die Beschaffenheit der gantzen Welt; massen der Lufft / wann er temperirt ist / wie zu Zeiten der Sonnenwende / so wird sich das Wasser in der Mitten deß Glases halten / ... in dem Winter wird es oben / und in dem Sommer unten beruhen / auch mit Ver- änderung der Jahrszeiten / nach und nach / aufsteigen; welches in einem gläsern Ringe noch viel deutlicher zu sehen kommen wird / und solche Wandlung richtet sich nach dem Winde / und dem in dem Glas verwandelnden Luffte. Man kan auch die Grade der Wärme bey den Menschen erkennen / durch Auflegung der Hände / welches zu fernern Nachsinnen veranlasset.

Die Fragen 35 bis 58 verbreiten sich über die Einrichtung von Sonnenuhren und einigen Kunst= und Wunderuhren, letztere natürlich nach Kircher. Das Mitgeteilte ist zum teil in Über= einstimmung mit den schon im 2. Bande enthaltenen gleichen Fragen, größtenteils auch wiedergegeben im 3. Teile vom „Speculum solis", im Jahre 1652 erschienen und noch zu besprechen.

Für die folgenden 30 Fragen des 5. Teils liefert „die Music oder Tonkündigung, die Sing= und Klingkunst" den Stoff. Die Bewegung der Luft beim Hören wird in Frage 2 verglichen mit jener des Wassers, welche als Folge eines Stein= wurfs entsteht. — Die 5. Frage ist die nämliche wunderliche wie die 12. des 4. Teiles im 2. Bande, sie wird auch ganz gleich beantwortet (S. S. 323). — In der 19. Frage wird der Spinne Netz als Vorbild eines „vollständigen Musicalischen Instrumentes, eines Psalters von 10 Saiten" betrachtet.

Die 28. Frage bringt aus „Bartholdo Nihusio Epigr. 12°. Colon 1651, p. 165" den bekannten Scherz:

De cane, non cano non de cane, cane Decane,
De cane non cano, cane Decane, cano.

Als Erläuterung wird beigefügt: Die zween gegenwärtigen Herrn Josephus Canis, und Melchior Canis genannt / die es be- troffen / sind unterschiednes Alters / und jener jung / dieser ist alt gewesen. In dem Teutschen könte man also setzen: Ein jeder meid den Neid und Eid.

Die 19. Frage fordert, einen tausendfüßigen Vers zu bilden.

Es waren 1000 Küh' und saß auff jeder Rucken
im heissen Sommertag' / auff 55 Mucken.

Über eine Drittels=Million Füße sind vorhanden, aber unaufgeklärt bleibt der Zusammenhang mit der Musik, wenn nicht das Summen der 55000 Mücken oder das Brüllen der belästigten Kühe als solche gilt.

Von der Waagkunst und der gewaltsamen Bewegung handeln die 20 Fragen des 6. Teils. Zuerst finden sich zwei Druckseiten zum teil wunderliche Erörterungen über die Ursachen der Schwere und der Verschiedenheit des Gewichts der Körper. Die drei Ursachen der Schwere seien: 1. der Ort, 2. die Vergleichung, 3. die Figur. Der Ort mindere und mehre die Schwere eines Körpers, die Vergleichung mache eine Sache mehr oder minder schwer achten, und die Figur könne das allerschwerste leicht machen. Ein dünngeschlagenes Goldblatt schwimme auf dem Wasser, ein Goldkörnchen sinke zu Grund. — Der Menge ist die Schweren auch nicht allezeit zuzuschreiben; gestalt ein nüchterner Mensch schwerer ist als einer der gegessen hat / und ein Ziegelstein / der genetzt ist / und wieder abgetrocknet / wird leichter sein / als ein gantz trockner. Ferner wird erklärt, die Erde wolle sich mit den ihr entrissenen Körpern wieder vereinigen, wie die Teile einer zerstückten Eidechse zusammeneilen und einander anhangen. Zum Schlusse wird gesagt: Etliche zehlen die Ursachen der Schwerheit unter die verborgnen Eigenschafften / von welchen keine Gewißheit zu haben.

Inhaltlich der 2. Aufgabe stellte Harsdörfer zur Entscheidung der Frage, ob leichtere und schwerere Körper gleich schnell fallen, selbst Versuche an „in dem 157 Schuhe tieffen Bronnen der Burg zu Nürnberg". Er findet ganz richtig einen Unterschied nur dann, wenn „der eine Stein eine breiten hat / der andere langlichtspitzig ist", erklärt diesen Unterschied zutreffend mit dem verschiedenen Luftwiderstand und bezieht sich auf den 3. Grund der

25

Schwere. Den Widerspruch der „Waagkunst" gegen diese Erfahrung löst er durch die Annahme, es sei ein großer Unterschied zwischen der freien Bewegung des Falles und der gebundenen der Wag=schalen. — Gegen die Schlußweise, daß ein fallender Körper offen=bar immer schwerer werden müsse, weil er ja immer schneller falle, polemisiert er auf grund seiner Versuche und der Thatsache, daß eine Kugel in der Wagschale so viel wiege, als etliche Klafter tiefer, wenn der Strick, an dem sie hänge, durch die andere Wag=schale ausgeglichen sei. Er schließt mit Beseitigung eines neuen Einwandes also: Daß aber der Eymer Wassers leichter zuziehen wann er höher erhoben / als wann er in der tieffen ist / kommet her von dem Gegengewicht und Verkürtzung deß Zugseils / welches nach und nach so viel weniger wird. Ob deme also / geben wir den verständigen Leser zubedencken.

In der 7. Frage bringt Harsdörfer nach des Niederländers Stevin „Weeghdaet" von 1586 das Verhältnis zwischen Kraft und Last bei der schiefen Ebene (diesmal im Gegensatz zu Aufgabe 8 des 4. Teils vom 2. Band unter Berufung auf Stevin) an der Hand des Beispiels, daß ein Pferd einen Wagen längs einer Berghalde emporzieht. Die richtige Rechnung nach dem Verhältnis $3:1$ stimmt nicht ganz mit der Zeichnung, welche das Verhältnis $25:7$ zeigt. Erklärung oder Herleitung fehlt; der Schluß lautet: „Dieses beweiset Simon Stevin in seiner Weegdat am 31. Blat."

Die 9. Aufgabe sucht zu ergründen, warum die Bewegung erhitze. Harsdörfer findet begreiflich, daß bei den sich bewegenden Menschen Hitze entstehe, denn die Wärme sei ja das Leben; aber warum in leblosen Dingen Bewegung Wärme erzeuge, wie beim Schleifen am Schleifstein, scheint ihm schier unergründlich. Es möge etwa „der Lufft / welche sich zwischen Stein und Eisen leget / subtilisiret und durch die Bewegung deß hin und her reibens angefeüret" werden. Vielleicht sei auch dies der Grund, daß „alle Sachen eine schwefflichte Art haben / mehr oder minder / und habe ich gesehen / daß man auß zwey in einander gewundnen Höltzern / einen Schwefel angezündet". Jedoch wärme nicht jede Bewegung, es müssen die Dinge / welche sich bewegen / trocken und hart ſeyn: Alſo kühlet die Bewegung deß Lufftes und deß Waſſers / die Hitze der Sonnen und deß Brandes: Daß dieſem alſo ſeye / lehret unter andern das Frauenzimmer / mit ihren Fuckern und Lufftwedeln.

Die 10. Frage ſchildert das Signaliſieren von Buchſtaben zwiſchen „einem Stadtmann und einem Feldmann" mit Hilfe dreier Fahnen oder Fackeln und einer durch Magnetzünglein zu richtenden Buchſtabenſcheibe. — Frage 11 bringt Abbildung und Beſchreibung eines zu Utrecht erfundenen mechaniſchen Stuhls, welcher für ein großes Geheimnis gehalten worden; er diente zur Herſtellung einer 9 fädigen Rundſchnur und geſtattete, in einer Stunde mehr zu wirken, als der allergeſchwindeſte Arbeiter in 5 Stunden zuwege gebracht. Die Unzulänglichkeit von Zeichnung und Erläuterung erkennt Harsdörfer ſelbſt mit den Schlußworten an: Dieſes muß in dem Modell geſehen werden / wann man es deutlicher zu verſtehen will / maſſen noch die Schrifft / noch das Gemähl genugſam / die eigentliche Beſchaffenheit dieſes Haspels vorzubilden.

Die 12. Frage lehrt nach dem 238. Geſprächſpiel, „Schach und Dammſpiel mit lebendigen Perſonen zu ſpielen". — Die 16. Frage handelt von der Wünſchelrute Herſtellung und Benützung. Der auffſteigende Dampf des Erzes wirke auf das Holz der Rute ein; jedes Metall beeinfluſſe eine andere Holzart, Waſſer das Erlen= holz, Blei Tannenholz, Kupfer Eſchenholz, Silber Haſelſtauden. Die wirkende Kraft ſei der im Magnete ähnlich, weshalb die Bergleute Wünſchelruten in Magnetnadelform herſtellen.

Der 7. Teil, von der Baukunſt handelnd, umfaßt 20 Fragen. In der erſten derſelben werden unter lobendem Hin= weis auf den Gebrauch der Niederländer alle Fremdwörter im Feſtungsbauweſen verdeutſcht.

Im 1. Bande der Erquickſtunden unterſucht Schwenter als 11. Aufgabe des 15. Teils: „Warum die krummen Thürn zu Piſis vnd Bononien nicht einfallen?" Er erklärt dies durch die „feine demonstration", welche Baldus „in mechanica Aristotelis problemata exercitationes, Moguntiae, 1621 (geſchrieben 1582)

fol. 176, 177" gibt und zwar ganz in der noch heute üblichen
Weise. Hiezu bemerkt nun Harsdörfer in der 10. Frage dieses
7. Teiles: Baldi Beweiß laſſen wir an ſeinem Ort verbleiben / auß
ſolchem Grund aber / iſt keiner von beſagten Thürnen auffgeführet.
Ich bin auff beeden geweſt und habe die Sache ganz anderſt
angeſehen / wie ich hierbey zuvermelden nicht unterlaſſen kan.

Der Thurn zu Piſa iſt rund von weiſſen Marmel mit Bildern
gezieret / der zu Bononien aber iſt viereckigt von Backſteinen auffgeführet und viel höher / als erſtgemeldter / So viel ich habe
beobachten können / ſind beede oben / ſo viel jeder überhangt / mit
Eiſen gefaſſet / und unten iſt ein Anbau / der das Gebau krumm
ſcheinen machet.

Harsdörfer glaubt hier, mit ſeiner Entdeckung des Eiſenbandes
ſei die Frage klar gelegt; dies beweiſt aber nur, daß er den Kern
der Frage, das Weſen der Standfeſtigkeit, die Bedeutung der
Lage des Schwerpunktes hiebei nicht erfaßte, trotzdem Schwenter=
Baldus dies klar auseinandergeſetzt hat. Auch hier berührt ſich
Goethes Auffaſſung mit jener Harsdörfers. Zu Bologna, „am
18. Oktober 1786 Nachts", ſchrieb Goethe am Schluß eines
Abſatzes über den hängenden Turm die Worte: „Ich war nachher
oben auf demſelben. Die Backſteinſchichten liegen horizontal.
Mit gutem bindenden Kitt, und eiſernen Ankern, kann man ſchon
tolles Zeug machen". Auch er legt den Nachdruck auf die Ver=
bindungen, ohne die Frage aufzuwerfen, wann beiſpielsweiſe eine
ſchief abgeſchnittene Eiſenſäule auf horizontaler Ebene ſtehen
bleibt, wann ſie fallen muß. In der Schärfe der Beobachtungs=
gabe iſt Goethe Harsdörfern inſoferne über, als er die weſentliche
Bemerkung über die horizontale Lage der Backſteinſchichten macht
zur Entſcheidung, ob menſchliche Abſicht oder natürliche Kräfte
die Schiefe herbeiführten.

Der 8. Teil enthält 40 Fragen aus der Lufft= und
Waſſerkunſt. Die erſte derſelben beſchäftigt ſich mit „dem
allgemeinen Weltgeiſt". Es iſt dies eine Art letzten Urgrunds
aller Naturerſcheinungen; er ſei lebhaft, weil alles in beharrlicher
Bewegung ſei, er ſei in der Sonnen Eigenſchaft zu finden, von

der alles Leben und alle Bewegung herkomme. Es dämmert so etwas vom modernen Begriff der Energie, von der Wandlungs= fähigkeit dieser. Zuletzt entscheidet sich Harsdörfer dafür, daß das, was „andre Weltgeist heißen, GOTT der HERR ist, in dem wir leben, weben und sind".

Von den folgenden, für die Benennung dieses 8. Teils denn doch sehr wunderlichen Fragen mögen die Überschriften einiger genügen: „Wie die Geister ihre Würckung über die Leiber haben?" „Ob die bösen Geister Kinder zeugen können?" „Wie die Sinn= geister in dem Gehirn erzeuget werden". Auch Beweise für die Unsterblichkeit der Seele finden sich in dem 8. Teil, welche übrigens der 4. Frage aus dem Anhange zum 8. Teile der Gesprächspiele entnommen sind. Weiterhin wird als Mittel, Vögel von Baum= früchten abzuhalten, empfohlen, eine „Knobloch Zwiefel" an den Ast zu binden. Von der Entstehung der Mucken wird im Gegen= satz zu Aristoteles, welcher sie ohne den Willen und die Absicht der Natur als Fäulniserzeugnisse auftreten lasse, dargethan, daß auch sie „wie alles dem Menschen zu gut erschaffen" worden, da sie den Vögeln und diese den Menschen zur Nahrung dienen; am Schlusse verweist Harsdörfer auf die Vorrede zu seinem Büchlein von den verborgenen Wohlthaten Gottes. Unter dem Titel: „Wie der Taback durch das Wasser zu trincken" findet sich die Beschreibung einer persischen Wasserpfeife nebst vier Abbildungen.

Die 13. Frage ist eine Wiederholung der 2. Aufgabe des 12. Teils im 2. Bande. Diesmal kommt in den leeren Raum des Torricelli „gar reiner Lufft aus denen uns unsichtbaren Schweiß= löchlein" des Quecksilbers oder Wassers. Es wird auch eines Ver= suches von Mersenne (1588—1648, Minorit, Theolog und Philosoph) gedacht; er habe die Torricellische Röhre unter Queck= silber mit dem Daumen verschlossen und dann umgekehrt, daß der Lufft / oder die vermeinte Leerheit seinen Finger zu rühren kommet / so zieht solcher Lufft den Finger so starck an sich, daß er gleichsam auffgeschwellet. Wir beweisen hiemit die Abwesenheit der Luft innen, den Überdruck der Luft außen oder im Blute, Harsdörfer folgert daraus Anziehung, also Anwesenheit der Luft innen. Er

schließt also: Daß auch der aller reinste Lufft durch ein Glas
dringen könne / gleich die der Sonnenstral / beglauben die Schmeltz-
künstler / welche die eingefangenen Geisterlein / oder auch das
Jungfrau Quecksilber wieder verhoffen auß solcher Gewarsam
entkommet.

Nebenbei bemerkt ließ Mersenne ein ähnliches Werk wie
die Erquickstunden zu Paris 1634 unter dem Titel: „Récréation
des Savans . . . . la philosophie et les mathematiques" erscheinen,
ein weiteres Zeichen, wie beliebt und verbreitet diese Art Bücher war.

Im Anhange zum 3. Bande ist auf Seite 658 und 659 aus
Jean Pecquet: „Experimenta nova anatomica etc. Paris 1651"
mitgeteilt, „das Robervalius, Professor Mathes zu Pariß / diese
Prob gethan". Er brachte in die Torricellische Leere eine „auff
das genaust außgedruckte" Schwimmblase „eines Karpffen", welche
sich „auffgebleht / und in dem Glaß frey geschwebet: Welches nicht
zu glauben wann nicht die Erfahrung / alle Vrsachen zu zweiffeln
auffhebte". Es wird dies damit erklärt, daß Luft, welche in dem
Quecksilber in gepreßtem Zustand war, entwich und die Blase füllte.
— Weiterhin ist aus Pecquet auch jener Versuche mit dem Barometer
gedacht, die „Pascalius mit ihm auff dem hohen Berg (le puy
de Dome) bey Claremont probiret". Das Quecksilber sei von
27 Daumen Höhe „auff 24 Daumen abgewichen / welches keiner
ander Vrsache bey zu messen / als dem Luffte / mit welchem das
Glas umbgeben".

Jean Pecquet war Arzt in Paris, Roberval (1602—1675)
Professor am Collège royal daselbst, bekannt durch die Erfindung
der Tafelwage, Blaise Pascal (1623—1662), als Mathematiker
(Induktionsbeweis, Pascal'sches Sechseck) wie als Physiker hervor=
ragend, veröffentlichte mit 17 Jahren schon ein Werk über Kegel=
schnitte, wies die Gleichartigkeit des Luftdrucks mit dem Flüssigkeits=
druck nach und ersann (unter einer großen Reihe sehr sinnreicher,
zum teil noch jetzt gebräuchlicher Versuche) auf grund jener Gleich=
heit den Versuch, irdische Höhenunterschiede als Unterschiede von
Barometerständen sichtlich zu machen. Am 16. September 1648
führte sein Schwager Perier auf seine Anregung hin zum ersten=

male den Verſuch am Puy de Dôme mit dem zuvor angekündigten
Erfolge aus.

In Frage 14 ſoll aufgeklärt werden, woher die Winde kommen.
Harsdörfer glaubt nicht mehr an einen beſonderen Ort als Urſprung;
er ſchreibt dieſe Bewegung der Luft der Wärme zu, ferner erfolge
die Bewegung dahin, wo ſie „am wenigſten Widerſtand finde“.
Auch hier wieder die Andeutung des „kleinſten Kraftmaßes“ als
Weltprinzip. — Frage 15 ſucht zu entſcheiden, warum es auf dem
Meere mehr Winde gibt als auf dem Feſtlande. Nachdem zuerſt
wunderliche Urſachen angegeben werden, kommt als möglicher
Grund auch in Betracht, daß das Meer eben ſei und deshalb der
Luftbewegung weniger Widerſtand biete als die Berge und Wälder
des Feſtlandes.

Die Frage 16 enthält Abbildung und Beſchreibung einer
Luftturbine, die Fragen 17 und 18 bringen Spielereien als An=
wendungen des Hebers, Frage 22 ſchildert einen durch Erwärmung
getriebenen Heronsbrunnen (S. S. 357), als 23. Frage findet ſich
der umkehrbare Heronsbrunnen unſerer allerjüngſten Blumentiſch=
ſpringbrunnen. Der in Frage 24 zum teil mit Luftverdünnung
betriebene Kircherſche Heronsbrunnen wurde von Harsdörfer nicht
verſtanden; gerade die oberſte Glaskugel, in welcher durch eine
Art Waſſerluftpumpe ein luftverdünnter Raum entſteht, der Ver=
anlaſſung für drei Springbrünnlein wird, „hat oben ein kleines
Löchlein, einer Erbsgroß“.

Aufgabe 26 lehrt, in der Art der neuen Reaktionspropeller
ein Schiff vorwärts treiben, allerdings nur durch rückwärts aus=
geblaſene Luft „aus einer kleinen Öffnung“, ein Beweis, daß nur
ein Kircherſcher Einfall, keine wirkliche Ausführung vorliegt. — In
der 31. Frage von der Erfindung und dem Betriebe der Schiffahrt
ſcheint unter anderem nach Figur und Erörterung ein verunglücktes
ſphäriſches Dreieck zur Beſtimmung der Ortsentfernung gemeint
zu ſein; da ſich hiemit auch Prätorius beſchäftigt hatte, könnte
bei Harsdörfer etwas mehr Klarheit in der Frage mit Recht
erwartet werden. Er findet überdies, daß weder Magnet, noch
Stundenuhren, noch Beobachtung von Sonne, Mond und Geſtirnen

„so genau auch ihr Lauff auß den Tafeln genommen werden
möchte" völlig gewiß und zuverläſſig ſeien. Dagegen ſchlägt er
als „gar genau" einen „Windhaſpel" vor nach Fournier's Hydro=
graphie, welcher aber leider ganz ſicher die Schiffsbewegung falſch
anzeigt, da er nur bei ruhiger Luft richtige Angaben machen
könnte, alſo eben dann, wenn das Segelſchiff ſtill liegen muß.

Die Ebbe und Flut wird in Frage 32 behandelt. Harsdörfer
ſtellt ſich laut Figur und Erklärung die Thatſache verkehrt vor
und meint dann, das Meer fliehe den Mond, ziehe ſich wie vor
dem Lichte zuſammen, weiche zurück und ſei ihm gegenüber ab=
geplattet. „Dieſe Erfindung gebrauchet H. Athanaſ. Kircherus."

Ein Wunder nach der Art Münchhauſens bringt Harsdörfer
zum Schluſſe der Frage noch dadurch fertig, daß er eine Vor=
richtung angibt, die, am Schiffe befeſtigt, erkennen läßt, wie hoch
bei Ebbe und Flut das Meer ſteigt und ſinkt, beſonders dort, wo
der Bleiſenkel nicht gründen kann. „Dieſes Inſtrument iſt den
Schiffern faſt nohtwendig zu haben." — Frage 34 kommt auf
die Seekrankheit zu ſprechen. Derjenige, welcher das erſtemal auf
das Meer kommt, pflegt den Magen auszuleeren, weshalb „etliche
auff dem Meere ſpazieren fahren / ſich ſolcher Erleichterung für
eine Artzney zu gebrauchen". Es genüge übrigens auch, „einen
rauhen und ſchroffen Weg / in den Kutſchen zu fahren", kurz
„eine ſtarcke und unordentliche Bewegung," auch „ein laulichtes
Saltzwaſſer" habe die gleiche Wirkung.

Die 35. Frage iſt eine Rechenaufgabe von 3 Röhren, die ein
Gefäß entleeren, wie ſie Heron von Alexandrien um 100 v. Chr.
löſen lehrte. — Frage 37 lautet: Warum ſind die Fiſche ſtumm?
— Frage 38 beſchäftigt ſich 3 Seiten lang damit, „ob die Fiſche
oder das Fleiſch beſſer?" und 39 „ob die Fiſche die glückſeligſten
unter allen Thieren ſeyen?"

Der 9. Teil iſt überſchrieben: „Von der Feuer= und
Schmeltzkunſt"; er umfaßt 30 Fragen. Die erſte dieſer: „Ob
Feuer oder Waſſer ſtärcker ſeye?", wird am Schluſſe dahin beant=
wortet: Das Fener iſt reiner und trefflicher, als das Waſſer: ſolches

aber iſt ſtärker / weil es / wie geſagt / nicht kan zurucke gehalten
werden.

Frage 6 unterſucht: Warum die Sonne das Eis erweiche
und das Salz erhärte? Das Eis iſt ein erhärtes Waſſer, deſſen
Kälte von der Sonne außgezogen ... das Eis zu Waſſer machet. ...
Das Salz aber ... wird durch das Feuer dicht und hart / ...
welches alle Feuchtigkeit außziehet und verzehret. Warum das Salz
in dem Feuer ſpratzle und klaſchre / iſt keiner andern Urſache / als
dem darinnen verborgnen Lufft zuzuſchreiben / welcher durch die
Hitze mit Gewalt wird außgetrieben. Veraltete und moderne An=
ſchauungen hart neben einander! Zum Schluſſe wird noch
Ariſtoteles heraufbeſchworen, alſo orakelnd: Was erhärtet und
dicht wird / das wird durch die Hitze / oder durch die Kälte hart
gemacht. Was durch die Kälte erhartet / das wird durch die Hitze
auffgelöſet / wie das Eis und das Bley: Was durch die Hitze
erhartet / wird durch die Kälte auffgelöſet / wie das Salz und die
Erdſchrollen.

Beſondere Merkwürdigkeit iſt der 7. Frage eigen: Warum
die Leichname der jenigen / welche der Hagel erſchlagen / langſam
verweſen. Dieſer Frage gedencket zwar Plutarchus / giebt aber keine
richtige Antwort darauff. Die Urſache iſt: weil durch die Hitze des
Hagels / die Feuchtigkeit deß Leibes außgetrocknet wird / welche der
Verweſung Anfang und Vermittlung iſt. Jedoch iſt der Hagel nicht
gleich / und führet zuzeiten mehr oder weniger Schwefel.

Die 13. Frage beſchreibt „ein Orgelwerck von Büchſen". Dergleichen Todten Muſic iſt allhier in unſerm Zeughaus auff einem
Driangel mit 33 Pfeiffen / und wieder auff einem Viereck mit
80 Pfeiffen oder Röhren.

Frage 27 lehret, wie aus Waſſer Queckſilber zu machen,
welches aber nicht ſo ſchwer als das natürliche. Harsdörfer meint
dazu, es ſcheinet aber ein wenig ſchwer zu glauben. — Die letzte
Frage: „Ob einem Chriſten das Goldmachen verlaubt"
wird eigentlich gar nicht zu entſcheiden verſucht, dagegen ſind ganz
vernünftige Gedanken über das Goldmachen unter mancherlei Aber=
glauben. Hiemit geben wir zugleich eine Probe von den Schluß=

geschichten, welche jedem Teile beider Bände in der letzten Frage
angehängt sind.

Wer das Gold machen kan / der sagt es nicht / wer es nicht
weiß / wolte es gerne sagen / und weiß es nicht / dencket mich aber
zu betrügen / und das Gold außzulügen / sagt Jacob. Bornitius de
rerum sufficientia l. 2 . c. 41. deßwegen wird diese Goldkunst einer
Dirne verglichen / welche viel zu sich locket mit ihrer Schönheit /
fast keinen aber zukommen lässet . . . . . und ist ausser Zweiffel /
daß das Gold machen kein ordentlicher Beruff seye / und heisst es
wie der Apostel saget / die trachten reich zu werden / fallen in die
Stricke der Versuchung . . . . . scheinet / daß diese Art sich zu bereichern gar wenigen von GOTT gegeben seye.

Daß man das Silber und das Quecksilber in Gold verwandlen
könne / ist gewiß; ob aber ein Gewinn darbey / zweiffeln alle / die
mit solchen Wuchergedancken sich betrogen gefunden. . . . . Die Gold
Tinctur kan andre Metall zu Gold machen. Wie ein solcher halb-
eiserner und halbgüldener Nagel zu Florentz zu sehen ist. Gewißlich
ist der Betrug bei vielen Goldmachern grösser als die Kunst / wie
sonderlich erfahren / der zu unsrer vätterzeiten regierende Hertzog zu
Würtenberg / der dieser und aller seltnen Wissenschafften Liebhaber
ware / wurde aber zum zweytenmahl schändlichst betrogen. Erstlich
kame ein solcher Goldkünstler an seinen Hof / der hat mit Gold an-
gefüllte Kohlen / wann er nun dieselben in den Tügel / darein er
Quecksilber gesetzet / geworffen hatte / muste das Gold außschmeltzen
und das Quecksilber verrauchen. Er hatte auch zuweiln einen Knaben
in einen Kasten verborgen / der nachdem der Fürst die Kammer
verschlossen / herauß stiege und das Gold in den Tügel setzte.

Wie aber aller Betrug / also konte auch dieser nicht lang verschwiegen bleiben / und wurde dieser Goldmacher zu Stuttgard / an
einen mit Flindergold gezierten Galgen / als ein Dieb und Betrüger
gehencket.

Bald hernach meldet sich bey hochbesagtem Fürsten ein andrer
an / und will den Fürsten Goldmachen lernen / oder auff Befindung
einiges Betruges / sterben wie Judas. Wie listig verhielte sich
dieser? Er gabe einen Krämer gefeiltes Pulver / und liesse es

wieder / gegen bares Geld / das Loth für einen Groschen abholen: Der Fürst thate deßgleichen / und konte also seiner Meinung nach / auß Nix (also benamte er das Pulver) Gold machen; Deßwegen er den Meister mit einer Ketten und einem Pferd beschenckte / und von sich ziehen liesse. Nach dem er abgeschieden / wolte der Fürst vergeblich mehr Nix von dem Krämer haben / und fande sich also betrogen / in dem er vernommen / daß eben der vermeinte Gold-künstler dem Krämer das Pulver zugestellet.

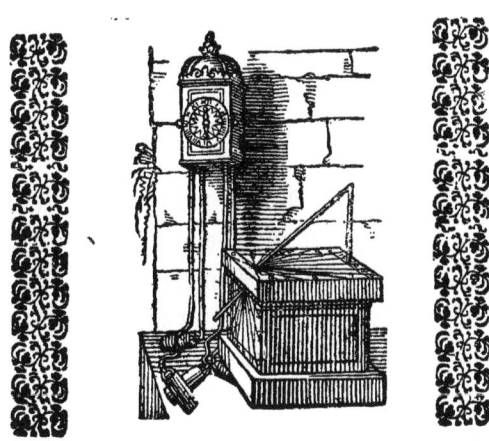

Eine weitere Schrift mathematischer Richtung gab Harsdörfer heraus als dritten Teil eines Werkchens über Sonnenuhren, welches er neu auflegte. Der Titel desselben ist:

Speculum Solis Kunstständiger / Leichter und Grundrichtiger Bericht von den Sonnenuhren und was zu denselbigen gehöret. Vormals durch M. Franciscum Rittern von Nürnberg in zweyen Theilen beschrieben. Nunmehr aber Mit dem dritten Theil aller neuer Erfindungen vermehret und mit nohtwendigen Kupfferstücken gezieret Durch einen Liebhaber deß Studii Mathematici. Nürnberg / In Verlegung Paulus Fürsten / Kunsthändlers allda 1652.

Der beigegebene 3. Teil hat den besonderen Titel: Speculum Solis d. i. Sonnenspiegel Dritter Theil begreiffend etliche neue und noch weniger bekandte Erfindungen / die Sonnenuhren auf mancherley Weise aufzuzeichnen. Auß vielen in frembden Sprachen geschriebenen

Mathematicis mit großem Fleiß zusammengetragen und mit nohtwendigen Figuren gezieret durch einen Liebhaber deß Studii Mathematici 1652.

Franz Ritter, geboren zu Nürnberg, wurde als Theologie-
studierender in Altdorf Schüler von Prätorius, beschäftigte sich als
Pfarrer in Stöckelsberg bei Altdorf mit mathematisch-astronomischen
Studien und ließ als Ergebnis derselben nach Doppelmayr im
Jahre 1599 Instructio instrumentalis quadrantis novi, d. i. Be-
schreibung und Unterricht eines neuen Quadranten, 1607 den oben-
genannten Sonnenspiegel in zwei Teilen drucken, nach Günther,
Nürnberger Festschrift, im Jahre 1613 eine Beschreibung des von
ihm konstruierten astronomisch-geodätischen Universalinstruments,
Astrolabium genannt.

Die beiden ersten, von Ritter verfaßten Teile des Sonnen-
spiegels sind in je zehn Kapitel eingeteilt. Der 3. Teil von
Harsdörfer enthält 21 Aufgaben. Den Kern des Ritterschen Anteils
bilden acht große Kupfertafeln, erfüllt mit astronomischen Linien, wie
sie etwa die große, an der Südseite der Lorenzkirche dahier befindliche Sonnenuhr, vom Wiener Mathematiker Stabius 1502 hergestellt, aufzeigt. Ritter beschreibt nirgends, wie er die Linien
gefunden, auch die Anweisung zum Gebrauch der Tafeln ist karg;
auf jeder derselben ist der Ort des Schattenstifts und dessen Länge
angegeben. In einem Schlußkapitel wird gelehrt, die Tafeln zu
vervielfältigen, für andere Längen der Schattenstifte, für verschiedene Lage dieser Tafeln zum Horizont bei Sonnenschein oder
bei Licht (!).

Harsdörfer spricht sich über die Verwertung dieser Tafeln am
Schlusse der 35. Frage des 4. Teils vom 3. Bande der Erquickstunden also aus: Wer sonsten / ohne grosse Mühe / allerlei Sonnenuhren machen wil / der findet sie schon in Kupfer gestochen / in dem
Speculo Solis M. Francisci Ritteri, da man nicht anders thun darff /
als die Kupferstucke aufleimen / oder aufziehen / und / nach gehöriger
Länge / die Zeiger einstecken.

Die Tafeln dienen nach der Reihenfolge des Quartbandes:
zur Ablesung der astronomischen und Nürnberger Stunden, der

jüdischen Stunden, der Sonnenzeichen und Festtage, der Tag- und
Nachtlänge, der zwölf himmlischen Häuser, der verschiedenen Zeit-
angaben für denselben Zeitpunkt an verschiedenen Orten der Erde,
der größten Taglänge für diese verschiedenen Orte, endlich des
Sonnenazimuths.

An verschiedenen Zeiteinteilungen des Tages nennt Ritter:
Die astronomische von Mitternacht zu Mitternacht mit den Stunden
1 bis 24; die babylonische von Sonnenaufgang bis wieder zu
Sonnenaufgang und gleichfalls den Stunden 1 bis 24; die
bürgerliche von Mittag bis Mitternacht mit den Stunden 1 bis
12 und ebenso von Mitternacht bis Mittag; die jüdische von
Sonnenaufgang bis Sonnenuntergang mit 12 Stunden und von
Sonnenuntergang bis Sonnenaufgang mit 12 Stunden. Die
Länge der letztern Stunden ändert sich mit der Jahreszeit; bei
der zweiten Einteilung bleiben zwar die Stunden gleich lang,
aber der Beginn jeder Stunde verschiebt sich, und damit ändert
sich z. B. auch die Benennung der Mittagsstunde.

Die Harsdörferschen 21 Aufgaben des 3. Teils vom „Sonnenspiegel" sind größtenteils auch in den 2. und 3. Band der
Erquickstunden von ihm aufgenommen worden, zum teil aus
dem Schwenterschen 1. Bande entnommen und zumeist lediglich
Spielereien im Gegensatze zum ernsten Zwecke des Ritterschen
Anteils. Schwenter sucht diese Art in der Vorrede zum 8. Teil,
von den Uhren, zu rechtfertigen. Er gibt zuerst eine Geschichte
der Uhren, besonders der Sonnenuhren, nennt eine große Anzahl
von Schriftstellern (darunter jedoch Ritter nicht), welche gelehrt /
die Horologia plana vnd verticalia, nach den vier Orten / an
gerade schräge vnd gelainte Wände vnd Mauren zu entwerffen /
Sie haben hole kuglichte / Conische / pyramidalische / Cylindrische /
Cubische / 2c. SonnenVhren vnd Compasten gemacht Sie haben den
Annulum horometrum vnd viele andere schöne Jnstrument zu
Horologien erfunden. Jch hab vor der Zeit einen Helfenbeinen
Compasten / in der grösse eines Octavbüchleins kaufft welchen Hans
Troschel zu Nürnberg gemacht darauff war zu sehen die Böhemesche
vnd Teutsche Vhren / Horizontalia vnd verticalia, concava vnd

convexa, die 12 himlischen Zeichen die Planetenstund / ab- vnd
zunemung deß Monds / die Tagläng / allerley Elevationes poli,
ein MondVhr / ein See Compast / ein Wegweiser / wie auch zum
Feldmessen sehr wol zu brauchen / davon ich dann ein sonderlichen
Tractat geschrieben / welcher sampt dem Compasten dem König in
Poln zukommen / so weit habens gemeine HandwercksLeut in dieser
Kunst gebracht. Weiln nun bißhero von gedachten Authoribus viel
von Verzeichnung der künstlichen Sonnen Vhren geschrieben / vnd der
Leser solche zu seinem Nutz vnd Belieben durchsehen kan / hab ich
etliche kurtzweilige vnd doch nützliche Sonnen Vhren in diesem achten
Theil gelehret. Ihm folgte hierin Harsdörfer getreulich nach.
So schildern beide den Daumen der Hohlhand als Zeiger, die
Finger als Stundenmarken, oder die Nase als erstern, die
Zähne als letztere.

Harsdörfer sagt in der 2. Aufgabe: Auf freyem Felde eine
Stunduhr / ohne Compaß auf die Erde zu verzeichnen: (Zuerst sei
die Mittagslinie wie üblich gefunden.) Wann nun der Stangen
Schatten solche berührt / ist 12 Uhr oder Mittag / die andern Stunden
oder halbe Stunden verzeichne darein / wie sonsten in einem Horologio
Horizontali geschiehet / weil aber / wie eine solche aufreissen soll /
hin und wieder in den Büchern zu finden und leicht ist / will ichs
hier / Weitläuffigkeit zu vermeiden / nicht wiederholen. Alles ist
wörtlich auch zu finden als 13. Auffgab im 8. Teil bei Schwenter.
Beide raten, wenn eine Sonnenuhr in der Nähe, einen Spiegel
so zu hängen, daß man sie vom Zimmer aus sehen könne; u. s. f.

Harsdörfer stellt einerseits die Stundenteilung des Kreises der
Sonnenuhr „nach einer guten Sanduhr her", spricht aber andern=
orts: „welches alles denen zu verstehen etwas schwer fallen
möchte / die in Geometricis ganz keinen Anfang haben". — Die
Wage wird als Sanduhr eingerichtet, indem man die eine Wag=
schale mit einer feinen Öffnung an tiefster Stelle versieht und
mit feinkörnigem Sand füllt; der Wagbalken dient dann als Uhr=
zeiger. — Anhangsweise wird mitgeteilt: Wie man einen Drachen
soll fliegen machen ist auch Kindern bekannt... Sollte nun ein
solcher Drach einem wolberichten Falken angebunden / und mit etlichen

feurigen Buchſtaben zubereitet werden / wie auf ſolche Weiſe in Indien etliche Gefangene erlöſt worden / würde es für kein gemeines Wunder⸱werck gehalten werden.

Als letztes hier zu beſprechendes Werk Harsdörfers iſt zu nennen: Der Geſchichtsſpiegel: Verweiſend Hundert Denckwürdige Begebenheiten Mit ſeltnen Sinnbildern / nutzlichen Lehren / zierlichen Gleichniſſen / und nachſinnigen Fragen aus der Sittenlehre und der Naturkündigung / Benebens XXV Aufgaben von der Spiegelkunſt / An das Liecht geſetzt / Durch Ein Mitglied der hochlöblichen Frucht⸱bringenden Geſellſchafft. Nürnberg 1654.

Anhang: XXV Aufgaben aus der Seh⸱ und Spiegelkunſt / zu vollſtändiger Erſetzung Der Philoſophiſchen und Mathematiſchen Erquickſtunden / beygefügt und mit nohtwendigen Figuren ausgezieret.

Doppelmayr in den Nachrichten von den Nürnberger Mathe= maticis und Künſtlern gibt S. 100, Zeile 2 und 3 irrig an, Harsdörfer habe 1654 ſeinen aus 8 Teilen beſtehenden Geſpräch= ſpielen noch 25 Aufgaben, die mehrenteils auf die Catoptricam ſich beziehen, beigefügt. Teil 8 der Geſprächſpiele erſchien 1649, allerdings auch mit einem Anhang von 25 Aufgaben, aber allgemeinerer Gattung.

Die 25 Aufgaben aus der Spiegelkunſt ſind nun der Art nach ganz und gar den Erquickſtunden entnommen, großenteils auch dem Stoffe nach. Gleich die 1. Aufgabe iſt Wiederholung von Frage 24 und 37 des 3. Teils vom 3. Bande. Die Auf= gaben 2 bis 9, 18 und 19, 23 bis 25 behandeln Anamorphoſen oder Zerrbilder, ſchon erwähnt S. 372. — Aufgabe 11 lehrt „die Mucken eines Zimmers auf einem Spiegel zu ſammeln und zu verbrennen". Der Spiegel wird mit Honig beſtrichen, dazwiſchen Pulver („laufendes Feuer") geſtreut und angezündet. Gewiß eine wunderliche „Spiegelkunſt". — In Aufgabe 12 wird „eine Ver= tiefung des Gewölks" durch 4 Kuliſſen erzielt, auf welche jenes verteilt iſt.

Aufgabe 25 und 26 lehrt die Zeichnung des Bildes im ebenen Spiegel. Dabei meint Harsdörfer, zu Mittag läge das

Bild anders als morgens oder abends, in Ländern näher am Äquator verschieden gegenüber solchen, die ihm ferner liegen.

Gelegentlich der Schilderung, wie man Bilder für Cylinder= spiegel herstellen könne, ermahnt er den Leser kräftiglich zur Gebuld: Sollte besagtes dem Leser nicht deutlich genug sein / so lasse er ihm gefallen / ein wenig nachzusinnen / und den Kopf darüber zu brechen / hat er in Geometricis seine fundamenta, und will nicht ohne Er= kenntnis der Buchstaben lesen lernen / will er sich wol darein schicken.

Ein schwerer Stein läßt sich nicht mit leichter Hand erheben / und muß der Lust die nohtwendige Arbeit erleichtern; massen diese und alle Mathematischen Künste keine Schwindelhirn und ungedultige / sondern nachsinnige und fleissige Leute erfordern. Es ist genug / daß man hier Anleitung findet / und kan man den Handgriff noch schreiben / noch mahlen / wie leichtlich zu erachten.

Es war ein langer, oft mühsamer und durchaus nicht immer erquicklicher Weg durch Harsdörfers Erquickstunden und deren Wiederholungen im Sonnenspiegel und im Anhang zum Geschichts= spiegel. Staunenswert war jedoch die umfassende Belesenheit des Juristen Harsdörfer in naturphilosophischen Werken, aber auch seine Leichtgläubigkeit, sein Mangel an Kritik; natürlich war er eben hierin ein Kind seiner Zeit. Wir geben als Beleg für den Zug der Zeit zur Sammlung von allen möglichen wissenswerten Nachrichten eine Stelle aus dem dritten Bande der Vorlesungen über die Geschichte der Mathematik von Moritz Cantor (Leipzig, Teubner 1894).

„Denis de Sallo, Sieur de la Coudraye (1626 bis 1669) war seit 1652 Nachfolger seines Vaters als Parlaments= rat in Paris. Sein wesentlicher Charakterzug war eine auf alle Gebiete sich erstreckende Wißbegierde, die er dadurch zu befriedigen suchte, daß er las, was immer neu erschien, und daß er Leute besoldete, welche für ihn die Stellen abschrieben, die er bezeichnete, und denen er Bemerkungen und eigene Gedanken zu diesen Stellen in die Feder diktierte. Auf Grund dieser Sammlung von wichtigen Auszügen war De Sallo in den Stand gesetzt, binnen sehr kurzer Zeit Abhandlungen über die entlegensten Dinge zu verfassen, und so lehrte ihn die eigene Erfahrung den Nutzen gut gemachter Bücherauszüge. Er faßte den Gedanken einer Zeitschrift, welche ihrem Leserkreis das biete, was er für sich allein mit großem Kostenaufwand zu beschaffen sich gewöhnt hatte. . . . Am Montag den 5. Januar 1665 erschien die erste Nummer des Journal des Sçavans (der ersten Zeitschrift dieser Art) auf anderthalb Druckbogen in Quart."

Offenbar liegt bei Sallo wie bei Harsdörfer der gleiche, starke Drang der Mitteilung des Gelesenen an einen größeren Leserkreis vor. Bedauerlich, daß nicht schon Harsdörfer diesen Gedanken einer Zeitschrift für seine bunten Mitteilungen faßte; eine Fortsetzung seiner lobenswerten Bestrebungen in seinem Geiste wäre dann gesichert und die Versprechungen solcher Fortsetzungen am Ende schier jeden Bandes überflüssig gewesen. Aber gerade hieraus geht auch wieder die große Verwandtschaft seiner litterarischen Thätigkeit mit jener eines Mitarbeiters an Zeitschriften der Gegenwart hervor.

Harsdörfer lebte in der Zeit des Überganges von einer Weltanschauung zu einer andern. Er neigte zumeist der früheren Anschauung zu. Die Naturphilosophie des Aristoteles beherrscht sein Vorstellen, zu den Neuerungen eines Kopernikus, eines Galilei verhält er sich mehr ablehnend als zustimmend. Ihm, wie seinem Vorbild Schwenter merkt man die Freude, die Ruhe, das Gefühl der Sicherheit jedesmal an, wenn sie schreiben können, „denn so sagt Euklid" oder „besiehe Aristoteles in mech. da und da". Aber so dachte die weitaus überwiegende Zahl der Zeitgenossen. Wer wollte dem Schriftsteller, welcher die Durchschnittsbildung seiner Zeit in immer weitere Kreise zu tragen sich bestrebte, verargen, daß auch er unter dem Banne jenes Geistesgewaltigen noch stand? War doch das Ansehen des großen Philosophen vom 12. Jahrhundert an so gestiegen, daß selbst Bullen und Bannflüche gegen einzelne seiner Lehren wirkungslos

26

blieben, ja daß später sogar Professoren beim Antritt des Lehr=
amtes einen Eid ablegen mußten, in den Vorträgen weder gegen
das Evangelium noch des Aristoteles Schriften sich zu vergehen.
Noch in Mitte des 16. Jahrhunderts wurde zu Oxford jeder
Fehler gegen Aristoteles mit 5 Schilling gebüßt, und Petrus
Ramus konnte sich einer Verfolgung durch König und Parlament
zu Paris nur mittels schleuniger Flucht entziehen, als er einige
Behauptungen jenes Philosophen für falsch erklärt hatte.

Das Studium der Naturphilosophie des Aristoteles war
zudem mit der Zeit völlig erstarrt und ganz verknöchert geworden.
Nur noch Kommentare zu seinen Werken wurden geschrieben, an
stelle des Sachwissens war Wortwissen getreten, statt Beobachtung
und Untersuchung der erörterten Erscheinungen selbst trieb man
lediglich Textkritik. Im Sinne einer Verherrlichung der Idee,
einer Vernichtung der Materie wurde die Mechanik zur reinen
Projektenmacherei, Versuche und Vorrichtungen wurden beschrieben,
ohne jemals ausgeführt worden zu sein, ohne Absicht, sie je aus=
zuführen, ja ohne Überlegung, ob die Ausführung möglich sei.
Schwenter schließt gewöhnlich solche Schilderungen im ersten
Bande der Erquickstunden mit den Worten: Wenn Du solches
probirtest, würdest Du Wunders erleben. Man glaubte eben, das
Bedürfnis nach Erkennen der Natur aus sich selbst heraus
befriedigen, den Grund der Erscheinungen lediglich durch Nach=
denken finden, strittige Fragen durch Gedankenspiele allein
entscheiden zu können.

Auch die Weitschweifigkeit in den Schilderungen war ein
Gemeingut der Schriften jener Zeit. Gerade wegen seiner Schärfe
und Kürze im Ausdruck, wegen seiner Kunst der schriftlichen Dar=
stellung war Galilei von seinen Gegnern gefürchtet und ragte auch
in dieser Hinsicht über seine Zeitgenossen hinaus.

Aus der Zeit heraus ist ebenfalls erklärlich, warum die
kopernikanische Lehre der Erdbewegung sich so langsam Bahn
brach und auch von Harsdörfer nicht entschieden vertreten wurde.
Die neue Auffassung gab eben Veranlassung zu einer Reihe von
Fragen, welche die Anhänger derselben noch nicht zu beantworten

vermochten. Erst eine viel spätere Zeit mit neuen physikalischen Anschauungen brachte die Lösung dieser Fragen und damit die Beseitigung der letzten Zweifel.

Allerdings würde in einem anderen Geiste sich die naturwissenschaftliche Richtung der Zeit anders gespiegelt haben, die Bestrebungen Galileis und seiner Anhänger wären ihrem Werte nach richtiger geschätzt worden. Es sind aber nur wenige Auserwählte, welche über ihre Zeitgenossen hinaus Leuchten für die Zukunft darstellen, und deren Anschauungen darum auch erst von dieser Zukunft voll gewürdigt werden; zu ihnen gehörte Harsdörfer nicht. Aber wir dürfen von ihm als naturphilosophischem Schriftsteller doch mit dem Urteile scheiden: Bei seiner außergewöhnlich umfassenden Belesenheit nicht nur in seiner Muttersprache, bei seiner ausgesprochenen Neigung, mit seiner persönlichen Meinung zurückzustehen hinter dem Für und Wider anderer Meinungen gibt er in seinen Schriften ein getreues Bild der durchschnittlich zu seiner Zeit üblich gewordenen Anschauungen.

VII.

Anhang.

---

1. Harsdörfers Schriften.

Das Archiv der Freiherren von Harsdorf ist gegenwärtig ungeordnet. Die Schriftstücke befinden sich teils in Nürnberg, teils in Fischbach. Widmann (1707) spricht von zahlreichen, noch vorhandenen Briefschaften Georg Philipp Harsdörfers. In dem mir durch besondere Güte allein zugänglichen hiesigen Teile der Harsdorfschen Archivüberreste fanden sich, so weit ein Einblick möglich war, keinerlei auf Georg Philipp bezüglichen Briefe vor. Der von mir „Familienbuch" benannten handschriftlichen Aufzeichnungen aus dem 17. Jahrhundert ist schon in Kapitel I Erwähnung geschehen.

Die gedruckten Schriften Harsdörfers führe ich mit vollständigem Titel an. Ihre Reihenfolge bestimmt sich, so weit möglich, nach den Jahrzahlen der mir vorliegenden Ausgaben. Bei mehrbändigen Werken richtet sich dieselbe nach der Ausgabe des ersten Teils. Das mir über die verschiedenen Ausgaben Bekannte habe ich in kurzen Anmerkungen jedem Büchertitel angefügt. Ebenso habe ich den Namen der Bibliothek beigesetzt, der ich das Buch entliehen.

Nürnberger Stadtbibliothek . . . . = N. St. B.
Jenitzersche Pfarrbibliothek . . . . = F. Pf. B.
Bibliothek des Germanischen Museums . . . = G. M. B.
Bibliothek des Pegnesischen Blumenordens . . . = B. Bl. O.
Universitätsbibliothek Erlangen . . . . = E. U. B.
Universitätsbibliothek Göttingen . . . . = G. U. B.
Münchner Hof- und Staatsbibliothek . . . . = M. H. St. B.
Wolfenbüttel, Herzogl. Bibliothek . . . . . = H. W. B.
Berlin, k. Bibliothek . . . . = B. Kgl. B.
Wien, Hofbibliothek . . . . = W. H. B.
Stuttgart, öffentliche Bibliothek . . . . = St. Ö. B.
Frankfurter Stadtbibliothek . . . . = Fr. St. B.
Maihingen, Fürstl. Öttingen-Wallersteinsche Bibliothek = F. Ö. W. B.

Memoria Viri prosapiâ, virtute atque eruditione Nobi-
lissimi, Christophori Füreri ab Haymendorf et Wolckersdorf,
& Junioris, Dicasterij Norici Assessoris, & auctore Georgio
Philippo Harsdörffero, defuncti Collega et affine amicissimo.
Cum auctario aliorum. Norimbergae, Typis Endterianis.
1639. 4⁰. (G. U. B.)

Diese Laudatio enthält 32 p. bezw. 80 p. Sie ist selten geworden; in
dem Sammelband der Göttinger Bibliothek finden wir sie unter Nr. 11.

Georgi Philippi Harsdörfferi Cato Noricus sive Meditatio
Panegyrica in obitum Genere Nobilissimi, Virtute magnifici
/ Dignitate Amplissimi viri / Domini Johan — Friderici
Löffelholtzi A. Colberg. inclytae Rei. pub. Noricae / Septemviri
et Scholarchae De patria egregie meriti / Fama superstitis.
1640. 4⁰. (N. St. B.)

Peristromata Turcica sive Dissertatio emblematica, Prae-
sentem Europaeae statum ingeniosis coloribus repraesentans.
1641. Norimbergae, Wolffg. Endter. 4⁰. (Fr. St. B.)

Germania Deplorata / sive Relatio / qua Pragmatica
Momenta Belli Pacisque expenduntor. 1641. Norimbergae /
Wolffg. Endter. 4⁰. (Fr. St. B.)

Aulaea Romana, contra Peristromata Turcica Expansa: sive
Dissertatio emblematica, concordiae Christianae omen repraesentans. 1642. Norimbergae, Wolffg. Endter. 4⁰. (Fr. St. B)

Gallia Deplorata, sive Relatio, de luctuoso bello quod
Rex Christianissimus contra vicinos populos molitur. 1642.
Norimbergae, Wolffg. Endter. 4⁰. (Fr. St. B.)

Pegnesisches Schäfergedicht / in den Berinorgischen Gefilden / angestimmt von Strephon und Clajus. / Titelkupfer / Nürnberg / in Verlegung Wolfgang Endter. MDCXXXXIV. 4⁰. (E. U. B.)

Dianea oder Rähtselgedicht / in welchem / unter vielen anmuhtigen
Fügnuſſen / hochwichtige Staatsfachen / denklöbliche Geschichte / und
klugsinnige Rahtschläge / vermittelst der majestätischen deutschen Sprache /
Kunstzierlich verborgen / (Bild: Purpurmuschel mit Umschrift: „Voll

Königlicher Farb ")). Nürnberg / Jn Verlegung Wolfgang Endters / MDCXXXXIV. 8⁰. (M. H. St. B.)

Diese Schrift wird gewöhnlich als schon im Jahre 1634 erschienen, somit als erste Schrift Harsdörfers aufgeführt. Vergleiche darüber meine Ausführungen IV, 4 — Göbeke III, 108 schreibt sie nach der anagrammatischen Widmung an Curt von Burgsdorf Dietrich von dem Werber zu. Gegen diese Annahme sprechen die Harsdörferschen Widmungsverse, die Amarantes als Kennzeichen angibt. Die angeblich Harsdörfersche Schrift von 1634 scheint nirgends mehr aufzufinden zu sein; schon Amarantes kann nur dieses Buch vorgelegen haben, vorausgesetzt, daß er nicht überhaupt nur nach Hörensagen schrieb. Die ganze Verwicklung löst sich am einfachsten durch die Annahme, daß es gar keine Harsdörfersche Übersetzung aus dem Jahre 1634 gibt, sondern nur diese vom Jahre 1644, und daß diese eben von Harsdörfer und nicht von Dietrich von dem Werber sei.

Frauenzimmer Gesprechspiele / so bey Ehr und Tugend liebenden Gesellschaften / mit nutzlicher Ergetzlichkeit / beliebet und geübet werden mögen / Erster Theil. Ans Jtaliänischen / Frantzösischen und Spanischen Scribenten angewiesen / und jetzund ausführlicher auf sechs Personen gerichtet / durch einen Mitgenossen der Hochlöblichen Fruchtbringenden Gesellschaft. Nürnberg / Gedruckt und verlegt bey Wolffgang Endtern. Jm Jahre 1644. Längl. duod. Zugabe: Schutzschrift / für die Teutsche Spracharbeit / und derselben Beflissene: Zu einer Zugabe / den Gesprächspielen angefüget durch den Spielenden. (B. Bl. O.)

Die kürzere erste Ausgabe mit vier Personen und ohne Zugabe ist aus dem Jahre 1641.

Frauenzimmer Gesprechspiele / So bei Tugendliebenden Gesellschafften mit erfreulichem Nutzen beliebet und geübet werden mögen / Zweyter Theil. Aus Spanischen / Frantzösischen / Jtaliänischen Scribenten in Teutscher Sprach verfasset / Zusambt einer Zugab überschrieben das Schauspiel Teutscher Sprüchwörter. Durch Einen Mitgenossen der Hochlöblichen Fruchtbringenden Gesellschafft / Nürnberg. Zum zweytenmal gedruckt / bey Wolffgang Endter. MDCLVII. Längl. duod. (B. Bl. O.)

Die erste Auflage war vom Jahre 1641, die zweite vom Jahre 1657.

Gesprechspiele / So Bey Ehrn= und Tugend-liebenden Gesellschaften außzuüben / Dritter Theil: Samt einer Zngabe genent: Melisa. Ver-

faſſet durch einen Mitgenoſſen der hochlöblichen fruchtbringenden Geſel·
ſchaft. Nürnberg / In Verlegung Wolfgang Endters. MDCXXXXIII.
Längl. duod. (B. Bl. O.)

Die drei erſten Bände wurden zum zweiten Male aufgelegt 1644, 1657 und
1647. — Die dritte Auflage des dritten Teiles erſchien 1653 (Göbeke III, 58).

Geſprächſpiele / So Bey Teutſchliebenden Geſelſchaften an· und
außzuführen / Vierter Theil: Samt einer Rede von dem Worte·Spiel.
Gefertiget durch einen Mitgenoſſen der hochlöblichen fruchtbringenden
Geſelſchaft. Nürnberg / Gedruckt und verlegt bey Wolffgang Endtern.
Im Jahre 1644. Längl. duod. (B. Bl. O.)

Geſprechſpiele fünfter Theil; In welchem Unterſchiedliche / in
Teutſcher Sprache nie bekante Erfindungen / Tugendliebenden Geſell·
ſchaften auszuüben / Vorgeſtellet werden: Benebens einer Zugabe /
überſchrieben die Reutkunſt / Durch Einen Mitgenoſſen der hochlöblichen
fruchtbringenden Geſellſchaft. Nürnberg / Gedrukft und verlegt bey
Wolffgang Endter. Im Jahre 1645. Längl. duod. (B. Bl. O.)

Geſprechſpiele Sechſter Theil; in welchem Vielerley ſeltene fragen /
Gedichte / und Geſchichte / zu nutzlicher Beluſtigung aller Tugend·
und Sprachliebenden Geſellſchaften / behandelt werden. Samt Bey·
lage XII. Andachtsgemählen. Durch Einen Mitgenoſſen der hoch·
löblichen fruchtbringenden Geſellſchaft. Nürnberg / Gedrukft und
verlegt bei Wolfgang Endtern. Im Jahre 1646. Längl. duod.
(B. Bl. O.)

Geſprächſpiele Siebender Theil: handlend Von vielen Künſten,
fragen / Geſchichten / Gedichten / und abſonderlich von der noch
unbekanten Bildkunſt: Benebens einem Anhang benannt frauen·
zimmer Bücherſchrein. gefertiget durch Ein Mitglied der Hochlöb·
lichen fruchtbringenden Geſellſchaft Nürnberg / Gedrukft und verlegt
bey Wolffgang Endtern. Im Jahre 1647. Längl. duod. (B. Bl. O.)

Geſprächſpiele Achter und Letzter Theil: in welchem die ſpiel·
artige Verſtandübung vollſtändig behandelt wird: Benebens einer
Zugabe beſtehend in XXV fragen aus der Naturkündigung und
Tugend· oder Sittenlehre / gefertigt durch ein Mitglied der Hoch·

löblichen Fruchtbringenden Gesellschaft. Nürnberg. Gedruckt bey Wolfgang Endtern / Jm Jahr 1649. Längl. duod. (B. Bl. O.)

Auffällig ist bei diesen acht Überschriften der Wechsel in den Worten und in der Schreibweise.

Georgi Philippi Harsdorfferi Specimen Philologiae Germanicae / contineus Disquisitiones XII. De lingua nostrae vernaculae Historia / Methodo et Dignitate. Praemissa est Porticus virtutis. Serenissimo atque Celsissimo Principi / ac Domino / Domino Augusto / Brunsvicensium atque Lüneburgensium Duci potentissimo et Sacra. Norimbergae Impensis Wolfgangi Endteri. MDCXLVI. 12⁰. (N. St. B.)

Der „Porticus“ ist nur vorgestellte Widmungsschrift. Trotzdem wird er nach dem Vorbilde der buchhändlerischen Anzeige im Poetischen Trichter III häufig als selbständige Schrift angegeben und schon in das Jahr 1641 gesetzt.

Sophista / sive Logica et Pseudopolitica sub schemate Comoediae repraesentata: scripta quondam Anglico idiomate / nunc sermone Romano adornata; Studio Georgi Philippi Harsdörfferi / Academici Otiosi.

Non pigra quies 1647. Norimbergae Ex Officiae Endteriana Epigramma ad . Tiberium Caraffam / Principem Clusiani et Academiae Otiosorum et de Emblemate ejusdem Academiae. 12⁰. (N. St. B.)

Diese Schrift wurde von Harsdörfer unter Beihilfe eines Freundes (?) zunächst aus dem Englischen ins Deutsche übertragen. (Die Vernunftkunst, Gesprächspiele V, 85—280; 1645). Aus dem Deutschen übersetzte es H. dann 1647 ins Lateinische; nur Einleitung und Schluß sind etwas abgeändert.

Poetischer Trichter / die Teutsche Dicht- und Reimkunst / ohne Behuf der Lateinischen Sprache / in VI. Stunden einzugießen. Erster Theil handlend:

    I. Von der Poeterey insgemein / und Erfindung derselben Inhalt.

    II. Von der Teutschen Sprache Eigenschafft und Füglichkeit in den Gedichten.

    III. Von den Reimen und derselben Beschaffenheit.

    IV. Von den vornemsten Reimarten.

    V. Von der Veränderung und Erfindung neuer Reimarten.

    VI. Von der Gedichte Zierlichkeit, und derselben Fehlern.

Samt einem Anhang Von der Rechtschreibung / und Schriftscheidung / oder Distinction. Durch ein Mitglied der hochlöblichen fruchtbringenden Gesellschaft. Zum zweiten mal aufgelegt und an vielen Orten vermehret. Nürnberg / Gedruckt bey Wolfgang Endter. MDCL. 8°. (N. St. B.)

Poetischer Trichter zweyter Theil. Handlend:

I. Von der Poeterey Eigenschaft, Wol- und Mißlaut der Reimen.

II. Von der Poetischen Erfindungen / so aus dem Namen herrühren.

III. Von Poetischen Erfindungen / so aus den Sachen und ihren Umständen herfliehsen.

IV. Von den Poetischen Gleichnissen.

V. Von den Schauspielen insgemein / und absonderlich von den Trauerspielen.

VI. Von den freuden- und Hirtenspielen.

Samt einem Anhang von der Teutschen Sprache: Durch ein Mitglied der Hochlöblichen fruchtbringenden Gesellschaft / In Verlegung Wolffgang Endters. M. D. C. X. L. V. I. I. I. 8°. (N. St. B.)

Prob und Lob der Teutschen Wolredenheit. Das ist: deß Poetischen Trichters dritter Theil / begreiffend:

I. Hundert Betrachtungen / über die Teutsche Sprache.

II. Kunstzierliche Beschreibungen fast aller Sachen / welche in ungebundener Schrifft-stellung fürzukommen pflegen.

III. Zehen geistliche Geschichtreden in unterschiedlichen Reimarten verfasset. Zu nachrichtlichem Behuff Aller Redner / Poëten / Mahler / Bildhauer und Liebhaber unsrer löblichen Helden Sprache angewiesen / durch Ein Mitglied der Hochlöblichen fruchtbringenden Gesellschaft. Nürnberg / Gedruckt bey Wolfgang Endter / dem Aeltern. MDCLIII. 8°. (N. St. B.)

Dazu als Anhang: Mantissa Monosticha Typos Veteris Testamenti, cum Historiis Evangelicis conferentia. Quibus accessit Emblematum Sacrarum Decas unica.

Der erste Teil erschien zuerst 1646, der zweite 1648, der dritte erst 1653. Der erste Teil wurde 1650 zum zweitenmale aufgelegt, der zweite im Jahre 1653.

Fortpflantzung der Hochlöblichen Fruchtbringenden Geselschaft: Das ist / Kurze Erzehlung alles dessen / Was sich bey Erwehlung und Antrettung hochbesagter Geselschaft Oberhauptes / des Hoch-teursten und Wehrtesten Schmackhaften / begeben und zugetragen. Samt etlichen Glückwünschen / und einer Lobrede deß Geschmackes. (Bild: palmbaum, Umschrift: Alles zu Nutzen.) Gedruckt zu Nürnberg / bei Michael Endter / Im Jahre 1651. 4⁰. (G. U. B.)

Delitiae Mathematicae et Physicae. Der Mathematischen und Philosophischen Erquickstunden Zweyter Theil: Bestehend in Sünff-hundert nutzlichen und lustigen Kunstfragen / nachsinnigen Aufgaben / und deroselben grundrichtigen Erklärungen / Aus ... Mathematicis und Physicis zusammengetragen durch Georg Philipp Harsdörffern / eines Ehrlöblichen Stadtgerichts zu Nürnberg Beysitzern. Nürnberg / Gedruckt und verlegt bey Jeremia Dümlern. 4⁰. Im Jahr MDCLI. (E. U. B.).

Delitiae Philosophicae et Mathematicae. Der Philosophischen und Mathematischen Erquickstunden / Dritter Theil: Bestehend in fünffhundert nutzlichen und lustigen Kunstfragen / und deroselben gründlichen Erklärung: Mit vielen nothwendigen Figuren / so wol in Kupffer als Holtz / gezieret. Und Auß allen neuen berühmten Philosophis und Mathematicis, mit grossem Fleiß zusammengetragen. Durch Georg Philip Harßdörffern, eines Ehrlöblichen Statt-Gerichts zu Nürnberg / Beysitzern. Nürnberg / In Verlegung / Wolffgang des Jüngern / und Joh. Andreas Endtern. 4⁰. Im Jahr MDCLIII. (E. U. B)

Pentagone Histoirique H. von Belley / Historisches Fünffeck / Auf jeder Seiten Mit einer denckwürdigen Begebenheit gezieret. Diesem ist angefüget H. Joseph Halls Kennzeichen der Tugenden und Laster gedolmetscht durch ein Mitglied der hochlöblichen Fruchtbringenden Gesellschafft. Gedruckt zu Franckfurt am Mayn / in Verlegung Johann Naumanns / 1652. 12⁰. (F. Pf. B.)

Speculum Solis das ist Sonnenspiegel oder Kunstständiger / leichter und grundrichtiger Bericht von den Sonnenuhren / und was

denſelbigen angehöret / vormals durch M. Franciscus Rittern von
Nürnberg in zweyen Theilen beſchrieben / Nunmehr aber Mit dem
dritten Theil allerhand neuer Erfindungen vermehret und mit nothwendigen Kupfferſtücken gezieret. Durch einen Liebhaber deß Studii
Mathematici. Nürnberg / In Verlegung Paulus Fürſten / Kunſt-
händlers allda. Gedruckt in der Pillenhofniſchen Druckerey im
Jahr 1652. 4⁰. (M. H. St. B.)

Heraclitus und Demokritus das iſt C Fröliche und Traurige
Geſchichte: gedolmetſcht Aus den lehrreichen Schrifften. H. P. Camus
Biſchoffs zu Belley benebens angefügten X Geſchichtreden aus den
Griechiſchen und Römiſchen Hiſtorien / zu übung der Wolredenheit
geſamlet durch Ein Mitglied der Hochlöblichen Fruchtbringenden
Geſellſchafft. Gedruckt zu Nürnberg / bey Michael Endter 1652.
12⁰. (N. St. B.)

Dieſe Schrift iſt gewidmet fünf Weimarer Brüdern, „Herzogen zu
Sachſen", Mitgliedern der Fruchtbringenden Geſellſchaft.

Heraclitus und Demokritus zweites C gedolmetſcht / und mit
nachſinnigen Gleichniſſen / merkwürdigen Sprüchen / klugen Vermahnungen / und getreuen Warnungen / wie auch etlicher kurtzen
Erzehlungen vermehret: und benebens X dreyſtündigen Sinnbildern /
von den Neigungen deß Gemütes / vorgeſtellet durch ein Mitglied
der hochlöblichen Fruchtbringenden Geſellſchafft. Gedruckt zu Nürnberg /
bey Michael Endter / 1653. 12⁰. (N. St. B.)

Dieſer zweite Teil iſt Eleonore Dorothea, Herzogin von Sachſen, gewidmet.
Gödeke III, 110 kennt noch eine weitere Ausgabe 1661. 8⁰.

Hertzbewegliche Sonntagsandachten: das iſt Bild-, Lieder- und
Bet-Büchlein aus den Sprüchen der H. Schrifft nach den Evangeli-
und Feſttexten verfaſſet. Pſ. 38/5. Wie eine ſchwere Laſt ſind ſie
mir zu ſchwer. Gedruckt und verlegt durch Wolffgang Endter in
Nürnberg / im Jahr 1649. 8⁰. (E. U. B., G. U. B.)

Hertzbewegliche Sonntags Andachten Andrer Theil: das iſt
Bild-, Lieder- und Betbuch / nach Veranlaſſung der Sonntäglichen
Epiſtel Texten verfaſſet: Samt angefügten Wochen Andachten / als
Morgen und Abentſegen / aus den Sieben Bitten deß heiligen Vater

unſer u. ſ. w. Wie auch aus den Sieben Worten deß Herrn Chriſti am Kreutz verabfaſſt. Coloſſ. 3/2. Nach dem was droben iſt. Nürnberg / gedruckt und verlegt bei Wolffgang Endtern dem ältern / im Jahr 1652. 8⁰. (G. U. B.).

Amarantes gibt fälſchlich 1651 an; er folgt wohl dabei den vielfach irreführenden Angaben im dritten Teile des Poetiſchen Trichters 1653.

Der Groſſe Schau-Platz Luſt- und Lehrreicher Geſchichte. Das Erſte hundert. Mit vielen merkwürdigen Erzelungen / klugen Sprüchen / ſcharffſinnigen Hofreden / neben Fabeln / verborgnen Rähtſeln / artigen Schertzfragen / und darauf wolgefügten Antworten / und außgezieret und eröffnet. Durch Ein Mitglied der Hochlöblichen fruchtbringenden Geſellſchafft. Zum drittenmahl gedruckt. Franckfurt / bey Caſpar Rötteln / In Verlegung Johann Naumanns / Buchhändlers in Hamburg / Im Jahr 1653. 8⁰. (N. St. B.).

Der Große Schau-Platz Luſt- und Lehrreicher Geſchichte. Das zweyte hundert. Mit vielen merckwürdigen Erzehlungen / klugen Lehren / verſtändigen Sprichwörtern / tiefſinnigen Rähtſeln / wol-erfundnen Gleichniſſen / artigen Hofreden / wolgefügten Fragen und Antworten gezieret und eröffnet / durch Ein Mitglied der Hoch-löblichen fruchtbringenden Geſellſchafft. Zum drittenmahl gedruckt. Franckfurt / bey Caſpar Rötelln in Verlegung Johann Naumanns / Buchhändlers zu Hamburg. Im Jahre 1653. 8⁰. (N. St. B.).

Die erſte Auflage erſchien 1650 und 1651, 12⁰. Nach Göbeke III, 109 folgten weiter eine fünfte, Frankfurt 1664, 8⁰, eine ſechste, Hamburg 1669, 8⁰ und eine ſiebente, Hamburg 1672, 8⁰.

Der Mäſſigkeit Wolleben und der Trunckenheit Selbſtmord: vorgeſtellet In einer unwiderſprechlichen Lob- und Schutzrede beſagter Tugend / wie auch in beweglichen Erinnerungen H. Ludwigs Cornelii, eines berühmten Venetianiſchen Edelmanns / ſamt andrer Exempel und Beyſpiele. Zu Beförderung eines Gottgefälligen / dem Nechſten nützlichen / in der Natur gemäſſen Lebens. Zum dritten mal auffgelegt und mit vielen Lehren und Geſchichtreden vermehret durch Hygrophilum Aletheium.

Luc. I 3. Discito, quam parco liceat producere vitam, et quantum Natura petat. Gedruckt zu Augspurg / durch Andream Aperger / auff unser L. Frauen Thor. In Verlegung Georg Wild-eisen Buchführer in Ulm MDCLIII. 8⁰. (W. H. B.).

Diese dritte Auflage ist ein von Harsdörfer veranstalteter, vielfach vermehrter Neuabdruck der Schrift eines Anonymus.

Göttliche Liebes-Lust, das ist: die verborgenen Wolthaten Gottes / Zu Erweckung himmlischer Liebe entdecket / Von Aloysio Novarino. Diesem sind angefügt H. Pauli de Barry Heilige Meinungen oder Verträge mit Gott. Zu nützlicher Ergötzlichkeit in die hochteutsche Sprache überbracht durch Ein Mitglied der hochlöblichen Frucht-bringenden Gesellschafft. Wolffenbüttel / In Verlegung Johann Naumanns / Buchhandlung zu Hamburg vor S. Joh. Kirch / Im Jahr 1653. 12⁰. (St. Ö. B.)

In zweiter Auflage erschien das Schriftchen 1679 bei Johann Naumann zu Hamburg und Gottfried Liebezeit zu Stockholm. (N. St. B.)

Hauß-Prediger: Das ist Anweisung zu der Gottseeligkeit für Eltern / Kinder und Ehehalten. Ausgefertiget / verbessert / und zum dritten mal in Druck gegeben von Johann Michael Dilherrn / .. Nürnberg / In Verlegung Michael Endters. MDCLIV. 12⁰. (H. W. B.)

Joh. Michael Dilherrns Fortsetzung oder Ander Theil deß Haußpredigers: in welchem / von dem Ledigen / oder Ehelosen Stand / gehandelt wird; samt einer Zugab der Christlichen Sitten-lehre / aus dem König Salomon. Nürnberg / In Verlegung Michael Endters 1654. 12⁰. (H. W. B.)

Beide Büchlein enthalten je ein Harsdörferisches Erbauungslied.

Himmlisches Freudenmahl auf Erden: u. s. w. Von dem H. Abendmahl .. Samt nützlichen Gebetlein und Gesängen .. von Johann Michael Dilherrn .. Nürnberg. Zum andernmahl auffgelegt / und über die Helfften vermehret / und verbessert. Nürnberg / bey Wolfgang dem Jüngern und Johann Andrea Endtern 1654. 12⁰. (H. W. B.)

Enthält ein Lied Harsdörfers.

Der Geschichtspiegel / Vorweisend Hundert denkwürdige Begebenheiten / Mit Seltnen Sinnbildern / nützlichen Lehren / Zierlichen
Gleichnissen / und nachsinnigen Fragen aus der Sittenlehre und der
Naturkündigung / Benebens XXV. Aufgaben Von der Spiegelkunst / An das Licht gesetzt / Durch ein Mitglied der hochlöblichen
Fruchtbringenden Gesellschafft. Nürnberg / In Verlegung Wolffgang
und des Johann Andrea Endtern (fehlt ein Stück).- 8⁰. Dazu
geschrieben ist 1654. (N. St. B.)

Traum der entdeckten Warheit / Von einem Hund und dem
Fieber: betreffend die Mißbräuche / Laster / Meuchel-List und
Trügerey der Weltlinge insgemein. Durch Don Francisco de
Quevedo Villegas / Cavallero del Orden de Santiago y Señor
de la villa de Juan Abod. beygenannt der Spanische Lucianus,
gedolmetscht auf gut Pantagruelisch durch Silenum Alcibiadis.
S. 324 – 384. Längl. 12⁰. (H. W. B.)

Im Anhang an: „Erneurtes Stamm- und Stechbüchlein zu finden in
Nürnberg bey Paulus Fürsten Kunsthändlern 1654". Die Seitenzahl läuft
weiter.

Christliche Gedächtnis-Münze das ist Etliche Lehren / Trost und
Vermahnungen / für Eltern und Kinder; Alte und Junge; Witwen
/ und Waisen; Gesunde / und Kräncklinge; in Form gewisser Münze
/ einer Kinderlehre / dargestellet / von Johann Michael Dilherrn /
.. Gedruckt Bei Wolfgang dem Jüngern und Johann Andrea
Endtern 1655. 12⁰. (H. W. B.)

Enthält sechs Lieder Harsdörfers, sogenannte Standeslieder.

Monsieur du Refuge Kluger Hofmann das ist / Nachsinnige
Vorstellung deß untadelichen Hoflebens / mit welchen vielen lehrreichen
Sprüchen und denkwürdigen Exempeln gezieret; Nicht nur den Hof-
leuten zu dienlicher Nachrichtung; sondern allen und jeden / welche
bey grossen Herren mit schweren Regiments-Geschäfften beladen und
sich vieler Welthändel unterziehen müssen / Zu sonderm Behuff
Gedolmetscht / Und mit vielen Gedichten Anmerckungen und seltenen
Betrachtungen beleuchtet / durch Ein Mitglied der hochlöblichen
Fruchtbringenden Gesellschaft. Gedruckt zu Franckfurt / In Verlegung

Johann Naumanns Buchhändlers in Hamburg 1655. MDCLV. 8⁰.
(B. Kgl. B. und W. H. B.)

Die erste Auflage 1655 ist Hans Albrecht, Erbtruchseß und Freiherrn zu Waldburg gewidmet, die zweite Auflage, im gleichen Verlage erschienen, ist aus dem Jahre 1667.

Ars Apophthegmatica. Das ist Kunstquellen denckwürdiger Lehrsprüche und Ergötzlicher Hofreden; Wie solche Nachsinnig zu suchen / erfreulich zu finden / anständig zu gebrauchen und schicklich zu beantworten: in drey Tausend Exempeln / aus Hebräischen / Syrischen / Arabischen / Persischen / Griechischen / Lateinischen / Spanischen / Italienischen / Frantzösischen / Engländischen / Nieder- und Hochteutschen Scribenten angewiesen und mit 30 Schertzschreiben als neue besondere Beylage vermehret / durch Quirinum Pegeum. Nürnberg. In Verlegung Wolffgangs deß Jüng. / und Joh. Andreä Endtern / 1655. 8⁰. (M. H. St. B.)

Artis Apophthegmaticae continuatio fortgeleite Kunstquellen / denckwürdiger Lehrsprüche und der Weg zu der Seeligkeit So gezeiget wird in dieses Buchs vier Theilen u. s. w. welchen beygefüget ... VII. Alte und neue Lieder / so zu diesem Zweck dienen ..

Von neuem übersehen und verbessert durch Johann Michael Dilherrn .. Nürnberg / bei Wolffgang Endter dem Aeltern 1655. 12⁰. (H. W. B.)

Dieser Dilherrschen Schrift sind sechs Lieder Harsdörfers beigegeben, die nach Dilherrs Meinung zu seinen besten gehören.

Erfreulicher Hofreden; wie solche sinnreich zu untersuchen / behäglich zu erfinden / anständig zu ergründen und schicklichst zu beantworten: in drey Tausend Exempeln angewiesen / und mit einer Zugabe XX. besonderer neuer Abschrifften gleichartiger Vorstellung / vermehrt durch Quirinum Pegeum. Nürnberg' / In Verlegung Wolffgang deß Jüng. und Joh. Andreae Endtern / 1656. 8⁰. (M. H. St. B.)

Zugabe XXX. Nachsinniger Schertz-Schreiben / welche So wol an Manns- als Weibspersonen verabfaßt / Und diesem Werke / Als eine gleichartige Zugabe / beygelegt worden.

Die hohe Schul Geist- und Sinnreicher Gedancken / in CCCC Anmuthungen aus dem Buch Gottes und der Natur vorgestellt / durch Dorotheum Eleutherum Meletephilum. Mit Anfügung Salomons Tugend- Regiments- und Hauslehre. Nürnberg / Bei Wolffgang den Jüngern und Johann Andreas Endter. 12⁰. (G. U. B.) Diese Schrift ist 1656 erschienen.

Vollständiges und von neuem vermehrtes Trincir-Buch. Handlend:

I. Von den Tafeldeckern / und was demselbigen anhängig.

II. Von Zerschneidung und Vorlegung der Speisen.

III. Von rechter Zeitigung aller Mundkoste / oder von dem Kuchen-Calender / durch das gantze Jahr.

IV. Von den Schaugerichten / und etlichen denckwürdigen Banckelen.

V. XXV. Gast- oder Tischfragen / Und ist ferners neurlich bey-gebracht / was in den ersten Theilen / und sonderlich von dem Tafeldecken / außtgelassen worden.

Nach Italiänischer und dieser Zeit üblichen Hof-Art mit fleiß beschrieben / und mit Kupffern lehrartig außgebildet. In Verlegung Paulus Fürsten / Kunsthändlers. Nürnberg / Gedruckt bey Christoff Gerhard. (M. H. St. B.)

Das Titelkupfer, das bei der wahrscheinlichen ersten Ausgabe von 1652 fehlt, trägt bei der Unterschrift die Jahreszahl 1657. Beide sind wesentlich vermehrte Ausgaben des 1648 (?) bei Fürst erschienenen „Trincirbüchleins".

Arcus Triumphalis in honorem invictissimi Romanor. Imperatoris Leopoldi I Semper Augusti, Germaniae, Hungariae, Bohemiae, Dalmatiae, Croatiae, Sclavoniae, Regis, Archi Ducis Austriae ect. et S. P. Q. Noribergensi humili cultu Adornatus Anno CLeMentIae DIVInae — Sumptibus Wolffg. Jun. & Johann Andreae Endterorum. 4⁰. (F. Ö. W. B.)

Nathan und Jotham: das ist Geistliche und Weltliche Lehr-gedichte / Zu sinnreicher Ausbildung der waaren Gottseligkeit / wie auch aller löblichen Sitten und Tugenden vorgestellet / und in diesem zweyten Druck vermehret: Samt einer Zugabe / genennet Simson / Begreiffend hundert vierzeilige Rähtsel / durch ein Mitglied der Hochlöblichen Fruchtbringenden Gesellschafft. Nürnberg / In Verlegung Michael Endters MDCLIX. 8⁰. (N. St. B.)

Nathan und Jotham: Das ist / Geistliche und Weltliche Lehrgedichte / zu sinnreicher Ausbildung der waaren Gottseligkeit / wie
auch aller löblichen Sitten und Tugenden vorgestellet / und in diesem
zweyten Druck vermehrt: Samt einer Zugabe / benamt Simson /
Begreiffend hundert vierzeilige Rähtseln / Zweyter Teil. Durch ein
Mitglied der Hochlöblichen Fruchtbringenden Gesellschafft. Nürnberg /
In Verlegung Michael Endters / Im Jahr MDCLIX. 8°. (N. St. B.)

In erster Auflage erschienen diese beiden Bändchen 1650 und 1651. Die
zweite stammt aus dem Jahre 1659.

Der Teutsche Secretarius. Das ist: Allen Cantzleyen / Studir-
und Schreibstuben nützliches / fast nohtwendiges / und zum vierdten
mal vermehrtes Titular- und Formalbuch. Enthaltend:

I. Dieser Zeit hohen Potentaten / Königen / Churfürsten / Fürsten /
Herrn und Stände / Namen und Ehrentitul Und sonderlich /
der jetzigen Röm. Kais. Majest. bestellten Herrn Geheimen-
Reichs- Kriegs- Hofräthe / etc.

II. Gebräuchliche Gruß- und Freundschafft- ⎫
III. Lehrreiche Klag- und Trost- ⎪
IV. Wichtige Geschäfft- und Cantzley- ⎬ Briefe.
V. Höfliche Frauenzimmer- und Liebs- ⎪
VI. Nohtwendige Kauff- und Handels- ⎭

VII. Von der Rechtschreibung der Teutschen Sprache.
VIII. Von der Schrifftscheidung.

Mehr ist neulich beygedruckt:

IX. Von Lehensachen.
X. Etliche Jurist- Histor- und Philosophische Schreiben.

Mit Anfügung C Formularien allerhand Verträge / Empfängnissen
und Abdankungen / etc. zu erstatten. Nach heut zu Tag üblichem
Hof- und Kauff-manns Stylo mit Fleiß zusammen getragen / auffs
neu übersehen / und an vielen Orten verbessert. Von etlichen
Liebhabern der Teutschen Sprache. Mit Röm. Kais. Majäst. und
Churfürstl. Sächsischer Freyheit / nicht nachzudrucken. Nürnberg /
In Verlegung Christoph und Paul Endtern / Buchhändlern. Im
Jahr 1661. 8°. (E. U. B.)

Deß Teutschen Secretarii Zweyter Theil. Oder: Allen
Cantzleyen / Studier- und Schreibstuben dienliches Titular und
Formularbuch. Bestehend:

I. In den Ehrentitulen hoher Potentaten Churfürsten / Herrn /
Stände und dero Bedienten.

II. In gebräuchlichem Gruß- und höflichen Compliment-
III. Lehrreiche Klag- Trost- und Vermahnungs-
IV. Wichtigen Geschäfft- und Cantzley- } Schreiben.
V. Aus der Sittenlehre
VI. Aus der Naturkündigung } abgesehene Streit-

Mit angefügtem Bericht Von den Buchhaltern. Alles Nach
gebräuchlichem Hof- Cantzley und Handels-Stylo zusammen getragen /
auffs neue übersehen / und mit allem Fleiß corrigirt / von Etlichen
Liebhabern der Teutschen Sprache. Mit Röm. Kaif. Majäst. und
Churfürstl. Sächs. Privilegio. Nürnberg In Verlegung Christoph
und Paul Endtern Buchhändlern Im Jahr 1661. 8°. (E.U.B.)

Der erste Teil erschien zuerst 1656. Bis zum Erscheinen des zweiten
Teiles 1659 wurde der erste viermal aufgelegt. Diesem zweiten Teile war
damals das „Mysterium Steganographicum" (eine Art Gedankenschrift)
beigegeben. Mit Weglassung dieser Zugabe erschien dann 1661 die zweite
Gesamtausgabe des ersten und zweiten Teiles.

Diana von H. J. De Monte-Major, in zweyen Theilen Spanisch
beschrieben / und aus denselben geteutschet durch Weiland den Wol-
gebornen Herrn / Herrn Johann Ludwigen / Freyherrn von Kueffstein ec. Anjetzo aber Mit deß Herrn C. G. Polo zuvor nie ge-
dollmetschten dritten Theil vermehret / und Mit reinteutschen Red- wie
auch neu-üblichen Reim-arten ausgezieret durch G. P. H. Gedruckt
zu Nürnberg / In Verlegung Michael Endters. Im Jahr 1663.
An die Löblichen Teutschen Hirten des Rheins / der Donau und der
Elbe. 8°. (G.U.B.)

Der erste Teil enthält sieben Bücher, der zweite acht, der dritte fünf.
Nach Gödeke erschien Kueffsteins Übersetzung in Nürnberg 1619 und ein zweiter
Abdruck zu Leipzig 1624. — Harsdörfers Übersetzung wurde zuerst 1646 in
Nürnberg herausgegeben. Die zweite Auflage erschien 1661, die dritte 1663.

Göttliche Liebesflamme: das ist Andachten / Gebet / und Seufzer /
über das Königliche Brautlied Salomonis / darinnen ein Gottseliges

27*

Hertz / fürnemlich zu eiveriger Betrachtung der unverschuldeten Liebe
Christi / und seiner schuldigen Gegenliebe / wird angemahnet: Samt
etlichen Predigten der H. Kirchenlehrer / Wie auch etlichen Predigten /
gleichen Inhalts und einer Anweisung wie / aus dem Hohenlied /
können die Jährliche Eingänge der Evangelischen Predigten / hergenommen werden. Mit künstlichen Kupfferstücken / und anmutigen
Liedern / welche / auf bekante und absonderliche neue Melodeyen zu
singen / aufgesetzet: Zum fünfften mal aufgelegt / von neuem vermehret und verbessert: Durch Johann Michael Dilherrn. Mit chur-
fürstlich Sächsischer Freiheit. Nürnberg / in Verleguug Christoph
Enders / Buchhändlers / 1644. 12⁰. (F. Pf. B.)

Enthält Widmungsgedicht, Vorrede, geistliche Umdichtungen und eigene
Lieder Harsdörfers, sämtlich mit „G. P. H." bezeichnet.

Der grosse Schau-Platz Jämmerlicher Mordgeschichte / Bestehend
in CC. traurigen Begebenheiten: Mit vielen merkwürdigen Erzehlungen /
neu-üblichen Gedichten / Lehrreichen Sprüchen / scharfsinnigen / artigen
Schertz-Fragen und Antworten / Verdolmetscht; und mit einem Bericht
von den Sinnbildern / wie auch hundert Exempeln derselben / als
einer neuen Zugabe / auß den berühmtesten Authoribus / durch Georg
Philipp Harsdörffern / Eines Ehrlöbl. Stadt-Gerichts zu Nürnberg
Beysitzern. Zum siebenden mal gedruckt. Franckfurt und Hamburg /
In Verlegung Gottfried Liebezeit. Im Jahr MDCCXIII. 8⁰. (N. St. B.)

Das Buch zerfällt wieder in acht Unterabteilungen zu je 25 Erzählungen.
Die erste Ausgabe erschien in Frankfurt 1652, 12⁰. Gödeke kennt weiter eine
Ausgabe Hamburg 1656, 8⁰, Frankfurt 1660, 8⁰, eine fünfte Auflage,
Hamburg 1666, 8⁰. Moller weiß noch von einer holländischen, Utrecht 1670, 8⁰,
diese siebente erschien Frankfurt und Hamburg 1713. Schon die dritte Auflage
kennt die neue Zugabe.

Vier Schriften Harsdörfers waren mir leider nicht zugänglich.
Drei davon scheinen überhaupt nicht mehr vorhanden zu sein; die
vierte, „der Königliche Katechismus" in Wolfenbüttel, erwies sich
als unversendbar. Ich gebe die Titel nach Amarantes:

Panegyris posthuma ec. Andr. Imhofio nuncupata. Norib.
1637, 4⁰. Der Königliche Katechismus, aus dem französischen
gedollmetschet, Nürnberg 1648, 4⁰. De Quadratura Circuli

Norib. 1652, 4°. Hundert Andachts-Gemählde, in welchen die wahre Gottseligkeit abgemahlet worden, Nürnberg 4°. W. Müller in seiner „Bibliothek deutscher Dichter im 17. Jahrhundert" behauptet von letzterer Schrift, daß sie 1656 (?) im Druck erschienen, zugleich aber auch, daß sie vollständig in den „Sonntagsandachten" enthalten sei. (S. 26.) Das Büchlein war der deutschgesinnten Gesellschaft Zesens gewidmet und ist 1645 oder 1646 schon geschrieben worden. Die Schrift „de quadratura u. s. w." führt vermutlich verschiedene vergebliche Versuche dieses unmöglichen Problems vor — inhaltlich wertlos.

So wünschenswert eine Einsichtnahme dieser Schriften aus bibliographischen Gründen für mich gewesen wäre, so wenig glaube ich doch, daß sich damit in der Beurteilung Harsdörfers irgend etwas geändert haben würde.

2. Poetisches aus Harsdörfers Werken.

Aus der „liebenden Diana" von Gil Polo nach Harsdörfer.
III, 1, 16—39.

(Vergleiche dazu Dohm Seite 210—211.)

Alcida:

Indem zu Mittag jetzt die Sonne mit den Flammen.
    Die höchste Bahn durchrennt /
Den mächtigstarcken Schein der Stralen bringt zusammen /
    Und Wald und Hügel brennt;

So geht das teutsche Volck der Nymphen zu den Wäldern.
    Und Schattenbrunnen hin /
Die Feldheuschreckenschaar die singen auff den Feldern /
    Sie kühlen Mut und Sinn.

Die Zier der schönen Kron / die Amarillis / singet /
    In Lieb und Freud ergetzet /
Daß sie den Wolkengott zum Abendregen zwinget /
    Die Saat und Wiesen netzet.

Diana:

Weil an dem Himmelsbau der Hertzog der Planeten
    Gleich in der Mitten steht /
Wo er zur Morgenzeit die Welt pflegt zu erröten
    und wieder schlaffen geht /

Den müden Ackermann er in das Gras zu breiten
    Mit seiner Hitze zwingt /
Man hört, wie Thestylis spielt auf den süssen Saiten
    Und dazu lieblich singt.

Es legen sich zur Ruh die ungestümmen Winde /
    Zur angenehmen Ruh
Der schönen Sängerin: Sehr lieblich und gelinde
    Die Lufft weht ab und zu.

Alcida:

Du silberhelle Quell der gläsernen Gewässer /
    So rieseln für und für /
Der du mit Safft und Krafft betreufst der Rebenfässer /
    Du bunte Blumenzier /

Schau / daß der klare Bach dir ja nicht durch die Herde
    Noch durch die Sonnennacht /
Noch fremder Ströme Schlamm und Mengung irgend werde
    Verderbt und durchgebracht.

Auch keiner / welcher sich am Ufer hier beschweren
    Ob seiner Liebe muß /
Mit seinem Augenbach und scharffgesaltznen Zähren
    Betrübe deinen Fluß.

Diana:

Ihr Mahlwerk der Natur / ihr Blumen in den Gründen /
    Ihr stiller Aufenthalt /
Ihr strengen Fichten ihr / ihr dickbelaubte Linden /
    Du schattenreicher Wald /

Daß ja kein rauher Wind die Zier an deinen Zweigen
    Dein Blätter-Zelt verſehr /
Und du in voller Luſt dich mögeſt ſchön erzeigen /.
    Und grünen mehr und mehr;

Daß du ja für den Froſt / wann Reiff und Schnee wird kommen
    Verſichert mögeſt ſeyn;
Daß deine Blätter dir nicht werden hingenommen
    Durch langen Sonnenſchein.

Alcida:

Indem ein weiſer Sinn des Hofes glatten Worten
    Und Laſt entgangen iſt /
So weichet er in ſich und hat an ſolchen Orten
    Ihm Muß und Ruh erkieſt.

Hier mag ein Schäfermann / ſo lang er iſt / ſich ſtrecken
    Bey einem kühlen Bach /
Der ſänfftlich rauſcht vorbey; kein Streit pflegt ihn zu wecken:
    Ihm leufft kein Kummer nach.

Die Blumen riechen wol / das laute Lufftgeflügel
    Stimmt ihm den ſüſſen Chor:
So freuet ſich das Feld / der friſch begrünte Hügel
    Der ſpringt für Luſt empor.

Diana:

Der Weſtwind / den man hier hört durch die Blätter rauſchen
    Und um die Bäume her /
Iſt weit nicht mit der Laſt der Höfe zu vertauſchen
    Und mit der Stadt Beſchwer,

Des Pöbels Lobbegehrn das iſt ein armes Leben /
    Und nur geſchmückter Schein;
Es iſt der Sinnen Peſt / nur ſtets nach Ehren ſtreben /
    Und nie vergnüget ſeyn.

Wo ſich Gemüt und Mund mit ſcheinbaren Beginnen
    Und falſchen Tücken hüllt /
Wo dieß die Zunge ſagt / hergegen in den Sinnen
    Ein anders iſt gewillt.

Alcida:

Hier hat der Ehrgeitz nie geſtellt / mit ſeinen Netzen /
    Kein Golddurſt iſt nicht hier;
Hier dencket niemand nicht ſich weit hinauff zu ſetzen /
    Und wegert ſich herfür;

Hier geht der Reichthumb nicht für armer Leute Flehen
    Ganz frembd und unbekand /
Iſt ſonderböſe Liſt; was recht iſt / muß geſchehen
    Ohn allen Widerſtand.

Die güldne Billigkeit pflegt alles zu erfüllen
    Was ſich zu thun gebührt /
Sie macht / daß jedermann nach einem freyen Willen
    Gewünſchtes Leben führt.

Diana:

Ein Bauer kan das Feld mit ſeinen Händen bauen /
    Ohn Unruh und Beſchwer /
Darff keine neue Stadt mit tauſend Schäden ſchauen /
    Und wallen durch das Meer.

Deß armen Hoffnung reicht / ſo weit ſein Acker gehet /
    Er iſt viel reicher noch
Als jener / deſſen Haus voll frembder Wahren ſtehet,
    Der kaufft das Sorgenjoch.

Ein Mann, der wenig liebt / kan ſich für dem begnügen /
    Der Vieh mit Hauffen hegt /
Das alle Ställe füllt; und der ſein Gut zu pflügen
    Mit tauſend Ochſen pflegt.

Nach „Dohm S. 210—211".

Alcida.

Indeß die Sonne ihre Mittagsstrahlen
So glühend auf die Erde niedersendet,
Daß sich der Nymphen keusche Schaar gewendet
Zu Quellen hin und schattenreichen Thalen,
    Und die Cicaden ihre Klagelieder
    Anstimmen wieder:
    Laß Hirtin klingen
    So süß Dein Singen,
    Daß Wohlgefallen
    An seinem Schallen
Der mächt'ge Himmel hab, und niedertaue
Der Labung Naß auf die versengte Aue.

Diana.

Indeß das Haupt von den Planeten allen,
In mitten zwischen West und Osten stehet,
Und auf den Landmann, der im Felde gehet,
Die schärfsten Pfeile läßt herniederfallen:
    Beim süßen Murmeltone dieser hellen
    Geschwätz'gen Wellen
    Ein Liedchen singe,
    Das Staunen bringe
    Den trotz'gen Winden,
    Vor Lustempfinden
Den rohen Ungestüm in Zaum sie halten,
Und sanften Hauches nur und kosend walten.

Alcida.

Ihr muntern, klaren und krystallnen Wellen,
Zum ew'gen Lenze hier das Jahr gestaltend,
Der Nelken und der Lilien Schmuck entfaltend
An euren Borden rings, den üppig hellen,

Wie mächt'ge Flammen Phöbus auch ergieße,
Stets Bächlein fließe!
Von keiner Heerde
Getrübet werde
Dir jemals Deine
So schöne Reine,
Noch mög ein armer Liebender so frischen
Bachwellen seine heißen Thränen mischen!

Diana.

Die grüne Blüthenau, wo von der milden
Natur all ihre Farben sind verschwendet,
Als Schmuck den Baum, der Blume sie gespendet,
Die hier das lieblichste Gemälde bilden:
Kein rauher Wind soll Deinen grünen Zweigen
Sich feindlich zeigen:
Laß Blumen sprießen,
Grashalme schießen,
Und Kälte nimmer
Raub' ihren Schimmer,
Noch soll des Himmels Glutenstrahl, der wilde,
Je nah'n so schönem, blühendem Gefilde.

Alcida.

Von stolzen Fürstenhöfen hier geschieden
Und ihren Stürmen, ihren Ränkespielen,
Sich unsere Herzen hochbeseligt fühlen
Bei heit'rer Lust und ungestörtem Frieden.
Man lagert sich zu Zeiten auf die Matten
Am Strom im Schatten,
Wo Nachtigallen=
Gesäng erschallen,
Wo Balsamdüfte
Durchweh'n die Lüfte,
Und Berg und Thal und Busch und grüne Weide
In schönem Bunde laden stets zur Freude.

Diana.

Der leichten Zephirlüfte sanftes Rauschen,
Wenn sie durch Blüthenzweige munter schwärmen,
Wer möcht' es wohl um jenes laute Lärmen
Volkreicher, großer Residenzen tauschen?
  Denn ihrer Herrlichkeiten stolzer Schimmer
  Ist eitler Flimmer;
  Die Prunkgelage
  Erzeugen Plage;
  Titel und Ehren
  Sind nur Chimären,
Und ganz das Gegenteil von dem verkünden
Die Lippen dort, was Herz und Seel' empfinden.

Alcida.

Hier stellt die Ehrfurcht Schlingen nicht und Netze,
Nicht nach Ducaten hier die Habsucht schmachtet,
Hier buhlt das Volk um Ämter nicht, noch achtet
Es Fürstengunst und Ordensband für Schätze.
  Nicht Falschheit oder nied're Leidenschaften
  Im Herzen haften;
  Einfalt und Güte
  Wohnt im Gemüte,
  Das, feind. dem Schlechten,
  Treu hält am Rechten;
Der Eintracht und der Nüchternheit ergeben,
Führt hier das Volk ein heit'res, frohes Leben.

Diana.

Der schlichte Schäferjüngling wird nicht eilen
Zur neuen Welt auf neuentdeckten Meeren;
Im fernen Indien werden nicht gehören
Ihm Tausende von Münzen und von Meilen.

Der Arme fühlt bei dem, was ihm beschieden,
Sich so zufrieden
Wie der Gebieter
Der reichsten Güter;
Und zieht zur Weide
Das Herz voll Freude
Wie wer zur Bergtrifft große Heerden sendet
Und tausend Morgen reichen Acker wendet.

Monte Mayor (Lockenlied). I, 4 und 5.

(Vergleiche dazu Dohm S. 206.)

1. Ihr weißlich-gelbe Haare /
Du grünes Hoffnungsband /
Es ist nun Tag' und Jahre /
Daß dich die zarte Hand
Dianae mir geschencket /
(Die mein nicht mehr gedencket)
Zu eim Gedächtniß-Pfand.

2. Ich muß ob euch erstarren /
Ihr Haar auf diesem Band /
Der euch nennt vom Beharren /
Erkennt nicht euren Tand.
Ihr fanget an zu blassen /
Weil sie mich hat verlassen /
Schämt ihr euch ihrer Schand.

3. Wie offt hat sie mit Sehnen
Gefragt nach meiner Hand /
Und mit den Perlenthrenen
Benetzet dieses Band /
Ja / Sie hat dürffen sagen:
Ob ich euch werde tragen
Im Glück und Trauerstand?

4. Ich hab dich ja getragen /
   Dich offt-beküstes Band /
   Versichert mit Behagen /
   Durch manches frembdes Land.
   Ihr Wort im Wind verschwunden /
   Hat mich noch nicht entbunden /
   Ich liebe mit Bestand.

5. Wie soll ich doch vergessen /
   Daß sie an diesem Strand
   Ist neben mir gesessen /
   Und hat mit eigner Hand
   Viel lieber Tods erbleichen /
   Als von der Treue weichen /
   Geschrieben in den Sand.

6. Wer soll der Treue trauen /
   Die giebet Wort und Pfand?
   Die läßt Verschreibung schauen
   Von Lieb-belobter Hand?
   So leichtlich kan zerstieben
   Das / was ein Weib geschrieben /
   In weich-entweichten Sand.

Nach „Dohm S. 206".

Welchen Wechsel mußt' ich sehn,
Seit ich dich, o Locke, sah!
Und wie übel scheint mir da
Noch der Hoffnung Grün zu stehen!
Freudig durft' ich mir's bekennen
— War ich gleich von Furcht nicht frei —
Daß kein Hirt! so würdig sei,
Dich, o Locke! sein zu nennen.

Ach wie oft, o Locke! schielte
Sonst Diana hin nach mir,
Wenn getändelt ich mit dir,
Dich geküßt und mit dir spielte!
Und wie ihre Thränen flossen
— Ach, die falschen Thränen! — dort
Sprach im Scherz ich wohl ein Wort,
Das ihr Argwohn eingegossen!

Daß ich traute dem Versprechen,
Das in jenen Augen lag,
Die mein Herz durchbohrten: sag',
Goldne Locke! war's Verbrechen?
Sahst du nicht, wie sie mir dorten
Tausend Thränen weinte vor,
Bis ich einen Eid ihr schwor,
Glauben schenkt' ich ihren Worten?

Sah man bei so hohen Reizen
Jemals solchen Wankelmut?
Und der reinsten Liebesglut
Je das Glück so böslich geizen?
Ja, in ihrem Namen schämen,
Locke! mußt du dich vor mir,
Mich, den Treugeblieb'nen, hier
So verlassen wahrzunehmen.

Hier am Strom sie fand ich sitzen,
In den leichten Sand hinein
„Lieber tobt als untreu sein!"
Schreibend mit den Fingerspitzen.
Bittern Spott heißt das getrieben;
Amor, auf die Schwüre bau'n
Eines Weibes mußt' ich, traun
Worten, in den Sand geschrieben.

Liebeslied einer Schäferin (an ihre Mutter gerichtet).

Gesprächspiele IV, CLI, S. 1—6.

(Freie Übertragung aus Cervantes-Saavedras 5. Novelle.)

1. Mütterlein was wolt ihr sagen?
   Mich trifft es am meisten an:
   weiß ich nicht / was heißt ein Mann /
   Dessen Herrschaft man muß tragen?
   Umsonst ist eu'r Huht und Wacht /
   nem ich mich nicht selbst in Acht.

2. Sagt mir nicht vom Eheverbinden /
   wie die Liebe Sternenblind:
   Es ist auch ein kluges Kind /
   und kan manche Ränk' erfinden.
   Umsonst ist eu'r Huht und Wacht /
   nem ich mich nicht selbst in Acht.

3. Das / so man dem Kind verbietet /
   darnach lustet es viel mehr.
   Es ist eine schlechte Lehr
   die / ders giebet nicht verhütet.
   Umsonst ist eu'r u. s. w.

4. Wahr ist / daß das ehlich Leben
   blühet mit Hertzsüsser Freud /
   und bey dieser schweren Zeit
   pfleget saure Frucht zu geben.
   Umsonst ist eu'r u. s. w.

5. Eh die Jahre sich vermehren /
   eh der Winter rückt heran /
   eh die Lieb erkalten kan /
   sollen wir den Ehstand ehren.
   Umsonst ist eu'r u. s. w.

28

6. Mütterlein ich wolt euch rahten /
   daß ihr mich berahten solt.
   Laſt mir den / der mir iſt hold /
   zu vermeiden Spott und Schaden.
   Dann bedarf ich keiner Wacht /
   wann ich habe / der mich acht!

Der Fiſcher.
(Geſprächſpiele VII, CCLVI, III. Andachtsgemähle S. 116—118.)

1. Ein belobter Fiſchersmann
   Hängt des Angels Anbiß an
   etwa ein Gerücht zu fangen:
   Er ſenkt ſeines Angels Rut
   in die ſilberhelle Flut /
   ihm iſt mancher Fiſch entgangen:
   Weil ſie in des Fluſſes Krümmen
   ſchaute ſeine Strikke ſchwimmen.

2. Nachmals als der Regenguß
   trüb gemacht den ſchlanken Fluß
   ſah er an dem Angel hangen /
   von dem ſtummen Schuppenheer
   nach und nach / je mehr und mehr /
   die er alle hat gefangen.
   Weil ſie in den trüben Fluten
   nicht bemerkt die Angelruten.

3. Gottes Wort / das höchſte Gut /
   iſt dergleichen Angelrut /
   die uns nicht kan leichtlich fangen
   in der Ruh- und Glükkeszeit:
   Kommet Trübſal / Angſt und Leid /
   hoffen wir dann mit Verlangen
   uns zu reiſſen aus dem Mangel /
   an dem Anker gleichen Angel.

Der Blumen Ruhm.

Ton: „Wie schön leucht uns der Morgenstern".
(Gesprächspiele VI. Anmerkungen 31, S. 80—86.)

1. Was ist doch schöner / als die Blum?
 Des Lentzens neubeliebter Ruhm
 sol nicht vergessen werden.
 Wann sich der sanffte West vermählt /
 und untermahlt das Baumezehlt /
 erbulet er die Erden.
 Die Lufft
 ertufft.
 Lieblich richen
 kan die Siechen
 fast erneuen /
 die sich in dem Feld erfreuen.

2. Der Wiesen Wintergraues Haar /
 Begrünet das erjungte Jahr /
 die Erd ohn Müh gebieret:
 Den alt-erkalten Felderssaft
 gibt Sonn und Mond die Nahrungskraft /
 der alles wieder zieret.
 Bald ruft
 die Gluft /
 in den Auen
 Frülingstauen /
 und den Regen /
 durstig / nach des Himmels Segen.

3. Man hört die süsse Nachtigal /
 mit ihrem wunderholden Schall /
 der Blumen Art anzehlen.
 Der weisslich grün beblüte Baum /
 giebt ihrer Liebe Laub und Raum /
 das Nest und Dach zu wehlen.

28*

Echo

ist froh /

reimet wieder

ihre Lieder

sonder Fehler;

daß es schallet durch die Thäler.

4. Es rufet der Violen Zucht

der Schlüssel-Blumen schnellen Flucht /

Tulipen den Narcissen.

Sie leben frey in stoltzem Fried /

erstaunen ob der Lerchen Lied /

an schlanken silber-Flüssen.

Ach Leid /

das Kleid /

so den Reben

ist gegeben /

wird mit allen /

gleich den müden Jäger / fallen.

5. Die Rosen und das Liljenblat /

besitzen diese Garten-Statt /

im Schutz der Kaiserkronen /

Sie herrschen in der Blumen-Welt /

und hegen Burger / so das Feld

mit Bur ummaur / bewohnen.

Es traut

die Raut

unbekanten

Amaranthen /

und Ranunklen /

die in braunem Schatten funklen /

6. Trug Jesus Christus Gottes Sohn

auf seinem Haubt die Dörner Kron /

solst du die Rosen meiden.

Der weise König Salomon
kunt auch in seinem güldnen Thron /
sich nicht wie Liljen kleiden:
Weil er
sehr schwer
durch der Frauen
Dienst und Trauen
sich gefähret /
und mit grosser Sünd beschweret.

7. Die Erde reicht das Blummgeschenk /
und spricht: mein Sohn sey eingedenk /
Wo dieses hergenommen?
Du wirst zu nicht erwarter Zeit /
entfernet von der Eitelkeit /
zu deiner Mutter kommen /
Die Gab /
das Grab /
bald verderben /
Tod / und Sterben
dir bedeutet /
darzu halte dich bereitet.

Die Rosen.

(Gesprächspiele VIII, CCLXXXV. Blumenspiele S. 139—141.)

1. Bald die Morgenrote lacht
und der Berge Spitzen guldet /
ist der Rosenkopf erwacht /
der frühperlnen Tauen huldet.
Seine Dörnerwaffen retten
was geachtet
buntlich prachtet /
in den Buzumschantzten Stätten.

2. Wie man ſonſt den Knaben mahlet /
so das Venuskind genennet /
deſſen Haubt mit Gold beſtralet /
deſſen Pfeil die Hertzen brennet /
deſſen Flügel Blütlein gleichen:
    also leben /
    also ſchweben /
Roſen / welche rötlich bleichen.

3. Aller Tugend Hofefarben
ſollen uns die Roſen weiſen /
Zucht bereichert / welche darben /
und macht andre Gaben preiſen.
Scham und Keuſchheit ziert die Jugend /
    so vor allen
    Gott gefallen /
und ſie lieben nechſt der Tugend.

Die Nachtigall.
(Geſprächſpiele VII, CCLV. Die Sinnbildkunſt S. 110—114.)

1. Wenn die übermüdte Nacht
andre Vögel ſchläfert ein /
halt ich auf dem Felſenſtein
    gute Wacht.
Bald die Sonn' iſt aufgegangen /
iſt der Vogler Meuchelliſt /
wider unſer Volk gerüſt /
    uns zu fangen.

2. Aber höret meine Kunſt /
welche mir gelückt /
daß mich keiner hat beſtrickt:
    Gottes Gunſt

Läſſt mich frey und ſicher leben /
weil ich ihn vor Augen hab /
und ihm dank um ſeine Gab /
    Hut / und Leben.

3. Es iſt niemand weit und breit /
der ſich über mich beſchwert /
weil ich jemand nie gefehrt;
    als zur Zeit
kleine Würmer mich zu ſpeiſen.
mein Beruf iſt mit Geſang /
und der Felſen Gegenklang
    Gott zu preiſen.

4. Fängt mich auch aus Unbedacht /
der verſchalkte Voglersmann /
nimt er mich gefangen an
    und betracht /
Daß mein Tod ihm wenig diene;
ja hält mich mit größtem Fleiß /
wol verſorgt mit Tranck und Speiß /
    neu begrünet.

5. Dir, dir, dir, dir höchſter Hort /
bring ich mit erfreutem Klang /
mein verirrtes Lobgeſang
    fort und fort.
Ich laß andre Thiere klagen;
meinem Feind iſt nun gewehrt /
der mich als ein Freund verehrt /
    mit Behagen.

6. Andre Thiere ſonder Noht
führet man zur Schlachtungszeit
von der fetten Maſtungsweid
    in den Tod.

Ich bin frölich und gefangen /
und auch meinem Käfig hold:
weil es mir / wie Gott gewolt /
ist ergangen.

Lob des Landlebens.

(Aus: „Der Teutsche Sekretarius" I, 3, 98 und 99.)

1. Bräunlich frischer Wälder Schatten,
   grün durchkleete fette Matten,
   blumenreiche Teppich Flor,
   perlen helles Threnen Thauen,
   frügestimter Vögel Chor,
   West ist den Smaragden Angen
   und was jährlich sich erneut,
   zeigt und zeiget meine Freud.

2. Bächlein, und ihr Flut Krystallen
   solt von meiner Freude lallen,
   der verborgne Gegenschall
   reimet recht mit seinem Singen,
   daß die Wort im tieffen Thal,
   dräuen, tönen, widerklingen:
   Ihr seid Zeugen meiner Freud
   und die Wollust meiner Zeit.

3. Hoffart, Hof-Art, Geitz und Sünden,
   ist bey mir hier nicht zu finden,
   Sorg und Neid ist ausgestellt:
   kein Betrug ist zu befahren,
   als wenn man das Wilpret fällt
   und was sonst bestrickt das Garen.
   Ich leb frey ohn Angst und Leid,
   in der freuen Friedens Freud.

4. So beliebtes edles Leben,
    hat mir Gott der Herr gegeben:
    Er ergetzet meinen Muht,
    Er speist mich mit Wolgefallen,
    krönt das Jahr mit seinem Gut,
    und läſſt mich hier ſicher wallen.
    Ich danck ihn zu aller Zeit
    für belobte Hertzensfreud.

Verachtung des Landlebens.
Von einem Hofmann.
(I, 3, 100 und 101.)

1. Wer gleichet mit Verstand
                Stadt und Land
    Hab ich die Sach recht gefaſſt,
    so ist kein Bauren-Hütten
                ein Palaſt:
    und deß Ackersflegel Sitten
    können mit den Hofgeberden
    keines Wegs vereinbart werden,
    Mir behagt der Fürsten Welt
                vor dem Feld.

2. Mucken, Bremen, Geiſe, Säu,
                ohne Scheu,
    Würmer, Schlangen, Krotten, Mist,
    Da die Otter in den Schlatten
                ziſcht und biſt.
    da man findet Mäuß und Ratten,
    da man Tag, und Nacht, nach Hirſchen
    und nach Haſen lauffet birſchen,
    da man lebt wie das Vieh,
                voller Müh.

3. In dem Furcht und Hofnung Streit,
        laufft die Zeit:
wann man mit Vertrauen sät,
und mit wenig leuchten Garben
        traurig steht:
da die Blumen mancher Farben,
keinen Ruch nicht können geben:
da der offt beträngte Regen
bringt den ungesunden Reben,
        zu der Kost.

4. Ich verbleib an meinem Ort
        fort und fort
hoffend daß die hohe Gnad
unsers Fürsten Früchte bringe
        gleich der Saat.
Ob ich gleich mit manchem ringe,
sind doch Menschen meine Feinde
und von aussen meine Freunde.
Einsamkeit bleibt wol bey mir
        für der Thür.

5. Was ziert deiner Felder Ruh,
        als nur du!
Der bey dir kan stetig seyn,
mag sich wohl glückselig preisen,
        ins gemein.
wenn er dir kan Dienst erweisen:
Man mag wol ins Feld spatzieren,
sondern seinen Stand verlieren,
aber dir nicht werden gleich,
        Baurenreich.

Des Menschen=Leben ist:
(I, 3, 131.)

Ein bleiches Laub das fallt geschwind.

Ein leichter Staub den treibt der Wind.

Ein Schnee der in dem Nu vergeht.

Ein See der niemals stille steht.

Ein Ruhm auf eitlen Wahn gestellt.

Und eine Blum die bald verfällt.

Ein Gras das leichtlich wird verdrückt.

Ein Glas das bricht und wird zerstückt.

Ein Traum der in dem Schlaf bethört.

Ein Schaur den Flut und Winde nehrt.

Ein Heu das kurtze Zeit verbleibt.

Ein Spreu so mancher West vertreibt.

Ein Kauff den man offt spat bereut.

Ein Lauff der in der Müh erfreut.

Ein Schatten der zu Tod geleit.

Ein Wetter so daß Grab bereit.

Der Herbst.
Nach der Stimme: „Hertzlich thut mich verlangen" u. s. w.
(Nathan und Jotham II, LXIV, S. 79 und 80.)

1. Nun hebet an zu klagen /
die Hügel / Thal und Feld /
es bringt viel Mißbehagen
deß rauhen Winters Kält:
Es fallen falbe Blätter /
und schweben in der Lufft;
Den Schnee und Winterwetter
Der Norden-Stürmer rufft.

2. Es sind die kahlen Reben
nun aller Zier beraubt /
Das Feld kan nichts mehr geben /
als Köhl und Krautehaubt:

Es bricht der trübe Regen
mit starker Trifft herein /
man spühret aller Wegen
den schwachen Sonnenschein.

3. Die reiffen Früchte fallen /
wann man sie nicht nimmt ab:
Die alten Menschen wallen
hin zu dem Toden-Grab.
Das / was hat zugenommen /
bis auf gewisse Zeit /
muß zu dem Ende kommen /
in dieser Eitelkeit.

4. Wann wir die Axte sehen /
den Bäumen angesetzt /
so ist es bald geschehen /
daß er dardurch verletzt
Zu der entfärbten Erden
sich neigend bricht und kracht;
Und muß er endlich werden
Dem Feuer zugebracht.

5. So müssen auch die alle /
so sind ohn gute Frucht /
sich fürchten vor dem Falle /
das ist die Menschensucht /
Und wie der Baum gefället /
so ligt er fort und fort /
der Böse wird gestellet
dort in des Jammer- Ort.

6. So lasset uns bedenken /
bey dieser Herbstes-Zeit /
wie alle Ding erkränken
und zu dem Tod bereit.

Daß wir noch länger leben /
daß alles nicht ist aus;
hat Gottes Gnad gegeben /
hier in der Welte Haus.

Aus den „Hundert Spielreimen".

Gesprächspiele III, 434—472.

(Zum Teil Übersetzungen der „Tausend Proverbias Morales" des Alfonso de Barros
oder der „Epigrammata" des Bartoldus Nihusius.)

Auf die Sprachen.

(III, 443—445.)

Die Ebreische Sprache. (21.)

Ich bin deß höchsten Sprach, mein dunkle Wunderart,
hat die Geheimnisse seins Willens offenbart.

Die Teutsche Sprache. (22.)

Mein rein und reiches Wort, mein schickliches Vermögen,
Kan andrer Zungen Zier mit Ehre niederlegen.

Die Lateinische Sprache. (25.)

Rom ist mein Vaterland, da bin ich reich gewesen,
Und nun von da verjagt, in Teutschenland gewesen.

Die Französische Sprache. (27.)

Mein Freund= und Lieblichkeit der Fremde liebt und ehrt,
Indem er mich erbuhlt, so ist sein Gelt verzehrt.

Frauenzimmer Sprache. (31.)

Ihr Sprach ist Mänglingsart, und wird nun fast gemein,
Das Nein heist allzeit Ja, Ja heist bei ihnen Nein.

Adelslob. (40.)

(III, 446.)

Der waare Adelsruhm bestehet im Gemüht,
Sonst sind die Menschen gleich an ihres Leibs Geblüt.

Wiederhall. (74.)
(III, 453.)

Ich lebe sonder lieb, und höre sonder Ohren,
Ich rede sonder Mund, werd in der Luft gebohren.

Bücher. (77.)
(III, 454.)

Wir haben keinen Mund, und lehren andre viel,
Wer nichts von uns erhält, der schweige billich still.

Wald=Liedlein.
Nach der Stimme: „Wol dem, der weit von hohen Dingen".
(Hertzbewegl. Sonntagsandachten II, Episteln.)

1. Wol dem der weit von großen Stätten
   Ein dienstbefreytes Leben führt;
   Er wird sich von viel Sünden retten /
   und geben Gott was Gott gebührt:
   Er wird sein Leben bringen zu
   in Fried und übernehrter Ruh!

2. Er kan sich in den Wald gesellen /
   zu vieler Baumen Schatten Raum /
   daß sie ihm zu betrachten stellen /
   daß er auch grüne wie der Baum /
   und daß er sonder gute Frucht /
   wird zu der Höllen Brand verflucht.

3. Er sieht die hochumlaubten Eichen
   begipfelt gleichsam Wolken an;
   So soll sein Sinn an Himmel reichen /
   der seine Wurtzel nehren kan.
   Dort ist sein rechtes Erdenland /
   das ihn hält mit verborgnem Band.

4. Der Unterſchied iſt bey den Baumen
und bey dem Menſchen, daß der Lentz
kan die beſchwerten Neſter raumen /
und ihnen flechten grüne Kräntz:
Hingegen iſt der Menſch veralt /
ſo fällt er tod und ungeſtalt.

5. Die Baumen zu dem Leben dienen /
zum fahren / brennen und zum Bau /
ſie blüen / fruchten / grauen / grünen /
benaſſet von dem Himmels Tau:
Ermahnen uns der Chriſten Pflicht /
die zu deß Nechſten Dienſt gericht.

6. Nun gute Nacht ihr hohen Forren /
ihr Fichten und du Erlenſtamm /
grünt lange Zeiten ohn verdorren /
geſichert vor des Feuers Flamm:
Ich wünſch' euch alle reife Frucht /
und dickbelaubte Schattenzucht.

Frühling=Lied.

Ton: „Chriſt unſer Herr zum Jordan kam“.

(Hertzbew. Sonntagsandachten II, XXII, 108—110.)

1. Der frohe Frühling kommet an /
der Schnee dem Klee entweichet:
Der Lentz / der bunte Blumenmann /
mit linden Winden häuchet:
Die Erd eröffnet ihre Bruſt
mit Safft und Krafft erfüllet:
Der zarte Weſt / der Felder Luſt /
hat nun den Nord geſtillet.

2. Es hat der Silberklare Bach
den Harnisch ausgezogen:
Es jagt die Flut der Flute nach /
durch bunten Kieß gesogen.
Das Tauen nun die Auen frischt /
die weisse Wollen-Herde
auf neubegrünten Tepicht tischt /
und dantzen auf der Erde.

3. Man hört die heisre Turteltaub /
die Schwalb' und Nachtigallen /
die grünlich weisse Blüt' und Laub
muß aus den Knöpffen fallen /
und bauen diesen Schattenthron
den Lufft- und Federgästen.
Die Rosen knüpft der Dörner Kron
von schwachen Stachelästen.

4. Die Sonne nunmehr stärker scheint /
und machet früher wachen:
Allein der dürre Reben weint /
wann Feld und Wälder lachen.
Die hochgeschätzte Tulipan /
das Sinnbild auf dem Bette /
zieht ihre fremde Kleider an /
und pranget in die Wette.

5. Der Immen Markt / der Blumen Plan /
Narcissen und Violen /
die Nelken / Lilien / Majoran /
ist nunmehr unverholen.
Die kleinen Honig-Vögelein
den Zucker distilliren /
und henken in die Waxburg ein /
was sie zusammenführen.

6. Aach Gott / der du mit so viel Gut
    bekrönst deß Jahres Zeiten /
    Laß uns auch mit erfreutem Muth
    zu deinem Dienst bereiten:
    Daß auch in uns die Sommerszeit
    die Seelen Zier beschöne:
    Du Sonne der Gerechtigkeit
    der frommen Hertze kröne.

Todes Verlangen.

Ton: „Auf, auf mein Hertz, und du mein ganzes Ich".

(Hertzbew. Sonntagsandachten II, LX, 298—299.)

1. Nun naht die Zeit / da ich abscheiden soll:
    Das Schmertzenkleid macht mich der Hoffnung voll.
    Ich muß der Welt entkommen /
    entblößt und ohne Kleid /
    zu tragen wie die Frommen
    den Rock der Seeligkeit.

2. Deß Todes Bild mit Christi Leichentuch /
    ist eingehüllt / bedunkt mich stark genug /
    zu enden mein Gebrechen /
    und in dem letzten Nu /
    mich bringen / sonder sprechen /
    zu lang verlangter Ruh.

3. Die Eitelkeit der Welt ist mir bewußt:
    Die Lebenszeit erfüllt mit Sündenlust /
    Nun eckelt mir von Hertzen
    was mir zuvor behagt /
    das ursacht meinen Schmertzen /
    und machet mich verzagt.

4. Herr Jesu Christ / in deiner Gnaden Hand
mein Heilung ist / errett mich von dem Band /
darmit der Leib umbfangen:
Löß mich nun einmal auf:
Du weist daß mein Verlangen
kurtzt dieses Lebens Lauf.

Lied von Gottes Barmherzigkeit.

Im Thon: „Hertzlich thut mich erfreuen" oder „Ich dank dir lieber Herre".

(Der grosse Schauplatz Jämmerlicher Mordgeschicht.)

(S. 603 und 604.)

1. Wie solte Gott der Armen
die Er erwehlet hat /
Nicht herzlich sich erbarmen /
nach seiner grossen Gnad? (Sirach 2 / 31.)
Es ist ja seine Güte
so groß er selber ist /
Der Trost in dem Gemüte
kompt her von Jesu Christ.

2. Die sich von Gott abwenden /
von denen wend Er sich:
Wer sich will selbsten blenden /
wird selbst sein Wüterich /
ihn quälet sein Gewissen
das er versehret hat:
Der sich der Sünd beflissen /
bereuets offt zu spat.

3. Wer Gott nicht will vertrauen
der kommet nicht zu Ruh;
Er will das Licht nicht schauen (Psf. 93 / 11.)
und drückt die Augen zu.

Noch ist er so vermessen
und giebet Gott die Schuld /
als ob er sein vergessen /
und weigert alle Huld.

4. Mein Gott laß mich stets hangen /
an deiner Gnad allein.
Darvon ich werd empfangen (2. Cor. 12 / 19.)
des Hertzens Himmelsschein. (Psf. 4 / 8.)
Dein Wort laß mich stets leiten /
daß ich nicht irre geh /
und dann nach diesen Zeiten
dich in deim Reiche seh'.

Aus: „Der Weg zu der Seligkeit" von Dilherr 1655.

Von der Ewigkeit.

Im Ton: „Christ, der du bist der helle Tag" 2c.
(Nürnberger Gesangbuch Nr. 831; S. 653 und 654.)

1. O Sünden-Mensch! bedenk den Tod /
Der letzten Stunden Angst und Noht:
Mach dich mit waarer Buß bereit /
Zu leben in der Ewigkeit.

2. Besitzestu die gantze Welt /
Mit höchster Ehr / und allem Geld:
Erfreut es hier doch kurze Zeit /
Mit Trauren dort in Ewigkeit.

3. Erschallt in deinen Ohren nicht /
Die Schrecken-stimm zu dem Gericht?
Ist doch der Jüngste Tag nicht weit
Und folget ihm die Ewigkeit.

4. Ob du hier duldest Ungemach /
Und lebst im Jammer / Weh / und Ach;
Doch endet kürtzlich alles Leid:
Die stete Freud in Ewigkeit.

29*

5. Wenn du begehreſt Gottes Huld /
So meid der Sünden ſchwere Schuld /
Die wider deine Seele ſtreit:
So ſiegeſt du in Ewigkeit.

6. Unzehlich iſt der Sternen Heer /
Die Tropfen und der Sand im Meer.
Doch haben ſie Maß / Ziel und Zeit
Und gleichen nicht der Ewigkeit.

7. Beſinn und denke fort und fort /
Was ewig (ſein doch) für ein Wort!
Ach keiner Zeiten Zeit befreit
Die ewig=ewig Ewigkeit!

G. P. H.

Bußlied.

Nach der Stimm: „Auß tiefer Noht ſchrei ich zu dir / u. ſ. w.

(S. 697 und 698.)

1. Wir Menſchen ſind lebendig tod
Wenn wir in Sünden wallen:
Wir ſehen nicht der Seelen Noht /
Bis daß wir ſicher fallen.
Wir leben hin / ohn Sorg und Scheu /
Gedenken ſpat deß Höchſten Treu /
So ſchwebet ob uns allen.

2. Ob wir gleich offt / aus falſche Wahn /
Der Frömkeit ſind befliſſen;
Jedoch ſich niemand rühmen kan /
Daß er rein im Gewiſſen.
Gott iſt und bleibt allein gerecht /
Wir ſind die ſtets unützen Knecht /
Als die ſich ſchämen müſſen.

3. Ich / unter aller Sünder Band /
Muß mich den größten nennen:
Denn meine Sünd ist gleich dem Sand /
Deß Zahle nicht zu kennen.
Ach Gott! laß mich so großer Schuld /
Von deiner Milde / Gunst und Huld /
Nicht weggestossen trennen.

4. Ich / ich / bin der verlorne Sohn /
Den seine Sünde reuen;
Der nun zu deinem Gnadenthron /
Zu fliehen / nicht wil scheuen.
O Vater! ich hab für und für
Sehr offt und viel gsündigt für dir.
Ich muß um Hülffe schreien.

5. Ich bin / auch leider / nun nicht werth /
Daß ich dein Sohn soll heissen:
Ich bin mit deinem Grimm beschwert /
Du wollst dich gnädig weisen.
Du sihest meine Reu und Schmertz:
Ach! eil mich mit dem Vatter-Hertz
Aus aller Angst zu reissen.

6. Der ich zuvor war gleichsam tod /
Empfind ein neues Leben.
Ein neues Kleid / Speiß / Tranck / und Brot /
Läßt du mir / freudig geben.
So wil ich nun / ohn falschen Schein /
Dir als ein Kind / gehorsam seyn /
Und an dir stetig kleben.

G. P. H.

Ein geiſtliches Schäferlied / aus dem ſechſten Pſalm.

ch der Stimme: „Daphnis gieng vor wenig Tagen“ / u. ſ. w,. oder: „Jeſu der Du meine Seele“ / ꝛc.

(S. 699 und 700.)

1. Frommer Jeſu! Hör mein Schreien /
Hör doch deines Schäfleins Stimm
Laß mir deine Hülff gedeihen /
Und mich auf die Achſel nimm.
Ich bin von dir irr gegangen /
Auf die ſüß-vergiffte Rangen /
Und wil nunmehr fort und fort,
Folgen deinem Hirten Wort.

2. Felſen / Berg und Thäler ſcheiden
Den erfahrnen Wölffe Pfad.
Ich geh künfftig dort zu weiden /
Wo es ſichre Hürden hat.
Wo nach unſers Hirten Willen /
Uns die fetten Auen füllen /
Wo der ſpiegelreine Bach /
Schlürfft den ſchlanken Trieffen nach.

3. Grüne Felder / fette Weiden
Gibt uns unſer guter Hirt /
Friſche Waſſer / Wonn und Freuden /
Niemals nicht ermangeln wird.
Er führt uns auf rechter Straſſen /
Und wil uns nicht irren laſſen /
Wenn wir ſeinem Schäfer-Lied
Folgen / als der Heerde Glied.

4. Neulich bin ich irr gegangen;
Nun nimſt du mich wider an:
Du haſt mich mit Freud empfangen
Von der Rauber-Wolfe Bahn.
Ich wil von den frommen Heerden
Nimmermehr getrennet werden /
Und weil ich das Leben hab
Folgen deinem Hirten-Stab.

Das himmlische Manna.
Im Ton: „Auf meinen lieben Gott“ / 2c. 2c.
(S. 700—702.)

1. Des Höchsten Gut und Treu
   Ist alle Morgen neu:
   Die reichlich in uns wohnet
   Und unsern Glauben lohnet.
   Der uns bißher erhalten /
   Wird ferner ob uns walten.

2. Er bauet Manna-Brot /
   Und steurt der Seelen-Noht,
   Er gibt uns ihn zum Preise /
   Christum / die Himmels-Speise /
   Und lässet uns entbinden
   Von allen unsren Sünden.

3. Das süsse Himmelbrod
   Erettet von dem Tod.
   Es wird uns auch gegeben /
   Daß wir dort selig leben.
   Wenn wir die Sünde büssen /
   Und Christi Leib geniessen.

4. Es ist bei solcher Kost
   Der Purpurrothe Most /
   Der unsere Seele nehret /
   Und unsren Glauben mehret:
   Der uns nicht lässt verderben /
   Wenn wir hier zeitlich sterben.

5. Dir sey / Gott! Lob und Dank /
   Für solche Speiß und Trank.
   Laß deine Güte trieffen /
   Und uns von Hertzen prüfen:
   So wird durch unsre Treue
   Erneut deß Höchsten Treue.

G. P. H.

Morgen=Lied.

Im Ton: „O höchster Gott! O unser lieber Herr".

(Nürnberger Gesangbuch Nr. 741; S. 702—709 Der Verfasser bereits unbekannt.

1. Das walte Gott der uns aus lauter Gnaden /
Erhalten hat für Leib und Seelen Schaden.
Wir loben dich weil deine Güt und Treu
Ist mit der Morgen Sonne wider neu.

2. Wir sind / O Herr! zu solchen Gnaden=Gaben
Viel zu gering / die wir empfangen haben.
Was soll mein Hertz dagegen legen dar /
Als Lob und Dank / auf deinem Brand=Altar?

3. Nim gnädig an das Opfer meiner Lippen!
Das ich dir gib / auf dieser Erden Klippen;
Entzünd in mir das Hertz mit deiner Brunst /
Auf daß ich stets empfinde deine Gunst.

4. Weil ich noch hier auf Erden hab zu wallen /
So laß mich doch in keine Sünde fallen:
Gib / daß ich stets denck an deß Lebens End
Und meinen Sinn nach deinem Willen wend!

5. Befihl / daß deiner Engelschar mich leite /
Und wider meine Feinde siegend streite;
Denn wenn du dich nicht nimmest meiner an;
So weiß ich wol / wie leicht ich irren kann.

6. Ach! sind für Dir die Sperling hoch geachtet;
Hast du die Zahl der kleinsten Haar betrachtet.
So wird bei dir auch nicht vergessen seyn /
Den du in deine Hand geschrieben ein.

7. Laß deine Güt ob allen Frauen walten;
Du kannst sie wol im Tod und Noht erhalten:
Regir uns Herr wir harren deiner Gnad /
Und trette nun auf unseres Dienstes Pfad.

G. P. H.

Abend-Lied.

Nach der Stimm: „Zu dir von Hertzengrunde" / 2c. 2c.

(Nürnberger Gesangbuch Nr. 822; S. 704—706. Der Verfasser bereits unbekannt.)

1. Der Tag ist nun vergangen
Mit seiner Sorgenlast;
Die Nacht hat angefangen /
Und aller Arbeit Rast:
Das Liecht hat abgenommen /
Mit unsrer Lebenszeit:
Wir sind nun näher kommen
Der grauen Ewigkeit.

2. Wie wir zu Bette liegen /
So ligen wir im Grab;
Wie soll uns denn vergnügen
Der Welt verlornes Haab.
Indem wir schlaffen gehen /
Wird uns der Tod gemein /
Kein Mensch kan lang bestehen /
Es muß gestorben seyn.

3. Wie wir die Kleider lassen /
Bevor wir schlaffen ein;
So bleibt uns gleichermassen
Nichts als der Leichenstein.
Ein Leinlach mich bedecket
Hier / und im Toden-Grab.
Bis mich die Sonn erwecket /
Und Christi Richter-Stab.

4. Weh denen / welche sterben /
Ohn allen Vorbedacht:
Sie können leicht verderben
Dort in der Höllen-Nacht.

Ich muß / ich muß / bekennen /
Daß ich Unrecht gethan:
Ich muß mich lässig nennen
Auf schmaler Tugend-Bahn.

5. Ich wil mich Gott befehlen /
Der mich erlöset hat;
Und mich um nichtes quälen;
Er gibt mir seine Gnad /
Das Gute zu vollbringen /
Ist mein Fleisch viel zu schwach:
Ich will mich besser zwingen /
Wenn ich leb und erwach.

6. So wil ich seyn befliffen /
Zu leben Sünden rein
Und wider mein Gewissen /
Nicht häuffen Straff und Pein.
Der Vorsatz ist genommen /
Ich bin dazu gerüst /
Mir wird zu Hülffe kommen /
Der in uns mächtig ist.

7. Herr! laß dich gnädig finden /
Und schütz mich diese Nacht,
Erlaß mich meiner Sünden /
Die ich den Tag vollbracht,
Gib daß ich ruhig schlaffe /
Ohn böse Träum und Schmertz;
Und / in mir neu erschaffe
Ein dir gehorsam Hertz.

G. P. H.

Die Immen.

Im Ton: „Herßlich thut mich verlangen".

(Nathan und Jotham II, LXXIII, S. 90—91.)

1. Ein Liedlein will ich singen
   von Hönig-Vögelein /
   die hin und her sich schwingen /
   wo bunte Blumen seyn /
   das Völklein in dem Grünen /
   deß Zeitlers Nuß und Freud:
   Ich singe von den Bienen /
   Dem Bild der Christenheit.

2. Der Winter hält gefangen
   das zarte Jungfer-Volk /
   bis daß der Schnee vergangen /
   Frost / Schauer / Nebel / Wolf /
   und wenn die Westen stimmen
   nach linder Lenßen Art /
   so machen sich die Immen
   auf ihre Blumen-Fahrt.

3. Sie ziehen mit der Trummel /
   Der Stachel weist das Schwert:
   Ihr Brummel und Gesummel
   hat niemand nicht gefährt.
   Sie nehmen sonder Morden
   den zarten Blumen-Staub:
   und ihre Beut ist worden
   der Baum- und Blüten-Laub.

4. Wie sie die Wachsburg bauen
   vom güldnen Pergament,
   kan niemand nicht beschauen:
   In keines Künstlers Händ'

hat man so sehr verwundert:
die Zimmer alle gleich /
sechseckigt wird gesundert
das Hönig-Königreich.

5. Man siht sie friedlich leben
ohn Eigennutz und Streit /
in steter Mühe schweben /
zu Lentz- und Winters-Zeit:
Sie pflegen einzutragen
der Blumen Safft und Tau /
und führen / mit Behagen
gesammt / den Zuckerbau.

6. Im Sommer / wann die Sonne
im warmen Zeichen steht /
da sihet man mit Wonne /
wie daß der Schwarm entgeht.
Man schläget auf dem Becken
ting—tang—ting—tang—ting—tang /
Ting—tang soll sie erschrecken /
und treiben sonder Zwang.

7. So sollen alle Christen
das Hönig waarer Lieb'
ohn Haß und Neid gelüsten
aus freyem Hertzenstrieb /
die Freundschafft distilliren
der Zuckersüssen Treu /
und die Gnad ob sich führen /
die alle Morgen neu.

(Klagl. 3/21.)

Das Alter.
(Nathan I, VII, 7.)

Es hatte ein feiner Biedermann ein altes Haus / in welchem
die liebe Sonne / der Mond und die Sterne (der Verstand die

Gedächtniß und die Augen) finster schienen. Die Wolken über-
führten besagtes Haus vielmals mit dem Regen, (die auffsteigenden
Dämpfe machten viel Flüsse fallen) die Hütter (Arm und Beine)
erzitterten / die Mühlräder (die Zähne) waren sehr verwüstet / und
ihre Frau (die Stimme) war leiß / und die Fenster (die schwachen
Augen) wurden sehr finster und trüb / dadurch der Tod einzusteigen
pflegt. In dieser Wohnung erweckten ihn die kleinen Vögelein /
welche die Morgenrede begrüssen. Der Mandelbaum in dem
Früling / und die Heuschrecken in dem Sommer / welche er sehen
und hören konte / verursachten ihm keine Freude wie vorhin / und
stande er in beharrlichen Sorgen / der silberne Strick (der Rückgrad)
an seinem Bronnen zerreiße / und die Eimer (Blasen und Nieren)
und das Rad (der Magen) so ab und aus schöpfte / zerlechze.
Ach / sprach er / diese Tage gefallen mir nicht / ich gedenke an die
vorigen Zeiten meiner Jugend / nun ist es mit mir gar anderß.
Mein Schöpfer und mein Gott / hole mich bald aus diesem Haus /
welches muß abgebrochen / und am jüngsten Tage wieder aufgebauet
werden! wir weren die elendesten Geschöpfe / wann wir nicht sterben
solten / u. s. w. Prediger Sal.

Christus.
(I, XXIV, 25.)

Ein Kunsthändler hatte in einer namhafften Stadt seinen Kram
aufgeschlagen / und neben allerhand Gemählen auch Kupfferstücke
feilgeleget / unter welchem absonderlich die Kaiser / die Gelehrten
und berühmten Leute / welche ihnen durch den Degen oder die
Feder einen Namen erworben / die noch heut zu Tage ihr stummes
Bild / gleichsam stillschweigend / rühmte und schätzbar machte.
Dieses beliebte allen verständigen Inwohnern / wie auch vielen
Unverständigen; weil durch solche Bildereyen die hinfallende Gestalt
aller Sachen erhalten werden kan.

Etliche Soldaten kaufften von den alten Kaisern den J. Caesarem /
den Augustum / den Musici den Neronem / Orlandum Lassum u. s. w.
Die Juristen den Justinianum / Bartholum / Baldum / u. s. w.
Die Aerzte den Galenum / Theophrastum. Die Poeten den Homerum /

Virgilium. Die Handwerker der Eukliden und Arichimedem u. ſ. w. Die Mahler den Dürer und Titian. Chriſti Bildniß aber / welches wohlfeiler als die andern / kauffte niemand / bis endlich ein armer Bettler / welcher für alles erarmte Almoſen dieſes Bildniß einkramte kam / ſagend: Wann ein jeder ſeinen Gott kauffet / ſo will ich auch meinen Chriſtum kauffen.

Dankbarkeit gegen Gott.
(I, XXI, 32.)

Ariſtoteles / der Natur beſter Dolmetſcher / hat in ihren Regiſtern aufgeſchlagen / und ſich über das ordentliche Buchhalten / derſelben höchlich verwundert / als er geſehen / wie alles in Schuld und Gegenſchuld / in Einnahm und Ausgab beſteht. / In dieſer Betrachtung dankte er Gott / daß er der Tyranney entgegen- geſetzet einen jämmerlichen Untergang: den Gottloſen die Gewiſſensrug: den Naswei ſen den Abgrund Göttlicher Geheimniß / an welchen ſie die Zeit ihres Lebens genug zu lernen: den Stolzen die Verachtung: den Geitzigen die quälende Sorge: den wollüſtigen Weltlingen Krankheiten und Abkräfften: den Heuchlern die Wahrheit: den Leicht- gläubigen die Reue u. ſ. w. Fande alſo / daß alle Welthändel ihr Widriges, wie auch alle Thiere ihre Feinde unter den Thieren / als die Fiſche haben ihren Gegner an dem Otter und Hechte / die Vögel an den Falcken und Habichten / die zahmen Thiere an den Wölffen und anderen Wild / u. ſ. w. allein der Menſch bleibet in ſeinem Geſchlecht ſein eigner Feind. In dieſer Betrachtung lobte er Gott / daß er ihm den Verſtand verliehen / hieraus ſeine Unvoll- kommenheit zu erkennen / und ſetzte auch ſich in dem Saalbuch der Natur für einen groſſen Schuldner an, daß er Gott für ſeine gnädige Erhaltung noch nie genugſam gedanket.

Drey.
(I, XXXIV, 35.)

Die Zahlen fragten unter ſich / welche am meiſten im Gebrauch were? Hierauf erzehlte die dritte Zahl von ihr ſelber / nachgehenden Begriffs: Drey Dinge sind zu verwundern: daß eins Drey, Gott ein Mensch / und eine Jungfrau eine Mutter ist. Drey Ehrentitel hat der Mensch: daß Gott sein Vatter / sein Herr sein Bruder, und sein Fürst sein Gehülffe. Drey regieren die Welt: die Liebe, der Gewalt / und der Betrug. Drey begleiten die Menschen: Ehrgeitz / Geldgeitz / und Wolluft. Dreyerlei Menschen sind auf der Welt: Die Heiligen / die Heuchler, und die Gottlosen. Drei theilen sich in den Menschen: Der Gottslehrer (Theologus) Rechtslehrer / und Artzt. Drei Feinde hat der Mensch: den Teuffel / die Welt / und das Fleisch. Drey bewohnen die Welt, Simon / Judas / und das Volk von Gomorra. Drey kommen selten nach Hof: Gottes Wort / die Warheit / und die Einfalt. Drey erhalten die freyen Künste: Dinten / Federn und Papyr. Drey bringen zu Ehren. Die Tugend / das Geld / und die Wolredenheit. Drey sind den Raisenden vonnöhten: Die Kundigung der Sprachen / ein voller Seckel / und ein guter Wegweiser. Drey bringen zur Vollkommenheit: Die Erfahrung / Geschicklichkeit / und Vermahnung. Drey verderben die Raisenden: Das Gewissen / den Beutel / und den Magen. Dreyerley laufft widereinander: ein ruhiger Teuffel / die getreue Welt / ein stolzer Christ.

Geitz / Sorg und Ungedult.
(I, LIV, 58 und 59.)

Die Menschen auf Erden beschwerten sich wider Gott in dem Himmel / und schickten drey Abgesandte an seine Majestät / als: den Geitz / die Sorge / und die Ungedult. Der Geitz brachte an / daß Gott den Menschen nicht genug gebe. Die Sorge / daß Gott den Menschen nicht Regen und Sonnenschein gebe / wie sie wollen. Die Ungedult klagte / daß sie Gott zu viel straffe. Gott der Herr antwortete dem ersten Gesandten: Er wolle mehr geben / als die Menschen verschwenden können. Den zweyten / er woll selben ein Jahr regiren lassen. Den dritten / er wolle niemand sterben lassen / als die ihnen den Tod wünschen / und nur den hundertsten Sünder straffen. Diese Gesandte kehrten mit guter Verrichtung /

wie sie vermeinten / zurücke. Der Geitz reitzte die Menschen viel
zu erkargen und prächtig wieder verschwenden / es waren aber der
Gaben Gottes so viel und seine Güte alle Morgen neu (Klagl. 3/23)
daß die Fülle und Hülle nicht abnahme. Die Sorge hatte nicht
lang die Witterung regiret / da wolten die Raisenden und Weiber
wegen ihres Flachses und Waschens schön Wetter / die Bauren
aber zu ihrer Saat Regen / die Schiffer Wind haben. Die Regentin
sahe wol / daß sie einen Last übernommen / der ihr zu schwer
worden; liesse aber Regen und Sonnenschein Wechselweis erfolgen /
den Wind aber wolte sie nicht wehen lassen / die Schiffleute möchten
gleich sowol rudern / wie die Bauren pflügen. Aus solchem Mangel
des Windes war alles Getreid schön anzusehen / truge aber eine
leere Hülsen / und erfolgte grosse Hungersnoht. Die Ungedult solte
nur den hundertsten Sünder straffen / welches sie thäte mit einer
grossen Ruten / und in kurtzer Zeit konte sie keine Ruten mehr
finden / weil der hundertsten eine so grosse Zahl worden. Da
sahen die Menschen / daß sie wie Jonas unlieblich wider Gott
gezürnet / und sendeten drey andre Boten / die Demut an Statt
des Geitzes / die Vergnüglichkeit an Statt der Sorge / und die
Liebe an Statt der Ungedult. Diese Gesandten thaten Gott dem
Allmächtigen einen unterthänigsten Fußfall / und bekannten in aller
Menschen Namen / daß Gottes Wolthaten / mit welchen er die
Erde überschüttet / viel schwerer als aller Menschen Missethat /
daß Gottes Güte viel länger als aller Menschen Sünde / und daß
Gottes Hulde / viel grösser als aller Menschen Schulde. Da
verstösse Gott den Geitz / die Sorge und die Ungedult / und
dorfften von der Zeit an nicht mehr für Gottes Angesicht
erscheinen / und hatten alle und jede unter solcher Schaltregirung
ein sehr elenderes und unglückseligeres Leben als zuvor niemals.

Weisheit.
(I, CXXXV, S. 143.)

Die Weisheit hatte / als eine reiche Königin / viel Güter zu
vererben / und Zehenden zu verlassen / welche sie ausbote / gegen
Leistung schuldiger Dienstbarkeiten. Als dieses ruchbar / haben sich

sehr viel angemeldet / und sich ihrer Bottmäßigkeit unterwerffen
wollen. Erstlich fanden sich bey ihrer Lehen-Cantzley drei Regenten /
welchen man ansagte / daß sie den Gehorsams-Eid leisten müsten /
Gott über alles fürchten / ihm Kindlich vertrauen / keine Geschenke
nehmen / und / ohne Ansehen der Person / gleiches Recht sprechen.
Dieses wolten die zween nicht schweren / und begehrten nur einen
Zehenden miteinander zu bestehen / dem dritten aber wurde ein
nutzbares Gut mit solchem Beding vererbt. Die Kauffleute meldeten
sich auch an / vermeinten aber / daß dieses Beding ihrem Handel
sehr nachtheilig / und giengen wieder darvon. Die Handwercker
hielten diese Güter für gar zu mühesam / und sagten / daß solches
den Mönchen und Pfaffen zustünde / welche ihr Geld darvon hätten.
Es fanden sich aber etliche fromme Schüler / die leisteten die Gebühr /
und wurden nicht mit dem Schwert! sondern mit dem Federlehen
begnädigt / und nachgehends in dieser Königin Diensten frucht-
barlichst gebrauchet.

Edelgesteine.
(Jotham I, XXI, 21.)

Ein Jubilirer / genannt der Stolz / hatte seinen gantze Kram
um sich gehangt / und viel Ringe an seine Finger gestecket / fande
auch viel / die ihm für kleine Steine grosses Geld bezahlten. Dieses
sahe ein Müller / und fragte / warum man doch diese Steine so
theuer kauffte / man sagte ihm / weil sie so viel werth / auch von
Steinverständigen so hoch gewirdigt würden / u. s. w. Der Müller
triebe nachgehends einen alten Mühlstein auf den Markt / in
Hoffnung / solchen grossen Stein viel theurer zu verkaufen: als
ihme aber jemand fragte / was er auf dem Markt / thue? hat er
geantwortet / daß er gern diesen grossen Stein für tausend Gulden
verkauffen wolte. Hierüber lachten alle / die es hörten / und
vielmehr / als er solchen edlen Steinen gleich schätzen wolte. Der
Müller aber sagte / daß dieser mehr nutze / und deßwegen auch
mehr werth / ja er habe viel tausend Menschen ernehren helfen /
u. s. w. Sie sagten ihm aber / daß er keinen solchen Glantz wie
die edlen Steine von sich stralte. Wo / versetzte der Müller / ich

habe in meinem Keller faules Holtz / das gläntzt heller / als diese theure Steine. Als er nun seinen Stein nicht verkauffen konte, drehte er selben wieder nach Hause / und beklagte sich über der Lente Thorheit / daß sie hoch schätzten, was nicht nutzet / und was ihnen dienet / nicht haben wolten / sagend: Meine Edelgesteine sollen seyn die Gesundheit / Stärke / Gedächtniß / Erbarkeit und fleissige Arbeit / u. s. w.

Die Ehre.
(I, XXVII, 27.)

An der Frülings-Fürstinne Flora oder Blumhulda Hofe habe sich die Tulipanen sehr prächtig und stattlich gehalten / alle Tage mit ihren verbremten / geflammten / gestuckten und köstlichen Kleidern aufgezogen / grosse Titel geführet / Cardinäle / Könige / Admiralen ja gar semper Augustus wie der Kaiser seyn wollen. Die andren alten Hofdiener sahen diese Einkömmlinge und Fremde mit neidischen Augen an / und vermochten ihnen solches in prächtiger Kleidung nicht gleich zu thun. Nach langer Gedult brechen sie heraus / und beklagen sich bey der Fürstin Flora / daß sie bisanhero ihre wol-geleiste Dienste in der Artzney mit lieblichem Geruch sich bey ihrem Hof in guten Wirden und Ansehen aufgehalten / nun aber erfahren müssen / daß die bunten Tulipanen mit ihren zerfetzten Schweitzer-hosen / welche keinen Nutzen und Geruch geben können / ihnen vorgezogen und sie also ihrer Ehren entsetzt / bey dem Volk in Verachtung kommen / u. s. w. Baten deswegen, man solte ihnen ihre alte Stelle wieder ertheilen / und diese Einkömmlinge aus-schaffen. Flora bedacht sich hierüber und sagte: Gebt euch zufrieden / es ist besser Ehrwürdig ohne Ehrenstelle seyn / als unwirdig grosse Ehrentitel bey den Unverständigen erhalten.

Titel.
(I, CXXVII, S. 130.)

Der Wahn machte das Titular der alten Zeit nach und nach ändern / wie die Müntzen / in welchen das neue Preg jedesmal

ſchöner / die Wapen und Abſchriften gemehrt und die Bilder artiger
geſtaltet; der innerliche Werth aber an Schrott und Korn war viel
geringer / als vor Zeiten. Weil aber der Handel gewinſüchtig und
geldbar, lieſſe der Wahn die Gelegenheit / ſich groß zu machen /
nicht aus den Händen. Alſo kaufften aus dieſem Kram die Edelleute
den Titel der Hochedelgebornen / die Kauffleute den Titel der Edel
und Veſten / die Handwerker der Großachtbarkeit / und ſo gar die
Bauren den Titel der Erbarkeit. Die Weiber / welche meiſten
Theils mit dieſem Krämer Herze Wahn verwandt oder bekannd
waren / gaben ihm auch Geld zu löſen / und kramten ein die
bloſſen Titel Tugendreich / Tugendſam / Erbar / Züchtig / Schön /
Holdſelig / Freundlich / Höflich / Keuſch / und alles / was ſie ſonſten
zu Kopfküſſen gebrauchten. Man konte auch Hofnungstitel bekommen /
daß man einen auf Rechnung nennte / was er gerne geweſen / oder
zu werden verhoffte / und daher kommt es, daß Edle ohne adeliche
Güter / und viel Jungfrauen ohne Jungfrauſchaft gefunden werden.
Die Warheit aber hat in dem Werk erwieſen / daß dieſer Krämer
kein Kauffmanns-Gut und viel falſche Wahre geführet.

Verſprechen und Halten.
(I, CXXXV, S. 138.)

Der Verſtand hat mit der Redlichkeit zween Söhne erzeiget /
deren der eine Verſprechen / der andere Halten genennet worden.
Der älteſte war gar ein ſchöner / aber ſehr ſchwacher Knab / der
andere war etwas ſtärker von Gliedmaſſen / und von jederman viel
werther gehalten / als ſein Bruder. So lang dieſe auf ihres Vaters
Landgut gelebt / iſt jederman wol mit ihnen zufrieden geweſen / und
haben ſie aus brüderlicher Liebe ohneinander nicht ſeyn können.
Auf eine Zeit ziehet der Verſprecher mit einem alten Zahnbrecher
hinweg / und als er gröſſer worden / kommet er an eines Fürſten
Hof, der ein gar böſer Haushalter war; da wurde dieſer unartige
Sohn der Redlichkeit zum Hofmeiſter / und verhieſſe / ja betheuerte
eidlich / ſein Bruder werde kommen / und erhielte alſo von jederman /
was er ſelber wolte. Nach langer Wartung der Dinge / die da

30*

kommen folten, lude diefer Hofmeifter eine groffe Feindfchaft deß
Volks auf fich / bey feinem Herrn aber war er in fo groffen
Gnaden / daß er nicht mehr auf das Dorff zu feinen Eltern
begehrte. Ift alfo Verfprechen Edelmannifch / und Halten Bäurifch
geblieben.

Ein waarer Chrift.
(Nathan II, XXIII, S. 24.)

Die Mahlerey hatte fich freventlich vermeffen / alle Leute in
der gantzen Welte abzumahlen / und vermittelft der aufgetragenen
Farben vorzuftellen. Diefe Vermeffenheit zu hintertreiben / hat ihr
die Befchreibung einen waaren Chriften zu mahlen vorgegeben /
der folgender Geftalt befchaffen: Seine Augen können das Abwefende /
ja das Unfichtbare durchfehen / feinen Händen ift nicht unmüglich
zu thun / feinem Gemüt ift nichts unerträglich zu leiden. Er gehet
täglich mit feinem Schöpffer ober den Wolken / und fihet alles
Irdifche unter fich entfernet: Die himmlifchen Geifter find in feiner
Gefellfchafft / ja in feinen Dienften / weil er den blutigen Rock
feines Erlöfers angekleidet. In den Welthändeln ift ein fremder /
und ob er zwar ftetig in Streiten lebet / fo ift er doch deß Sieges
allezeit verfichert. Er tritt die Hülle mit Füffen / und fein Schild
ift unüberwindlich. Seine Hände und fein Hertz weifet eine weiffe
Unfchuld. Er ift fo wol befreundet / daß fein Gott fein Vater /
fein Erlöfer fein Bruder / der Himmel fein Erbtheil /; wol / fagte
die Mahlerey / weiß mir zehen folche Männer in der gantzen Welt /
fo will ich den Heiligften darunter abmahlen.

Das Glück und die Tugend.
(Jotham II, XXXIX, S. 39.)

Es fchwebten zwey Schiffe auf dem Meer / deren das eine
Fortuna / das andere Virtus oder die Tugend benamet. Das
erfte war eine Galee mit köftlichem Bildwerke / Scharlacken /
gehöriger Nothdurfft und allem möglichem Pracht gezieret / fo
gar / daß die Ruderknechte mit guldenen Feffeln angefchmiedet /

und in Sammet und Seiden bekleidet zu der Arbeit angetrieben wurden. Dieses Schiff hatte seine Lauff auf die Insulas fortunatas oder Glücks Inseln gerichtet / und segelte mit guten Vorwinde daher. Die Virtus war ein rundes Schiff mit wenig Vorraht und schlechten Leuten versehen / daß es auch / weil es übel beseilt / ein Ungewitter verschlagen / indem daß andere in einen Schiffshafen eingelauffen und ausgeruhet. Bald hernach / als das Glücksschiff den Anker wieder aufgehoben und die Reise fortgestellet / haben wenig in demselben gewünschet / in das Tugendschiff zu treten / viel aber daraus verlangt / in das Glückschiff überzusteigen; aber alles vergebens / dann es war eine Klufft beveßtiget zwischen beiden / daß jede an ihrem Ort bleiben mußten. Indem nun das Glücksschiff bei besagten Inseln abzustossen verhofft / zerscheidert es an einem Felsen / daß alle die darauf gewesen / jämmerlich umgekommen; das Tugendschiff aber ist wol angefahren / und alle / die darauf gewesen / sind ihres Ungemaches ergetzet worden.

Heroldsfarben.

(II, XLIX, S. 49.)

Es hat sich auf eine Zeit unter den Heroldsfarben ein grosser Streit erhoben / und hat eine der andern Schönheit hochmütig ab-stechen wollen. Das Gold / oder die gelbe Farbe / nennte sich der Sonnen und dem holden Sonnenmetall gleich / wolte den andern nicht weichen / und die Oberstelle behalten / weil jene der Planeten Fürst / und dieses das gewaltigste unter allen Metallen. Das Silber / oder die weisse Farbe / die Reinlichkeit und die Freude bedeutend / wolte dem Reichthum weit vorgezogen und die Quelle aller andern Farben genannt werden. Deßgleichen wolte ihr die schwarze Farbe zu eigenem Lob anführend / daß gut in das Trauerhaus / deren Deu=tung sie habe / zu gehen / und daß sie der Grund aller andern / ohne welcher Schatten sie nicht bestehen könnten. Die rohte Farbe wolte den Titel der Vollkommenheit behaubten / weil alles / was roht auch vollkommen würde / als des Menschen Geblüt / die Früchte / die

Gefundheit / u. f. w. deßgleichen wolte die blaue Farbe ihre Be-
ſtändigkeit darthun, welche ſie allen den andern in der Vermiſchung
mitheilte /. u. Als nun Apelles zu einem Schiedrichter aufgeworfen
worden / gabe er dieſen Ausſpruch: Eine jede iſt an ihrem Orte
ſchön / wann ſie ſich vergnügen läſſet; welche aber eine Tafel allein
bemahlen will / Die wird niemand gefallen.

Zwei Lieder des Johann Klai.
Mel.: „Wie ſchön leuchtet der Morgenſtern".
(Nürnberger Geſangbuch Nr. 698, S. 754—756.)

1. Einſt ſprach der kühne Jonathan /
   der hertzbehertzte Heldenmann /
   zu ſeinem Waffentrager:
   Komm / laß uns dort hinübergehn /
   wo jene nicht-Beſchnittne ſtehn /
   an der Philiſter Lager.
   Auf / lauf / Bergauf /
   laß uns kämpfen / ſie bedämpfen /
   traun / wir müſſen
   ihres Hönigs heut genieſſen.

2. Die Feinde ſagten: ſtarker Mann!
   komm Lochverkrochner Jonathan /
   wir lachen dein Verwegen /
   erkletter nur den Felſenſtein /
   der wird dir brechen Hals und Bein /
   das Steiger-Handwerck legen /
   ſteige / neige / aufwärts ſteige /
   abwärts neige dich mit Füſſen:
   du ſollſts heute nicht genieſſen.

3. Den Berg erſtieg Fürſt Jonathan /
   du Schildwach fiel in zwantzig Mann /
   der Hauffe nimmer ſchlieffe.

Die Hand deß Herre sich erhub /
so / daß man Roß und Mann begrub /
was lauffen konnt, entlieffe.
Kein Mann entrann / der gequetschet /
der zerpfetschet / tot geschmissen.
Ihres Hönigs zu geniessen.

4. Der Mann von großer Wunderthat;
Von Siegen / nicht von Kriegen / matt /
kam in der Feinde Wälder /
da Honig aus den Bäumen floß /
durch Stämm und Sträuche sich ergoß /
in angelegne Felder /
er saß / er aß / kund vom Starken
Honig lecken / um des süssen
Blumenweines zu geniessen.

5. Der Hertzerquickend Bienen-Safft,
gab diesem Wackern wackre Kraft:
als er den eingenommen /
es hat der muntre Jonathan /
als ein recht neuer Heldenmann /
span—neue Stärck bekommen.
Seine Beine sich bemarcken /
frisch erstarcken / gehn mit Spiessen /
um stets Honig zu geniessen.

6. Ich und du / frommer Christenmann /
wir alle / wir sind Jonathan /
und Christi Waffentrager /
wir müssen nur zu Felde gehn /
den Feinden im Gesichte stehn /
verfolgen sie im Lager:
Gut / Mut / Leib / Blut / muß man wagen /
männlich schlagen / Blut vergiessen /
Himmel-Honigs zu geniessen.

7. Der Höllen-Herr sagt: Christenmann:
   Komm / furchtvergriffner Jonathan /
   wir wollen dich empfangen /
   verlaß das Erden-Hauß / die Welt /
   ersteig das blaue Wolckenzelt /
   du sollt es nicht erlangen.
   Wache, mache lermend Lermen /
   Feuerschwermen / Schwefelflüssen:
   Keiner soll heut es geniessen.

8. Ermanne dich nur / Christenmann:
   Lauf Sturm / und sehe mutig an /
   Der Teufel muß sich geben /
   Die Wächter nehmen schon die Flucht /
   der helle Hauffe Reißaus sucht /
   drauf / drauf / lasst keinen leben!
   Heja! da! da! Schwert deß Herren
   treib sie ferren / das / mit Güssen /
   wir des Himmels-Mosts geniessen.

9. Nun bieten wir dem Teufel Trutz:
   Der Berg Zion ist unser Schutz /
   auf welchen wir uns setzen /
   der Lebens-Baum ist aufgeritzt /
   der nichts / als Lebens-Honig / schwitzt /
   ein krefftend Seelennetzer /
   Schweig Sinn! nimm hin / Brot und Leben /
   Wein und Reben: mit Erspriessen
   Kanst du Brot und Wein geniessen.

10. Dis Brot / der Wein; / der Leib / dies Blut /
    das theure Pfand, das höchste Gut /
    der letzte Wille dessen /
    der menschlich starb / fort göttlich lebt /
    bei seinem Vatter ewig schwebt /
    O Wunder! wir hier gessen.

Hin / Hin / Thörin! Gott ſpricht: Höre /
folg der Lehre / in dem Biſſen
kanſt du meinen Leib genieſſen.

11. Kein Menſch erreicht die Göttlichkeit /
kein weiſer Sinn, mit keinem Streit /
von den gelehrtſten Köpffen.
Komm Sünden-Kranker / komm / komm / eil /
Hier kanſt du wahres Sünden-Heil
aus dieſem Kelche ſchöpffen.
Aufſteh! geh! geh: trinck im Glauben /
Blut von Trauben: mit begrüſſen
kanſt du für das Blut genieſſen.

12. Ach heilger Heiland / höchſter Hort!
Ich glaube deinem letzten Wort /
das Wort / das nicht erlogen /
wer von dir / Wahrheit / waarer Chriſt /
und Deinem Wort / betrogen iſt /
Der iſt ſehr wol betrogen.
Hab Danck! Speis / Tranck / will ich eſſen /
nicht vergeſſen / ſeyn befliſſen /
Dich / mein Gott / oft zu genieſſen.

Mel.: „Ich hab mein Sach Gott heimgeſtellt".

(Nürnberger Geſangbuch Nr. 1129, S. 1180.)

1. Ich hab ein guten Kampff gekämpfft /
Sünd / Teufel / Tod und Höll gedämpfft:
Das Sünder Bad / die heilge Tauff /
lendt (wohl: lenkt) meinen Lauf
nun Erden-ab und Himmel-auf.

2. Hinfürder ist mir beygelegt /
der Danck den ein Gerechter trägt /
es hat mir Gottes lieber Sohn /
Vor Seinem Thron /
schon aufgesetzt die Himmels=Kron.

3. Jetzt lob ich stetig meinen Gott /
sey heilig / heilig Zebaoth /
sey dreymal heilig allezeit /
Dreyeinigkeit /
daß ich nun sonder Krieg und Streit.

4. Es hat / was mir Gott hat beschert /
kein Aug gesehn / kein Ohr gehört /
es hat kein Hertz die Freud gespürt /
die mich geführt /
und ewig nun in Gott berührt.

ENDE.

SIGISMUNDUS A
BIRKEN DICT BETU
LIUS COM PAL CÆS
NOR PO LAUR.

Nil mirare, Deas sexu constare virili,
ac animas unum Corpus habere decem:
Has Sphyngis latebras FACIES HÆC unica pandit,
quæ PHOEBUM sistit PIERIDES q novem

Honori ergo offert Iacobus Sandrart Chalcographus   M. Martinus Limburger P.L.C.

Sigmund von Birken,

genannt Betulius.

1626–1681.

Von

Aug. Schmidt.

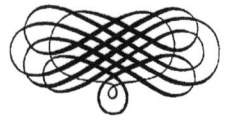

Vorwort.

Daß nachstehende Ausführungen über Sigmund von Birken
nicht in Wettbewerb mit der umfassenden Arbeit über Philipp
Harsdörfer, welche den Hauptinhalt dieser Festschrift bildet, treten
wollen, bedarf keiner Erklärung, wenn man bedenkt, welchen
Einfluß dabei Raum und Zeit geltend machten. Der Umstand
aber, daß mit den Stiftern des Pegnesischen Blumenordens,
Harsdörfer und Klai, stets auch Sigmund von Birken genannt
wird, ließ es als notwendig erscheinen, auch seines Lebens und
Wirkens zu gedenken.

A. S.

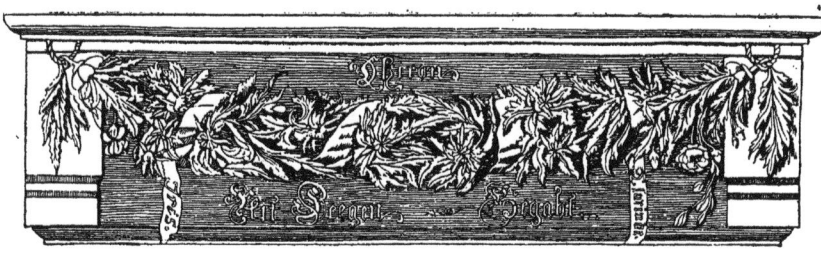

Mit dem Pegnesischen Blumenorden unauflöslich verbunden
ist der Name eines Mannes, der seinerzeit im deutschen
Parnaß eine der höchsten Stellen einnahm, jetzt aber
fast verhallt ist: der Name Sigmunds von Birken. Er teilt
hiemit das Schicksal gar mancher einst hochgefeierten Dichter
und Schriftsteller, die, von der jetzigen raschlebigen, veränderten
Richtung in der Poesie überflutet, auf den Altenteil gesetzt sind.
Es ist eben nicht jedermanns Sache, sich mit dem seinerzeit üblichen
Denken und Dichten mehr, als unbedingt nötig ist, zu befassen,
noch weniger aber sich zu befreunden. Die Zeit des frömmelnden,
überschwenglichen und süßelnden, dabei mit allen möglichen
griechischen und römischen Gottheiten sich beflitternden Schäfer=
tums, die im 17. Jahrhundert sich überall im Schrifttum breit
machte, ist vorüber; die Sturm= und Drangperiode hat sie völlig
bei Seite gedrängt. Darauf folgte die idealistische Richtung in
der Dichtung, und auch diese ist jetzt beeinflußt von der neueren,
realistischen.

Wenn Hans Sachs sich in der deutschen Dichtkunst die ihm
gebührende Stellung bewahrt hat, so ist dies die Folge der von
ihm ausströmenden, ungekünstelten Naturwahrheit, des klaren,
von Flitterzeug reingehaltenen Seins und Denkens in seinen
Dichtungen, des darin enthaltenen köstlichen, wenn auch derben
Humors bei tiefer Empfindung, deren schlichte Wahrheit überall
durchleuchtet und den Leser fesselt. Sachs ist der ehrenfeste,
bescheidene Mann und Bürger im stark und dauerhaft gewebten

Gewande und dem festen selbstgefertigten derben Schuhwerke,
während Birken in seidenem, spitzenüberladenem Gewande und in
Schnabelschuhen einherstolziert und seine Blumensträuße unter
tiefen Bücklingen, aber selbstbewußt überreicht.

Justinus Kerner sagt von Birken*), „er sei einer von denen,
die man entweder darum nicht mehr beachtet, weil ihre Schöne
durch die Formen einer zu ihrer Zeit gerade herrschenden Schule
(wie durch den Modereifrock die schlanke Gestalt) entstellt wurde,
oder die man darum nicht mehr aufführt, weil sie zu wenig auf
dem Markte erscheinen und an die Menge sprechen. Lese man
seine Gedichte, so sei es, als vernehme man einen Singvogel, der,
in einen schön geputzten Käfig verschlossen, künstliche Triller, die
man ihn lehrte, hervorbringt, der aber mitten in dieser Arbeit
plötzlich wieder in die Töne seines ihm angeborenen, vollen Wald=
gesanges verfällt; weiter glaube man, in einem französischen Garten
zu gehen, wo hier und da in steife Formen geschnittene Bäume
heimlich, noch nicht bemerkt vom alten blinden Gärtner, lange,
schlanke Blütenzweige, auf denen bequem sich die Vögel wiegen,
in den blauen Himmel ausstrecken.“

Ja, er konnte, wie ein unfreier Vogel, den fortdauernde
Schulung dem ihm angebornen Naturgesange entfremdet hat, dem
der Drill zur Gewohnheit geworden, zuweilen aus der angelernten
Rolle fallen. Der Umstand, daß er sich vom Beginne seines Auftretens
als Dichter in den höheren Schichten der Gesellschaft bewegte, mit
Fürsten und Grafen, gelahrten Doktoren und Professoren, hoch=
gestellten Staatsbeamten und Ratsherren mehr verkehrte als mit
dem Volke selbst, — und er war ja seiner leiblichen Notdurft
halber zunächst auf jene, die Macht und Geld hatten, angewiesen,
— verlieh ihm jenen Grad von hochmütiger Demut, von selbst=
bewußter Bescheidenheit, daß es ein Wunder gewesen wäre, wenn
bei unläugbarem Verwöhntsein durch die Lobhudelungen Gleich=
gestellter und die Auszeichnungen hoher und höchster Herren dies
nicht in seine Dichtungen abgefärbt hätte. Dazwischen hinein aber

*) Morgenblatt für gebildete Stände Nr. 257 vom 27. Oktober 1834.

überkam ihn doch der Drang, sich frei zu machen von dem
Schwulste, natürliche Wärme zu zeigen und zu entwickeln, und
daraus gingen seine besten Lieder hervor.

Wie jene Richtung aufkam, welche dem durch den dreißig=
jährigen Krieg entstandenen Mischmasch steuern, welche deutsch
sein wollte, da hätte Birken, wenn er nicht schon selbst einen
Trieb hiezu in sich verspürt hätte, doch mitgethan, weil es modern
geworden war.

„Vor allem muß die Sprache wieder deutsch werden", lautete
das Schlagwort. Diesem nachzukommen, hatte der pegnesische
Schäfer=Orden zu Nürnberg auf seine Fahne geschrieben. Es war
daher natürlich, daß Birken darnach strebte, diesem Orden anzu=
gehören, aber auch, daß sein Ehrgeiz in ihm eine bevorzugte
Stellung zu gewinnen wußte.

Als Harsdörfer, mit Klai Gründer, dann erster Vorsteher des
„Pegnesischen Blumenordens" oder, wie man diesen auch nannte,
der „löblichen Blumengesellschaft", starb (22. September 1658), hatte
es allen Anschein, als sollte der Orden damit sein Ende erreicht
haben, und es würde dieser somit das Schicksal der „Aufrichtigen
Tannengesellschaft" geteilt haben, welche 1633 in Straßburg
gestiftet wurde und bereits wieder erloschen war. Langlebig
waren ja die übrigen Sprachgesellschaften, welche um diese Zeit
entstanden, alle nicht. So löste sich die 1616 entstandene frucht=
bringende Gesellschaft 1680 wieder auf; die deutschgesinnte
Genossenschaft in Hamburg lebte zwischen 1643 und 1705, ein
Beweis, daß die Gründung von solchen Sprachgesellschaften und
deren Angehörigkeit in Mitte des 17. Jahrhunderts Ehrensache
war und mit der Mode wieder verlief, wenn nicht einzelne
besonders veranlagte und werkthätige Männer sich dem Verfalle
entgegenstemmten. Ein solcher Mann war Harsdörfer gewesen,
und als er starb, waren die Mitglieder des „Pegnitzschäferordens",
wie sich Heerdegen im Amaranthes ausdrückt, „den Schafen
gleich, welche der Hirt hat verlassen müssen". Die meisten Mit=
glieder lebten an auswärtigen Orten, und die wenigen in
Nürnberg noch übrigen zeigten schwache Lust, die Gesellschaft

fortzuſetzen. Ein eigenhändiger Brief Birkens an Limburger
(Myrtill II.) ſchrieb: „Vier*) von unſern hier befindlichen
Mitgliedern haben beſchloſſen, ſich von der Geſellſchaft abzuſondern.
Das Band iſt nunmehr zerriſſen."

Es ſcheint überhaupt, als hätten ſich die bei Harsdörfers
Tode noch vorhandenen Ordensmitglieder über die Wahl eines
Vorſtandes nicht einigen können, denn volle vier Jahre blieb deſſen
Stelle verwaiſt. Wir werden kaum irren mit der Annahme, daß
gerade dieſe Neuwahl die Urſache war, warum ſich vier der
Nürnberger Mitglieder abſondern wollten; abſondern — von
wem? vielleicht von Birken, welcher, ohne Vorſtand zu ſein, im
Jahre 1662 zwei neue Mitglieder aufnahm, einen Altdorfer
Studenten, Joh. Gabr. Maier (unter dem Namen Palämon), und
den 27jährigen Pfarreradjunkten Martin Limburger (Myrtill II).
Nun iſt aber zu bemerken, daß aus den vier abgeſonderten
Mitgliedern der ganze in Nürnberg befindliche ältere Mitglieder=
ſtand aus Harsdörfers Zeit beſtanden hat, und daß dieſe vier
wahrſcheinlich einerſeits nicht darüber einig werden konnten, wer
von ihnen zum Vorſteher gewählt werden ſollte, anderſeits es
ungern ſahen, daß der 36jährige Birken junge Leute in den
Orden aufnahm, welche ſich zunächſt an ihn anſchloſſen und ihn
zum Vorſteher machen wollten. Glücklicherweiſe ließ ſich einer
der viere, Alcidor (Johann Sechſt) bewegen, ſeine Trutzgenoſſen
im Stiche zu laſſen und zu ſeinem Landsmann**) Birken überzu=
gehen, und ſo kam es, daß Birken (Floridan) Ende des Jahres
1662 von Alcidor, Myrtillus II und Palämon zum Vorſtande
des Pegneſiſchen Schäferordens erwählt wurde. Die drei andern
alten Herren ſcheinen ſich in den Schmollwinkel zurückgezogen zu
haben, während die auswärtigen Mitglieder mit der Thatſache
der erfolgten Wahl Birkens zu rechnen mußten.

Es läßt ſich auch nicht leugnen, daß von dieſer Zeit an neues
Leben im Orden entſtand, denn während deſſen Mitgliederzahl

---

*) Alcidor (Johann Sechſt); Helianthus (Georg Volkammer); Periander I
(Friedrich Lochner); Lerian (Chriſtof Arnold).
**) Sechſt war in Elbogen in Böhmen, Birken in Wildenſtein in Böhmen
geboren.

in den erſten vierzehn Jahren bis zu Harsdörfers Tode nur
fünfzehn Namen aufweiſt, gingen unter Floridans neunzehn Jahre
währender Vorſtandſchaft achtundfünfzig neue Mitglieder zu.
Nicht mit Unrecht hat man daher Sigmund von Birken den
zweiten Vater des Pegneſiſchen Blumenordens genannt. Daß
dieſer ohne Birken ſich aufgelöſt hätte, ſteht feſt, denn die alten
Herren, welche dem Orden 1658 noch angehörten, zeigten, als
Harsdörfer ſtarb, wenig Intereſſe mehr dafür, ſonſt würde dieſer
nicht volle vier Jahre ohne Oberhaupt geblieben ſein.

Es war notwendig, daß friſche,
junge Kräfte beitraten, und das
erreichte Birken durch Neuauf=
nahmen. Es iſt ſehr zweifelhaft,
ob damit die wenigen älteren
Mitglieder einverſtanden waren,
und es ſagt auch Amaranthes
ausdrücklich, daß Floridan (Birken)
im Jahre 1662 den Myrtill und
den Palämon in den Orden auf=
genommen habe, obſchon er erſt
ſpäter, und zwar durch die
Wahl derſelben, Ordensvorſteher
wurde *).

Wie ſchätzbar ſich Floridan
dem Orden gezeigt hat, beweiſt
der ihm von den Ordensmit=
gliedern gewidmete ſilberne und
reich vergoldete Pokal von 40 cm
Höhe, deſſen Behälter eine mit
prächtigem Blätterſchmucke ver=
zierte Tulpe darſtellt, welche von
einem tanzenden Schäferknaben

---

*) Es iſt entſchieden ein Irrtum, wenn Fontano in der „Betrübten
Pegneſis“ ſagt, Birken ſei ein Jahr nach Harsdörfers Tode Ordensvorſteher
worden und habe das weiße Geſellſchaftsband damals ſchon ergänzt.

getragen wird. Der Deckel, gleichfalls mit schön gearbeitetem Blätterwerke geschmückt, trägt das Abzeichen des Pegnitzschäfer-Ordens, die Passionsblume. In die Höhlung des Fußes ist eingegraben:

Floridano
suo
Alcidor. Myrtillus.
Palämon. Ferrando. Rosidan. Damon II. Polyanthus.
Periander. Poliander,
quicquid hujus est,
sacrum efse
volunt.

Das im Kreise um diese Worte sich ziehende Chronostichon lautet:

Voto ConspIrandt sIngVLI aD VnVM.

was auf die Jahreszahl 1673 schließen läßt*).

Ein zweiter, auf drei Kugeln ruhender Pokal von 20 cm Höhe aus getriebenem Silber mit Vergoldung zeigt ringsum Fruchtkränze, ebenso dessen Deckel, an dessen Spitze ein die Passionsblume und Amaranthenblumen enthaltender Strauß sich befindet. Die Höhlung des Deckels zeigt in feinem Stiche eine Birke, zu deren Linken sich der Hesperidengarten, zur Rechten der Irrhain erblicken läßt. Rund um die Zeichnung zieht sich die Inschrift:

Die Birke, die uns Vier in Irrhayn hat Geführt,
Werd aus Hesperien mit Güldner Frucht Geziert**).

Wollen wir, ehe wir Birkens Wirken im Orden selbst und als Dichter näher betrachten, seinen Lebensgang verfolgen. Wer seine Ahnen waren, darüber haben gefällige Freunde und Verehrer

*) Der verstorbene Direktor des germanischen Museums, von Essenwein, hat den Wert dieses Pokals auf 5000 Mark geschätzt.
**) Mit diesen „Vier“ dürften Floridan selbst, Alcidor, Myrtillus II und Palämon vermeint gewesen sein. Da der Irrhain selbst erst 1676 entstand, wird dieser Pokal um etwa sechs Jahre jünger sein als der andere.

etwas kühne Aufstellungen gemacht, indem sie ihn von dem freiherrlichen Stamme der Birken von Dauba (im 14. Jahrhundert nahe bei dem Schlosse Loma in der Gegend von Hohenstein in Sachsen ansässig) abstammen ließen. Diese Freiherren Birken von Dauba waren von den Bischöflichen vertrieben worden und hatten sich die Herrschaft Mülberg an der Elbe gekauft, welche später den Herzogen von Sachsen heimfiel.

Ein Nachweis für diese Abstammung läßt sich nicht auffinden, auch hat unser Birken selbst nicht daran geglaubt.

Soviel steht fest, daß seine Vorfahren fast sämtlich dem geistlichen Stande angehörten, mit Ausnahme eines Urgroßeltervaters Nikolaus Birkener, welcher gegen 1448 zu Henichen im Meissen'schen ein bürgerliches Geschäft betrieb.

Der Urgroßvater Wolfgang Birkener war Pfarrer in Stolberg am Harz, der Großvater Bartholomäus Birkener Seelenhirt in Altenburg, vermählt mit Frau Christina, der ältesten Tochter des Predigers zu Germersheim und nachmaligen Superintendenten zu Bayreuth, Hermann Laurentius Codomannus, der als Gelehrter einigen Namen hatte.

Dieser Großvater nannte sich noch einfach Birkener. Zu damaliger Zeit aber kam die Sitte auf, deutsche Gelehrtennamen in das Lateinische oder Griechische zu übersetzen, wie dies ein Cappio, Melanchthon, Oecolampadius, Neander gethan haben, und so kam es, daß der Name Betulius (von betula, die Birke) entstand. Sein Sohn, Daniel Betulius, geboren zu Eger, war zuerst für seinen erkrankten Vater Verweser der Pfarrei Frauenreuth bei Eger, dann Pfarrer zu Wildenstein in Böhmen. Er führte als Gattin heim Veronika Khobelt, die Tochter eines Nürnberger Bürgers Namens Michael Khobelt und seiner Ehefrau Agnes, geborene Flockin, welche ihrem Gatten sechs Kinder schenkte. Das vierte von diesen war unser Sigmund, den sie im 33. Lebensjahre gebar.

Floridan erblickte im Jahre 1626, Dienstag den 25. April, zu Wildenstein in Böhmen das Licht der Welt. Ein Chronostichon folgenden Inhalts enthält diese Zahl: Me beet et DeCoret bona neX, et FaX bona VItae. Ein Freund seines Vaters, Georg

Martius, Prediger in dem benachbarten Klinkhardt, vollzog die
Taufe und verfaßte bei dieser Gelegenheit ein lateinisches Gedicht,
das uns in der „betrübten Pegnesis" erhalten blieb. Als Tauf=
zeugen waren gegenwärtig ein Herr Sigmund Abraham von
Trautenberg auf Wildenstein, Frau Magdalena Multze von und
auf Walda und Herr Martin Dorn, Pfarrer zu Schönberg. Von
dem ersten erhielt der Neugeborene den Vornamen Sigmund.

Es war damals eine böse Zeit. In Mähren und Schlesien
hausten 1626 die Weimarschen und Mannsfeldschen Heere. Die
Mannsfeldschen wurden von den Kaiserlichen bei Dessau und
Kaiersluther geschlagen; der dreißigjährige Krieg entfaltete all seine
Schrecken. Birken sagt in seinem selbstgeschriebenen Lebenslauf:

„Ich bin auf den Schauplatz der Welt getreten zu der Zeit,
da der verheerende Krieg seine Schaubühne fast allerorten in
Deutschland hatte aufgerichtet."

In weiterer Folge mußten die Prediger nach der Lehre
Luthers, wohl in Folge des damals erlassenen Restitutionsediktes,
aus den böhmischen Landen weichen. Wie alle andern traf (1629)
auch Floridans Vater, als den letzten von seinen Amtsbrüdern,
das Loos, sein Vaterland verlassen zu müssen, als Sigmund
kaum 3 Jahre alt war*).

In banger Sorge darüber, wohin er sich wenden und wie er
die Seinen in Zukunft erhalten solle, trat der Vater mit seiner
Familie die Wanderschaft an und wollte fast den Mut verlieren,
hätte nicht zufällig der kleine Sigmund einen Zettel, den er am
Wege fand, ihm zugetragen, worauf die Worte standen: „Vater
unser", was des Familienhauptes Vertrauen auf Gott wieder
aufrichtete, so daß es seine Hoffnung auf des Höchsten Hilfe wieder
fand. In Eger wurde der Vater aufgegriffen und zurückgehalten,
während die Familie zu einem Verwandten Namens Paul
Schweser in der Brandenburg = Bayreuthschen Stadt Hohenberg

---

*) In den Birkenwäldern sagt er:

    Da als die Tyranney und Zwängniß der Gewissen
    Daßelbst geboren ward, wurd ich hinweggerissen
    — als Kind, das fast noch an den Mutterbrüsten lag.

flüchtete. Erst auf Fürbitte hoher Gönner erhielt der Vater die Erlaubnis, den Seinen folgen zu dürfen.

Von Hohenberg siedelte Daniel Betulius nach Bayreuth über und dann auf Einladung seines Schwiegervaters nach Nürnberg, das damals thatsächlich eine Zufluchtsstätte vertriebener und verfolgter Anhänger der evangelischen Lehre war.

Das war am 13. des Brachmonds 1632.

Es war die Zeit hiezu aber bös gewählt. Gerade im Jahre 1632 hatten sich die Heere Gustav Adolfs von Schweden und Wallensteins in und um Nürnberg festgesetzt, und wurden deren Streiter auf 120000 Mann geschätzt. Infolge dessen entstand eine Teuerung, wodurch der Preis des Simri Roggen auf 24 Reichsthaler stieg; zugleich trat eine Seuche auf, welche in Nürnberg allein 12000 Menschen hinwegraffte. Die elterliche Familie Sigmunds blieb zwar von der Krankheit verschont, aber die wenigen Barmittel, welche sie von Wildenstein mitgebracht, gingen in dieser schweren Zeit darauf, weshalb dann Vater Betulius glücklich war, als er zum Diakonus in der Kirche zum heiligen Geist gewählt wurde. Das nächste Jahr versetzte ihm einen herben Schlag, indem Sigmunds Mutter, welche 6 Kindern das Leben geschenkt hatte, der Wassersucht erlag. Sie war 1593 am 6. April geboren und starb am 12. April 1633, demnach 40 Jahre alt, als Sigmund 7 Jahre zählte.

Die „betrübte Pegnesis" widmet der Verstorbenen einen rührenden Nachruf, demgemäß diese eine äußerst liebenswerte, verehrungswürdige Frau gewesen sein muß, welche nicht zum mindesten zur tüchtigen Geistes- und Herzensbildung Sigmunds beitrug.

Wir können nicht umhin, ihren Abschiedsbrief an den Eheherrn, den sie kurz vor ihrem Ende schrieb, hier beizusetzen. Er lautet, wie folgt:

„Herzlieber Herr / dieweil ich ja sehe / daß meine Leibes Schwachheit immer grösser wird / und meine Schwachheiten täglich zu nehmen / dabey ich wohl spüren kann / daß meines Bleibens nicht lange mehr bey euch seyn wird; sondern GOTT wird mich /

nach lang ausgeſtandener großer Marter und Pein / welche ich
Tag und Nacht leide / einmal zu Ruhe bringen / und mich / nach
langem Seufzen und Weheklagen / in die ewige Freude / da aller
mein Jammer ein Ende nemen wird / verſetzen: Gott verleihe mir
Gedult / und ein ſanftes Sterbſtündlein / um Chriſtiwillen / Amen.

Bitte euch derowegen / mein einiger Troſt / nächſt GOTT / auf
dieſer Welt / wo ich euch je beleidiget und erzürnet habe / wollet
mir ſolches verzeihen und vergeben / es meiner Schwachheit zu=
rechnen / euch über meinen Tod nicht zu hart entſetzen / ſonder
euch ſelbſt ſchonen / damit ihr euren und meinen armen Kindern
noch länger / möget vorſtehen. Bitte euch um aller Liebe und
Treue willen / welche bey uns beyden ja nicht falſch geweſen /
wollet über ihnen halten / und was ihnen gebührt ja nicht ent=
ziehen laſſen. Ihr wiſſet / daß es mir neben euch iſt recht ſauer
worden / daß wir durch den reichen Segen Gottes etwas erſparet /
und ich euch treulich habe Haus gehalten: wiewohl ich euer ge=
treues Herz vorhin wohl kenne. Bitte euch / wollet ſie etwas
rechtſchaffenes lernen laſſen / damit ſie heut oder morgen auch
etwas verſtehen / und den Leuten dienen können / auch Euch in
eurem Alter mögen zu Troſt kommen. Wann ihr ihnen gleich
nit große Güter laſſet; die Kunſt kan ihnen niemand nehmen.
Wollen ſie euch nicht folgen / züchtiget ſie wohl / und laſſet ihnen
keinen Mutwillen nach / damit ſie nicht verderben. Bitte euch /
wollet ſie in der Kleidung halten: damit ſie nicht der Leute Spott
ſeyen. Bitte laſſet euch meine Mutter befohlen ſeyn / haltet über
ihr / wie ihr bishero gethan; das arme Weib hat auch ſonſt
niemand: ſie wird auch nicht von euch ſetzen. Hiermit befehle ich
euch / als meine eigne Seele / ſammt meinen armen Kindern /
dem lieben / getreuen / barmherzigen Gott / der mich / euch und
die ganze Welt / ſo lang erhalten / der wolle euch tröſten / ſtärken /
ſegnen an Leib und Seele / zeitlich und ewig. GOTT erleuchte
eure Kinder / und regiere ſie mit ſeinem Heil. Geiſt: daß ſie euch
folgen und wohl geraten / damit ihr in eurem Alter möget Freude
an ihnen haben! Amen. Gott behüte euch und bewahre euch zu
viel tauſendmal / mein einiges Herz! in ewiger Freude will ich

euer mit Verlangen warten: da soll uns der bittre Tod nicht mehr scheiden."

Eine weitere „Letzt=Schrift" an ihre Kinder wurde vom Tode unterbrochen. Erwähnt mag werden, daß der Witwer, nachdem er seine Gattin 2½ Jahre betrauert, sich mit der Witwe des ver=lebten Pfarrers Adam Mylius von Lichtenau wieder verehlichte. Die Ehe mit dieser währte aber nur einige Monate, und kam ihr mitgebrachtes ziemlich bedeutendes Vermögen leider dem neuen Ehestand nicht zu gute, indem sie den größten Teil desselben anderen vermacht hatte, als sie starb. Vierzehn Monate später erhielt Sigmund wieder eine Stiefmutter, die Wittwe des Pfarrers Georg Pistorius zu Schwimmbach, welche dem Vater Sigmunds fünf Jahre später die Augen zudrückte.

Von den Geschwistern Sigmunds sei gedacht des nachmaligen Pfarrers von Gundelfingen M. Christian Betulius, der zuerst in Balgheim bei Öttingen, dann in Öttingen selbst als Schulrektor wirkte, wo er aber so viel Neider fand, daß er nach Nördlingen übersiedelte. Nach drei Jahren berief ihn der Herzog von Württem=berg zum Diakonat Blaubeuren. Im Kloster Hirschau versah er Kirchen= und Schuldienst zugleich. Geboren zu Wildenstein 1619, starb er 1677 in Gundelfingen. Ob er Magister gewesen, ist ungewiß, sagt Wetzel, weil er zu seinem Namen nie das M. setzte*). Seit 1669 hatte er dem Pegnesenorden als Makaristo angehört. Seine Gattin war eine Tochter des Stadtkämmerers Rubinger von Eger.

Ein zweiter Bruder Sigmunds war Joh. Salomon Betulius, Pastor in Gränzkirch in Kurland, dann fürstlicher Hofprediger in Mitau. Er war unter dem Namen Orontes Mitglied des Pegnesischen Schäferordens.

Kehren wir zu Sigmunds Jugendjahren zurück.

Er war von seiner Mutter in die Schule zum heiligen Geist unter Konrektor und Kantor M. G. Pfisters Leitung gebracht

---

*) Nur in einer lateinischen Epistel an den gelehrten Daniel Wülfert ist er als Magister verzeichnet. Er war Dichter des Liedes: „Ach wie flüchtig, ach wie nichtig ist der Menschen Leben" u. s. w. Wetzel schreibt irrig das Gedicht dem Michael Franken zu.

worden. Zwei Jahre später wurde Rektor Adam Zanner sein
Lehrer, und dieser hat den hauptsächlichsten Grund zu Birkens
Bestreben gelegt, der deutschen Sprache den ihr zukommenden Rang
vor anderen Sprachen zu bewahren.

Im Jahre 1642 am 27. Mai, als Sigmund 16 Jahre alt
war und in seinem siebenten Schuljahre stand, starb sein Vater
an der Schwindsucht, im Alter von 60 Jahren. Er liegt am
St. Johanniskirchhofe begraben. Vor seinem Tode hatte ihm
Sigmund, insbesondere veranlaßt durch seinen Vormund, Dr. jur. utr.
Johann Kreußelmeier, seine Vorliebe zu den freien Künsten und
sogenannten höheren Wissenschaften, insbesondere aber zum Rechts=
studium zu erkennen gegeben. Der Vater aber wollte, daß er,
wie die beiden älteren Söhne, Geistlicher werde, und wurde über
Sigmunds Vorhaben so unwillig, daß er ihn drei Tage nicht
vors Gesicht ließ.

Nach des Vaters Tode genoß Birken in den lectionibus
publicis et privatis den Unterricht des Rektor Dilherr und des
Professor Wolfer, welche ihn im Einverständnisse mit seinen älteren
Brüdern der hohen Schule in Jena überwiesen, wohin er am
15. des Heumonds 1643 abreiste.

In Jena suchten ihn schwere Unfälle heim. Er hatte in
Nürnberg einem Fuhrmann aus Jena ein Faß mit Büchern,
Kleidern und Weißzeug zur Verfrachtung übergeben. Der Fuhr=
mann aber brachte ihm dahin nur die leere Kiste mit dem
Bemerken, der Inhalt sei ihm bei Thüringisch=Neustadt durch
Strauchdiebe geraubt worden. Aus Mangel an Gegenbeweis
mußte Sigmund sich damit zufrieden geben. Viel schwerer
getroffen wurde er durch den Umstand, daß ihm eine Geldsumme
aus seinem wenigen Erbtheile, die er in Nürnberg Jemandem
gegeben hatte, und die er in Jena wieder zurückerhalten sollte,
nicht zurückbezahlt wurde, weshalb ihm nur übrig blieb, sich beim
Schuldner in Wohnung und Kost zu begeben, um das Geld
abzuwohnen und abzuessen.

Auch hatte er das Unglück, sich mit den übrigen Studenten
zu überwerfen, und das geschah folgendermaßen: Er stand einst

im Theater, konnte aber von der Bühne wenig erblicken, da ein Studentenbursche sich gerade vor ihn hinstellte. Auf Birkens Mahnung, ihm die Aussicht nicht zu verdecken, erfolgte eine patzige Antwort; ein paar tüchtige Ohrfeigen lohnten diese. Daß ein Neuankömmling sich gegen den Burschen eines bemoosten Hauptes Derartiges herausnahm, war unerhört, weshalb ihm die alten Studenten derart zusetzten, daß er sich fast nicht mehr sehen lassen durfte. Um einigen Schutz zu haben, schloß er sich einer sogenannten Tischgesellschaft (commensales) beim fürstlichen Amtsschreiber im Schloßhofe an, was ihm freilich wenig half. Wie damals die Studenten hausten, geht unter anderem aus folgendem hervor: Ein junger Leipziger, namens Lorenz Niska, mußte ebenfalls unter den Verfolgungen der Studenten leiden, so daß er einmal gegen sie den Degen zog. Das wurde als eine grimmige Verletzung der „Majestät der Studenten" aufgenommen, so daß diese ihn bis in das fürstliche Amtshaus verfolgten. Auf des Amtmanns noch in der Nacht nach Weimar ergangenen Bericht, die Studenten hätten das Amtshaus gestürmt und die Thore besetzt, erschien andern Tags eine Abteilung Reiterei unter einem Rittmeister, ja der Herzog Wilhelm selbst mit Fußvolk, der alle Studenten in das Kollegium berufen und von da in drei Abtheilungen unter der Bewachung von Hakenschützen nach dem Schlosse führen ließ. Damals bemerkte der Fürst unsern Sigmund zum erstenmale, denn als dieser, vor des Fürsten Pferd herum, zu dem zweiten Haufen sich begab, sagte der Fürst: „Der wird wollen ihr Prokurator sein." (Später fanden sich der Fürst als der „Schmackhafte" und Birken als der „Erwachsene" in der fruchtbringenden Gesell= schaft als Mitglieder wieder.) Nach dem Verhöre der Gefangenen wurden sieben davon als Rädelsführer nach Weimar gefangen fort geführt, aber wieder auf freien Fuß gesetzt, weil der Amtmann seinen Bericht viel zu milde abgefaßt hatte, und doch machte man ihm den Vorwurf, „daß hitzige Beamte und wahngelehrte Schrift= linge die Feder nie mehr als wider die Kunstbeflissenen schärfen".

Ein andermal, nachdem Birken das erste Jahr (das Pennal= jahr) in Jena zugebracht hatte und nun, dem Brauche der anderen folgend, mit Federhut und in Prunkkleidung aufstieg, wurde er auf dem sogenannten Kreuß Nachts von mehreren mit Rapieren bewaffneten Studenten angegriffen, und nur die Hilfe mehrerer Freunde bewahrte den an der rechten Hand bereits schwer Verwundeten vor noch schlimmerem Schicksale.

Sehr viel Freude hatte Birken darüber, daß er mit Johann Christian von Boyneburg bekannt wurde, und daß er Hausgenosse des M. Peter Musäus war, bei dem er Unterricht in Ethik und Politik genoß, während er bei Daniel Stahl Logik, bei Johann Musäus Philosophie und Geschichte, bei D. Krauß Rechtswissen= schaften, bei Slevogt Oratorik hörte.

Besonderes Glück hatte Birken in Jena nicht, denn einmal wäre er beinahe in der Saale ertrunken, ein andermal fiel er in der Nähe seiner Stube durch ein mit Heu bedecktes Loch drei Klafter tief hinab auf den gepflasterten Boden, ohne aber besonderen Schaden zu nehmen.

Trotzdem schied er nur ungern von Jena, als er, da seine Vermögensverhältnisse dies gebieterisch verlangten, im Wein= monat 1644 genötigt war, nach Nürnberg zurückzukehren. Er ließ seine Bücher und sonstigen Habseligkeiten in Jena bei seinem Hauswirte zurück, aber seine Mittel erlaubten ihm nicht, Jena wiederzusehen. In Nürnberg lernte er Gg. Philipp Harsdörfer kennen, der dort mit Johann Klai aus Meissen damals als höchste Autorität in der Versekunst galt. Schon als Birken die deutsche Schule verließ, als er die Dichtungen von Opitz, Flemming u. a. m. las, regte sich in ihm das Verlangen, es ihnen gleichzuthun, wozu es ihm an Anlagen nicht fehlte, denn in der Schule war es ihm ein Leichtes, zerworfene Verse in kürzester Zeit in gebundene Rede umzuformen. Die Kenntnis des lateinischen und griechischen Versbaues erleichterte seine dichterischen Versuche, und so kam es, daß der von Jena Zurückgekehrte durch sein Bekanntwerden mit Harsdörfer sich gedrungen fühlte, in dessen Fußstapfen zu treten und sich der deutschen Dichtung zu widmen.

Harsdorfer und Klai hatten 1644 den Pegnitzschäfer= oder Blumenorden gegründet. Im Jahre 1645 wurde Birken unter dem

Namen „Floridan" Mitglied desselben. Er wählte sich als Blume das Tausendschön oder Floramor, auch Amaranthenblume genannt. Der von ihm gewählte Sinnspruch war: „In den Himmel verliebt."

Interessant ist, wie Floridan mit veränderter Lebens= anschauung den Begleitreim zu seinem Sinnspruch änderte. Dieser hatte zuvor gelautet:

> Wenn die Nymphen sich ergötzen,
> Und sie etwa in dem Setzen
> Hat ein Dornstrauch wund geritzt,
> So wächst da auf solchem Lande,
> Das ihr Purpurblut bespritzt,
> Meine Blum', die Amaranthe.
>
> Jene mag der Meerschneck mahlen,
> Die zu Hof in Purpur prahlen,
> Die ein prächt'ges Elend ziert;
> Schöner sind die Tausend-Schönen,
> Die uns hier mit Freiheit krönen,
> Wo man fromme Herden führt.
>
> Amaranthe, Blum' der Liebe,
> Was ich dir zu Ehren schriebe,
> Heißt: Ich zieh' dich andern für.
> Ehre du den Blum=Hold wieder,
> Stehe, wenn ich lieg' darnieder,
> Einst um meine Grabesthür.

Später, weil ihm, wie er selbst in dem Ehrengedächtnis für Prediger Dilherr bekennt, obige Reime zu irdisch erschienen, wählte er zu seinem Sinnspruche nachfolgende Erklärung:

> Liebt immerhin die Lust der Welt, ihr eitle Seelen,
> Die keine Schönheit hat, die lauter Unlust gibt:
> Ich suche nur allein das Schönste zu erwählen,
> Das soll der Himmel sein, in den ich bin verliebt.

Schon in seinem achtzehnten Lebensjahre hatte er ein pegnesisches Hirtengedicht geschrieben; als „Floridan" setzte er diese Beschäftigung eifrig fort, und es mag wohl auch der Mangel ihn dazu veranlaßt haben. Diese Hirtengedichte bestanden nämlich zu großem Teile aus Tauf=, Hochzeits= oder Grabgedichten und mögen zum Unterhalte des Dichters wesentlich beigetragen haben, denn er wohnte, wie es in der Pegnesis heißt, „wie ein einsamer Vogel unter dem Dache, konnte des Seinen nicht habhaft werden und lebte Mangel=reich und Freuden=arm".

Als seine jüngste Schwester, wie einst ein Bruder, gegen Ende 1645 nach Holland abreiste, wohin ihr Bräutigam sie rief, litt es Floridan nicht länger in Nürnberg. Mit Empfehlungen Harsdörfers an Haspelmacher, Abt von Marienthal, und an Justus Gg. Schottelius, Hofmeister der herzoglichen Prinzen, versehen, traf er in Wolfenbüttel ein, und auf die Empfehlung dieser Männer hin war er schon wenige Tage darauf zum Informator und Instruktor der Söhne Anton Ulrich und Ferdinand Albrecht des Herzogs Augustus von Braunschweig= Lüneburg ernannt, d. h. dem Hofmeister Schottelius als Colla= borator zugeteilt gegen freien Tisch, Wohnung und jährlich hundert Thaler Gehalt.

Wie beliebt er in dieser Stellung und infolge seiner poetischen Begabung war, erweist, daß der herzogliche Leibarzt Martin Gosky, Comes palatinus Caesareus, nicht ohne Veranlassung des Herzogs selbst, ihn zum poëta laureatus coronatus Caesareus ernannte, wozu der dreizehnjährige Prinz Anton Ulrich ihm ein „Wunschgedicht" verfaßte.

Birkens unruhiger Geist und einige Zwistigkeiten mit Neidern trieben ihn schon im Oktober 1646 von Wolfenbüttel fort, um, wie es in dem ehrenden Zeugnisse des Herzogs Auguft hieß, „seine Studia fernerhin zu continuiren und dadurch seine fernere Beförderung zu suchen". Der Herzog schickte ihm später öfters Briefe, auch Gedichte zur Verbesserung, wertvolle Geschenke und, wie Birken selbst es nannte, „guldenen Regen".

Zuerst begab er sich zu Samuel Hund (Myrtillus) nach Gerhardshagen, besuchte in Braunschweig Dr. Camann, in Ribbagshausen den Abt H. D. Tückermann, von wo aus er in Celle bei Dr. Michael Walther eintraf, wo er auch seinen Freund Osthoff (Amyntas) fand. In Lüneburg war er Gaſt des Rats=

mitgliedes H. Joachim Pipenburg, dann besuchte er Hamburg und blieb über acht Tage bei Pastor Joh. Rist (Daphnis) in Wedel an der Elbe. In Danneberg unterrichtete er bei Rentmeister Joh. Schröder ein fürstlich mecklenburgisches Fräulein, wobei er den braunschweigischen Rat Markmann und den Theologen Anton Burmeister (Philanton) kennen lernte. 1648 kam er mit Schröders Söhnen nach Rostock, wo er mit Dr. Varennius verkehrte, ebenso mit Prof. Tscherning. Er wollte auch Holland besuchen, aber die Nachricht von seiner dort verheirateten Schwester frühzeitigem Tode nahm ihm die Lust dazu. So verbrachte er seit seinem Wegzuge von Nürnberg drei Jahre und wollte eben wieder eine Hofmeisterstelle über zwei junge Adelige von Bowisch annehmen, als der Friedensschluß zu Osnabrück und die Reichsversammlung in Nürnberg ihn bestimmten, wieder in seine Heimat zurückzukehren. Er mußte jedoch wegen eines Geschwürs am Bein noch einen Monat die ihm angebotene Gastfreundschaft Pipenburgs in Lüneburg annehmen. In Koburg hielten ihn noch Douglas'sche Soldaten auf, und am 20. November 1648 traf er in Nürnberg wieder ein.

Dort nahm ihn die adelige Rietersche Familie auf, und befand er sich daselbst drei Jahre als hochgeschätzter Lehrer der Söhne dieses Hauses.

Birkens Name hatte einen so guten Klang in den Gelehrten= kreisen, daß ihm eine ungewöhnliche Aufmerksamkeit seitens der besseren Stände Nürnbergs entgegengebracht wurde.

Es fiel daher nicht schwer, eine Schule zu errichten, in welcher er die Söhne höherer Stände in den Grundzügen der Staatslehre und der Dichtkunst unterrichtete.

Infolge einer Rede über den deutschen Frieden, die er vor den Legaten des Kongresses und den höheren Ständen der Republik Nürnberg hielt, und welcher er einige Hirtengespräche beifügte, wurde ihm der Auftrag, das Friedensfest mit einem Schauspiel auszustatten, welches beim Friedensmahle durch adelige Jünglinge aufgeführt wurde und großen Beifall fand. Birken hat dasselbe in seiner „friederfreuten Teutonia" (1652) ausführlich beschrieben.

32

Eine weitere Folge war, daß ihn der kaiserliche Gesandte Fürst Octavio Piccolomini d'Arragona mit der Abfassung der „Amalsis" betraute.

Auch die „Margenis" führte Birken durch die adelige Jugend auf der Schaubühne vor.

Vom höchsten Werte für Birken war, daß der am Wiener Hofe hochgestellte Graf von Windischgrätz auf ihn aufmerksam wurde, auf dessen Befürwortung er von Kaiser Ferdinand III. 15. Mai 1655 in den erblichen Adelstand unter dem Namen von Birken erhoben, und zum Comes Sacri Palatii ernannt wurde*).

Erwähnenswert dürfte sein, daß Birken damals nicht unter= lassen konnte, in seinem Dankschreiben einfließen zu lassen, „daß in seiner Lade noch Raum sei für eine Ehrenkette", und daß ihm infolge dessen wirklich Fürst Harrach im Namen des Kaisers dessen Brustbild mit goldener Kette übersandte.

Auch Kaiser Leopold, in dessen Auftrag er den „öster= reichischen Ehrenspiegel" bearbeitete, verlieh ihm im August 1668 sein Brustbild und goldene Ehrenkette, welche Birken testamentarisch dem Pegnesischen Blumenorden vermachte**). Sein wachsender Ruf und die kaiserlichen Ehrungen mochten auch die Veranlassung sein, daß ihn der „fruchtbringende Palmenorden"***), dessen Vorsitz Herzog Wilhelm IV. von Sachsen, Jülich, Cleve, Berg 2c. unter dem Namen „der Schmackhafte" führte, 1658 zu seinem Mitgliede

---

*) Unter der Pfalzgrafenwürde darf man sich freilich nicht jenes Amt vorstellen, das unter den sächsischen Kaisern die Comites palatini am Rhein und in Sachsen ausübten. Hier handelt es sich um das sogenannte kleine Komitiv der späteren Zeit, welches seit Errichtung der Reichsgerichte nunmehr das Recht der Legitimation, Restitution, Ernennung von Notaren, Lizentiaten und Doktoren der Rechte und Medizin (doctores bullati), einer Vormundschafts= behörde, der Verleihung von bürgerlichen Wappen in sich schloß.

**) Wegen dieser Kette bezw. des Erlöses dafür entstand später ein lang= wieriger, sehr umständlicher Prozeß, dessen Verlauf im Archive des Ordens enthalten ist.

***) Georg Neumark (der Sprossende) behauptet nicht mit Unrecht, daß alle anderen litterarischen Gesellschaften damaliger Zeit gleichsam als Zweige aus dem Palmenorden hervorgegangen seien. So seien der Elbschwanenorden

ernannte. Er erhielt die Bezeichnung „der Erwachſene" mit dem
Wahlſpruche: „Zu größeren Ehren", wobei er den weißgefüllten
Stengelveil, die Levkoje, zur Blume wählte. Das war auch die
Veranlaſſung, warum er den Ehrentempel der Palmengenoſſen
zu ſchreiben begann, welchen nach ſeinem Tode Martin Limburger,
Pfarrer von Kraftshof, ſein Nachfolger in der Vorſtandſchaft des
Pegneſiſchen Blumenordens, vollendete.

1679 erhob ihn der venetianiſche Orden der Recuperatoren
zu ſeinem Mitgliede.

Im Jahre 1657 vermählte ſich Birken, der ſich damals
wegen Ausarbeitung des öſterreichiſchen Ehrenſpiegels in Bayreuth
befand (1657—1660), mit ſeiner erſten Gattin Marg. Magdalena.
Dieſelbe kann nicht mehr jung geweſen ſein, da ſie ſchon
zweimal Wittwe war. In erſter zehnjähriger Ehe war ſie
mit M. Joh. Dambach, Pfarrer von Creuſſen verbunden, in
zweiter mit dem brandenburgiſchen Hofadvokaten Dr. H. Joh.
Müleck, deſſen Gattin ſie acht Jahre war. Sie war die Tochter
des älteſten Bürgermeiſters Simon Göring in Creuſſen (einem
Städtchen des damaligen Burggrafentums Nürnberg) und deſſen
Gattin Maria, geb. Brauns, einer Ratstochter aus Hersbruck.

Birkens Ehe mit ihr war kinderlos und dauerte nur drei
Jahre. In zweiter, ebenfalls kinderloſer Ehe führte er vier Jahre
ſpäter 1673 abermals eine Wittwe, Clara Katharina, heim. Sie
war 1615 als Tochter des Nürnberger Viertelmeiſters Ambroſius
Boſch geboren, wurde 1638 Gattin des Johann Rubinger in

und der Pegnitzorden nur ein Pflanzgarten für den Palmenorden. Zugleich
gibt er aber zu, daß im Palmenorden zu viel hohe Herren ſeien und es für
einen niedrig Geborenen ſehr gewagt ſei, ſich in dieſen einbrängen zu wollen.

Wer ſich mit großen Herrn allzu gemeine macht,
Wird, eh' er ſich's verſieht, um ſeine Wohlfahrt 'bracht.

Heiter wirkt es, daß er ſich genötigt ſieht, den Palmenorden gegen den
Vorwurf in Schutz zu nehmen, als ſei dieſer „nur eine Saufgeſellſchaft, da
nur bei Neuaufnahmen die Mitglieder ein Tafelgläschen auf die Geſundheit
des durchlauchtigen Oberhauptes tränken, worauf der Neuaufgenommene
ohne Nachklang eines unartigen oder übermäßigen Zwangstrinkens, und
ſoviel ihm beliebet, Beſcheid thue".

32*

Nürnberg, gewesenen Losungers zu Eger, der nach vierzehn Jahren starb, worauf sie im nächsten Jahre den Professor Dr. Johann Weinmann*) zu Altdorf heiratete, mit dem sie in einundzwanzig= jähriger Ehe lebte. Ihr dritter Gatte wurde 1673 unser Birken, war dies aber nur sechs Jahre lang, da sie 1679 starb, 74 Jahre alt. Birken hatte seine zweite Gattin unter dem Namen Florinda in den Blumenorden aufgenommen, nachdem Myrtillus II. einige Jahre vorher und noch zwei andere Gesellschaftsmitglieder ihre Ehehälften in diesen hatten aufnehmen lassen, „nicht" wie Amaranthes sagt, „in der Absicht, gelehrte Musen dahin zu bringen, und diese selbsten sich nicht dafür ausgeben, sondern ihnen einige Ehre und Vergnügen zu gönnen, bei den in den anmutigen Frühlingstagen in dem Irrhain angestellten Gesellschafts= Versammlungen mit zugegen zu sein, um bei solchem beliebten Aufenthalt einiger unschuldiger Ergötzlichkeiten zu genießen".

Birken hatte mit beiden Frauen in glücklicher Ehe gelebt und sie bei ihrem Tode sehr betrauert. Seiner seligen Florinda widmete er eine Trauerrede, bei der aber, wie die betrübte Pegnesis sagt, „mehr Bestürzung und Schmerz, oder auch sein schon schwächliches Alter, als seine vormalige Geschicklichkeit die Feder geführt haben".

Birkens Gesundheit war gerade nicht die festeste. Von Jugend an war er mit katarrhalischen Zuständen behaftet. Wir wissen, daß er in seinem zwölften Jahre eine schwere Krankheit durchzumachen hatte, die ihn dem Tode nahe brachte (1638); ebenso, daß, als er von Lüneburg nach Nürnberg zurückkehren wollte, er bei seinem Freunde und Gönner Pipenburg lange das Bett hüten mußte (1648), da ihn ein bösartiges Geschwür am Beine vom Reisen abhielt, nachdem er schon im Jahre vorher im Kloster Lüne infolge von rheumatischem Leiden dem Tode nahe gewesen war. In seiner ersten Ehe litt er sehr an Kopfgicht (1658); 1664 machte ein Bluthusten, wozu sich Steinbeschwerden

*) Nach Hagens memoria virorum clarissimorum (Bayreuth 1710) hieß er Reinhardt Weinmann.

gesellten, für sein Leben fürchten. Mit der Zeit und seiner mangels zu geringer Bewegung eintretenden Fettleibigkeit stellten sich Schlaflosigkeit und vermehrte rheumatische Leiden ein.

Acht Tage vor seinem Tode klagte er über wiederkehrende Kopf= und Stickflüsse. Am 11. Juni konnte er von seinem Wohn= zimmer nicht mehr zum Schlafzimmer emporsteigen. Es erschienen die Anzeichen zu einem Schlagfluß, weshalb ihn Diakonus Boner zum Tode vorbereitete. Am 12. Juni 1681 starb er, von trauernden Freunden umgeben. Seine Leiche wurde im Johanniskirchhofe bei= gesetzt in dem nördlich der Kirche gelegenen Grabe, das er schon zur Zeit seiner ersten Ehe für sich und seine Gattin angekauft hatte. Die Inschrift dazu hatte er selbst verfaßt, und es wurde diese auf einer Tafel dem Grabe beigesetzt.

Sie lautet folgendermaßen:

Vita via est mortis
verae mors janua vitae
vita mortis, mors vitae introi-
tus,
morimur orientes, morientes
orimur
a corpore mortis liberamur
dum morimur,
mortem cum vita dum vitam
cum morte commutamus.
Horum memor
Sigmundus a Birken, com.
pal. caes.
dum mortem videret
sibi et desideratissimae conjugi
Margaretae Magdalenae
Göringiae
hoc vitae ostium elegit.
Animae in patriam reduces
hic depositas exuvias pulcrius
repetent.
fides videbit.
Jesus vivit et nos vivemus
ipse faciet
tu metam cogitans, viam carpe.
ita vive viator
ne moriens moriare
vitam ut in morte
invenias.

Aus Dr. Joh. Martin Trechsels „ verneuertem Gedächtnis des Nürnbergischen Johannis=Kirchhofes“ entnehmen wir folgende Beschreibung des Grabes:

„Der zwölfte Grabstein mit f. 54. b. in Lit. D. ist nicht nur zierlich gehauen, sondern auch mit einem großen und herrlichen Monument belegt, welches ein hohes Portal aus Messing verfertigt, präsentiret, ober dessen Gesims=Werck ein mit ausgebreiteten Flügeln ruhender Cherub, zwey große mit Wappen besetzte Ovale vor sich hat, von welchen das Schild des zur Rechten stehenden quadriret, und mit einem Mittel=Schildgen, welches von roth und

Silber quer getheilt, (dann das gantze Wappen die Farben anzeigt,) belegt ist, auf welchem ein goldne Bircke auf einem grün Grund zu sehen, der Haupt-Schild aber ist im ersten und vierdten silbernen Quartier mit einer rechten, aus einer Wolcke hervorragenden, und einen Lorbeer-Krantz fest haltenden Hand bezeichnet, in dem andern und dritten blauen Quartier aber ein schräg lincks liegender silberner Ancker befindlich; oben über ruhet ein gerad vor sich sehender offner gecrönter Helm, auf welchem das Wappen des zweyten und dritten Feldes, nämlich ein silberner Ancker, doch Pfahlweiß gestellt, zwischen einem offnen Flug, dessen rechter Flügel von Silber und roth, und der lincke von schwartz und Silber quer getheilt ist, noch einmal wiederhohlet wird. Der Schild des Neben-Wappens ist schrägrechts getheilt, und in der obern Helffte von schwartz ein aufgerichteter Löwe in natürlicher Farb, ein silbern Klee-Blat in der rechten Prancke haltend, befindlich, die untere Helffte aber viermal, von schwartz Silber und roth gestreifft; oben über stehet ein offner Helm mit einem Wulst, dessen 2. Zindel-Binden zur Rechten und Lincken gen Felde fliegender Wulst, aber mit einer Crone bedecket ist, auf welchem der in der obern Helffte des Schildes befindliche Löwe zwischen zweyen Büffel-Hörnern, von welchem das rechte von Silber und schwartz, das lincke von Silber und roth quer getheilt, noch einmal wiederholt ist: dann siehet man auch zu beyden Seiten des Portals zwey sehr künstlich durchbrochene Todten-Bilder oder Gerippe, welche mit der einen Hand zwischen sich zwo, oben unter dem Gesims-Werck aufgethane Thüren offen erhalten, binnen welchem das in der hohen Offenbahrung Johannis im 21. Cap. von dem Himmel herabgefahrne neue Jerusalem die heilige Stadt mit einem hellleuchtenden Glanz umgeben, zu sehen, mit der andern Hand aber eine ausgebreitete Trauer-Decke und zwar jeder bei einem Ende dieselbige ergreifend die Inschrift vorzeigen. Unter dieser Decke nun gucket die Helffte von einem Erd-Globa oder Kugel, welche von beeden Todten Gerippen mit ihren Klepper-Beinen betretten werden, herfür, und ein noch darunter zierlich gerundetes und erhabenes Oval gibt folgendes zu lesen:

IDEM SECUNDUM VIDVVS
Mel ac delicium suum
COR
CLARAM CATHARINAM
BOSCIAM
Moestissimus in Coelum praemisit
A. C. MDCLXXIX M. Majo
Ipse mox Sequuturus.

Endlich ift auch auf dem Abschnitt das Boschische Wappen mit angefüget, in dessen Schild ein gegen die rechte Seite gekehrter wachsender Bär mit vorgeworffenen Tatzen sich präsentieret, und auf dem mit einem von drey Federn geschmückten Hut bedeckten offnen Helm, stehet ein Busch von 15. Straußen Federn."

Birkens Totenfeier muß großartig gewesen sein, nicht nur seitens Nürnbergs und seiner Bewohner, insbesondere seitens des Blumenordens. Von allen Richtungen her kamen Trauer= und Lobgedichte auf den Entschlafenen, die meistenteils an Über= schwenglichkeit nichts zu wünschen übrig ließen. Wir erwähnen nur jenes von Philemon (k. preuß. Consistorialrat David Nerreter), der unter anderem sagt:

Kein Wunder ists, wenn er mit Kaisern
nach seinem Tod verglichen wird,
da dieser hochgelobte Hirt
bei dieses Rundes hehren Häusern
nach Lebens=Zeit war wol befohlen.
Virgil, Horaz und andre mehr
wie hoch ihr sinnt mit eurer Ehr
ihr müßt's bei Floridan noch holen.

Ein anderes Lobgedicht sagte:

Sein ewig langer Ruhm steigt höher als die Sternen,
den aller Menschen Mund bis zu den Wolken treibt,
und wann er sich schon wird von seiner Bahn entfernen,
weiß er doch, daß sein Lob gewiß zurück verbleibt.
Auf solche Art und Weis hat auch sein Spiel geendet
der, den der Pegnitz Fluß mit trüber Flut beweint,
der sein unsterblich Lob schon himmelauf gesendet,
das aller andern Licht gleich eine Sonn verkleint:
Wie er gespielet hat mit tausend Lieblichkeiten,
wie seiner Reime Spiel der Welt Vergnügen war:
Wo Inhalt und die Wort um ihren Vorzug streiten,
legt unser Nurenberg mit tausend Zungen dar.

Nicht dieses nur allein, ganz Deutschland war verliebet
in diesen, der von Ihr ein schönes Spiel gemacht,
und Jedermann, wer nur der Tugend Ehre giebet
hat ihn und seinen Kiel vortrefflich hoch geacht,
u. s. w.

In die „betrübte Pegnesis", ein hauptsächlich von Myrtill II.
zum Gedächtnisse Birkens verfaßtes Werk, ist eine bildliche Dar=
stellung aufgenommen, welche Floridans Aufnahme in den Himmel
darstellt. Ähnlich dem in der divina comödia gezeichneten Eintritte
Dantes in das Paradies, wird Floridan von Minerva und Merkur
der an der Himmelspforte ihn erwartenden Poesie zugeführt,
wobei ihn das mit der Passionsblume geschmückte Banner begleitet,
während im Vordergrunde links der trauererfüllte Pegnitzfluß dem
Schwanengesange des Verlebten lauscht.

Selbst Naturbegebenheiten brachte man mit seinem Tode in Verbindung. Im Irrhain waren um Birkens Hütte junge Birken= bäume ihm zu Ehren gepflanzt worden. Kurz vor seinem Tode sollen diese sämtlich verdorrt sein, was wohl ziemlich natürlich zugegangen sein mag. In dem damals üblichen Mysticismus aber vergleicht die betrübte Pegnesis dies allen Ernstes mit dem Verdorren des von Livia gepflanzten Lorbeerhaines beim Erlöschen des Stammes des römischen Kaisers Augustus. — Floridans Nachfolger als Vorsitzender des Blumenordens wurde auf Vorschlag Damon des Norischen (Professor Omeis in Altdorf) Myrtillus II. (Pastor Martin Limburger, der Erbauer des Irrhains in Kraftshof), als das älteste Mitglied. Nach dessen Tode war der Orden einige Jahre ohne Oberhaupt, dann wurde Damon selbst dazu gewählt.

Von Birken ein Charakterbild zu entwerfen, ist nicht ganz leicht. Die ihm von der Natur verliehene hohe geistige Begabung war von einem hochgradigen Ehrgeize begleitet, der ihn den Großen der Erde gegenüber, und um deren Gunst zu erwerben, bis zur Kriecherei seine Zuflucht nehmen ließ. Schwülstiges Reden und Schreiben lag zwar im Geiste jener Zeit, und blieb er die Komplimente, welche ihm und seinem Schaffen gemacht wurden, fürwahr nicht schuldig; was aber er seinen hochgestellten Gönnern in dieser Hinsicht darbrachte, spottet manchmal aller Beschreibung.

In seinen jüngeren Jahren ist eine gewisse Ruhelosigkeit nicht wohl verkennbar. Es war ihm nicht gegeben, lange an einem Orte zu verbleiben, so günstig auch die Verhältnisse waren. Deshalb verließ er die in jeder Beziehung günstige Stelle als Erzieher Anton Ulrichs und Ferdinand Albrechts von Braunschweig= Wolfenbüttel; deshalb trieb er sich in Niedersachsen, Hamburg und Holstein herum, bis, wahrscheinlich nachdem sein kleines väterliches Erbe aufgezehrt war, ihn die liebe Not nach Nürnberg zurücktrieb und er darauf angewiesen war, ernstlich seinem Brote nachzugehen und weiteres „in der Ferne Schweifen" aufzugeben.

Daß ihn sein wandernd Leben nicht daran gehindert hat,
sich geltend zu machen, beweist die ungeteilte Anerkennung seiner
Dichtkunst durch seine Zeitgenossen. Seit 1645, als er, erst
neunzehn Jahre alt, von Harsdörfer in den Pegnitzschäferorden
aufgenommen wurde, fehlte es ihm nicht an Gelegenheit, von
seinem eigenen Werte eingenommen zu werden, weshalb er auch
das Abhandenkommen einiger seiner Gedichte in seinen „Birken=
wäldern" sehr bedauert, „weil sie dadurch „der Unsterblichkeit"
verlustig gingen". Nichts destoweniger rühmten seine Freunde
an ihm Bescheidenheit, Liebenswürdigkeit gegen Alle, echt deutsche
Gesinnung, Gottesfurcht und seine besonders in den letzten
Lebensjahren nach dem Himmel zielende Geistesrichtung.

Es scheint, daß Birken in Nürnberg ein verhältnismäßig
gutes Auskommen fand, und er gesteht selbst, daß zuweilen „ein
goldner Regen" sich über ihn ergoß. In den Birkenwäldern
beklagte er sich zwar bitter darüber, daß der Dichter „mehr Not
als Überfluß erfahren müsse"; in den „Todesgedanken" jammert
er, dreißig Jahre alt, bitter über seine Armut. In späterer Zeit
aber scheinen ihm die unzähligen von ihm verfaßten Huldigungs=
und Gelegenheitsgedichte über die Bedrängnis hinweggeholfen zu
haben, und es mögen ihm zuweilen reiche Geschenke zugeflossen sein.
So erwähnt er im Birkenwald Nr. 34 eines Diamantringes von
hoher Hand, und noch andere Zeichen sprechen dafür, daß er
später keine Not mehr zu leiden hatte, ja sogar sich einer gewissen
Wohlhabenheit erfreute. Der Vorwurf, er sei als Dichter nach
oben sehr zuvorkommend gewesen, trifft ihn mit Recht, findet
aber in seiner anfänglich mittellosen Lage einige Entschuldigung,
sowie auch darin, daß er als Mensch von äußerster Liebens=
würdigkeit auch nach unten gewesen sein muß.

Birken fühlte ersichtlich das Bedürfnis, den Namen und
die Richtung des „Pegnesischen Schäferordens" zu rechtfertigen.
In seiner „Feld= oder Schäferfreude" schreibt er:

„Wer ist doch fröhlich= und seliger, als ein Schäfer, der in
schönen Sommertagen mit seiner Herde so einer Wollust genießen
darf? Er findet allhier alles, was er in seiner Unschuld wünschet.

Er ſitzet unter den kühlen Lindenſchatten, oder ſtrecket ſich auf ein
ſchönes Grasmättlein, da dann die Kräuter und Blumen über ihn
zuſammenſchlagen. Wer wird mich bereden, daß es auf ſolchen
Bettlein, die die Natur ſelber gemacht, ſich nicht ſanfter ruhen
ſollte, als zu Hof und in den Städten auf den Kiſſen und
Polſtern, die zwar mit weichen und leichten Daunen, aber auch
mit harten und ſchweren Sorgen angefüllt ſind? Ein Schäfer
verſcharret in das Gras, indem er ſich darein vergräbt, ſeine
Ermüdung und läſſet keine Sorge mit ihm wieder aufſtehen,
weil ſein vergnügtes Gemüte keine einläſſet. Ein Schäfer liegt
und ſiehet über ihm den Himmel, den er deſto fröhlicher anſchauet,
weil ihn das Gewiſſen ſeiner Unſchuld, der Gnade ſeiner Gottheit
verſichert. Und wie er denſelben die Erde umrunden ſiehet, alſo
bildet er ihm ein, werde auch dieſes ganze All von der allweiſen
Obacht des Schöpfers gleichſam umſpannet. Der ſo einen ſchönen
Schwibbogen in die Luft gehänget, der denſelben mit blauen
Teppichen und mit dem Goldflor der Wolken ſo herrlich bekleidet,
der Herr eines ſo verwunderlichen Hauſes, denkt er, ſollte der
nicht ſorgen für ſeine Hausgenoſſen? Ihn dünket, dieſer liebreiche
Weltvater habe gleichſam ein ſichtbares Bildnis ſeiner ſonſt
unbegreiflichen Freundlichkeit über die Wolken ſetzen und uns
durch das Aug' des Himmels, die Sonne, gnädig anäugeln
wollen: wie dann auch, wann ſich dieſes güldne Angeſicht von
uns gewendet, Donner, Hagel und Regen in deſſen Platz tretten
und anſtatt der freundlichen Liebesblicke feindliche Wetterblitze auf
uns daherſchießen. Ja, dieſe Sonne iſt ein rechtes Meiſterſtück
der göttlichen Wunderhand des Schöpfers, ein herrliches Geſchöpfe,
ein Werk, das ſeinen Meiſter lobt! Sie iſt das vornehmſte und
größte Blatt im Buche der Natur. Neben und um ſich ſiehet er
den ſchönen Saal der Erde. In Erwägung deſſen unzählbarer
Wunderſchönheiten dünket ihm derſelbe ein ſtummes Buch zu
ſeyn, in welches der große Baumeiſter der Welt viel tauſend
Sinnbilder ſeiner unbeſchreiblichen Weisheit und Allmacht gemäl=
weis entworfen. — Jezuweilen bricht er eine Blum' oder ein
Kräutlein ab und findet deſto mehr Merkmale des großen Werk=

meisters in so kleinem Wunderwerk: wie denn auch die Kunst, Gottes und der Natur Affe, sich um soviel verwunderlicher macht, je ein zarteres Werk und Probstück sie hervorbringt;" u. s. w.

Der vom Blumenorden angeeigneten Aufgabe der Reinigung der deutschen Sprache widmete Birken große Aufmerksamkeit, und es muß zugegeben werden, daß er hierin ganz gesunde Ansichten hatte. „Gar sehr", läßt er den Eubulus in der „Teutonia" sagen, „ist der Hunger nach fremdem Brot uns eingenatüret; dadurch sind in unsere Sprache so unzählige Flick= und Lapp= wörter eingeschlichen, daß sie nun ihr selber nimmer gleich sieht. Man behauptet, daß in teutonischer Sprache nicht zu beschreiben sei, was zum Staat und zum gemeinen Leben nötig sei. Diese Behauptung hätte mancherlei für sich; war doch seit Anfang des 16. Jahrhunderts das römische Recht, das ja ganz in lateinischer Sprache verfaßt war, in Deutschland zur Geltung gekommen; war es doch auch in der Politik nötig, beständig auf fremde Sprachen, Lateinisch, Italienisch, Französisch zurückzugehen. Haben wir aber nicht den Sachsenspiegel und das verschiedene Stadtrecht? Sind sie nicht alle in deutscher Sprache verfaßt? Ebenso alle Reichsgrundgesetze, die güldene Bulle, die Reichstagsabschiede? Mit der Philosophie freilich ist es anders, aber sie gehört in die Schule, nicht ins Leben, darum mag man sie in der fremden Form lassen. Ein Einwand, der gegen das herrschende Streben nach Sprach= reinigung gemacht wird, ist der, daß man zu weit gehe und das Alte ganz verwerfe. Jede Sprache, die noch nicht ihren Höhepunkt erreicht hat, muß sich stetig weiter fortentwickeln. Ein Beispiel dafür ist die römische Sprache. Cicero fand dieselbe arm und schlecht und hinterließ sie reich und rein. Die deutsche Sprache ist noch im Steigen begriffen, denn sie ist bisher durch ihre Veränderungen nicht besser, sondern schlechter geworden, aber man muß nicht übertreiben."

In den Birkenwäldern sagt er:

. . . .

Wird dir wieder aufgesperret,
Güldne Sprach, die güldne Thür.

Teutsches pranget voller Zier,
Nur die reine Redart blühet.
Man sucht auf ihr Altertum,
Nun das wirre Flickwerk fliehet.

An andrer Stelle:

Des Teutschen Sprach und Tugendlicht
Von treuen Handen aufgericht't
noch endlich durch die Nächte bricht.

ebenso an Christof Arnold:

Nun demnach soll die Sprache nicht erliegen,
Wie sehr sie wird beschmeißt von Neidesfliegen.
Wird ihrer Zier schon Fremdes angelappt,
Hier laßt sie sich noch schauen unverkappt.
Muß etwa gar sich lassen von dem Teutschen
Das arme Teutsch mit Schmähungsrufen peitschen:
Laß ihm die Weiß, dem ungeratnen Kind,
Wann Du und ich nur gute Teutsche sind!

In den Zeiten, als der Schwede Torstenson die dem Kaiser
verbündeten Dänen zu Paaren trieb und die österreichischen Heere
geschlagen waren, als die Elbgegenden, in denen sich Birken als
Jüngling aufgehalten, der Schauplatz wilder Verheerungen wurden,
im Jahre 1644, also vier Jahre, ehe der dreißigjährige Krieg
beendigt war, gab Birken seinem patriotischen Schmerze in der
„Kriegsklage" durch folgendes Gedicht Ausdruck:

Zögen heimatliche Hirten
Auf die freye Weide wieder,
Singend ihre deutschen Lieder,
Schön bekränzt mit Eich' und Myrthen,
Wollt ich nicht der Letzte seyn
Hütend meine Schäfelein.

Einst bin auch an lichten Tagen
Ich mit Schäflein froh gesprungen,
Hab manch deutsches Lied gesungen,
Da die Wölfe schlafend lagen,
Weid und Ruh gesungen ein,
Mir und meinen Schäfelein.

An der Elbe ſchönem Strande,
Weidete manch reiche Herde,
Blühend ſtand die deutſche Erde,
Herrlich war's im Vaterlande!
Und die Nahrung überreich,
Nährte Hirt und Herd' zugleich.

Wenn der kalte Winter ſtäubet,
Muß ſo Blüth als Frucht vergehen,
Alles will er traurig ſehen,
Schäflein von der Au er treibet,
In die Hütte arm und klein
Schließt er's zu dem Hirten ein.

Alſo geht's in jenen Landen;
Wo zuvor die Vögel ſangen,
Hirt und Herde fröhlich ſprangen,
Iſt jetzt Herzeleid vorhanden,
Schafe, Schäfer, Schäferinn,
Hirt und Herde ſind dahin.

Dieſes hat uns angeſaget,
(Daß er unſern Sinn erweiche)
Mancher Aar auf alter Eiche,
Doch er ward von uns verjaget;
Lügen, die die Krähe ſprach,
Sangen wir in Chören nach.

In demſelben Jahre, als Floridan (1658) in die frucht=
bringende Geſellſchaft des Palmenordens aufgenommen wurde,
ſtarb Harsdörfer. Die vom Vorſteher des Palmenordens für Birken
ausgefertigte Urkunde ſtammt aber erſt vom 28. Februar 1662,
demſelben Jahre, in welchem dieſer zum Vorſteher des gekrönten
Schäferordens an der Pegnitz gewählt wurde. Daß der Schäfer=
orden Blumenorden genannt wurde, verdankt er unſerm Floridan,
denn er war es, der die Ergänzung des weißen Geſellſchaftsbandes
einführte, auf deſſen einem Ende der einzelnen Mitglieder Ordens=
namen in grüner Seide, am andern die von ihnen gewählten
Blumen mit der Wurzel oder der Zwiebel geſtickt getragen
wurden. Zum Ordensſinnbilde aber wurde die Grenadille, die
Paſſionsblume, genommen, und es war dieſe auch auf der einen
Seite eines thalerförmigen Silberſtückes eingeprägt, welches in
Mitte des Bandes angeheftet getragen wurde. Über der Blume

stand „die Blumengesellschaft", unterhalb derselben „Alles zur
Ehre des Himmels". Die Rückseite zeigte die siebenfache Rohr-
(Pans-) Pfeife in einem Lorbeerkranze, dem früheren Gesellschafts-
zeichen, dessen Sinnspruch „Mit Nutzen erfreulich" Floridan in
„Melos conspirant singuli in unum" umwandelte.

Daß die Pegnitzschäfer den Palmenorden als über dem
Blumenorden stehend betrachteten, geht daraus hervor, daß
Floridan auf die Frage, warum nicht eine goldene statt einer
Silbermünze gewählt wurde, erwiderte: „Das Gold überlassen
wir den höheren Orden; wir sind Hirten und machen Beweis
von Demut und Genüglichkeit!" — Das Tragen der Münze ist
nach Floridans Tode wieder abgekommen.

Zu seinen Lebzeiten mögen die Ordensversammlungen
in dem Poetenwäldchen (auf einer Pegnitzinsel) nicht selten stattgefunden haben. Nach seinem Tode aber scheinen Gesamt-
versammlungen, abgesehen von gelegentlichen Zusammenkünften
im Irrhain, nur jährlich einmal abgehalten worden zu sein,
wohl deshalb, weil seine Nachfolger, Myrtill II. und Damon
der Norische, der eine in Kraftshof, der andere in Altdorf ihren
Wohnsitz hatten und zu sehr beschäftigt waren, um oft nach
Nürnberg zu kommen.

Birkens Briefwechsel muß ein unglaublich großer gewesen
sein. Wir besitzen aus seinem Nachlasse eine große Anzahl von
Päcken an ihn gelangter Zuschriften von Angehörigen aller Stände;
von Studenten, Personen bürgerlichen und adeligen Standes,
von Grafen und Herren, von Mitgliedern des Blumen- und des
Palmenordens rc.

Besonders zu erwähnen sind die Briefe von seiner ersten
Ehegattin Margarethe Magdalena, geb. Göring, von Frau Kathe
Regina von Greiffenberg zu Seiseneck, vom Grafen von Windischgrätz, von Kaspar von Lilien in Bayreuth, Freiherrn von Stuben-
berg, Bürgermeister Johann Georg Styrzel in Rothenburg, Stadt-
und Landgerichtsrat Gregr, Gabriel Mejer (dem theosophischen
Schwärmer Johann Georg Gichtel † 1710 in Amsterdam), und
vielen andern mehr.

Die Beantwortung dieser Zuschriften, wozu aber die Antworten Birkens nicht vorliegen, muß ihm viele Mühe, Zeit und Postporto gekostet haben. Jeder Schriftsteller glaubte, ihm die Erzeugnisse seiner Feder zur Beurteilung zusenden zu müssen, und Birken scheint nicht der Mann gewesen zu sein, der, besonders Höher= gestellten und Gelehrten gegenüber, in seiner Antwort sich Gunst verscherzen wollte. Es würde zu weit führen, in diesen Schriften= wechsel genauer eindringen zu wollen; man kann nur Birkens Arbeitskraft bewundern.

Wenn wir hienach auf Birkens hinterlassene Werke übergehen wollen, ist es wohl billig, vor allem dessen zu erwähnen, was er dem Blumenorden selbst geweiht hat, nämlich der „Pegnesis, oder der Pegniz Blumgenoß = Schäfern Feld= Gedichte", gedruckt und verlegt von Wolf Eberhard Felseckern, Nürnberg 1673 (1. Teil) und 1679 (2. Teil).

Der Inhalt besteht aus Gesprächspielen der Pegnizhirten unter sich mit vielfach eingestreuten Hirtengedichten. Birken hält es nicht für überflüssig, in einem Vorberichte zu erwähnen, daß er dem Beispiele Theokrits, Virgils, Ronsards, Tassos, Vegas, Sidneys, Flemmings u. s. w. folge, indem er die nachfolgenden Gespräche und Gedichte Schäfern in den Mund lege. „Man möchte hiebei einwenden", fügt er bei, „daß die Schäfer dergleichen Unterredungen nicht führen, ja solche zu verstehen nicht fähig seyen. Hierauf wird geantwortet, daß diese Schäfer durch die Schafe ihre Bücher, durch derselben Wolle ihre Gedichte, durch die Hunde ihre von wichtigen Studien müß'ge Stunden bemerket haben."

Immerhin ist diese Art des Schreibens eine seltsam geschraubte, und es kostet Mühe, sich durchzulesen. Die beiden Teile der „Pegnesis" unterscheiden sich wesentlich von einander durch die Haltung der Schreibweise. Während der erste Teil einen heiteren, manchmal sogar etwas lüsternen Klang hat, tönt aus dem zweiten Teile mehr Ernst, Neigung zur Frömmelei und Todesschauer.

Der erste enthält Strefons und Klajus Schäfergedicht (1644), der Pegniz=Schäfer Weide und Frühlingsfreude (1645), Floridans

Kriegs= und Friedens=Gedächtnis und Kriegestrost (1650), die
Kriegs= und Friedenshelden (des dreißigjährigen Kriegs), Floridans
Schönheit=Lob und Adels=Prob (1650), Dorus aus Istrien (1652),
Floridans Verliebter und Geliebter Sireno (1656), Silvius samt
desselben Verliebter Schützen=Geschichte (1666), die vermählte
Silvia (1667), Ehrenpreis des lieb=löblichen Weiblichen Geschlechts
(1669)*).

Der zweite Teil der Pegnesis enthält den Norischen Parnaß
(1677), Strefons Ehrengedächtnis (1667), das Dilherr'sche
Ehrengedächtnis (1679), Pipenburgische Raht=Stelle (1650), der
Edlen Magdalis Ehrengedächtnis (1651), Gott=andächtige Winters=
Betrachtung (1654), Lieb= und Lobgedanken Floridans an seine
entschlafene Margaris (1670), und die Ehrenfeier zum Myrtenfest
Floridans und Florindens (1673).

Floridans poetische Birkenwälder enthalten eine Samm=
lung von 348 Gedichten des verschiedensten Inhaltes. Zumeist
sind es Gelegenheits=, insbesondere Hochzeitsgedichte, in denen sich
der Geist der damaligen Zeit kennzeichnet, welcher bei aller
sonstigen Frömmelei eine gewisse Lüsternheit nicht ausschließt.
Heutzutage würden wohl wenige der Hochzeitsgedichte sich mehr
zum Vortrage an der Hochzeitstafel heranwagen. Unläugbare
Formgewandtheit hat alles Mögliche in den Bereich der Dichtkunst
gezogen, was irgend der Mühe verlohnte, angesungen zu werden.
Birken hat wohl keinen seiner Freunde hiebei vergessen, und diese
kamen nicht übel dabei weg; auch sich selbst vergaß er nicht dabei.
Wenn er sagt: „Vor Opitz verstummen Rom und Athen", wenn

---

*) Dieses Werk Birkens ist aber schon früher in Druck erschienen in der
deutschen Uranie. In dieser besingt Birken „die Fürtrefflichkeit des Lieb-
löblichen Frauenzimmers", indem er nach einer großen Vorrede an den Leser,
in welcher er die guten Eigenschaften der Vertreterinnen des weiblichen
Geschlechtes von Evas Zeiten her ausführt und dann in einem Gesprächspiele
der Pegnitzschäfer die Hochzeit von Dorus und Dorilis, des brandenburgischen
Kirchenrats, nachmaligen Dekans von Bayersdorf, Heinrich Arnold Stockfleth
und dessen Gattin Katharina, geb. Frisch, feiert. Beide waren 1668 Mitglieder
des Blumenordens geworden.

er Zuberus, Meliß, Laubmann, Eoban deutsche Latier nennt, sagt
er von sich wie einst Ovid:

> Ich hab ein Werk von Reimen aufgeführt,
> Spitzsäulen hoch, die königlich gezieret,
> Das mehr als Erz strebt nach der Ewigkeit,
> Das der Stürmerwind nicht stürzen
> Und kein Regen fressen soll,
> Das nicht flügelschnelle Zeit
> Noch der unzahlbare Zoll
> Unsrer Jahre soll verkürzen.

Birken liebt überhaupt kühne Aufstellungen und Wendungen.
Wenn er z. B. in seinem Gedicht über die Herkunft der Druckerei
sagt, das Wort „Buchdrucker" sei davon abzuleiten, daß die ersten
Typen aus Buchenholz geschnitten gewesen seien, möchte man
glauben, vor Faust und Guttenberg habe es überhaupt das Wort
Buch nicht gegeben, nur Schriften. Verblüffende Aufstellungen
haben auch ihre Wirkung, und Birken verstand, sie in die nötige
Form zu kleiden. Vom Verwundern bis zum Bewundern ist nicht
weit; die damalige Zeit war jedenfalls hiezu geeigneter als unsere
jetzige nüchtern realistische. Wer den Großen gefiel, hatte die
Menge für sich.

„Floridans Amaranten-Garten" enthält 222 Gedichte,
von denen einige zwanzig in die Pegnesis übergegangen sind. Die
meisten sind Liebeslieder, welche zur Zeit ihrer Entstehung wohl
für sehr schön gegolten haben mögen, jetzt freilich ihrer Gespreiztheit
halber kaum recht verdaulich erscheinen. Daß Dichter, wollte
man nach ihren Dichtungen schließen, es im Punkte der Treue
nicht besonders genau nehmen, ist ja bekannt; wenn aber
Floridan wirklich so vielen Pegnitzschäferinnen und Pegnitznymphen
sein Herz geweiht hat, als im „Amaranten-Garten" aufgeführt
sind, dann ist es sehr zu verwundern, daß er nicht früher in den
Ehestand trat, noch mehr aber, daß seine Ehehälften Witwen und
mehrfach Witwen waren, ehe er ehr- und tugendsamer Ehemann
wurde. — Außerdem enthält der Amarantengarten viele Begrüßungs-
und Scheidegedichte, Begleitverse bei Überreichung des Pegnesen-
bandes, Stammbucheinträge und dergleichen, wobei die Musen,

Pierinnen, Charitinnen, Apoll, Pan, die Echo, Pegasus, die Hypokrene und andere der Mythologie entlehnte Personen und Sachen nicht zur Ruhe kommen.

Die „Dannebergische Heldenbeut' in den Jetzischen Blumfeldern beglorwürdiget", Hamburg, gedruckt bei Jakob Rebenlein 1648, ist eine „Schäferey", die den Verfasser seine Herde an die Ufer der Jetze führen läßt. Dort erblickt er einen blauen jungen Löwen, umgeben von den drei Schwestern Tugend, Güte und Frieden und deren Brüdern, der Dichtkunst und dem Schäferspiel (Apoll und Pan). Der Löwe besteht einen siegreichen Kampf gegen ein Ungeheuer mit sieben Köpfen, womit die Laster versinnbildlicht sind. Das Ganze ist ein Lobgesang auf Herzog Anton Ulrich zu Braunschweig und Lüneburg, dessen Eltern und Geschwister.

Die „Guelfis oder Niedersächsischer Lorbeerhayn", dem Hause Braunschweig und Lüneburg, insbesondere dem Herzog Augustus gewidmet, erschienen zu Nürnberg bei Joh. Hofmann, gedruckt bei Christof Gerhard 1669, scheint Birken während seines Aufenthaltes in Dannenberg zusammengestellt zu haben. Nach einer den Namen Augustus verhimmelnden Vorrede schwelgt er eine Zeit lang in Erinnerungen, denen er in Gedichten an die Pegnitz, die Ocker, den deutschen Krieg, an Amarillis und Margaris, unter anderm mit einer siebenzehn Seiten langen Leichenpredigt auf einen Hof-Löwenhund Luft macht. Darauf folgt eine Anzahl von Klageliedern der Pegnitzschäfer über das Scheiden ihres Floridan von der Pegnitz und deren Schäfern, bis endlich die Geschichte der Welfischen Stammesherren, beginnend mit dem Sachsenherzog Wittekind, die einzeln besungen werden, an die Reihe kommt. Nach Aufführung der Guelfischen Stamm=tafeln von Braunschweig=Lüneburg=Grubenhagen=Harburg=Wolfen=büttel=Celle=Hannover folgt eine Anzahl von Lob=, Hochzeits=, Geburts= und Trauergedichten an einzelne Glieder der fürstlichen Familie.

„Todesgedanken und Toten Andenken, vorstellend eine tägliche Sterb=Bereitschaft und zweier christlichen Matronen seelige

Sterbreise", gedruckt Bayreuth 1670 bei Joh. Gebhardt. Enthält eine Sammlung von Gebeten und Sterbgedichten, hiezu die Todesgedanken von Birkens erster Frau, Margarete Magdalene, und seiner zweiten Frau Margaris, denen sich ein Ehren=Andenken an Magdalis (Magdalena Ottens, Ehegattin des Ratsherrn Joachim Pipenburger in Lüneburg, † 1651) anschließt.

Der „Norische Parnaß", gedruckt bei Christof Gerhard, Nürnberg 1677, beschreibt einen Ausflug, den Floridan mit sieben Weidgenossen zum Moritzberg bei Nürnberg machte, der zum Besitztum des 1677 verstorbenen Georg Sigmund Fürer von Haimendorf und Himmelgarten gehörte. Dieser, des Nürnberger Rates Dritter, wird als „der Norische Phöbus und Musenführer" nach seinem Tode gefeiert, und seinetwegen wird der Moritzberg als der „Norische Parnaß" bezeichnet. Die dabei vorkommenden Wechselgespräche geben eine Abhandlung über das Fürersche Geschlecht und den ihm zugehörenden Besitz, sowie einen ehrenden Nachruf auf den Verstorbenen.

Birkens „Sächsischer Heldensaal" (1677 bei Joh. Hoffmanns sel. Erben in Nürnberg gedruckt) enthält auf 404 Seiten, unter Beigabe von 51 Kupfern, 12 Stammtafeln und einer großen

Anzahl von Wappen, einen Auszug aus des sächsischen Geschichts=
schreibers Fabricius größerem Werke und andern Schriften. Mit
den ältesten Zeiten beginnend, führt er nach der Reihenfolge die
sächsischen Fürsten von der Bekehrung der Sachsen unter Witte=
kind (785) auf, jene aus dem Bellung'schen und Wolf'schen, dem
Askanischen, Wettinschen, Meißenschen Stamme, der Ernestinischen
und Albertinischen Linie. Der Begleittext zeichnet sich vor
manchen andern Geschichtswerken Birkens durch Lebendigkeit und
Frische aus.

Wie schon erwähnt, hielt Birken im Augustinerhof auf Ver=
anstaltung Professor und Pfarrers J. M. Dilherr eine Rede vor
großer Versammlung, deren Wortlaut Wolfgang Endter 1649 in
Druck herausgegeben hat. Sie trug die Überschrift: „Krieges=
und Friedensbildung" und führte im Rückblicke auf die schreck=
lichen Zeiten des dreißigjährigen Krieges, der jetzt zu Ende zu
kommen scheine, redend auf: die Hoffnung, den Frieden, die
Gottesfurcht, die Gerechtigkeit, den Wohlstand als die Früchte
des Friedens. Diesen stehen gegenüber die Ruchlosigkeit, die
Ungerechtigkeit, die Armut als Folgen des Krieges. Vieles davon
scheint als Melodram zur Vorführung gekommen zu sein. —
Daran schließt sich eine „Schäferei" in Form einer Unterredung
zwischen Filokles und Rosidan, die von demselben Gedanken aus=
geht, verbunden mit einem „Totengedanken" von in den letzten
vierzig Jahren verstorbenen besonders hervorragenden Persönlich=
keiten und einem Stammbaume des freiherrlichen Hauses derer
von Rägknitz. Das beigegebene Gedicht hat die Eigenschaft, daß
alle Nenn= und Zeitwörter, welche darin vorkommen, dem Frieden
zu Ehren mit F anfangen —, eine etwas unverdauliche Spielerei.

Die Friedenserfreute Teutonia (1652) war das von
Birken zur Feier des westfälischen Friedens gelegentlich der
Zusammenkunft der Fürsten und Gesandten unter dem Vorsitze
des Grafen Octavio Piccolomini in Nürnberg verfaßte Festspiel.
Der Inhalt ist kurz folgender: „Die Prinzessin Teutonie kommt
mit ihrem vertrauten Rat Eubulus, nachdem in langem Kriege
die Länder verwüstet, zum Friedensschlusse nach Norisburg, wo

sie von der Nymphe Noris feierlich empfangen wird. Nach einer Rede des Eubulus über Sprache, Dichtkunst und Schauspiel erscheint der Schäfer Floridan, der der Fürstin seine Schrift „Kriegs= und Friedensbildung" übergibt, was zu einer Abhand= lung über die Berechtigung, Krieg zu führen, veranlaßt, wobei aber das Duell verdammt wird. Während eine Friedenssäule errichtet wird, erscheinen die geladenen Abgesandten. Die Ver= handlungen mit ihnen ziehen sich lange hin und fast scheinen sie sich zu zerschlagen, da erscheint die Friedensgöttin selbst; Concordia besiegt die Eris, und ein brotlos gewordener Kriegsmann läßt sich zu Friedenskünsten bestimmen. Mars findet sich ein, um, als jetzt überflüssig, Abschied zu nehmen; Venus tritt an dessen Stelle, und Vulkan meldet, daß er das vom Kriege übrige Pulver zu einem großen Feuerwerk verwenden werde. Während dies abgebrannt wird, unterliegen Mars und Discordia, die sich in einem Kastell verschanzt haben, den Angriffen des Friedens, und die Prinzessin Teutonie verläßt die Norisburg wieder, weil sie ihr Gebiet durchreisen und überall Friedensanordnungen treffen will; die Schäfer begleiten ihren Weg mit dem Sange:

> Es leb Teutonie! Der Friede sich nicht wende
> Von dem erfreuten Reich bis an der Welt ihr Ende.

Dieses Festspiel (bei dem auch das Volk nicht vergessen wurde, da zwei Ochsen gebraten und verteilt wurden und ein eherner Löwe sechs Stunden lang Wein ergoß) fand großen Beifall und legte Grund zu Birkens nachmaligem Dichterruhme. Aufgeführt wurde es unter seiner Leitung von Nürnberger Patriziersöhnen.

Eine Folge davon war, wie bereits erwähnt, auch der Auftrag des nachmaligen Fürsten Octavio Piccolomini d'Arragonia, die Amalfis zu schreiben*).

---

*) Die Amalfis (1650) ist, wie der Name ergibt, eine Verherrlichung des Stammhauses Piccolomini, was nicht Wunder nehmen kann, da Birken dem berühmtesten Sprößling desselben zu höchstem Danke verpflichtet war. Daß Octavio Piccolomini nicht, wie Schiller am Schlusse von „Wallensteins Tod" darstellt, gleich nach Wallensteins Ende vom Kaiser in den Fürstenstand

Bemerkenswert ist, daß das große Friedensmahl, bei welchem die Teutonie aufgeführt wurde, 1649 am sogenannten Schützenplatze in St. Johannis stattfand. Jenes bekannte Bild Sandrarts, das den großen Rathaussaal zum Schauplatze hat, stellt jedenfalls ein um ein Jahr später (1650) stattgehabtes Festmahl dar, das nicht minder glanzvoll ausgestattet gewesen sein mag, was bei der bekannten Gastlichkeit der Nürnberger und der langen Dauer der Friedensverhandlungen nicht Wunder nehmen darf.

„Der Ostländische Lorbeerhain", Nürnberg 1657 bei Michael Endter, dem Kaiser Leopold I. gewidmet, behandelt die Geschichte Österreichs von Kaiser Rudolf I. bis Leopold I., daran reiht sich eine große Anzahl von Gedichten zu Ehren österreichischer Fürsten und Herren.

„Die truckene Trunkenheit" (1658 bei Mich. Endter) ist zum großen Teile eine Übersetzung aus dem Lateinischen des Jesuiten Baldno, eine Strafrede gegen den Tabak. Die ärztlicher= seits jetzt gegen Opium= und Morphiumsucht erlassenen Philippiken sind Null im Vergleiche zu dem, was hier über das Tabakrauchen und Schnupfen gesagt wird. Und doch setzt Birken bei: „daß sonsten der Tabak und dessen Rauch außerdem an sich selber mit Nutzen zu gebrauchen und nicht zu verwerfen sei, wird aus dem angehängten Diskurs zu erlernen und also den Feinden und den Freunden des Tabak ein Genügen geschehen sein." Er läßt nämlich eine Abhandlung über den Namen und die Abkunft des Tabaks, dessen Anpflanzen und Pflege, Heilwirksamkeit gegen offene Schäden und Kröpfe, Hundswut, gegen Hunger u. s. w. folgen und schließt mit einem Lobgesang auf den Tabak:

Mißbraucht man dich, so geht es allen Sachen;
Der Mißbrauch kann nichts Gutes böse machen.

„Mausoleum der hungarischen Könige" ist die Übersetzung vom Lateinischen ins Deutsche (1664) des Werks Mausoleum Regni Apostolici Regum et Ducum, wobei dem

---

erhoben wurde, sondern erst nach den Friedensverhandlungen in Nürnberg, bei welcher Gelegenheit Birken sein Festspiel „die Friederfreute Teutonia" schrieb und zur Aufführung brachte, bedarf keiner Auseinandersetzung.

lateinischen Vortrag die deutsche Übersetzung beigedruckt ist. Der Verfasser des Urtextes war der unglückselige Graf Franz de Nadasti, der als iudex curiae und Anhänger der alten Rechte und Verteidiger der Freiheit des ungarischen Adels auf Befehl des Kaisers Leopold I. von Österreich 1671 verhaftet und in Wien enthauptet worden ist.

„Der Donaustrand mit all seinen Ein= und Zuflüssen, anliegenden Reichen, Herrschaften und Städten vom Ursprung bis zum Ausflusse", mit einer ungarischen und türkischen Chronik und dem Stande des damaligen Türkenkrieges mit 33 Kupferstichen ungarischer Städte und Festungen von Sandrart, gedruckt 1664 und dem Grafen von Windischgrätz gewidmet. Ein Werk, das sich unleugbar einiges Verdienst um die damaligen geographischen Kenntnisse erworben hat, insbesondere, da es nicht die bezüglichen Örtlichkeiten nur trocken aufzählt, sondern in belebter Weise von den Bewohnern, ihrer Geschichte, ihren Gewohnheiten, Handels= und politischen Verhältnissen spricht.

„Pegnesische Gesprächspiel=Gesellschaft", Nürnberg bei Michael und Johann Friedrich Endter 1665, zu Ehren des Windischgrätz=Öttingenschen Beilagers in Form von Gesprächen zwischen Pegnitzschäfern und Nymphen und durchmischt mit Gedichten.

„Hochfürstlich Brandenburgischer Ulysses oder Verlauf der Reisen des Fürsten Christian Ernst, Markgrafen von Brandenburg, durch Deutschland, Frankreich, Italien und die Niederlande"; Bayreuth bei Johann Gebhardt 1667, eine ziemlich trockene, aber weitschweifige Reisebeschreibung mit unendlichen Namentafeln. Beigefügt die Übersetzung der von dem genannten Fürsten am 20. April 1659 auf der hohen Schule zu Straßburg gehaltenen Rede über die fürstlichen „Wohl=Regier=Künste".

Die umfassendste und wohl auch lohnendste Arbeit Birkens war der „Spiegel der Ehren des Höchstlöbl. Erzhauses Österreich", bei Michael und Johann Friedrich Endter Nürnberg 1668. Er enthält auf 1416 Folioseiten das Leben und die Thaten der österreichischen Kaiser von Rudolf I. (1218)

bis zum Todestage Maximilians I. (1519) in sechs Büchern. Ursprünglich war das Werk vom kaiserlichen Rat Joh. Jak. Fugger, Herrn zu Kirchberg und Weissenheim, mehr als hundert Jahre vorher verfaßt, mit Namentafeln und Genealogien des Erzhauses, Bildnissen und Wappenkupfern versehen. Die Abfassung, bezw. Überarbeitung des Werks wurde auf Endters Veranlassung und mit kaiserlicher Genehmigung durch den Kanzler von Zinzzendorf und Suttinger an Birken 1660 übertragen. Die dabei auf= erlegten Klauseln wirken wahrhaft komisch. An Suttingers Stelle trat nach dessen Tode Wilhelm Mannagetta, kaiserlicher Rat und Historiographus (1662), und Birken erntete durch diesen große Anerkennung, auch klingenden Lohn. Beim Bearbeiten des dritten Buches des Fuggerschen Ehrenwerkes (1665), um welche Zeit auch Mannagetta starb, wurde unserm Birken durch dessen Nachfolger, den Historiographus Petrus Lambecius, aus Eifersucht die Arbeit blutsauer gemacht, doch erhielt Birken 1668 zu den schon erhaltenen 100 Reichsthalern noch 200 Reichsthaler und eine Kette von 100 Kronen Gold.

Die Ansichten über diese Arbeit Birkens sind geteilt. Leopold Ranke verwirft sie vom Standpunkte des Geschichtsschreibes und stellt den ursprünglichen Fuggerschen Ehrenspiegel höher. Günstiger spricht sich Koberstein darüber aus. Wir müssen bedenken, daß Fugger als freier Standesherr schrieb, Birken aber von der Gunst des Erzhauses abhing — das erklärt manches!

In den „Poetischen Lorbeerwäldern" finden wir meist Glückwunsch= und Nachruf=Gedichte in allen mög= lichen Versmaßen auf die Brandenburgschen, Braunschweig= Lüneburgschen und andere Herrschaften, sowie auf den Tod des Kaisers Ferdinand und anderer Gönner. Geschichtliches ist wenig daraus zu entnehmen, aber Lobpreisung in jeder Form. Es wirkt sicher erheiternd, daß sich darunter auch ein Sang auf Seiner hochfürstlichen Durchlaucht Herrn Octavio Picolomini, Herzogs von Amalfi, Blasenstein findet; ebenso auf der hochedlen Frau Regina Catherina Frejin von Greifenberg Wassertrinken u. dgl. m.

Wir besitzen die Handschrift eines Schauspiels mit der Über=
schrift: „Androfilo oder die Wunderliebe" in fünf Handlungen. Dasselbe soll unverkennbar eine Art Übersetzung des
Erlösungswerkes Christi in das Menschliche sein. Der Inhalt ist
folgender:

Ein König namens Andropater, Vater eines äußerst liebens=
werten Sohnes Androphilus, sieht sich veranlaßt, einen seiner
Hofleute Andromiso wegen dessen aufrührerischer und schlechter
Gesinnung und Handlungen zu verbannen, nimmt aber dafür
einen Armen, Anthropo geheißen, in seine Huld auf, gibt ihm
sogar den Sohnesrang und gesellt ihm seinem wirklichen Sohne
als Bruder bei. Andromiso aber sinnt Rache und weiß den
schwachen Anthropo so zu umgarnen, daß dieser vom König als
Undankbarer und Bösewicht verstoßen und dem Thanato zur
Bestrafung übergeben wird. Prinz Androphilus ist aber derart
von Liebe zu dem unglücklichen Anthropo erfüllt, daß er, da seine
Fürbitte fruchtlos ist, sich entschließt, sich selbst seiner Würde als
Königssohn zu entkleiden und das Elend seines Freundes zu teilen,
um seinen Vater dadurch zu vermögen, dem Anthropo zu verzeihen.
Dies gibt dem tückischen Andromiso Gelegenheit zur Rache, indem
er den Thanato veranlaßt, Androphilus zu töten. Glücklicherweise
wird dieser aber wieder ins Leben zurückgerufen, und sein Vater,
von solcher Liebe seines Sohnes zu dem von Rene erfüllten
Anthropo bewegt, verzeiht diesem und nimmt ihn wieder in seine
Huld auf. — Es ist unschwer zu erkennen, daß der Dichter in
den Personen Andropater (Menschenvater) Gott den Herrn selbst
versinnbildlichte, unter seinem Sohne Androphilus (Menschenfreund)
Jesus Christus. Andromiso (Menschenhasser) ist der Teufel,
Anthropo (Mensch) der schwache Erdensohn, dessen durch die
Sünde verschuldetes Elend und Strafe durch Thanato (den Tod)
der Gottessohn teilt, um ihn zu erlösen und ihm seines Vaters
Gnade wieder zu erringen.

Die pietistische Richtung der Zeit, in welcher Birken dies
Schauspiel schrieb, mag wohl einer derartigen Arbeit günstig
gewesen sein. Ob es zur wirklichen Aufführung gelangte, darüber

fehlen die Belege, auch über den Zeitpunkt von deren Entstehung. Die Dichtung ist in Prosa geschrieben, aber mit vielen Einlagen in gebundener Rede, sogar mit mehreren, wahrscheinlich von Birken selbst herrührenden, Musikeinlagen versehen und mit sichtlichem Fleiße gearbeitet.

Ein weiteres Schauspiel Birkens, dessen Handschrift sich im Besitze des Blumenordens befindet, benennt sich die „Wunder= thätige Schönheit" samt einem Zwischenspiel „Tugend und Lasterleben". Der Hauptinhalt des Schauspiels wird gleich Anfangs von Merkur den Zuschauern bekannt gegeben:

> „Der Cymon war ein Stein von Sitten und von Sinnen,
> in den man weder Witz noch Tugend bringen können.
> Hört eben, was geschah? Er sah ein schönes Bild,
> alß bald war sein Gemüt mit Schönheit angefüllt,
> alsbald ist aus dem Stein in kurzer Zeit geworden
> ein kluger Kopf wie Ich, als in den Liebes Orden
> ihn diese Schönheit bracht. Ihr werdt mit Wunder sehen
> itz einen Kavalier aus Baurenkleidern gehen."

Cymon ist einem adeligen Hause entstammt, aber alle Bemühungen seiner Eltern, ihn zu einem feinen und tüchtigen Kavalier zu erziehen, waren vergebens, so daß diese ihn schließlich auf sein eigenes Verlangen aufs Land entlassen, um Bauer zu werden, wohin ihn sein Diener begleitet, dem die in den damaligen Schauspielen übliche und mit unleugbarer Derbheit gezeichnete Rolle des Possenreißers zufällt. Zufällig kommt das schöne und edle Fräulein Sylvia mit ihren Dienerinnen in die Nähe von Cymons Wohnsitz und wird, während sie schläft, von ihm erblickt. Ihre Schönheit entflammt seine Liebe, die sich aber fast gewaltthätig äußert, so daß Sylvia entflieht. Wie so oft in den alten Schauspielen, ist es der Hanswurst, hier Cymons Diener, der die besten Ratschläge gibt, indem er darauf hinweist, daß ein Liebhaber in der Verfassung, in welcher sich sein Herr befinde, keine Aussicht habe, das Herz eines edlen Fräuleins zu gewinnen. Cymon fängt an, dies einzusehen, ändert sein ganzes Leben und wird ein vollkommener Kavalier, als welcher er auch zugleich mit einem andern jungen Herrn, namens Eusebio, um Sylvias Liebe wirbt. Die Art, in welcher sie ihren Entscheid gibt, ist eine ganz eigentümliche. Sie setzt nämlich ihren Hut dem Cymon, den des Cymon dem Eusebius, dessen Hut sich selbst auf und geht ab. Vor den Eltern der Sylvia verfechten nun beide ihre daraus hervorzuleitenden Ansprüche. Der Vater ist für Cymon, die Mutter für Eusebio, der alte Lehrer Filipono muß schließlich das Urteil fällen, das für Cymon spricht; dem Eusebio wird Cymons Schwester Cassandra zu teil.

Das Ganze ist mit einem großen Aufwande von Spitzfindig= keit zusammengestellt, ebenso das Zwischenspiel „Tugend und Lasterleben", welches eine andere Auflage vom Herkules am Scheidewege ist. Vier junge Leute, darunter der obengenannte Eusebius, treffen mit Arete, der Tugend, und Bedona, der Ver= treterin des Lasters zusammen. Nach einem weitschweifigen gegenseitigen Auseinandersetzen, wobei beide Gegnerinnen mit Schimpfen und Spotten keineswegs sparsam sind, entscheiden sich nun Eusebius für die Tugend, die anderen drei für das Laster. Sie sind als Vertreter der Todsünden gedacht*). Am Schlusse des Stückes verfallen die vier Sünder der Strafe, dem gewaltsamen

---

*) Birken legt dem Trunkenbold eine Strophe in den Mund, welche lautet:

> Mein Buhle den ich lieb gewann
> Der liegt beim Wirt im Keller,
> Er hat ein hölzern Röcklein an
> und kostet mich viel Heller.

Dies Lied hat uns Fischart, als aus dem 16. Jahrhundert entstammend, erhalten, indem er singt:

> Der liebste Buhle den ich han,
> Der liegt beim Wirt im Keller,
> Er hat ein hölzins Röcklein an
> Und heißt der Muskateller.
> Er hat mich nächten trunken g'macht
> Und fröhlich diesen Tag vollbracht,
> D'rum gab ich ihm ein gute Nacht
> u. s. w.

Wackernagel singt:

> Der schönste Ort davon ich weiß
> Das ist ein kühler Keller,
> Das schönste Geld, davon ich weiß
> Das ist der letzte Heller;
> Der rollt so hurtig und geschwind
> Und ruft nicht eh'r, als bis er find't
> Rheinwein und Muskateller
> u. s. w.

Tode, und sind böse Geister in Bereitschaft, mit deren Seelen zur Hölle zu fahren.

Der Pegnesische Blumenorden ist auch im Besitze der Hand=
schrift der Übersetzung Birkens von Virgils erstem Buche
der Aneïde. Diese gibt Zeugnis von der Gewandtheit des
Übersetzers in der lateinischen Sprache. Es lag im Geiste
damaliger Zeit, sehr Vieles in dieser Sprache zu verhandeln, und
der vorhandene Briefwechsel zeigt eine Masse von Zuschriften
und Arbeiten, welche lateinisch abgefaßt und natürlich ebenso
beantwortet waren. Birken war, nach diesem zu schließen,
ebenso in der griechischen, französischen, niederländischen ꝛc. Sprache
bewandert.

Von Birkens zweiundfünfzig geistlichen Liedern leben noch
einige im Gesangbuche für die evangelisch=lutherische Kirche in
Bayern fort, z. B. Nr. 32: „Auf, auf mein Herz, und du mein
ganzer Sinn ꝛc." und Nr. 389: „Lasset uns mit Jesu ziehen,
seinem Vorbild folgen nach u. s. w."; im Württemberger Gesang=
buche auch Nr. 128: „Jesu, frommer Menschenheerden ꝛc." und
Nr. 131: „Jesu, deine Passion will ich jetzt bedenken ꝛc."

Unter den Kleinodien des Pegnesen=Ordens befinden sich auch
zwei Stammbücher Birkens. Das eine, größere, ist „den theuren
Fruchtbringenden, auch Fürtrefflichen Blumgenossen und Kunst=
liebenden" gewidmet und enthält viele handschriftliche Einzeich=
nungen der Fürstlichkeiten von Braunschweig und Lüneburg,
Mecklenburg, Anhalt u. s. w. und von andern hochgestellten Herren
und Mitgliedern des Palmen= und Pegnitzschäferordens. — Das
andere, „Album Sigismundi a Birken" von ihm überschrieben,
umfaßt einige sechzig Stammbuchblätter bedeutender, zum Freund=
schaftskreise gehöriger Personen. Beide Bücher sind für den
Litterarhistoriker von hohem Werte.

Wenn wir nun die Frage stellen: „War Birken ein Dichter?"
so muß die Antwort sein: Nach den Ansprüchen seiner Zeit,
demnach, was um seine Zeit unter der Dichtkunst verstanden
wurde, ja; nach den jetzigen Begriffen würde man ihn einen
begabten und gewandten Vielschreiber und Reimeschmied heißen.

Bedenken wir die Zeit, in der er lebte, so muß es Wunder
nehmen, daß in dem allgemeinen Elende des dreißigjährigen
Krieges überhaupt noch Raum für dichterische Bestrebungen blieb,
daß diese in der Weise auftraten, wie es im Blumenorden geschah.
Wer möchte nicht sagen, daß hier die Gegensätze sich berührten?
Einerseits der Unfriede in schrecklichster Gestalt, andrerseits das
Schäferspiel; hier brutale Gewalt und dort harmloses Himmeln;
rohe Glaubenslosigkeit im Gegensatze zur ausgeprägten Pietisterei.
Krieg und Schäferspiel, wie reimt sich das, wenn nicht im Wunsche
nach dem äußersten Gegensatze gegenwärtigen Unheils?

> Schön ist der Friede! Ein lieblicher Knabe
> Liegt er gelagert am ruhigen Bach,
> Und die hüpfenden Lämmer grasen
> Lustig um ihn auf dem sonnigten Rasen —

Klingt nicht auch das nach Pegnitzschäferei?

Birken genügte in seinen Dichtungen einem Bedürfnisse seiner
Zeit mehr als alle andern, das ist sein Hauptverdienst. Zugleich
verblüffte er durch seine ungemessene Arbeitskraft und Vielseitigkeit.
Freilich macht man ihm zum Vorwurfe, daß er diese zu seinem
Vorteile ausgenützt habe, daß er gegen Höher= und Höchstgestellte
übertriebene Demut und sogar Speichelleckerei sich habe zu
Schulden kommen lassen; aber denselben Vorwurf kann man
den meisten seiner Zeitgenossen machen. Birken war vermögenslos
und auf das Verdienen angewiesen; was Wunder, daß er den
nicht ungewöhnlichen Weg phrasenreichster Schreibweise und geschickter
Verwendung der Schwächen seiner Gönner betrat? Das laudari
a laudato viro war auch ein Wunsch Ciceros; Birken war ein vir
laudatus, ein poëta laureatus, und zog davon seine Prozente — —

Seine Vielschreiberei ließ wohl, was sie an der Breite voraus
hatte, an der Tiefe vermissen. Es ist leicht erklärlich, daß er, um
nicht eintönig zu werden, alle möglichen Formen von Dichtung
hervorsuchte und selbst die sonderbarsten gebrauchte. Man findet
es mit Recht lächerlich, daß er Dichtungen schrieb, deren Nieder=
schrift die Form von Pokalen, von Kreuzen, von Ambosen
u. s. w. wiedergab, daß er sonderbar verzogenen Strophenbau,

geschmacklose Reimhäufungen anwandte; aber das war eben
damals Mode, und wer es am besten zu machen verstand, traf
den Geschmack der Zeit. Wollen wir gerecht sein! Keiner, der
Birkens erwähnt, vergißt des grausamen Gedichtes zu gedenken,
das Stellen enthält, wie:

> Es säuseln und bräuseln und kräuseln
> Windfriedige Bläste —

aber wer das thut, soll auch nicht unterlassen, beizufügen, daß
ihm Verse wie die folgenden gelangen:

> Die Pfeile sind mir lieb, die Kette und die Kerze,
> Mit denen Amor mich verwund't, bestrickt, entzünd't;
> Denn, daß die Wunde würd' geheilt, gelöscht der Schmerze,
> Die Fessel abgelöst, wünsch' ich nicht, ob ich künt'.
> Ich bin ja seltsam krank: Verwund't, entzünd't, gebunden
> Lieb' ich die Bande noch, die Flammen und die Wunden.

oder folgende:

> Soll es sein, es mag so bleiben!
> Gerne leid' ich, weil ich muß;
> Dennoch soll mir der Verdruß
> Nicht den Mut vom Herzen treiben.
> Ich will stehen! Trutz dem Glück,
> Daß es von der Stell' mich rück'.
>
> Ich, ich will mein Herz vermauern,
> Keinen Unmut lassen ein.
> Ihr, ihr sollt verbannet sein:
> Blasse Furcht und schwarzes Trauern!
> Man soll mich zu Grabe geh'n
> Eher noch als zagen seh'n!
>
> Von dem Himmel wird gegossen
> Auf die Erd' mein Wohl und Weh;
> Wie Gott will, daß mir ergeh',
> Was er über mich beschlossen,
> Nehm' ich auch mit Willen an:
> Was Gott thut, ist wohlgethan!

Ist es gerecht, aus einem großen Haufen minderwertiger
Dinge das Wertloseste herauszusuchen und damit das Urteil oder
die Meinungen beeinflussen zu wollen? Wer Perlen fischt, muß
viele Muscheln öffnen, bis er einen Fund macht; wer Gold oder

34

Diamanten gräbt, muß das hundert= und tausendfache von taubem
Gestein wegwerfen, ehe er Schätze findet. Darum nochmals, seien
wir gerecht! Birken war der Mann seiner Zeit; er hat sie und
sie ihn verstanden, und es ist gar manches auch für unsere Zeit
noch Schätzbare durch ihn entstanden. Und soviel steht fest: ohne
ihn hätte der Pegnesische Blumenorden schon vor zweihundert
Jahren aufgehört zu sein; ohne Birken hätte er das Schicksal aller
jener litterarischen Gesellschaften geteilt, die vor und zugleich mit
ihm in anspruchsvollerer Weise sich ihres Daseins gerühmt hatten
und längst von der Bildfläche verschwunden sind.

Es dürfte hier auch am Platze sein, den Irrhain zu
erwähnen, der während Floridans Vorstandschaft entstanden ist,
und den der Blumenorden bis zum heutigen Tage in ausschließ=
licher Benützung hat.

Bekanntlich fanden sich die „Pegnitzschäfer" nach Gründung
des Ordens anfangs in dem sogenannten „Poëtenwäldchen" auf
einer Halbinsel der Pegnitz, westlich von Nürnberg, zusammen.
Als aber der Besitzer dieses Grundstücks hiegegen Einspruch erhob,
verlegte man die Versammlungen in den nahe der Stadt gelegenen
Garten Polianders (Andreas Ingolstetter). Ein Haupttreffpunkt
wurde aber später der sogenannte „Irrhain" oder „Irrwald".

Pastor M. Limburger in Kraftshof (Myrtill II.) hatte sich in
dem eine Viertelstunde von Kraftshof entfernten „Eichenlöhlein",
einem etwa drei Tagwerk großen, mit einigen vom dreißigjährigen
Kriege übrig gebliebenen Eichen besetzten Dickicht ein Ruheplätzchen
unter einer mannsdicken Fichte errichtet, wo er mit Muße dichten
und studieren konnte, wobei er oft von andern Ordensmitgliedern
besucht wurde. Das machte schließlich den Wunsch rege, hier einen
Treffpunkt des Ordens selbst zu errichten, und den vereinten
Bemühungen gelang es, von der Stadtgemeinde Nürnberg das
Recht zu erlangen, hier einen Park mit Irrgarten zu errichten,
zu welchem nur die Ordensmitglieder Zutritt haben sollten. Diese

Perspectivischer Grundriss und **PROSPECT,** *des weit berühmten* NÜRNBERGISCHEN IRRGARTENS *bey Krafftshoff zu finden bey Christoph Riegel, Buch u. Kunsthändler in Nürnberg* ...

Krafftshoff

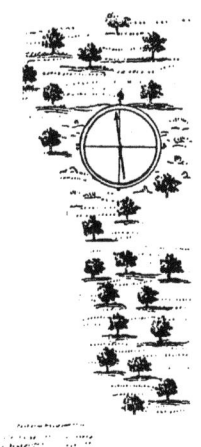

a. der Lange bedeckte grüne
   gang beym Eingang.
b. die Lange Allée atwo
c. die meinsten Hütten stehen.
d. der so genänte Kirchhof
e. der Brunen
f. die Küchen.
g. die Irrgänge
h. der Schlangengang.
i. die Wiesen
k. die Gesellschaffts Hütte.

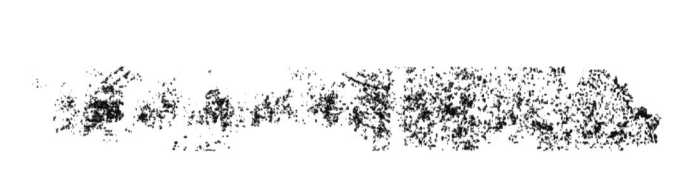

steuerten dann soviel zusammen, daß der Platz umzäunt, mit einem durch Schäferbilder gezierten Thore versehen, innen mit Laub-, Irr- und Wandelgängen bepflanzt werden konnte, in welchem sich die sogenannte Gesellschaftshütte, ebenso Einzelhütten von Mitgliedern befanden. Ein freier Platz, der Friedhof benannt, wurde im Laufe der Zeit mit steinernen Denkmälern hervorragender Mitglieder umgeben; an die Bäume wurden Gedenktafeln angeheftet, kurz, der Irrhain galt als eine Sehenswürdigkeit, die von Einheimischen und Fremden viel besucht wurde und wofür, wie es scheint, auch ein gewisses Entgelt entrichtet werden mußte, auf welches der Gärtner, der keinen Lohn erhielt, angewiesen war. Der Irrhain, der 1676 begonnen, 1678 fertig gestellt war, wurde als Versammlungsort der Ordensmitglieder sowohl, als zu deren Festlichkeiten benützt. Das 1681 verliehene Benützungsrecht ist durch Zahlung eines jährlichen „Rekognitionsgeldes" aufrecht erhalten worden bis zum heutigen Tage. Mit der Zeit sind freilich die Umfassung, die Laubengänge, der Irrgarten selbst eingegangen, aber das 250jährige Jubelfest des Ordens hat es fertig gebracht, die Einfassung, die Denkmäler und Gedenktafeln, die Naturbühne wieder neu herzurichten, ein neues Portal zu bauen, überhaupt dem Irrhain wieder den ursprünglichen Charakter zu geben, so daß die durch riesige Baumstämme sich von dem übrigen Gehölze unterscheidende Waldabteilung wieder eine Zierde der Umgebung Nürnbergs geworden ist. Der Besuch steht aber nur den Ordensmitgliedern und den von ihnen eingeführten Freunden und Gästen, sowie der staatlichen Aufsichtsbehörde offen.

Das am 3. Juli 1894 zur Vorfeier des 250jährigen Ordensjubiläums abgehaltene Irrhainfest mit seinen großartigen Zurichtungen, dessen die bedeutendsten Zeitschriften Deutschlands Erwähnung zu thun sich veranlaßt sahen, dürfte Zeugnis gegeben haben, wie sehr die Ordensmitglieder, deren Zahl nie die derzeitige Höhe erreicht hat, an ihrem lieben Irrhaine hängen.

Geben wir zum Schlusse Justinus Kerner noch das Wort zu einem Sonett, das er im Jahre 1812 in dem von ihm besorgten poetischen Almanach zum Lobe Floridans veröffentlichte:

Laß dieses Werk des Danks zu Dir gelangen,
Du sel'ger Meister! für die theuren Lieder!
Schwebtest in Lieb in unsern Garten nieder,
Wo wir von Rosen, Wald und Sternen sangen.

Bekannte Töne Dir entgegen klangen,
Weckten in Dir die alten Lieder wieder,
Erkanntest uns als treue deutsche Brüder,
Die tröstend sich in gleichem Leid umfangen.

Vom sel'gen Bündniß gleichgesinnter Geister
Von des gepreßten Vaterlands Beschwerde,
Von Kraft und Hoffnung hat Dein Lied gesungen;

Wie warst Du uns willkommen, sel'ger Meister,
Zerrissen lag und kalt die deutsche Erde, —
Deutscher Gesang nur hielt uns treu umschlungen!

ENDE.

Lightning Source UK Ltd.
Milton Keynes UK
UKHW021738080219
336804UK00007BA/660/P